宋人軼事彙編

四

周勛初　主編

葛渭君　周子來　王華寶　編

國家出版基金項目
NATIONAL PUBLICATION FOUNDATION

上海古籍出版社

宋人軼事彙編卷二十二

蘇軾

1 蜀有彭老山，東坡生則童，東坡死復青。《貴耳集》卷上。《古事比》卷一。

2 蘇子由初謫高安時，雲菴居洞山，時時相過。聰禪師者，蜀人，居聖壽寺。一夕，雲菴夢同子由、聰出城迓五祖戒禪師，既覺，私怪之，以語子由，未卒，聰至。子由迎呼曰：「方與洞山老師說夢，子來亦欲同說夢乎？」聰曰：「夜來輒夢見吾三人者，同迎五戒和尚。」子由拊手大笑曰：「世間果有同夢者，異哉！」良久，東坡書至，曰：「已次奉新，旦夕可相見。」二人大喜，追筍輿而出城，至二十里建山寺，而東坡至。坐定無可言，則各追繹向所夢以語坡。坡曰：「軾年八九歲時，嘗夢其身是僧，往來陝右。又先妣方孕時，夢一僧來託宿，記其欣然而眇一目。」雲菴驚曰：「戒，陝右人，而失一目，暮年棄五祖來游高安，終於大愚。」逆數蓋五十年，而東坡時年四十九矣。後東坡復以書抵雲菴，其略曰：「戒和尚不識人嫌，强顏復出，真可笑矣。既法契，可痛加磨礪，使還舊規，不勝幸甚。」自是常衣衲衣。《冷齋夜話》卷七。《寓簡》卷五。

3 馬夢得與僕同歲月生，少僕八日。是歲生者，無富貴人，而僕與夢得爲窮之冠。即吾二人而觀之，當推夢得爲首。《東坡志林》卷一。

4 東坡，一字仲和。《洗玉池銘》末云：「仲和甫銘之，維以識德。仲和甫，僕也。僕，蘇子瞻軾也。」《佩韋齋輯聞》卷一。

5 蘇子瞻，一字子平。文與可《月嵒齋》詩云：「子平一見初動心，輦致東齋自摩洗。」又云：「子平謂我同所嗜，萬里書之特相寄。」注云：「子平即子瞻也。」《黄嬭餘話》卷七。《茶香室叢鈔》卷二。

6 蘇子瞻謫黄州，號「東坡居士」，東坡其所居地也。晚又號「老泉山人」，以眉山先塋有老翁泉，故云。《石林燕語》卷十。

7 眉山劉微之巨教授郡城之西壽昌院，從游至百人。蘇明允命東坡兄弟師之，時尚幼。微之賦《鷺鷥》詩，末云：「漁人忽驚起，雪片逐風斜。」坡從旁曰：「先生詩佳矣，竊疑斷章無歸宿，曷若『雪片落蒹葭』乎！」微之曰：「吾非若師也。」……其卒也，范蜀公弔以詩曰：「案前曾立二賢良。」今《潁濱集》中《送家安國》詩：「城西社下老劉君，春服舞雩今幾人。」自注：「微之先生門人，惟僕與子瞻兄、復禮與退翁兄皆仕耳。」正謂此。《愛日齋叢鈔》卷四。

8 吾八歲入小學，以道士張易簡爲師。童子幾百人，師獨稱吾與陳太初者。太初，眉山市井人子也。余稍長，學日益，遂第進士制策，而太初乃爲郡小吏。其後，余謫居黄州，有眉山道士陸惟忠自蜀來，云：「太初已尸解矣。蜀人吴師道爲漢州太守，太初往客焉。正歲日，見師道，求衣食錢物，且告别。持所得盡與市人貧者，反，坐於戟門下，遂卒。師道使卒舁往野外焚之，卒罵曰：『何物道士，使吾正旦舁死人！』太初微笑開目曰：『不復煩汝。』步自戟門，至金雁橋下，趺坐而逝。焚之，舉城人見煙焰上眇眇焉有一陳道人也。」《東坡志林》卷二。

9 東坡十歲時，老蘇令作《夏侯太初論》，其間有「人能碎千金之璧，不能無失聲於破釜；能搏猛虎，不能無變色於蜂蠆」之語。老蘇愛之，以少時所作，故不傳。然東坡作《顔樂亭記》與《黠鼠賦》，凡兩次用之。《王直方詩話》。《優古堂詩話》。《能改齋漫録》卷八。

10 東坡年十餘歲，在鄉里，見老蘇誦歐公《謝宣召赴學士院仍謝賜對衣金帶並馬表》，老蘇令坡擬之，其間有云：「匪伊垂之帶有餘，非敢後也馬不進。」老蘇喜曰：「此子他日當自用之。」至元祐中，再召入院作承旨，仍益之云：「枯羸之質，匪伊垂之帶有餘；斂退之心，非敢後也馬不進。」《侯鯖録》卷一。

11 蘇公少時，手抄經史，皆一通。每一書成，輒變一體，卒之學成而已。《春渚紀聞》卷六。《蘇長公外紀》。《珊瑚網》卷四。《清河書畫舫》卷八下。

12 蘇子瞻自在場屋，筆力豪騁，不能屈折於作賦。省試時，歐陽文忠公鋭意欲革文弊，初未之識。梅聖俞作考官，得其《刑賞忠厚之至論》，以爲似《孟子》。然中引皋陶曰「殺之三」，堯曰「宥之三」，事不見所據，亟以示文忠，大喜。往取其賦，則已爲他考官所落矣，即擢第二。及放榜，聖俞終以前所引爲疑，遂以問之。子瞻徐曰：「想當然耳，何必須要有出處？」聖俞大駭，然人已無不服其雄俊。《石林燕語》卷八。

13 東坡先生省試《刑賞忠厚之至論》有云：「皋陶爲士，將殺人，皋陶曰殺之三，堯曰宥之三。」梅聖俞爲小試官，得之以示歐陽公。公曰：「此出何書？」聖俞曰：「何須出處？」公以爲皆偶忘之，然亦大稱歎。初欲以爲魁，終以此不果。及揭牓，見東坡姓名，始謂聖俞曰：「此郎必有所據，更恨吾輩不能記耳。」及謁謝，首問之，東坡亦對曰：「何須出處？」乃與聖俞語合。公賞其豪邁，太息不已。《老學庵筆記》卷八。《捫蝨新話》卷五。

14 歐陽公作省試知舉，得東坡之文驚喜，欲取爲第一人，又疑其是門人曾子固之文，恐招物議，抑爲第二。坡來謝，歐陽問坡所作《刑賞忠厚之至論》，有「皋陶曰殺之三，堯曰宥之三」，此見何書？坡曰：「事在《三國志·孔融傳注》。」歐退而閱之，無有。他日再問坡，坡云：「曹操滅袁紹，以袁熙妻賜其子丕。孔融曰：『昔武王伐紂，以妲己賜周公。』操驚問何經見，融曰：『以今日之事觀之，意其如此。』堯、皋陶之事，某亦意其如此。」歐退而大驚曰：「此人可謂善讀書，善用書，他日文章，必獨步天下。」《誠齋詩話》。

15 王仲嶷承事，字豐甫，相國郇公之子也。昔爲廌言，東坡公頃應進士舉，到省時，郇公以翰林學士知舉，得其論與策二卷藁本。論即《刑賞忠厚之至》也，凡三次起草，雖藁亦記塗注，其慎如此。論卷竊爲道人梁冲所得，今所存惟策藁爾。冲以吐納醫藥爲術，東坡貶時識之，今在京師，豐甫欲訴於官取之爾。《師友談記》。《茶香室三鈔》卷十三。

16 東坡云：頃同黄門公初赴制舉之召，到都下，是時同召試者甚多。一日，相國韓公與客言曰：「二蘇在此，而諸人亦敢與之較試，何也！」此語既傳，於是不試而竟去者十蓋八九矣。《師友談記》。《何氏語林》

卷十七。

17 東坡云：國朝試科目，亦在八月中旬。頃與黃門公既將試，黃門公忽感疾卧病，自料不能及矣。相國韓魏公知之，輒奏上曰：「今歲召制科之士，惟蘇軾、蘇轍最有聲望。今聞蘇轍偶病未可試，如此人兄弟中一人不得就試，甚非衆望，欲展限以俟。」上許之。黃門病中，魏公數使人問安否，既聞全安，方引試，凡比常例展二十日。自後試科目並在九月，蓋始於此。比者相國呂微仲語及科目何故延及秋末之説，東坡爲呂相國言之。相國曰：「韓忠獻其賢如此，深可慕爾。」《師友談記》。《茶香室三鈔》卷十三。

18 老泉攜東坡、潁濱謁張文定公。時方習制科，業將應詔，文定公與語，奇之，館於齋舍。翌日，文定公忽出六題，令人持與坡、潁云：「請學士擬試。」文定密於壁間窺之。兩公得題，各坐致思。潁濱於題有疑，指以示坡，坡不言，第舉筆倒敲几上云：「《管子注》。」潁濱疑而未決也。又指其次，東坡以筆勾去，即擬撰出以納。文定閲其文，益喜。勾去一題，乃無出處，文定欲試之也。次日，文定見老泉云：「皆天才，長者明敏尤可愛，然少者謹重，成就或過之。」所以二公皆愛文定，而潁濱感之尤深。《瑞桂堂暇録》。

19 東坡公同其季子由入省草試，而坡不得一，方對案長歎，且目子由。子由解意，把筆管一卓，而以口吹之。坡遂寤乃《管子注》也。又二公將就御試，共白厥父明允，慮一有黜落奈何。明允曰：「我能使汝皆得之，一和題一罵題可也。」繇是二人果皆中。《鐵圍山叢談》卷二。

20 東坡試《形勢不如德論》，不知出處，《禮義信足以成德論》，知子由記不得，乃厲聲索硯水曰：「小人哉！」子由始悟出「樊遲學稼」注。《吹劍四録》。

21 蘇子瞻學士少時夢謁於公府，主人紫衣面赤而多髭，謂軾曰：「君是大吴。」覺以告父、弟，皆不悟也。是時子瞻年十四歲。後十四年，舉賢良中選，詣御臺謝知雜王綽，既入門，儼如夢中，視綽乃夢中人也。既坐，謂子瞻曰：「君是大吴。」兄弟相顧而笑，因請其故。綽曰：「前日賢良就試，綽與彌封，以大吴爲卷號，是時意君爲第一，今則果然。」《新編分門古今類事》卷七引《幕府燕閒録》。

22 先君與叔父試制策，各攜一端硯。外孫文驥得其一，過藏其一，名「賢良硯」。《硯箋》卷一。

23 見陳希亮3。

24 見陳希亮4。

25 見章惇8。

26 見章惇10。

27 坡翁一日還自山中，見雲氣如群馬奔突自山中來，遂以手掇開籠，收於其中。及歸，白雲盈籠，開而放之，遂作《攓雲篇》云：「道逢南山雲，欻吸如電過。竟誰使令之，衮衮從空下。」又云：「或飛入吾車，偪仄人肘胯。搏取置笥中，提攜反茅舍。開緘仍放之，掣去仍變化。」《齊東野語》卷七。

28 東坡愛玉女洞中水，既致兩瓶，恐後復取而爲使者見紿。因破竹爲契，使寺僧藏其一，以爲往來之信，戲謂爲調水符，作詩云：「欺謾久成俗，關市有契繻。誰知南山下，取水亦置符。古人辨淄澠，皎若鶴與鳧。吾今既謝此，但視符有無。常恐汲水人，智出符之餘。多防竟無及，棄置爲長吁。」《觀林詩話》。《堅瓠廣集》卷五。

29〔東坡先生〕曰：頃在鳳翔，罷官來京師，道由華岳，忽隨行一兵遇祟甚狂，自褫其衣巾不已。公使人束縛之，而其巾自墜。人皆曰：「此岳神之怒，故也。」公因謁祠，且曰：「某昔之去無祈，今之回無禱，特以道出祠下，不敢不謁而已。隨行一兵狂發遇祟，而居人曰：『神之怒也。』未知其果然否？此一小人如蟣虱爾，何足以煩神之威靈哉！縱此人有隱惡，則不可知，不然，以其懈怠失禮，或盜服御飲食等，小罪爾，何足責也，當置之度外。竊謂岳鎮之重，所隸甚廣，其間强有力富貴者，蓋有公爲奸慝，神不敢於彼示其威靈，而乃加怒於一卒，無乃不可乎！某小官，一人病，則一事闕，願恕之，可乎？非某愚直，諒神不聞此言。」出廟，馬前一旋風突而出，忽作大風，震鼓天地，沙石驚飛。公曰：「神愈怒乎？吾弗畏也。」冒風即行，風愈大，惟趁公行李，而人馬皆辟易，不可移足。或勸之曰：「禱謝之。」公曰：「禍福，天也。神怒即怒，吾行不止，其如予何！」已而風止，竟無別事。《師友談記》。

30 熙寧初，有士子上書迎合時宰，遂得堂除。蘇長公以俚語戲之曰：「有甚意頭求富貴，没些巴鼻便姦邪。」《雞肋編》卷下。

31 熙寧初，議行新法，蘇子瞻力言不便，乃乞外通判杭州，每以公事臨西湖。理訖，則與黄太史輩縱酒賦詩，笑談間，各以姓氏名諱相譁謔。蘇公首倡以所載舟中櫓賦云：「木蘭舟上篙，聲自咿啞未曲腰。」黄曰：「何謂？」公笑曰：「此櫓直也。」太史即以蘇公平日所作詩檃括之云：「北山始與南屏接，西湖十里浦東橋。此非蘇低乎？」《堯山堂外紀》卷五十二。

32 杭州繁華，部使者多在州置司，各有公帑。州倅二員，都廳公事分委諸曹，倅號無事，日陪使府外臺宴飲。東坡倅杭，不勝杯酌，諸公欽其才望，朝夕聚首，疲於應接，乃號杭倅爲「酒食地獄」。後袁轂倅杭，適與郡將不協，諸司緣此亦相疏，袁語所親曰：「酒食地獄，正值獄空。」傳以爲笑。《萍洲可談》卷三。《西湖游覽志餘》卷二十三。

33 軾倅武林日，夢神宗召入禁中，宫女圍侍，一紅衣女童捧紅靴一雙，命軾銘之。覺而記其一聯云：「寒女之絲，銖積寸累。天步所臨，雲蒸雷起。」既畢進御，上極歎其敏，使宫女送出。睇眎裙帶間有六言詩一首，云：「百疊漪漪風皺，六銖縰縰雲輕。植立含風廣殿，微聞環佩摇聲。」《東坡志林》卷一。《冷齋夜話》卷一。《侯鯖録》卷四。《堯山堂外紀》卷五十二。

34 〔東坡云〕余自蜀中應舉京師，道過華清宫，夢明皇令賦《太真裙帶詞》，覺而記之，今書贈柯山潘大臨邠老云：「百疊猗猗水縐，六銖縰縰雲輕。植立含風廣殿，微聞環珮摇聲。」《詩話總龜》前集卷三十三。《苕溪漁隱叢話》前集卷四十一。

35 錢塘西湖壽星寺老僧則廉言，先生作郡倅日，始與參寥子同登方丈，即顧謂參寥曰：「某生平未嘗至此，而眼界所視，皆若素所經歷者。自此上至懺堂，當有九十二級。」遣人數之，果如其言。即謂參寥子曰：「某前身山中僧也，今日寺僧皆吾法屬耳。」後每至寺，即解衣盤礴，久而始去。則廉時爲僧雛侍仄，每暑月袒露竹陰間，細視公背，有黑子若星斗狀，世人不得見也，即北山君謂顏魯公曰「志金骨，記名仙籍」是也。《春渚紀聞》卷六。《捫蝨新話》卷十五。

36 吾昔在錢塘，一日晝寢寶山僧舍，起題其壁云：「七尺頑軀走世塵，十圍便腹貯天真。此中空洞渾無物，何止容君數百人。」其後有數小子亦題名壁上，見者乃謂予誚之也。周伯仁所謂君者乃王茂弘之流，豈此等輩哉！……吾嘗作《李太白真贊》云：「生平不識高將軍，手污吾足乃敢嗔。」吾今復書此者，欲使後之小人少知自揆也。《東坡志林》卷七。

37 陳直方之妾稽，本錢塘妓人也，丐新詞於蘇子瞻。子瞻因直方新喪正室，而錢塘人好唱《陌上花》、《緩緩曲》，乃引其事以戲之，其詞則《江神子》也。詞云：「玉人家在鳳凰山。水雲間，掩門關。門外行人，立馬看弓彎。十里春風誰指似，斜日映，繡簾斑。多情好事與君還。憫新鰥，拭餘潸。明月空江，香霧着雲鬟。陌上花開看盡也，聞舊曲，破朱顏。」《東坡詩話録》卷中。《西湖游覽志餘》卷十六。《青泥蓮花記》卷七。《堯山堂外紀》卷五十二。《詞林紀事》卷五。

38 東坡倅錢塘日，忽劉貢父相訪，因拉與同游西湖。時二劉方在服制中。至湖心，有小舟翩然至前，一婦人甚佳，見東坡，自叙：「少年景慕高名，以在室無由得見，今已嫁爲民妻，聞公游湖，不避罪而來，善彈箏，願獻一曲，輒求一小詞以爲終身之榮，可乎？」東坡不能卻，援筆而成，與之。其詞云：「鳳凰山下雨初晴。水風清，晚霞明。一朵芙蓉、開過尚盈盈。何處飛來雙白鷺，如有意，慕娉婷。忽聞筵上弄哀箏。苦含情，遣誰聽。煙斂雲收，依約是湘靈。擬待曲終尋問取，人不見，數峯青。」《甕牖閒評》卷五。

39 子瞻通判錢塘，嘗權領州事，新太守將至，營妓陳狀，以年老乞出籍從良，公即判曰：「五日京兆，判狀不難；九尾野狐，從良任便。」有周生者，色藝爲一州之最，聞之，亦陳狀乞嫁。惜其去，判云：「慕周南之化，此意雖可嘉；空冀北之群，所請宜不允。」其敏捷善謔如此。《澠水燕談録》卷十。《宋朝事實類苑》卷六十四。《湖海新聞夷堅續志》後集卷二。《西湖游覽志餘》卷十六。《堯山堂外紀》卷五十二。《青泥蓮花記》卷七。《堅瓠丙集》卷一。

40 錢唐一官妓，性善媚惑，人號曰九尾野狐。東坡先生適是邦，闕守權攝。九尾野狐者一日下狀解籍，遂判云：「五日京兆，判斷自由。九尾野狐，從良任便。」復有一名娼，亦援此例，遂判云：「敦召南之化，此意誠可佳；空冀北之群，所請宜不允。」《侯鯖録》卷八。

41 見王安石91。

42 任杭州通判日，轉運司差往湖州相度堤岸利害，因與知湖州孫覺相見，作詩與孫覺云：「嗟余與子久離群，耳冷心灰百不聞。若對青山談世事，當須舉白便浮君。」某是時約孫覺並坐客，如有言及時事者，罰一大盞。《苕溪漁隱叢話》前集卷四十四引《烏臺詩案》。

43 東坡在湖州，甲寅年，與楊元素、張子野、陳令舉，由苕霅泛舟至吴興。東坡家尚出琵琶，并沈冲宅犀玉共三面胡琴。又州妓一姓周，一姓邵，呼爲「二南」。子野賦《六客辭》，後子野、令舉、孝叔化去，唯東坡與元素、公擇在爾。元素因作詩寄坡云：「仙舟游漾霅溪風，三奏琵琶一艦紅。門望喜傳新政異，夢魂猶憶舊歡同。二南籍裏知誰在，六客堂中已半空。細問人間爲宰相，争如願住水晶宫。」《觀林詩話》。

44 蘇子瞻與劉孝叔、李公擇、陳令舉、楊公素會於吴興，時張子野在坐，作《定風波》詞以詠六客，卒章云：「盡道賢人聚吴分，試問，也應旁有老人星。」後十五年，蘇公再至吴興，則五人者皆已亡矣。時張仲謀、張秉道、蘇伯固、曹子方、劉景文爲坐客，仲謀請作《後六客詞》，云：「月滿苕溪照夜堂。五星一老鬭光芒。十五年前真夢裏，何事？長庚對月獨凄涼。　緑髮蒼顔同一醉，還是。六人吟笑水雲鄉。賓主談鋒誰得似？看取，曹劉今對兩蘇張。」《雞肋編》卷下。

45 見張先19。

46 潤州甘露寺多景樓，天下之殊景。甲寅仲冬，蘇子瞻、孫巨源、王正仲參會於此。有胡琴者，姿色尤好。三公皆一時英秀，景之秀，妓之妙，真爲希遇。飲闌，巨源請於子瞻曰：「殘霞晚照，非奇才不盡。」子瞻作《採桑子》曰：「多情多感仍多病，多景樓中。樽酒相逢。樂事回頭一笑空。停杯且聽琵琶語，細撚輕攏。醉臉春融。斜照江天一抹紅。」《傅幹注坡詞》卷十二。宋刊《王狀元集百家注分類東坡先生詩》卷十二。

47 朝士趙昶有兩婢，善吹笛，知藤州日，以丹砂遺子瞻。子瞻以蘄笛報之，並有二曲，其詞甚美，云：「木落淮南，雨晴雲夢，日斜風嫋。」又云：「自桓伊不見，中郎去後，孤負秋多少。」斷章云：「爲使君、洗盡蠻風瘴雨，作清霜曉。」昶曰：「子瞻罵我矣。」昶，南雄州人，意謂子瞻以蠻風諷之。《孔氏談苑》卷二。

48 嶺南太守閭丘公顯居姑蘇，東坡每過必留連，嘗言：「過姑蘇不游虎丘、不謁閭丘，乃二歉事。」一日出其後房佐酒，有懿卿者善吹笛，坡作《水龍吟》贈云：「楚山修竹如雲，異材秀出千林表。龍鬚半翦，鳳膺微漲，玉肌匀繞。木落淮南，雨晴雲夢，月明風嫋。自中郎不見，桓伊去後，知辜負，秋多少。聞道嶺南太守，後堂深、緑珠嬌小。綺窗學弄，梁州初徧，霓裳未了。嚼徵含宮，泛商流羽，一聲雲杪。爲使君洗盡，作霜天曉。」《堯山堂外紀》卷五十二。

49 東坡自禁城出守東武，適值霖潦經月，黄河決流，漂溺鉅野，及於彭城。東坡命力士持畚鍤，具薪芻，萬人紛紛，增塞城之敗壞者。至暮，水勢益洶。東坡登城野宿，愈加督責，人意乃定，城不没者一板。

不然，則東武之人盡爲魚鼈矣。坡復用僧應言之策，鑿清冷口積水，入於古廢河，又東北入於海。水既退，坡具利害屢請於朝，築長堤十餘里，以拒水勢，復建黄樓以厭之。堤成，水循故道分流，城中上巳日，命從事樂成之。有一妓前曰：「自古上巳舊詞多矣，未有樂新堤而奏雅曲者，願得一闋歌公之前。」坡寫《滿江紅》曰：「東武城南，新堤就、漣漪初溢。遍長林翠阜，卧紅堆碧。枝上殘花吹盡也，與君試向江頭覓。問向前、猶有幾多春，三之一。　官裏事，何時畢。風雨外，無多日。相將泛曲水，滿城争出。君不見蘭亭修禊事，當時座上皆豪逸。到如今、修竹滿山陰，空陳迹。」俾妓歌之，坐席歡甚。《古今詞話》。《歲時廣記》卷十八。

50　東坡熙寧十年知徐州，李邦直因沂山龍祠祈雨有應，作詩寄東坡，東坡和之，末云：「半年不雨坐龍慵，但怨天公不怨龍。今來一雨何足道，龍神社鬼各無功。無功日盜太倉粟，嗟我與龍同此責。勸農使者不汝容，因君作詩先自劾。」李邦直來謁東坡，因戲笑言：「承見示詩，只是勸農使者不管㐖地事。」元豐二年，東坡下御史臺獄，嘗供此詩云：「本因龍神慵惰不行雨，却使人心怨天公。以譏諷大臣不任職，不能燮理陰陽，却使人心怨天子。以天公比天子，以神龍社鬼比執政大臣及百執事也。」《能改齋漫録》卷十一。

51　東坡守徐州，作《燕子樓》樂章，方具藁，人未知之。一日，忽鬨傳於城中，東坡訝焉。詰其所從來，乃謂發端於邏卒。東坡召而問之，對曰：「某稍知音律，嘗夜宿張建封廟，聞有歌聲，細聽乃此詞也。記而傳之，初不知何謂。」東坡笑而遣之。《獨醒雜志》卷三。

52 或問東坡：「雲龍山人張天驥者，一無知村夫耳。公爲作《放鶴亭記》，以比古隱者，又遺以詩，有『脱身聲利中，道德自濯澡』，過矣。」東坡笑曰：「裝鋪席耳。」東坡之門，稍上者不敢言，如琴聰、蜜殊之流，皆鋪席中物也。《邵氏聞見後録》卷十五。

53 東坡在徐，戲參寮曰：「吾師比復飲酒食肉，何耶？」參寮初不悟，噴曰：「道潛久從公游，未嘗一日渝齋禁。」坡云：「曷固隱？師飲饌精豐仍甚。」問何從知，曰：「以近詩知之，如『隔林仿佛聞機杼，知有人家住翠微。』大無蔬筍氣也。」《西清詩話》卷下。

54 東坡知徐州，李定之子某過焉。坡以過客故事宴之，其人大喜，以爲坡敬愛之也。因起而請求薦墨。坡佯應曰「諾」。久之閒談，坡忽問李：「相法謂面上人中長一寸者壽百年，有是説否？」李曰：「未聞也。」坡曰：「果若人言，彭祖好一個獃長漢。」李大慚而遁。《誠齋詩話》。

55 元豐初，東坡自徐移知湖州，嘗與賓客游道場山，屏退從者而入，有僧憑門閫熟睡。東坡戲云：「髡閫上困。」有客即答曰：「不用釘頂上釘？」又爲一僧題扁曰「層通軒」，後有人以入聲調之，曰「賊秃歇」。《堯山堂外紀》卷五十二。《軒渠録》。

56 見沈括2。

57 見李定(資深)5。

58 見李定(資深)6。

59 蘇軾以吟詩有譏訕，言事官章疏狎上，朝廷下御史臺差官追取。是時，李定爲中書丞，對人太息，以爲人才難得，求一可使逮軾者，少有如意。於是太常博士皇甫僎被遣以往。僎攜一子二臺卒，倍道疾馳。駙馬都尉王詵與子瞻游厚，密遣人報蘇轍。轍時爲南京幕官，乃亟走介往湖州報軾。而僎行如飛不可及，至潤州，適以子病求醫留半日，故所遣人得先之。僎至之日，軾在告，祖無頗權州事。僎徑入州廟，具鞾袍秉笏立庭下，二臺卒夾侍，白衣青巾，顧盼獰惡，人心洶洶不可測。軾恐，不敢出，乃謀之無頗。無頗云：「事至於此，無可奈何，須出見之。」軾議所以服，自以爲得罪，不可以朝服，無頗云：「未知罪名，當以朝服見也。」軾亦具鞾袍秉笏立庭下，無頗與職官皆小幘列軾後。二卒懷臺牒拄其衣若匕首然。僎又久之不語，人心益疑懼。軾曰：「軾自來極惱朝廷多，今日必是賜死。死固不辭，乞歸與家人訣別。」僎始肯言曰：「不至如此。」無頗乃前曰：「太博必有被受文字。」僎問誰何，無頗曰：「無頗是權州。」僎乃以臺牒授之。及開視之，祇是尋常追攝行遣耳。僎促軾行，二獄卒就直之，即時出城登舟，郡人送者雨泣。頃刻之間，拉一太守如驅犬雞。此事無頗目擊也。《孔氏談苑》卷一。

60 東坡元豐間知湖州，言者以其誹謗時政，必致死地，御史臺遣就任攝之，吏部差朝士皇甫朝光管押。東坡方視事，數吏直入上廳事，捽其袂曰：「御史中丞召。」東坡錯愕而起，即步出郡署門，家人號泣出隨之。弟轍適在郡，相逐行及西門，不得與訣，東坡但呼：「子由，以妻子累爾！」郡人爲之泣涕。下獄即問五代有無誓書鐵券，蓋死因則如此，他罪止問三代。《萍洲可談》卷二。

61 皇甫僎追取蘇軾也，乞逐夜所至，送所司案禁。上不許，以爲只是根究吟詩事，不消如此。其始，彈劾之峻，追取之暴，人皆爲軾憂之，至是乃知軾必不死也。《孔氏談苑》卷一。

62 昔年過洛，見李公簡言：「真宗既東封，訪天下隱者，得杞人楊朴，能詩。及召對，自言不能。上問：『臨行有人作詩送卿否？』朴曰：『惟臣妾有一首云：更休落魄耽盃酒，且莫猖狂愛詠詩。今日捉將官裏去，這回斷送老頭皮。』上大笑，放還山。」余在湖州，坐作詩追赴詔獄，妻子送余出門，皆哭。無以語之，顧語妻曰：「獨不能如楊朴處士妻作詩送我乎？」妻子不覺失笑，余乃出。《東坡志林》卷二。《堯山堂外紀》卷四十三。

63 蘇子瞻隨皇甫僎追攝至太湖蘆香亭下，以柁損，修牢。是夕，風濤傾倒，月色如晝。子瞻自惟倉卒被拉去，事不可測，必是下吏，所連逮者多，如閉目窣身入水，頃刻間耳。既爲此計，又復思曰：「不欲辜負老弟。」弟謂子由也，言己有不幸，則子由必不獨生也。由是至京師，下御史獄。李定、舒亶、何正臣雜治之，侵之甚急，欲加以指斥之罪。子瞻憂在必死，常服青金丹，即收其餘，窖之土中，以備一旦當死，則併服以自殺。有一獄卒，仁而有禮，事子瞻甚謹，每夕必然湯爲子瞻濯足。子瞻以誠謁之曰：「軾必死，有老弟在外，他日托以二詩爲訣。」獄卒曰：「學士必不至如此。」子瞻曰：「使軾萬一獲免，則無所恨，如其不免，而此詩不達，則目不瞑矣。」獄卒受其詩，藏之枕中。其一詩曰：「聖主寬容德似春，小臣孤直自危身。百年未了先償債，十口無依更累人。是處青山可藏骨，他年夜雨獨傷神。與君世世爲兄弟，更結人間未了因。」其後，子瞻謫黄州，獄卒曰：「還學士此詩。」子由以面伏案，不忍讀也。子瞻好與子由夜話，對榻卧聽雨聲，故詩載其事。子瞻既出，又戲自和云：「却對酒杯渾似夢，試拈詩筆已如神。」子瞻以詩自被劾，既作此詩，私自罵曰：「猶不改也。」《孔氏談苑》卷一。

64 蘇子瞻元豐間赴詔獄，與其長子邁俱行，與之期，送食惟菜與肉，有不測，則徹二物而送以魚，使伺外間以爲候。邁謹守。踰月忽糧盡，出謀於陳留，委其一親戚代送，而忘語。其親戚偶得魚鮓送之，不兼他物。子瞻大駭，知不免，將以祈哀於上而無以自達，乃作二詩寄子由，祝獄吏致之。蓋以獄吏不敢隱，則必以聞。已而果然，神宗初固無殺意，見詩益動。自是遂益欲從寬釋，凡以深文詆者皆拒之。《石林避暑録話》卷四。《宋稗類鈔》卷一。

65 東坡爲舒亶、李定等所論，自湖州逮繫御史臺獄，時宰欲致之死。於獄中作詩寄子由曰：「聖主如天萬物春，小臣愚暗自亡身。百年未滿先償債，十口無歸更累人。是處青山可埋骨，他年夜雨獨傷神。與君世世爲兄弟，更結來生未了因。」「柏臺霜氣夜凄凄，風動琅璫月向低。夢遶雲山心似鹿，魂飛湯火命如鷄。眼中犀角真吾子，身後牛衣愧老妻。百歲神游定何處，桐鄉知葬浙江西。」神宗見而憐之，遂得出獄，謫授黄州團練副使。後作《中秋月》詞云：「惟恐瓊樓玉宇，高處不勝寒。」神宗覽之曰：「蘇軾終是愛君。」得改汝州聽便。《歸田詩話》卷上。

66 見曹后21、22。

67 先生臨錢塘郡日，先君以武學博士出爲徐州學官，待次姑蘇。公遣舟邀取至郡，留款數日，約同劉景文泛舟西湖。酒酣，顧視湖山，意頗懽適，且語及先君，被遇裕陵之初，而歎今日之除，似是左遷。久之，復謂景文曰：「如某今日餘生，亦皆裕陵之賜也。」景文請其說。云：某初逮繫御史獄，獄具奏上。是夕昏鼓既畢，某方就寢，忽見一人排闥而入，投篋於地，即枕卧之。至四鼓，某睡中覺有撼體而連語云學士賀喜者。某徐轉仄問之，即曰：「安心熟寢。」乃挈篋而出。蓋初奏上，舒亶之徒，力詆上前，必欲置之死地。而裕陵初無深罪之意，密遣小黄門至獄中視某起居狀。適某晝寢鼻息如雷，即馳以聞。裕陵顧謂左右曰：「朕知蘇軾胸中無事者。」於是即有黄州之命，則裕陵之恕，念臣子之心，何以補報萬一。後先君嘗以前事語張嘉父，嘉父云：公自黄移汝州，謝表既上，裕陵覽之，顧謂侍臣曰：「蘇軾真奇才。」時有憾公者，復前奏曰：「觀軾表中，猶有怨望之語。」裕陵愕然曰：「何謂也？」對曰：「其言兄弟並列於賢科，與『驚魂未定，夢游縲絏之中』之語。蓋言軾、轍皆前應直言極諫之詔，今乃以詩詞被譴，誠非其罪也。」裕陵徐謂之曰：「朕已灼知蘇軾衷心，實無他腸也。」於是語塞云。《春渚紀聞》卷六。《何氏語林》卷十四。

68 見吴充6。

69 東坡下御史獄，天下之士痛之，環視而不敢救。時張安道致仕在南京，乃憤然上書，欲附南京遞，府官不敢受，乃令其子恕持至登聞鼓院投進。恕素愚懦，徘徊不敢投。久之，東坡出獄。其後東坡見其副本，因吐舌色動久之。人問其故，東坡不答。其後子由亦見之云：「宜吾兄之吐舌也，此時正得張恕力。」或問其故，子由曰：「獨不見鄭崇之救蓋寬饒乎，其疏有云：『上無許史之屬，下無金張之託。』此語正是激宣帝之怒爾，且寬饒正以犯許史輩有此禍，今乃再許之，是益其怒也。且東坡何罪？獨以名太高，與朝廷争勝耳。今安道之疏乃云：『其實天下之奇材也。』獨不激人主之怒？時急救之，故爲此言矣。」僕曰：「然則是時救東坡者宜爲何説？」先生曰：「但言本朝未嘗殺士大夫，今乃開端，則是殺士大夫自陛下始。而後世子孫因而殺賢士大夫，必援陛下以爲例。神宗好名而畏義，疑可以此止之。」《元城語録》卷下。《宋名臣言行録》後集卷九。《讀書鏡》卷五。《宋詩紀事》卷二十一。

70 僕頃以詩得罪，有司移杭取境内所留詩。杭州供數百首，謂之「詩帳」。《蘇軾詩集》卷二十一自注。

71 元豐間，蘇子瞻繫大理獄。神宗本無意深罪子瞻，時相進呈，忽言蘇軾於陛下有不臣意。神宗改容曰：「軾固有罪，然於朕不應至是，卿何以知之？」時相因舉軾《檜詩》「根到九泉無曲處，世間惟有蟄龍知」之句，對曰：「陛下飛龍在天，軾以爲不知己，而求之地下之蟄龍，非不臣而何？」神宗曰：「詩人之詞，安可如此論？彼自詠檜，何預朕事？」時相語塞。章子厚亦從旁解之，遂薄其罪。子厚嘗以語余，且以醜言詆時相，曰：「人之害物，無所忌憚，有如是也！」時相，王珪也。《石林詩話》卷上。《宋詩紀事》卷二十。

72 子瞻得罪時，有朝士賣一詩策，内有使墨君事者，遂下獄。李定、何正臣劾其事，以指斥論，謂蘇曰：「學士素有名節，何不與他招了。」蘇曰：「軾爲人臣，不敢萌此心，却未知何人造此意？」一日，禁中遣馮宗道按獄，止貶黄州團練副使。《孫公談圃》卷上。

73 秦少章言：公嘗言觀書之樂，夜常以三鼓爲率，雖大醉歸，亦必披展至倦而寢。然自出詔獄之後，不復觀一字矣。《春渚紀聞》卷六。

74 萬松亭在麟山。始，麻城縣令張毅植萬松於道，用以庇行者，且以名其亭。去未十年，而松之存者，十不及三四。東坡元豐二年謫居黄州，過而賦詩云：「十年栽種百年規，好德無人助我儀。縣令若同倉庚氏，亭松應長子孫枝。天公不赦斧斤厄，野火解憐冰雪姿。爲問幾株能合抱，慇懃記取角弓詩。」崇寧以還，坡文既禁，故詩碑不復見。而過往題詠者，多不勝紀。番陽倪左司濤傷之以詩云：「舊韻無儀字，蒼髯有恨聲。」此之謂也。《能改齋漫録》卷十一。《宋詩紀事》卷二十一。

75 東坡謫齊安，日用不過百五十。每月朔，取錢四千五百，斷爲三十塊，掛屋梁上，平旦用畫叉挑取一塊，即藏去。又以竹筒貯用不盡者，以待賓客。云：「此賈耘老法也。」又與李公擇書云：「口腹之欲，何窮之有！每加節儉，亦是惜福延壽之道。」《鶴林玉露》乙編卷五。《蘇軾文集》卷五十二。《賢弈編》卷一。《湖海新聞夷堅續志》前集卷一。《讀書鏡》卷七。

76 司馬文正公在洛下，與諸故老時游集，相約酒行果實食品皆不得過五，謂之真率會。嘗見于詩。子瞻在黄州，與鄰里往還。子瞻既絶俸，而往還者亦多貧，復殺而爲三，自言有三養，曰：「安分以養福，寬胃以養氣，省費以養財。」《石林避暑録話》卷二。

77 蘇東坡在黄州，飲食不過一爵、一肉。有尊客盛饌，則三之，可損不可增。有召者，預以此告之，其言曰：「一安分以養福，二寬胃以養氣，三省費以養財。」《東山談苑》卷三。

78 蘇子瞻責黄州，居州之東坡，作雪堂，自號「東坡居士」，後人遂目子瞻爲「東坡」。《萍洲可談》卷一。

79 蘇公責居黄州，始自稱東坡居士。詳考其意，蓋專慕白樂天而然。白公有《東坡種花》二詩云：「持錢買花樹，城東坡上栽。」又云：「東坡春向暮，樹木今何如？」又有《步東坡》詩云：「朝上東坡步，夕上東坡步。東坡何所愛，愛此新成樹。」又有《别東坡花樹》詩云：「何處殷勤重回首，東坡桃李種新成。」皆爲忠州刺史時所作也。蘇公在黄，正與白公忠州相似。《容齋三筆》卷五。《二老堂詩話》。

80 蘇東坡在黄州，自號「狂副使」，其詞云：「更問鐏前狂副使。」又自號「老農夫」，其詞云：「看取雪堂坡下老農夫。」《甕牖閒評》卷五。

81 子由作子瞻墓志云：公謫黃州，幅巾芒屨，與田夫野老相從溪谷之間，築室於東坡，自號「東坡居士」。《苕溪漁隱叢話》後集卷二十六。

82 〔蘇子瞻〕初謫黃州，布衣芒履，出入阡陌。多挾彈擊江水，與客爲娛樂。每數日，必一泛舟江上，聽其所往，乘興或入旁郡界，經宿不返。爲守者極病之。《巖下放言》卷中。《太平清話》卷上。《宋稗類鈔》卷四。

83 子瞻在黃州及嶺表，每旦起，不招客相與語，則必出而訪客。所與游者，亦不盡擇，各隨其人高下，談諧放蕩，不復爲畛畦。有不能談者，則强之使説鬼。或辭無有，則曰「姑妄言之」。於是聞者無不絶倒，皆盡歡而去。設一日無客者，則歉然若有疾。《石林避暑録話》卷一。《何氏語林》卷十一。《宋稗類鈔》卷四。

84 今年東坡收大麥二十餘石，賣之，價甚賤。而粳米適盡，故日夜課奴婢舂以爲飯，嚼之嘖嘖有聲，小兒女相調，云是嚼蝨子。然日中腹饑，用漿水淘之，自然甘酸浮滑，有西北村落氣味。今日復令庖人雜小豆作飯，尤有味。老妻大笑曰：「此新樣二紅飯也。」《仇池筆記》卷上。

85 東坡在黃，即坡之下，種稻爲田五十畝。自牧一牛，一日，牛忽病幾死，呼牛醫療之，云不識證狀。王夫人多智多經涉，語坡曰：「此牛發豆斑，療法當以青蒿作粥啖之。」如言而效。嘗舉以告章子厚，謂「君毋云我自謫居後便作老農，更無樂事，豈知老妻猶能接黑牡丹也。」俗呼牛爲黑牡丹。子厚〔曰〕：「我更欲留君與語，恐人又謂從牛醫兒來，姑且去。」遂大笑而別。《坦齋筆衡》。《堯山堂外紀》卷五十一。

86 東坡在黃州，陳慥季常在岐亭，時相往來。季常喜談養生，自謂吐納有所得。後季常因病，公以書戲之云：「公養生之效有成績，今又示病彌月。雖使臯陶聽之，未易平反。公之養生，正如小子之圓覺，可謂害脚法師鸚鵡禪，五通氣毬黄門妾也。」《墨莊漫録》卷七。《宋稗類鈔》卷六。

87　東坡在黄州，而王文甫家車湖，公每乘興必訪之。一日，逼歲除，至其家，見方治桃符，公戲書一聯於其上，云：「門大要容千騎入，堂深不覺少年歡。」《墨莊漫録》卷八。

88　東坡在黄岡，與張從惠吉老同一州。吉老妻，予從姑也。遇生日，請坡夫婦飲。適有新桃，食之見雙仁。坡戲作《獻壽》詩云：「終須跨箇玉麒麟，方丈蓬萊走一巡。敢獻些兒長壽物，蟠桃核裏有雙仁。」《侯鯖録》卷八。

89　東坡在黄州時，嘗赴何秀才會，食油果甚酥。因問主人，此名爲何？主人對以無名。東坡又問爲甚酥，坐客皆曰：「是可以爲名矣。」又潘長官以東坡不能飲，每爲設醴，坡笑曰：「此必錯著水也。」他日忽思油果，作小詩求之云：「野飲花前百事無，腰間惟繫一葫蘆。已傾潘子錯著水，更覓君家爲甚酥。」李端叔嘗爲余言，東坡云：「街談市語，皆可入詩，但要人鎔化耳。」此詩雖一時戲言，觀此亦可以知其鎔化之功也。《竹坡詩話》。《調謔編》。《堯山堂外紀》卷五十二。

90　徐得之君猷，陽翟人，韓康公婿也。知黄州日，東坡先生遷謫於郡，君猷周旋之，不遺餘力。其後君猷死於黄，東坡作祭文、挽詞甚哀，又與其弟書云：「軾始謫黄州，舉眼無親，君猷一見，相待如骨肉，此意豈可忘哉！」君猷後房甚盛，東坡常聞堂上絲竹，詞中謂「表德元來字勝之」者，所最寵也。東坡北歸，過南都，則其人已歸張樂全之子厚之恕矣。厚之開燕，東坡復見之，不覺掩面號慟，妾乃顧其徒而大笑。東坡每以語人，爲蓄婢之戒。《揮麈後録》卷七。

91 徐黄州之子叔廣，十四秀才，先生與其舅張仲謨書，所謂「十三十四皆有俊性者」是也。嘗出先生醉墨一軸，字畫攲傾，龍蛇飛動，乃是張無盡過黄州，而黄州有四侍人，適張夫人攜其一往婿家，爲浴兒之會。無盡因戲語云：「厥有美妾，良由令妻。」公即續之爲小賦云：「道得徵章鄭趙，姓稱孫姜閻齊。浴兒於玉潤之家，一夔足矣；侍坐於冰清之仄，三英粲兮。」既暮，而張夫人復還其一，還乃閻姬也，最爲徐所寵。公復書絶句云：「玉筍纖纖揭繡簾，一心偷看緑羅尖。使君三尺毬頭帽，須信從來只有簷。」《春渚紀聞》卷六。《宋詩紀事》卷二十一。

92 張懷民與張昌言圍棋，賭僕書字一紙，勝者得此，負者出錢五百足，作飯會以飯僕。《東坡志林》卷九。

93 子瞻在黄州，術士多從之游。有僧相見，數日不交一言。將去，懷中取藥兩貼，如蓮蘂而黑色，曰：「此燒煉藥也，有緩急服之。」子瞻在京師爲公言：「至今收之。」後謫海島無恙，疑得此藥之力。《孫公談圃》卷中。

94 紫姑者，廁神也。金陵有致其神者，沈遘嘗就問之，則畫粉爲字曰：「文通萬福。」遘問三姑姓，答云：「姓竺。《南史》竺法明，乃吾祖也。」亦有詩贈遘。近黄州郭殿直家有此神，頗黠捷，每歲率以正月一日來，二月二日去。蘇軾與之甚狎，常問軾乞詩。軾曰：「軾不善作詩。」姑書灰云：「猶裏猶裏。」軾云：「軾非不善，但不欲作爾。」姑云：「但不要及它新法便得也。」《孔氏談苑》卷二。

95 黄州東南三十里爲沙湖，亦曰「螺師店」，予買田其間，因往相田得疾，聞麻橋人龐安常善醫而聾，遂往求療。安常雖聾，而穎悟絶人，以紙畫字，書不數字，輒深了人意。余戲之曰：「余以手爲口，君以眼爲耳，皆一時異人也。」疾愈，與之同游清泉寺。寺在蘄水郭門外二里許，有王逸少洗筆泉，水極甘，下臨蘭溪，溪水西流。余作歌云：「山下蘭芽短浸溪，松閒沙路浄無泥。蕭蕭暮雨子規啼。誰道人生無再少，君看流水尚能西。休將白髮唱黄鷄。」是日劇飲而歸。《東坡志林》卷一。

96 龐安常爲醫，不志於利，得善書古畫，喜輒不自勝。九江胡道士頗得其術，與予用藥，無以酬之，爲作行草數紙而已，且告之曰：「此安常故事，不可廢也。」參寥子病，求醫於胡，自度無錢，且不善書畫，求予甚急。予戲之曰：「子粲、可、皎、徹之徒，何不下轉語作兩首詩乎？」龐、胡二君與吾輩游，不曰「索我於枯魚之肆」矣。《東坡志林》卷三。

97 東坡云：元豐五年十二月十九日，東坡生日也，置酒赤壁磯，下踞高峯，俯鶻巢。酒酣，笛聲起於江上，客有郭、石二生，頗知音，謂坡曰：「笛聲有新意，非俗工也。」使人問之，則進士李委，聞坡生日，作新曲曰《鶴南飛》以獻。呼之使前，則青巾紫裘，腰篴而已。既奏新曲，又快作數弄，嘹然有穿雲裂石之聲，坐客皆引滿醉倒。委袖出嘉紙一幅，曰：「吾無求於公，得一絶句足矣。」坡笑而從之，詩曰：「山頭孤鶴向南飛，載我南游到九嶷。下界何人也吹笛，可憐時復犯龜茲。」《苕溪漁隱叢話》後集卷二十六。《詩話總龜》前集卷十九。

98 東坡謫黄州，元豐五年，因誕日置酒赤壁高峯，與客飲，有進士李委懷笛以進，因獻新曲曰《鶴南飛》，仍求詩。坡醉，信筆贈詩，有「山頭孤鶴向南飛，載我南游到九疑」之句。蓋南遷之兆，已見於此。《泊宅編》十卷本卷六。

99 東坡謫居於黄五年。赤壁有巨鶻，棲於喬木之上，《後賦》所謂「攀棲鶻之危巢，俯馮夷之幽宫」是也。韓子蒼靖康初守黄州，三月而罷。因游赤壁，而鶻巢已亡，作詩示何次仲迂叟。《能改齋漫録》卷六。

100 慶曆中，歐陽文忠公謫守滁州，有琅琊幽谷，山川奇麗，鳴泉飛瀑，聲若環佩，公臨聽忘歸。僧智仙作亭其上，公刻石爲記，以遺州人。既去十年，太常博士沈遵，好奇之士，聞而往游，愛其山水秀絶，以琴寫其聲，爲《醉翁吟》，蓋宫聲三疊。後會公河朔，遵援琴作之，公歌以遺遵，并爲《醉翁引》以叙其事。然詞不主聲，爲知琴者所惜。後三十餘年，公薨，遵亦殁。其後，廬山道人崔閑，遵客也，妙於琴理，常恨此曲無詞，乃譜其聲，請於東坡居士子瞻，以補其闕。然後聲詞皆備，遂爲琴中絶妙，好事者争傳。其詞曰：「琅然。清圜。誰彈。響空山。無言。惟有醉翁知其天。月明風露娟娟。人未眠。荷簣過山前。曰有心也哉此弦。醉翁嘯詠，聲和流泉。醉翁去後，空有朝吟夜怨。山有時而童巔。水有時而回淵。思翁無歲年。翁今爲飛仙。此意在人間。試聽徽外兩三弦。」方其補詞，閑爲弦其聲，居士倚爲詞，頃刻而就，無所點竄。遵之子爲比丘，號本覺法真禪師，居士書以與之，云：「二水同器，有不相入；二琴同手，有不相應。沈君信手彈琴而與泉合，居士縱筆作詞而與琴會，此必有真同者矣。」《澠水燕談録》卷七。《宋朝事實類苑》卷三十四。

101 〔子瞻〕謫居黄州。有陳處士者，攜紙筆求書於子瞻，會客方鼓琴，遂書曰：「或對一貴人彈琴者，天陰聲不發，貴人怪之，曰：『豈弦慢邪？』對曰：『弦也不慢。』」《澠水燕談録》卷四。《何氏語林》卷二十七。

102 東坡既謫黄州，復以先知徐州日，不覺察妖賊事取勘，已而有旨放罪。乃上表謝，神宗讀至「無官可削，撫己知危」，笑曰：「畏喫棒邪！」《卻掃編》卷下。

103 王和甫嘗言蘇子瞻在黄州，上數欲用之，王禹玉輒曰：「軾嘗有『此心惟有蟄龍知』之句，陛下龍飛在天而不敬，乃反欲求蟄龍乎！」章子厚曰：「龍者，非獨人君，人臣皆可以言龍也。」上曰：「自古稱龍者多矣，如荀氏八龍、孔明卧龍，豈人君也？」及退，子厚詰之曰：「相公乃欲覆人之家族耶？」禹玉曰：「它舒亶言爾。」厚曰：「亶之唾亦可食乎？」《聞見近録》。

104 熙寧丙辰中秋，東坡居士歡飲達旦，大醉，作《水調歌頭》兼懷子由。元豐間，都下傳唱此詞。神宗問内侍，因得上塵乙覽，讀至「又恐瓊樓玉宇，高處不勝寒」之句，上曰：「蘇軾終是愛君。」乃命量移汝州。《古今事文類聚》卷二十四。《堯山堂外紀》卷五十二。《詞林紀事》卷五引《坡仙集外紀》。

105 子瞻在黄州，病赤眼，踰月不出。或疑有他疾，過客遂傳以爲死矣。有語范景仁於許昌者，景仁絶不置疑，即舉袂大慟，召子弟具金帛遣人賙其家。子弟徐言：「此傳聞未審。當先書以問其安否，得實，弔恤之未晚。」乃走僕以往。子瞻發書大笑。故後量移汝州，謝表有云：「疾病連年，人皆相傳爲已死。」未幾，復與數客飲江上。夜歸，江面際天，風露浩然，有當其意，乃作歌辭，所謂「夜闌風静縠紋平。小舟從此逝，江海寄餘生」者，與客大歌數過而散。翼日，喧傳子瞻夜作此詞，挂冠服江邊，拏舟長嘯去矣。郡守徐君猷聞之，驚且懼，以爲州失罪人，急命駕往謁，則子瞻鼻鼾如雷，猶未興也。然此語卒傳至京師，雖裕陵亦聞而疑之。《石林避暑録話》卷二。《樵書》初編卷二。

106〔東坡〕在黄州，都下忽盛傳公病殁。裕陵以問蒲宗孟，宗孟奏曰：「日來外間似有此語，然亦未知的實。」裕陵將進食，因歎息再三，曰：「才難。」遂輟飯而起，意甚不懌。《春渚紀聞》卷六。

107東坡既遷黄崗，京師盛傳白日仙去。神廟聞之，對左丞蒲宗孟歎惜久之。故東坡謝表有云：「疾病連年，人皆相傳爲已死；饑寒併日，臣亦自厭其餘生。」《邵氏聞見後録》卷十六。

108吾昔謫黄州，曾子固居憂臨川，死焉。人有妄傳吾與子固同日化去，且云：「如李長吉時事，以上帝召他。」時先帝亦聞其語，以問蜀人蒲宗孟，且有歎息語。今謫海南，又有傳吾得道，乘小舟入海不復返者，京師皆云，兒子書來言之。今日有從黄州來者，云太守何述言吾在儋耳一日忽失所在，獨道服在耳，蓋上賓也。《東坡志林》卷二。

109范蜀公呼我卜鄰許下。許下多公卿，而我蓑衣篛笠，放蕩於東坡之上，豈復能事公卿哉？《東坡志林》卷四。

110朱司農載上嘗分教黄岡，時東坡謫居黄，未識司農公。客有誦公之詩云：「官閒無一事，蝴蝶飛上階。」東坡愕然曰：「何人所作？」客以公對。東坡稱賞再三，以爲深得幽雅之趣。異日，公往見，遂爲知己。自此，時獲登門。偶一日謁至，典謁已通名，而東坡移時不出。欲留則伺候頗倦，欲去則業已達姓名。如是者久之，東坡始出，愧謝久候之意，且云：「適了些日課，失於探知。」坐定，他語畢，公請曰：「適來先生所謂日課者何？」對云：「鈔《漢書》。」公曰：「以先生天才，開卷一覽，可終身不忘，何用手鈔邪？」東坡曰：「不然，某讀《漢書》，至此凡三經手鈔矣。初則一段事鈔三字爲題，次則兩字，今則一字。」公離席復請曰：「不知先生所鈔之書肯幸教否？」東坡乃命老兵就書几上取一册至，公視之，皆不解其義。東坡云：「足下試舉題一字。」公如其言。東坡應聲輒誦數百言，無一字差缺，凡數挑皆然。公降歎良久，曰：「先生真謫仙才也！」《西塘集耆舊續聞》卷一。

111 東坡先生居黄州時，手抄《金剛經》，筆力最爲得意，然止第十五分，遂移臨汝。已而入玉堂，不能終卷，旋亦散逸。其後謫惠州，思前經不可復尋，即取十六分以後續書之，置於李氏潛珍閣。李少愚參政得其前經，惜不能全，所在輒訪之，冀復合。紹興初，避地羅浮，見李氏子輝，輝以家所有坡書悉示之，而祕《金剛》殘帙，少愚不知也。異日，偶及之，遂兩出相視，其字畫大小高下，黑色深淺，不差毫髮，如成於一旦，相顧驚異。輝以歸少愚，遂爲全經云。《夷堅甲志》卷十一。

112 王荆公在熙寧中，作《字説》，行之天下。東坡在館，一日因見而及之，曰：「丞相賾微窅窮制作，某不敢知，獨恐每每牽附，學者承風，有不勝其鑿者。姑以犇、麤二字言之，牛之體壯於鹿，鹿之行速於牛，今積三爲字而其義皆反之，何也？」荆公無以答，迄不爲變。黨伐之論，於是浸闓，黄岡之貶，蓋不特坐詩禍也。《桯史》卷二。《堯山堂外紀》卷五十二。

113 見王安石154。

114 濟南監鎮宋保國，出其所集王荆公《華嚴解》，余曰：「《華嚴》有八十一卷，今獨解其一，何也？」曰：「公謂我此佛語，至深妙，他皆菩薩語耳。」曰：「予於藏經中，取佛語數句雜菩薩語中，復取菩薩語數句雜佛語中，子能識其是非乎？」曰：「不能也。」曰：「非獨子不能，荆公亦不能也。予昔在岐下，聞河陽猪肉甚美，使人往致之，使者醉，猪夜逸，貿他猪以償。吾不知也。客皆大詫，以爲非他産所及。已而事敗，客皆大慚。今荆公之猪未敗耳。……子若一念清浄，牆壁瓦礫皆説無上法，而云佛語深妙，菩薩語不及，豈非夢中語乎？」《仇池筆記》卷上。《賢弈編》卷三。《何氏語林》卷五。《宋稗類鈔》卷七。

115　東坡先生嘗偶遇坐客，行一令，以兩卦名證一故事。一人云：「孟嘗門下三千客，《大有》、《同人》。」一人云：「光武兵渡滹沱河，《既濟》、《未濟》。」一人云：「劉寛婢羹污朝衣，《家人》、《小過》。」先生云：「牛僧孺父子犯罪，先斬《小畜》，後斬《大畜》。」蓋爲荆公父子發也。《清夜録》。《唾玉集》。《蓼花洲閒録》。《何氏語林》卷二十八。《堯山堂外紀》卷五十二。《宋稗類鈔》卷六。

116　見王安石156。

117　見王安石157。

118　見王安石158。

119　余少年不殺，未能斷也，近年始能不殺豬羊。惜嗜蟹，每見餉者，皆放之江中。雖在江無活理，庶幾求一活。即使不活，亦愈於烹煎也。親遭患難，不異雞鴨之在庖厨，不忍以口腹之故，使有生之類，受無量怖苦耳。猶恨未能忘食味，食自死物可也。《仇池筆記》卷下。

120　東坡在黄州，手作菜羹，號爲「東坡羹」。自叙其制度，好事者珍奇之。《萍洲可談》卷二。

121　東坡性喜飲，而飲亦不多。在黄州，嘗以蜜爲釀，又作《蜜酒歌》，人罕傳其法。每蜜用四斤煉熟，入熟湯，相攪成一斗，入好麵麯二兩，南方白酒餅子米麯一兩半，擣細，生絹袋盛，都置一器中，密封之。

大暑中，冷下。稍凉，温下。天冷，即熱下。一二日即沸，又數日沸定，酒即清可飲。初全帶蜜味，澄之半月，渾是佳酎。方沸時，又煉蜜半斤，冷投之，尤妙。予嘗試爲之，味甜如醇醪。善飲之人，恐非其好也。《墨莊漫録》卷五。

122 蘇子瞻在黄州，作蜜酒，不甚佳，飲者輒暴下，蜜水腐敗者爾。嘗一試之，後不復作。在惠州作桂酒，嘗問其二子邁、過，云亦一試之而止，大抵氣味似屠蘇酒。《石林避暑録話》卷一。

123 元祐中，駙馬都尉王詵晉卿置墨數十品，雜研之，作數十字，以觀色之淺深，若果佳，當搗爲一品。昔在黄州，鄰近四五州送酒，合置一器，謂之「雪堂義尊」。今又爲「雪堂義墨」邪。《仇池筆記》卷下。

124 東坡嘗有「文尊」、「義尊」之目，蓋公在蜀時，以鉅竹尺許裁爲雙筒，謂之「文尊」；在黄州聚諸家酒於一罍，謂之「雪堂義尊」。《霏雪録》卷上。

125 東坡在雪堂，一日讀杜牧之《阿房宫賦》凡數遍，每讀徹一遍，即再三咨嗟歎息，至夜分，猶不寐。有二老兵，皆陜人，給事左右，坐久，甚苦之。一人長歎，操西音曰：「知他有甚好處，夜久寒甚不肯睡，連作寃苦聲。」其一曰：「也有兩句好。」其人大怒曰：「你又理會得甚底？」對曰：「我愛他道『天下人不敢言而敢怒』。」叔黨卧而聞之，明日以告東坡，大笑曰：「這漢子也有鑒識。」《道山清話》。《捫掌録》。《五雜組》卷十六。

126 蘇東坡謫黄州，鄰家一女子甚賢，每夕只在窗下聽東坡讀書，後其家欲議親，女子云：「須得讀書如東坡者乃可。」竟無所諧而死。故東坡作《卜算子》以記之。《甕牖閒評》卷五。

127 東坡先生謫居黄州，作《卜算子》云：「闕月掛疎桐，夢斷人初静。時見幽人獨往來，縹緲孤鴻影。驚起却回頭，有恨無人省。揀盡寒枝不肯棲，寂寞沙洲冷。」其屬意蓋爲王氏女子也，讀者不能解。張右史文潛繼貶黄州，訪潘邠老，嘗得其詳。題詩以志之：「空江月明魚龍眠，月中孤鴻影翩翩。有人清吟立江邊，葛巾藜杖眼窺天。夜冷月墮幽蟲泣，鴻影翹沙衣露濕。仙人采詩作步虚，玉皇飲之碧琳腴。」《能改齋漫録》卷十六。

128 〔東坡〕在黄日，每有燕集，醉墨淋漓，不惜與人。至於營妓供侍，扇書帶畫，亦時有之。有李琪者，小慧而頗知書札，坡亦每顧之喜，終未嘗獲公之賜。至公移汝郡，將祖行，酒酣奉觴再拜，取領巾乞書。公顧視久之，令琪磨硯墨濃，取筆大書云：「東坡七歲黄州住，何事無言及李琪。」即擲筆袖手，與客笑談。坐客相謂：「語似凡易，又不終篇，何也？」至將徹具，琪復拜請。坡大笑曰：「幾忘出場。」繼書云：「恰似西川杜工部，海棠雖好不留詩。」一座擊節，盡醉而散。《春渚紀聞》卷六。《調謔編》。《清波雜志》卷五。《宋稗類鈔》卷五。

129 東坡謫居齊安時，以文筆游戲三昧。齊安樂籍中李宜者，色藝不下他妓。他妓因燕席中有得詩曲者，宜以語訥，不能有所請，人皆咎之。坡將移臨汝，於飲餞處，宜哀鳴力請。坡半酣，笑謂之曰：「東坡居士文名久，何事無言及李宜。恰似西川杜工部，海棠雖好不吟詩。」《庚溪詩話》卷下。《宋詩紀事》卷二十一。《堯山堂外紀》卷五十二。

130 蘇東坡在黄州，有詞云：「我欲乘風歸去，又恐瓊樓玉宇，高處不勝寒。」惟高處曠闊，則易於生寒耳，故黄州城上築一堂，以「高寒」名之，其名極佳。《甕牖閒評》卷五。

131 蘇子瞻泛愛天下士，無賢不肖，歡如也。嘗自言：「上可以陪玉皇大帝，下可以陪卑田院乞兒。」子由晦默少許可，嘗戒子瞻擇交。子瞻曰：「吾眼前見天下無一箇不好人，此乃一病。」子由監筠州酒税，子瞻嘗就見之，子由戒以口舌之禍。及餞之郊外，不交一談，唯指口以示之。《悦生隨抄》。《蓼花洲閒録》。《南村輟耕録》卷二十。

132 東坡自黄移汝，别子由於高安，過瑞昌亭子山，題字崖石，點墨竹葉上，至今環山之竹，葉葉有墨點。景定中，王景琰主瑞昌簿，移植廳事，扁其堂曰「景蘇」，蓋簿廳東坡夜宿處也。《吴禮部詩話》。

133 脩水深山間有小溪，其渡曰「來蘇」。蓋子由貶高安監酒時，東坡來訪之，經過此渡。鄉人以爲榮，故名以「來蘇」。《鶴林玉露》乙編卷四。

134 僧可遵者，詩本凡惡，偶以「直待衆生總無垢」之句爲東坡所賞，書一絶於壁間。繼之山中道俗隨東坡者甚衆，即日傳至圓通，遵適在焉，大自矜詡，追東坡至前塗。而塗中又傳東坡《三峽橋》詩，遵即對東坡自言：「有一絶，却欲題《三峽》之後，旅次不及書。」遂朗吟曰：「君能識我湯泉句，我却愛君《三峽》詩。道得可嗤不可漱，幾多詩將豎降旗。」東坡既悔賞拔之誤，且惡其無禮，因促駕去。觀者稱快。遵方大言曰：「子瞻護短，見我詩好甚，故妒而去。」徑至栖賢，欲題所舉絶句。寺僧方礱石刻東坡詩，大詬而逐之。山中傳以爲笑。《老學庵筆記》卷四。

135 見郭祥正10。

136 見郭祥正11。

137 有以詩投東坡者，朗誦之而請曰：「此詩有分數否？」坡曰：「十分。」其人大喜。坡徐曰：「三分詩，七分讀耳。」《齊東野語》卷二十。

138 蘇公自黄移汝，過金陵見王荆公，公曰：「好個翰林學士，某久以此奉待。」公曰：「撫州出杖鼓鞚，淮南豪子以厚價購之，而撫人有之保之已數世矣，不遠千里，登門求售。豪子擊之曰：『無聲！』遂不售。撫人恨怒，至河上，投之水中，吞吐有聲，熟視而歎曰：『你早作聲，我不至此！』」《後山談叢》卷六。

139 東坡自黄崗移汝墳，舟過金陵，見王荆公於鍾山，留連燕語，荆公曰：「子瞻當重作《三國書》。」東坡辭曰：「某老矣，願舉劉道原自代云。」《邵氏聞見後録》卷二十一。

140 見王安石159。

141 見王安石160。

142 見王安石161。

143 見王安石162。

144 見王安石163。

145 見王安石164。

146 見王安石165。

147 見釋佛印2。

148 呂申公帥維揚，東坡自黄崗移汝海，經從見之。申公置酒，終日不交一語。東坡昏睡，歌者唱「夜寒斗覺羅衣薄」，東坡驚覺，小語云「夜來走卻羅醫博」也，歌者皆匿笑。酒罷行後圃中，至更坐，東坡即几案間筆墨，書歌者團扇云：「雨葉風枝曉自匀，緑陰青子静無塵。閑吟繞屋扶疎句，須信淵明是可人。」申公見之亦無語。《邵氏聞見後録》卷十九。

149 東坡先生自黄州移汝州，中道起守文登。舟次泗上，偶作詞云：「何人無事，燕坐空山。望長橋上燈火鬧，使君還。」太守劉士彦，本出法家，山東木强人也，聞之，亟謁東坡云：「知有新詞，學士名滿天下，京師便傳。在法，泗州夜過長橋者，徒二年，况知州邪！切告收起，勿以示人。」東坡笑曰：「軾一生罪過，開口常是，不在徒二年以下。」《揮麈後録》卷七。

150 宿州靈璧縣張氏蘭皋園，一石甚奇，所謂小蓬萊也。蘇子瞻愛之，題其上云：「東坡居士醉中觀此，灑然而醒。」子瞻之意，蓋取李德裕平泉莊有醒醉石，醉則踞之，乃醒也。蔣穎叔過，見之復題，云：「荆溪居士暑中觀此，爽然而凉。」吴右司師禮安中爲宿守，題其後云：「紫溪翁大暑醉中讀二題，一笑而去。」張氏皆刻之石，後歸禁中。《墨莊漫録》卷一。

151 公之自汝移常也，受命於宋。會神宗晏駕，哭於宋。而南至揚州，常人爲公買田，書至，公喜，作詩有「聞好語」之句。言者妄謂公聞諱而喜，乞加深譴。然詩刻石有時日，朝廷知言者之妄，皆逐之。《名臣碑傳琬琰集》中卷二十六引蘇轍撰《墓志銘》。《石林避暑録話》卷二。

152 歌者袁綯，乃天寶之李龜年也。宣和間供奉九重，嘗爲吾言：東坡公昔與客游金山，適中秋夕，天宇四垂，一碧無際，加江流瀬湧，俄月色如晝。遂共登金山山頂之妙高臺，命綯歌其《水調歌頭》曰：「明月幾時有？把酒問青天。」歌罷，坡爲起舞，而顧問曰：「此便是神仙矣。」吾謂文章人物，誠千載一時，後世安所得乎？《鐵圍山叢談》卷三。《何氏語林》卷二十一。《堯山堂外紀》卷五十二。《宋稗類鈔》卷四。《詞林紀事》卷五。

153 東坡喜食燒猪，佛印住金山時，每燒猪以待其來。一日，爲人竊食，東坡戲作小詩云：「遠公沽酒飲陶潛，佛印燒猪待子瞻。采得百花成蜜後，不知辛苦爲誰甜。」《竹坡詩話》。《調謔編》。《堯山堂外紀》卷五十三。《堅瓠己集》卷一。

154 東坡問佛印曰：「《鑊湯獄》圖，如何不畫和尚？」佛印曰：「人間怕閻羅，閻羅怕和尚。」翁曰：「怕你什麽？」對曰：「若是閻羅有犯，亦要和尚懺除。」坡大笑曰：「好説，好説。」《畫品》卷一。

155 蘇子瞻戲謂佛印曰：「向嘗讀古人詩云：『時聞啄木鳥，疑是打門僧。』又云：『鳥宿池邊樹，僧敲月下門。』未嘗不歎息古人必以鳥對僧，自有深意。」佛印曰：「所以老僧今日常得對學士。」坡無以應。《五雜組》卷十六。

156 見釋佛印4。

157 東坡先生知登州，問徐神翁學道之要，答曰：「勿作官即好。」及南遷過海，潁濱曰：「吾兄知信其言而不能用也。」《香祖筆記》卷七。

158 東坡元豐間繫御史獄，謫黃州。元祐初，起知登州。未幾，以禮部員外郎召還。道中遇當時獄官，甚有愧色。東坡戲之曰：「有蛇螫殺人，爲冥官所追，議法當死。蛇前訴曰：『誠有罪，然亦有功，可以自贖。』冥官曰：『何功也？』蛇曰：『某有黄可治病，所活已數人矣。』吏考驗可不誣，遂免。良久，索一牛至，獄吏曰：『此牛觸殺人，亦當死。』牛曰：『我亦有黄可治病，亦活數人矣。』良久，亦得免。久之，獄吏引一人至曰：『此人生常殺人，幸免死，今當還命。』其人倉皇妄言亦有黄，冥官大怒，詰之曰：『蛇黄、牛黄皆入藥，天下所共知。汝爲人，何黄之有？』左右交訊，其人窘甚曰：『某别無黄，但有些慚惶。』」《東皋雜録》。

159 元祐元年，余爲中書舍人，時執政患本省事多漏洩，欲於舍人廳後作露籬，禁同省往來。余曰：「諸公應須簡要清通，何必栽籬插棘！」諸公笑而止。明年，竟作之。《東坡志林》卷二。

160 子瞻以温公論薦，簾眷甚厚，議者且爲執政矣。公力言：「蘇軾爲翰林學士，其任已極，不可以加。如用文章爲執政，則國朝趙普、王旦、韓琦未嘗以文稱。」又言：「王安石在翰苑爲稱職，及居相位，天下多事，以安石止可以爲翰林，則軾不過如此而已。若欲以軾爲輔佐，願以安石爲戒。」《孫公談圃》卷上。

161 東坡與温公論事，公之論，坡偶不合，坡曰：「相公此論，故爲鱉廝踢。」温公不解其意，曰：「鱉安能廝踢？」坡曰：「是之謂鱉廝踢。」《調謔編》。《五雜組》卷十六。

162 東坡公元祐時既登禁林，以高才狎侮諸公卿，率有標目殆徧也，獨於司馬温公不敢有所重輕。一日相與共論免役差役利害，偶不合同。及歸舍，方卸巾弛帶，乃連呼曰：「司馬牛！司馬牛！」《鐵圍山叢談》卷三。《調謔編》。《堯山堂外紀》卷五十二。《五雜組》卷十六。《宋稗類鈔》卷六。

163 見司馬光114。

164 見程頤19。

165 見程頤20。

166 見程頤23。

167 范景仁嘗爲司馬文正作墓志。其中有曰：「在昔熙寧，陽九數終。謂天不足畏，謂民不足從，謂祖宗不足法，乃裒頑鞠凶。」託東坡先生書之。公曰：「二丈之文，軾不當辭。但恐一寫之後，三家俱受禍耳！」卒不爲之書。東坡可謂先見明矣，當時刊之，紹聖之間，治黨求疵，其罪可勝道哉！《揮麈後録》卷六。

168 見張商英5。

169 見呂惠卿18。

170 見呂惠卿19。

171 東坡在翰苑，薄暮中使宣召，已半醉，遽汲泉以漱，意少快，入對內東門小殿。簾中出除目，呂公著司空、平章軍國重事，呂大防、范純仁左右僕射。既承旨，宣仁后曰：「學士前年爲何官？」曰：「臣前年爲汝州團練副使。」「今爲何官？」曰：「臣今待罪翰林學士。」曰：「何以遽至此？」曰：「遭遇太皇太后陛下。」曰：「不關老身事。」曰：「遭遇皇帝陛下。」曰：「亦不關官家事。」曰：「豈出大臣論薦？」曰：「亦不關大臣事。」東坡驚曰：「臣雖無狀，不敢自他途以進。」宣仁后曰：「久欲令學士知，此是神宗皇帝之意。帝飲食停匕箸，看文字，宮人私相語：必蘇軾之作。帝每曰：『奇才，奇才！』但未及進用學士，上僊耳。」東坡不覺哭失聲，后與上亦泣，左右皆泣，已而命坐賜茶。宣仁后又曰：「學士直須盡心事官家，以報先帝。」東坡下拜，撤御前金蓮燭送歸院。《邵氏聞見後録》卷二十。《隨手雜録》。《宋稗類鈔》卷一。

172 東坡先生近令門人輩作《人不易物賦》。或戲作一聯曰：「伏其几而襲其裳，豈爲孔子？學其書而戴其帽，未是蘇公。」士大夫近年傚東坡桶高簷短，名帽曰子瞻樣。廌因言之。公笑曰：近扈從燕醴泉觀，優人以相與自誇文章爲戲者，一優丁仙現者曰：「吾之文章，汝輩不可及也。」衆優曰：「何也？」曰：「汝不見吾頭上子瞻乎？」上爲解顔，顧公久之。《師友談記》。《調謔編》。

173 魯直戲東坡曰：「昔王右軍字爲换鵝書，韓宗儒性饕餮，每得公一帖，於殿帥姚麟許换羊肉十數斤，可名二丈書爲换羊書矣。」坡大笑。一日，公在翰苑，以聖節製撰紛冗，宗儒日作數簡，以圖報書。使人立庭下，督索甚急。公笑謂曰：「傳語本官，今日斷屠。」《侯鯖録》卷一。《宋名臣言行録》續集卷一。《類説》卷十五。《調謔編》。《何氏語林》卷三十五。《五雜組》卷十六。《堯山堂外紀》卷五十二。《佩文齋書畫譜》卷三十二。《宋稗類鈔》卷八。

174 蘇子瞻一日在學士院閑坐，忽命左右取紙筆，寫「平疇交遠風，良苗亦懷新」兩句，大書、小楷、行、草書，凡寫七八紙，擲筆太息曰：「好！好！」散其紙於左右給事者。《道山清話》。《東山談苑》卷八。《佩文齋書畫譜》卷三十三。

175 元豐中，契丹使人俱能誦蘇子瞻文。《玉芝堂談薈》卷七。《古事比》卷十九。

176 承平時，國家與遼歡盟，文禁甚寬，輅客者往來，率以談謔詩文相娛樂。元祐間，東坡寔膺是選。遼使素聞其名，思以奇困之。其國舊有一對曰「三光日月星」，凡以數言者，必犯其上一字，於是偏國中無能屬者。首以請於坡。坡唯唯，謂其介曰：「我能而君不能，亦非所以全大國之體。『四詩風雅頌』，天生對也，盍先以此復之。」介如言，方共歎愕，坡徐曰：「某亦有一對，曰『四德元亨利』。」使睢盱，欲起辨，坡曰：「而謂我忘其一耶？謹閟而舌，兩朝兄弟邦，卿爲外臣，此固仁祖之廟諱也。」使出不意，大駭服。既又有所談，輒爲坡逆敓，使自愧弗及，迄白溝，往反齚舌，不敢復言他。《桯史》卷二。《堯山堂外紀》卷五十二。《堅瓠戊集》卷二。《宋稗類鈔》卷一。參見劉攽29。

177 元祐三年，北國賀正使劉霄等入賀，公與狄詠館伴錫燕回，始行馬而公馬小蹶，劉即前訊曰：「馬驚無苦否？」公應之曰：「銜勒在御，雖小失無傷也。」《春渚紀聞》卷六。

178 李章奉使北庭，時館伴發一語云：「東坡作文多用佛書中語。」李答云：「曾記《赤壁詞》云：『談笑間，狂虜灰飛煙滅。』所謂『灰飛煙滅』四字，乃《圓覺經》語，云：『火出木燼，灰飛煙滅。』」北使默無語。宛委山堂本《說郛》引《東皋雜録》。

179 張芸叟奉使大遼，宿幽州館中，有題子瞻《老人行》於壁者。聞范陽書肆亦刻子瞻詩數十篇，謂《大蘇小集》。子瞻才名重當代，外至夷虜，亦愛服如此。芸叟題其後曰：「誰題佳句到幽都，逢著胡兒問大蘇。」《澠水燕談録》卷七。《宋朝事實類苑》卷三十四。

180 元祐四年八月，蘇子由爲賀遼生辰國信使，子瞻有詩送之。既至遼，遼人每問大蘇學士安否。子由經涿州寄詩曰：「誰將家譜到燕都，識底人人問大蘇。莫把聲名動蠻貊，恐妨他日卧江湖。」子瞻得詩，次韻云：「氈毳年來亦甚都，時聞鴃舌問三蘇。那知老病渾無用，欲向君王乞鏡湖。」《堅瓠補集》卷三。

181 見韓絳9。

182 元祐二年，東坡先生入翰林，暇日會張、秦、晁、陳、李六君子於私第，忽有旨令撰《賜奉安神宗御容禮儀使吕大防口宣茶藥詔》，東坡就牘書云：「於赫神考，如日在天。」顧群公曰：「能代下一轉語否？」各辭之，坡隨筆後書云：「雖光明無所不臨，而躔次必有所舍。」群公大以聳服。《揮麈餘話》卷一。

183 神宗徽猷閣成，告廟祝文，東坡當筆。時黄魯直、張文潛、晁无咎、陳無己畢集觀坡落筆云：「惟我神考，如日在天。」忽外有白事者，坡放筆而出。諸人擬續下句，皆莫測其意所向。頃之坡入，再落筆云：「雖光輝無所不充，而躔次必有所舍。」諸人大服。《誠齋詩話》。

184 〔東坡〕先生一日與魯直、文潛諸人會飯。既食骨䭔兒血羹，客有須薄茶者，因就取所碾龍團，遍啜坐人。或曰，使龍茶能言，當須稱屈。先生撫掌久之曰：「是亦可爲一題。」因援筆戲作律賦一首，以「俾薦血羹龍團稱屈」爲韵。山谷擊節稱詠，不能已。《春渚紀聞》卷六。

185 見黄庭堅9。

186 見黄庭堅60。

187 見黄庭堅56。

188 東坡初欲爲富韓公神道碑，久之未有意思。一日晝寢，夢偉丈夫，稱是寇萊公來訪己，共語久之。既寤，下筆首叙景德澶淵之功，以及慶曆議和，頃刻而就。以示張文潛，文潛曰：「有一字未甚安，請試言之。蓋碑之末初曰：『公之勳在史官，德在生民。天子虚己聽公，西戎、北狄視公進退以爲輕重，然一趙濟能摇之。』竊謂『能』不若『敢』也。」東坡大以爲然，即更定焉。《卻掃編》卷下。

189〔張文潛〕戲謂子瞻：「公詩有『獨看紅蕖傾白墮』，不知白墮是何物？」子瞻云：「劉白墮善釀酒，出《洛陽伽藍記》。」文潛曰：「白墮既是一人，莫難爲傾否？」子瞻笑曰：「魏武《短歌行》云：『何以解憂，惟有杜康。』杜康，亦是釀酒人名也。」文潛曰：「畢竟用得不當。」子瞻又笑曰：「公且先去共曹家那漢理會，却來此間斷磨。」蓋文潛時有僕曹某者，在家作過，亦失去酒器之類，既送天府推治，其人未招承，方文移取會也。滿座大噱。《拊掌録》。

190 見李廌2、3。

191 羅壽可丙申再游汴梁，書所見梗概。……〔相國寺佛殿〕外有石刻，東坡題名云：「蘇子瞻、子由、孫子發、秦少游同來觀晉卿墨竹，申先生亦來。元祐三年八月五日，老申一百一歲。」又片石刻坡翁草書《哨遍》，石色皆如元玉。《癸辛雜識》別集上。

192 東坡與孫巨源同會於王晉卿花園中。晉卿言都教餵飼了官員輩馬着。巨源云：「『都尉指揮都餵馬』，好一對。」適長主送茶來，東坡即云：「大家齊喫大家茶。」蓋長公主呼大家也。山谷嘗以「賣菜賣生菜」，對「磨刀磨翦刀」。東坡以洞庭春色爲掃愁帚，山谷以水晶膾爲醒酒冰。余爲正好作一對。《王直方詩話》。

193 見李公麟9。

194 坡偶與客飲，孔常父見訪。方設席延請，忽上馬馳去，已而有詩。坡戲用其韻答之，略云：「主人有酒君獨辭，蟹螯何不左手持。豈復見吾横氣機，遣君追君君絶馳。」《霏雪録》卷下。

195 東坡云：「劉十五孟父論李十八公擇草書，謂之鸜哥嬌。意謂鸜鵒能言，不過數句，大率雜以鳥語。十八其後以書問僕：『近日書如何？』僕答之『可作秦吉了矣』。然僕此書，自有公在乾侯之態也。」《侯鯖録》卷三。《仇池筆記》卷下。

196 東坡在玉堂，有幕士善謳，因問：「我詞比柳詞何如？」對曰：「柳郎中詞，只好十七八女孩兒，執紅牙拍板，唱『楊柳外、曉風殘月』；學士詞，須關西大漢，執鐵板，唱『大江東去』。」公爲之絶倒。《吹劍續録》。《堯山堂外紀》卷四十五。《宋稗類鈔》卷五。《詞林紀事》卷五。

197 元祐四友：蘇子瞻、錢穆公、王仲至、蔣穎叔。《老學庵續筆記》。

198 東坡喜嘲謔，以吕微仲豐碩，每戲之曰：「公真有大臣體，此《坤》六二所謂直方大也。」微仲拜相，東坡當制，其詞曰：「果藝以達，有孔門三子之風；直大而方，約《坤》爻六二之動。」一日，東坡謁微仲。微仲方晝寢，久而不出，東坡不能堪，良久見，於便坐有一菖蒲盆，畜緑毛龜，東坡曰：「此龜易得，若六眼龜則難得。」微仲問六眼龜出何處，東坡曰：「昔唐莊宗同光中，林邑國常進六眼龜兒，號曰『六隻眼兒分明睡，一覺抵别人三覺』。」《東皋雜録》。《苕溪漁隱叢話》後集卷二十六。《游宦紀聞》卷二。《貴耳集》卷上。《調謔編》。《堯山堂外紀》卷五十二。《五雜組》卷十六。《宋稗類鈔》卷六。

199 經筵官會食資善堂，東坡盛稱河豚之美。吕元明問其味，曰：「直那一死。」再會又稱豬肉之美。范淳甫曰：「奈發風何？」東坡笑呼曰：「淳甫誣告豬肉。」《邵氏聞見後録》卷三十。

200 東坡在資善堂中，盛稱河豚之美。李原明問其味如何，答曰：「直那一死。」李公擇尚書，江左人，而不食河豚，嘗云：「河豚非忠臣孝子所宜食。」《能改齋漫録》卷十。

201 東坡嘗與劉貢父言：「某與舍弟習制科時，日享三白，食之甚美，不復信世間有八珍也。」貢父問三白，答曰：「一撮鹽、一楪生蘿蔔、一盌飯，乃三白也。」貢父大笑。久之，以簡招坡，過其家喫皛飯。坡不省憶嘗對貢父三白之説也。謂人云：「貢父讀書多，必有出處。」比至赴食，見案上所設，惟鹽、蘿蔔、飯而已，乃始悟貢父以三白相戲。笑投匕筯，食之幾盡，將上馬，云：「明日可見過，當具毳飯奉待。」貢父雖恐其爲戲，但不知毳飯所設何物，如期而往。談論過食時，貢父飢甚索食。坡云：「少待。」如此者再三，坡答如初。貢父曰：「飢不可忍矣。」坡徐曰：「鹽也毛，蘿蔔也毛，飯也毛，非毳而何？」貢父捧腹曰：「固知君必報東門之役，然慮不及此也。」坡乃命進食，抵暮而去。世俗呼無爲模，又語譌模爲毛，當同音。故坡以此報之。《曲洧舊聞》卷六。《高齋漫録》。《何氏語林》卷二十七。《堯山堂外紀》卷四十九。《堅瓠丁集》卷一。參見郭震1。

202 劉貢父舍人，滑稽辨捷，爲近世之冠。晚年雖得大風惡疾，而乘機決發，亦不能忍也。一日與先生擁爐於慧林僧寮，謂坡曰：「吾之隣人，有一子稍長，因使之代掌小解。不逾歲，偶誤質盜物，資本耗折殆盡，其子媿之，乃引罪而請其父曰：『某拙於運財，以敗成業，今請從師讀書，勉赴科舉，庶幾可成，以雪前恥也。』其父大喜，即擇日具酒肴以遣之。既別且囑之曰：『吾老矣，所恃以爲窮年之養者子也。今子去我而游學，儻或僥倖改門换户，吾之大幸也。然切有一事，不可不記，或有交友與汝唱和，須子細看，莫更和却賊詩，狼狽而歸也。』」蓋譏先生，前逮詔獄，如王晉卿、周開祖之徒，皆以和詩爲累也。貢父語始絶口，先生即謂之曰：「某聞昔夫子自衛反魯，會有召夫子食者，既出，而群弟子相與語曰：『魯，吾父母之邦也。我曹久從夫子轍環四方，今幸俱還鄉里，能乘夫子之出，相從尋訪親舊，因之閲市否？』衆忻然許之，始過闤闠，未及縱觀，而稠人中望見夫子，巍然而來，於是惶懼相告，由、夏之徒奔踔越逸，無一留者。獨顔子拘謹，不能遽爲闊步，顧市中石塔似可隱蔽，即屏伏其旁，以俟夫子之過。已而群弟子因目之爲避夫子塔。」蓋譏貢父風疾之劇，以報之也。《春渚紀聞》卷六。

203 見劉攽57。

204 見劉攽58。

205 東坡多雅謔。嘗與許沖元、顧子敦、錢穆父同舍。一日，沖元自窗外往來，東坡問：「何爲？」沖元曰：「綏來。」東坡曰：「可謂奉大福以來綏。」蓋沖元登科時賦句也。沖元曰：「敲門瓦礫，公尚記憶耶？」子敦肥碩，當暑，袒裼據案而寐。東坡書四大字於其側曰：「顧屠肉案。」穆父眉目秀雅，而時有九子，東坡曰：「穆父可謂之九子母丈人。」同舍皆大笑。《獨醒雜志》卷五。

206 顧子敦有「顧屠」之號，以其肥偉也。故東坡《送子敦奉使河朔》詩云：「我友顧子敦，軀膽多雄偉。便便十圍腹，不但貯書史。」又云：「磨刀向猪羊，釃酒會鄰里。」至於云「平生批勑手」，亦皆用屠家語也。子敦讀之頗不樂。東坡遂和前篇，末句云：「善保千金軀，前言戲之耳。」《王直方詩話》。《苕溪漁隱叢話》前集卷三十九。《類説》卷五十七。

207 顧子敦肥偉，號「顧屠」，故東坡《送行詩》有「磨刀向猪羊」之句以戲之。又尹京時，與從官同集慈孝寺，子敦凭几假寐，東坡大書案上曰：「顧屠肉案。」同會皆大笑。又以三十錢擲案上，子敦驚覺，東坡曰：「且快片批四兩來。」《苕溪漁隱叢話》後集卷二十六引《東皐雜録》。

208 顧臨子敦爲翰苑，每言趙廣漢尹京，有治聲，使我爲之，不難，當出其上。子瞻戲曰：「君作尹須改姓。」顧曰：「何姓？」曰：「姓茅，喚作茅廣漢。」《墨莊漫録》卷二。參見錢勰7。

209 蘇子瞻與姜潛同坐，潛字至之，先舉令云：「坐中各要一物是藥名。」乃指子瞻曰：「君藥名也。」問其故，對曰：「子蘇。」子瞻應聲曰：「君亦藥名也。君若非半夏，便是厚朴。」問其故，曰：「非半夏、厚朴，何故謂之薑制之！」《孔氏談苑》卷二。《調謔編》。《何氏語林》卷二十七。《堯山堂外紀》卷五十二。

210 見秦觀20。

211 見孫賁2。

212 見孫賁3。

213 晁端彦美叔，一日會賈易及東坡。賈時臺諫，蓋嘗劾坡於朝。晁亦忘其事，遂同會。酒酣，坡言曰：「某昨日造朝，有一人乘酒卧東衢，略不相避。某頗怒之，因命左右曰：『擒而綳之。』酒者曰：『爾又不是臺諫，只有胡綳亂綳。』」易應聲曰：「誰教爾辨！」坡公終席不樂。美叔終身自悔拙於會客。《過庭録》。

214 東坡嘗宴客，俳優者作伎萬方，坡終不笑。一優突出，用棒痛打作伎者曰：「内翰不笑，汝猶稱良優乎？」對曰：「非不笑也，不笑所以深笑之也。」坡遂大笑。蓋優人用東坡《王者不治夷狄論》云：「非不治也，不治乃所以深治之也。」見子由五世孫奉新縣尉懋説。《誠齋詩話》。

215 見范祖禹20。

216 蘇子由在政府，子瞻爲翰苑。有一故人與子由兄弟有舊者，來干子由，求差遣，久而未遂。一日來見子瞻，且云：「某有望内翰以一言爲助。」公徐曰：「舊聞有人貧甚，無以爲生，乃謀伐冢。遂破一墓，見一人裸而坐，曰：『爾不聞漢世楊王孫乎！裸葬以矯世，無物以濟汝也。』復鑿一冢，用力彌艱。既入，見一王者，曰：『我漢文帝也。遺制壙中無納金玉，器皆陶瓦，何以濟汝？』復見有二冢相連，乃穿其在左者，久之方透。見一人曰：『我伯夷也。瘠羸面有饑色，餓於首陽之下，無以應汝之求。』其人歎曰：『用力之勤無所獲，不若更穿西冢，或冀有得也。』瘠羸者謂曰：『勸汝别謀於他所，汝視我形骸如此，舍弟叔齊，豈能爲人也？』」故人大笑而去。《墨莊漫録》卷五。《宋稗類鈔》卷六。

217 蘇子瞻亦喜言神仙。元祐初，有東人喬仝自言與晉賀水部游，且言賀嘗見公密州道上，意若欲相聞，子瞻大喜。仝時客京師，貧甚，子瞻索囊中得四十縑，即以贈之，作五詩使仝寄賀，子由亦同作。仝去，訖不復見。《石林避暑録話》卷一。

218 東坡先生居闤闠門外白家巷中。一夕，次子迨之婦歐陽氏，文忠公孫，棐之女。産後因病爲祟所憑，曰：「吾姓王氏，名静奴，滯魄在此居，久矣。」公曰：「吾非畏鬼人也。且京師善符劍遣厲者甚多，決能逐汝。汝以愚而死，死亦妄爲祟。」爲言佛氏破妄解脱之理，喻之曰：「汝善去，明日昏時，當用佛氏功德之法與汝。」婦輒合爪，曰：「感尚書，去也。」婦良愈。明日昏時，爲自書功德疏一通，仍爲置酒肴香火遣送之。公曰：「某平生屢與鬼神辯論矣。」頃，迨之幼忽云：「有賊貌瘦而黑，衣以青。」公使數人索之，無有也。乳媪俄發狂，聲色俱怒，如卒伍輩唱喏甚大。公往視之，輒厲聲曰：「某即瘦黑而衣青者也，非賊也，鬼也。欲此媪出，爲我作巫。」公曰：「寧使其死，出不可得。」曰：「學士不令渠出，不奈何，只求少功德，可乎？」公曰：「不可！」又曰：「求少酒食，可乎？」公曰：「不可！」又曰：「求少紙，可乎？」公曰：「不可！」又曰：「只求一盃水，可乎？」公曰：「與之。」媪飲畢，仆地而甦。《師友談記》。

219 昔元祐間，文彦博之子守河陽，作堂以迎彦博之來。蘇軾名其堂曰「德威」，蓋取書「德威惟畏」之意。言者以謂「德威惟畏」乃堯事，不當以此名其堂。《能改齋漫録》卷十三。

220 見文彦博54。

221 晁以道嘗爲余言，頃爲宿州教授，會〔蘇子瞻〕公出守錢塘，夜過之，入其書室，見壁間多張古名畫。愛其鍾隱《雪雁》，欲爲題字，而挂適高不能及，因重二桌以上，忽失足墜地，大笑。《巖下放言》卷中。《宋稗類鈔》卷二一。

222 嘉祐、治平間，有中官杜浙者，好與舉子同游，學文談，不悉是非。然居揚州，凡答親舊書，若此事甚大，必曰「兹務孔洪」。如此甚多。蘇子瞻過維揚，蘇子容爲守，杜在座。子容少息，杜遽曰：「相公何故溘然？」其後子瞻與同會，問典客曰：「爲誰？」對曰：「杜供奉。」子瞻曰：「今日直不敢睡，直是怕那溘然。」《畫墁録》。《五雜組》卷十六。

223 見釋佛印4。

224 東坡鎮餘杭，遇游西湖，多令旌旗導從出錢塘門，坡則自湧金門從一二老兵，泛舟絶湖而來。飯於普安院，徜徉靈隱、天竺間。以吏牘自隨，至冷泉亭則據案剖決，落筆如風雨，分争辯訟，談笑而辦。已，乃與僚吏劇飲，薄晚則乘馬以歸。夾道燈火，縱觀太守。有老僧，紹興末年九十餘，幼在院爲蒼頭，能言之。《梁溪漫志》卷四。

225 姚舜明庭輝知杭州，有老姥自言故娼也，及事東坡先生，云公春時每遇休暇，必約客湖上，早食於山水佳處，飯畢，每客一舟，令隊長一人，各領數妓，任其所適。晡後，鳴鑼以集之，復會望湖樓或竹閣之類，極歡而罷。至一二鼓，夜市猶未散，列燭以歸。城中士女雲集，夾道以觀千騎之還，寔一時之勝事也。《揮麈後録》卷六。《澄懷録》卷上。《西湖游覽志餘》卷十。《堅瓠廣集》卷一。《宋稗類鈔》卷四。

226 有美堂，在鳳山之頂，左江右湖，舉陳目下。子瞻九日泛湖，而魯少卿會客堂上，妓樂殷作，子瞻從湖中望之，戲以詩云：「指點雲間數點紅，笙歌正擁紫髯翁。誰知愛酒龍山客，却在漁舟一葉中。」又云：「西閣珠簾捲落暉，水沈煙斷珮聲微。遥知通德淒涼甚，擁髻無言怨未歸。」通德乃趙飛燕女史，後爲伶玄妾。魯公使事已完，不回朝，家有美妾，故子瞻譏之。《西湖游覽志餘》卷十。

227 臨安六和寺有金鯽池。蘇子美《六和寺》詩云：「松橋待金鯽，竟日獨遲留。」亦以其出有時，故竟日待之云爾。自子美之後四十年，東坡始游茲寺，嘗投餅餌待之，迺略出，不食復入。坡以爲此魚難進易退，而不妄食，宜其壽若此。其語深有味也。《韻語陽秋》卷十六。

228 蘇東坡昔守臨安，余曾祖作倅。一日，同往一山寺祈雨，東坡云：「吾二人賦詩，以雨速來者爲勝，不然，罰一飯會。」於是東坡云：「一爐香對紫宮起，萬點雨隨青蓋歸。」余曾祖則曰：「白日青天沛然下，皂蓋青旗猶未歸。」東坡視之云：「我不如爾速。」於是罰一飯會。《甕牖閒評》卷五。

229 見毛滂1。

230 蘇子瞻守錢塘，有官妓秀蘭，天性黠慧，善於應對。湖中有宴會，群妓畢至，惟秀蘭不來。遣人督之，須臾方至。子瞻問其故，具以髮結沐浴，不覺困睡，忽有人叩門聲，急起而問之，乃樂營將催督之。非敢怠忽，謹以實告。子瞻亦恕之。坐中倅車屬意於蘭，見其晚來，恚恨未已，責之曰：「必有他事，以此晚至。」秀蘭力辯，不能止倅之怒。是時榴花盛開，秀蘭以一枝藉手告倅，其怒愈甚。秀蘭收淚無言，子瞻作《賀新涼》以解之，其怒始息。其詞曰：「乳燕飛華屋，悄無人、桐陰轉午，晚涼新浴。手弄生綃白團扇，扇手一時似玉。漸困倚、孤眠清熟。門外誰來推繡户，枉教人、夢斷瑶臺曲。又却是，風敲竹。石榴半吐紅巾蹙。待浮花浪蕊都盡，伴君幽獨。濃艷一枝細看取，芳心千重似束。又恐被、西風驚緑。若待得君來向此，花前對酒不忍觸。共粉淚，兩簌簌。」《苕溪漁隱叢話》後集卷三十九引《古今詞話》。《詩話總龜》後集卷三十三。《稗史彙編》卷一百四十四。《西湖游覽志餘》卷十六。《堯山堂外紀》卷五十二。《詞林紀事》卷五。

231 東坡性簡率，平生衣服飲食皆草草。至杭州時，常喜至祥符寺琴僧惟賢房間憩。至則脱巾褫衣，露兩股榻上，令一虞候搔。及起，視其岸巾，止用一麻繩約髮爾。又，築新堤時，坡日往視之。一日饑，令具食，食未至，遂於堤上取築堤人飯器，滿貯其陳倉米一器，盡之。《北窗炙輠録》。

232 子瞻元祐中知杭州，築大堤西湖上，人呼爲蘇公堤，屬吏刻石榜名。世俗以富貴相高，以堤音

「低」，頗爲語忌。未幾，子瞻遷責。《萍洲可談》卷一。

233 靈景寺有僧名了然，不遵戒行，常宿娼妓李秀奴，往來日久，衣鉢爲之一空。秀奴屢絶之，僧迷戀不已。一夕，僧乘醉往，秀奴不納，因擊秀奴，隨手而斃。縣官得其實，具申府司。時内翰蘇子瞻治郡，一見，大駡曰：「禿奴有此横行！」送獄院推勘，則見僧臂上刺字云「但願同生極樂國，免教今世苦相思」之句。及見款狀招伏，即行結斷，舉筆判成一詞，名《踏莎行》云：「這個禿奴，修行忒煞，雲山頂上持齋戒。一從迷戀玉樓人，鶉衣百結渾無奈。毒手傷人，花容粉碎，空空色色今何在，臂間刺道苦相思，這回還了相思債。」判訖，押赴市曹處死。《緑窗新話》卷上。《新編醉翁談録》庚集卷二。《北窗瑣語》。《西湖游覽志餘》卷二十五。《堯山堂外紀》卷五十二。《堅瓠乙集》卷三。

234 〔東坡〕先生臨錢塘日，有陳訴負綾絹錢二萬不償者。公呼至詢之，云：「某家以製扇爲業，適父死，而又自今春已來，連雨天寒，所製不售，非故負之也。」公熟視久之，曰：「姑取汝所製扇來，吾當爲汝發市也。」須臾扇至，公取白團夾絹二十扇，就判筆作行書草聖及枯木竹石，頃刻而盡。即以付之曰：「出外速償所負也。」其人抱扇泣謝而出。始踰府門，而好事者争以千錢取一扇，所持立盡，後至而不得者，至懊恨不勝而去。遂盡償所逋，一郡稱嗟，至有泣下者。《春渚紀聞》卷六。《清河書畫舫》卷八下引《方秋厓雜録》。

235 〔東坡〕先生元祐間出帥錢塘。視事之初，都商税務押到匿税人南劍州鄉貢進士吴味道，以二巨捲作公名銜，封至京師蘇侍郎宅。顯見僞妄。公即呼味道前，訊問其捲中果何物也。味道恐蹙而前曰：「味道今秋忝冒鄉薦，鄉人集錢，爲赴都之贐。以百千就置建陽小紗，得二百端。因計道路所經，場務盡行抽税，則至都下不存其半。心竊計之，當今負天下重名而愛獎士類，唯内翰與侍郎耳。縱有敗露，必能情貸。味道遂僞假先生台銜，緘封而來。不探知先生已臨鎮此邦，罪實難逃，幸先生恕之。」公熟視，笑呼掌牋奏書史，令去舊封，换題細銜「附至東京竹竿巷蘇侍郎宅」。并手書子由書一紙，付示謂味道曰：「先輩這回將上天去也，無妨來年高選，當却惠顧也。」味道悚謝再三。次年果登高第，還具牋啓謝殷勤，其語亦多警策，公甚喜，爲延款數日而去。《春渚紀聞》卷六。《清波别志》卷上。《宋稗類鈔》卷三。

236 吴、越多名僧，與予善者常十九。《東坡志林》卷二，又十二卷本卷十一。

237 東坡鎮錢塘，無日不在西湖。嘗攜妓謁大通禪師，愠形於色，東坡作長短句，令妓歌之，曰：「師唱誰家曲，宗風有阿誰。借君拍板與門槌，我也逢場作戲莫相疑。　溪女方偷眼，山僧莫皺眉。却嫌彌勒下生遲，不見阿婆三五少年時。」時有僧仲殊在蘇州，聞而和之，曰：「解舞清平樂，如今説向誰。紅爐片雪上鉗鎚，打就金毛獅子也堪疑。　木女明開眼，泥人暗皺眉。蟠桃已是着花遲，不向春風一笑待何時。」《苕溪漁隱叢話》前集卷五十七引《冷齋夜話》。《詩話總龜》前集卷四十二。《調謔編》。《緑窗新話》卷下。《西湖游覽志餘》卷十四。《堯山堂外紀》卷五十三。《堅瓠甲集》卷四。《詞林紀事》卷五。

238 見釋道潛5。

239 東坡守錢塘日，每作文有所援引，雖熳熟事，亦令檢視。《吹劍三録》。

240 子瞻自杭召歸，過宋，語余曰：在杭時，一日，中使至。既行，送之望湖樓上，遲遲不去。時與監司同席，已而曰：「某未行，監司莫可先歸。」諸人既去，密語子瞻曰：「某出京師，辭官家，官家曰：

『辭了娘娘了來。』某辭太后殿，復到官家處，引某至一櫃子旁，出此一角，密語曰：『賜與蘇軾，不得令人知。』」遂出所賜，乃茶一斤，封題皆御筆。子瞻具劄子附進稱謝。至宋語余曰：「且教子由伏事娘娘，我小使頭出來自家門打一解。」哲宗眷遇如此，復爲大臣讒逐，至貶海島，命矣。《隨手雜録》。

241 東坡自錢塘被召，過京口，林子中作守。郡有會，坐中營妓出牒，鄭容求落藉，高瑩求從良。子中命呈東坡，坡索筆爲《減字木蘭花》，書牒後云：「鄭莊好客，容我樓前先墮幘。落筆生風，籍籍聲名不負公。高山白早，瑩骨球肌那解老。從此南徐，良夜清風月滿湖。」暗用此八字于句端也。《苕溪漁隱叢話》後集卷四十引《東皋雜録》。《堯山堂外紀》卷五十二。《青泥蓮花記》卷七。《堅瓠庚集》卷三。《詞林紀事》卷五。《陔餘叢考》卷二十四。

242 東坡集中有《減字木蘭花》詞云：「鄭莊好客，容我樽前時墮幘。落筆生風，籍甚聲名獨我公。高山白早，瑩雪肌膚那解老。從此南徐，良夜清風月滿湖。」人多不曉其意，或云：坡昔寓京口，官妓鄭容、高瑩二人嘗侍宴，坡喜之。二妓間請於坡，欲爲脱籍，坡許之，而終不爲言。及臨別，二妓復之船所懇之。坡曰：「爾但持我此詞以往，太守一見，便知其意。」蓋是「鄭容落籍，高瑩從良」八字也。此老真爾狡獪耶！《捫蝨新話》卷九。

243 東坡談笑善謔。過潤州，太守高會以饗之。飲散，諸妓歌魯直《茶》詞云：「惟有一杯春草，解留連佳客。」坡正色曰：「却留我喫草。」諸妓立東坡後，憑東坡胡牀者，大笑絶倒，胡牀遂折，東坡墮地。賓客一笑而散。《誠齋詩話》。

244 杭州有西湖，而潁亦有西湖，皆爲游賞之勝，而東坡連守二州。其初得潁也，有潁人在坐云：「內翰只消游湖中，便可以了郡事。」蓋言其訟簡也。秦覯少章因作一絶以獻云：「十里荷花菡萏初，我公初置有西湖。欲將公事湖中了，見説官閒事已無。」後東坡到潁，有《謝執政啓》亦云：「入參兩禁，每玷北扉之榮；出典二邦，輒爲西湖之長。」《王直方詩話》。《詩話總龜》前集卷二十九。《苕溪漁隱叢話》前集卷四十一。

245 東坡云：在潁時，陳無己、趙德麟輩適亦守官於彼，而歐陽叔弼與季默亦又居閒，日相唱和。而二歐頗不作詩，東坡以句挑之云：「君家文律冠西京，旋築詩壇按酒兵。袖手莫欺真將種，致師須得老門生。明朝鄭伯降誰受，昨夜條侯壁已驚。從此醉公天下樂，還須一舉百觴傾。」蓋爲文忠公昔有詩贈梅聖俞、蘇子美云「我亦願助勇，鼓旗譟其旁。快哉天下樂，一釂宜百觴」也。《王直方詩話》。《詩話總龜》前集卷一。

246 元祐六年，汝陰久雪。一日，天未明，東坡來召議事曰：「某一夕不寐，念潁人之饑，欲出百餘千造餅救之。老妻謂某曰：『子昨過陳，見傅欽之言，簽判在陳賑濟有功，何不問其賑濟之法。』某遂相召。」余笑謝曰：「已備之矣。今細民之困，不過食與火耳。義倉之積穀數千碩，可以支散，以救下民。作院有炭數萬秤，酒務有餘柴數十萬秤，依原價賣之，可濟下民。」坡曰：「吾事濟矣。」遂草《放積欠賑濟奏》，檄上臺寺。《侯鯖録》卷四。《宋詩紀事》卷三十四。

247 元祐七年正月，東坡先生在汝陰，州堂前梅花大開，月色鮮霽。先生王夫人曰：「春月色勝如秋月色，秋月色令人悽慘，春月色令人和悦。何如召趙德麟輩來飲此花下？」先生大喜曰：「吾不知子能詩耶！此真詩家語耳。」遂相召，與二歐飲。用是語作《減字木蘭花》，詞云：「春庭月午，影落春醪光欲舞。步轉回廊，半落梅花婉娩香。　輕風薄霧，都是少年行樂處。不似秋光，只共離人照斷腸。」《侯鯖録》卷四。《苕溪漁隱叢話》前集卷四十一。《傅幹注坡詞》卷九。《堅瓠庚集》卷三。《詞林紀事》卷五。

248 樂全先生張安道薨，東坡時守潁州，於僧寺舉掛，參酌古今，用唐人服座主緦麻三月，又別爲文往祭其柩，蓋感其知遇也。《墨莊漫録》卷五。《邵氏聞見後録》卷八。《茶香室三鈔》卷十一。

249 西京牡丹聞於天下。花盛時，太守作萬花會。宴集之所，以花爲屏帳，至於梁棟柱栱，悉以竹筒貯水，簪花釘挂，舉目皆花也。揚州產芍藥，其妙者不減於姚黄、魏紫。蔡元長知淮揚日，亦效洛陽，亦作萬花會。其後歲歲循習而爲，人頗病之。元祐七年，東坡來知揚州，正遇花時，吏白舊例，公判罷之，人皆鼓舞欣悦。作書報王定國云：「花會，檢舊案，用花千萬朵，吏緣爲姦，乃揚州大害，已罷之矣。雖殺風景，免造業也。」《墨莊漫録》卷九。《仇池筆記》卷上。

250 東坡公知揚州，夢行山林間，一虎來噬，方驚怖，有紫衣道士揮袖障公，叱虎使去。明日，一道士投謁，曰：「夜出不至驚畏否？」公咄曰：「鼠子乃敢爾！本欲杖汝脊，汝謂吾不知汝子夜術耶？」道士惶駭而退。《賓退録》卷二。《墨莊漫録》卷二。

251 見米芾10。

252 唐子西云：先生赴定武時，過京師，館於城外一園子中。余時年十八，謁之。問近觀甚書，予對以方讀《晉書》。猝問其中有甚亭子名，予茫然失對。始悟前輩觀書，用意如此。《春渚紀聞》卷六。

253 元祐末，東坡老人自禮部尚書以端明殿學士加翰林院侍讀學士，爲定州安撫使，開府延辟，多取其氣類。故之儀以門生從辟，而蜀人孫子發實相與俱。於是海陵滕興公、溫陵曾仲錫爲定倅。五人者，每辨色會於公廳，領所事竟，按前所約之地，窮日力盡歡而罷，或夜則以晚角動爲期。方從容醉笑間，多令官妓隨意歌於坐側，各因其譜即席賦詠。一日，歌者輒於老人之側作《戚氏》，意將索老人之才於倉卒，以驗天下之所向慕者。老人笑而頷之，邂逅方論穆天子事，頗謫其虛誕，遂賓以應之。隨聲隨寫，歌竟篇就，纔點定五、六字爾。坐中隨聲擊節，終席不間他辭，亦不容別進一語。臨分曰：「足以爲中山一時盛事。」前固莫與比，而後來者未必能繼也。方圖刻石以表之，而謫去，賓客皆分散。政和壬辰八月二十日夜，葛大川出此詩於寧國莊。《姑溪題跋》卷一。

254　東坡帥定武，有武臣狀極樸陋，以啓事來獻，坡讀之甚喜，曰：「奇文也。」客退，以示幕客李端叔，問何者最爲佳句，端叔曰：「『獨開一府，收徐、庾於幕中；並用五材，走孫、吴於堂下』，此佳句也。」坡曰：「非君，誰識之者！」端叔笑謂坡曰：「視此郎眉宇間，決無是語，得無假諸人乎？」坡曰：「使其果然，固亦具眼矣。」即爲具召之，與語甚歡，一府皆驚。《梁溪漫志》卷四。

255　紹聖初元，東坡帥中山，得黑石，白脉如孫知微所畫石間奔流，盡水之變。又作白石大盆以盛之，激水其上，名其室曰「雪浪齋」。公自銘有云：「玉井芙蓉丈八盆，伏流飛空漱其根。」時四月二十日也。元閏四月三日，乃有英州之命。其後謫惠州，又徙海外，故中山後政，以公遷謫，「雪浪」之名，廢而不問。元符庚辰五月，公始被北歸之命。明年夏，方至吴中。時張芸叟守中山，方葺治雪浪齋，重安盆石，方欲作詩寄公，九月，聞公之薨，乃作哀詞，有云：「……石與人俱貶，人亡石尚存。却憐堅重質，不減浪花痕。滿酌中山酒，重添丈八盆。公兮不歸些，萬里一招魂。」《墨莊漫録》卷八。《宋詩紀事》卷二十四。

256 東坡先生在資善堂，與吴博正爲世外之友，嘗作《洞庭春色賦》，博正頗愛重之，求親書其本。後又作《中山松醪賦》，自謂不減前作，乃取澄心堂紙，杭州程弈鼠須筆，易水供堂墨，録本以寄博正。其賦云：「望西山之咫尺，欲褰裳以游遨。跨超峯之奔鹿，接掛壁之飛獠。遂從此而入海，渺翻天之雲濤。」不久，果有海南之竄。議者謂入海之讖也。《新編分門古今類事》卷十四。

257 東坡知徐州，作黄樓，未幾黄州安置。爲定帥，作《松醪賦》，有云：「遂從此而入海，渺翻天之雲濤。」俄貶惠州，移儋耳，竟入海矣。在京師，送人入蜀云：「莫欺老病未歸身，玉局他年第幾人。」北歸果得提舉成都玉局觀。三事皆讖也。《墨莊漫録》卷四。

258 東坡《游金山寺》詩云：「我家江水初發源，宦游直送江入海。」《松醪賦》亦云：「遂從此而入海，渺翻天之雲濤。」人以坡此語爲晚年南遷之讖。坡又嘗贈潘谷詩云：「一朝入海尋李白，空看人間畫墨仙。」潘後數年果因醉赴於井中，趺坐而死。人皆異之。《捫蝨新話》卷九。

259 東坡在翰林，被旨作《上清儲祥宫碑》，哲宗親書其額。紹聖黨禍起，磨去坡文，命蔡元長别撰。玉局遺文中有詩云：「淮西功德冠吾唐，吏部文章日月光。千載斷碑人膾炙，不知世有段文昌。」其題云：「紹聖中，得此詩於沿流館中，不知何人作也，戲録之，以益篋笥之藏。」此詩乃東坡自作，蓋寓意儲祥之事，特避禍，故託以得之。《梁溪漫志》卷四。

260 紹聖中，有人過臨江軍驛舍，題二詩，不書姓名。時貶東坡，毁上清宫碑，令蔡京别撰。詩云：「李白當年謫夜郎，中原不復漢文章。納官贖罪何人在，壯士悲歌淚兩行。」又云：「晉公功業冠吾唐，吏部文章日月光。千載斷碑人膾炙，不知世有段文昌。」《侯鯖録》卷二。

261 哲宗問左右，蘇軾襯朝章者何服。對曰：「道衣。」南行時，帶一軸彌陀，曰：「此軾生西方公據也。」《唾玉集》。

262 哲宗問右璫陳衍：「蘇軾襯朝章者，何衣？」衍對曰：「是道衣。」哲宗笑之。及謫英州，雲居佛印遣書追至南昌，東坡不復答書，引紙大書曰：「戒和尚又錯脱也。」後七年，復官，歸自海南，監玉局觀，作偈戲答僧曰：「惡業相纏卌八年，常行八棒十三禪。却着衲衣歸玉局，自疑身是五通仙。」《冷齋夜話》卷七。

263 東坡昔自定武謫英州，夜宿分風浦。三鼓矣，發運司知有後命，遣五百人來奪舟。東坡曰：「乞夜櫓及星江，就聚落買舟可乎？」使者許諾。即默禱順濟王曰：「軾往來江湖之上三十年，王于軾爲故人，故人之失所，當哀憐之。達旦至星江，出陸至豫章，則吾事濟矣。不然，復見使至，則當露宿浦溆。」言未卒，風掠耳，篙師升颿，颿飽。炊未及熟，已渡楊瀾，泊豫章，日亭午耳。《石門文字禪》卷二十七。

264 劉偉明弇少以才學自負，擢高第，中詞科，意氣自得，下視同輩。紹聖初，因游一禪刹，時東坡謫嶺南，道廬陵，亦來游，因相遇。互問爵里姓氏，偉明遽對曰：「廬陵劉弇。」蓋偉明初不知其爲東坡，自謂名不下人，欲以折服之也。乃復問東坡所從來，公徐應曰：「罪人蘇軾。」偉明始大驚，逡巡，致敬曰：「不意乃見所畏！」東坡亦嘉其才氣，相與劇談而去。《獨醒雜志》卷一。

265 東坡南遷，度嶺次，於林麓間遇二道人，見坡即深入不出。坡謂押送使臣：「此中有異人，可同訪之。」既入，見茅屋數間，二道人在焉，意象甚瀟洒。顧使臣：「此何人？」對以蘇學士。道人曰：「得非子瞻乎？」使臣曰：「學士始以文章得，終以文章失。」道人相視而笑，曰：「文章豈解能榮辱，富貴從來有盛衰。」坡曰：「何處山林間無有道之士乎！」《清波雜志》卷五。

266 東坡夜宿曹溪，讀《傳燈録》，燈花墮卷上，燒一「僧」字，即以筆記於窗間曰：「山堂夜岑寂，燈下讀《傳燈》。不覺燈花落，茶毗一個僧。」《冷齋夜話》卷十。《墨客揮犀》卷十。《堯山堂外紀》卷五十二。《宋稗類鈔》卷七。

267 東坡先謫黄州，熙寧執政妄以陳季常鄉人任俠，家黄之岐亭，有世讎。後謫惠州，紹聖執政妄以程之才姊之夫有宿怨，假以憲節，皆使之甘心焉。然季常、之才從東坡甚驩也。《邵氏聞見後録》卷二十。

268 山谷曰：東坡在黄州所作《卜算子》云云，詞意高妙，非喫煙火食人語。……然嘗見臨江人王説夢得，謂此詞東坡在惠州白鶴觀所作，非黄州也。惠有温都監女，頗有色，年十六，不肯嫁人。聞東坡至，喜謂人曰：「此吾婿也。」每夜聞坡諷詠，則徘徊窗外。坡覺而推窗，則其女踰牆而去。坡從而物色之，温具言其然。坡曰：「吾當呼王郎與子爲姻。」未幾，坡過海，此議不諧，其女遂卒，葬於沙灘之側。坡回惠日，女已死矣，悵然爲賦此詞。《野客叢書》卷二十四。《誠齋雜記》卷下。《歷代詩餘》卷五引《女紅餘志》。

269 東坡再謫惠州日，一老舉人年六十九爲隣。其妻三十歲誕子，爲具邀公，公欣然而往。酒酣乞詩，公戲一聯云：「令閤方當而立歲，賢夫已近古希年。」《侯鯖録》卷三。

270 東坡居士在豐城，有老人生子，爲具召東坡，且求一詩。東坡問：「翁年壽幾何？」曰：「七十。」「翁之妻幾何？」曰：「三十。」東坡即席戲作八句，其警聯云：「聖善方當而立歲，乃翁已及古稀年。」《續墨客揮犀》卷六。《類説》卷十六引《遯齋閒覽》。

271 東坡謫惠州日，與一村校書爲鄰，年已七十，其妾生子，爲具邀公。公欣然往，酒酣，乞詩，公問：「妾年幾何？」曰：「三十。」乃戲贈一聯云：「聖善方當而立歲，頑尊已及古稀年。」一時大噱。《堯山堂外紀》卷五十二。

272 蘇東坡嘗夜夢登合江樓，月色如水，韓魏公跨鶴來曰：「被命同領劇曹，故來相報。他日北歸中原，當不久也。」此事見《仇池筆記》中。東坡以建中靖國元年遇赦北歸，七月到常州，而竟殂於錢公輔家。《甕牖閒評》卷八。《仇池筆記》卷下。

273 霅川莫蒙養正，崇寧間過余言：夜夢行西湖上，見一人野服髽髻，頎然而長，參從數人，軒軒然常在人前。路人或指之而言曰：「此蘇翰林也。」養正少識之，亟趍前拜，且致恭曰：「蒙自爲兒時誦先生之文，願執巾侍不可得也。不知先生厭世仙去，今何所領，而參從如是也。」先生顧視久之曰：「是太學生莫蒙否？」養正對之曰：「然。」先生頷之曰：「某今爲紫府押衙。」語訖而覺。後偶得先生嶺外手書一紙云：夜登合江樓，夢韓魏公騎鶴相過。云受命與公同，北歸中原當不久也，已而果然。小說載魏公爲紫府真人，則養正之夢不誣矣。《春渚紀聞》卷六。

274 東坡海外《上梁文口號》云：「爲報先生春睡美，道人輕打五更鐘。」章子厚見之，遂再貶儋耳，以爲安穩，故再遷也。《艇齋詩話》。

275 鄒志完言：在嶺外，見惠州太守方君，謂其家人素奉佛，一旦夢泗州大聖來別，云將送蘇子瞻過海。遂詰之曰：「幾時當去？」答曰：「八日去。」果如所言。故參寥以詩志之曰：「臨淮大士本無私，應物長於險處施。親護舟航渡南海，知公盛德未全衰。」《能改齋漫録》卷十八。

276 蕭士京大夫爲廣東轉運使，其妻事僧伽甚謹。一夕，夢僧伽別去，其妻問：「欲何往？」曰：「後十二日，蘇子瞻當渡海，我送過之。」驚起，語其夫。後十二日，子瞻果有儋州之命。《隨手雜録》。

277 蘇子瞻謫儋州，以「儋」與「瞻」字相近也。子由謫雷州，以「雷」字下有「田」字也。黄魯直謫宜州，以「宜」字類「直」字也。此章子厚駁謔之意。當時有術士曰：「儋」字從立人，子瞻其尚能北歸乎！「雷」字「雨」在「田」上，承天之澤也，子由其未艾乎！「宜」字乃「直」字，有蓋棺之義也，魯直其不返乎！後子瞻北歸，至毘陵而卒。子由退老于潁，十餘年乃終。魯直竟卒於宜。《鶴林玉露》丙集卷五。《湖海新聞夷堅續志》補遺。《堯山堂外紀》卷五十一。《宋稗類鈔》卷六。

278 紹聖中，貶元祐人蘇子瞻儋州，子由雷州，劉莘老新州，皆戲取其字之偏旁也。時相之忍忮如此。《老學庵筆記》卷四。

279 吕周輔言：東坡先生與黄門公南遷，相遇於梧、藤間。道旁有鬻湯餅者，共買食之，粗惡不可食。黄門置箸而歎，東坡已盡之矣。徐謂黄門曰：「九三郎，爾尚欲咀嚼耶？」大笑而起。秦少游聞之曰：「此先生飲酒但飲溼法已。」《老學庵筆記》卷一。《東山談苑》卷六。《黄嬭餘話》卷三。

280 東坡偕子由齊安道中就市，食胡餅糲甚。東坡連盡數餅，顧子由曰：「尚須口耶。」《清暑筆談》。

281 東坡謫儋耳，道經南安，於一寺壁間作叢竹醜石，甚奇。韓平原當國，劄下本軍取之，守臣親監臨，以紙糊壁，全堵脱而龕之以獻。平原大喜，置之閱古堂中。平原敗，籍其家，壁入秘書省著作庭。辛卯之火，焚右文殿道山堂，而著作庭幸無恙，壁至今猶存。《鶴林玉露》乙編卷三。

282 潭州彭子民，隨董必察訪廣西時，蘇子瞻在儋州，董至雷，議遣人過儋。彭顧董泣涕下，曰：「人人家各有子孫。」董遂感悟，止遣一小使臣過儋，但有逐出官舍之事。《甲申雜記》。

283 蘇子瞻在海外，自號鐵冠道人。《徐氏筆精》卷七。

284 東坡在嶺海間，最喜讀陶淵明、柳子厚二集，謂之「南遷二友」。《老學庵筆記》卷九。《隱居通議》卷六。《何氏語林》卷十一。《堯山堂外紀》卷五十二。

285 東坡公在嶺外特喜子厚文，朝夕不去手，與陶淵明並稱二友。《老學庵筆記》卷十。

286 見梅堯臣16。

287 蘇東坡自謂：竄逐海上，去死地稍近，心頗憂之，願學壽禪師放生，以證善果，敬以亡母蜀郡太君程氏遺留簪珥，盡買放生，以薦父母冥福。其子邁在東坡之側，見所買放生盈軒蔽地，或掉尾乞命，或悚翅哀鳴。邁憐悲其意，亟請放之。旁有侍妾名朝雲，見邁衣衿有蝡動，視之，乃蝨也。妾遽以指爪隕其命，東坡訓之曰：「聖人言：近取諸身，遠取諸物。我今遠取諸物以放之，汝今近取諸身以殺之耶！」妾曰：「奈齧我何？」東坡曰：「是汝氣體感召而生者，不可罪彼，要當拾而放之可也。今人殺害禽魚之命，是豈禽魚齧人耶？」妾大悟。《善誘文》。

288 東坡居士遷於海南，憂患之餘，戊寅九月晦，游天慶觀，謁北極真聖，探靈籤，以決餘生之禍福吉凶。其辭曰：「道以信爲合，法以智爲先。二者不離析，壽命不得延。」覽之竦然，若有所得，書而藏之，以無忘信道、法智二者不相離之意。軾恭書：古之真人未有不以信人者，子思則曰：「自誠明謂之性。」此之謂也。《東坡志林》卷三。

289 東坡在海南，以十一月望日，與客泛菊，作重九。《古事比》卷一。

290 予游儋耳……謁姜唐佐，唐佐不在，見其母。母迎笑，食予檳榔。予問母：「識蘇公否？」母曰：「識之，然無奈其好吟詩。公嘗杖而至，指西木櫈，自坐其上。問曰：『秀才何往？』我言入村落未還。有包燈心紙，公以手拭開，書滿紙，祝曰：『秀才歸，當示之。』今尚在。」予索讀之，醉墨欹傾，曰：「張睢陽生猶罵賊，嚼齒空齦；顏平原死不忘君，握拳透爪。」《冷齋夜話》卷五。《何氏語林》卷二十一。《宋稗類鈔》卷一。

291 見蘇轍20。

292 東坡在儋耳，無書可讀，黎子家有柳文數册，盡日玩誦。一日，遇雨，借笠屐而歸，人畫作圖，東坡自贊「人所笑也，犬所吠也，笑亦怪也。」用子厚語。《貴耳集》卷上。

293 東坡在儋耳，一日過黎子雲，遇雨，乃從農家借篛笠戴之，著屐而歸，婦人小兒相隨争笑，邑犬群吠。竹坡周少隱有詩云：「持節休誇海上蘇，前身便是牧羊奴。應嫌朱紱當年夢，故作黃冠一笑娱。遺迹與公歸物外，清風爲我襲庭隅。憑誰唤起王摩詰，畫作東坡戴笠圖。」今時亦有畫此者，然多俗筆也。
《梁溪漫志》卷四。《堯山堂外紀》卷五十六。《堅瓠己集》卷一。

294 東坡老人在昌化，嘗負大瓢行歌於田間。有老婦年七十，謂坡云：「内翰昔日富貴，一場春夢。」坡然之。里人呼此媪爲「春夢婆」。坡被酒獨行遍至子雲諸黎之舍，作詩云：「符老風情老奈何，朱顏減盡鬢絲多。投梭每困東鄰女，換扇唯逢春夢婆。」是日，老符秀才言換扇事。《侯鯖録》卷七。《東山談苑》卷六。《詞林紀事》卷五。

295 宣和初，有潘衡者，賣油江西，自言嘗爲子瞻造墨海上，得其祕法，故人争趨之。余在許昌見子瞻諸子，因問其季子過，求其法。過大笑曰：「先人安有法，在儋耳無聊，衡適來見，因使之别室爲煤，中夜遺火，幾焚廬，翼日煨燼中得煤數兩，而無膠，法取牛皮膠以意自和之，不能爲挺磊塊，僅如指者數十。公亦絶倒，衡因謝去。」蓋後别自得法，借子瞻以行也。《石林避暑録話》卷二。

296 東坡《松醪賦》。李仁甫侍郎舉賦中語，謂東坡蓋知之矣。又云：東坡既再責，親舊或勸益自儆戒，坡笑曰：「得非賜自盡乎？何至是。」顧謂叔黨曰：「吾甚喜《松醪賦》，盍秉燭，吾爲汝書此，倘一字誤，吾將死海上，不然，吾必生還。」叔黨苦諫，恐偏傍點畫，偶有差訛，或兆憂耳。坡不聽，徑伸紙落筆，終篇無秋毫脱謬，父子相與粲然。《松醪賦》之讖渡海，人知之，而未知其以驗生還也。《愛日齋叢鈔》卷二。

297 東坡在儋耳，謂子過曰：「吾嘗告汝，我決不爲海外人，近日頗覺有還中州氣象。」乃滌硯索紙筆，焚香曰：「果如吾言，寫吾平生所作八賦，當不脱誤一字。」既寫畢，讀之大喜曰：「吾歸無疑矣。」後數日，而廉州之命至。八賦墨迹始在梁師成家，或云入禁中矣。《曲洧舊聞》卷五。《清波雜志》卷二。《清河書畫舫》卷八下。《宋稗類鈔》卷一。

298 東坡自儋耳北歸，臨行以詩留别黎子雲秀才云：「我本儋州民，寄生西蜀州。忽然跨海上，譬如事遠游。平生生死夢，三者無劣優。知見不再見，欲去且少留。」後批云：「新釀佳甚，求一具理。臨行寫此，以折菜錢。」宣和中，予在京師相藍，見南州一士人攜此帖來，粗厚楮紙，行書，塗抹一二字，類顔魯公《祭姪文》，甚奇偉也。「具理」，南荒人餅罍名也。《墨莊漫録》卷四。

299 見秦觀27。

300 英州小市，江水貫其中，舊架木作橋，每不過數年，輒爲湍潦所壞。郡守建安何智甫，始疊石爲之，方成，而東坡還自海外，何求文以紀。坡作四言詩一首，凡五十六句。……予侍親居英，與僧希賜游南山，步過橋上，讀詩碑。希賜云：「真本藏於何氏，此有石刻，經黨禁亦不存。」今以板刻之，乃希賜所書也。賜因言，何公初請記，坡爲賦此詩，既大書矣，而未遣送，郡候兵執役者見之，以告何，何又來謁，坡曰：「軾未到橋所，難以想像落筆。」何即命具食，拉坡偕往。坡曰：「使君是地主，宜先升車。」何謝不敢，乃並轎而行。既至，坡曰：「至堪作詩，晚當奉戒。」抵暮送與之。蓋詩中云：「我來與公，同載而出。讙呼填道，抱其馬足。」故欲同行，以印此語耳。《容齋三筆》卷十一。《宋詩紀事》卷二十一。

301 東坡自儋耳歸，至廣州舟敗，亡墨四篋，平生所寶皆盡，僅於諸子處得李墨一丸、潘谷墨兩丸。自是至毘陵捐館舍，所用皆此三墨也。《老學庵筆記》卷五。

302 東坡還至庾嶺上，少憩村店，有一老翁出，問從者曰：「官爲誰？」曰：「蘇尚書。」翁曰：「是蘇子瞻歟？」曰：「是也。」乃前揖坡曰：「我聞人害公者百端，今日北歸，是天祐善人也。」東坡笑而謝之，因題一詩於壁間云：「鶴骨霜髯心已灰，青松夾道手親栽。問翁大庾嶺頭住，曾見南遷幾個迴？」《獨醒雜志》卷二。《宋詩紀事》卷二十一引《娱書堂詩話》。

303　東坡北歸至嶺下，偶肩輿折杠，求竹於龍光寺。僧惠兩大竿，且延東坡飯。時寺無主僧，州郡方令往南華招請，未至。公遂留詩以寄之，詩云：「斫得龍光竹兩竿，持歸嶺北萬人看。竹中一滴曹溪水，漲起江西十八灘。」謂贛石也。東坡至贛，留數日，將發舟，一夕江水大漲，贛石無一見，越日而至廬陵。舟中見謝民師，因謂曰：「舟行江漲，遂不知有贛石，此吾龍光詩讖也。」《獨醒雜志》卷三。

304　先生自海外還至贛上，寓居水南日，過郡城攜一藥囊，遇有疾者，必爲發藥，并疏方示之。每至寺觀，好事者及僧道之流，有欲得公墨妙者，必預探公行游之所，多設佳紙，於紙尾書記名氏，堆積案間，拱立以俟。公見即笑視，略無所問，縱筆揮染，隨紙付人。至日暮筆倦，或案紙尚多，即笑語之曰：「日暮矣，恐小書不能竟紙，或欲齋名及佛偈者，幸見語也。」及歸，人人厭滿，忻躍而散。《春渚紀聞》卷六。

305　劉器之與東坡元祐初同朝，東坡勇於爲義，或失之過，則器之必約以典故。東坡至發怒曰：「何處把上原注：把，去聲。農人乘以事田之具。曳得一『劉正言』來，知得許多典故。」或以告器之，則曰：「子瞻固所畏也，若恃其才，欲變亂典常，則不可。」又朝中有語云：「閩、蜀同風，腹中有蟲。」以二字各從蟲也。東坡在廣坐，作色曰：「書稱『立賢無方』。何得乃爾！」器之曰：「某初不聞其語，然『立賢無方』，須是賢者乃可，若中人以下，多繫土地風俗，安得不爲土習風移？」東坡默然。至元符末，東坡、器之各歸自嶺海，相遇於道，始交驩。器之語人云：「浮華豪習盡去，非昔日子瞻也。」東坡則云：「器之鐵石人也。」《邵氏聞見後録》卷二十。《古謡諺》卷六十。

306　東坡自海南至虔上，以水涸不可舟，逗留月餘，時過慈雲寺浴。長老明鑑，魁梧如所畫慈恩，然叢林以道學與之。東坡作偈戲之曰：「居士無塵堪洗沐，老師有句借宣揚。窗間但見蠅鑽紙，門外時聞佛放光。遍界難藏真薄相，一絲不掛且逢場。却須重說圓通偈，千眼重籠是法王。」又嘗要劉器之同參玉版和尚，器之每倦山行，聞見玉版，欣然從之。至廉泉寺，燒笋而食，器之覺笋味勝，問：「此笋何名？」東坡曰：「即玉版也。此老師善說法，要能令人得禪悅之味。」於是器之乃悟其戲，爲大笑。東坡亦悅，作偈曰：「叢林真百丈，嗣法有横枝。不怕石頭路，來參玉版師。聊憑柏樹子，與問籜龍兒。瓦礫猶能說，此君那不知。」《冷齋夜話》卷七。《苕溪漁隱叢話》前集卷三十九。《調謔編》。《堯山堂外紀》卷五十二。《宋稗類鈔》卷七。

307 東坡謫嶺南，元符末始北還。舟次新淦時，人方礎石爲橋，聞東坡之至，父老兒童二三千人聚立舟側，請名其橋。東坡將登舟謁縣宰，衆人填擁不容出，遂就舟中書「惠政橋」字與之，邑人始退。《獨醒雜志》卷六。

308 〔東坡〕遷儋耳，久之，天下盛傳子瞻已仙去矣。後七年，北歸時，章丞相方貶雷州。東坡至南昌，太守云：「世傳端明已歸道山，今尚爾游戲人間耶。」東坡曰：「途中見章子厚，乃迴反耳。」《冷齋夜話》卷七。《墨客揮犀》卷七。《何氏語林》卷二十七。《宋稗類鈔》卷六。

309 東坡自謫海南歸，人有問其遷謫艱苦者，坡答曰：「此乃骨相所招，少時入京師，有相者云：『一雙學士眼，半箇配軍頭。異日文章雖當知名，然有遷徙不測之禍。』今日悉符其語。」《瑞桂堂暇録》。

310 東坡自海南還，過潤州。州牧，故人也，出郊迓之，因問海南風土人情如何。東坡云：「風土極善，人情不惡。某初離昌化時，有十數父老皆攜酒饌，直至舟次相送，執手泣涕而去，且曰：『此回與內翰相別後，不知甚時再得相見？』」《遯齋閒覽》。

311〔東坡居士〕抵荆南，聞玉泉皓禪師機鋒不可觸，公擬抑之，即微服求見。泉問：「尊官高姓？」公曰：「姓秤，乃秤天下長老底秤。」泉喝曰：「且道這一喝重多少？」公無對，於是尊禮之。後過金山，有寫公照容者，公戲題曰：「心似已灰之木，身如不繫之舟。問汝平生功業，黄州惠州瓊州。」《五燈會元》卷十七。《宋稗類鈔》卷七。

312 李𠍇言：東坡自海外歸毗陵，病暑，着小冠，披半臂，坐船中。夾運河岸千萬人隨觀之。東坡顧坐客曰：「莫看殺軾否？」其爲人愛慕如此。《邵氏聞見後録》卷二十。《清波雜志》卷三。《何氏語林》卷二十四。

313 建中靖國元年，東坡自儋北歸，卜居陽羨。陽羨士大夫猶畏而不敢與之游，獨士人邵民瞻從學於坡，坡亦喜其人，時時相與杖策過長橋，訪山水爲樂。邵爲坡買一宅，爲錢五百緡。坡傾囊僅能償之。卜吉入新第既得日矣，夜與邵步月，偶至一村落，聞婦人哭聲極哀，坡徙倚聽之，曰：「異哉！何其悲也？豈有大難割之愛，觸於其心歟？吾將問之。」遂與邵推扉而入，則一老嫗，見坡泣自若。坡問嫗何爲哀傷至是，嫗曰：「吾家有一居，相傳百年，保守不敢動，以至於我。而吾子不肖，遂舉以售諸人。吾今日遷徙來此，百年舊居，一旦訣别，寧不痛心？此吾之所以泣也。」坡亦爲之愴然，問其故居所在，則坡以五百緡所得者也。坡因再三慰撫，徐謂之曰：「嫗之舊居，乃吾所售也。不必深悲，今當以是屋還嫗。」即命取屋券，對嫗焚之。呼其子，命翌日迎母還舊第，竟不索其直。坡自是遂還毗陵，不復買宅，而借顧塘橋孫氏居暫憩焉。是歲七月，坡竟殁於借居。《梁溪漫志》卷四。《深雪偶談》。《何氏語林》卷三。《昨非庵日纂》一集卷三。《雨航雜録》卷上。《七修類稿》卷二十二。

314 東坡居常州，頗嗜河豚。而里中士大夫家有妙於烹是魚者，招東坡享之。婦子傾室闖於屏間，冀一語品題。東坡下箸大嚼，寂如喑者，闖者失望相顧。東坡忽下箸云：「也直一死。」於是合舍大悦。《履齋示兒編》卷十七。

315 常州宜興縣黄土村，東坡南遷北歸，嘗與單秀才步田至其地。地主攜酒來餉曰：「此紅友也。」坡曰：「此人知有紅友，而不知有黄封，可謂快活。」《鶴林玉露》乙編卷二。

316 冰華居士錢濟明丈，嘗跋施純叟藏先生帖後云：建中靖國元年，先生以玉局還自嶺海，四月自當塗寄十一詩，且約同程德孺至金山相候，既往迓之，遂决議爲毘陵之居。六月自儀真避疾渡江，再見於奔牛埭，先生獨卧榻上，徐起謂某曰：「萬里生還，乃以後事相託也。惟吾子由，自再貶及歸，不復一見而决，此痛難堪。」餘無言者，久之復曰：「某前在海外，了得《易》、《書》、《論語》三書，今盡以付子，願勿以示人。三十年後，會有知者因取藏篋，欲開而鑰失匙。」某曰：「某獲侍言，方自此始，何遽及是也。」既遷寓孫氏館，日往造見，見必移時，慨然追論往事，且及人間，出嶺海詩文相示，時發一笑，覺眉宇間秀爽之氣照映坐人。七月十二日，疾少間，曰：「今日有意喜近筆研，試爲濟明戲書數紙。」遂書《惠州江月》五詩。明日又得《跋桂酒頌》。自爾疾稍增，至十五日而終。《春渚紀聞》卷六。

317 東坡北歸至儀真得暑疾，止於毗陵顧塘橋孫氏之館，氣寖上逆，不能卧。時晉陵邑大夫陸元光獲侍疾卧内，輟所御懶版以獻，縱横三尺，偃植以受背，公殊以爲便，竟據是版而終。後陸君之子以屬蒼梧胡德輝爲之銘曰：「參没易簀，由殪結纓。斃而得正，匪死實生。堂堂東坡，斯文棟梁。以正就木，猶不忍僵。昔我邑長，君先大夫。侍聞夢奠，啓手舉扶。木君戚施，匪屏匪几。詒萬子孫，無曰不祥之器。」《梁溪漫志》卷四。

318 東坡將亡前數日，夢中作一詩寄朱行中云：「舜不作六器，誰知貴璵璠。哀哉楚狂士，抱璞號空山。相如起睨柱，投璧相與還。何如鄭子産，有禮國自閑。雖微韓宣子，鄙夫亦辭環。至今不貪寶，凛然照塵寰。」覺而記之，自不曉所謂。東坡絶筆也。《王直方詩話》。《詩話總龜》前集卷三十四。《東坡詩話録》卷下。

319 東坡初入荆溪，有「樂死」之語，蓋喜其風土也。繼抱疾稍革，徑山老惟琳來問候，坡曰：「萬里嶺海不死，而歸宿田里，有不起之憂，非命也邪？然死生亦細故爾。」後二日，將屬纊，聞根先離。琳叩耳大聲曰：「端明勿忘西方！」曰：「西方不無，但箇裏着力不得。」語畢而終。《清波雜志》卷三。

320 蘧一日謁冰華丈於其所居烟雨堂，語次偶誦人祭先生文，至「降鄒陽於十三世，天豈偶然；繼孟軻於五百年，吾無間也」之句。冰華笑曰：「此老夫所爲者。」因請降鄒陽事。冰華云：元祐初，劉貢甫夢至一官府，案間文軸甚多，偶取一軸展視云：在宋爲蘇某，逆數而上十三世，云在西漢爲鄒陽。蓋如黄帝時爲火師，周朝爲柱下史，只一老聃也。《春渚紀聞》卷六。

321 眉山公卒，太學生侯泰、武學生楊選素不識公，率衆舉哀，從者二百餘人，欲飯僧於法雲，主者惟白下聽，慧林佛陀禪師聞而招致之。《後山談叢》卷六。

322 〔政和間〕求軾墨跡甚鋭，人莫知其由。或傳：徽宗皇帝寶籙宫醮筵，常親臨之。一日啓醮，其主醮道流拜章伏地，久之方起，上詰其故，答曰：「適至上帝所，值奎宿奏事，良久方畢，始能達其章故也。」上歎訝之，問曰：「奎宿何神爲之，所奏何事？」對曰：「所奏不可得知，然爲此宿者，乃本朝之臣蘇軾也。」上大驚，不惟弛其禁，且欲翫其文辭墨跡。一時士大夫從風而靡。《庚溪詩話》卷上。《貴耳集》卷上。《獨醒雜志》卷一。《行營雜録》。《清河書畫舫》卷八下引《蘇公遺事》。《堅瓠庚集》卷一。《宋稗類鈔》卷一。《佩文齋書畫録》卷三十三。

323 袁伯修云：「蘇子瞻前身爲五祖戒，後身爲徑山杲。」董遐周云：「按子瞻辛巳歲殁延陵，而妙喜實以己巳生。豈先十餘年，子瞻已託識他所耶！總是一箇大蘇，沙門扯他做妙喜老人，道家又道渠是奎宿。及閱《長公外紀》云：『在宋爲蘇軾，逆數前十三世，在漢爲鄒陽。』子瞻入壽星寺，語客曰：『某前是此寺僧，山下至懺堂，有九十二級。』其薨也，吾郡莫君濛復有紫府押衙之夢。余戲爲語曰：『大蘇死去忙不徹，三教九流都扯拽。』縱好事者爲之，亦詞場好話柄也。」《堅瓠壬集》卷一。

324 山谷初與東坡先生同見清老者，清語坡前身爲五祖戒和尚。《春渚紀聞》卷一。《愛日齋叢鈔》卷二。《堅瓠續集》卷四。

325 東坡葬汝州，其墓甓皆印「東坡」二字，洛人王壽卿所篆。《雞肋編》卷下。

326 東坡性不忍事，嘗云：「如食中有蠅，吐之乃已。」晁美叔每見，以此爲言。坡云：「某被昭陵擢在賢科，一時魁舊，往往爲知己。上賜對便殿，有所開陳，悉蒙嘉納。已而章疏屢上，雖甚剴切，亦終不怒。使某不言，誰當言者？子之所慮，不過恐朝廷殺我耳。」美叔默然。坡浩歎久之曰：「朝廷若果見殺我，微命亦何足惜！只是有一事，殺了我後，好了你。」遂相與大笑而起。《曲洧舊聞》卷五。《調謔編》。

327 東坡云：「予飲少輒醉，卧則鼻鼾如雷，傍舍爲厭，而己不知也。一日，因醉卧，有魚頭鬼身者，自海中來告，云：『廣利王來請端明。』予被褐草屨黄冠而去，亦不知身步在水中，但聞風雷聲，暴如觸石，意亦知在深水處。有頃，豁然明白，真所謂水晶宫殿相照耀也。其下則有驪目夜光，文犀尺璧，南金火齊，眩目不可仰視，而琥珀、珊瑚，又不知多少也。廣利少間佩劍冠服而出，從以二青衣。予對以海上逐客，重煩邀命。廣利且歡且笑。有頃，南溟夫人亦造焉，東華真人亦造焉，自知不在人世。少間，出素鮫綃丈餘，命予題詩。予乃賦之曰：『天地雖虚廓，惟海爲最大。聖王時祀事，位尊河伯拜。祝融爲異號，恍惚聚百怪。三氣變流光，萬里風雨快。靈旗摇紅纛，赤虬噴滂湃。家近玉皇樓，彤光照無界。若得明月珠，可償逐客債。』寫竟，進廣利。諸仙遞看咸稱妙，獨廣利傍一冠簪水族，謂之鼈相公，進言：『蘇軾不避忌諱，祝融字犯王諱。』王大怒。予退而歎曰：『到處被相公厮壞。』」《侯鯖録》卷八。《何氏語林》卷二十八。《宋稗類鈔》卷六。

328 東坡友愛子由，而性嗜清境，每誦「何時風雨夜，復此對牀眠」。《冷齋夜話》卷二。

329 東坡與子由夜雨對牀，子由曰：「嘗見鬻術者云：『課賣六爻，内卦三爻，外卦三爻。』思之未易對。」一日同出，坡見戲場有以棒呈戲者云：「棒長八尺，隨身四尺，離身四尺。」坡曰：「此語正可還前日枕上之對。」子由曰：「觸機而發，誠佳對也。」《堅瓠庚集》卷一。

330 東坡待過客，非其人，則盛列妓女，奏絲竹之聲聒兩耳，自終宴有不接一談者，其人往返，更謂待己之厚也。至有佳客至，則屏去妓樂，杯酒之間，惟終日談笑耳。《北窗炙輠録》卷下。

331 東坡有歌舞妓數人，每留賓客飲酒，必云：「有數箇搽粉虞候欲出來祗應也。」《軒渠録》。《堯山堂外紀》卷五十二。

332 東坡嘗飲一豪士家，出侍姬十餘人，皆有姿伎。其間有一善舞者名媚兒，容質雖麗，而軀幹甚偉，豪士特所寵愛，命乞詩於公，公戲爲四句云：「舞袖蹁躚，影摇千尺龍蛇動。歌喉宛轉，聲撼半天風雨寒。」妓頳然不悦而去。《苕溪漁隱叢話》前集卷六十引《遯齋閒覽》。《續墨客揮犀》卷六。《堯山堂外紀》卷五十二。

333 蘇子瞻好謔。一日與客集……子瞻曰：「吾近得一對，但未有用處。」或問之，曰：「韓玉汝，正可對李金吾。」聞者皆大笑。《巖下放言》卷上。

334 蘇子瞻嘗自言，平生有三不如人，謂著棋、飲酒、唱曲也。《苕溪漁隱叢話》前集卷四十二引《遯齋閒覽》。《墨客揮犀》卷四。

335 東坡云：「吾兄子朗飲酒三蕉葉，吾少時望見酒杯而醉，今亦能飲三蕉葉矣。」《古今合璧事類備要》外集卷四十四引《志林》。

336 東坡謂晨飲爲澆書。李黄門謂午睡爲攤飲。《剡溪野語》。

337 東坡有酒名「羅浮春」。《説略》卷二十五。

338 蘇東坡喜《漢書》，而獨不喜《史記》。《甕牖閒評》卷五。

339 李方叔云：東坡每出，必取聲韻音訓文字複置行篋中。《邵氏聞見後録》卷二十七。

340 有客在張欽夫坐上，舉介甫《賀册后妃表》「關雎」、「雞鳴」之聯，以爲四六之妙者。欽夫因舉東坡

《賀册后表》云：「上符天造，日月爲之光明；下逮海隅，夫婦無有愁歎。」笑曰：「此全不用古人一字，而氣象塞乎天地矣。」《誠齋詩話》。

341 東坡先生嘗謂劉景文與先子曰：「某平生無快意事，惟作文章，意之所到，則筆力曲折，無不盡意。自謂世間樂事無踰此者。」《春渚紀聞》卷六。

342 東坡教諸子作文，或辭多而意寡，或虛字多，實字少，皆批諭之。又有問作文之法，坡云：「譬如城市間種種物有之，欲致而爲我用，有一物焉，曰錢。得錢，則物皆爲我用。作文先有意，則經史皆爲我用。」《清波雜志》卷七。

343 東坡於古人，但寫陶淵明、杜子美、李太白、韓退之、柳子厚之詩。爲南華寫柳子厚《六祖大鑒禪師碑》，南華又欲寫劉夢得碑，則辭之。吕微仲丞相作《法雲秀和尚碑》，丞相意欲得東坡書石，不敢自言，委甥王讜言之。東坡先索其藁諦觀之，則曰：「軾當書。」蓋微仲之文自佳也。《邵氏聞見後録》卷十五。

344 予嘗夢杜子美云：「世人誤會《八陣圖》詩：『江流石不轉，遺恨失吞吴。』以爲先主、武侯欲與關羽復仇，故恨不滅吴，非也。我意本意爲吴、蜀唇齒之國，不當相圖。晉能取蜀者，以蜀有吞吴之意，此爲恨耳。」《仇池筆記》卷上。

345 見林逋7。

346 蘇仲虎言：有以澄心紙求東坡書者，令仲虎取京師印本《東坡集》誦其中詩，即書之，至「邊城歲暮多風雪，强壓香醪與君别」，東坡閣筆怒目仲虎，云：「汝便道香醪。」仲虎驚懼，久之，方覺印本誤以

「春醪」爲「香醪」也。《邵氏聞見後録》卷十九。

347 東坡云：「世間事勿笑爲易，惟讀王祈大夫詩，不笑爲難。」祈嘗謂東坡云：「有《竹詩》兩句，最爲得意。」因誦曰：「葉垂千古劍，幹聳萬條鎗。」坡云：「好則極好，則是十條竹竿，一個葉兒也。」《王直方詩話》。《類説》卷五十七。《苕溪漁隱叢話》前集卷五十五。

348 王禹錫行第十六，與東坡有姻連，嘗作《賀知縣喜雨》詩云：「打葉雨拳隨手去，吹涼風口逐人來。」自以爲得意。東坡見之曰：「十六郎作詩怎得如此不入規矩。」禹錫云：「蓋是醉中所作。」異日又持一大軸呈坡。坡讀之云：「爾復醉邪？」《王直方詩話》。《類説》卷五十七。《苕溪漁隱叢話》前集卷五十五。《宋詩紀事》卷三十。

349 吾有詩云「日日出東門，步尋東城游。城門抱關卒，怪我此何求。我亦無所求，駕言寫我優」。章子厚謂參寥曰：「前步而后駕，何其上下紛紛也？」僕聞之曰：「吾以尻爲輪，以神爲馬，何曾上下乎？」參寥曰：「子瞻文過有理似孫荆，子荆曰：所以枕流，欲洗其耳。《東坡志林》卷八。《苕溪漁隱叢話》前集卷三十八。

350 〔晁〕以道云：「初見東坡詞云：『素面常嫌粉涴，洗粧不退唇紅。』便知此老須過海。」余問何邪？以道曰：「只爲古今人不曾道到此，須罰教遠去。」《王直方詩話》。《詩話總龜》前集卷四十一。

351 見黄庭堅72。

352 蘇東坡一日得麤紙一幅，題云：「此紙甚惡，止可繳錢餉鬼而已。余作字其上，後世當有錦囊玉軸什襲之寵，物之遇不遇蓋如此。」諸集中皆無書此一段者，聞識之以補東坡遺事。《甕牖閒評》卷六。

353 東坡響簧鐵杖長七尺，重三十兩，四十五節，嵇康造。《庶齋老學叢談》卷下。

354 蘇子瞻有却鼠刀，云得之於野老。嘗匣藏之。用時但焚香置浄几上，即一室之内無鼠。《續墨客揮犀》卷五。

355 蘇端明平生寢卧時，已就枕，則安然不復翻動，至于終夕。《寓簡》卷六。《何氏語林》卷二十二。《宋稗類鈔》卷五。

356 東坡詩文，落筆輒爲人所傳誦，每一篇到歐公處，公爲終日喜，前後類如此。一日，與棐論文及坡，公歎曰：「汝記吾言，三十年後，世上人更不道着我也。」崇寧、大觀間，海外詩盛行，後生不復有言歐公者。是時朝廷雖嘗禁止，賞錢增至八十萬，禁愈嚴而其傳愈多，往往以多相誇。士大夫不能誦坡詩者，便自覺氣索，而人或謂之不韻。《風月堂詩話》卷上。《曲洧舊聞》卷八。《何氏語林》卷十七。《宋稗類鈔》卷六。

357 王豐甫言：章元弼頃娶中表陳氏，甚端麗，元弼貌寢陋，嗜學。初，《眉山集》有雕本，元弼得之，夜觀忘寐。陳氏有言，遂求去，元弼出之。元弼每以此説爲朋友言之，且曰：「緣吾讀《眉山集》而致也。」《師友談記》。

358 宣和間，中禁東坡文字甚嚴，有士人竊攜坡集出城，爲閽者所獲，執送有司，見集後有一詩云：「文星落處天地泣，此老已亡吾道窮。才力謾超生仲達，功名猶忌死姚崇。人間便覺無清氣，海内何曾識古風。平日萬篇誰愛惜，六丁收拾上瑶宮。」京尹義其人，且畏累己，因陰縱之。《梁溪漫志》卷七。《堯山堂外紀》卷五十二。《堅瓠己集》卷四。

359 崇寧初，衣服皆尚窄袖狹緣，有不如是者，皆取怒於時。故當時章疏有言：「褒衣博帶，尚存元祐之風；矮帽幅巾，猶襲姦臣之體。」蓋東坡喜戴矮帽，當時謂之東坡帽；黄魯直喜戴幅巾，故言猶襲姦臣之體也。《東萊吕紫微師友雜志》。

360 東坡翰墨，在崇寧、大觀間盡令焚毁，及宣和間，上自内府搜訪一紙，至直萬錢。《居易録》卷十四引《長水日鈔》。

361 東坡既南竄，議者復請悉除其所爲之文，詔從之。於是士大夫家所藏既莫敢出，而吏畏禍，所在石刻多見毁。徐州黄樓，東坡所作，而子由爲之賦，坡自書。時爲守者獨不忍毁，但投其石城濠中，而易樓名「觀風」。宣和末年，禁稍弛，而一時貴游以蓄東坡之文相尚，鬻者大見售，故工人稍稍就濠中摹此刻。有苗仲先者，適爲守，因命出之，日夜摹印，既得數千本，忽語僚屬曰：「蘇氏之學，法禁尚在，此石奈何獨存？」立碎之。人聞石毁，墨本之價益增。仲先秩滿，攜至京師，盡鬻之，所獲不貲。《卻掃編》卷下。參見苗仲先1。

362 宣和間，有旨蘇軾追復職名。時衛仲達達可當行詞，同列戲之云：「達可宜刻意爲此詞。」蓋須焚黄耳。《墨莊漫録》卷三。

363 元豐己未，東坡坐作詩謗訕，追赴御史獄。當時所供詩案，今已印行，所謂《烏臺詩案》是也。靖康丁未歲，臺吏隨駕挈真案至維揚。張全真參政時爲中丞，南渡取而藏之。後張丞相德遠爲全真作墓志，諸子以其半遺德遠充潤筆，其半猶存全真家。余嘗借觀，皆坡親筆，凡有塗改，即押字於下，而用臺印。

《二老堂詩話》。

364 建炎以來，尚蘇氏文章，學者翕然從之，而蜀士尤盛。亦有語曰：「蘇文熟，喫羊肉。蘇文生，喫菜羹。」《老學庵筆記》卷八。《古謠諺》卷六十。《宋詩紀事》卷一百。

365 〔東坡〕歸至常州報恩寺，僧堂新成，以板爲壁，坡暇日題寫幾遍。後黨禍作，凡坡之遺墨，所在搜毁。寺僧亟以厚紙糊壁，塗之以漆，字賴以全。至紹興中，詔求蘇、黄墨跡。時僧死久矣，一老頭陀知之，以告郡守。除去漆紙，字畫宛然。臨本以進，高宗大喜，老頭陀得祠曹牒爲僧。《鶴林玉露》乙編卷三。

366 紹興二年，虔寇謝達陷惠州，民居官舍，焚蕩無遺。獨留東坡白鶴故居，并率其徒，葺治六如亭，烹羊致奠而去。次年，海寇黎盛犯潮州，悉毁城堞，且縱火。至吴子野近居，盛登開元寺塔見之，問左右曰：「是非蘇内翰藏圖書處否？」麾兵救之，復料理吴氏歲寒堂，民屋附近者賴以不爇甚衆。《夷堅甲志》卷十。《苕溪漁隱叢話》前集卷四十六。

367 光堯太上皇帝朝，盡復軾官職，擢其孫符，自小官至尚書。今上皇帝尤愛其文。梁丞相叔子，乾道初任掖垣兼講席，一日，内中宿直召對，上因論文，問曰：「近有趙夔等註軾詩甚詳，卿見之否？」梁奏曰：「臣未之見。」上曰：「朕有之。」命内侍取以示之。至乾道末，上遂爲軾御製文集叙贊，命有司與集同刊之，因贈太師，謚文忠，又賜其曾孫嶠出身，擢爲臺諫侍從。《庚溪詩話》卷上。《宋詩紀事》卷二十一。

368 乾道末，蘇文忠特贈太師，世或不知其所以。蓋仁宗時，蘇儀甫嘗爲翰林學士，元祐中，以其子子容貴，贈太師。始儀甫嘗游金山，題詩曰：「僧依玉鑑光中住，人在金鼇背上行。」至是，蜀僧寶印在金山，摘其詩，名軒爲「玉鑑」，又屬張安國大書而刻之。張跋云：「此詩翰林學士贈太師蘇公所賦也。」碑成，僧摹以遺大璫甘昇。一日，上過其直廬外望見，索觀之，意以爲文忠也。時文忠曾孫季真爲給事中，它日，上更書文忠詩以賜，又識其末曰：「故贈太師蘇軾詩。」季真拜賜，疑之。前白曰：「先臣紹興初，嘗贈資政殿學士，未嘗贈太師，今蒙聖恩，乞自朝廷行下。」上愕曰：「朕記贈太師久矣。」季真不敢白，間爲執政言之。執政因奏以爲言，上始喻《金山寺詩》乃蘇紳也。因即曰：「如軾名德昭著，亦當贈太師。」於是降旨施行。然上實雅敬文忠，居常但稱子瞻，或稱東坡。舍人草制有曰：「人傳元祐之學，家有眉山之書。」蓋詞頭無所憑，故但爲好語耳。《建炎以來朝野雜記》甲集卷八。《朱子語類》卷一百三十。

369 淳熙中，上作翠寒堂於禁中……清風徐來。上曰：「松聲甚清，遠勝絲竹。」子瞻以風月爲無盡藏，信哉！」上雅敬蘇文忠，居常止稱子瞻，或稱東坡。《建炎以來朝野雜記》甲集卷一。《南宋雜事詩》卷五。

370 乾道末，晁强伯子健至毗陵，祠蘇東坡於學宮。其叔少尹子止爲之記，其間言坡之葬也，少公銘其墓，皆非實録。其甚者，以賞罰不明罪元祐，以改法免役懷元豐，指温公才智不足，而謂公斥逐出其遺意。稱蔡確謗讟可赦，而謂公進用由其選擢。章惇之賊害忠良，而云公與之友善。林希之誣詆善類，而云公嘗汲引之。子止所書如此。少公之語，志文在，可考也。其然，不其然乎？祠宇成，中置坡塑像，又徧求從壯至老及自海外歸儀刑，繪于兩廡。《清波雜志》卷三。

371 煇在建康，於老尼處得東坡元祐間綾帕子，上所書《薄命佳人》詩，末兩句全用草聖，筆勢尤超逸。尼時年八十餘矣。《清波雜志》卷二。

372 高麗有金富軾、金富轍。《游宦紀聞》卷六。

373 蔡一槐，字景明，晉江人，僉楚臬。黄州有蘇子瞻祠，鄉貴人請以爲居室，不許，貴人他請得之。一槐過黄，則貴人室已成，必復之，毁而重建，乃已。《湧幢小品》卷二十二。

374 茅鹿門稱韓信、蘇東坡爲「兵仙」、「文仙」。《湧幢小品》卷十八。

375 蘇墳之大，不過三十畝，繚以土垣，古柏三百本，歲甲申，郟賊盡翦之。其中爲老泉，老泉葬蜀，元郟令具衣冠爲之成三蘇耳。左子瞻，右子由，相去六七武。或云邁、迨、過俱葬此，而無其冢。子由西有四冢，無題名，前竪一碑，列四氏六公子名，爲簞、爲符、爲箕、爲籥、爲筌、爲籌，亦無墓。墳之外有二冢，數百年來未有知爲蘇氏者。南一冢爲盗發矣，俯其穴，得志銘，始知爲夫人，傷哉！鼎革之事，何代無之，乃中州之慘，至令子瞻不保其丘墓，不亦甚乎！爾時暴骨在野，於草蓬磧磈中得頂骨二，脛骨三，零骨三十六屑。丙戌清明，具衣冠而重葬焉。夫人姓梁氏，爲宋狀元顥之曾孫，適蘇遲，爲子由之長子，二子曰簡、曰策，與前六公子爲昆季，皆人所未聞也。《書影》卷三。《茶香室四鈔》卷二。

376 郟縣蛾眉山，乃兩小山，東西對峙，粲若列眉。蘇文忠、文定窆其東山之麓，中奉明允衣冠爲虚冢。迨、過六子咸東西祔。甲申，闖賊憑陵，破穴伐木。章邱張篤行於順治丙戌重爲修築。墓西南百步爲廣慶寺。前殿供佛，後爲祠堂，祀三先生。嘉慶癸酉，豫大饑，僧不能守，近村饑民樵林發屋，遂益破壞。墓有田七頃，給僧，僧無牛具不能耕，亦蕪穢不治。道光癸未，吴巢松按試臨汝，聞其事，歸以告之程梓庭中丞、楊海梁方伯，即捐俸千五百金，復募金數千，屬邑宰庀而新之。工畢之日，郟、寶兩邑令俱會於新祠，展祀以妥神。

士女和會，羅拜庭下者蓋萬人。巢松有長歌記其事。《雪橋詩話》三集卷十一。《棗林雜俎》中集引《郟縣志》。

377 江右都昌縣有坡翁詩石刻云：「鄱陽湖上都昌縣，燈火樓臺一萬家。水隔南山人不渡，東風吹老碧桃花。」款署眉山蘇軾書。……嘉慶中，杭人王文誥撰《蘇集編注總案》論此云：其友衡山王泉之作令江西，嘗以事至都昌，見《都昌志》稱坡翁南遷時遣妾碧桃於縣，因爲此詩。《鷗陂漁話》卷一。

378 耶律楚材夫人蘇氏，東坡先生四世孫、威州刺史弼之女。《樵書》初編卷二。《太平清話》卷下。

王朝雲

1 東坡一日退朝，食罷，捫腹徐行，顧謂侍兒曰：「汝輩且道，是中有何物？」一婢遽曰：「都是文章。」坡不以爲然。又一人曰：「滿腹都是識見。」坡亦未以爲當。至朝雲，乃曰：「學士一肚皮不入時宜。」坡捧腹大笑。《梁溪漫志》卷四。《調謔編》。《疑耀》卷七。《堯山堂外紀》卷五十二。《青泥蓮花記》卷一。

2 黄師是赴浙憲，東坡與之姻家，置酒餞其行，使朝雲侍飲。坐間賦詩，有「緑衣有公言」之句。後人乃謂緑衣小官，猶惜其不留，是有公言也。時朝雲語師是曰：「他人皆進用，而君數補外，何也？」是謂公言。而「緑衣」，則東坡指朝雲也。《竹坡詩話》。

3 東坡在惠州，有梅詞《西江月》，末云：「高情已逐曉雲空，不與梨花同夢。」蓋悼朝雲而作。《野客叢書》卷六。

4 〔陸辰州子逸〕嘗謂余曰：「曾看東坡《賀新郎》詞否？」余對以世所共歌者。公云：「東坡此詞，人皆知其爲佳，但後擷用榴花事，人少知其意。某嘗於晁以道家見東坡真蹟，晁氏云：東坡有妾名朝雲、榴花。朝雲死於嶺外，東坡嘗作《西江月》一闋，寓意於梅，所謂『高情已逐曉雲空』是也。惟榴花獨存，故其詞多及之。觀『浮花浪蘂都盡，伴君幽獨』，可見其意矣。又《南歌子》詞云：『紫陌尋春去，紅塵拂面來。無人不道看花回。惟見石榴新蘂一枝開。冰簟堆雲髻，金罇灧玉醅。緑陰青子莫相催。留取紅巾千點照池臺。』意有所屬也。」《西塘集耆舊續聞》卷二。

5 子瞻在惠州與朝雲閒坐，時青女初至，落木蕭蕭，淒然有悲秋之意，命朝雲把大白唱「花褪殘紅」。朝雲歌喉將囀，淚滿衣襟，子瞻詰其故，答曰：「奴所不能歌，是『枝上柳綿吹又少，天涯何處無芳草』也。」子瞻翻然大笑，曰：「是吾正悲秋，而汝又傷春矣。」遂罷。朝雲不久抱疾而亡，子瞻終身不復聽此詞。《瑯嬛記》卷中。《林下詩談》。《青泥蓮花記》卷一。

宋人軼事彙編卷二十三

蘇　轍

1 先曾祖母蜀國太夫人，夢蛟龍伸臂而生公。《欒城先生遺言》。

2 東坡幼年作《卻鼠刀銘》，公作《缸硯賦》，曾祖稱之，命佳紙脩寫裝飾，釘於所居壁上。《欒城先生遺言》。

3 子由之達，蓋自幼而然。方先君與某篤好書畫，每有所獲，真以爲樂。唯子由觀之漠然，不甚經意。《東坡志林》十二卷本之卷一。

4 見韓琦54。

5 嘉祐中，蘇轍舉賢良對策，極言闕失，其略云：「聞之道路，陛下宫中貴姬，至以千數，歌舞飲酒，歡樂失節。坐朝不聞咨謨，便殿無所顧問。」考官以上初無此事，轍妄言，欲黜之，仁宗曰：「朕設制舉，本待敢言之士。轍小官如此直言，特與科名。」仍令史官編録。《澠水燕談録》卷六。

6 公讀《新經義》曰：「乾纏了濕纏，做殺也不好。」《欒城先生遺言》。

7 見張方平27。

8 見蘇軾131。

9 公中歲歸自江南，過宋，聞鐵龜山人善術數，邀至舟中問休咎。云：「此去十年，如飛騰升進，前十年流落已過，然尚有十年流落也。」後皆如其言。《欒城先生遺言》。

10 公在諫垣，論蜀茶……纖悉曲折，利害昭炳。時小吕申公當軸，歎曰：「只謂蘇子由儒學，不知吏事精詳至於如此。」《欒城先生遺言》。

11 元祐六年三月，《神宗實録》成。著作郎黄庭堅除起居舍人，蘇子由不悦曰：「庭堅除日，某爲尚書右丞，不預聞也。」已而後省封還詞頭，命格不行。子由之不悦，不平吕丞相之專乎，抑不樂庭堅也？庭堅字魯直，蚤出東坡門下，或云後自欲名家，類相失云。《邵氏聞見後録》卷二十一。

12 見范純仁26。

13 某平生見人多矣，惟見蘇循州不曾忙，范丞相不曾疑。蘇公雖事變紛紜至前，而舉止安徐，若素有處置。范公見事，便洞達情實，各有部分，未嘗疑惑。此皆過人者。《續明道雜志》。

14 見章惇29。

15 見章惇45。

16 子由有嶺外歸許下，號「潁濱遺老」，亦自爲傳。家有「遺老齋」，蓋元祐人至子由，存者無幾矣。《石林燕語》卷十。

17 黄魯直以元祐黨貶，得放還，因爲荆南甚寺作塔記。人以此媒孽他，故再貶。所以蘇子由們皆閉門絶賓客。有人自蜀來，累日不得見。詢其鄰人，云：「他十數日必一出門外小亭上坐。」其人遂日候其出，才得一揖。子由讓其坐，且云：「待某入著衣服。」即入去，一向不出。《朱子語類》卷一百三十。

18 蘇黄門子由南遷既還，居許下，多杜門不通賓客。有鄉人自蜀川來見之，伺候於門，彌旬不得通。宅南有叢竹，竹中爲小亭，遇風日清美，或徜徉亭中。鄉人既不得見，則謀之閽人。閽人使待於亭旁，如其言，後旬日果出。鄉人因趨進，黄門見之大驚，慰勞久之，曰：「子姑待我於此。」翩然而入，迨夜竟不復出。《卻掃編》卷中。《群書類編故事》卷五。《何氏語林》卷十一。《宋稗類鈔》卷四。

19 東坡病殁於晉陵，伯達、叔仲歸許昌，生事蕭然。公篤愛天倫，曩歲別業在浚都，鬻之九千數百緡，悉以助焉，囑勿輕用。時公方降三官，謫籍奪俸。《欒城先生遺言》。

20 東坡在海外，瓊州士人姜公弼來從學。坡題其扇云：「滄海何曾斷地脉，白袍端合破天荒。」公弼求足之，坡云：「候汝登科，當爲汝足。」後入廣被貢至京師，時坡已薨，乃謁黄門於許下，子由乃爲足之，云：「生長茅間已異芳，風流稷下古諸姜。適從瓊管魚龍窟，秀出羊城翰墨場。滄海何曾斷地脉，白袍端合破天荒。錦衣他日千人看，始信東坡眼目長。」《墨莊漫録》卷一。《宋詩紀事》卷二十一。

21 崇寧丙戌十一月八日四鼓，夢中及《古菖蒲》詩云「一人得飽滿，餘人皆不悦」之句，王介甫在側，借觀，示之，赧然有愧恨之色。《欒城先生遺言》。

22 子由可畏，謫居全不見人。一日，蔡京黨中有一人來見子由，遂先尋得京舊常賀生日一詩，與諸小孫先去見人處嬉看。及請其人相見，諸孫曳之滿地。子由急自取之，曰：「某罪廢，莫帶累他元長去！」

京自此甚畏之。《朱子語類》卷一百三十。

23 元祐初，蔡京首變神宗役法，蘇子由任諫官，得其奏議，因論列其事。至崇寧末，京罷相，黨人並放還。尋有旨，黨人不得居四輔。京再相，子由獨免外徙。政和間，子由訃聞，贈宣奉大夫，仍與三子恩澤。王輔道爲予言，京以子由長厚，必不肯發其變役法事，而疑其諸郎，故恤典獨厚也。《曲洧舊聞》卷六。

24 蘇黄門子由薨於許下，王鞏定國作挽詩三首。……其三云：「静者宜膺壽，胡爲忽夢楹。傷嗟見行路，優典識皇情。徒記巴山路，空悲蜀道程。弟兄仁達意，千古各垂名。」注云：「公與子瞻嘗泊巴江，夜雨，相約伴還蜀，竟不果歸。今子瞻葬汝，公歸眉。王祥有言：『歸葬仁也，留葬達也。』」《墨莊漫録》卷三。

25 佛氏論持律，以隔牆聞釵釧聲爲破戒，人疑之久矣。蘇子由爲之説曰：「聞而心不動，非破戒，心動爲破戒。」子由蓋自謂深於佛者，而言之陋如此，何也？夫淫坊酒肆，皆是道場，内外牆壁，初誰限隔，此耳本何所在。今見有牆爲隔，是一重公案。知聲爲釵釧，是一重公案，尚問心動不動乎？《石林避暑録話》卷三。

26 子由嘗爲黄白術，先治一室甚密，中置大爐，將舉火，見一大貓據爐而溺，須臾不見。子由以謂神仙之術，天使濟貧乏，待其人然後傳，予非其人。遂不復講。《孫公談圃》卷下。

27 東坡先生年二十有六，初仕岐下，有異僧强授之以化金方。既得其術，自是緘封之。後以授潁濱先生，潁濱亦藏之。逮居武昌，有親故知之，因扣其術。潁濱曰：「自先兄見授，秘之有年矣。暇日當求之市筒間。」久之呼求者至，出書示之。東坡岐下緘之宛然，潁濱乃啓封，披其書曰：「此其是乎？」求者欣然曰：「是矣。」潁濱即焚於爐中，語求者曰：「貧可忍也，此寧可爲乎？」求者愧赧，若無所容，倉皇狼狽而去。《席上腐談》卷下。

28 公曰：「吾讀《楚辭》，以爲除書。」《欒城先生遺言》。

29 蘇潁濱先生子遲守婺州，愛其山水，因家焉，葬潁濱衣冠於蘭溪之靈洞山。遲子簡，侍郎，簡子林。今其家藏潁濱遺墨及四代告身。《東林雜俎》中集。

30 黄是師是，章惇之甥也，以二女妻潁濱子适、遜。《香祖筆記》卷八。

蘇邁

1 蘇伯達，東坡長子。豪邁雖不及其父，而學問語言，亦勝他人子也。少年作詩云：「葉隨流水知何處，牛帶寒鴉過別村。」先生見之，笑曰：「此村長官詩。」後東坡貶惠州，伯達求潮之安化令，以便饋親，果卒於官。《宋詩紀事》卷三十四引《江鄰幾雜志》。《堯山堂外紀》卷五十二。《柳亭詩話》卷二十一。

蘇過

1 余昔在晉，與蘇叔黨自太原之河外，避暴水於中道，時行李隔絶，而腹中枵然。詢諸驛吏，唯有波稜與米爾，即取以爲糜。余有詩戲叔黨曰：「誰知吾子波稜粥，壓倒東坡玉糝羹。」叔黨和云：「肉食紛紛故多鄙，吾寧且食小人羹。」《五總志》。

2　蘇東坡子過、范淳夫子温，皆出入梁師成之門，以父事之。然以其父名在籍中，亦不得官職。師成自謂東坡遺腹子，待叔黨如親兄弟，諭宅庫云：「蘇學士使一萬貫以下，不須覆。」叔黨緣是多散金，卒喪其身。又有某人亦以父事師成。師成妻死，温與過當以母禮喪之，方疑忌某人。不得已衰絰而往，則某人先衰絰在帷下矣。《朱子語類》卷一百三十。《自警編》卷二。《宋稗類鈔》卷二。

3　蘇叔黨政和中至東都，見妓稱「録事」，太息語廉宣仲曰：「今世一切變古，唐以來舊語盡廢，此猶存唐舊，爲可喜。」前輩謂妓曰「酒糾」，蓋謂録事也。相藍之東有録事巷，傳以爲朱梁時名妓崔小紅所居。《老學庵筆記》卷六。

4　宣和中，蘇叔黨游京師，寓居景德寺僧房，忽見快行家者同一小轎至，傳旨宣召，亟令登車。叔黨不知所以，然不敢拒。才入則以物障其前，惟不設頂，上以小涼傘蔽之。二人肩之，其疾如飛。約行十餘里，抵一修廊。内侍一人，自上而下引之，升一小殿中。上已先坐，披黄背子，頂青玉冠。宫女環侍，莫知其數。弗敢仰窺，始知爲崇高莫大之居。時當六月，積冰如山，噴香若煙霧，寒不可忍。俯仰之間，不可名狀。起居畢，上喻云：「聞卿是蘇軾之子，善畫窠石。適有素壁，欲煩一掃，非有它也。」叔黨再拜承命，然後落筆，須臾而成。上起身縱觀，賞歎再三。命宫人捧賜醽酒一鍾，錫賚極渥。拜謝而下，復循廊間登小輿而出。《揮麈三録》卷二。《宋稗類鈔》卷一。

5　蘇叔黨宣和辛丑歲得隙地於許昌之西湖，葺爲園亭。是年叔黨甫五十，嘗曰：「陶淵明以辛丑歲游斜川，而詩云『開歲忽五十』，是吾與淵明同甲子也。今吾得園之歲，與淵明游斜川之歲適同。」因以「小斜川」名之。《老學庵續筆記》佚文(見《永樂大典》卷二四〇一)。《老學庵筆記》卷七。

6 蘇過，字叔黨，東坡先生季子也。翰墨文章能世其家，士大夫以「小坡」目之。靖康中得倅真定，赴官，次河北，道遇緑林，脅使相從。叔黨曰：「若曹知世有蘇内翰乎？吾即其子。肯隨爾輩求活草間邪！」通夕痛飲，翌日視之，卒矣。《揮麈後録》卷八。《宋稗類鈔》卷三。

7 蘇過叔黨，東坡幼子也。文章翰墨，克繼家聲，墨戲尤爲精妙，時號「小坡」。《可書》。

文同

1 文同，字與可，梓潼永泰人，稱石室先生，又自號笑笑先生、錦江道人。《圖繪寶鑑》卷三。《書史會要》卷六。《堯山堂外紀》卷五十三。

2 文同，字與可，蜀人，與蘇子瞻爲中表兄弟，相厚。爲人靖深，超然不攖世故。善畫墨竹，作詩騷亦過人。熙寧初，時論既不一，士大夫好惡紛然，同在館閣，未嘗有所向背。時子瞻數上書論天下事，退而與賓客言，亦多以時事爲譏誚，同極以爲不然，每苦口力戒之，子瞻不能聽也。出爲杭州通判，同送行詩有「北客若來休問事，西湖雖好莫吟詩」之句。及黄州之謫，正坐杭州詩語，人以爲知言。《石林詩話》卷中。《堯山堂外紀》卷五十三。

3 熙寧中，文與可因至天彭，館於徐公園。盃酒談笑中，肆筆成夫子像於亭之壁，曲盡寒酸態度。元豐壬戌，郡守聶子固懼其歲久隱晦漫滅，遂徙其壁於郡圃凝翠亭。《游宦紀聞》卷二。

4　文與可赴陝，孫洙贈玉堂大硯，東坡銘：「陂陀瀰漫，天闊海淺。巨源之硯，淋漓蕩潏。神没鬼出，與可之筆。」《硯箋》卷一。

5　篔簹谷在洋州，文與可嘗令蘇子瞻作《洋州園池三十詠》，篔簹谷其一也。子瞻詩曰：「漢川修竹賤如蓬，斤斧何曾赦籜龍。料得清貧饞太守，渭濱千畝在胸中。」是日，與可與妻游谷中，燒筍晚食，發函得詩，失笑，噴飯滿案。《堯山堂外紀》卷五十三。

6　東坡云：與可畫竹，初不自貴重，四方之人持縑素而請者，足相躡於其門。與可厭之，投諸地而駡曰：「吾將以爲襪材。」士大夫傳之，以爲口實。及與可自洋州還，而余爲徐州，與可以書遺余曰：「近語士大夫，吾墨竹一派，近在彭城，可往求之。襪材當萃於子矣。」《苕溪漁隱叢話》前集卷三十九。《堯山堂外紀》卷五十三。

7　〔文同〕操韻高潔，畫筆尤妙。嘗與崔公度同爲館職。元豐三年，京師傳同一夕沐浴冠帶，正坐而逝。公度聞之，遽起驚曰：「公度昨别與可州南，殊無言，將别，意脩然，云：『明日復來乎？與公畫。』而公度意不在畫也。明日再往，與可復曰：『與公畫。』則左右顧，恐有聽者。公度方悟，與可將有言而公度謬以話爲畫也。與可因曰：『吾聞人不妄語者，舌可過鼻。』即吐其舌，三疊之，如餅狀，引之至眉間。公度大驚，今傳其死，不妄矣。」《東都事略》卷一百十五。

8　温公謂文與可襟韻瀟灑，如晴雪秋月，塵埃不到。《澄懷録》卷上。

9　文與可見竹輒笑，自畫竹亦笑。《古事比》卷五十一。

10 文與可每爲人寫竹竟，輒囑曰：「無令着語，俟蘇翰林來。」《東山談苑》卷六。

11 文湖州寫竹，嘗爲女奩具，後致二家成訟，則筆墨在當時亦無多也。《柳亭詩話》卷二十五。

12 文與可云，余學草書凡十年，終未得古人用筆相傳之法，後因道上見鬭蛇，遂得其妙。《清河書畫舫》卷七下。

13 世徒知與可掃墨竹，不知其詩。東坡嘗對歐公誦與可詩曰：「美人却扇坐，羞落庭下花。」歐公笑曰：「與可無此句。與可拾得耳。」《堯山堂外紀》卷五十三。

劉季孫

1 劉季孫初以左班殿直監饒州酒，王荆公爲江東提刑，巡歷至饒，按酒務。始至廳事，見屏間有題小詩曰：「呢喃燕子語梁間，底事來驚夢裏閒？說與旁人應不解，杖藜攜酒看芝山。」大稱賞之。問專知官誰所作，以季孫言。即召與之語，嘉歎升車而去，不復問務事。既至傳舍，適郡學生持狀立庭下，請差官攝州學事，公判監酒殿直，一郡大驚，遂知名云。《石林詩話》卷下。《清波雜志》卷八。《貴耳集》卷上。《宋稗類鈔》卷四。《宋詩紀事》卷三十。

2 劉季孫，平之子，能作七字，家藏書數千卷，善用事。……爲杭州鈐轄，子瞻作守，深知之。後嘗以詩寄子瞻云：「四海共知霜滿鬢，重陽曾插菊花無？」子瞻大喜。在潁州和季孫詩，所謂「一篇向人寫肝肺，四海知吾霜鬢斑」，蓋記此也。《石林詩話》卷中。《宋詩紀事》卷三十。

3 景文，即劉季孫也。平之子。東坡嘗薦之，後知隰州而歿。……死之日，家無一錢，但有書三萬軸，畫數百幅耳。其家藏王子敬「黄柑三百顆」帖，坡嘗有詩與景文云：「君家子敬十六字，氣壓鄴侯三萬籤。」坡一日語景文曰：「一則仲父，二則仲父，以何爲對？」劉云：「可對千不如人，萬不如人。」坡爲絶倒。《游宦紀聞》卷九。

王鞏

1 見馮京16。

2 王鞏定國爲太常博士，常從術士作軌革，畫一堂廡，庭中有明珠一枚，旁置棋局。未幾爲御史朱光庭所抨，得補外。《墨莊漫録》卷一。

3 王定國訪東坡公於彭城，一日，棹小舟與顔長道攜盼、英、卿三子游泗水，南下百步洪，吹笛飲酒，乘月而來。坡時以事不得往，夜著羽衣，佇立黄樓上，相視而笑，以爲李太白死，世間無此樂三百餘年矣。《容齋五筆》卷九。

4 東坡於世家中得王定國，於宗室中得趙德麟，獎許不容口。定國坐坡累，謫賓州。瘴煙窟裏五年，面如紅玉，尤爲坡敬服。然其後乃階梁師成以進，而德麟亦諂事譚稹。紹興初，德麟主管大宗正司，有旨令易環衛官，宰相吕頤浩奏曰：「令時讀書能文，蘇軾嘗薦之，似不須易。」高宗曰：「令時昔事譚稹，爲清議所薄。」竟易之。士大夫晚節持身之難如此。《鶴林玉露》乙編卷一。

5 東坡初謫黄州，獨王定國以大臣之子不能謹交游，遷置嶺表。後數年，召還京師。是時東坡掌翰苑。一日，王定國置酒與東坡會飲，出寵人點酥侑尊。而點酥善談笑，東坡問曰：「嶺南風物，可噉不佳？」點酥應聲曰：「此身安處是家鄉。」坡以其善應對，賦《定風波》一闋以贈之，其句全引點酥之語，曰：「堪羡人間琢玉郎，故教天賦點酥娘。自作清歌傳皓齒，風起。雪花炎海起清涼。萬里歸來年愈少，微笑。笑中猶帶雪梅香。試問嶺南應不好，却道，此身安處是家鄉。」點酥因是詞，譽藉甚。《古今詞話》。《苕溪漁隱叢話》後集卷四十引《東皋雜録》。《緑窗新話》卷下。《堅瓠甲集》卷四。《宋稗類鈔》卷四。

6 王定國寄詩於東坡，坡答書云：「新詩篇篇皆奇，老拙此回真不及矣。窮人之具，輒欲交割與公。」魏道輔見而笑曰：「定國亦難作交代，秖是且權攝耳。」《墨莊漫録》卷二。《宋詩紀事》卷二十八。

7 王鞏得其外祖張鄧公硯，求銘於東坡，東坡曰：「鄧公之硯，魏公之孫，允也其物，展也其人。」《硯箋》卷一。

8 都尉王詵爲王定國畫《煙江疊嶂圖》，東坡作詩所謂「江上愁心千疊山」者。定國死，其子由以畫貨與高郵富人茅生，以獻章獻，或云禁中。《墨莊漫録》卷二。

9 見蔡確21。

王詵

1 王詵爲侍禁，三班院差監修主第，語同事曰：「吾輩辛苦造成，不知誰居此？」不踰時，詵尚主，竟居焉。《玉芝堂談薈》卷五。

2 闕下前上元數月，有司葺治端樓，增丹雘之飾，至正月初十日，簾幕帷幄㡩綬及諸什物皆備。十四日登樓，近臣侍坐，酒行五，上有所令，下有所稟之事，皆以仙人執書乘鶴以綵繩升降出納。王都尉作《换遍歌頭》云：「雪霽輕塵斂，好風初報柳。春寒淺，當三五。是處鰲山聳，金羈寶乘，游賞遍蓬壺。向黃昏時候。對雙龍闕門前，皓月華燈射，變清晝。　綵鳳低銜天語，承宣詔傳呼。飛上層霄，共陪霞觴頻舉。更漸闌，正回路。遥擁車珮珊珊，籠紗滿香衢。指鳳樓、相將醉歸去。」《歲時廣記》卷十。

3 王都尉有《憶故人》詞云：「燭影摇紅向夜闌，乍酒醒、心情懶。尊前誰爲唱陽關，離恨天涯遠。無奈雲沉雨散。凭闌干、東風淚眼。海棠開後，燕子來時，黃昏庭院。」徽宗喜其詞意，猶以不豐容宛轉爲恨。遂令大晟府别撰腔，周美成增損其詞，而以首句爲名，謂之《燭影摇紅》，云：「芳臉匀紅，黛眉巧畫宫妝淺。風流天付與精神，全在嬌波眼。早是縈心可慣。向尊前、頻頻顧眄。幾回相見，見了還休，争如不見。　燭影摇紅，夜闌飲散春宵短。當時誰會唱陽關，離恨天涯遠。争奈雲收雨散。凭闌干、東風淚滿。海棠開後，燕子來時，黃昏深院。」《能改齋漫録》卷十七。《詞林紀事》卷五。

4 王晉卿詵都尉既喪蜀國，貶均州，姬侍盡逐。有歌者號囀春鶯，色藝兩絶。平居屬念，不知流落何許。後二年，内徙汝陰，道過許昌市傍小樓，聞泣聲甚怨，晉卿異之，問乃囀春鶯也。恨不可復得，因賦一聯：「佳人已屬沙吒利，義士今無古押衙。」晉卿每話此事，客有足其章者，晉卿覽之，尤愴然。其詞云：「幾年流落在天涯，萬里歸來兩鬢華。翠袖香殘空挹淚，青樓雲渺定誰家。佳人已屬沙吒利，義士今無古押衙。回首音塵兩沈絶，春鶯休囀沁園花。」《西清詩話》卷下。《彥周詩話》。《宋稗類鈔》卷四。《宋詩紀事》卷九十六。

5 魯直嘗言：鬚多人疎秀者必貴，密而泛短者必神氣不足。駙馬都尉王晉卿與殿帥曹貫道皆無鬚，每指鬚多者爲中相法。晉卿尚貴主，嘗過鞏、洛間，道傍有後唐莊宗廟，默念始治終亂，意斯人必胡，及觀神像，兩眼外皆髭也。晉卿作詩寄貫道云：「代梁繼李號良圖，却惑歌兒便喪軀。試拂塵埃覘遺像，元來滿面是髭鬚。」《侯鯖録》卷四。

6 東坡云：王晉卿嘗暴得耳疾，意不能堪，求方於僕。僕答之曰：「君是將種，斷頭穴胸，當無所惜，兩耳堪作底用，割捨不得！限三日疾去，不去，割取我耳。」晉卿灑然而悟，三日病良已，以詩示僕云：「老婆心急頻相勸，令嚴只得三日限。我耳已聰君不割，且喜兩家皆平善。」今定國所藏《挑耳圖》，得之晉卿。《侯鯖録》卷三。

7 王詵晉卿建寶繪堂，以前後所得法書名畫盡貯其中。東坡爲作記云：「桓靈寶之走舸，王涯之複壁，皆留意之禍也。」《敬齋古今黈》卷八。

8 山谷有《光山道中雪》詩云：「山銜斗柄三星没，雪共月明千里寒。」都尉王晉卿足成《鷓鴣天》云：「才子陰風度遠關。清愁曾向畫圖看。山銜斗柄三星没，雪共月明千里寒。新路陌，舊江干。崎嶇誰歎客程難。臨風更聽昭華笛，簌簌梅花滿地殘。」《王直方詩話》。《詩話總龜》前集卷十四。

馬正卿

1 杞人馬正卿作太學正，有氣節，學生不喜，博士亦忌之。予偶至齋，書杜子美《秋雨歎》一篇壁上，初無意也。正卿即日辭歸，至今白首固窮守節。《仇池筆記》卷上。

陳慥

1 陳慥，字季常，公弼之子，居於黄州之岐亭，自稱「龍丘先生」，又曰「方山子」。好賓客，喜畜聲妓，然其妻柳氏絶凶妒，故東坡有詩云：「龍丘居士亦可憐，談空説有夜不眠。忽聞河東師子吼，拄杖落手心茫然。」河東師子，指柳氏也。《容齋三筆》卷三。《調謔編》。

2 東坡謫黄岡，與陳季常慥游，樂甚。季常自以爲飽禪學，而妻柳氏頗悍忌，季常畏之。客至，或詬駡不已，聲達於外，客不安席，數引去。東坡因詩戲之云：「誰似龍丘居士賢，談空説有夜不眠。忽聞河東獅子吼，拄杖落地心茫然。」《西清詩話》卷下。《堯山堂外紀》卷五十三。

3 陳季常嘗自洛之蜀，載二女侍以從，戎裝駿馬，至溪山佳處，輒住終日。《何氏語林》卷二十五。

黄寔

1 黄寔自言平生有二事：元豐甲子爲淮東提舉常平，除夜泊汴口，見蘇子瞻執杖立對岸，若有所俟，歸舟中以揚州厨釀二尊，雍酥一奩，遺之。後十五年，爲發運使，暑泊秦淮樓，見米芾衣犢鼻，自滌研於淮口，索篋中一無所有，獨得小龍團二餅，乃遣人送之。《南游記舊》。

廖正一

1　見晁補之4。

2　廖正一，字明略，元祐中召試館職。蘇子瞻在翰林，見其所對策，大奇之。俄除正字。時黄、秦、晁、張皆子瞻門下士，號「四學士」，子瞻待之厚，每來必命侍妾朝雲取密雲龍，家人以此知之。一日，又命取密雲龍，家人謂是四學士，窺之，乃明略來謝也。《郡齋讀書志》卷十九。《宋稗類鈔》卷三。《宋詩紀事》卷二十七。

3　廖正一明略、李格非文叔、李禧膺仲、董榮武子，時號「後四學士」。《澗泉日記》卷上。

4　重和戊戌冬，予道由潁昌之汝墳，驛壁間得廖正一明略手題三詩。……頃年，明略與郡之二營妓往來，情好甚篤，其一小字憐憐，其一名梅。時憐憐將爲大賈所納，明略既去，道過汝墳作詩，蓋有所感也。憐憐竟隨賈去，「方尋海畔夫」，用海上有逐臭之夫事，譏之也。《墨莊漫録》卷五。《宋詩紀事》卷二十七。

龐安常

1　見蘇軾95。

龐安時

1　蘄水縣有高醫龐安時者，治疾無不愈。其處方用意幾似古人，自言心解，初不從人授也。蘄有富家子竊出游倡，鄰人有鬥者排動屋壁，富人子方驚懼，疾走出，惶惑突入市。市方陳刑尸，富人子走仆尸上，因大驚。到家發狂，性理遂錯，醫巫百方不能已。龐爲劑藥，求得絞囚繩，燒爲灰以調藥，一劑而愈。龐得他人藥嘗之，入口即知其何物及其多少，不差也。《明道雜志》。

王翊

1 黄州岐亭有王翊者，家富而好善。夢於水邊見一人爲人所毆傷，幾死，見翊而號，翊救之得免。明日偶至水邊，見一鹿爲獵人所得，已中幾鎗。翊發悟，以數千贖之。鹿隨翊，起居未嘗一步捨翊。又翊所居後有茂林果木，一日，有村婦林中見一桃，過熟而絶大，獨在木杪，乃取而食之。翊適見，大驚。婦人食已棄其核，翊取而剖之，得雄黄一塊如桃仁，及嚼而吞之，甚甘美。自是斷葷肉，齋居一食，不復殺生。《東坡志林》卷三。

徐璹

1 東坡帥杭，一日，與徐璹坐雙檜堂，指二檜吟曰：「二疏辭漢去。」時以兄弟皆補外喻也。璹應聲曰：「大老入周來。」對偶既親切，又善迎合，公大喜。《泊宅編》三卷本卷上。

2 徐璹，字全夫，疎俊不事事，少年登科，晚益流落，終於武義縣主簿。嘗寓婺州清漣寺，醉中走筆，題詩寺壁曰：「驚雷殷殷南山曲，一夜山前春雨足。美人睡起怯餘寒，衣褪香消紅減玉。朝雲靄靄弄晴態，野柳狂花無管束。東風也自足春情，吹破兩溪煙水緑。」《泊宅編》三卷本卷上。案：以上二條亦見十卷本卷一，合爲一條。

袁轂

1 見蘇軾32。

2 見蘇軾228。

慎東美

1 慎東美字伯筠，秋夜待潮於錢塘江，沙上露坐，設大酒樽及一杯，對月獨飲，意象傲逸，吟嘯自若。顧子敦適遇之，亦懷一杯，就其樽對酌。伯筠不問，子敦亦不與之語。酒盡各散去。伯筠工書，王逢原贈之詩，極稱其筆法，有曰：「鐵索急纏蛟龍僵。」蓋言其老勁也。東坡見其題壁，亦曰：「此有何好，但似篋束枯骨耳。」伯筠聞之，笑曰：「此意逢原已道了。」《老學庵筆記》卷四。《何氏語林》卷二十五。《宋稗類鈔》卷四。

王迥

1 王子高遇芙蓉仙人事，舉世皆知之。子高初名迥，後以傳其詞徧國中，於是改名蘧，易字子開。與蘇、黄游甚稔，見於尺牘。東坡先生又作《芙蓉城》詩云：「決別之時，芙蓉授神丹一粒，告曰：『無戚戚，後當偕老於澄江之上。』」初所未喻。子開時方十八九，已而結婚向氏，十年而鰥居。年四十，再娶江陰巨室之女，方二十矣。合卺之後，視其妻則倩盻冶容，修短合度，與前所遇無纖毫之異。詢以前語，則惘然莫曉。而澄江，江陰之里名也。子開由是遂爲澄江人焉。服其丹，年八十餘，康强無疾。《玉照新志》卷一。

2　王迥，字子高，族弟子立，爲蘇黄門婿，故兄弟皆從二蘇游。子高後受學於荆公。舊有周瓊姬事，胡徽之爲作傳，或用其傳作《六么》，東坡復作芙蓉城詩，以實其事。迥後改名蘧，字子開，宅在江陰。予曩居江陰，嘗見其行狀，著受學荆公甚詳。紹興間，其家盡裒東坡兄弟往來簡帖示人，然散失亦多矣。《雲麓漫鈔》卷十。

3　見宋仁宗63。

4　朝士王迥，美姿容，有才思。少年時不甚持重，間爲狎邪輩所誣，播入樂府，今《六幺》所歌「奇俊王家郎」者，乃迥也。元豐中，蔡持正舉之可任監司，神宗忽云：「此乃『奇俊王家郎』乎？」持正叩頭謝罪。《萍洲可談》卷一。

5　或薦王迥於荆公，介甫「唯唯」，既而曰：「奈奇俊何？」客不喻，或哂曰：「此介甫諧也。王迥，字子高，有遇仙事，《六么》云『奇俊王家郎』也。」《畫墁録》。

顧臨

1　顧臨子敦内翰，姿狀雄偉，少未顯時，人以「顧屠」嘲之。元祐中，自給事中爲河北都運使，蘇子瞻作詩送之云：「我友顧子敦，軀膽兩雄偉。便便十圍腹，不但貯書史。容君數百人，一笑萬事已。十年卧江海，了不見愠喜。磨刀向豬羊，釃酒會鄰里。歸來如一夢，豐頰愈茂美。平生批敕手，濃墨寫黄紙。會當勒燕然，廊廟登劍履。翻然向河朔，坐念東都水。河來屹不去，如尊乃勇耳。」顧得之不樂。既行，群公祖道郊外，子瞻辭疾不往，和前韻以送，因以自解焉：「君爲江南英，面作河朔偉。人間一好漢，誰似張長史。上書苦留君，言拙輒報已。置之勿復道，出處俱可喜。攀輿共六尺，食肉飛萬里。誰言遠近殊，等是朝廷美。遥知别送處，醉墨争淋紙。我以病杜門，《商頌》空振履。後會知何日，一歡如覆水。善保千金軀，前言戲之耳。」《雞肋編》卷中。《宋詩紀事》卷十九。

2 顧臨學士，魁偉好談兵，館中戲謂之「顧將軍」。一日，同館諸公游景德寺，至寺前柏林，雨暴作，顧戲同舍林希曰：「雨中林學士。」遽答曰：「柏下顧將軍。」諸公大噱，以爲精對。《澠水燕談録》卷十。《宋朝事實類苑》卷六十六。

3 元祐二年，辛雍自光禄寺丞移太常博士，顧子敦自給事中除河朔漕，付以治河。京師語曰：「治禮已差辛博士，修河仍用顧將軍。」子敦好談兵，人謂之「顧將軍」也。《孔氏談苑》卷二。《古謡諺》卷五十九。

4 見劉攽33。

5 見蘇軾205。

6 見蘇軾206。

7 見蘇軾207。

8 見蘇軾208。

9 見黄庭堅11。
10 見慎東美1。

孫　賁

1 孫賁公素居京師，大病，予數往存撫之。又數日，見東坡，云：「聞曾見孫公素，病如何？」予曰：「大病方安。」坡云：「這漢病中瘦則瘦，儼然風雅。」後見公素，道此語，公素應曰：「那娘意下恨則恨，無奈思量。」坡大奇之。《侯鯖録》卷一。《堯山堂外紀》卷五十三。

2 蘇公嘗會孫賁公素，孫畏内殊甚，有官妓善商謎，蘇即云：「蒯通勸韓信反，韓信不肯反。」其人思久之，曰：「未知中否？然不敢道。」孫迫之使言，乃曰：「此怕負漢也。」蘇大喜，厚賞之。《雞肋編》卷下。

3 孫公素畏内，衆所共知。嘗求坡公書扇，坡題云：「披扇當年笑温嶠，握刀晚歲戰劉郎。不須戚戚如馮衍，但與時時説李陽。」公素昔爲程宣徽門賓，後娶程公之女，性極妬悍，故云。《侯鯖録》卷一。《堯山堂外紀》卷五十三。

錢　勰

1 錢穆父試賢良對策日，東坡曉往迓其歸，置酒相勞，各舉令爲文。穆父得傀儡除鎮南軍節度使制，首句云：「具官勤勞王家，出入幕府。」東坡見此兩句，大加歎賞。蓋世以傀儡起於王家也。《能改齋漫録》卷十四。《宋稗類鈔》卷五。

2 錢穆甫爲如皋令，會歲旱蝗發，而泰興令獨紿郡將云：「縣界無蝗。」已而蝗大起，郡將詰之。令辭窮，乃言縣本無蝗，蓋自如皋飛來。仍檄如皋，請嚴捕蝗，無使侵鄰境。穆甫得檄，輒書其紙尾報之曰：「蝗蟲本是天災，即非縣令不才。既自敝邑飛去，卻請貴縣押來。」未幾，傳至郡下，無不絕倒。《石林避暑録話》卷四。《宋稗類鈔》卷六。參見米芾11。

3 元豐末，章子厚爲門下侍郎，以本官知汝州。時錢穆父爲中書舍人，行告詞云：「鞅鞅非少主之臣，悻悻無大臣之操。」子厚固怨之矣。元祐間，穆父在翰苑，詔書中有「不容群枉，規欲動摇」，以指子厚，尤以切齒。紹聖初，子厚入相，例遭斥逐。穆父既出國門，蔡元度餞别，因誦其前聯，云：「公知子厚不可撩撥，何故詆之如是？」穆父愀然曰：「鬼劈口矣。」元度曰：「後來代言之際，何故又及之？」穆父笑曰：「那鬼又來劈一劈了去。」《揮麈餘話》卷一。

4 章惇元祐初簾前争事無禮，責出知汝州。錢穆父行詞云：「怏怏非少主之臣，悻悻無大臣之節。」子厚後見穆父，責其語太甚，穆父笑曰：「官人怒，雜職安敢輕行杖。」《侯鯖録》卷六。《貴耳集》卷中。《雲莊四六餘話》。《堯山堂外紀》卷五十一。

5 章惇被謫，錢勰草詞云：「硜硜無大臣之體，鞅鞅非少主之臣。」章甚銜之。紹聖初，召拜首台翰林承旨。曾布子宣草麻，有「赤舄几几」對「南山巖巖」之語。在庭士大夫相語云：「今則『几几』、『巖巖』，奈何『硜硜』、『鞅鞅』乎？」未幾，錢自吏部尚書貶知池州。《曲洧舊聞》卷五。

6 錢穆内相本以文翰風流著稱，而尹京爲近時第一。余嘗見其剖決甚閒暇，雜以談笑諢語。而胥吏每一顧問，皆股慄不能對。一日，因決一大滯獄，内外稱之。會朝處，蘇長公譽之曰：「所謂霹靂手也。」錢曰：「安能霹靂手？僅免葫蘆提也。」《明道雜志》。《演繁露》卷二。《逸老堂詩話》卷下。

7 錢勰尹開封，有治聲。一日，語東坡曰：「勰尹天府，可方古人中誰？」東坡云：「若京兆趙廣漢。」勰叩：「如何似之？」東坡笑曰：「但公不姓趙，却姓茆耳。」勰爲之絶倒。《可書》。參見蘇軾208。

8 錢勰字穆，范祖禹字淳，皆一字。交友以其難呼，故增「父」字，非其本也。《老學庵筆記》卷十。

9 錢穆父風姿甚美，有九子。都下九子母祠作一巾紵美丈夫，坐於西偏，俗以爲九子母之夫。故都下謂穆父爲九子母夫。東坡贈詩云：「九子羡君門户壯。」蓋戲之也。《老學庵筆記》卷十。《宋詩紀事》卷二十四。

10 錢穆父眉宇秀整。東坡云：「穆四莫亂呼它名字。」是時穆父已有九子，東坡遂以九子母丈夫呼之。有詩云：「九子羡君門户壯，八州憐我往來頻。」《王直方詩話》。《苕溪漁隱叢話》前集卷三十九。

11 見韓絳10。

錢伯言

1 錢遜叔侍郎，少時泝汴，舟敗溺水，流二十里，遇救得不死，旬日猶苦腰痛，不悟其故。視之，有手迹大如扇，色正青，五指及掌宛然可識，若擎其腰間者。此其所以不死也耶？《老學庵筆記》卷四。

2 錢遜叔伯言，穆父之子，臨政有風采。知宿州日，有虹縣士民陳詞舉留邑宰。宰貪酷之聲，遜叔先已聞之，至是，衆趨廷下，遜叔令吏卒舉梃擊出。左右言：「似不須如此。」遜叔笑云：「彼中打將來，此間打迴去。」《揮麈三録》卷二。

賈收

1 吴興東林沈偕君與，即東老之子也，家饒於財。少游京師入上庠，好狎游。時蔡奴聲價甲於都下，沈欲訪之，乃呼一賣珠人於其門首茶肆中，議價再三不售，撒其珠於屋上，賣珠者窘甚。君與笑曰：「第隨我來，依汝所索還錢。」蔡於簾中窺見，令取視之，珠也。大驚，惟恐其不來。後數日乃詣之，其家喜相報曰：「前日撒珠郎至矣。」接之甚至，自是常往來。一日，攜上樊樓，樓乃京師酒肆之甲，飲徒常千餘人。沈遍語在坐，皆令極量盡歡，至夜，盡爲還所直而去，於是豪侈之聲滿三輔。既而擢第，盡買國子監書以歸。時賈收耘老隱居苕城南横塘上，沈嘗以詩遺之蟹曰：「黄秔稻熟墜西風，肥入江南十月雄。横跪蹣跚鉗齒白，圓臍吸脇斗膏紅。虀須園老香研柚，羹藉庖丁細擘葱。分寄横塘溪上客，持螯莫放酒杯空。」耘老得之不樂曰：「吾未之識，後進輕我。」且聞其不羈，因和韻詆之云：「彭越孫多伏下風，蝤蛑奴視敢稱雄。江湖縱養膏腴紫，鼎鑊終烹爪眼紅。嘲稱吴兒牙似鍍，劈慚湖女手如葱。獨憐盤内秋臍實，不比溪邊夏殻空。」君與怒曰：「吾聞賈多與郡將往還預政，言人短長，曾爲人所訟。吾以長上推之，乃鄙我若此。」復用韻報之云：「蟲腹無端苦動風，團雌還却勝尖雄。水寒且弄雙鉗利，湯老難逃一背紅。液入幾家煩海滷，醢成何處污園葱。好收心躁潛蛇穴，毋使雷驚族類空。」賈晚娶真氏，人謂賈秀才娶真縣君以爲笑，沈所指團雌爲此。賈尋悔之，而戲語已傳播矣。《齊東野語》卷十一。《宋詩紀事》卷二十七。

2　錢塘吴山有美堂，乃仁宗朝梅摯公儀出守杭，上賜之詩，有曰：「地有吴山美，東南第一州。」梅以上詩語名堂，士大夫留題甚衆。東坡倅杭，因令筆吏盡録之，而未著其姓名，默定詩之高下，遂以賈收耘老詩爲冠。其詩曰：「自刊宸畫入雲端，神物應須護翠巒。吴越不藏千里色，斗牛常占一天寒。四簷望盡回頭懶，萬象搜來下筆難。誰信静中疎拙意，略無蹤跡到波瀾。」坡因此與耘老游從。《庚溪詩話》卷下。《宋詩紀事》卷三十。

3　賈收，字耘老，霅之隱君子也，居城南。東坡作守時，屢過之，題詩畫竹於壁間。耘老有詩集行於世。其家臨流扃水，閣爲浮暉，沈蔚會宗賦《天仙子》詞詠其景，首句云「景物因人成勝概」是也。其後屋屢易主。南渡後，胡仔仲任卜居城南，與其故址相近，賦一絶載其事云：「三間小閣賈耘老，一首佳詞沈蔚宗。無限當時好風月，如今盡屬績溪翁。」仲任乃待制，號三山老人，貫本歙之績溪，後家居於苕。仲任著《叢話》，行於世，自號苕溪漁隱。又繪《漁隱圖》，賦詩其上。其居今亦不存。余景定壬戌冬，得數椽於城南慈感渡側，詢之故老，云距賈公舊址不遠，因作五言八句云：「卜居求静處，喜傍碧溪灣。隔岸高低柳，當軒遠近山。天開圖畫久，人共水雲閑。聞説賈耘老，舊曾居此間。」鄉人多有和者。《梅磵詩話》卷上。

沈偕

1 見賈收1。

謝懋

1 臨江謝氏，世以儒鳴。元豐八年，有名懋者，及其弟岐，其子舉廉、世充，同登進士第，連標之盛，侈於一時，時人謂之「臨江四謝」。舉廉，字民師，東坡嘗以書與論文，今載集中。《桯史》卷十一。

謝舉廉

1 謝民師，名舉廉，新淦人。博學工詞章，遠近從之者嘗數百人。民師於其家置講席，每日登座講書，一通既畢，諸生各以所疑來問，民師隨問應答，未嘗少倦。日辦時果兩盤，講罷，諸生啜茶食果而退。東坡自嶺南歸，民師袖書及舊作遮謁，東坡覽之，大見稱賞，謂民師曰：「子之文，正如上等紫磨黄金，須還子十七貫五百。」遂留語終日。民師著述極多，今其族摘坡語名曰《上金集》者，蓋其一也。嘗有藁本數册，在其婿陳良器處，予少從良器學，屢獲觀焉。《獨醒雜志》卷一。

琴操

1 杭之西湖，有一倅閒唱少游《滿庭芳》，偶然誤舉一韻云：「畫角聲斷斜陽。」妓琴操在側云：「『畫角聲斷譙門』，非斜陽也。」倅因戲之曰：「爾可改韻否？」琴即改作「陽」字韻云：「山抹微雲，天連衰草，畫角聲斷斜陽。暫停征轡，聊共飲離觴。多少蓬萊舊侶，頻回首、煙靄茫茫。孤村裏，寒鴉萬點，流水遶低牆。　魂傷。當此際，輕分羅帶，暗解香囊。漫贏得，青樓薄倖名狂。此去何時見也，襟袖上、空有餘香。傷心處，長城望斷，燈火已昏黄。」東坡聞而稱賞之。後因東坡在西湖，戲琴曰：「我作長老，爾試來問。」琴云：「何謂湖中景？」東坡答云：「秋水共長天一色，落霞與孤鶩齊飛。」琴又云：「何謂景中人？」東坡云：「裙拖六幅瀟湘水，鬢嚲巫山一段雲。」又云：「何謂人中意？」東坡云：「惜他楊學士，憋殺鮑參軍。」琴又云：「如此究竟如何？」東坡云：「門前冷落車馬稀，老大嫁作商人婦。」琴大悟，即削髮爲尼。《能改齋漫録》卷十六。《青泥蓮花記》卷一下。《西湖游覽志餘》卷十六。《堯山堂外紀》卷五十二。《詞林紀事》卷十九。

2 見釋佛印10。

馬盼

1 徐州有營妓馬盼者，甚慧麗。東坡守徐日，甚喜之。盼能學公書，得其彷彿。公嘗書《黄樓賦》未畢，盼竊効公書「山川開合」四字，公見之大笑，略爲潤色，不復易之。今碑中四字，盼之書也。《墨莊漫録》卷三。《書史會要》卷六。《宋稗類鈔》卷八。

苗仲先

1 苗仲先者，字子野，通州人，爲徐州守。徐舊有東坡黄樓碑，方崇寧黨禁時，當毀，徐人惜之，置諸泗淺水中。政和末，禁稍弛，乃鉤出，復立之舊處。打碑者紛然，敲杵之聲不絶。樓與郡治相連，仲先惡其煩聒，令拽之深淵，遂不可復出。《夷堅甲志》卷二。參見蘇軾361。

李頎

1 李頎，字粹老，不知何許人。少舉進士，當得官，棄去，烏巾布裘爲道人，遍歷湖湘間。晚樂吴中山水之勝，遂隱於臨安大滌洞天，往來苕溪之上，遇名人勝士，必與周旋。素善丹青，而間作小詩。東坡倅錢塘日，粹老以幅絹作春山横軸，且書一詩其後，不通姓名，付樵者，令俟坡之出投之。坡展視詩畫，蓋已奇之矣。及問樵者：「誰遣汝也？」曰：「我負薪出市，始經公門，有一道人，與我百錢，令我呈此，實不知何人也。」坡益驚異之，即散問西湖名僧輩，云是粹老。久之，偶會於湖山僧居，相得甚喜。坡因和其詩，云「詩句對君難出手，雲泉勸我早抽身」是也。《春渚紀聞》卷五。

釋清順

1 熙寧間，有清順字怡然，可久字逸老，所居皆湖山勝處。而清順尤約介，不忘交人，無大故不入城市，士夫有以米粟饋者，受不過數斗，盎貯几上，日取二三合啖之，蔬筍之供，恒缺乏也。東坡一日游西湖僧舍，壁間見小詩云：「竹暗不通日，泉聲落如雨。春風自有期，桃李亂深塢。」問誰所作，或以清順對，即日求得之，聲名頓起。《西湖游覽志餘》卷十四。《竹坡詩話》。

釋思聰

1 聰聞復，錢塘人，以詩見稱於東坡先生。……東坡倅錢塘時，聰方爲行童試經，坡謂坐客言：「此子雖少，善作詩。近參寥子作『昬』字韻詩，可令和之。」聰和篇立成。詩云：「千點亂山横紫翠，一鉤新月掛黄昬。」坡大稱賞，言不減唐人，因笑曰：「不須念經也做得一個和尚。」是年聰始爲僧。《竹坡詩話》。《西湖游覽志餘》卷十四。《堯山堂外紀》卷五十三。

2 杭僧思聰，東坡爲作《字説》者，大觀、政和間，挾琴游梁，日登中貴人之門。久之，遂還俗，爲御前使臣。方其將冠巾也，蘇叔黨因浙僧入都送之詩曰：「試誦北山移，爲我招琴聰。」詩至已無及矣。《老學庵筆記》卷七。《西湖游覽志餘》卷十四。

釋道潛

1 〔參寥〕在臨平道中作詩云：「風蒲獵獵弄輕柔，欲立蜻蜓不自由。五月臨平山下路，藕花無數亂汀洲。」東坡一見，爲寫而刻諸石。宗婦曹夫人善丹青，作《臨平藕花圖》，人争影寫，蓋不獨寶其畫也。東坡守彭城，參寥常往見之。在坡座，賦詩援筆立成，一坐嗟服。坡遣官妓馬盼盼索詩，參寥笑作絶句，有「禪心已作沾泥絮」之語，坡曰：「予嘗見柳絮落泥中，私謂可以入詩，偶未收拾，乃爲此老所先，可惜也。」坡南遷，素不快者捃摭詩語，謂有譏刺，得罪，反初服。建中靖國元年，曾子開爲翰林學士，言其非辜，詔復祝髮。《續骫骳説》。《堯山堂外紀》卷五十三。《西湖游覽志餘》卷十六。

2 東吴僧道潛，有標致。嘗自姑蘇歸湖上，經臨平，作詩云：「風蒲獵獵弄輕柔，欲立蜻蜓不自由。五月臨平山下路，藕花無數滿汀洲。」坡一見如舊。及坡移東徐，潛往訪之，館于逍遥堂，士大夫争欲識面。東坡饌客罷，與俱來，而紅妝擁隨之。東坡遣一妓前乞詩，潛援筆而成曰：「寄語巫山窈窕娘，好將魂夢惱襄王。禪心已作沾泥絮，不逐春風上下狂。」一座大驚，自是名聞海内。《冷齋夜話》卷六。《侯鯖録》卷三。

3 見蘇軾53。

4 道潛作詩，追法淵明，其語逼真處，「數聲柔櫓蒼茫外，何處江村人夜歸」；又曰：「隔林彷佛聞機杼，知有人家住翠微。」時從東坡在黄州，京師士大夫以書抵坡曰：「聞公與詩僧相從，真東山勝游也。」坡以書示潛，誦前句，笑曰：「此吾師十四字師號耳。」《冷齋夜話》卷四。

5〔道潛詩曰：〕「隔林仿佛聞機杼，知有人家住翠微。」時從東坡在黃州，士大夫以書抵坡曰：「聞日與詩僧相從，豈非『隔林仿佛聞機杼』者乎？真東山勝游也。」坡以書示潛，誦前句，笑曰：「此吾師七字師號。」《苕溪漁隱叢話》前集卷五十六。《宋詩紀事》卷九十一。《陔餘叢考》卷二十四。

6 僕在黃州，參寥自武陵來訪，館之東坡。一日，夢參寥誦新詩，覺而記兩句云：「寒食清明都過了，石泉槐火一時新。」後七年，出守錢塘，而參寥始卜居湖上智果院，院有泉，出石縫間，甘冷宜作茶。寒食之明日，僕與客泛舟，自孤山來謁參寥，汲泉鑽火，烹黃蘗茶，忽悟所夢詩兆于七年之前。衆客驚歎。《詩話總龜》前集卷三十三引《東坡詩話》。《宋詩紀事》卷九十一。

7 東坡謫齊安，寥不遠二千里相從。期年後謫南海，寥復欲泛海，坡以書止之。《堯山堂外紀》卷五十三。《西湖游覽志餘》卷十四。

8 呂温卿爲浙漕，既起錢濟明獄，又發廖明略事，二人皆廢斥。復欲網羅參寥，未有以中之。會有僧與參寥有隙，言參寥度牒冒名。蓋參寥本名曇潛，因子瞻改曰道潛。温卿索牒驗之，信然，竟坐刑之，歸俗，編管兖州。未幾，温卿亦爲孫傑鼎臣發其贓濫，繫獄。《墨莊漫録》卷一。《宋詩紀事》卷九十一。

9 參寥徙兖，布衣李南式，家甚貧，供蔬菽洗補，恩意甚篤。他日爲曾子開言之，子開曰：「吾輩當爲公報之，使知爲善之效。」《後山談叢》卷六。

10 參寥政和中老矣，亦還俗而死，然不知其故。《老學庵筆記》卷七。

釋法穎

1 法穎沙彌，參寥子之法孫也，七八歲事師如成人。上元夜予作樂滅慧，穎坐一夫肩上顧之。予謂曰：「出家兒亦看燈耶？」穎愀然變色，若無所容，啼呼求去。自爾不復出嬉游。《東坡志林》卷二。

釋照僧

1 朱氏子出家，小名照僧，少喪父，與其母尹皆願出家。照僧師守素，乃參寥子弟子也。照僧九歲，舉止如成人，誦《赤壁賦》，鏗然鸞鶴聲也，不出十年，名聞四方。此參寥子之法孫，東坡之門僧也。《東坡志林》卷二。

釋佛印

1 賈進士晚年削髮爲僧，名佛印，住持虎丘山寺，貫穿六經，旁通奥義。東坡新任蘇州，極惡僧，釋佛印竟至府門求見。卒入報，坡曰：「好生與他説府尊火正紅。」卒傳命，印曰：「門外一塊鐵。」卒再入報，坡命之進。印立丹墀下，放杖作揖。坡曰：「山僧如何揖公侯？」印曰：「大海終當納細流。昨夜虎丘山上望，一輪明月照蘇州。」坡大喜，以府堂正對吴山，以吴山爲題，命印作詩。印曰：「和尚説，老爺請提筆。」坡許之。印立成曰：「吴山突兀勢峥嶸，險阻崎嶇徑路横。猛虎出林風激聒，老龍入洞雨汀泙。槎牙古樹離斜倒，拉撻高巖屈竅生。對景顛纖吟不就，静聽流水響嘤吆。」中有難字，遽未能寫，閣筆久思，又恐失體。詢知是佛印，遂與之定交。《堅瓠辛集》卷一。案：蘇軾未曾任官於蘇州。

2 東坡閒居日，與秦少游夜宴。坡因捫得虱，乃曰：「此是垢膩所生。」秦少游曰：「不然，綿絮成耳。」相辯久而不決，相謂曰：「明日質疑佛印，理曲者當設一席以表勝負。」及酒散，少游即往叩門，謂佛印曰：「適與坡會，辯虱之所由生。坡曰『生於垢膩』，愚謂『成於綿絮』，兩疑不釋，將決吾師。師，明日若問，可答生自綿絮，容勝後，當作餺飥會。」既去，頃之，坡復至，乃以前事言之，祝令答以虱本生於垢膩，許作冷淘。明日果會，具道詰難之意。佛印曰：「此易曉耳。乃垢膩爲身，綿絮爲脚。先吃冷淘，後吃餺飥。」二公大笑，具宴爲樂。《五雜組》卷十六。

3 佛印建方丈室成，乞東坡顔額，東坡未暇，佛印自題曰「參禪謁」。東坡一日見之，戲續云：「硬如鐵。」佛印接云：「誰知得？」東坡笑曰：「徒弟説。」魯直在坐絶倒。《堅瓠丙集》卷三。

4 佛印禪師，法名了元，饒州人，（東坡）公久與之游，時住持潤州金山寺。公赴杭過潤，爲留數月。一日，值師掛牌與弟子入室，公便服入方丈見之，師云：「内翰何來？此間無坐處。」公戲云：「暫借和尚四大，用作禪牀。」師曰：「山僧有一轉語，内翰言下即答，當從所請。如稍涉擬議，所繫玉帶願留以鎮山門。」公許之，便解玉帶置几上。師云：「山僧四大本無，五藴非有，内翰欲於何處坐？」公擬議未即答，師急呼侍者云：「收此玉帶，永鎮山門。」公笑而與之。師遂取衲裙相報，因有二絶，公次韻答之。《詩林廣記》後集卷三。《堯山堂外紀》卷五十三。《宋稗類鈔》卷七。

5 東坡挾妓登金山，以酒醉佛印，戲命妓同卧。佛印醒，書壁云：「夜來酒醉上牀眠，不覺琵琶在枕邊。傳語翰林蘇學士，不曾彈動一條絃。」《蓬窗日録》卷七。《堅瓠己集》卷一。

6 見蘇軾154。

7 見蘇軾155。

8 東坡元豐末年得請歸耕陽羨，舟次瓜步，以書抵金山了元禪師，曰：「不必出山，當學趙州上等接人。」元得書徑來，東坡迎，笑問之，元以偈爲獻曰：「趙州當日少謙光，不出山門見趙王。争似金山無量相，大千都是一禪牀。」東坡拊掌稱善。《苕溪漁隱叢話》前集卷五十六。《堯山堂外紀》卷五十三。

9 東坡一日訪佛印於竹林寺，印款之，坡因誦李涉詩云：「因過竹院逢僧話，又得浮生半日閒。」印曰：「學士閒得半日，老僧忙了半日。」相與發一大笑。《詩林廣記》前集卷十。《堯山堂外紀》卷五十三。

10 蘇東坡與僧佛印、妓琴操每相往來，飲酒賡和。一日，佛印往蘇家，見琴操卧於紗厨，因戲曰：「碧紗帳裏睡佳人，煙籠芍藥。」琴操即對曰：「青草池邊洗和尚，水浸葫蘆。」佛印大笑曰：「和尚得對娘子，實出望外。」《堅瓠乙集》卷四。

11 東坡在惠州，佛印居江浙，以地遠無人致書爲憂。有道人卓契順者，慨然歎曰：「惠州不在天上，行即到矣。」因請書以行。印即致書云：「嘗讀退之《送李愿歸盤谷序》，愿不遇知於主上者，猶能坐茂樹以終日。子瞻中大科，登金門，上玉堂，遠於寂寞之濱。權臣忌子瞻爲宰相耳。人生一世間，如白駒之過隙，二三十年功名富貴，轉盼成空，何不一筆勾斷，尋取自家本來面目。萬劫常住，永無墮落，縱未得到如來地，亦可以驂駕鸞鶴，翱翔三島，爲不死人，何乃膠柱守株，待入惡趣？昔有問師，佛法在甚麼處？師云：『在行住坐卧處，著衣吃飯處，痾屎刺撒處，没理没會處，死活不得處。』子瞻胸中有萬卷書，筆下無一點塵，到這地位，不知性命所在，一生聰明，要做甚麽？三世諸佛，則是一個有血性的漢子。子瞻若能脚下承當，把一二十年富貴功名，賤如泥土。努力向前，珍重珍重！」《錢氏私志》。《宋稗類鈔》卷七。

12 楊次公，道號無爲子，一日見金山佛印禪師。佛印問其説，次公曰：「我生無爲軍，故自稱無爲子。」佛印曰：「公若生廬州，則自稱廬子乎？」廬、驢同音。佛印滑稽如此。《捫蝨新話》卷十一。

13 佛印禪師爲王觀文升坐云：「此一瓣香，奉爲掃煙塵博士，護世界天王，殺人不眨眼上將軍，立地成佛大居士。」王公大喜，以其久帥，多專誅也。《高齋漫録》。《堯山堂外紀》卷五十三。《西湖游覽志餘》卷十四。

14 見蔣之奇9。

15 南還海岱，逢佛印禪師元公出山，重荷者百夫，擁輿者十許夫，巷陌聚觀，喧吠雞犬。《冷齋夜話》卷十。

釋辯才

1 杭州辯才長老師退居龍井，不復出入。子瞻往見之，嘗出至風篁嶺。左右驚曰：「公復過虎溪矣。」辯才笑曰：「杜子美不云乎：『與子成二老，來往亦風流。』」因作亭嶺上，名「過溪」，亦名「二老」。《詩話總龜》前集卷二十二。《堯山堂外紀》卷五十三。

釋仲殊

1 仲殊初游吴中，自負一蓋，見賣餳者，從乞一錢，餳與之，即就買餳食之而去。嘗客館古寺中，道俗造之，輒就覓錢，皆相顧羞縮，曰：「初不多辦來，奈何？」殊曰：「錢如蜜，一滴也甜。」《冷齋夜話》卷八。

2 族伯父彥遠言：少時識仲殊長老，東坡爲作《安州老人食蜜歌》者。一日，與數客過之，所食皆蜜也。豆腐、麪觔、牛乳之類，皆漬蜜食之，客多不能下箸。惟東坡性亦酷嗜蜜，能與之共飽。崇寧中，忽上堂辭衆。是夕，閉方丈門自縊死。及火化，舍利五色不可勝計。鄒忠公爲作詩云：「逆行天莫測，雉作瀆中經。漚滅風前質，蓮開火後形。鉢盂殘蜜白，爐篆冷煙青。空有誰家曲，人間得細聽。」彥遠又云：殊少爲士人，游蕩不羈。爲妻投毒羹胾中，幾死，啖蜜而解。醫言復食肉則毒發，不可復療，遂棄家爲浮屠。鄒公所謂「誰家曲」者，謂其雅工於樂府詞，猶有不羈之餘習也。《老學庵筆記》卷七。

3 仲殊，字師利，承天寺僧也。初爲士人，嘗與鄉薦，其妻以藥毒之，遂棄家爲僧。工於長短句，東坡先生與之往來甚厚。時時食蜜解其藥，人號曰「蜜殊」。……一日造郡中，接坐之間，見庭下有一婦人投牒立於雨中。守命殊詠之，口就一詞云：「濃潤侵衣，暗香飄砌，雨中花色添憔悴。鳳鞋溼透立多時，不言不語厭厭地。　眉上新愁，手中文字，因何不倩鱗鴻寄。想伊只訴薄情人，官中誰管閑公事。」後殊自經於枇杷樹下，輕薄子更之曰：「枇杷樹下立多時，不言不語厭厭地。」《中吴紀聞》卷四。《堯山堂外紀》卷五十三。《宋詩紀事》卷九十一。

4 蘇州仲殊師利和尚，能文，善詩及歌詞，皆操筆立成，不點竄一字。予曰：「此僧胸中無一毫髮事。」故與之游。《東坡志林》卷二。

5 見蘇軾237。

6　元豐末，張詵樞言龍圖之守杭也，一日，宴客湖上，劉涇巨濟、僧仲殊在焉，樞言命即席賦詩曲，巨濟先唱云：「憑誰妙筆，横掃素縑三百尺。天下應無。此是錢塘湖上圖。」仲殊遽云：「一般奇絶，雲淡天高秋夜月。費盡丹青，只這些兒畫不成。」樞言又出梅花，邀二人同賦，仲殊即作前章云：「江南二月，猶有枝頭千點雪。邀上芳樽，卻占東君一半春。」巨濟不復繼也。後陳襲善云：「我爲續之。」曰：「尊前眼底，南國風光都在此。移過江來，從此江南不復開。」《苕溪漁隱叢話》後集卷三十七引《復齋漫録》。

7　潤州有北顧樓，一日太守宴賓其上，而仲殊預焉。酒行，太守命坐客各賦詩一篇，以發揚雅趣。頃之，仲殊詩成，以上太守。詩云：「北顧樓前一笛風，碧雲飛盡建康宫。江南三月多芳草，盡在濛濛煙雨中。」太守歎賞久之。轉觀僚屬，滿坐爲之閣筆。《雲齋廣録》卷三。《詩話總龜》前集卷十二。

8　「瑞麟香煖玉芙蓉，畫蠟凝輝到曉紅。數點漏移衙仗北，一番雨滴甲樓東。夢游黄閾鸞巢外，身卧彤幃虎帳中。報道譙門日初上，起來簷幕杏花風。」此僧仲殊詩也。王左丞安中守平江日，會客，仲殊亦與焉。繼以疲倦先起，熟寐于黄堂中，不知客散。及覺，日已曈曨矣。左丞罰作此詩，始放去。《能改齋漫録》卷十一。

9　〔僧仲殊〕每於禁煙時置酒待賓客，謂之看花局。《歷代詞話》卷六。《續釋常談》。

釋可遵

1　福州僧可遵，好作詩，暴所長以蓋人，叢林貌禮之，而心不然。嘗題詩湯泉壁間，東坡游廬山，偶見，爲和之。遵曰：「禪庭誰立石龍頭，龍口湯泉沸不休。直待衆生塵垢盡，我方清冷混常流。」東坡曰：「石龍有口口無根，龍口湯泉自吐吞。若信衆生本無垢，此泉何處覓寒温。」遵自是愈自矜伐。客金陵，佛印元公自京師還，過焉，遵作詩贈之曰：「上國歸來路幾千，渾身猶帶御爐煙。鳳凰山下敲蓬咏，驚起山翁白晝眠。」元戲答曰：「打睡禪和萬萬千，夢中趨利走如煙。勸君打快修禪定，老境如蠶已再眠。」元詩雖少蘊藉，然一時快之。《冷齋夜話》卷六。

2 見蘇軾 134。

釋維琳

1 徑山長老維琳，行峻而通，文麗而清。始，徑山祖師有約，後世止以甲乙住持。予謂以適事之宜而廢祖師之約，當於山門選用有德，乃以琳嗣事。《東坡志林》卷二。

2 師居銅山院，有松合抱，縣大夫將取以治廨。師知之，命削皮，題詩其上：「大夫去作棟梁材，無復清陰護緑苔。只恐夜深明月下，誤他千里鶴飛來。」尉至，讀其詩乃止。《宋詩紀事》卷九十一引《補續高僧傳》。

釋楚明

1 浄慈楚明長老自越州來。始，有旨召小本禪師住法雲寺。杭人憂之，曰：「本去，則浄慈衆散矣。」余乃以明嗣事，衆不散，加多，益千餘人。《東坡志林》卷二。

何宗一

1　羅浮道士何宗一，以其猶子爲童子，狀貌肥黑矮小。予嘗戲之曰：「此羅浮茯苓精也。」俗諺曰：「下有茯苓，上生兔絲。」因名之曰苓之，字表絲。且祝老何善待之，壯長非庸物也。《東坡志林》卷十二。

晁端彦

1　章子厚與晁祕監美叔同生乙亥年，同榜及第，又同爲館職，常以三同相呼。元祐間，子厚有詩云：「寄語三同晁祕監。」乃謂此也。然紹聖初，子厚作相，美叔見其施設，大與在金山時所言背違，因進謁，力諫之。子厚怒，黜爲陜守，美叔謂所親曰：「三同，今百不同矣。」《曲洧舊聞》卷五。《茶香室叢鈔》卷七。

2　蔡新州將貶，晁美叔謂人曰：「計較平生事，殺卻理亦宜。但不以言語罪人，況嘗爲大臣乎？今日長此風者，他日雖欲悔之，無及也。」《曲洧舊聞》卷八。

3　見蘇軾213。

4　王某公堯，祕書晁少監端彦以外姻爲懺罪，而戒僧「和我」，乃大唱曰：「妬賢嫉能罪消滅。」聞者莫不笑也。《後山談叢》卷四。

晁端禮

1 有晁次膺者，先在韓師朴丞相中秋坐上作聽琵琶詞，爲世所重。又有一曲曰：「深院鎖春風，悄無人、桃李自笑。」亦歌之，遂入大晟，亦爲製撰。時燕樂初成，八音告備，因作《徵招》、《角招》，有曲名《黄河清》、《壽香明》，二者音調極韶美。次膺作一詞曰：「晴景初升風細細，雲疎天淡如洗。檻外鳳凰雙闕，恕恕佳氣。朝罷香煙滿袖，近臣報、天顔有喜。夜來連得封章，奏大河、徹底清泚。君王壽與天齊，聲香動上穹，頻降嘉瑞。大晟奏功，六樂初調角徵。合殿春風乍轉，萬花覆、千官盡醉。内家别敕，重開宴、未央宫裏。」時天下無問邇遐小大，雖偉男髫女，皆争氣唱之。《鐵圍山叢談》卷二。

2 政和癸巳，大晟樂成。嘉瑞既至，蔡元長以晁端禮次膺薦于徽宗，詔乘驛赴闕。次膺至都，會禁中嘉蓮生，分苞合趺，夐出天造，人意有不能形容者。次膺效樂府體屬詞以進，名《並蒂芙蓉》。上覽之稱善，除大晟府協律郎，不克受而卒。《能改齋漫録》卷十六。《宋詩紀事》卷二十五。

晁端仁

1 晁堯民端仁嘗得冷疾，無藥可治，惟日中灸背，遂愈。《孫公談圃》卷下。《齊東野語》卷四。

晁端稟

1 晁端稟大受，少以《知人則百僚任職》爲開封府解頭。大受爲文敏而工，於王禹玉爲表姪。禹玉内集，酒數行而歐公《謝致仕啓事》至。禹玉發緘看，稱美不已，謂大受曰：「須以一啓答之，此題目甚好，非九哥不能作也。」大受略不辭讓。酒罷，方啜茶，啓已成矣。禹玉驚其速，雖誇於坐人，而意終不樂。《曲洧舊聞》卷五。

晁端友

1 濟州晁端友，文元公之孫也，沈静清介，君子人也。工文辭，尤長於詩，常自晦匿，不求人知，而人亦無知者。以進士從仕二十餘年，爲著作佐郎以卒。其子補之録詩三百六十篇，求子瞻序之。方子瞻通守杭也，端友爲新城令，與游三年，知其君子，而不知其能爲詩。《澠水燕談録》卷六。

晁補之

1 公覽觀錢塘人物之盛麗，山川之秀異，爲之作文以志之，名曰《七述》。今端明蘇公軾判杭州，蘇公蜀人，悦杭之美而思有賦焉。公謁見蘇公，出《七述》，公讀之歎曰：「吾可以閣筆矣。」《名臣碑傳琬琰集》中卷三十四。《古事比》卷二十八。

2 晁補之與東坡唱和，東坡稱之爲「風流別駕」。《異號類編》。

3 元豐中，晁無咎時文有聲，〔陳〕無己以詩戲之曰：「聞道新文能入樣，相州紅纈鄂州花。」蓋是時方尚相州纈、鄂州花也。《王直方詩話》。《類説》卷五十七。《詩話總龜》前集卷四十一。

4 元豐己未，〔廖〕明略、〔晁〕無咎同登科。明略所游田氏，姝麗也。一日，明略邀無咎晨過田氏。田氏遽起，對鑑理髪，且盼且語，草草粧掠，以與客對。無咎以明略故，有意而莫傳也，因爲《下水船》一闋：「上客驪駒至，鸚唤銀屏睡起。困倚粧臺，盈盈正解螺髻。鳳釵墜，繚繞金盤玉指。巫山一段雲委。半窺鑑，向我横秋水。斜領花交鏡裏，淡拂鉛華，忽忽自整羅綺。斂眉翠，雖有愔愔密意，空作江邊解珮。」頃在上饒，得此説於晁族。《清波雜志》卷九。《能改齋漫録》卷十六。《苕溪漁隱叢話》後集卷三十三。《詞苑叢談》卷六。《詞林紀事》卷六。

5 元祐初，用治平故事，命大臣薦士試館職，多一時名士……張文潛、晁無咎俱在其間。一日，二人閲朝報，見蘇子由自中書舍人除户部侍郎，無咎意以爲平緩，曰：「子由此除不離核。」謂如果之黏核者。文潛遽曰：「豈不勝汝枝頭乾乎？」聞者皆大笑。東北有果如李，每熟不得摘，輒便槁，土人因取藏之，謂之「枝頭乾」，故云。《石林燕語》卷五。《堯山堂外紀》卷五十三。《宋稗類鈔》卷六。

6 〔公〕知齊州，境有群盜，白晝掠塗人。公默得其姓名，囊橐皆審。一日因宴客，召捕吏以方路授之。酒行未終，悉擒而還，一府大驚，郡爲無警。《名臣碑傳琬琰集》中卷三十四。

7 曾子固熙寧間守濟州，作北渚亭，蓋取杜陵《宴歷下亭》詩「東藩駐皂蓋，北渚陵清河」之句。至元祐間，晁無咎補之繼來爲守，則亭已頽毁久矣。補之因重作亭，且爲之記。記成，疑其步驟開闔類子固擬《峴臺記》，於是易而爲賦，且自序云：「或請爲記，答曰：『賦，可也。』」蓋寓述作之初意云。《齊東野語》卷五。

8 〔公〕除知河中府，郡當大河，扼三門，有浮梁，久且壞。公視事，亟欲營繕，有司難之。公乃預爲鳩材，既集，則爲規畫，一日而成。城中歡呼，民爲畫像立祠。《名臣碑傳琬琰集》中集卷三十四。

9 晁無咎閑居濟州金鄉，葺東皋歸去來園，樓觀堂亭，位置極蕭灑，盡用陶語名之，自畫爲大圖，書記其上，書尤妙。始，無咎請開封解，蔡儋州以魁送，又葉夢得舅也，故比諸人獨獲安便。嘗以長短句曰《摸魚兒》者寄蔡，蔡賞歎，每自歌。其群從之道語余：「夢無咎監泗州税，何祥也？」已而吏部調知達州，張無盡改泗洲，言者論罷，令赴通州。無咎不樂，艤舟收税亭下，以疾不起，而蔡夢果有數乎？《西塘集耆舊續聞》卷三。

10 〔晁補之〕起知泗州，不累月，下世。有自畫山水留春堂大屏，上題云：「胸中正可吞雲夢，琖底何妨對聖賢。有意清秋入衡霍，爲君無盡寫江天。」《畫繼》卷三。

11 王直方立之父名棫，家多侍兒，而小鬟素兒尤妍麗。王嘗以臘梅花送晁無咎，無咎以詩五絶謝之，有云：「芳菲意淺姿容淡，憶得素兒如此梅。」《墨莊漫録》卷九。《宋詩紀事》卷二十八。

12 晁無咎移樹法：其大根不可斷，雖旁出遠引，亦當盡取，如其横出遠近，掘地而埋之，切須帶土，雖大木亦可活也，大木仍去其枝。《後山談叢》卷六。

晁説之

1 晁説之慕温公爲人，自號景迂生。《澗泉日記》卷上。

2 晁丈以道言：「劉斯立跂初登科，以賢稱。就亳州見劉貢父，所稱引皆劉所未知，於是始有意讀書。」以道又言：「少年讀書時，嘗鄙薄蔭補得官，以蔭補得官不是作官。後從李德操游，德操更輕賤科名，議論高遠，方有意於爲學矣。」《紫微詩話》。

3 見蘇軾221。

4 崇寧間，凡元祐子弟仕宦者，並不得之都城。晁以道自洛中罷官回，遣妻兒歸省廬，獨留中牟驛累日，以詩寄京師姻舊。其落句云：「一時雞犬皆霄漢，只有劉安不得仙。」此語傳於時，議者美之。《風月堂詩話》卷下。參見晁詠之7。

5 陳叔易居陽翟澗上村，號澗上丈人，無仕宦意。崇觀間，朝廷召之，郡守勸駕，不得已而起。晁以道時致仕居嵩山，有詩云：「處士誰人爲作牙？盡携猨鶴到京華。從今林壑堪惆悵，六六峯前只一家。」而叔愈《過澗上丈人陳恬故居》詩云：「北山去已遠，南山去已近。驅車兩山間，舉策聊一問。昔有隱君子，出處頗矛盾。平生勇且剛，垂老畏而慎。」皆譏之也。後靖康間，以道亦起，而女第四娘適唐氏者，頗復誚其出焉。《珊瑚鉤詩話》卷一。

6 見陳恬2。

7 晁以道後來亦附梁師成，有人以詩嘲之曰：「早赴朱張飯，隨賡蔡子詩。此回休倔强，凡事且從宜。」《朱子語類》卷一百三十。《堅瓠庚集》卷一。

8 晁以道爲明州船場，日日平旦，具衣冠焚香占一卦。一日，有士人訪之，坐間小雨，以道語之曰：「某今日占卦有折足之象，然非某也，客至者當之，必驗無疑，君宜戒之。」士人辭去，至港口，踐滑而仆，脛幾折，療治累月乃愈。《老學庵筆記》卷一。

9 承平日，甚重宮觀。宣和中，晁以道知成州，有請，吏部報云：「照會本官，歷任已曾任宮觀，不合再有陳乞。」遂致仕而歸。《老學庵筆記》卷五。

10 渡江南來，晁詹事以道、吕舍人居仁議論文章，字字皆是中原諸老一二百年醖釀相傳而得者，不可不諷味。《澗泉日記》卷下。

11 見李覯4。

12 晁以道參禪不就，後專爲天台教，自號老法華。《東萊吕紫微師友雜志》。

13 〔晁〕以道，盛文肅家外甥，洪炎玉父祖母文城君亦盛氏甥，以道於玉父爲尊行。一日，同會京師，玉父未及見以道，邂逅僧寺中，玉父謂以道曰：「公丈行也，前此未得一見。」以道遽折之曰：「某自是公表叔，何丈行之有？」玉父再三謝之曰：「是表叔，是表叔，但某未曾敢叙致爾。」《東萊吕紫微師友雜志》。

14 劉道原日記萬言，終身不忘。壯輿亦能記五六千字，壯輿之子所記才三千字。晁以道戲壯輿曰：「更兩世，當與我相似。」《曲洧舊聞》卷五。《何氏語林》卷二十七。《東山談苑》卷八。

15 晁以道藏硯必取玉斗樣，喜其受墨瀋多也。每曰：「硯若無池受墨，則墨亦不必磨，筆亦不必點，惟可作枕耳。」《老學庵筆記》卷八。

晁詠之

1 晁之道，名詠之，黄魯直字之叔予。資敏强記，覽《漢書》五行俱下。對黄卷答客，笑語終日，若不經意，及掩卷論古人行事，本末始終，如與之同時者。東坡作温公神道碑，來訪其從兄補之無咎於昭德第。坐未定，自言：「吾今日了此文，副本人未見也。」啜茶罷，東坡琅然舉其文一徧，其間有蜀音不分明者，無咎略審其字，時之道從照壁後已聽得矣。東坡去，無咎方欲舉示族人，而之道已高聲誦，無一字遺者。無咎初似不樂，久之，曰：「十二郎真吾家千里駒也。」《曲洧舊聞》卷三。

2 晁之道與其弟季比同應舉，之道獨拔解。時考試官葛某眇一目，之道戲作詩云：「没興主司逢葛八，賢弟被黜兄薦發。細思堪羡又堪嫌，一壁有眼一壁瞎。」《老學庵筆記》卷四。

3 晁十二以道，自爲優人過階，語曰：「但僕元祐間詩賦登科，請國中宏詞入等，尚之喚作哥哥，補之呼爲弟弟，甚人上書耶？甚人晁詠之。」聞者莫不絶倒。《雞肋編》卷中。

4 吕吉甫在北都，甚愛晁之道。之道方以元符上書謫官，吉甫不敢薦，謂曰：「君才如此，乃自陷罪籍，可惜也。」之道對曰：「詠之無他，但没著文章處耳。」其恃氣不撓如此。《老學庵筆記》卷四。

5 晁詠之之道，美叔子，奇士也。宏詞第一人，負其才，可凌厲要途。以元符封事廢，有詩曰：「元年四月朔，日食國有赦。」又有「已失青雲空老去」之語。後爲西京筦庫。蔡元度留守稍禮之，以繫籍不能薦，忽謂晁曰：「如子之才，何必上書？」之道罔措，徐曰：「只是没處頓文章。」蔡亦大笑。《西塘集耆舊續聞》卷三。

6　晁詠之之道，美叔子也。爲宏詞魁，志大才豪，意欲俯拾青紫。元符間，言事坐黨廢，頗鬱鬱不平。爲京兆幕屬，有《送高懷恩赴闕》詩云：「當時雞犬皆霄漢，自是劉郎不得仙。」家本東都，以禁不可歸，有詩云：「自歎百年家鳳闕，一生腸斷國西門。」後骨肉淪喪，獨至都城外，和陸公遜《游西池》詩云：「傷心有恨關存殁，袖手無人問姓名。」蓋自傷之至也。《過庭録》。

7　崇寧初，凡元祐子弟仕宦者，竝不得至都城。晁之道自洛中罷官回，遣妻兒歸省故廬，獨留中牟驛累日，以詩寄京師媦舊，其結句云：「一時雞犬皆霄漢，獨有劉安不得仙。」語傳於時，議者美之。《曲洧舊聞》卷九。《宋詩紀事》卷三十二。參見晁説之4。

8　晁氏世居都下昭德坊，其家以元祐黨人及元符上書籍記，不許入國門者數人，之道其一也。嘗於鄭、洛道中，遇降羌，作詩云：「沙場尺箠致羌渾，玉陛俱承雨露恩。自笑百年家鳳闕，一生腸斷國西門。」方是時，士大夫失職如此，安得不兆亂乎？《老學庵筆記》卷九。《宋詩紀事》卷二十八。

9　石藏用，名用之，高醫也。嘗言今人稟賦怯薄，故按古方用藥多不能愈病；非獨人也，金石草木之藥亦皆比古力弱，非倍用之不能取效。故藏用以喜用熱藥得謗，群醫至爲謡言曰：「藏用檐頭三斗火。」人或畏之。惟晁之道大喜其説，每見親友蓄丹，無多寡，盡取食之，或不待告主人。主人驚駭，急告以不宜多服。之道大笑不顧，然亦不爲害。此蓋禀賦之偏，他人不可效也。晚乃以盛冬伏石上書丹，爲石冷所逼，得陰毒傷寒而死。《老學庵筆記》卷三。

晁沖之

1 晁沖之，字叔用，初字用道。舉進士，與陵陽喻汝礪爲同門生。少年豪華自放，挾輕肥，游帝京，狎官妓李師師，纏頭以千萬，酒船歌板，賓從雜遝，聲艷一時。紹聖初，黨禍起，群從多在黨中，被謫逐，遂飄然棲遁于具茨之下，號具茨先生。十餘年後，重過京師，憶舊游，作《無題》詩二首，爲時所傳。《宋詩鈔·具茨集鈔》。

2 見李師師2。

3 都下元宵，歡游之盛，前人或於歌詞中道之。而故族大家，宗藩戚里，宴賞往來，車馬駢闐，五晝夜不止。每出，必窮日，盡夜漏乃始還家，往往不及小憩，雖含酲溢疲思亦不暇寐，皆相呼理殘粧，而速客者已在門矣。又婦女首飾，至此一新，髻鬟篸插，如蛾、蟬、蜂、蝶、雪柳、玉梅、燈毬，裊裊滿頭。其名件甚多，不知起於何時，而詞客未能及之者。晁叔用作《上林春慢》云：「帽落宫花，衣惹御香，鳳輦晚來初過。鶴過詔飛，龍銜燭戲，端門萬枝燈火。滿城車馬，對明月、有誰閒坐。任狂游，更許傍禁街，不扃金鎖。玉樓人、暗中擲果。珠簾下、笑著春衫裊娜。素蛾遶釵，輕蟬撲鬢，垂垂柳絲梅朵。夜闌飲散，但贏得、翠翹雙亸。醉歸來，又重向、曉窗梳裹。」此詞雖非絶唱，然句句皆是實事。《續骫骳説》。

4 政和間，置大晟樂府，建立長屬。時晁沖之叔用作《梅》詞以見蔡攸，攸持以白其父曰：「今日於樂府中得一人。」元長覽之，即除大晟丞。詞中云：「無情燕子，怕春寒，常失佳期。惟有南來塞雁，年年長占開時。」以爲燕、雁與梅不相關而挽入，故見筆力。《獨醒雜志》卷四。

5 宣和末，蔡京病篤，人皆謂必死矣，獨晁叔用沖之謂先君曰：「未死也。此老敗壞天下至此，若使晏然死牖下，備極哀榮，豈復有天道哉！」已而果然。《家世舊聞》卷下。《昨非庵日纂》二集卷八。

6 宣和中，有御史，晁氏婿也，舊有喘疾。一日，與叔用言：「自入臺後，喘乃已。」叔用之妻顔夫人正色答曰：「某郎莫是不敢否？」蓋其家習爲正論，雖婦人亦漸漬如此。《家世舊聞》卷下。

晁公武

1 今蜀人謂中原人爲「虜子」，東坡詩「久客厭虜饌」是也，因目北人仕蜀者爲「虜官」。晁子止爲三榮守，民有訟資官縣尉者，曰：「縣尉虜官，不通民情。」子止爲窮治之，果負冤。民既得直，拜謝而去。子止笑諭之曰：「我亦虜官也，汝勿謂虜官不通民情。」聞者皆笑。《老學庵筆記》卷九。

2 見蘇軾370。

宋人軼事彙編卷二十四

黄庭堅

1 黄庭堅年五歲，已誦五經。一日，問其師曰：「人言六經，何獨讀其五？」師曰：「《春秋》不足讀。」庭堅曰：「於是何言也？既曰經矣，何得不讀？」十日成誦，無一字或遺。其父庶喜其警悟，欲令習神童科舉。庭堅竊聞之，乃笑曰：「是甚做處？」庶尤愛重之。八歲時，有鄉人欲赴南宫試，庶率同舍餞飲，皆作詩送行。或令庭堅亦賦詩，頃刻而成。有云：「君到玉皇香案前，若問舊時黄庭堅，謫在人間今八年。」《道山清話》。《玉芝堂談薈》卷四。《堯山堂外紀》卷五十三。

2 黄太史庭堅年十七八時，自稱清風客。俞清老澹見而目之曰：「奇逸通脱，真驥子墮地也。」《芥隱筆記》。《石林避暑録話》卷二。《何氏語林》卷十七。《宋稗類鈔》卷六。《詞林紀事》卷六。

3 黄魯直得洪州解頭，赴省試。〔孫〕公與喬希聖數人待榜。相傳魯直爲省元，同舍置酒，有僕自門被髮大呼而入，舉三指。問之，乃公與同舍三人，魯直不與。坐上數人皆散去，至有流涕者。魯直飲酒自若，飲酒罷，與公同看榜，不少見於顔色。公嘗爲其婦翁孫莘老言，甚重之。後妻死，作發願文，絶嗜慾，不御酒肉。至黔州命下，亦不少動。公在歸州日，見其容貌愈光澤。留貶所累年，有見者，無異仕官時。《孫公談圃》卷下。《仕學規範》卷十。

4　黄魯直於相國寺得宋子京《唐史》稾一册，歸而熟觀之，自是文章日進。此無他也，見其竄易句字，與初造意不同，而識其用意所起故也。《曲洧舊聞》卷四。《仕學規範》卷三十三。

5　七歲能作牧童詩，八歲作詩送人赴舉云：「送君歸去玉帝前，若問舊時黄庭堅，謫在人間今八年。」治平丙午，先生再赴鄉舉，詩題出「野無遺賢」。主文衡者廬陵李詢，讀先生詩中兩句云：「渭水空藏月，傅巖深鎖煙。」擊節稱賞，批云：「此人不惟文理冠場，異日當以詩名擅四海。」先生遂膺首選。《宋名臣言行録》續集卷一引《年譜》。《堯山堂外紀》卷五十三。

6　〔懷寧縣山谷寺〕西北有石牛洞，其洞如牛，唐李翺諸賢題詠甚多。李伯時畫黄魯直坐石牛上，魯直因自號山谷道人，仍題詩石上云：「鬱鬱窈窈天官宅，諸峯排霄帝不隔。六時謁帝開關鑰，我身金華牧羊客。羊眠野草我世間，高真衆靈思我還。石盆之中有甘露，青牛駕我山谷路。」《方輿勝覽》卷四十九。《六研齋二筆》卷四。《宋詩紀事》卷三十三。

7　黄太史過泗州，禮僧伽之塔，作《發願文》，痛戒酒色肉食，可謂有高見者也。……而或者乃病其不能堅守，暮年猶有所犯。《甕牖閒評》卷七。

8　黄庭堅、秦觀、張耒、晁補之，四學士，皆游蘇軾之門，陳無己云：「蘇公之門，有客四人：黄魯直、秦少游、晁無咎，則長公之客也；張文潛則少公之客也。」張文潛詩云：「長公波濤萬頃陂，少公巉秀千尋麓。黄郎蕭蕭日下鶴，陳子峭峭霜中竹。秦文倩麗舒桃李，晁論峥嶸走珠玉。」《小學紺珠》卷六。《東都事略》卷一百十六。《能改齋漫録》卷十一。《郡齋讀書志》卷十九。《名賢氏族言行類稿》卷二十七。《佩文齋書畫譜》卷六十七。

9 元祐文章，世稱蘇、黄。然二公當時争名，互相譏誚，東坡嘗云：「黄魯直詩文，如蝤蛑江珧柱，格韻高絶，盤餐盡廢，然不可多食，多食則發風動氣。」山谷亦云：「蓋有文章妙一世，而詩句不逮古人者。」此指東坡而言也。《詩話總龜》後集卷三十七。《苕溪漁隱叢話》前集卷四十九。

10 有學者問〔張〕文潛模範，曰：「看《退聽藁》。」蓋山谷在館中時，自號所居曰「退聽堂」。《王直方詩話》。《苕溪漁隱叢話》前集卷四十九。《詩人玉屑》卷十八。《詩林廣記》卷四。《宋詩紀事》卷三十三。

11 内翰顧子敦身體魁偉，與山谷同在館中，夏多晝寢，山谷俟其耳熱熟寐，即於子敦胸腹間寫字，子敦苦之。一日，據案而寢，既覺曰：「爾亦無如我何。」及還舍，夫人詰其背字，脱衣觀之，乃山谷所題詩云：「緑暗紅稀出鳳城，暮雲樓閣古今情。行人莫聽宫前水，流盡年光是此聲。」此乃市廛多用此語以文背，故山谷因以爲戲。《苕溪漁隱叢話》後集卷二十六引《復齋漫録》。

12 黄魯直、劉莘老丞相同在館中。每遇庖人請食次，魯直頗治珍味，劉，北人，性樸厚，多云「來日喫蒸餅」，鄉音頗質。黄不樂其簡儉，一日聚飲行令，以三字離合成字。或云「戊丁成皿盛」，或云「玉白珀石碧」，或云「里予野土墅」，黄云「禾女委鬼魏」，劉未答。黄遽云：「僕當奉代，以『來力勑正整』如何？」蓋其聲大似「蒸餅」之語也。坐皆笑，劉不樂。《寓簡》卷十。《何氏語林》卷二十七。《堯山堂外紀》卷五。

13 趙正夫丞相，元祐中與黄太史魯直俱在館閣。魯直以其魯人，意常輕之。每庖吏來問食次，正夫必曰：「來日喫蒸餅。」一日聚飯行令，魯直云：「欲五字從首至尾各一字，復合成一字。」正夫沈吟久之曰：「禾女委鬼魏。」魯直應聲曰：「來力勑正整。」叶正夫之音，闔坐大笑。正夫又嘗曰：「鄉中最重潤筆，每一志文成，則太平車中載以贈之。」魯直曰：「想俱是蘿蔔與瓜虀爾。」正夫銜之切骨，其後排擠不遺餘力，卒致宜州之貶。一時戲劇，貽禍如此。《揮麈後録》卷六。《宋名臣言行録》續集卷一。《讀書鏡》卷五。

14 黄魯直少輕物，與趙挺之同校舉子。一文卷使「蟒蛇」，挺之欲黜之，諸公盡然，魯公獨相持。挺之誠其言，問曰：「公主此文，不識二字出何家？」魯直良久曰：「出《梁武懺》。」趙以其侮己，大銜之。後，挺之作相，魯直責鄂州。召還諸流人，挺之令有司舉魯直作《承天寺碑》云：「方今善人少，而不善人多。」疑爲謗訕朝廷。善人蓋謂奉佛者。復責宜州。時五侍郎德孺自遷所還，會黄於武昌，志甚不平，且貧甚。侍郎厚贈，令諸子送至漢陽。魯直有謝詩，見《豫章集》。《過庭録》。

15 魯直爲禮部試官，或以柳枝來，有法官曰：「漏泄春光有柳條。」魯直曰：「榆條準此。」蓋律語有「餘條準此」也。一坐大哄，而文吏共深恨之。《後山談叢》卷五。

16 申公薨，范純夫託山谷草遺表，表成，不用。又嘗託山谷草司馬公休《謝起碑樓表》，竄改止餘數字，以示山谷，略無忤色，但遜謝而已。《晁氏客語》。

17 見蘇轍11。

18 太史黄公魯直，元祐間丁家艱，館黄龍山，從晦堂和尚游，而與死心新老、靈源清老尤篤方外契。晦堂因語次，舉孔子謂：「弟子以我爲隱乎？吾無隱乎爾，吾無行而不與二三子者，是丘也。」於是請公詮釋，而至於再。晦堂不然其説，公怒形於色，沉默久之。時當暑退涼生，秋香滿院。晦堂乃曰：「聞木犀香乎？」公曰：「聞。」晦堂曰：「吾無隱乎耳。」公欣然領解。《羅湖野録》卷一。《鶴林玉露》丙編卷三。

19 黄山谷初有所入，問晦堂：「此中誰可與語？」堂曰：「漳州權。」師方督役開田，山谷同晦堂往，致問曰：「直歲還知露柱生兒麽？」師曰：「是男是女？」黄擬議，師揮之。堂謂曰：「不得無禮！」師曰：「這木頭，不打更待何時？」黄大笑。《五燈會元》卷十七。

20 紹聖二年，〔章〕惇、〔蔡〕卞與群姦論實録詆誣，俾前史官分居畿甸以待，摘千餘條示之，謂：「爲無驗證，繼而院吏考閲悉有據，依所餘纔三十二事，殊細瑣。」先生書「鐵爪治河，有同兒戲」，至是首問焉，對曰：「某時官北都親見之，真兒戲耳。」凡有問，皆直辭以對，聞者壯之。《宋名臣言行録》續集卷一。

21 黄魯直再謫黔中，泊舟武昌，初和甫追餞之。相與處舟中，岸巾危坐，魯直側席，意甚恭。猶子無咎與黄士潘觀來，不知其爲初和甫，忽略之。潘、黄正論《本草》，反覆良久。魯直曰：「吾姪前！識初和甫否？」二人縮舌汗背。《萍洲可談》卷二。

22 世傳婦人有産鬼形者，不能執而殺之，則飛去，夜復歸就乳，多瘁其母，俗呼爲旱魃。亦分男女，女魃竊其家物以出，兒魃竊外物以歸。初虞世和甫，名士善醫，公卿争邀致，而性不可馴狎，往往尤急於權貴。每貴人求治病，則重誅求之，至於不可堪，所得賂旋以施貧者。最愛山谷黄庭堅，嘗言：「山谷孝於親，吾愛重之。」每得佳墨精楮奇玩，必歸山谷。山谷嘗語朝士：「初和甫於余，正是一兒旱魃。」時坐中有素厭苦和甫者，率爾對曰：「到吾家便是女旱魃。」《萍洲可談》卷三。

23 山谷謫涪州别駕，因自號涪翁。《苕溪漁隱叢話》後集卷三十一引《復齋漫録》。《愛日齋叢鈔》卷二。

24 魯直貶涪州别駕，自號涪皤，或從其俗云。《吴船録》卷上。《愛日齋叢鈔》卷五。

25 黄魯直居涪州，有廣人林師仲者往謁之，勉以教子，曰：「人家有賓客，動費數千，乃不能捐百千奉其師友，非善計也。」師仲感其言，創義齋以教子弟，遂有登科第者。《東山談苑》卷三。《湧幢小品》卷三。

26 黨禍既起，山谷居黔。有以屏圖遺之者，繪雙蝶翾舞，罥於蛛絲而隊，蟻憧憧其間，題六言於上曰：「胡蝶雙飛得意，偶然畢命網羅。群蟻争收墜翼，策勛歸去南柯。」崇寧間，又遷於宜，圖偶爲人攜入京，鬻於相國寺肆。蔡客得之，以示元長。元長大怒，將指爲怨望，重其貶，會以訃奏僅免。其在黔，嘗摘香山句爲十詩，卒章曰：「病人多夢醫，囚人多夢赦。如何春來夢，合眼在鄉社。」一時網羅之味，蓋可想見。《桯史》卷十一。《堯山堂外紀》卷五十三。《堅瓠戊集》卷二。

27 涪翁過瀘南，瀘帥留府。會有官妓盼盼性聰慧，帥嘗寵之。涪翁贈《浣溪沙》曰：「脚上鞋兒四寸羅。唇邊朱麝一櫻多。見人無語但回波。　料得有心憐宋玉，祇應無奈楚襄何。今生有分向伊麽。」盼盼拜謝，涪翁令唱詞侑觴。盼盼唱《惜花容》曰：「少年看花雙鬢緑。走馬章臺管絃逐。而今老更惜花深，終日看花看不足。　座中美女顔如玉。爲我一歌金縷曲。歸時壓得帽簷欹，頭上春風紅簌簌。」涪翁大喜。翌日出城游山寺，盼盼乞詞。涪翁作《驀山溪》以見意曰：「朝來春日，陡覺春衫便。官柳艷明眉，戲鞦韆、誰家倩盼。煙滋露洒，草色媚横塘，平沙軟。雕輪轉，行樂聞絃管。　追思年少，曾約尋芳伴。一醉幾纏頭，過揚州、朱簾盡捲。而今老矣，花似霧中看，歡喜淺。天涯遠，信馬歸來晚。」《古今詞話》。

《堯山堂外紀》卷五十三。

28 戎州有蔡次律者，家於近郊，山谷嘗過之。延以飲，有小軒極華潔，檻外植餘甘子數株，因乞名焉，題之曰「味諫」。後王子予以橄欖遺山谷，有詩曰：「方懷味諫軒中果，忽見金盤橄欖來。想共餘甘有瓜葛，苦中真味晚方回。」時蓋徽祖始登極，國論稍還，是以有此句云。《桯史》卷十二。《齊東野語》卷十四。

29 黄魯直在荆州，聞東坡下世，士人往弔之，魯直兩手把一膝起云：「獨步，獨步！」《拊掌録》。

30 山谷在南康落星寺，一日凭欄，忽傳坡亡，痛惜久之。已而顧寺僧，拈几上香合在手，曰：「此香匾子，自此却屬老夫矣。」《清波雜志》卷七。

31 魯直自黔安出峽，登荆州江亭，柱間有詞曰：「簾卷曲闌獨倚，江展暮天無際，淚眼不曾晴，家在吴頭楚尾。數點雪花亂委，撲漉沙鷗驚起，詩句恰成時，没入蒼煙叢裏。」魯直讀之，悽然曰：「似爲余發也。不知何人所作，所題筆勢妍軟欹斜類女子，而有淚痕不曾晴之句，不然，則是鬼詩也。」是夕，有女子絶艷，夢於魯直曰：「我家豫章吴城山，附客舟至此，墮水死，不得歸，登江亭有感而作，不意公能識之。」魯直驚寤，謂所親曰：「此必吴城小龍女也。」《苕溪漁隱叢話》前集卷五十八引《冷齋夜話》。

32 山谷在荆州時，鄰居一女子，嫻静妍美，綽有態度，年方笄也。山谷殊歎惜之，其家蓋閭閻小民也。未幾嫁同里，而夫亦庸俗貧下，非其偶也。山谷因和荆南太守馬瑊中玉《水仙花》詩，有云：「淤泥解作白蓮藕，糞壤能開黄玉花。可惜國香天不管，隨緣流落小民家。」蓋有感而作。後數年，此女生二子，其夫鬻於郡人田氏家，惟悴頓挫，無復故態。然猶有餘妍，乃以國香名之。《墨莊漫録》卷十。《宋詩紀事》卷三十三。

33 國香，荆渚田氏侍兒名也。山谷自南溪召爲吏部員外郎，留荆州，乞守當塗，待報。所居與此女子爲鄰，山谷偶見之，以謂幽閒姝美，目所未覩。後其家以嫁下俚貧民，因賦《水仙花》詩寓意云：「淤泥解出白蓮藕，糞壤能開黄玉花。可惜國香天不管，隨緣流落小民家。」俾高子勉和之。後數年，山谷卒於嶺表，當時賓客雲散。此女既生二子矣，會荆南歲荒，其夫鬻之田氏家。田氏一日邀子勉，置酒出之。掩袂困瘁，無復故態。坐間話當時事，相與感歎。子勉請田氏名曰國香，以成太史之志。政和三年春，子勉客京師。會王性之問山谷詩中本意，因道其詳，且爲賦詩。《能改齋漫録》卷十一。《娱書堂詩話》卷上。《夷堅丙志》卷十八。《宋稗類鈔》卷四。《堅瓠癸集》卷三。《宋詩紀事》卷三十三。

34 崇寧三年初，自蜀出峽，留荆州，待辭免乞郡之命，與府帥馬瑊甚歡。閩人陳舉自臺出漕，先生未嘗與交也。承天寺僧爲先生乞塔記，文成，瑊飯，諸部使者於塔下環觀。先生書碑，碑尾但書作記者黄某，立石者馬某而已。舉與李植、林虞相顧前請曰：「某等願託名不朽可乎？」先生不答，舉由此憾之。知先生昔在河北與挺之有怨，挺之執政，遂以墨本上之，謂幸災謗國。先生遂除名，羈管宜州。《宋名臣言行録》續集卷一。

35 山谷守當塗日，郭功父嘗寓焉。一日，過山谷論文，山谷傳少游《千秋歲》詞，歎其句意之善，欲和之而海字難押。功父連舉數海字，若孔北海之類，山谷頗厭，而未有以卻之者。次日，又過山谷問焉，山谷答曰：「昨晚偶得一海字韻。」功父問其所以，山谷云：「羞殺人也爺娘海。」自是功父不復論文於山谷矣。《能改齋漫録》卷十六。《宋稗類鈔》卷八。

36 魯直在鄂州，太守以其才望信重之。士人以詩文投贄，守必取質於魯直而報之。一同人投詩頗紕繆，守攜見魯直，意其一言，少助其乏。魯直閲詩，良久無語。太守曰：「此詩不知酬以幾何？」魯直笑曰：「不必他物，但公庫送與四兩乾艾，於尻骨上做一火炷炙之。且問曰：爾後敢復湊放野？」同人竟無所濟。《過庭録》。《拊掌録》。

37 黄魯直熙寧初宿石塘寺，寺有鬼靈異，僧敬信之。一夕夢云：「分寧黄刑部至。」僧曰：「侍郎乎，尚書乎？」曰：「侍郎也。」魯直南遷已六十，親故憂其禍大，又南方瘴霧，非菜肚老所宜。魯直笑曰：「宜州者，所以宜人也。且石塘鬼侍郎之言，豈欺我哉！」魯直竟歿於宜州。《冷齋夜話》卷一。《宋稗類鈔》卷一。

38 秦少游之子湛自古藤護喪北歸，其婿范温候於零陵，同至長沙，適與山谷相遇。温，淳夫之子也。淳夫既没，山谷亦未弔其子，至是與二子者執手大哭，遂以銀二十兩爲賻。湛曰：「公方爲遠役，安能有力相及？且某歸計亦粗辦，願復歸之。」山谷曰：「爾父，吾同門友也，相與之義，幾猶骨肉，今死不得預斂，葬不得往送，負爾父多矣。是姑見吾不忘之意，非以賄也。」湛不敢辭。既别，以詩寄二子，有曰：「昔在秦少游，許我同門友。」又曰：「范公太史僚，山立乃先達。」又曰：「秦郎水江漢，范郎器鼎鼐。逝者不可尋，猶喜二子在。」又曰：「往時高交友，宰木已樅樅。今我二三子，事業在燈窗。」《獨醒雜志》卷三。

39 攜家南貶，泊於零陵，獨赴貶所。時曾紆坐鈎黨，先徙是郡。先生留連逾月，極歡洽，相與酬唱，如《江樾書事》之類也，率游浯溪，觀《中興碑》。先生賦詩書姓名於詩左，曾急止之云：「公詩文一出，即日傳播，某方爲流人，豈可出郊？公又遠徙，蔡元長當國，豈可不過爲之防邪？」從之而止。《宋名臣言行録》續集卷一。

40 予聞山谷之始至宜州也，有甿某氏館之，太守抵之罪。有浮屠某氏館之，又抵之罪。有逆旅某氏館之，又抵之罪。館於戍樓，蓋囹之也。《誠齋集》卷三十九《宜州新豫章先生祠堂記》。《宋名臣言行録》續集卷一。

41 余謫處宜州半載，官司謂余不當居關城中，乃抱被入宿子城南。予所僦舍喧寂齋，雖上雨旁風，無有蓋障，市聲喧聵，人以爲不堪其憂，余以爲家本農桑，使不從進士，則田中廬舍如是，又可不堪其憂邪！既設臥榻，焚香而坐，與西隣屠牛之机相直。用三文買雞毛筆書此。《宋名臣言行録》續集卷一引《跋李資深書卷》。

42 范寥言：魯直至宜州，州無亭驛，又無民居可僦，止一僧舍可寓，而適爲崇寧萬壽寺，法所不許，乃居一城樓上，亦極湫隘，秋暑方熾，幾不可過。一日忽小雨，魯直飲薄醉，坐胡牀，自欄楯間伸足出外以受雨，顧謂寥曰：「信中，吾平生無此快也。」未幾而卒。《老學庵筆記》卷三。《何氏語林》卷十四。

43 太府丞余伯山禹績之六世祖若著倅宜州日，因山谷謫居是邦，慨然爲之經理舍館，遂遣二子滋、滸從之游。時黨禁甚嚴，士大夫例削札掃迹，惟若著敬遇不怠，率以夜遣二子奉几杖，執諸生禮。一日攜紙求書，山谷問以所欲，拱而對曰：「先生今日舉動，無愧東都黨錮諸賢，願寫范孟博一傳。」許之，遂默誦大書，盡卷僅有二三字疑誤。二子相顧愕服。山谷顧曰：「《漢書》固非能盡記也，如此等傳，豈可不熟？」《桯史》卷十三。

44 山谷在宜州，嘗大書《後漢書・范滂傳》，字徑數寸，筆勢飄動，超出翰墨逕庭，意蓋以悼黨錮之爲漢禍也。後百年，真蹟逸人間，趙忠定得之，寶實巾篋，搢紳題跋，如牛腰焉。既迺躬蹈其禍，可謂奇讖。嘉定壬申，忠定之子崇憲守九江，刻石郡治四説堂。《程史》卷十。

45 山谷在宜州，服紫霞丹，自云得力。曾紆嘗以書勸其勿服。山谷答云：「公卷疽根在傍，乃不可服。如僕服之，殆是晴雲之在川谷，安得霹靂火也？」《道山清話》。

46 山谷之在宜也，其年乙酉，即崇寧四年也。重九日登郡城之樓，聽邊人相語：「今歲當鏖戰取封侯。」因作小詞云：「諸將説封侯。短笛長吹獨倚樓。萬事總成風雨去，休休。戲馬臺南金絡頭。催酒莫遲留。酒似今秋勝去秋。花向老人頭上笑，羞羞。人不羞花花自羞。」倚欄高歌，若不能堪者。是月三十日，果不起。《道山清話》。

47 黄太史晚謫宜州，自崇寧四年歲旦，凡風雨寒暑、親舊往復以至日用飲食之類，皆繫日書之，名曰《乙酉家乘》。《清河書畫舫》卷九上引《山谷遺事》。

48 見范寥4。

49 世傳山谷道人前身爲女子，所説不一。近見陳安國省幹云：山谷自有刻石記此事於涪陵江石間。石至春夏，爲江水所浸，故世未有模傳者。刻石其略言，山谷初與東坡先生同見清老者，清語坡前身爲五祖戒和尚，而謂山谷云：「學士前身一女子，我不能詳語，後日學士至涪陵，當自有告者。」山谷意謂涪陵非遷謫不至，聞之亦似憒憒。既坐黨人，再遷涪陵。未幾，夢一女子語之云：「某生誦《法華經》，而志願復身爲男子，得大智慧，爲一時名人。今學士某前身也。學士近年來所患腋氣者，緣某所葬棺朽，爲蟻穴居於兩腋之下，故有此苦。今此居後山有某墓，學士能啓之，除去蟻聚，則腋氣可除也。」既覺，果訪得之，已無主矣。因如其言，且爲再易棺，修掩既畢，而腋氣不藥而除。《春渚紀聞》卷一。《宋稗類鈔》卷一。

50　〔陳〕無己呼山谷爲金華仙伯。故《題李白真詩》：「金華仙伯哦七字，好事不復千金模。」《苕溪漁隱叢話》後集卷三十一引《復齋漫録》。《詞林紀事》卷六。

51　富鄭公初甚欲見山谷，及一見，便不喜，語人曰：「將謂黄某如何，元來只是分寧一茶客！」富厚重，故不喜黄。《朱子語類》卷一百三十。《宋稗類鈔》卷六。

52　見范鎮28。

53　見范鎮29。

54　趙肯堂親見魯直晚年懸東坡像於室中，每蚤作，衣冠薦香，肅揖甚敬。或以同時聲實相上下爲問，則離席驚避曰：「庭堅望東坡，門弟子耳，安敢失其序哉？」今江西君子曰「蘇黄」者，非魯直本意。《邵氏聞見後録》卷二十一。《何氏語林》卷二十四。《宋稗類鈔》卷六。

55　山谷嘗私東坡爲二丈。《黄嬭餘話》卷三。

56　黄魯直謂子瞻曰：「鳥之將死，其鳴也哀。某適到市橋，見生鵝繫足，在地鳴叫不已，得非哀祈於我耶？」子瞻曰：「某昨日買十鳩，中有四活即放之，餘者幸作一杯羹。今日吾家常膳買魚數斤，以水養之，活者放而救渠命，殪者烹而悦我口。雖腥羶之慾，未能盡斷，且一時從權爾。」魯直曰：「吾兄從權之説，善哉！」魯直因作頌曰：「我肉衆生肉，名殊體不殊。元同一種性，只是別形軀。苦惱從他受，肥甘爲我須。莫教閻老到，自揣看何如。」子瞻聞斯語，愀然嘆曰：「我猶未免食肉，安知不逃閻老之責乎？」*《善誘文》。*

57 見蘇軾31。

58 魯直舊有詩千餘篇，中歲焚三之二，存者無幾，故自名《焦尾集》。其後稍自喜，以爲可傳，故復名《敝帚集》。*《石林避暑録話》卷二。*

59 山谷寄傲士林，而意趣不忘江湖，其作詩曰：「九陌黄塵烏帽底，五湖春水白鷗前。」又曰：「九衢塵土烏靴底，想見滄洲白鳥雙。」又曰：「夢作白鷗去，江湖水貼天。」又作《演雅》詩曰：「江南野水碧於天，中有白鷗似我閑。」*《冷齋夜話》卷二。*

60 世傳涪翁喜苦筍，嘗從斌老乞苦筍詩云：「南園苦筍味勝肉，籠籜稱寃莫採録。煩君更致蒼玉束，明日風雨吹成竹。」又《和坡翁春菜》詩云：「公如端爲苦筍歸，明日春衫誠可脱。」坡得詩，戲語坐客云：「吾固不愛做官，魯直遂欲以苦筍硬差致仕。」聞者絶倒。*《齊東野語》卷十四。《有宋佳話》。《調謔編》。《堯山堂外紀》卷五十三。《宋稗類鈔》卷七。*

61 山谷有《茶》詩押「腸」字韻，和者已數四，而山谷最後有「曲几團蒲聽煮湯，煎成車聲入羊腸」之句。東坡云：「黄九怎得不窮？」故晁无咎復和云：「車聲出鼎細九盤，如此佳句誰能識？」*《王直方詩話》。《詩話總龜》前集卷九。《苕溪漁隱叢話》前集卷四十七。*

62 見秦觀36。

63　山谷謂龜父云：「甥最愛老舅詩中何等篇？」龜父舉「蜂房各自開户牖，蟻穴或夢封侯王」，及「黄塵不解涴明月，碧樹爲我生涼秋」，以爲絶類工部。山谷云：「得之矣。」《王直方詩話》。《詩話總龜》前集卷九。《苕溪漁隱叢話》前集卷四十七。《詩人玉屑》卷十八。《竹莊詩話》卷十九。

64　杜少陵《宿龍門》詩云：「天闕象緯逼。」王介甫改「闕」爲「閲」，黄山谷對衆極言其是。劉貢父聞之曰：「直是怕他。」《何氏語林》卷二十八。

65　紹聖間，山谷見東坡《和淵明飲酒詩》，讀至「前山正可數，後騎且勿驅」，云：「此老未死在。」《王直方詩話》。《詩話總龜》前集卷八。

66　山谷南還，至南華竹軒，令侍史誦詩板，亦戒勿言爵里姓名。久之，誦一絶云：「不用山僧供張迎，世間無此竹風清。獨拳一手支頤卧，偷眼看雲生未生。」稱歎不已，徐視姓名，曰：「果吾學子葛敏修也。」《能改齋漫録》卷十一。

67　〔山谷〕自取張、顧二〔《漁父》〕詞合爲《浣溪沙》云：「新婦磯邊眉黛愁，女兒浦口眼波秋。驚魚錯認月沈鉤。　青篛笠前無限事，緑蓑衣底一時休。斜風細雨轉船頭。」東坡云：「魯直此詞，清新婉麗，問其最得意處，以山光水色替却玉肌花貌，真得漁父家風也。然才出新婦磯，便入女兒浦，此漁父無乃太瀾浪乎？」《能改齋漫録》卷十六。《巖下放言》卷上。《苕溪漁隱叢話》前集卷四十八。《五總志》。

68　法雲秀關西，鐵面嚴冷，能以理折人。魯直名重天下，詩詞一出，人争傳之。師嘗謂魯直曰：「詩多作無害，艷歌小詞可罷之。」魯直笑曰：「空中語耳，非殺非偷，終不至坐此墮惡道。」師曰：「若以邪言蕩人淫心，使彼逾禮越禁，爲罪惡之由，吾恐非止墮惡道而已。」魯直頷之，自是不復作詞曲。《冷齋夜話》卷十。《何氏語林》卷十九。《昨非庵日纂》二集卷十二。《宋稗類鈔》卷六。

69 黄魯直好作艷語，詩詞一出，人争傳之。時法雲秀老訶之曰：「公文詞之富，翰墨之妙，甘施於此乎？」公曰：「某但空語，初非實踐，終不以此墮惡道也。」秀曰：「李伯時但以念想，在馬腹墮落，不過止其一身。今公艷語實蕩天下心，使其信以爲然，蕩而不反，則踰越禮法，冒犯廉恥，無不至矣，罪報何止入馬腹，定當入泥犂也。」公爲之動容。《樂善録》卷下。《五燈會元》卷十七。

70 山谷草書「釣魚船上謝三郎」之詞，後有云：「上藍寺燕堂，夜半鬼出，助吾作字，故尤奇崛。」《攻媿集》卷七十七。

71 東坡先生、山谷道人、秦太虚七丈每爲人乞書，酒酣筆倦，坡則多作枯木拳石，以塞人意，山谷則書禪句，秦七丈則書鬼詩。《春渚紀聞》卷七。《東山談苑》卷六。

72 東坡嘗與山谷論書，東坡曰：「魯直近字雖清勁，而筆勢有時太瘦，幾如樹梢挂蛇。」山谷曰：「公之字固不敢輕議，然間覺褊淺，亦甚似石壓蝦蟇。」二公大笑，以爲深中其病。《獨醒雜志》卷三。

73 王榮老嘗官於觀州，欲渡觀江，七日風作不得濟。父老曰：「公篋中必蓄寶物。此江神極靈，當獻之得濟。」榮老顧無所有，惟玉麈尾，即以獻之，風如故。又以端硯獻之，風愈作。又以宣包虎帳獻之，皆不驗。夜卧念曰：「有黄魯直草書扇頭，題韋應物詩曰：『獨憐幽草澗邊生，上有黄鸝深樹鳴。春潮帶雨晚來急，野渡無人舟自横。』」即取視之，儻恍之際，曰：「我猶不識，鬼寧識之乎？」持以獻之，香火未收，天水相照，如兩鏡展對，南風徐來，帆一餉而濟。予觀江神，必元祐遷客之鬼，不然何嗜之深邪。《冷齋夜話》卷一。《宋名臣言行録》續集卷一。《續墨客揮犀》卷二。《拊掌録》。《讀書鏡》卷五。《佩文齋書畫譜》卷三十三。《宋稗類鈔》卷八。

74 明清兄弟兒時，先妣製道服。先人云：「須異於俗人者乃佳，舊見黄太史魯直所服絶勝。」時在臨安，呼匠者教令染之，久之始就，名之曰「山谷褐」。數十年來，則人人斆之，幾遍國中矣。《揮麈後録》卷十一。

75 山谷信佛甚篤，而晚年酷好食蟹，所謂「寒蒲束縛十六輩，已覺酒興生江山」。《韻語陽秋》卷十九。《逸老堂詩話》卷下。

76 黄魯直元祐中晝卧蒲池寺。時新秋雨過，涼甚，夢與一道士褰衣升空而去，望見雲濤際天。夢中問道士：「無舟不可濟，且公安之？」道士曰：「與公游蓬萊。」即襪而履水。魯直意欲無行，道士强要之，俄覺大風吹鬢，毛骨爲戰慄。道士曰：「且斂目。」唯聞足底聲如萬壑松風，有狗吠，開目不見道士，唯見宫殿，張開千門萬户。魯直徐入，有兩玉人導升殿，主者降接之。見仙官執玉麈尾，仙女擁侍之，中有一女，方整琵琶。魯直極愛其風韻，顧之，忘揖主者，主者色莊，故其詩曰：「試問琵琶可聞否，靈君色莊伎摇手。」頃與予同宿湘江舟中，親爲言之，與今《山谷集》語不同，蓋後更易之耳。《冷齋夜話》卷八。

77 一相士黄生，見魯直，懇求數字取信，爲游謁之資。魯直大書遺曰：「黄生相予，官爲兩制，壽至八十，是所謂大葫蘆種也。一笑！」黄生得之欣然。士夫間莫解其意。先祖見魯直，因問之。黄笑曰：「一時戲謔耳！某頃年見京師相國寺中賣大葫蘆種，仍背一葫蘆甚大，一粒數百金，人競買，至春種結，仍乃瓠爾。」蓋譏黄術之難信也。《過庭録》。《堅瓠癸集》卷二。《宋稗類鈔》卷六。

黄大臨

1 豫章先生兄黄元明，宰盧陵縣，赴郡會，坐上巾帶偶脱，太守喻妓令綴之。既畢，且俾元明撰詞，云：「銀燭畫堂明如畫，見林宗巾墊羞蓬首。針借花枝，綫睒羅袖，須臾兩帶還依舊。勸君倒載休今後，也不須更漉淵明酒。寶篋深藏，濃香熏透，爲經十指如葱手。」蓋《七娘子》也。《能改齋漫録》卷十七。《堅瓠癸集》卷一。《宋稗類鈔》卷四。《詞林紀事》卷六。

2 魯直有癡弟，畜漆琴而不御，蟲蝨入焉。魯直嘲之曰「龍池生壁蝨」，而未有對。魯直之兄大臨，且見牀下以溺器畜生魚，問知其弟也，大呼曰：「我有對矣。」乃「虎子養溪魚」也。《後山詩話》。《堯山堂外紀》卷五十三。《宋詩紀事》卷三十五。《詞林紀事》卷六。

黄叔達

1 見陳師道23。

秦　觀

1 東坡初未識秦少游，少游知其將復過維揚，作坡筆語題壁於一山中寺。東坡果不能辨，大驚。及見孫莘老，出少游詩詞數百篇，讀之，乃歎曰：「向書壁者豈此郎邪？」《冷齋夜話》卷一。《苕溪漁隱叢話》前集卷五十。《清河書畫舫》卷九上引《坡公遺事》。《詞林紀事》卷五。

2 呂申公在揚州日，因中秋，令秦少游作口號。少游有「照海旌幢秋色裏，激天鼓吹月明中」之句。然是夜却微陰。公云：「使不着也。」少游乃別作一篇，末云：「自是我公多惠愛，却回秋色作春陰。」真所謂翻手作雲也。《王直方詩話》。《詩話總龜》前集卷十九。《類説》卷五十七。《苕溪漁隱叢話》前集卷二十六。

3 秦少游在揚州，劉太尉家出姬侑觴。中有一姝，善擘箜篌，此樂既古，近時罕有此傳，以爲絶藝。姝又傾慕少游之才名，頗屬意，少游借箜篌觀之。既而主人入宅更衣，適值狂風滅燭，姝來相親，有倉卒之歡。且云：「今日爲學士瘦了一半。」少游因作《御街行》以道一時之景，曰：「銀燭生花如紅豆。這好事，而今有。夜闌人静曲屏深，借寶瑟、輕輕招手。可憐一陣白蘋風，故滅燭，教相就。　花帶雨、冰肌香透。恨啼鳥，轆轤聲，曉岸柳。微風吹殘酒。斷腸時，至今依舊。鏡中消瘦，那人知後，怕你來僝僽。」《緑窗新話》卷上引《古今詞話》。

4 程公闢守會稽，少游客焉，館之蓬萊閣。一日席上有所悦，自爾眷眷不能忘情，因賦長短句，所謂「多少蓬萊舊事，空回首、煙靄紛紛」也。其詞極爲東坡所稱道，取其首句，呼之爲「山抹微雲君」。《藝苑雌黄》。《苕溪漁隱叢話》後集卷三十三。《堯山堂外紀》卷五十三。《詞林紀事》卷六。

5 秦少游始作蔡州教授，意謂朝夕便當入館，步青雲之上，故作《東風解凍》詩云：「更無舟楫礙，從此百川通。」已而久不召用，作《送張和叔》云：「大梁豪英海，故人滿青雲。爲謝黄叔度，鬢毛今白紛。」謂山谷也。説者以爲，意氣之盛衰，一何容易。《王直方詩話》。《詩話總龜》前集卷八。

6 少游在蔡州，與營妓婁婉字東玉者甚密，贈之詞云「小樓連苑横空」，又云「玉佩丁東別後」者是也。又《贈陶心兒詞》云：「天外一鈎横月帶三星」，謂「心」字也。《高齋詩話》。《苕溪漁隱叢話》前集卷五十。

7 少游自會稽入都見東坡，東坡曰：「不意別後，公却學柳七作詞。」少游曰：「某雖無學，亦不如是。」東坡曰：「銷魂當此際，非柳七語乎？」坡又問別作何詞，少游舉「小樓連苑横空，下窺繡轂雕鞍驟」。東坡曰：「十三個字，只説得一個人騎馬樓前過。」《高齋詩話》。《堯山堂外紀》卷五十二。

8 秦少游爲黄本校勘，甚貧，錢穆父爲户書，皆居於東華門之堆垛場。少游春日嘗以詩遺穆父云：「三年京國鬢如絲，又見新花發故枝。日典春衣非爲酒，家貧食粥已多時。」穆父以米二石送之，復爲二十八字云：「儒館優賢蓋取頤，校讐尤自困朝饑。西隣爲禄無多少，希薄才堪作淖糜。」時人以少游有如此人而亦食粥，似不相稱耳。《王直方詩話》。《詩話總龜》前集卷二十七。《苕溪漁隱叢話》前集卷五十。《堯山堂外紀》卷五十三。《宋詩紀事》卷二十四。

9 秦少游晚出左掖門，有詩云：「金雀觚稜轉夕暉，飄飄宫葉墮秋衣。出門塵漲如黄霧，始覺身從天上歸。」識者以爲少游作一黄本校勘，而衒耀如此，必不遠到。《王直方詩話》。《詩話總龜》前集卷八。《苕溪漁隱叢話》前集卷五十。《詩林廣記》後集卷八。

10 見張耒8。

11 王左丞二月十一日生日，程文通諸人前期袖壽詩草謁少游，問曰：「左丞生日必有佳作。」少游以詩草示之，乃壓九青字韻俱盡。首云：「元氣鍾英偉，東皇賦炳靈。蓂敷十一莢，椿茂八千齡。汗血來西極，摶風出北溟。」諸人愕然相視，讀畢俱不敢出袖中之草，唯唯而退。《桐江詩話》。《苕溪漁隱叢話》前集卷五十。《詩人玉屑》卷十八。

12 元祐初，駕幸太學，吕丞相微仲有詩，中間押「行」字韻，館閣諸人皆和。秦學士觀一聯云：「涵天璧水遥迎仗，映月深衣不亂行。」諸生聞之，亦閧然。觀爲人喜傲謔，然此句實迫於趁韻，未必有意也。《石林詩話》卷中。

13 見滕元發18。

14 秦少游寓京師，有貴官延飲，出寵姬碧桃侑觴，勸酒惓惓，少游領其意，復舉觴勸碧桃。貴官云：「碧桃素不善飲。」意不欲少游强之。碧桃曰：「今日爲學士拚了一醉。」引巨觴長飲。少游即席贈《虞美人》詞曰：「碧桃天上栽和露，不是凡花數。亂山深處水縈迴，借問一枝如玉爲誰開。輕寒細雨情何恨，不道春難管。爲君沉醉一何妨，只怕酒醒時候逝水腸。」闔座悉恨。貴官云：「今後永不令此姬出來。」滿座大笑。《緑窗新話》卷上。

15 秦少游侍兒朝華，姓邊氏，京師人也。元祐癸酉歲納之。嘗爲詩云：「天風吹月入欄杆，烏鵲無聲子夜闌。織女星明來枕上，了知身不在人間。」時朝華年十九也。後三年，少游欲修真斷世緣，遂遣朝華歸父母，家貧，以金帛而嫁之。朝華臨别泣不已，少游作詩云：「月霧茫茫曉柝悲，玉人揮手斷腸時。不須重向燈前泣，百歲終當一别離。」朝華既去二十餘日，使其父來云：「不願嫁，却乞歸。」少游憐而復取歸。明年，少游出倅錢塘。至淮上，因與道友議論，歎光景之遄，歸謂朝華曰：「汝不去，吾不得修真矣。」亟使人走京師，呼其父來，遣朝華隨去。復作詩云：「玉人前去却重來，此度分攜更不回。腸斷龜山離別處，夕陽孤塔自崔嵬。」時紹聖元年五月十一日。少游嘗手書記此事。未幾，遂竄南荒云。《墨莊漫録》卷三。《逸老堂詩話》卷五。《宋稗類鈔》卷四。《宋詩紀事》卷二十六。

16　秦少游以校勘出爲杭倅，方至楚、泗間，有詩云：「平生逋欠僧房睡，準擬如今處處還。」詩成之明日，報責監處州酒，好事者以爲詩讖。《王直方詩話》。《詩話總龜》前集卷三十四。《類説》卷五十七。《苕溪漁隱叢話》前集卷四十。

17　秦太虚罷職，將自青田以歸，因往山寺中修懺，日書絶句於住僧房壁。《太平清話》卷上。

18　秦少游嘗謫處州，後人摘「柳邊沙外」詞中語，爲鶯花亭，題詠甚多。惟芮處士一絶云：「人言多技亦多窮，隨意文章要底工。淮海秦郎天下士，一生懷抱百憂中。」《後村詩話》續集卷一。《宋詩紀事》卷四十七。

19　秦少游南遷，宿〔廬山邦亭湖〕廟下，登岸縱望，久之，歸卧舟中，聞風聲，側枕視，微波月影縱横，追繹昔常宿雲老惜竹軒，見西湖月色如此，遂夢美人，自言維摩詰散花天女也，以維摩詰像來求贊。少游愛其畫，默念曰：「非道子不能作此。」天女以詩戲少游曰：「不知水宿分風浦，何似秋眠惜竹軒。聞道詩詞妙天下，廬山對眼可無言。」少游夢中題其像曰：「竺儀華夢，瘴面囚首。口雖不言，十分似九。天笑覆大千作獅子吼，不如博取妙喜如陶家手。」予過雷州天寧，與戒禪夜話，問少游字畫。戒出此傳爲示，少游筆蹟也。《冷齋夜話》卷二。《苕溪漁隱叢話》前集卷五十。《宋稗類鈔》卷八。《宋詩紀事》卷九十九。

20　瞿塘之下，地名人鮓甕，少游嘗謂未有以對。南遷度鬼門關，乃用爲絶句云：「身在鬼門關外天，命輕人鮓甕頭船。北人慟哭南人笑，日落荒村聞杜鵑。」《侯鯖録》卷三。《堯山堂外紀》卷五十三。

21 義倡者，長沙人也，不知其姓氏。家世倡籍，善謳，尤喜秦少游樂府，得一篇，輒手筆口詠不置。久之，少游坐鉤黨南遷，道長沙，訪潭土風俗妓籍中可與言者，或言倡，遂往焉。少游初以潭去京數千里，其俗山獠夷陋，雖聞倡名，意甚易之。及見，觀其姿容既美，而所居復瀟灑可人意，以爲非唯自湖外來所未有，雖京洛間亦不易得。坐語間，顧見几上文一編，就視之，目曰《秦學士詞》，因取竟閱，皆己平日所作者，環視無他文。少游竊怪之，故問曰：「秦學士何人也？若何自得其詞之多？」倡不知其少游也，即具道所以，少游曰：「能歌乎？」曰：「素所習也。」少游愈益怪，曰：「樂府名家，毋慮數百，若何獨愛此乎？不惟愛之，而又習之歌之，若素愛秦學士者，彼秦學士亦嘗遇若乎？」曰：「妾僻陋在此，彼秦學士，京師貴人也，焉得至此！藉令至此，豈顧妾哉！」少游乃戲曰：「若愛秦學士，徒悦其詞爾，若使親見容貌，未必然也。」倡歎曰：「嗟乎！使得見秦學士，雖爲之妾御，死復何恨！」少游察其語誠，因謂曰：「若欲見秦學士，即我是也，以朝命貶黜，因道而來此爾。」倡大驚，色若不懌者，稍稍引退，入謂母媪。有頃媪出，設位，坐少游於堂，倡冠帔立階下，北面拜。少游起且避，媪掖之坐以受。拜已，張具筵飲，虛左席，示不敢抗。母子左右侍觴，酒一行，率歌少游一闋以侑之，卒飲甚懽，比夜乃罷。止少游宿，衾枕席褥，必躬設，夜分寢定，倡乃寢。先平明起，飾冠帔，奉沃匜，立帳外以待。少游感其意，爲留數日，倡不敢以燕惰見，愈加敬禮。將别，囑曰：「妾不肖之身，幸得侍左右，今學士以王命不可久留，妾又不敢從行，恐重以爲累，唯誓潔身以報，他日北歸，幸一過妾，妾願畢矣！」少游許之。一别數年，少游竟死於藤。倡雖處風塵中，爲人婉娩有氣節，既與少游約，因閉門謝客，獨與媪處。官府有召，辭不獲，然後往。誓不以此身負少游也。一日，晝寢寤，驚泣曰：「自吾與秦學士別，未嘗見夢，今夢來別，非吉兆也，秦其死乎！」亟遣僕順途覘之。數日得報，秦果死矣。乃謂媪曰：「吾昔以此身許秦學士，今不可以死故背之。」遂衰服以赴，行數百里，遇於旅館，將入，門者禦焉，告之故而後入。臨其喪，拊棺繞之三週，舉聲一慟而絕。左右驚救，已死矣。《夷堅志補》卷二。《宋稗類鈔》卷四。《陔餘叢考》卷四十一。

22《夷堅己志》載潭州義倡事，謂秦少游南遷過潭與之往來，後倡竟爲秦死。常州教授鍾將之得其説於李結次山，爲作傳。予反復思之，定無此事，當時失於審訂，然悔之不及矣。秦將赴杭倅時，有妾邊朝華，既而以妨其學道，割愛去之，未幾罹黨禍，豈復眷戀一倡女哉！予記國史所書温益知潭州，當紹聖中，逐臣在其巡内，若范忠宣、劉仲馮、韓川原伯、吕希純子進、吕陶元鈞皆爲所侵困。鄒公南遷過潭，暮投宿村寺，益即時遣州都監將數卒夜出城，逼使登舟，竟凌風絶江去，幾於覆舟。以是觀之，豈肯容少游款昵累日！此不待辨而明，《己志》之失著矣。《容齋四筆》卷九。

23 秦少游謫古藤，意忽忽不樂。過衡陽，孔毅甫爲守，與之厚，延留待遇有加。一日，飲於郡齋，少游作《千秋歲》詞，毅甫覽至「鏡裏朱顔改」之句，遽驚曰：「少游盛年，何爲言語悲愴如此！」遂賡其韻以解之。居數日別去，毅甫送之於郊，復相語終日。歸謂所親曰：「秦少游氣貌大不類平時，殆不久於世矣。」未幾果卒。《獨醒雜志》卷五。

24 秦觀南遷，行次郴道遇雨。有老僕滕貴者，久在少游家，隨以南行，管押行李在後，泥濘不能進。少游留道傍人家以俟，久之，方媻珊策杖而至，視少游歎曰：「學士，學士，他們取了富貴，做了好官，不枉了。恁地自家做甚來陪奉他們？波波地打閧官，方落得其聲名？」怒而不飯。少游再三勉之，曰：「没奈何！」其人怒猶未已，曰：「可知是没奈何！」《道山清話》。

25 秦少游自郴州再編管横州，道過桂州秦城鋪。有一舉子，紹聖某年省試下第，歸至此，見少游南行事，遂題一詩於壁，曰：「我爲無名抵死求，有名爲累子還憂。南來處處佳山水，隨分歸休得自由。」至是，少游讀之，淚涕雨集。《曲洧舊聞》卷五。《昨非庵日纂》二集卷十九。

26 少游在横州，飲於海棠橋，橋南北多海棠，有老書生家海棠叢間，少游醉宿於此。明日題其柱曰：「喚起一聲人俏。衾枕夢寒窗曉。瘴雨過，海棠晴，春色又添多少。社甕釀成微笑。半破癭瓢共舀。覺健到，急投牀，醉鄉廣大人間小。」東坡愛之，恨不得其腔。《詩話總龜》前集卷十五引《冷齋夜話》。《苕溪漁隱叢話》前集卷五十。《堯山堂外紀》卷五十三。《詞苑叢談》卷七。《詞林紀事》卷六。案：横州，原作「黄州」，據《山堂肆考》宫集卷二十七《君子堂日詢手鏡》改。

27 〔東坡〕先生自惠移儋耳，秦七丈少游亦自郴陽移海康，渡海相遇。二公共語，恐下石者更啓後命。少游因出自作挽詞呈公，公撫其背曰：「某常憂少游未盡此理，今復何言。某亦嘗自爲志墓文，封付從者，不使過子知也。」遂相與嘯詠而别。初，少游謁公彭門，和詩有「更約後期游汗漫」，蓋讖於此云。《春渚紀聞》卷六。

28 秦少游在處州，夢中作長短句曰：「山路雨添花，花動一山春色。行到小溪深處，有黄鸝千百。飛雲當面化龍蛇，夭矯挂空碧。醉卧古藤陰下，杳不知南北。」後南遷，久之北歸，逗留於藤州，遂終於瘴江之上光華亭。時方醉起，以玉盂汲泉欲飲，笑視之而化。《苕溪漁隱叢話》前集卷五十引《冷齋夜話》。《詩話總龜》前集卷四十二。《獨醒雜志》卷三。《侯鯖録》卷七。《新編分門古今類事》卷十四。《堯山堂外紀》卷五十三。《詞林紀事》卷六。

29 少游與子瞻同席，自矜髭鬚之美，曰：「君子多乎哉！」子瞻戲曰：「小人樊須也。」《履齋示兒編》卷九。《邵氏聞見後録》卷三十。《堯山堂外紀》卷五十三。

30 見釋佛印2。

31 暢姓，惟汝南有之。其族尤奉道，男女爲黄冠者，十之八九。時有女冠暢道姑，姿色妍麗，神仙中人也。少游挑之不得，乃作詩云：「瞳人剪水腰如束，一幅烏紗裹寒玉。超然自有姑射姿，回看粉黛皆塵俗。霧閤雲窗人莫窺，門前車馬任東西。禮罷曉壇春日浄，落紅滿地乳鴉啼。」《桐江詩話》。《苕溪漁隱叢話》前集卷五十。《詩林廣記》卷四。

32 秦少游嘗惓一姝，臨别，誓闔户相待。後有毁之者，少游作詞寄曰：「風起雲間，雁横天末，嚴城畫角，梅花三奏。塞草西風，凍雲籠月，窗外曉寒輕透。人去香猶在，孤衾長閒餘繡。恨與宵長，一夜薰爐，添盡香獸。前事空勞回首。雖夢斷春歸，相思依舊。湘瑟聲沈，庾梅信斷，誰念畫眉人瘦。一句難忘處，怎忍辜、耳邊輕咒。任人攀折，可憐又學，章臺楊柳。」姝見「任攀折」之句，遂削髮爲尼。《緑窗新話》卷上。《青泥蓮花記》卷一。

33 秦觀少游一日寫李太白《古風》詩三十四首於所居壺隱壁間。予因問：「『燕昭延郭隗，遂築黄金臺』之詩，史但言築宫而師事，不聞黄金之名，太白不知何據？」少游曰：「《上谷圖經》言，昭王築臺，置千金於其上。遂因以爲名。」閲之信然。《道山清話》。

34　見陳師道19。

35　太虚又云：「僕有《梅花》一詩，東坡爲和。王荆公嘗書之於扇。」有見荆公扇上所書者，乃「月落參横畫角哀，暗香消盡令人老」兩句。涪翁又愛其四句云：「清淚斑斑知有恨，恨春相從苦不早。甘心結子待君來，洗雨梳風爲誰好。」曰：「《玉臺》詩中，氣格高者乃能及此耳。」《觀林詩話》。

36　秦少游嘗以真字題「月團新碾瀹花甆，飲罷呼兒課楚詞。風定小軒無落葉，青蟲相對吐秋絲」於邢敦夫扇上。山谷見之，乃於扇背復作小草，題「黄葉委庭觀九州，小蟲催女獻公裘。金錢滿地無人費，百斛明珠薏苡秋」。皆所自作也。少游後見之，云：「逼我太甚。」《王直方詩話》。《詩話總龜》前集卷九。《苕溪漁隱叢話》前集卷五十。《宋詩紀事》卷三十三。

37　秦觀少游亦善爲樂府語，工而入律，知樂者謂之作家歌，元豐間盛行于淮楚。「寒鵶萬點，流水繞孤村」，本隋煬帝詩也，少游取以爲《滿庭芳》辭。而首言「山抹微雲，天黏衰草」，尤爲當時所傳。蘇子瞻于四學士中最善少游，故他文未嘗不極口稱善，豈特樂府！然猶以氣格爲病，故常戲云：「山抹微雲秦學士，露花倒影柳屯田。」露花倒影，柳永《破陣子》語也。《石林避暑録話》卷三。《宋稗類鈔》卷六。

38　程伊川一日見秦少游，問：「『天若有情，天也爲人煩惱。』是公之詞否？」少游意伊川稱賞之，拱手遜謝。伊川云：「上穹尊嚴，安得易而侮之！」少游慚而退。《甕牖閒評》卷五。《二程外書》卷十二引《震澤語録》。《書影》卷二。

39　廌謂少游曰：「比見東坡，言少游文章如美玉無瑕，又琢磨之功，殆未有出其右者。」少游曰：

「某少時用意作賦，習貫已成。誠如所諭，點檢不破，不畏磨難。然自以華弱爲愧。」邢和叔嘗曰：「子之文銖兩不差，非秤上秤來，乃等子上等來也。」《師友談記》。

40　見張舜民15。

41　秦少游有《逆旅集》，聞居有聞輒記之。《太平清話》卷下。

42　見黄庭堅71。

43　秦太虚云：「予卧病，高符仲攜摩詰《輞川圖》示予，恍然若入輞川，數日，疾愈。」《古事比》卷十一。

44　潭守宴客合江亭，時張才叔在座，令官妓悉歌《臨江仙》，有一妓獨唱兩句云：「微波渾不動，冷浸一天星。」才叔稱歎，索其全篇。妓以實語告之曰：「賤妾夜居商人船中，隣舟一男子，遇月色明朗，即倚檣而歌，聲極凄怨。但以苦乏性靈，不能盡記。願助以一二同列，共往記之。」太守許焉。至夕，乃與同列飲酒以待。果一男子，三歎而歌。有趙瓊者，傾耳墮淚曰：「此秦七聲度也。」趙善謳，少游南遷，經從一見而悦之。商人乃遣人問訊，即少游靈舟也。《五總志》。《茶香室四鈔》卷二十一。

45　靖康間，有女子爲金人所掠，自稱秦學士女，在道中題詩云：「眼前雖有還鄉路，馬上曾無放我情。」讀之者凄然。余少時嘗欲紀其事，因循數十年，不克爲之。壬辰歲九月，因讀蔡琰《胡笳十八拍》，慨然有感於心，乃爲之追賦其事，號《秦女行》。《梅磵詩話》卷上引曾裘父《秦女行序》。《堯山堂外紀》卷五十三。《七修類稿》卷三十一。

秦觀

1 秦覿，字少儀，好爲詩。初亦不甚工，既而以所業獻山谷，山谷作詩贈之曰：「乃能持一鏃，與我箭鋒直。」又云：「自我得此詩，三日卧向壁。……才難不其然，有亦未易識。」當時交游間，多以此言爲過，然少儀緣此詩思大發。《王直方詩話》。《苕溪漁隱叢話》前集卷五十。《古事比》卷十九。

秦湛

1 秦觀之子湛，大鼻類蕃人，而柔媚舌短，世目之爲「嬌波斯」。《雞肋編》卷上。

張耒

1 張文潛生而有文在其手，曰「耒」，故以爲名，而字文潛。《老學庵筆記》卷四。《玉芝堂談薈》卷十二。《詞林紀事》卷六。

2 張文潛初官通許，喜營妓劉淑女，爲作詩曰：「可是相逢意便深，爲郎巧笑不須金。門前一尺春風髻，窗外三更夜雨衾。别燕從教燈見淚，夜船惟有月知心。東西芳草皆相似，欲望高樓何處尋。」又云：「未説蝤蠐如素領，固應新月學蛾眉。引成密約因言笑，認得真情是别離。尊酒且傾濃琥珀，淚痕更著薄胭脂。北城月落烏啼後，便是孤舟腸斷時。」《侯鯖録》卷一。《堯山堂外紀》卷五十三。《宋稗類鈔》卷四。

3 右史張文潛，初官許州，喜官妓劉淑奴。張作《少年游令》云：「含羞倚醉不成歌，纖手掩香羅。偎花映燭，偷傳深意，酒思入横波。　看朱成碧心迷亂，翻脉脉，歛雙蛾。相見時稀隔別多，又春盡，奈愁何。」其後去任，又爲《秋蕊香》寓意云：「簾幕疎疎風透，一線香飄金獸。朱欄倚遍黄昏後，廊上月華如晝。　別離滋味濃如酒，著人瘦。此情不及牆東柳，春色年年如舊。」《能改齋漫録》卷十七。

4 張文潛言，嘗問張安道云：「司馬君實直言王介甫不曉事，是如何？」安道云：「賢只消去看《字説》。」文潛云：「《字説》也只是二三分不合人意思處。」安道云：「若然，則足下亦有七八分不解事矣！」文潛大笑。《道山清話》。《拊掌録》。《何氏語林》卷二十八。

5 見黄庭堅8。

6 見蘇軾188。

7 見蘇軾189。

8 吕與叔，長安人，話長安有安氏者，家藏唐明皇髑髏，光作紫金色。其家事之甚謹，因爾家富達，有數子得官，遂爲盛族。後其家析居，争髑髏，遂斧爲數片，人分一片而去。余因謂之曰：「明皇生死爲姓安人極惱。」合坐大笑。時秦學士觀方爲賈御史彈不當授館職。余戲秦曰：「千餘年前賈生過秦，今復爾也。」聞者以爲佳謔，而秦不歡。《明道雜志》。《何氏語林》卷二十七。《堯山堂外紀》卷五十三。《宋稗類鈔》卷六。

9 見晁補之5。

10 張文潛崇寧元年復直龍圖閣，知潁州。謝表云：「我來自東，每兢兢而就列；炊未及熟，又挈挈以告行。」臣僚上言云：「我來自東，是爲不欽。豈有君父之前，輒自稱我？雖至親不嫌於無欽，有時而爾汝，然非謝表所可稱之辭。雖數更赦宥，不可追咎，亦不可不禁。如今後有犯者，仰御史臺即時彈劾。」《能改齋漫録》卷十四。

11 東坡訃至京師……門人張耒時知潁州，聞坡卒，出己俸於薦福禪寺修供，以致師尊之哀。乃遭論列，責授房州别駕，黄州安置。《清波雜志》卷七。

12 東坡薨，張文潛坐舉哀行服得罪。《邵氏聞見後録》卷八。《茶香室三鈔》卷十一。

13 「溪迴松風長，蒼鼠竄古瓦。不知何王殿，遺締絶壁下。陰房鬼火青，壞道哀湍瀉。萬籟真笙竽，秋色正蕭灑。美人爲黄土，況乃粉黛假。當時侍金輿，故物獨石馬。憂來藉草坐，浩歌淚盈把。冉冉征途間，誰是長年者？」此老杜《玉華宫》詩也。張文潛暮年在宛丘，何大圭方弱冠，往謁之，凡三日，見其吟哦此詩不絶口。大圭請其故。曰：「此章乃風，雅鼓吹，未易爲子言。」大圭曰：「先生所賦，何必減此？」曰：「平生極力模寫，僅有一篇稍似之，然未可同日語。」遂誦其《離黄州》詩，偶同此韻。曰：「扁舟發孤城，揮手謝送者。山回地勢卷，天豁江面瀉。中流望赤壁，石脚插水下。昏昏煙霧嶺，歷歷漁樵舍。居夷實三載，鄰里通假借。别之豈無情，老淚爲一洒。篙工起鳴鼓，輕櫓健於馬。聊爲過江宿，寂寂樊山夜。」此其音響節奏，固似之矣，讀之可默諭也。又好誦東坡《梨花絶句》，所謂「梨花淡白柳深青，柳絮飛時花滿城，惆悵東欄一株雪，人生看得幾清明」者，每吟一過，必擊節賞歎不能已，文潛蓋有省於此云。《容齋隨筆》卷十五。

14 張文潛在一時中，人物最爲魁偉。故陳無己有詩云：「張侯魁然腹如鼓，雷爲飢聲酒爲雨。」山谷云：「六月火雲蒸肉山。」又云：「雖肥如瓠壺。」而文潛卧病，秦少游又和其詩云：「平時帶十圍，頗復減臂環。」皆戲語也。《王直方詩話》。《苕溪漁隱叢話》前集卷五十一。

15 昔四明有異僧，身矮而皤腹，負一布囊，中置百物，於稠人中時傾寫於地，曰「看，看」。人皆目爲布袋和尚，然莫能測。臨終作偈曰：「彌勒真彌勒，分身百千億。時時識世人，時人總不識。」於是隱囊而化。今世遂塑畫其像爲彌勒菩薩以事之。張耒文潛學士，人謂其狀貌與僧相肖。陳無己詩止云：「張侯便便腹如鼓。」至魯直遂云：「形模彌勒一布袋，文字江河萬古流。」《雞肋編》卷中。

16 張文潛每見親友書後無月日，便擲於地，更不復觀。《侯鯖録》卷八。《古事比》卷二十七。

17 張文潛有二石龜，晁无咎名其大者爲九江，小者爲千歲。文潛因作《九江千歲龜歌》一首贈无咎，略云：「老龍洞庭怒，蕩覆堯九州。」謂半山老人也。又云：「禹咄嗟，水平流。」謂司馬君實也。《能改齋漫録》卷六。

18 張文潛好食蟹，晚苦風痺，然嗜蟹如故，至剔其肉，滿貯巨杯而食之。《梁溪漫志》卷九。《茶香室四鈔》卷二十九。

19 張文潛三子：秬、秸、和，皆中進士第。秬、秸在陳死於兵，和爲陝府教官，歸葬二兄，復遇盗見殺，文潛遂亡後，可哀也。《老學庵筆記》卷四。

陳　洎

1 陳公洎爲開封功曹時，章憲太后臨朝，族人杖殺一卒，公當驗屍。太后遣中使十數輩諭旨，吏惶懼，欲以病死聞。洎獨正色曰：「彼實冤死，待我而伸，奈何懼罪而不驗，不以實乎？爾曹但勿預，吾當任咎。」乃手自爲牘，以白府尹程琳。琳大喜曰：「官人用心如此，前程非琳所及。」亟索馬入奏，雖大忤旨，而公論歸之。既而太后原其族人，公亦不及罪。《樂善録》卷六。《仕學規範》卷三十。《宋稗類鈔》卷七。

陳師道

1 南豐過荆襄，後山攜所作以謁之，南豐一見愛之，因留款語。適欲作一文字，事多，因託後山爲之，且授以意。後山文思亦澁，窮日之力方成，僅數百言，明日以呈南豐。南豐云：「大略也好，只是冗字多。不知可爲略删動否？」後山因請改竄，但見南豐就坐，取筆抹數處，每抹處，連一兩行，便以授後山。凡削去一二百字，後山讀之，則其意尤完。因歎服，遂以爲法。《朱子語類》卷一百三十九。《讀書鏡》卷三。

2 陳無己少有譽，曾子固過徐，徐守孫莘老薦無己往見，投贄甚富，子固無一語。無己甚慚，訴於莘老。子固云：「且讀《史記》。」數年，子固自明守亳，無己走泗州，間攜文謁之，甚歡，曰：「讀《史記》有味乎？」故無己於文以子固爲師。元祐初，東坡率莘老、李公擇薦之，得徐州教授。徙潁州，東坡出守，無己但呼二丈，而謂子固南豐先生也。《過六一堂》詩略云：「向來一瓣香，敬爲曾南豐。世雖嫡孫行，名在惡子中。斯人日已遠，千歲幸一逢。吾老不可待，露草濕寒蛬。」蓋不以東坡比歐陽公也。至論詩，即以魯直爲師，謂豫章先生。無己晚得正字，貧且病，魯直《荆州南十詩》曰：「閉門覓句陳無己，對客揮毫秦少游。正字不知温飽未？春風吹淚古藤州。」無己殊不樂，以「閉門覓句」爲歉，又與死者相對爲惡，未幾果卒也。《西塘集耆舊續聞》卷二。

3 謝疊山云，元豐間，曾鞏修史，薦後山有道德，有史才，乞自布衣召入史館。命未下而曾去，後山感其知己，不願出他人門下，故作《妾薄命》。《詩林廣記》後集卷六。《宋詩紀事》卷三十三。

4 陳後山在京師逾年，不登貴人之門，章子厚欲一見而不可得，傅堯俞則托張文潛爲介紹而見之。所養如此，則形之於詩安得而不高於一世！《懷古録》卷中。《讀書鏡》卷七。《樵書》初編卷一。

5 傅公欽之初爲吏部侍郎，聞師道游京師，欲與相見。先以問秦觀，觀曰：「師道非持刺字、俛理色、伺候乎公卿之門者，殆難致也。」公曰：「非所望也，吾將見之，懼其不吾見也，子能介於陳君乎？」公知其貧甚，因懷金饋之。及睹其貌，聽其論議，竟不敢以出口。《宋名臣言行録》後集卷十四。《賢弈編》卷一。《昨非庵日纂》二集卷二。

6 陳後山爲徐州教授。東坡知杭州，道由南京，陳告守孫覺：「願往見。」而覺不許。乃託病謁告來南京送别，同舟東下，至宿而歸，賦「平生羊荆州，追送不作遠」詩。《鶴山筆録》。

7 〔陳〕無己官於彭城，坡公由翰林出守杭，無己越境見之於宋都，坐是免歸，故其詩云：「一代不數人，百年能幾見？昔爲馬首銜，今爲禁門鍵。一雨五月涼，中宵大江滿。風帆目力短，江空歲年晚。」其尊敬之盡矣。《容齋三筆》卷六。

8 見吕希哲9。

9 陳無己嘗以熙寧、元豐間事爲編年，書既成，藏之龐莊敏家。無己之母，龐氏也。紹聖中，龐氏子有懼或爲己累者，竊其書焚之。世無別本，無己終身以爲恨焉。《卻掃編》卷下。

10 師道家素貧，自罷歸彭城，或累日不炊，妻子愠見，不恤也。《名賢氏族言行類稿》卷十一。

11 晁無咎謫玉山，過徐州，時陳無己廢居里中。無咎置酒，出小姬娉娉舞《梁州》。無己作《減字木蘭花》長短句云：「娉娉裊裊，芍藥梢頭紅樣小。舞袖低回，心到郎邊客已知。金尊玉酒，勸我花前千萬壽。莫莫休休，白髮簪花我自羞。」無咎歎曰：「人疑宋開府鐵石心腸，及爲《梅花賦》，清豔殆不類其爲人。無己清通，雖鐵石心腸，不至於開府。而此詞已過於《梅花賦》矣。」《墨莊漫録》卷三。《清波雜志》卷九。《堅瓠補集》卷四。《宋稗類鈔》卷四。

12 陳無己賦《高軒過圖》詩云：「因知書畫真有益，却怪歲月來無多。」不數月遂卒。或以爲詩讖。《王直方詩話》。《詩話總龜》前集卷三十二。《苕溪漁隱叢話》前集卷四十。

13 陳后山爲館職，當侍祠郊丘，非重裘不能禦寒，后山止有其一。其内子與趙挺之之内，親姊妹也，乃爲趙假一裘以衣之。后山問所從來，内以實告。后山曰：「汝豈不知我不著他衣裳耶！」却去之，止衣一裘，竟感寒疾而死。《鶴林玉露》丙編卷四。《經鉏堂雜志》卷一。《言行龜鑑》卷二。《何氏語林》卷三。

14 建中靖國元年，陳無己以正字入館，未幾得疾。樓異世可時爲登封令，夜夢無己見別，行李遽甚。樓問是行何之，曰：「暫往杏園，東坡、少游諸人在彼已久。」樓起視事，而得參寥子報云：無己逝矣。《春渚紀聞》卷六。

15 謝景魚家有陳無己手簡一編，有十餘帖，皆與酒務官託買浮炭者，其貧可知。《老學庵筆記》卷六。

16 魏昌世言，無己平生惡人節書，以爲苟能盡記不忘固善，不然，徒廢日力而已。夜與諸生會宿，忽思一事，必明燭翻閲，得之乃已。或以爲可待旦者，無己曰：「不然，人情樂因循，一放過則不復省矣。」故其學甚博而精。《卻掃編》卷中。《宋稗類鈔》卷五。

17 石林葉氏曰：世言陳無己每登覽得句，即急歸卧一榻，以被蒙首，惡聞人聲，謂之吟榻。家人知之，即貓犬皆逐去，嬰兒稚子亦抱寄鄰家，徐待其起，就筆硯，即詩已成，乃敢復常。《文獻通考》卷二百三十七。《宋詩紀事》卷三十三。

18 黄山谷詩云：「閉門覓句陳無己，對客揮毫秦少游。」陳無己平時出行，覺有詩思，便急歸，擁被卧而思之，呻吟如病者，或累日而後起，真是閉門覓句者也。《詩林廣記》後集卷六。《宋詩紀事》卷三十三。

19 山谷云：「閉門覓句陳無己，對客揮毫秦少游。」世傳無己每有詩興，擁被卧牀，呻吟累日，乃能成章。少游則盃觴流行，篇詠錯出，略不經意。《鶴林玉露》甲編卷六。

20 後山云：少好詩，老而不厭。及一見黄豫章，盡焚其稿而學焉。《困學紀聞》卷十八。

21 予問山谷：「今之詩人，誰爲冠？」曰：「無出陳師道無己。」問：「其佳句如何？」曰：「吾見其作温公挽詞一聯，便知其才不可敵。曰：『政雖隨日化，身已要人扶。』」《冷齋夜話》卷二。

22 見晁補之3。

23 雙井黄叔達，字知命，初自江南來，與陳履常倶謁法雲禪師於城南。夜歸，過龍眠居士李伯時。知命衣白衫，騎驢，緣道摇頭而歌，履常負杖挾囊於後。一市皆驚，以爲異人。伯時因畫爲圖，而邢敦夫爲作歌。《王直方詩話》。《詩話總龜》前集卷二十二。《苕溪漁隱叢話》前集卷五十二。《詩人玉屑》卷十八。《竹莊詩話》卷十八。《宋詩紀事》卷三十四。

24 陳無己子豐，詩亦可喜。晁以道集中有《謝陳十二郎詩卷》是也。建炎中，以無己故，特命官。李鄴守會稽，來從鄴作攝局。鄴降虜，豐亦被繫纍而去，無己之後遂無在江左者。《老學庵筆記》卷九。

李　廌

1 李方叔初名豸，從東坡游。東坡曰：「五經中，無公名，獨左氏曰『庶有豸乎』，乃音直氏切，故後人以爲蟲豸之豸。又《周禮》『置其豸』，亦音雉，乃牛鼻繩也。獨《玉篇》有此豸字，非五經不可用。今宜易名曰廌。」方叔遂用之。秦少游見而嘲之曰：「昔爲有脚之狐乎？今作無頭之箭乎？」豸以況狐，廌以況箭。方叔倉卒無以答之，終身以爲恨。《嬾真子録》卷二。

2 元祐中，東坡知貢舉，李方叔就試。將鎖院，坡緘封一簡，令叔黨持與方叔，值方叔出，其僕受簡置几上。有頃，章子厚二子曰持曰援者來，取簡竊觀，乃「揚雄優於劉向論」一篇。二章驚喜，攜之以去。方叔歸，求簡不得，知爲二章所竊，悵惋不敢言。已而果出此題，二章皆模倣坡作，方叔幾於閣筆。及折號，坡意魁必方叔也，乃章援。第十名文意與魁相似，乃章持。坡失色。二十名間，一卷頗奇，坡謂同列曰：

「此必李方叔。」視之，乃葛敏修。時山谷亦預校文，曰：「可賀内翰得人，此乃僕宰太和時，一學子相從者也。」而方叔竟下第。坡出院，聞其故，大歎恨，作詩送其歸，所謂「平生漫説古戰場，過眼空迷日五色」者是也。其母歎曰：「蘇學士知貢舉，而汝不成名，復何望哉！」抑鬱而卒。《鶴林玉露》甲編卷五。《養痾漫筆》。《宋稗類鈔》卷二。

3 李廌，陽翟人，少以文字見蘇子瞻，子瞻喜之。元祐初知舉，廌適就試，意在必得廌以魁多士。及考，章援程文，大喜，以爲廌無疑，遂以爲魁。既拆號，悵然出院。以詩送廌歸，其曰：「平時謾識古戰場，過眼終迷日五色。」蓋道其本意。廌自是學亦不進，家貧，不甚自愛，嘗以書責子瞻不薦己，子瞻後稍薄之，竟不第而死。《石林詩話》卷中。

4 東坡素知李廌方叔。方叔赴省試，東坡知舉，得一卷子，大喜，手批數十字，且語黄魯直曰：「是必吾李廌也。」及拆號，則章持致平，而廌乃見黜。故東坡、山谷皆有詩在集中。初，廌試罷歸，語人曰：「蘇公知舉，吾之文必不在三名後。」及後黜，廌有乳母年七十，大哭曰：「吾兒遇蘇内翰知舉不及第，它日尚奚望？」遂閉門睡，至夕不出。發壁視之，自縊死矣。廌果終身不第以死。《老學庵筆記》卷十。

5 李方叔爲坡公客。坡公知貢舉，而方叔下第，有詩云：「平生謾説古戰場，過目還迷日五色。」山谷和之云：「今年持橐佐春官，遂失此人難塞責。」蓋是時山谷亦在貢院中也。《王直方詩話》。《詩話總龜》前集卷二十九。

6 東坡帥定武，諸館職餞於惠濟。坡舉白浮歐陽叔弼、陳伯修二校理、常希古少尹，曰：「三君但飲此酒。酒釂，當言所罰。」三君飲竟，東坡曰：「三君爲主司而失李方叔，兹可罰也。」三君者無以爲言，慚謝而已。張文潛舍人在坐，輒舉白浮東坡先生曰：「先生亦當飲此。」東坡曰：「何也？」文潛曰：「先生昔知舉而遺之，與三君之罰均也。」舉坐大笑。《師友談記》。《宋稗類鈔》卷二。

7　見崔鶠1。

8　田衍、魏泰居襄陽，郡人畏其吻，謡云：「襄陽二害，田衍、魏泰。」未幾，李豸方叔亦來郡居，襄陽人憎之曰：「近日多磨，又添一豸。」《墨莊漫録》卷一。《宋詩紀事》卷一百。

9　李豸方叔嘗飲襄陽沈氏家，醉中題侍兒小瑩裙帶云：「旋剪香羅列地垂，嬌紅嫩緑寫珠璣。花前欲作重重結，繫定春光不放歸。」後小瑩歸郭汲使君家，更名艷瓊。《墨莊漫録》卷九。

10　政和間，李方叔在陽翟，有攜善謳老翁過之者，方叔戲作《品令》云：「唱歌須是玉人，檀口皓齒冰膚。意傳心事，語嬌聲顫，字如貫珠。老翁雖是解歌，無奈雪鬢霜鬚。大家且道，是伊模樣，怎如念奴？」《碧雞漫志》卷一。

11　李方叔之孫大方，字允蹈，少時嘗作《思故山賦》，諸公間稱之，以爲似邢居實。晚得一鶡冠，今爲雜買場，寄予詩一篇，多有警句。《詩人玉屑》卷三引楊誠齋語。

郭祥正

1　郭祥正，字功父，當塗人也。其母夢李太白而生。祥正少有詩名，梅堯臣曰：「天才如此，真太白後身也。」《名賢氏族言行類稿》卷五十一。《東都事略》卷一百十六。《能改齋漫録》卷十。《堯山堂外紀》卷五十。《古事比》卷十一。

2 袁世弼，南昌人，宦游當塗，時功甫尚未冠也，世弼愛其才，薦於梅聖俞，自爾有聲。功甫嘗謂吾大父清逸云：「教載汲引，袁二丈力也。蒿埋三尺，不敢忘其賜。」功甫既壯，頗恃其才力，下筆曾不經意，論者或惜其造語無刻勵之功。清逸云：「如功甫豈易得，但置作者中，便覺有優劣耳。正如晉、楚之輕剽，不當威、文之節制也。」清逸嘗有詩戲之云：「休恨古人不見我，尤喜江東獨有君。盡怪我戎從幼異，人疑太白是前生。雲間鸞鳳人間現，天上麒麟地上行。詩律暮年誰可敵，筆頭談笑掃千兵。」《苕溪漁隱叢話》前集卷三十七引《潘子真詩話》。《詩人玉屑》卷十八。《詩林廣記》後集卷八。《宋詩紀事》卷二十三。

3 郭祥正，字功父，自梅聖俞贈詩有「采石月下聞謫仙」，以爲李白後身，緣此有名。又有《金山行》云：「鳥飛不盡暮天碧，漁歌忽斷蘆花風。」大爲王荆公所賞。《王直方詩話》。《詩話總龜》前集卷四。《類説》卷五十。《苕溪漁隱叢話》前集卷三十七。《詩人玉屑》卷十八。

4 梅聖俞贈郭功甫《采石月》一首，言功甫是李白後身，生爲郭氏子，以報子儀納官貰死之恩。《林泉隨筆》。

5 見歐陽修171。

6 端和尚於皇祐四年寓歸宗書堂。郭功甫任星子主簿，時相過從，扣以心法。逮端住承天，遷圓通，郭復尉於江州德化，往來尤密。端移舒州白雲海會，郭乃自當塗往謁。端問曰：「牛醇乎？」對曰：「醇矣。」端遽厲聲叱之，郭不覺拱而立。端曰：「醇乎醇乎。」於是爲郭陞堂而發揮之曰：「牛來山中，水足草足。牛出山去，東觸西觸。」又不免送之以偈曰：「上大人，丘乙己。化三千，可知禮。」未幾示寂。郭爲銘其塔，略曰：「師之道，超佛越祖；師之言，通今徹古。收則絶纖毫，縱則若猛虎。」可謂知言矣。《羅湖野録》卷四。

7　王荆公當國，郭祥正知邵州武岡縣，實封附遞奏書，乞以天下之計專聽王安石區畫，凡議論有異於安石者，雖大吏亦當屏黜。表辭亦甚辨暢，上覽而異之。一日問荆公曰：「卿識郭祥正否？其才似可用。」荆公曰：「臣頃在江東嘗識之，其爲人才近縱横，言近捭闔，而薄於行，不知何人引薦，而聖聰聞知也。」上出其章以示荆公，荆公耻爲小人所薦，因極口陳其不可用而止。是時祥正方從章惇辟，以軍功遷殿中丞，及聞荆公上前之語，遂以本官致仕。《東軒筆録》卷六。《讀書鏡》卷四。《宋稗類鈔》卷二。

8　〔郭〕功甫曾題人山居一聯云：「謝家莊上無多景，只有黄鸝三兩聲。」荆公命工繪爲圖，自題其上云：「此是功甫《題山居詩》處。」即遣人以金酒鍾並圖遺之。《苕溪漁隱叢話》前集卷三十七引《遯齋閒覽》。《宋稗類鈔》卷五。《宋詩紀事》卷二十七。

9　見龍太初1、釋義了1。

10　《李太白集》有《姑熟十詠》，予族伯父彦遠嘗言東坡自黄州還，過當塗，讀之撫手大笑曰：「贋物敗矣，豈有李白作此語者！」郭功父争以爲不然。東坡又笑曰：「但恐是太白後身所作耳。」功父甚愠。蓋功父少時，詩句俊逸，前輩或許之，以爲太白後身，功父亦遂以自負，故東坡因是戲之。《入蜀記》卷一。

11　秦少章嘗云：郭功父過杭州，出詩一軸示東坡，先自吟誦，聲振左右。既罷，謂坡云：「祥正此詩幾分？」坡曰：「十分詩也。」祥正驚喜問之。坡曰：「七分來是讀，三分來是詩，豈不是十分也？」《王直方詩話》。《詩話總龜》前集卷四。《類説》卷五十七。《苕溪漁隱叢話》前集卷三十七。《詩人玉屑》卷十八。《調謔編》。《五雜組》卷十六。《堯山堂外紀》卷五十。

12 乾道六年六月四日，晚泊本覺寺前。寺，故神霄宫也。廢於兵火。建炎後再修，今猶甚草創。寺西廡有蓮池十餘畝。飛橋小亭，頗華潔。池中龜無數，聞人聲皆集，駢首仰視，兒曹驚之不去。亭中有小碑，乃郭功甫元祐中所作《醉翁操》，後自跋云：「見子瞻所作未工，故賦之。」亦可異也。《入蜀記》卷一。

13 見賀鑄5。

14 郭祥正稱「醉吟先生」，自爲傳。《古事比》卷三十七。

15 見黄庭堅35。

16 黄魯直愛與郭功父戲謔嘲調，雖不當盡信，至如曰：「公做詩費許多力氣做甚？」此語切當，有益於學詩者，不可不知也。《彦周詩話》。

17 見李之儀1。

18 郭功父晚年，不廢作詩。一日，夢中作《游采石》二詩，明日書以示人，曰：「余決非久於世者。」人問其故，功父曰：「余近詩有『欲尋鐵索排橋處，只有楊花慘客愁』之句，豈特非余平日所能到，雖前人亦未嘗有也。忽得之不祥。」不踰月，果死。李端叔聞而笑曰：「不知杜少陵如何活得許多時？」《竹坡詩話》。《堯山堂外紀》卷五十。

19 朱新中《鄞川志》載：郭功父老人十拗，謂：「不記近事記得遠事，不能近視能遠視，哭無淚笑有淚，夜不睡日睡，不肯坐多好行，不肯食軟要食硬，兒子不惜惜孫子，大事不問碎事絮，少飲酒多飲茶，暖不出寒即出。」《二老堂詩話》。

龍太初

1 郭功父方與荆公坐，有一人展刺云：「詩人龍太初。」功父勃然曰：「相公前敢稱詩人，其不識去就如此！」荆公曰：「且請來相見。」既坐，功父曰：「賢道能作詩，能爲我賦乎？」太初曰：「甚好。」功父曰：「只從相公請個詩題。」時方有一老兵以沙擦銅器，荆公曰：「可作沙詩。」太初不頃刻間，誦曰：「茫茫黄出塞，漠漠白鋪汀。鳥過風平篆，潮回日射星。」功父閣筆，太初緣此名聞東南。余後於喬希聖家，見太初詩一軸，皆不及前所作。《王直方詩話》。《詩話總龜》前集卷十一。《類説》卷五十七。《苕溪漁隱叢話》前集卷三十六。《詩人玉屑》卷十。《堯山堂外紀》卷五十。《堅瓠庚集》卷二。《宋詩紀事》卷二十九。參見釋義了1。

釋義了

1 王荆公一日與郭功甫飯于半山宅。食已，忽有一僧名義了者，自稱詩僧，投謁于公。功甫大不平之，曰：「於丞相前自稱詩僧，定狂夫也，不必見之。」公曰：「姑見之何害。」因詢以爲詩，且令即席而作。僧云：「願乞題并韻。」公欲試以尋常題目，復疑其宿成。偶一老卒取沙入宅，公令以是爲題，且以汀字爲韻。

功甫云：「亦願得紙數十幅爲百韻詩。」蓋以氣壓之也。須臾筆札至，功甫揮毫如風雨，將及二十幅。僧徐取紙一幅，以指甲染墨，對功甫不敢仰視，僅書一絶云：「茫茫黄出塞，漠漠白連汀。鳥去風平篆，潮回日射星。」公賞味之，因目功甫。功甫乃袖所作，亦復稱歎。僧始厲聲謂功甫：「山僧不學，殊無思致，但未覺『鳥飛不盡暮天碧，漁歌忽斷蘆花風』爲工耳。」功甫殊病之，竟無以報也。《五總志》。參見龍太初1。

2 僧義了，字廓然，本士族鍾離氏，事佛慈璣禪師爲侍者。僕頃年追見佛慈老人，廓然與僕在嵩山游甚久，頗能詩。僕愛其兩句云：「百年休問幾時好，萬事不勞明日看。」不獨喜其語，蓋取其學道休歇灑落自在如此。《彦周詩話》。

楊　蟠

1 楊蟠宅在錢塘湖上，晚罷永嘉郡而歸，浩然有挂冠之興。每從親賓，乘月泛舟，使二笛婢侑樽，悠然忘返。沈注贈一闋，有曰：「竹閣雲深，巢虚人闃，幾年湖上音塵寂。風流今有使君家，月明夜夜聞雙笛。」《泊宅編》十卷本卷七。《堯山堂外紀》卷四十九。

2 見王安國21。

孔延之

1 司封郎中孔延之幼孤，自感厲，晝耕讀書壟上，夜燃松明繼之。學藝大成，鄉舉進士第一，遂中其科。《仕學規範》卷一引《皇朝名臣四科事實》。

孔文仲

1 孔經甫文仲爲台州司户日，范蜀公舉應制科。經甫對策，極言青苗、免役之害，語大忤直。宋次道爲初考，以入三等。王禹玉覆考，降一等。韓持國詳定，從初考。王荆公見而惡之，密啓於上，以御批點之，遂下詔發還本任。孫給事固封還制書，極言其不可。經甫將歸，往見蜀公，公歎息其不遇。經甫曰：「苟不負科目及公知人之鑒，足矣！不敢以窮達爲念也。」公甚壯之，謂曰：「君氣節如此，無替古人。惟不替今日之志，則某之所願也。」經甫元祐中爲諫議大夫，果以抗直爲時所推重云。《獨醒雜志》卷四。

孔平仲

1 孔毅甫爲舉子時，嘗夢有以五色線繫角黍來餽者，毅甫食之既。其年，試於南宫，遂中選。《獨醒雜志》卷二。

2 盛學士次仲、孔舍人平仲同在館中，雪夜論詩。平仲曰：「當作不經人道語。」曰：「斜拖闕角龍千丈，潛抹牆腰月半稜。」坐客皆稱絶。次仲曰：「句甚佳，惜其未大。」乃曰：「看來天地不知夜，飛入園林總是春。」平仲乃服其工。《冷齋夜話》卷十。《續墨客揮犀》卷二。《逸老堂詩話》卷下。《堯山堂外紀》卷五十六。

3 院中有雙鵲，栖於玉堂之後海棠樹。每學士會食，必徘徊翔集，或鳴噪，必有大詔令或宣召之事，因謂之靈鵲。故晁翰林詩云「卻聞靈鵲心應喜」，并予詩云「靈鵲先依玉樹栖」，蓋爲此也。《孔氏談苑》卷四。

4 孔毅父喜集句，東坡嘗以「指呼市人如使兒」戲之。《竹坡詩話》。《宋詩紀事》卷二十三。《詞林紀事》卷五。

5 見秦觀23。

6 世傳孔毅甫《野史》一卷，凡四十事，予得其書於清江劉靖之所，載趙清獻爲青城宰，挈散樂妓以歸，爲邑尉追還，大慟且怒，又因與妻忿争，由此惑志。文潞公守太原，辟司馬温公爲通判，夫人生日，温公獻小詞，爲都漕唐子方峻責。歐陽永叔、謝希深、田元均、尹師魯在河南，攜官妓游龍門，半月不返，留守錢思公作簡招之，亦不答。范文正與京東人石曼卿、劉潛之類相結以取名，服中上萬言書，甚非言不文之義。蘇子瞻被命作《儲祥宫記》，大貂陳衍幹當宫事，得旨置酒與蘇高會，蘇陰使人發，御史董敦逸即有章疏，遂墮計中。又云子瞻四六表章不成文字。其它如潞公、范忠宣、吕汲公、吴沖卿、傅獻簡諸公，皆不免譏議。予謂决非毅甫所作，蓋魏泰《碧雲騢》之流耳。温公自用龐穎公辟，不與潞公、子方同時，其謬妄不待攻也。靖之乃原甫曾孫，佳士也，而跋是書云：「孔氏兄弟，曾大父行也。思其人欲聞其言久矣，故録而藏之。」《容齋隨筆》卷十五。

劉弇

1 見蘇軾264。

李之儀

1 李端叔之儀，趙郡人，以才學聞於世。……值范忠宣公疾篤，口授其指令，作遺表。上讀之，悲愴之餘，稱賞不已，欲召用之，而蔡元長入相，時事大變。祐陵裂去御書「世濟忠直」之碑，及降旨御書院，書碑指揮更不施行。且興獄，治遺表中語，端叔坐除名，編管太平州。會赦復官，因卜居當塗，奉祠著書，不復出仕。適郭功父祥正亦寓郡下，文人相輕，遂成仇敵。郡娼楊姝者，色藝見稱于黄山谷詩詞中。端叔喪偶無嗣，老益無憀，因遂蓄楊于家，已而生子。遇郊禋，受延賞。會蔡元長再相，功父知元長之惡端叔也，乃訹豪民吉生者訟于朝，謂冒以其子受廕，置鞫受誣，又坐削籍。亦略見《徽宗實録》。楊姝者，亦被決。功父作俚語以快之云：「七十餘歲老朝郎，曾向元祐説文章。如今白首歸田後，卻與楊姝洗杖瘡。」其不樂可知也。初，端叔嘗爲郡人羅朝議作墓志，首云：「姑熟之溪，其流有二，一清而一濯。」清者謂羅公也，蓋指濯者爲功父。功父益以怨深刺骨焉。久之，其甥林彦振攄執政，門人吴可思道用事，于時相予訟其冤，方獲昭雪，盡還其官與子。端叔終朝議大夫，年八十而卒。……端叔自號姑溪老農。……楊生之子名堯光，墜其家風，止于選調。家今猶在宛陵、姑熟之間村落中。明清前年在宣幕，亦嘗令訪問，則狼狽之甚，至有不可言者。蓋繇端叔正始之失，使人惋歎。《揮麈後録》卷六。

2 和州褒禪山相近，地名平痾鎮，湯泉温温可探而不作臭氣，云是朱砂湯也。人傳昔有兩美人來浴，既去，異香郁郁，累日不散。李端叔過浴池上，作詩云：「華清賜浴記當年，偶託荒山結勝緣。未必興衰異今昔，曾經美女卸金鈿。」《墨莊漫録》卷十。《宋詩紀事》卷二十八。

3 東南之有臘梅，蓋自近時始。余爲兒童時，猶未之見。元祐間，魯直諸公方有詩，前此未嘗有賦此詩者。政和間，李端叔在姑溪，元夕見之僧舍中，嘗作兩絶，其後篇云：「程氏園當尺五天，千金争賞凭朱欄。莫因今日家家有，便作尋常兩等看。」觀端叔此詩，可以知前日之未嘗有也。《竹坡詩話》。

胡文柔

1 文柔者，李之儀端叔配，胡武平宿孫女也。爲東坡所知，呼爲「法喜上人」。東坡南遷，手自製衣以贐曰：「我一女子，受此等人知，復何憾耶。」見端叔自撰墓志。《池北偶談》卷六。

賀　鑄

1 賀方回本山陰人，徙姑蘇之醋坊橋。方回嘗游定力寺，訪僧不遇，因題一絶云：「破冰泉脈漱籬根，壞衲猶疑掛樹猿。蠟屐舊痕渾不見，東風先爲我開門。」王荆公極愛之，自此聲價愈重。有小築在盤門之南十餘里，地名横塘，方回往來其間。嘗作《青玉案》詞云：「凌波不過横塘路。但目送、芳塵去。錦瑟華年誰與度。月臺花榭，綺窗朱户，唯有春知處。　碧雲冉冉蘅皋暮。綵筆新題斷腸句。試問閒愁都幾許。一川煙草，滿城風絮，梅子黄時雨。」後山谷有詩云：「解道江南腸斷句，只今唯有賀方回。」其爲前輩推重如此。《中吴紀聞》卷三。《吴郡志》卷五十。《堯山堂外紀》卷五十四。《詞林紀事》卷六。

2　賀方回題一絶于定林云：「破冰泉脈漱籬根，壞衲遥疑掛樹猿。蠟屐舊痕尋不見，東風先爲我開門。」舒王見之大稱賞，緣此知名。《王直方詩話》。《詩話總龜》前集卷十一。《苕溪漁隱叢話》前集卷三十七。《詩人玉屑》卷十、卷十八。

3　山谷嘗手寫〔賀方回〕所作《青玉案》者，置之几研間，時自玩味。……山谷云：「此詞少游能道之。」作小詩曰：「少游醉卧古藤下，無復愁眉唱一杯。解道江南斷腸句，而今惟有賀方回。」《詩人玉屑》卷二十引《冷齋夜話》。

4　見蔡京36。

5　賀方回嘗作《青玉案》詞，有「梅子黄時雨」之句，人皆服其工，士大夫謂之「賀梅子」。郭功父有《示耿天騭》一詩，王荆公嘗爲之書其尾云：「廟前古木藏訓狐，豪氣英風亦何有。」方回晚倅姑孰，與功父游甚歡。方回寡髮，功父指其髻謂曰：「此真賀梅子」也。方回乃捋其鬚曰：「君可謂郭訓狐。」功父髯而髯，故有是語。《竹坡詩話》。《堯山堂外紀》卷五十四。《宋詩紀事》卷二十七。《詞林紀事》卷六。

6　毛友達可内翰守鎮江時，賀方回以過客留寓。一日，陳克繼至，同會于郡樓。即席，克賦詩，所謂「徘徊臨北顧，慷慨俯東流」是也。毛稱賞曰：「雖杜子美不是過矣。」翌日，賀求去，毛留之，且訝去亟。賀曰：「一郡豈容有兩箇杜子美。」二公相與大笑。《能改齋漫録》卷十一。

7　〔賀〕方回亦有詞云：「當年曾到王陵鋪，鼓角悲風。千歲遼東，回首人間萬事空。」後卒於北門，門外有王陵鋪。人皆以爲詞讖云。《獨醒雜志》卷三。《侯鯖録》卷七。

8 賀方回狀貌奇醜，色青黑而有英氣，俗謂之賀鬼頭。喜校書，朱黄未嘗去手。詩文皆高，不獨攻長短句也。潘邠老贈方回詩云：「詩束牛腰藏舊稿，書訛馬尾辨新讎。」有二子，曰房、曰廩。於文，「房」從方，「廩」從回，蓋寓父字於二子名也。《老學庵筆記》卷八。《宋詩紀事》卷二十五。

9 賀方回眷一妓，别久，妓寄詩云：「獨倚危欄淚滿襟，小園春色懶追尋。深恩縱似丁香結，難展芭蕉一寸心。」賀得詩，初叙分别之景色，後用所寄詩，成《石州引》云：「薄雨初寒，斜照弄晴，春意空闊。長亭柳色纔黄，遠客一枝先折。烟横水際，映帶幾點歸鴻，東風銷盡龍沙雪。還記出關來，恰而今時節。將發。畫樓芳酒，紅淚清歌，頓成輕别。已是經年，杳杳音塵都絶。欲知方寸，共有幾許清愁，芭蕉不展丁香結。望斷一天涯，兩厭厭風月。」《能改齋漫録》卷十六。《宋詩紀事》卷八十七。《詞林紀事》卷六。

10 盧鴻《草堂圖》，舊藏中貴人劉有方家。余往有慶曆中摹本，亦名手精妙，猶記後載唐人題跋。……宣和庚子余在楚州，爲賀方回取去不歸。《石林避暑録話》卷一。

楊傑

1 元豐中，高麗遣一僧入貢，頗辯慧，赴筵，設葷酒自如，命楊次公接伴。一日出令曰：「要兩古人姓名争一物。」沙門曰：「古人有張良，有鄧禹，争一傘，良曰『涼傘』，禹曰『雨傘』。」次公曰：「古人有許由，有晁錯，争一葫蘆，由曰『油葫蘆』，錯曰『醋葫蘆』。」《苕溪漁隱叢話》後集卷三十七引《東皋雜録》。《堯山堂外紀》卷五十四。

2 龍圖閣待制錢勰尹府日，嘗遇誕辰，其僚屬盡以烏龜、白鶴爲獻，用表祝壽之意。獨楊傑次公止以

《老子出關圖》，并作小詩以贈之，詩云：「祕藏函谷關中子，將獻蓬萊閣上仙。願得鬚眉如此老，却教龜鶴羨長年。」錢公大悦。《雲齋廣録》卷三。《堯山堂外紀》卷五十四。《堅瓠庚集》卷四。

3　見米芾7。

4　見米芾12。

5　見釋佛印12。

朱長文

1　朱長文，字伯原，光禄卿公綽之子。公綽居鳳凰鄉集祥里，園亭甚古。長文擢第，號其居曰「樂圃」。時俊咸師仰之，號「樂圃先生」。《吴郡志》卷二十六。

李元膺

1　《玉臺新咏》，梁沈約休文有《六憶》詩，蓋艷詞也。其後少有效其體者。王全玉乃作《宫體十憶詩》，李元膺重見之，愛其詞意宛轉，且曰：「讀之動人，老狂不能已，聊復效尤。」亦作十絶，謂憶行、憶坐、憶飲、憶歌、憶書、憶博、憶顰、憶笑、憶眠、憶粧也。……其情致殊妍麗，自非風流才思者不能作也。《墨莊漫録》卷五。《宋詩紀事》卷三十五。

2　見蔡京31。

3　李元膺作南京教官，喪妻，作長短句曰：「去年相逢深院宇，海棠下、曾歌《金縷》。歌罷花如雨。翠羅衫上，點點紅無數。　今歲重尋攜手處，物是人非春暮。回首青門路。亂紅飛絮，相逐東風去。」李元膺尋亦卒。《冷齋夜話》卷三。《詞林紀事》卷七。

張景修

1　張景修，字敏叔，常州人。……少刻苦作詩，至老不衰，典雅平易，時多佳句。元豐末，爲饒州浮梁令，邑子朱天錫以神童應詔，景修作詩送之。天錫到闕，會忘取本州公據，爲禮部所卻，因擊登聞鼓，院繳景修所送詩爲證，神宗一見，大稱賞之。翌日，以語宰相王禹玉，恨四方有遺材，即令召對。禹玉言不欲以一詩召人，恐長浮競，不若俟其秩滿赴部命之。遂止，令中書籍記姓名。比景修罷官任，神宗已升遐，亦云命矣。《石林詩話》卷中。

2　張景修，字敏叔，人物蕭灑，文章雅正，登治平四年進士第。雖兩爲憲漕，五領郡符，其家極貧窶，僦市屋以居。……舊嘗作古風《送朱天錫童子》云：「黄金滿籯富有餘，一經教子金不如。君家有兒不肯娛，口誦七經隨卷舒。渥洼從來産龍駒，鸑鷟乃是真鳳雛。一朝過我父子俱，自稱窮苦世爲儒。雪窗夜映孫康書，春隴晝荷兒寬鋤。翩然西入天子都，出門慷慨曳長裾。神童之科今有無，談經射策皆壯夫。古來取士凡數塗，但願一一令吹竽。甘羅相秦理不誣，世人看取掌中珠。折腰未便賦歸歟，待君釋褐還鄉閭。」初，景修爲汝州梁令，作此詩。天錫既到闕下，忘取本州公據，爲禮部所卻，因擊登聞鼓，繳景修詩爲證。神宗一見，大稱賞之。翌日，以語宰相王珪，而恨四方有遺材，即令召對。珪言不欲以一詩召人，恐長浮競，不若俟其秩滿，然後擢用之。遂止，令中書籍記姓名。比罷官，而神宗已升遐矣。景修歷仕三朝，每登對，上必問：「聞卿作《朱童子》詩，試爲舉似。」由此詩名益著。《中吴紀聞》卷三。

鄭無黨

1 見許將1。

司馬槱

1 司馬才仲初在洛下，晝寢，夢一美姝牽帷而歌曰：「妾本錢塘江上住。花落花開，不管流年度。燕子銜將春色去，紗牕幾陣黄梅雨。」才仲愛其詞，因詢曲名，云是《黄金縷》，且曰後日相見於錢塘江上。及才仲以東坡先生薦，應制舉中等，遂爲錢塘幕官，其廨舍後，唐蘇小墓在焉。時秦少章爲錢塘尉，爲續其詞後云：「斜插犀梳雲半吐。檀板輕籠，唱徹《黄金縷》。夢斷彩雲無覓處，夜涼明月生春渚。」不踰年而才仲得疾，所乘畫水輿艤泊河塘，柁工遽見才仲攜一麗人登舟，即前聲喏，繼而火起舟尾，狼忙走報，家已慟哭矣。《春渚紀聞》卷七。《南村輟耕録》卷十七。《西湖游覽志餘》卷十六。《堯山堂外紀》卷五十四。《宋稗類鈔》卷四。

毛滂

1 蘇子瞻守杭，時毛澤民者，爲法曹，公以衆人遇之，而澤民與妓瓊芳者善，及秩滿辭去，作《惜分飛》詞以贈妓云：「淚濕欄杆花著露，愁到眉峯碧聚。此恨平分取，更無言語空相覷。細雨殘雲無意緒，寂寞朝朝暮暮。今夜山深處，斷魂分付潮回去。」子瞻一日宴客，聞妓歌此詞，問誰所作，妓以澤民對。子瞻歎曰：「郡僚有詞人而不及知，某之罪也。」翌日，折簡追回，款洽數月。《西湖游覽志餘》卷十六。《唐宋諸賢絶妙詞選》卷六。《堯山堂外紀》卷五十二。

2 毛澤民受知曾文肅，擢置館閣。文肅南遷，坐黨與得罪，流落久之。蔡元度鎮潤州，與澤民俱臨川王氏婿，澤民傾心事之惟謹。一日家集，觀池中鴛鴦。元度席上賦詩，末句云：「莫學饑鷹飽便飛。」澤民即席和以呈元度曰：「貪戀恩波未肯飛。」元度夫人笑曰：「豈非適從曾相公池中飛過來者耶！」澤民慚，不能舉首。《揮麈後録》卷七。《宋稗類鈔》卷六。《堅瓠己集》卷三。《宋詩紀事》卷二十九。

3 毛滂澤民者有時名，上一詞，甚偉麗，而驟得進用。《鐵圍山叢談》卷二。

4 三衢毛澤民以薦者面對徽宗，上問以所居江郎山高可幾許，澤民姑大言曰「五千尺」。上質何以驗之也，毛對曰：「臣目斜視景。」上喜其捷。《四朝聞見録》乙集。

毛國英

1　毛國英，澤民之從子也，以詩自鳴。嘗經岳侯駐兵之地，江禁方嚴，國英投詩云：「鐵鎖沉沉截碧江，風旗獵獵駐危檣。禹門縱使高千尺，放過蛟龍也不妨。」侯曰：「詩人也。」委舟以渡之。《娱書堂詩話》卷上。《詩人玉屑》卷十。《蓬窗日録》卷七。

郭　詎

1　郭詎性善謔，攻詞曲，以選人入市易務，不數年，至中行。元祐初，釐校市易，復以爲承議郎。親知每見之，必詰問所因。郭詞喫不能答，作《河傳》咏甘草以見意，云：「大官無悶，剛被傍人，競來相問。又難爲、捷便敷陳，且只將，甘草論。　朴消大戟并銀粉，疏風緊，甘草間相混。及至下來，轉殺他人，爾甘草，有一分。」《畫墁録》。《宋稗類鈔》卷六。

潘大臨

1　黄州潘大臨工詩，多佳句，然甚貧，東坡、山谷尤喜之。臨川謝無逸以書問：「有新作否？」潘答書曰：「秋來景物，件件是佳句，恨爲俗氛所蔽翳。昨日閑卧，聞攪林風雨聲，欣然起，題其壁曰：『滿城風雨近重陽』，忽催租人至，遂敗意。止此一句奉寄。」聞者笑其迂闊。《冷齋夜話》卷四。《梁溪漫志》卷七。《墨客揮犀》卷十。《名賢氏族言行類稿》卷十六。《堯山堂外紀》卷五十四。《宋稗類鈔》卷六。《宋詩紀事》卷三十三。

謝逸

1　見釋如璧1。

2　見汪革(信民)1。

3　謝無逸閒居多從衲子游，不喜對書生。一日，有一貢士來謁，坐定曰：「每欲問無逸一事，輒忘之。嘗聞人言歐陽修者，果何如人？」無逸熟視久之，曰：「舊亦一書生，後甚顯達，嘗參大政。」又問：「能文章否？」無逸曰：「也得。」無逸之子宗野方七歲，立于傍，聞之匿笑而去。《冷齋夜話》卷十。《墨客揮犀》卷九。《何氏語林》卷三十。《堯山堂外紀》卷五十四。《茶香室四鈔》卷四。

4　謝學士《吟蝴蝶》詩三百首，人呼爲「謝蝴蝶」。其間絶有佳句，如「狂隨柳絮有時見，舞入梨花何處尋」，又曰「江天春晚煖風細，相逐賣花人過橋」。古詩有「陌上斜飛去，花間倒翅回」，又云「身似何郎貪傅粉，心如韓壽愛偷香」。終不若謝句意深遠。《詩話總龜》前集卷六。《詩人玉屑》卷十。《堯山堂外紀》卷五十四。

5　無逸嘗於黄州關山杏花村館驛題《江城子》詞云：「杏花村裏酒旗風。煙重重，水溶溶。野渡舟横，楊柳緑陰濃。望斷江南山色遠，人不見，草連空。　夕陽樓外晚燈籠。粉香融，淡眉峰。記得年年，相見畫屏中。只有關山今夜月，千里外，素光同。」過者必索筆於館卒，卒頗以爲苦，因以泥塗之。《苕溪漁隱叢話》後集卷三十三引《復齋漫録》。《堯山堂外紀》卷五十四。

洪芻

1 洪駒父才而傲，每讀時輩篇什，大叫云：「使人齒頰皆甘。」其人喜而問之曰：「似何物？」駒父曰：「不減樹頭霜柿。」人每赬面而去。比汴京失守，粘没喝勾括金銀，駒父以奉命行事，日惟觴酌，幸醉中不見此時情狀。竟爲綱紀自利，峻於搜索，坐貶沙門，亦大冤也。《楓窗小牘》卷上。

2 洪駒父竄海島，有詩云：「關山不隔還鄉夢，風月猶隨過海身。」《老學庵筆記》卷二。

洪炎

1 〔洪炎〕自直史局編修官擢著作郎、秘書少監。……宰相薦之，復爲外監。封上曰：「臣中年頗病於聽，老而益增。然世人皆聾於心，臣獨聾於耳，心則了了，惟上所使。」上笑而禮之，拜中書舍人。《名賢氏族言行類稿》卷二。《江西詩社宗派圖録》。《宋詩紀事》卷三十三。

2 見劉光世2。

3 〔洪炎〕除在京宫祠，請給人從班著並依舊。而同列趙思誠繳駁，以謂士指爲不釐務中書舍人，其任代言之職，自有國以來，未有如此之謬者。遂罷爲在外宫觀。《雞肋編》卷中。

4 洪玉父舍人有侍兒曰小九，知書，能爲洪檢閲，洪甚愛之。嘗月夜攜登滕王閣，洪賦詩云：「桃花浪打散花樓，南浦西山送客愁。爲理伊州十二疊，緩歌聲裏看洪州。」後因兵亂失之，洪悵恨不已。又和前詩云：「西江東畔見江樓，江月江風萬斛愁。試問海潮應念我，爲將雙淚到南州。」已而洪復尋得其人。《艇齋詩話》。《菊坡叢話》卷十。《宋詩紀事》卷三十三。

5〔洪〕玉父戲〔汪〕信民云：「某是范淳夫知舉時過省，可以無愧。信民乃林希知舉時作省魁，不得不慚於某也。」《東萊呂紫微師友雜志》。

釋如璧

1 饒節，字德操；謝逸，字無逸。俱臨川人，少皆有志節，相與友善。德操才高，而無逸學博，二人所爲詩文，一時稱重，不能優劣也。德操早去鄉里，至黄州從潘大臨邠老游，後游京師。元符間，客知樞密院曾布子宣家，子宣遇之極厚。上皇既踐阼，稍收用舊人，德操上子宣書，請引用蘇子瞻、黄魯直諸公，不能，即辭去。崇寧初，客宿州，從予父祖游，後往鄧州。滎陽公使之見香嚴智月師，遂悟道祝髮，更名如璧。後游江淮間，與予家數相遇，相親如骨肉也。無逸浮湛里閭，雖甚困，然未嘗少屈。江革信民，少饒、謝數歲，平生敬事二人如親父兄。《東萊呂紫微師友雜志》。

2 饒德操詩爲近時僧中之冠。早有大志，既不遇，縱酒自晦，或數日不醒。醉時往往登屋危坐，浩歌慟哭，達旦乃下。又嘗醉赴汴水，適遇客舟，救之獲免。《老學庵筆記》卷二。

3 僧如璧，乃江西進士饒節次守也。少年嘗投書於曾子宣，論新法非是，不合。乃祝髮更名。尤長於詩。嘗住數刹，士大夫多與之游。後改字德操。《墨莊漫録》卷五。《宋詩紀事》卷九十三。

4 饒節，字德操，臨川人。以文章著名，曾子宣丞相禮爲上客，陳了翁諸公皆與之游，往來襄、鄧間。始亦有婚宦意，遇白崖長老與之語，欣然有得。嘗令其僕守舍，歸，見其占對異常，怪而問之，僕曰：「守舍無所用心，聞隣寺長老有道價，往請一轉語，忽爾覺悟，身心泰然無他也。」德操慨然曰：「汝能是，我乃不能，何哉？」徑往白崖問道，八日而悟，盡發囊橐，與其僕祝髮爲浮屠，德操名如璧，僕名如琳。遍參諸方，陳了翁、闞子開兄弟皆以詩稱美之。至江浙，樂靈隱山川，因掛錫焉。琳抱疾，德操躬進藥餌，既卒，盡送終之義。後主襄陽天寧，夏均父倪爲請疏，其略云：「無復挾書，更逐康成之後；何憂成佛，不居靈運之先。」又云：「豈惟江左公卿，盡傾支遁；獨有襄陽耆舊，未識道安。」時稱其精當。德操自號倚松道人，所爲詩文皆高邁，號《倚松集》云。《梁溪漫志》卷九。

5 政和間，林靈素主張道教，建議以僧爲德士，使加冠巾，其意以釋氏爲出其下耳。臨川饒德操，時棄儒爲僧，作《德士頌》四首。其一云：「德士舊來稱進士，黄冠初不異儒冠。種種是名名是假，世人誰不被名謾。」德操自號倚松道人，意取閒禪師詩曰：「閒攜經卷倚松立，笑問客從何處來。」故以名庵，又以自號。陳瑩中有詩寄之曰：「舊時饒措大，今日璧頭陀。爲問安心法，禪儒較幾何？」《能改齋漫録》卷十一。

6 見汪革6。

釋祖可

1 祖可，字正平，丹陽人，蘇伯固之子，養直之弟。住廬山。被惡疾，人號癩可。詩入江西派。《宋詩紀事》卷九十二。

2 詩僧有祖可者，馳譽江南，被惡疾，人號「癩可」。善權者，亦能詩，人物清癯，人目爲「瘦權」。《西清詩話》卷下。

釋善權

1 善權，字巽中，靖安高氏子。人物清癯，人目爲「瘦權」。落魄嗜酒，詩入江西派。《宋詩紀事》卷九十二。

參見釋祖可2。

徐俯

1 豫章徐俯字師川，禧之子，魯直之甥也。七歲能詩，山谷嘗曰：「洪龜父擕師川《上藍莊》詩來，詞氣甚壯，筆力絶不類年少書生。」《豫章詩話》卷四。《宋詩紀事》卷三十三。

2 見徐禧7。

3 徐師川微時，嘗游廬山，遇一宦者鄭諶，與之詩曰：「平生不善劉蕡策，色色門中看有人。」後入樞府，鄭時適用事，模樣似有力焉。《朱子語類》卷一百三十二。《宋稗類鈔》卷八。

4 昭州山水佳絶，郡圃有亭名天繪。建炎中，呂丕爲守，以「天繪」近金國年號，思有以易之。時徐師川避地於昭，呂乞名於徐，久而未獲。復乞於范滋，乃以「清輝」易之。一日徐策杖過亭，仰視新榜，復得亭記於積壤中，亟使滌石，視之乃丘濬寺丞所作也。其略云：「余擇勝得此亭，名曰天繪，取其景物自然也。後某年某日，當有俗子易名『清輝』，可爲一笑。」考范易名之日，無毫髮差也。《春渚紀聞》卷二。《夷堅甲志》卷十七。

5　見蘇庠7。

6　明清嘗於吕元直丞相家，覩高宗御札一幅云：「朕比觀黄庭堅集，見稱道其甥徐俯師川者，聞其人在靖康中立節可嘉。今致仕已久，想不復存。可贈左諫議大夫。或尚在，即以此官召之。」其後乃知師川避地廣中，即落致仕，以右奉直大夫試左諫議大夫赴行在所。門蔭者以爲榮觀。師川既至闕，入對，益契上意。賜出身，入禁林，不旋踵遂登政府。初，師川仕欽宗爲郎。二聖北去，張邦昌僭位，師川獨不拜庭下，持其用事之臣，大呼號慟，卒不自汙，掛冠以去，故上有「立節可嘉」之語。圍城中，嘗置一婢子，名之曰昌奴。遇朝士來，即呼至前驅使之。既登宥密，頗驕傲自滿。朱藏一、趙元鎮並居中書，師川蔑視之。每除一登第者，則曰：「又一經義之士。」嘗與元鎮論兵，視元鎮曰：「公何足以知此！」元鎮曰：「鼎固不足以知之，豈若師川之讀父書邪！」師川大不堪，而無以酬之，卒不安位而去。後終於知信州。《揮麈後録》卷八。

7　隆祐哀册，徐師川撰，云：「作合泰陵，賢而不見答；制政房闥，聖而不可知。」席大光偶目眚，辭其書，遂以命趙叔問簡書之。《四六談麈》。

8　徐俯師川，少豪逸出衆，江西諸人皆從服焉。崇寧初，見予所作詩，大相稱賞，以爲盡出江西諸人右也。其樂善過實如此。《東萊吕紫微師友雜志》。

9 徐師川視山谷爲外家，晚年欲自立名世，客有贄見，盛稱淵源所自，公讀之不樂，答以小啓曰：「涪翁之妙天下，君其問諸水濱；斯道之大域中，我獨知之濠上。」《清波雜志》卷五。《何氏語林》卷九。《宋稗類鈔》卷五。《南宋雜事詩》卷一。

10 見汪藻5。

11 徐師川族兄少赴舉場，試《圓壇八陛賦》，援毫終日不能下筆，乃大書試卷云：「圓壇八陛，八陛圓壇，既圓壇而八陛，又八陛以圓壇。八陛圓壇，既圓壇而八陛，圓壇八陛；又八陛以圓壇。」榜出，陽爲失意之狀。或調之曰：「有司不明固可罪，然吾兄所以被黜，正由小賦中不見題故也。」至今人傳以爲笑。《高齋漫録》。

徐璧

1 徐師川長子璧，字待價，豪邁能文辭。嘗作書萬言，欲投匭，極言時政，無所諱避。師川偶見之，大驚，奪而焚之。早死。《老學庵筆記》卷二。《東山談苑》卷二。

汪革

1 汪信民試南省第一，頗收畜時文。〔謝〕無逸同試被黜，問信民用此何爲，曰：「恐登科須作學官，要此用爾。」無逸曰：「前日不免爲此，爲覓官計爾。今尚復爾，是無時而已也。」信民痛自咎責，盡取所畜時文焚之。《東萊呂紫微師友雜志》。

2　汪信民初任潭州教授，張舜民芸叟作帥，厚遇信民，且勉之學。時畢漸通判州事，芸叟深薄其人。後信民教授宿州，又師事滎陽公。信民嘗言：「吾平生有意於善，張、呂二公之力也。又因張六丈薄畢魁，有激發焉。」《東萊呂紫微師友雜志》。

3　呂滎陽居符離，信民爲教官，從滎陽學，故紫微公尤推尊信民。其詩云：「富貴空中華，文章木上瘿。要知真實地，唯有華嚴境。」蓋呂氏家世本喜談禪，而紫微與信民皆尚禪學。劉克莊《江西詩派小序》。《宋詩紀事》卷三十三。

4　見范温5。

5　汪信民嘗言：「人常咬得菜根，則百事可做。」胡安國康侯聞之，擊節歎賞。《東萊呂紫微師友雜志》。《言行龜鑑》卷二。

6　汪信民革嘗作詩寄謝無逸云：「問訊江南謝康樂，溪堂春水想扶疏。高談何日看揮麈，安步從來可當車。但得丹霞訪龐老，何須狗監薦相如。新年更勵於陵節，妻子同鋤五畝蔬。」饒德操節見此詩，謂信民曰：「公詩日進，而道日遠矣。」蓋用功在彼，而不在此也。《紫微詩話》。

韓駒

1　韓子蒼駒，本蜀人。父爲峽州夷陵令，老矣，有一妾，子蒼不能奉之，父怒，逐出。内侍賈祥者，先坐罪，竄是郡，駒父事祥甚謹，祥不能忘。子蒼於父逐之後，走京師，祥已收召大用事。子蒼困甚倦游，漫往投之，祥不知得罪於其父也，獻其所業。偶祐陵忽問遷謫中有何人材，祥即出子蒼詩文以進。首篇「太乙真人蓮葉」之句，上一覽奇之，即批出賜進士及第，除祕書省正字。不數年，遂掌外制。《玉照新志》卷四。

2 見薛昂1。

3 見王黼4。

4 汪内相將赴臨川，曾吉父以詩送之，有「白玉堂中曾草詔，水晶宮裏近題詩」之句。韓子蒼改云：「白玉堂深曾草詔，水晶宮冷近題詩。」吉父聞之，以子蒼爲一字師。《竹坡詩話》。《堯山堂外紀》卷五十四。

李　彭

1 李公彭，字商老，性友愛，撫恤二弟，保惠教誨，雖陽城兄弟不是過也。先生每製一衣，必俱有而後肯服，食飲亦然，未嘗獨行。四遠饋餉，不問豐寡，一皆付之二弟。《言行龜鑑》卷四。

江端友

1 見梁師成8。

夏倪

1 夏倪均父，先名倴。少能文樂善，其妻又賢，使均父多從賢士大夫游。饒德操每依均父，如家也。後德操作僧，所度弟子，皆令與均父諸子聯名。《東萊呂紫微師友雜志》。

2 夏倪均父，宣和庚子自府曹左遷祁陽酒官。過浯溪，登浯臺，愛其山水奇秀，自謂非中州所有，不減淵明斜川之游。且作長短句，以《減字木蘭花》歌之云：「江涵曉日，蕩漾波光摇槳入。笑指浯溪，聱叟雄文鎖翠微。　休嗟不偶，歸到中州何處有。獨立風煙，湘水浯臺總接天。」《能改齋漫録》卷十七。《詞林紀事》卷八。

朱象先

1 朱象先少時畫筆，常恨無前人深遠潤澤之趣。一日於鵝溪絹上，戲作小山，覺不如意，急湔去之，故墨再三揮染，即有悟見。自後作畫，多再滌去，或以細石磨絹，要令墨色著入絹縷者。《春渚紀聞》卷五。

李公麟

1 今世所藏韓幹畫馬，多分其駿爲三，莫曉何意。惟白樂天《春深學士家》詩云：「鳳書裁五色，馬鬣翦三花。」唐學士例借飛龍厩馬，則應是時國馬皆如此也。李伯時喜學韓幹畫，每不知三駿之意，常難於下筆。有得樂天詩者，先爲誦之，而不言所出。伯時力請之，乃使爲盡工作數馬，始以集示之云。《苕溪漁隱叢話》前集卷五十七引《蔡寬夫詩話》。

2 韓幹畫馬，妙絶一時，杜子美嘗贊之。……其後李伯時得之，則馬四足已敗爛，伯時題之云：「此馬雖無追風奔電之足，然甚有生氣。」因自作四足以補之，遂爲伯時家畫譜中第一。一日，出以示王公明之祖，祖甚愛之。時祖有商鼎，亦甚珍惜，王曰：「如能以韓畫相易，不敢靳也。」于是贈商鼎而得其畫。《韻語陽秋》卷十四。

3 忠宣舊藏一江都王《馬》，往年自慶赴闕，李伯時自京前路延見求觀。忠宣云：「某非吝，但道路難爲檢尋，俟至闕未晚。」李日夕懇之甚力。尋出，李見之稱歎失措，借歸累日，用意模寫，竟不能下手，復還之，但以粉牌榜其上，云：「神妙上上品江都王《馬》云。某看之累日，不能下筆，聊留數字，以見歸向之意。」時米元章作郎，每到相府求觀，不與言，唯繞屋狂叫而已，不盡珍賞之意。然絹地朽爛爲數十片，無能修之者。李因薦一匠者，酬傭直四十千，就書室背之。……遂爲完物。崇寧初，歸上方矣。《過庭録》。《清河書畫舫》卷五上。《宋稗類鈔》卷八。

4 李伯時至騏驥院，見外國所進六馬，乃畫圖之。未幾，六馬繼死，人以爲李畫入神，奪其精魄。《類説》卷四十七引《遯齋閒覽》。

5 龍眠畫《五馬圖》，空青老人曾紆公卷跋之曰：「元祐庚午歲，以方聞科應詔來京師，見魯直九丈于酺池寺。魯直時爲張仲達箋題李伯時畫《天馬圖》。魯直謂余曰：『異哉！伯時貌天廄滿川花，放筆而馬殂矣。蓋神駿精魄，皆爲伯時筆端取之而去，實古今異事，當作數語記之。』」《浩然齋雅談》卷上。

6 李伯時初喜畫馬，曹、韓以來未有比也。曹輔爲太僕少卿，太僕視他卿寺有廨舍，國馬皆在其中。伯時每過之，必終日縱觀，有不暇與客語者。法雲圓通秀禪師爲言：「衆生流浪轉徙，皆自積劫習氣中來。今君胸中無非馬者，得無與之俱化乎？」伯時懼，乃教之，使爲佛像以變其意。于是深得吴道子用筆意。《石林避暑録話》卷三。《佩文齋書畫譜》卷八十三。

7 李伯時善畫馬，東坡第其筆，當不減韓幹。都城黄金易得，而伯時馬不可得。〔法秀〕師讓之曰：「伯時爲士大夫，而以畫行，已可恥也。又作馬，忍爲之耶？」伯時恚曰：「作馬無乃例能蕩人心，墮惡道乎！」師曰：「公業已習此，則日夕以思其情狀，求爲神駿，繫念不忘，一日眼光落地，必入馬胎無疑，非惡道而何？」伯時大驚，不覺身去坐榻曰：「今當何以洗其過？」師曰：「但畫觀音菩薩。」自是畫此像妙天下。《冷齋夜話》卷八。《何氏語林》卷十九。《宋稗類鈔》卷六。

8 李龍眠既棄畫馬之嗜，亶作補陁大士相，以施緇徒。垂老，得疋楮，戲筆五百應真像，幾年迺成。平生繪寫，具大三昧，僅此軸耳。先君在蜀得之，母氏雅敬浮屠，常櫝致香火室中。《桯史》卷六。

9 元祐間，黄、秦諸君子在館。暇日觀畫，山谷出李龍眠所作《賢已圖》，博弈、樗蒱之儔咸列焉。博者六七人，方據一局，投迸盆中，五皆琔，而一猶旋轉不已，一人俯盆疾呼，旁觀皆變色起立。纖穠態度，曲盡其妙，相與歎賞，以爲卓絶。適東坡從外來，睨之曰：「李龍眠天下士，顧乃效閩人語耶！」衆咸怪，請其故。東坡曰：「四海語音言六皆合口，惟閩音則張口，今盆中皆六，一猶未定，法當呼六，而疾呼者乃張口，何也？」龍眠聞之，亦笑而服。《桯史》卷二。《佩文齋書畫譜》卷八十三。

10 李伯時公麟，雅好鐘鼎古文奇字。自夏商以來，以先後次第之。聞一器，則捐千金，不少靳。所蓄日富，具爲圖記。蔡天啓嘗得商祖丁彝，李尤寶愛。因作詩以贈云：「上泝虞姒亦易爾，下者始置周秦間。造端宏大町畦絶，往往世俗遭譏訕。」《能改齋漫録》卷十一。

11 〔李公麟〕從仕三十年，未嘗一日忘山林，故所畫皆其胸中所藴。晚得痺疾，呻吟之餘，猶仰手畫被，作落筆形勢。家人戒之，笑曰：「餘習未除，不覺至此。」其篤好如此。《宣和畫譜》卷七。

12 晁以道言，當東坡盛時，李公麟至，爲畫家廟像。後東坡南遷，公麟在京師遇蘇氏兩院子弟於途，以扇障面不一揖，其薄如此。故以道鄙之，盡棄平日所有公麟之畫於人。《邵氏聞見後録》卷二十七。《居易録》卷七。

13 李伯時公麟、德素楶、元中沖元，爲龍眠三隱。《小學紺珠》卷六。參見李公寅、李沖元1。

李公寅　李沖元

1 元祐中，舒州有李亮工者，以文鳴薦紳間，與蘇、黄游，兩集中有與其唱和。而李伯時以善丹青，妙絶冠世，且好古博雅，多收三代以來鼎彝之類爲《考古圖》。又有李元中，字畫之工，追蹤鍾、王。時號「龍眠三李」，同年登進士第。《揮麈三録》卷二。參見李公麟13。

丁仙現

1 熙寧初，王丞相介甫既當軸處中，而神廟方赫然，一切委聽，號令驟出，但於人情適有所離合。於是故臣名士往往力陳其不可，且多被黜降，後來者乃寖結其舌矣。當是時，以君相之威權而不能有所帖服者，獨一教坊使丁仙現爾。丁仙現，時俗但呼之曰「丁使」。丁使遇介甫法制適一行，必因燕設，於戲場中迺便作爲嘲諢，肆其誚難，輒有爲人笑傳。介甫不堪，然無如之何也，因遂發怒，必欲斬之。神廟乃密詔二王，取丁仙現匿諸王邸。二王者，神廟之兩愛弟也。故一時諺語，有「臺官不如伶官」。《鐵圍山叢談》卷三。《古謠諺》卷六十一。《茶香室叢鈔》卷三。

2　見侯叔獻2。

3　見蘇軾172。

4　元祐間，伶人丁線見教坊長，以諧俳稱。宰相新拜，教坊長副庭參，即事打一俳戲之語，賜絹五匹，蓋故事也。元祐年，呂汲公、忠宣拜相日，以任重爲憂，容色愁厲，未嘗少解。丁生及副丁石參謝忠宣。丁線見言曰：「餓殺樂人也，相公！」丁石曰：「今時和歲豐，朝野歡樂，爾何餓爲？」線見指忠宣而言曰：「是他着這幾個好打閧趁浪，我輩衣食何患！」忠宣亦爲一嗤。《過庭録》。

5　〔丁仙現〕非爲優戲，則容貌儼然如士大夫。紹聖初，修天津橋，以右司員外郎賈種民董役，種民時以朝服坐道旁，持撾親指揮工役，見者多非笑。一日橋成，尚未通行，仙現適至，素識種民，即訶止之，曰：「吾橋成，未有敢過者，能打一善諢，當使先衆人。」仙現應聲云：「好橋好橋。」即上馬急趨過，種民以爲非諢，使人亟追之，已不及。久方悟其譏己也。《石林避暑録話》卷四。

丁石

1 丁石，舉人也。與劉莘老同里，發貢，莘老第一，丁第四。丁亦才子也，後失途在教坊中。莘老拜相，與丁線見同賀莘老。莘老以故不欲廷辱之，乃引見於書室中，再三慰勞丁石。丁石曰：「某憶昔與相公同貢，今貴賤相去如此，本無面見相公。又朝廷故事，不敢廢，誠負慚汗。」線見因自啓相公曰：「石被相公南巷口頭擲下，至今趕逐不上。」劉爲大笑。《過庭録》。

劉仲甫

1 碁待詔劉仲甫，初自江西入都，行次錢塘，舍于逆旅。逆旅主人陳餘慶言，仲甫舍館既定，即出市游，每至夜分方扣户而歸，初不知爲何等人也。一日晨起，忽於邸前懸一幟云：「江南碁客劉仲甫，奉饒天下碁先。」并出銀盆酒器等三百星，云以此償博負也。須臾，觀者如堵，即傳諸好事。翌日，數土豪集善碁者會城北紫霄宫，且出銀如其數，推一碁品最高者與之對手。始下至五十餘子，衆視白勢似北。更行百餘碁，對手者亦韜手自得，責其誇言，曰：「今局勢已判，黑當贏矣。」仲甫曰：「未也。」更行二十餘子，仲甫忽盡斂局子，觀者合噪曰：「是欲將抵負耶。」仲甫袖手徐謂觀者曰：「仲甫江南人，少好此伎，忽似有解，因人推譽，致達國手，年來數爲人相迫，欲薦補翰林祗應，而心念錢塘一都會，高人勝士精此者衆，碁人謂之一關。仲甫之藝，若幸有一著之勝，則可前進。凡駐此旬日矣，日就碁會觀諸名手對弈，盡見品次矣。故敢出此標示，非狂僭也。如某日某人某，白本大勝而失應碁著，某日某局，黑本有籌，而誤於應刦，卻致敗局。」凡如此覆十餘局。觀者皆已愕然，心奇之矣。即覆前局，既無差誤，指謂衆曰：「此局以諸人視之，黑勢贏籌固自灼然。以仲甫觀之，則有一要著，白復勝不下十數路也。然仲甫不敢遽下，在席高品，幸精思之。若見此者，即仲甫當擕孥累還鄉里，不敢復名碁也。」於是衆碁極竭心思，務有致勝者，久之不得，已而請仲甫盡著。仲甫即於不當敵處下子，衆愈不解，仲甫曰：「此著二十著後方用也。」即就邊角合局，果下二十餘著，正遇此子，局勢大變，及斂子排局，果勝十三路。衆觀於是始伏其精至，盡以所對酒器與之，延款十數日，復厚斂以贐其行。至都試補翰林祇應，擅名二十餘年無與敵者。《春渚紀聞》卷二。

2　見祝不疑1。

3　劉仲甫棋，士大夫特以較唐開元國手王積薪，而仲甫尤出積薪上兩道，但仲甫亦自挾數術，能彌縫，士君子故喜其爲人。繇是，名譽益表襮，著《棋經》，傚《孫子十三篇》，又作《造微》、《精理》諸集，咸見棋之布置用意，成一家說，世遂謂無以過之矣。及政和初，晉士明者自河東來輦下，方年二十八九，獨直出仲甫右。一時又較之，乃高仲甫兩道猶有餘。其藝左右縱横，神出鬼没，於是名聲一旦赫然，即日富貴，然終不棄其故妻，縉紳閒尤多之。先哲廟時，有棋手號王憨子者，以其能追仲甫，未幾而病心死，故世以謂仲甫陰害之也。及士明出，仲甫聞而呼之，與角，遂爲士明再四連敗之。於是仲甫乃欲以女妻之，則又辭曰：「我有室矣。」仲甫悵不悦，居月餘偶以疾殂，蓋往往爲士明所挫死。故好事者益爲浮言，計憨子死之歲，實士明生之年也。則士明果憨子之後身，造物者俾之復其讎云。《鐵圍山叢談》卷六。

晉士明

1 見劉仲甫3。

祝不疑

1 近世士大夫碁，無出三衢祝不疑之右者。紹聖初，不疑以計偕赴禮部試，至都爲里人拉至寺庭，觀國手碁集，〔劉〕仲甫在焉。衆請不疑與仲甫就局，祝請受子。仲甫曰：「士大夫非高品不復能至此，對手且當争先。」不得已受先，逮至終局，而不疑敗三路。不疑曰：「此可受子矣。」仲甫曰：「吾觀官人之碁，若初分布，仲甫不能加也，但未盡著耳。若如前局，雖五子可饒，況先手乎。」不疑俛笑，因與分先，始下三十餘子，仲甫拱手曰：「敢率請官人姓氏與鄉里否。」衆以信州李子明長官爲對。劉仲甫曰：「仲甫賤藝，備乏翰林。雖不出國門，而天下名碁，無不知其名氏者。數年來，獨聞衢州祝不疑先輩，名品高著，人傳今秋被州薦來試南省，若審其人，則仲甫今日適有客集，不獲終局，當俟朝夕，親詣行館，盡藝祗應也。」衆以實對。仲甫再三嘆服曰：「名下無虚士也。」後雖數相訪，竟不復以碁爲言，蓋知不敵，恐貽國手之羞也。《春渚紀聞》卷二。

張衍

1 長安張衍，年八十，以術游士大夫間。其爲人有忠信，識道理。章子厚、蔡持正官州縣時，許其爲宰相。蒲傳正、薛師正未顯，皆以執政許之。紹聖初，余官長安，因論范忠宣公命，衍曰：「范丞相命甚似其父文正公，文正艱難中，僅作參知政事耳。」余曰：「忠宣爲相何也？」衍曰：「今朝廷貴人之命皆不及，所以作相。」又曰：「古有命格，今不可用。古者貴人少，福人多；今貴人多，福人少。」余問其説，衍曰：「昔之命出格者作宰執，次作兩制。又次官卿監，爲監司大郡，享安逸壽考之樂，任子孫厚田宅，雖非兩制，福不在其下。故曰福人多，貴人少。今之士大夫，自朝官便作兩制，忽罷去，但朝官耳，不能任子孫，貧約如初。蓋其命發於刑殺，未久即災至。故曰貴人多，福人少也。」……章子厚作相，意氣方盛，因其姪綡問衍，衍曰：「以某之言白，公命也發及八分，早退爲上，不然災至矣。」子厚不用其言，亦不怒也。後遂有崖州之禍。蔡持正以門客假承務郎，奏衍，賞其術。衍與總領市易官田舜卿善。衍有錢數千緡，舜卿爲買田，以官户名占之。後舜卿贓敗，官籍其産，衍之田在焉。或勸衍自陳，衍曰：「衍故與田君善，田君占衍之地，美意也。田君不幸至此，衍論於有司，非義也。」卒不請其田，士大夫多稱之。《邵氏聞見録》卷十六。

釋法秀

1　法秀，字圓通，秦州隴城人，辛氏子，受法無爲懷禪師，道風峻潔，時目爲「秀鐵面」。《宋詩紀事》卷九十二。

2　見釋安1。

3　見王安石148。

4《冷齋夜話》云：法雲秀老，關西人，面目嚴冷，能以禮折人。李伯時畫馬，東坡第其筆，當不減韓幹。都城黃金易致，而伯時畫不可得。師讓之，曰：「伯時士大夫，而以畫馬之名行，已可恥，矧又畫馬，人誇以爲得妙，入馬腹中，亦足可懼。」伯時大驚，不自知身去坐榻曰：「今當何以洗其過？」師勸畫觀音像以贖其罪。黃魯直作艷語，人爭傳之，秀呵曰：「翰墨之妙，甘施於此乎？」魯直笑曰：「又當置我於馬腹中邪？」秀曰：「公艷語蕩天下淫心，不止於馬腹中，正恐生泥犁耳。」魯直頷應之。故一時公卿伏師之善巧也。苕溪漁隱曰：余讀魯直所作晏叔原《小山集序》云：「余少時間作樂府，以使酒玩世，道人法秀獨罪余以筆墨勸淫，於我法中當下犁舌之獄；特未見叔原之作邪？」觀魯直此語，似有憾於法秀，不若伯時之能伏善也。《苕溪漁隱叢話》前集卷五十七。《冷齋夜話》卷八。《宋詩紀事》卷九十二引《僧寶傳》。

5 見黃庭堅68。

6 見黃庭堅69。

7 見蔣之奇6。

釋安

1 洪州武寧安和尚者，天衣懷禪師之嗣也，與秀關西爲同行。秀已應詔住法雲寺，其威光可以挾其友登雲天而翔也。而安止荒村破院，單丁五十年，秀時以書致安，安未嘗視，棄之。侍者不解其意，因間問之。安曰：「吾始以秀有精彩，乃今知其癡。夫出家兒塚間樹下辦那事，如救頭然。無故于八達衢頭架大屋，養數百閑漢，此真開眼尿牀也，何足復對語哉。吾宗自此蓋亦微矣，子曹猶當見之。」《冷齋夜話》卷十。

釋淨端

1 淨端，字明表，歸安丘氏子。肄業吳山解空講院。參龍華齊岳禪師，得悟，翻身作狻猊狀，叢林號爲端師子。章申公極愛之。《宋詩紀事》卷九十二。

2 吳山僧淨端，道解深妙，所謂端師子者，章申公極愛之。乞食四方，登舟，旋問何風，風所向即從之，所至人皆樂施。《齊東野語》卷十七。《癸辛雜識》前集。

3 吳僧淨端者，行解通脱，人以爲散聖。章丞相子厚嘗召之飯。而子厚自食葷，執事者誤以饅頭爲餕餡，置端前，端得之食自如。子厚得餕餡，知其誤，斥執事者，而顧端曰：「公何爲食饅頭？」端徐取視曰：「乃饅頭耶，怪餕餡乃許甜。」吾謂此僧真持戒者也。《石林避暑録話》卷三。

釋承皓

1 見蘇軾311。

釋奉忠

1 章子厚謫海康，過貴州南山寺。寺有老僧，名奉忠，蜀人也，自眉山來，欲渡海見東坡，不及，因病於此寺。子厚宿山中，邀與飲，忠欣然從之。又以蒸蛇勸食之，忠舉筯啖之無所疑。子厚曰：「子奉佛戒，乃食蒸蛇，何哉？」忠曰：「相公愛人以德，何必見誚！」已而倚檻看層雲，子厚曰：「夏雲多奇峯，真善比類。」忠曰：「曾記《夏雲詩》甚奇。」子厚使誦之，忠曰：「如峯如火復如綿，飛過微陰落檻前，天地生靈乾欲死，不成霖雨謾遮天。」《苕溪漁隱叢話》前集卷五十七引《冷齋夜話》。《詩話總龜》前集卷一。《宋詩紀事》卷九十二。

釋惟白

1 法雲佛國禪師惟白，傳康節《易》學甚精熟，未嘗語人。元符辛巳，鄭達夫以大宗丞召，佛國即招達夫飲，併約妙應大師伯華同席。顧妙應曰：「如何？」妙應曰：「決作，決作。」佛國乃語達夫曰：「君異日必爲相，直待蔡元長、張天覺顛沛之後，即爰立矣。」已而果然。《齊東野語》卷五。

潘　谷

1 黄魯直就几閣間，取小錦囊，中有墨半丸，以示潘谷。谷隔錦囊手之，即置几上，頓首曰：「天下之寶也。」出之，乃李廷珪作耳。又别取小錦囊，中有墨一丸，谷手之如前，則歎曰：「今老矣，不能爲也。」出之，乃谷少作耳。《邵氏聞見後録》卷二十八。

2 潘谷墨既精妙，而價不二。一日，忽取欠墨錢券焚之，飲酒三日，發狂赴井死。人下視之，趺坐井中，尚持數珠也。《仇池筆記》卷下。

蒲大韶

1 閬中人蒲大韶，得墨法於山谷，所製精甚，東南士大夫喜用之。嘗有中貴人持以進御，上方留意翰墨，視題字曰「錦屏蒲舜美」，問何人，中貴人答曰：「蜀墨工蒲大韶之字也。」即擲於地曰：「一墨工而敢妄作名字，可罪也。」遂不復用。《夷堅甲志》卷十六。

李仲寧

1 九江有碑工李仲寧，刻字甚工，黄太史題其居曰「琢玉坊」。崇寧初，詔郡國刊元祐黨籍姓名，太守呼仲寧使劖之，仲寧曰：「小人家舊貧窶，止因開蘇内翰、黄學士詞翰，遂至飽暖。今日以姦人爲名，誠不忍下手。」守義之曰：「賢哉！士大夫之所不及也。」饋以酒而從其請。《揮麈三録》卷二。《雲谷雜記》卷三。《蠡勺編》卷十四。

石用之

1 見晁詠之9。

初虞世

1 見黄庭堅21。

2 見黃庭堅22。

3 見王俊民2。

謝悰

1 哲宗朝，謝悰試賢良方正，賜進士出身。悰辭免云：「勑命未敢祇受。」乃以抵爲祇，以授爲受。劉安世奏曰：「唐有伏獵侍郎，今有抵授賢良。」《清夜録》。

馬涓

1 馬魁巨濟之父，既入中年，未得子。母爲置妾媵，偶獲一處子，質色亦稍姝麗，父忻然納之，但每對鏡理髮，即避匿，如有沮喪之容。父密詢其故，乃垂泣曰：「某父守官某所，既解官，不幸物故，不獲歸葬鄉里，母乃見鬻得直，將畢葬事。今父死未經卒哭，尚約髮以白繒，而以絳綵蒙之，懼君之見耳，無他故也。」涓父惻然，乃訪其母，以女歸之，且爲具舟，載其資裝遣之。是夕涓母夢羽人告之云：「天賜爾子，慶流涓涓。」後生巨濟，即以涓名之。涓既赴御試畢，夢人告之曰：「子欲及第，須作十三魁。」涓歷數其在太學，及預薦送，止作十二魁，心甚憂之。殆至賜第，則魁冠天下，果十三數也。《春渚紀聞》卷一。《宋稗類鈔》卷七。

2 見劉燾1。

3 馬涓巨濟亦以狀元及第，爲秦州簽判，初呼「狀元」，吕晉伯爲帥，謂之曰：「狀元云者，及第未除官也。既爲判官，不可曰『狀元』也。」巨濟愧謝。晉伯又謂巨濟曰：「科舉之學既無用，修身爲己之學其勉之。」《邵氏聞見録》卷十四。《東齋記事》卷三。

4 劉器之晚居南京，馬巨濟涓作少尹。巨濟廷試日，器之作詳定官所取也，而巨濟每見器之，未嘗修門生之敬，器之不平，因以語客。客以諷巨濟，巨濟曰：「不然，凡省闈解送，則有主文，故所取士得以稱門生。殿試蓋天子自爲座主，豈可復稱門生於他人？幸此以謝劉公也。」客以告器之，器之歎服其説，自是甚懽。《揮麈録》卷三。《茶香室三鈔》卷十三。《宋稗類鈔》卷二。

5 〔劉〕器之以爲巨濟多預南京貴人飲會，甚不喜。《東萊吕紫微師友雜志》。

劉燾

1 元祐間，馬涓、張庭堅等四人，擅名太學，時號「四俊」。劉燾，湖州人，年少，亦自負，初補太學生，聞而慕之，以刺謁曰：「不識可當一俊否？」涓等哂之。燾復曰：「何得是名？」涓等設詭計以困之，曰：「每試當預約一字，限於程試中用之，善者乃預。」既而私試之，燾請字，涓曰：「第一句用將字。」其時策問《神宗實録》，燾對曰：「秉史筆者，權猶將也，雖君命有所不受，而況其它乎？」後果爲第一，聞者服之，因目燾曰「挨屍俊」。《苕溪漁隱叢話》後集卷三十六。《宋詩紀事》卷三十二引《上庠録》。

李知剛

1 李作乂知剛，楚公之婿，才極高，公愛之。作乂與馬巨濟善。巨濟在太學有聲，及赴省試，作乂擬杜子美《杜鵑》詩體，作詩戲之，曰：「太學有馬涓，南省無馬涓。秋榜有馬涓，春榜無馬涓。」公聞之不樂。作乂曰：「某與巨濟忘形，故有此戲。」《家世舊聞》卷上。

劉　棠

1 元祐中，省試《舜不窮其民論》，劉棠召美首選。其警句云：「桀紂以淫虐窮，幽以貪殘窮，厲以監謗窮，戰國以侵伐窮，秦皇以督責窮，漢武以奢侈窮，晉以夷狄窮，隋以巡幸窮，明皇以隱户剩田窮，德宗以間架税屋窮。」東坡見之，大加歎賞，以其不類時文，因以「劉窮」呼之。然予以劉召美此意本孫樵耳。《能改齋漫録》卷八。《優古堂詩話》。

顔　幾

1 錢塘顔幾，字幾聖，俊偉不羈，性復嗜酒，無日不飲。東坡先生臨郡日，適當秋試，幾於場中潛代一豪子劉生者，遂魁送。舉子致訟，下幾吏，久不得飲，密以一詩付獄吏送外間酒友云：「龜不靈兮禍有胎，刀從林甫笑中來。憂惶囚繫二十日，辜負醺酣三百杯。病鶴雖甘低羽翼，罪龍尤欲望風雷。諸豪俱是知心友，誰遣尊罍向北開。」吏以呈坡，坡因緩其獄，至會赦得免。後數年，一日醉卧西湖寺中，起題壁間云：「白日尊中短，青山枕上高。」不數日而終。《春渚紀聞》卷七。《宋詩紀事》卷三十。

李大有

1 江西人遇元夕，多以人静時微行，聽人言語以占一歲之所爲通塞。新喻李仲謙爲舉子時，是夕行于溪上，見漁者炬火捕魚，其一連呼曰：「裏大有！裏大有！」仲謙聞而異之。其年秋試，更名「大有」，遂中選。《獨醒雜志》卷九。

畢漸

1 見趙諗3、4、5。

2 畢狀元漸使福建日，嘗按部過羅源。時南華翁林子山致仕居南華洞，年已八十餘，以詩迓之。有「當年春榜首聞名，對御如君有幾人」之句，畢公和贈之，多所獎借。其詩曰：「兒童聞説子山名，將謂先生是古人。海上偶經仙洞府，岩前猶見玉精神。南華久徹逍遥夢，兜率重來自在身。攜得新詩天上去，不教辜負到全閩。」人言畢狀元眉目如畫，詩詞亦自清拔。《捫虱新話》卷八。《宋詩紀事》卷三十四。

趙諗

1 趙諗者，其先本出西南夷獠，戕其族黨來降，賜以國姓。至諗，不量其力，乃與其黨李造、賈時成等宣言，欲除君側之姦，詞語頗肆狂悖，然初無弄兵之謀。建中靖國時事既變，諗亦幡然息心，來京師注官。時曾文肅當國，一見，奇其才而薦之，擢國子博士。諗謁告，省其父母於蜀中。其徒句群以前事告變，獄就，遂以反逆伏誅，父母妻子悉皆流竄，改其鄉里渝州爲恭州。文肅亦坐責。告詞略云「逮求可用之才，輒薦逆謀之首」是也。《玉照新志》卷一。

2 〔趙〕諗以甲科爲太常博士，謁告省其父庭臣于蜀，道中夢神人授以詩云：「天錫雄材孰與戡，征西纔罷又征南。冕旒端拱披龍衮，天子今年二十三。」繇此有猖狂之志，伏誅時適及歲。……詔改渝州爲恭州。諗初登第時，太常少卿李積中女有國色，即以妻之，成婚未久而敗。或云馮時可者，諗遺腹子也。《揮麈後録》卷七。

3 畢漸爲狀元，趙諗第二。初唱第，而都人急於傳報，以蠟板刻印漸字所模點水不著墨，傳者厲聲呼云：「狀元畢斬，第二人趙諗。」識者皆云不祥。而後諗以謀逆被誅，則是畢斬趙諗也。《春渚紀聞》卷二。《宋稗類鈔》卷二。

4 趙諗，元祐九年擢進士第二名。時第一名畢漸，當時榜帖偶然脱去「漸」字旁點水，天下遂傳名云「畢斬趙諗」。諗後謀不軌伏誅，果符其讖。《獨醒雜志》卷四。

5 狀元畢漸，有惡之者，於登科記碑上刻去水旁。未幾，趙諗伏誅，方悟畢斬趙諗之讖。《能改齋漫録》卷十八。

趙　某

1 哲宗朝，有宗子好爲詩而鄙俚可笑者，嘗作即事詩云：「日暖看三織，風高鬭兩廂。蛙翻白出闊，蚓死紫之長。潑聽琵梧鳳，饅抛接建章。歸來屋裏坐，打殺又何妨。」或問詩意，答曰：「始見三蜘蛛織網於簷間，又見二雀鬭於兩廂廊。有死蛙翻腹似出字，死蚓如之字。方吃潑飯，聞鄰家琵琶作《鳳棲梧》，食饅頭未畢，閽人報建安章秀才上謁。迎客既歸，見内門上畫鍾馗擊小鬼。故云『打死又何妨』。」哲宗嘗灼艾，諸内侍欲娛上，或舉其詩，上笑不已，竟不灼艾而罷。《捫掌録》。

宋人軼事彙編卷二十五

韓忠彥

1 建中靖國初，韓忠彥、曾布同爲宰相，曾短瘦而韓偉岸，每並立廷下，時謂「龜鶴宰相」。《雞肋編》卷上。

2 建中靖國初，韓文定忠彥當國，黨禍稍解，天下吐氣。鄧洵武爲起居郎，乘間以紹述熙、豐政事爲言，上意雖不能無動，而未始堅決也。鄧氏有位中丞者曰綰，成都人，在熙寧初，倅寧州。嘗上言，陛下得聖臣，行青苗良法，臣以寧州民心歡悦者占之，天下可從知矣，惟陛下堅守勿變，毋惑流俗。王荆公喜，薦於上，遂階召擢。是時蜀士在朝者，咸唾駡之，綰有「唾駡從汝，好官須我爲之」之語。洵武，蓋其子也。自度清議必弗貸，且有駟不及舌之慮，懼文定知之，未知所以回天者，憂形於色。有館客者聞之，獻計曰：「新法者，神考所行之法也，韓琦實嘗沮之，爲條例司所駁，先帝以其勳勞弗之罪。今忠彥得政而廢新法，是忠彥能紹述琦之志也，忠彥爲人臣，尚不忘其父，上爲天子，乃忘其父兄耶！誠能以此爲上别白，上必感動。」洵武喜謝不及，造膝，如其言，玉色愀然，亟俞之。於是崇寧改元，天下曉然知其意矣。洵武復進一圖，曰「愛莫助之圖」，以豐、祐人才分而爲二，能紹述者居左，惟温益而下一二人，而列於右者，皆指爲害政，蓋舉朝無遺焉。於左列之上，密覆一名曰蔡京，謂非相京不可。上覽而是之。洵武亦馴致政地，卒之成蔡氏二十年擅國之禍，貽靖康裔夷之酷者，此圖也。《桯史》卷十五。

3 《江干初雪圖》真蹟，藏李邦直家，唐蠟本，世傳爲摩詰所作。末有元豐間王禹玉、蔡持正、韓玉汝、章子厚、王和甫、張邃明、安厚卿七人題詩。建中靖國元年，韓師朴相，邦直、厚卿同在二府，時前七人者所存惟厚卿而已。持正貶死嶺外，禹玉追貶，子厚方貶，玉汝、和甫、邃明則死久矣。故師朴繼題其後曰：「諸公當日聚巖廊，半謫南荒半已亡。惟有紫樞黃閣老，再開圖畫看瀟湘。」是時邦直在門下，厚卿在西府，紫樞黃閣，謂二人也。厚卿復題云：「曾游滄海困驚瀾，晚涉風波路更難。從此江湖無限興，不如祇向畫圖看。」而邦直亦自題云：「此身何補一豪芒，三辱清時政事堂。病骨未爲山下土，尚尋遺墨話存亡。」《石林詩話》卷上。《宋詩紀事》卷二十四。

韓粹彦

1 韓忠獻公之子粹彦帥定武，或勸取幽燕者，粹彦折之曰：「國家奄有四海，寧少此一彈之土耶？」唐庚作傳贊曰：「仁人之言，其利博哉！始之者寇萊公，成之者公也。」《泊宅編》十卷本卷一。

韓　浩

1 韓魏公之孫浩，知濰州，金人來寇，力戰死之。此史所未載。《湧幢小品》卷二十。

曾布

1 藝祖從世宗征淮南，有徐氏世以酒坊爲業，上每訪其家，必進美酒，無小大，奉事甚謹。徐氏知人望已歸，即從容屬異日計。上曰：「汝輩來，吾何以驗之？」徐氏曰：「某全家人手指節不全，不過存中節，世謂徐雞爪。」迨上登極，諸徐來，皆願得酒坊，許之。今西樞曾布，其母朱氏即徐氏外生，亦無中指節，故西樞亦然。世以其異故貴，不知其氣所傳自外氏諸徐也。《孫公談圃》卷上。

2 曾子宣丞相家，男女手指皆少指端一節，外甥亦或然。或云襄陽魏道輔家世指少一節。道輔之姊嫁子宣，故子孫肖其外氏。《老學庵筆記》卷七。

3 章子厚乙亥年生，與曾子宣同年。曾子宣以丁亥月辛亥日己亥時，子厚遂呼子宣作「四亥公」。《能改齋漫録》卷十二，又卷十一。《宋詩紀事》卷二十。

4 吕惠卿丁父憂去，王荆公未知心腹所託可與謀事者。曾布時以著作佐郎編敕，巧黠善迎合荆公意，公悦之。數日間相繼除中允、館職，判司農寺。告謝之日，抱勅告五六通。布爲都檢正，故事，白荆公即行，時馮當世、王禹玉並參政，或曰：「當更白二公。」布曰：「丞相已定，何問彼爲？俟勅出令押字耳。」故唐詗對兩府彈荆公云：「吕惠卿、曾布，安石之心腹；王珪、元絳，安石之僕隸。」又曰「珪奴事安石，猶懼不了」云。《邵氏聞見録》卷十三。《温公瑣語》。

5 曾布改助役爲免役，吕惠卿大恨之。《涑水記聞》卷十六。

6 曾子宣、吕吉甫同爲内相，與客啜茶，注湯者頗數。客云：「爾爲翰林司，何故不解點茶？」吉甫即云：「翰林司若盡會點茶，則翰林學士須盡工文章也。」意譏子宣，緣此遂相失矣。《珍席放談》卷下。

7 見晏殊27。

8 曾子宣丞相，元豐間帥慶州。未至，召還，至陝府，復還慶州，往來潼關。夫人魏氏作詩戲丞相曰：「使君自爲君恩厚，不是區區愛華山。」《老學庵筆記》卷七。

9 見王安石166。

10 曾文肅帥定，一日晨起，忽語諸子曰：「吾必爲宰相，然須南遷。」啓其所以，公曰：「吾昨夕夢衣十郎緑袍，北向謝恩。豈非它日貶司户之徵乎！」後十年，果登庸。既爲蔡元長所擠，徙居衡陽。已而就降廉州司户參軍，敕到，取幼子紆朝服以拜命，果符前夢。十郎，即紆排行也。《揮麈録》卷三。

11 劉快活者，名信，本兵也。……曾文肅館于家者凡十餘年。每酣飲，必大呼連唱「快活」二字，故人以此目焉。文肅事之如神。文肅守河陽，忽感便血，氣絶不復甦，夫人泣請于劉，劉曰：「若將酒一㪷與蘇合香丸二兩與我。」信既得之，酒與藥一引而盡，與文肅公入密室經夕，天欲曉，亟叫「快活」數聲，家人競起視之，則文肅起居已如常矣。問之，但云「過此更壽紀，位登台衮」。詢之他，皆不言。《投轄録》。

12 明清《投轄録》所叙劉快活事，後來思索所未盡者，今列於編。外祖曾空青，文肅之第三子也，快活每以「三運使」呼之。後果終漕輓。……文肅當國，先祖爲起曹郎中。一日，忽見過，曰：「我今日見曾三女兒，他日當爲公之子婦。」時先妣方五六歲。又謂先人曰：「曾三女，汝之夫人也。」歸見文肅，呼先祖字云：「王樂道之子，三運使之婿，此兒他日名滿天下，然位壽俱嗇，奈何！」已而文肅罷相，遷宅衡陽。北歸後，先祖守九江，遣先人訪文肅於京口，一見奇之，遂以先妣歸焉。後所言一一皆合，不差毫釐。其他類此尚多，不能悉記，異哉！《玉照新志》卷二。

13 見龔夬1。

14 見陳瓘12。

15 見陳瓘13。

16 元符末，曾文肅自知樞拜相，公弟文昭爲翰林，鎖宿禁中，面對喻旨草麻，文昭力辭。上云：「弟草兄麻，太平美事。禁中已檢見韓絳故事矣，不須辭。」文昭始拜命。蓋熙寧初韓康公入相，實持國當制。國朝以來，兩家而已。《金坡遺事》載錢希白爲文僖草麻，雖云儀同鈞衡，實未嘗秉政也。是時母氏年九歲，偶至東府門外觀閱，歸告文肅云：「翁翁明日相矣。」適見快行家宣叔翁入内甚急，以是逆料。」已而果然。《揮麈録》卷二。

17 熙寧中，韓子華自鄧州再入相，韓持國方在翰苑，遂當制，縉紳榮之。元豐中，官制行，曲阜公除天官，南豐先生爲西掖行詞。元符末，曾公拜相，曲阜以學士草制。曲阜對便殿，以親嫌辭，上曰：「禁中已檢見韓維故事。」乃批旨：「兄弟迭居詞禁，兄行弟詞，弟草兄制。」是日，以天寧前一日，樞密院罷齋筵，公押筵，曲阜居席。面會徹，宣名鎖院，公拜相，榮耀一時，又非韓氏之比。《南游記舊》。

18 豐相之作獨座日，曾子宣拜相，疑相之不附己，密遣其客倪直侯探其意。直侯見豐，曰：「曾公真拜，如何？」相之曰：「也且看其設施始得。」子宣聞其言，怒甚，翼日罷爲工部尚書。故相之謝表云：「内侍已成於怨府，何不思危；佞人未剡於封章，俄聞報罷。」蓋相之屢言郝隨不聽，而欲論子宣，又不果也。《曲洧舊聞》卷六。

19 見韓忠彦1。

20 見徐常1。

21 曾子宣丞相嘗排蔡京于欽聖太后簾前。太后不以爲然，曾公論不已，太后曰：「且耐辛苦。」蓋禁中語，欲遣之使退，則曰「耐辛苦」也。京已出太原，復留。《老學庵筆記》卷四。

22 曾文肅，元符末以定策功爰立作相，壹意信任，建言改元建中靖國，收召元祐諸賢而用之，首逐二蔡。而元長先已交結中禁，膠固久矣，雖云去國，而眷柬方濃。自是屢欲召用，而文肅輒尼之。一日，徽宗忽顧首相韓文定云：「北方帥藩有闕人處否？」文定對以大名府未除人。少刻，批出蔡京除端明殿學士，知大名府，仍過闕朝見。文肅在朝堂，一覽愕然，忽字呼文定云：「師朴可謂鬼劈口矣。」翌日白上，以爲不可。上乾笑曰：「朕嘗夢見蔡京作宰相，卿焉能遏邪？」數日後，臺諫王能甫、吴材希旨攻文肅，上爲罷二人。文肅自恃以安。然元長來意甚鋭，如蔡澤之欲代范睢也。甫次國門，除尚書右丞。踰月之後，文肅擬陳祐甫守南都，元長以謂祐甫、文肅姻家，訐之于上前，因遂忿争。次日，入都堂，方下馬，則一頂帽之卒喏于庭云：「錢殿院有狀申。」啓視之，乃殿中侍御史錢遹論文肅章疏副本。文肅即上馬，徑出城外觀音院，蓋承平時執政丐外待罪之地也。是晚鎖院，宣翰林學士郭知章草免文肅相制。知章啓上，未審詞意褒貶如何。上云：「當用美詞，以全體貌。」詰旦告廷，以觀文殿學士知潤州，尋即元長爲相，時崇寧元年六月也。陛辭之際，尉藉甚渥，云：「秋晚相見。」抵潤未久，而詔獄興矣。《揮麈後録》卷六。

23 見蔡卞14。

24 曾文肅公昔帥長沙，既復召，殊以不得游南嶽爲恨。元符末，大拜之日，退朝假寐，忽夢筆吏持紙請回先狀語。公自書云：「獲游名山，殊愜素願。」崇寧初罷政，累貶衡州。《五總志》。

25 曾子宣以大觀元年八月二日卒，其弟子開以三日卒，先後纔一日。《老學庵筆記》卷四。

26 曾丞相布，以卯年卯月卯日卯時卒。《玉芝堂談薈》卷五。

27 見韓絳16。

28 曾文肅十子，最鍾愛外祖空青公，有壽詞云：「江南客，家有寧馨兒。三世文章稱大手，一門兄弟獨良眉。籍甚衆多推。千里足，來自渥洼池。莫倚善題鸚鵡賦，青山須待健時歸。不似傲當時。」其後外祖果以詞翰名世，可謂父子爲知己也。《揮麈餘話》卷一。《詞林紀事》卷四。

曾肇

1 曾肇爲集賢校理兼國子監直講，修將作監勑，會其兄布論市易事被譴，執政怨未已，遂罷肇主判，滯於館下，最爲閑冷，又多希旨窺伺之者，衆皆危之，曾處之恬然無悶。余嘗贈之以詩，有「直躬忘坎陷，祥履任巑岏」。蓋謂是也。既而曾魯公公亮薨，肇撰次其行狀，上覽而善之，即日有旨除史院編修官，復得主判局務。《東軒筆録》卷六。

2 元祐間，東坡與曾子開肇同居兩省，扈從車駕，赴宣光殿。子開有詩，其略曰：「鼎湖弓劍仙游遠，渭水衣冠輦路新。」又云：「階除翠色迷宫草，殿閣清陰老禁槐。」詩語亦佳。《庚溪詩話》卷下。《宋詩紀事》卷二十三。

3 曾子開知滁州，覽訟牒，誤呼「庫」爲「庫」。其人云：「某姓庫。」子開遽於「庫」字上增一點云：「庫豈有點乎。」《能改齋漫録》卷十二。

4 見曾布16、17。

5 見吕希純3。

曾紆

1 見曾布28。

2 紹聖中，章子厚在相位，曾文肅居西府。文肅忽苦腹疾，子厚來視病。坐間，文肅忽思賸沙粥，時外祖空青先生曾公卷在侍側，咄嗟而辦。文肅食之甚美。子厚猶未去也，詢其速致之術，空青云：「適令於市中貨賸沙餡擔中買來，取其穰入粥中故耳。」子厚賞歎云：「它日轉運使才也。」其後空青仕宦，果數歷輸輓。《揮麈後録》卷七。

3 見黄庭堅39。

4 見陳瓘32。

5 劉平叔爲浙西安撫大使，乞與石惲改秩添差鎮江倅。未有成命間，石投曾公衮書，題云「南徐貳石惲」，公衮戲以「北固三曾紆」答之，皆謂名對。公衮行第三，故也。《可書》。

6 徽宗靖康初南幸，次京口，駐蹕郡治，外祖曾空青以江南轉運使來攝府事應辦，忽宣至行宮，上引至深邃之所，問勞勤渥，命喬貴妃者出焉。上回顧語喬曰：「汝在京師每問曾三，此即是也，特令汝一識耳。」蓋外祖少年日喜作長短句，多流入中禁，故爾。取七寶杯，令喬手擎滿酌，并以杯賜之，外祖拜貺而出。明清少依外氏，寶杯猶及見之，今不知流落何所。《揮麈三録》卷二。

陸佃

1 見趙抃1。

2 楚公少時，病羸瘠，骨立。忽夢一老翁，曰：「吾爲老聃，與子有緣，當愈子疾。」遂探取腸胃，於流泉中洗滌之，復納腹中。既覺，猶痛甚。自此所苦頓平。晚自政府出守亳社，謁太清宫，始悟夢中之言。《家世舊聞》卷上。

3 王荆公父子俱侍經筵，陸農師以詩賀云：「潤色聖猷雙孔子，調燮元化兩周公。」議者爲太過。然不知取杜子美送薛明府詩：「侍臣雙宋玉，戰策兩穰苴。」《能改齋漫録》卷八。參見王安石87。

4 楚公爲太學直講累年。既去，而太學獄起，學官多坐廢。……滿中行爲太學官。獄成，獨以不絓吏議被賞。楚公歎曰：「此賞豈可受也。」由是薄中行爲人。《家世舊聞》卷上。

5 王禹玉作《上永裕陵名表》，云：「垂精七閏之餘。」表猶未出，楚公與衆從官見韓玉汝。玉汝曰：「今日左揆上陵名表，用『七閏』，字何所出？」坐客莫能對。玉汝乃特以問公，公不得已，徐曰：「『五歲再閏』注似云十九年七閏爲一章。」聞者駭服。《家世舊聞》卷上。

6 見王安石201。

7 楚公在史院，一日，呂汲公來，過局，偶問：「皇甫湜何字持正？」坐客莫能對。楚公曰：「此『湜』字，《詩》中有『湜湜其沚』。」汲公歸府，纔下馬，即呼子弟檢《毛詩》，曰：「陸侍郎畏争名，不肯衆中明言，必是出□在此。」既檢，果出此句注中。《家世舊聞》卷上。

8 楚公紹聖中，坐元祐中修史，奪職守泰州。方在史院時，與諸公不合者實多，至或勸公自辯。公笑不答。到郡，以啓謝執政曰：「論涓塵之小補，或有可矜；責天地之大恩，誠云不報。」議者謂非獨得近臣之體，亦可見儒者氣象也。《家世舊聞》卷上。

9 楚公爲金陵守，有句容縣民三人同殺一人，皆論死録囚，已引服矣。而囚父詣府稱冤。公受其訴，通判狄咸争以爲既經録問，不當聽。公曰：「姑緩十日，當得之。」即設方略購捕，果以八日得真賊。蓋死人之弟與嫂通，畏事露，因害其兄，一問即服。而三人者，皆平人也，即日破械縱之。《家世舊聞》卷上。

10 楚公諱佃，字農師元祐中自金陵守丁内艱，歸鄉里。凡墓客來，皆束帶與之坐，每曰：「先墓所託，其敢忽也！」《家世舊聞》卷上。

11 楚公自元祐中出守汝陰，歷紹聖、元符十餘年，常補外，嘗賦《梅花》詩云：「與春不入都因淡，教雪難如只爲香。」蓋以自況也。《家世舊聞》卷上。

12 楚公守蔡，一日，有赦書，蓋哲宗服藥，赦言夙興御朝、數冒寒氣者。公即日躬往遍禱神祇，仍於廳事建道場祈福，設次於道場之側，晝夜不入私室。數日間，徽宗即位，赦與哲宗遺詔俱至。公啓緘，即慟哭。公婿龍圖楊公彦章趨出，叩之，見遺詔，亦掩面哭而入，家人始知其爲國䘏也。《家世舊聞》卷上。

13 楚公使虜時……虜人負載隨行物，不用兵夫，但遇道上行者，即驅役之耳。一日將就馬，一擔夫訴曰：「某是燕京進士，不能負擔。」公笑，爲言而遣之。《家世舊聞》卷上。

14 徽宗初郊，内侍請以黄金爲大裘匣，度所用止數百兩。然議者皆以爲郊費大，不應復於故事外妄費。一日，上謂執政曰：「大裘匣是不可邪？」楚公對曰：「大裘尚質，誠不當加飾。」上忽變色，曰：「如此，可便罷之，受不得豐稷煎炒矣。」楚公退謂韓、曾二公曰：「使如相之者，常在經筵，人主豈復有過舉邪！」豐公是時蓋爲工部尚書，以本職争論云。《家世舊聞》卷上。

15 楚公在亳，屬疾，嘗晝卧，忽見右□數十人列侍，皆古衣冠。初謂平生篤意《禮》學，且病中恍惚，不以爲意異也。已而數見之，始以語門生子弟。未幾，公殁。《家世舊聞》卷上。

16 楚公仕宦四十年，意無屋廬。元祐中，以憂歸，寓妙明僧舍而已。晚得地卧龍山下，欲築一區，竟亦不果。《家世舊聞》卷上。

17 楚公性儉約，尤不喜飲酒。每與弟子諸生語至夜分，不過啜菉豆粉山藥湯一杯，或進桃奴丸一服而已。《家世舊聞》卷上。

18 楚公於應對間，逡巡退讓，不肯以所長蓋衆，此吾家法也。《家世舊聞》卷上。

19 蔡元度解《易》「相見乎離」云：「刑相出見也。萬物皆相見，亦然。」又解《論語》云：「四體不勤，隳支體也。五穀不分，黜聰明也。孰爲天子，無我無人也。」龔深甫給事嘗與楚公言及此，大怒，曰：「小子敢爾！蓋聞法吏舞文矣，未聞書生舞經也。」《家世舊聞》卷上。

陸傅

1 東坡先生守錢塘，六叔祖祠部公諱傅，字岩老爲轉運司屬官，頗不合。紹聖中，章子厚作相，力薦以爲可任諫官、御史。遂召對。哲廟語訖。公至殿上，立未定，上即疾言，曰：「蘇軾！」公度章相必爲上爲錢塘不合事，乃對曰：「臣任浙西轉運司勾當公事日，軾知杭州，葺公廨及築堤西湖，工役甚大，臣謂其費財動衆，以營不急，勸止。軾遂怒，語郡官曰：『比舉一二事，與諸監司議，皆以爲然，而小勾輒呶呶不已！』『小勾』蓋指臣也。然是時歲凶民飢，得食其力以免於死、徙者頗衆。臣所争亦未得爲盡是。」上默然。章相聞之，亦不悦。以故仕卒不進。《家世舊聞》卷上。

蔡京

1 京師舊有平準務，自漢以來有是名。蔡魯公爲相，以其父名準，亦改爲「平貨務」。《石林燕語》卷四。《愛日齋叢鈔》卷一。《齊東野語》卷四。

2 晁之道嘗言：蔡侍郎準少年時，出入常有二人見於馬首，或肩輿之前，若先驅，或前或卻。問之從者，皆無所覩。準甚懼，謂有冤魂，百方禳禬，皆不能遣。既久，亦不以爲事。慶曆四年生京，而一人不見，又二年生卞，乃遂俱滅。元符末，都城童謡有「家中兩箇蘿蔔精」之語，語多不能悉記，而其末章云：「撞著潭州海藏神。」至崇寧中，賣餕餡者又有「一包菜」之語。其事皆驗。而京於靖康初貶死於長沙，豈潭州海藏亦應於此耶！《曲洧舊聞》卷八。《宋稗類鈔》卷一。《宋詩紀事》卷一百。《古謡諺》卷六十。

3 蔡元度言，其父死，委術者王壽昌於餘杭尋視葬地。數日不至，蔡因夢至一官府，有紫衣人據案而坐，望蔡之入，遥語謂曰：「汝尋葬地已得之否，野駝飲水形是也。」覺而異之。適壽昌至，問其所得，云：「有一地在臨平，山勢聳遠，於某術中佳城也。但恐觀者未誠吾言耳。」元度云：「姑言山形可也。」王云：「一大山巍然下臨浙江，即野駝飲水形也。」元度曰：「無復他求，神先告我矣。」即用之。《春渚紀聞》卷五。

4 蔡太師父準，葬臨平山，爲駞形。術家謂駞負重則行，故作塔於駞峰。而其墓以錢塘江爲水，越之秦望山爲案，可謂雄矣。然富貴既極，一旦喪敗，幾於覆族，至今不能振。《老學庵筆記》卷十。《西湖游覽志餘》卷四。《茶香室叢鈔》卷十六。

5 宣和中，蔡京嘗葬其父於臨平，及京敗，或謂此爲駱駝飲海勢，遂行下本路，遣匠者鑿破之。有金雞自石中飛出，竟渡浙江，其地至今有開鑿之徑。知地理者謂猶出帶血天子，而後濟王實生其地。《癸辛雜識》續集下。《茶香室叢鈔》卷十六。

6 〔方臘〕入錢唐，觀燈飲犒連日。因遣人發掘蔡氏父祖墳墓，露其骸骨，加以唾駡。《獨醒雜志》卷七。

7 先魯公生慶曆之丁亥，月當壬寅，日當壬辰，時爲辛亥。在昔幼時，言命者或不多取之，能道位極人臣則不過三數。及逢時遇主，君臣相魚水，而後操術者人人争談格局之高，推富貴之繇，徒足發賢者之一笑耳。大觀初改元，歲復丁亥，東都順天門内有鄭氏者，貨粉於市，家頗贍給，俗號「鄭粉家」。偶以正月五日亥時生一子焉，歲月日時，適與魯公合，於是其家大喜，極意撫愛，謂且必貴。時人亦爲之傾聳。長則恣聽其所欲爲，鬭雞走犬，一切不禁也。始年十七八，當春末，攜妓多從浮浪人，躍大馬游金明，自苑中歸，上下悉大醉矣。馬忽駭，入波水中，浸而死。《鐵圍山叢談》卷三。《宋稗類鈔》卷一。

8 熙寧、元豐間，有僧化成者，以命術聞於京師。蔡元長兄弟始赴省試，同往訪焉。時問命者盈門，彌日方得前。既語以年月，率爾語元長曰：「此武官大使臣命也，他時衣食不闕而已，餘不可望也。」語元度曰：「此命甚佳，今歲便當登第，十餘年間可爲侍從，又十年爲執政，然决不爲真相，晚年當以使相終。」既退，元長大病不言。元度曰：「觀其推步鹵莽如此，何足信哉。」更俟旬日，再往訪之，則可驗矣。」旬日復往，僧已不復記識。再以年月語之，率爾而言，悉如前説，兄弟相顧大驚。然是年遂同登科，自是相繼貴顯。於元長則大謬如此，而元度終身無一語之差。以此知世所謂命術者，類不可信，其有合者，皆偶中也。《卻掃編》卷下。《群書類編故事》卷十四。《宋稗類鈔》卷一。《茶香室四鈔》卷七。

9 姑蘇官妓姓蘇名瓊，行第九。蔡元長道過蘇州，太守召飲。元長聞瓊之能詞，因命即席爲之。乞韻，以九字。詞云：「韓愈文章蓋世，謝安情性風流。良辰美景在西樓，敢勸一巵芳酒。記得南宮高選，弟兄爭占鰲頭。金爐玉殿瑞煙浮，高占甲科第九。」蓋元長奏名第九也。《能改齋漫録》卷十六。《苕溪漁隱叢話》後集卷四十。《青泥蓮花記》卷十二。

10 成都妓尹温儀，本良家女，後以零替，失身妓籍。蔡相帥成都，酷愛之。尹告蔡乞除樂籍，蔡戲曰：「若樽前成一小闋，便可除免。」尹曰：「乞腔調。」蔡答以《西江月》。尹又乞嚴韻，蔡曰：「汝排行十九，用九字。」即便應聲云：「韓愈文章蓋世，謝安才貌風流。良辰開宴在西樓。敢勸一杯芳酒。記得南宮高過，弟兄爭占鰲頭。一門玉殿御香浮，名在甲科第九。」《花草粹編》卷六。《青泥蓮花記》卷十二。案：尹温儀，《歲時廣記》卷三十五作「尹詞客」。

11 蔡元長初登第，爲錢塘尉，巡捕至湯村，薄晚休舍，有道人狀貌甚偉，求見。蔡平日喜接方士，亟延與語，飲之酒而去。明日，宿它所，復見之。又明日，泊近村，道人復至，飲酒盡數斗，懇曰：「夜不能歸，願託宿可乎？」蔡始猶不可，其請至再，不得已許之。且同榻，命蔡居外，己處其内，戒曰：「中夜有相尋覓者，告勿言。」蔡意其姦盜亡命，將有捕者。身爲尉，顧匿之不便也。然無可奈何，展轉至三更，目不交睫。聞舍外人聲，俄頃漸衆，遂排户入，曰：「車四元在此，何由可耐！」欲就牀擒之。或曰：「恐并損牀外人，帝必怒，吾屬且獲罪。」蔡大恐，起坐，呼從吏，無一應者。道人安寢自如，撼之不動。外人云：「又被渠齁了六十年，可怪！可怪！」咨嗟良久，聞室内如揭竹紙數萬番之聲，雞鳴乃寂。呼從者，始應。問所見，皆不知。道人矍然興謝曰：「某乃車四也，賴公脱此大厄，又可活一甲子，已度世第三次矣，自此無所患。公當貴窮人爵，吾是以得免。如其不然，與公皆死矣。念無以爲報，吾有藥，能化紙爲鐵，鐵爲銅，銅爲銀，銀又爲金。公欲之乎？」蔡拒不受。强語乾汞之術，曰：「它日有急，當用之。」天且明，别去，後不復見。蔡唯以其説傳中子翛。《夷堅甲志》卷十六。《西湖游覽志餘》卷二十六。

12 南豐先生病中，介甫日造卧内，因邸報蔡京召試，介甫云：「他如何做得知制誥？一屠沽耳。」《南游記舊》。

13 見吕公著23。

14 魯公盛德，蓋自小官時，縉紳間一辭謂之有手段。元祐時守維揚，多過客，日夕盈府寺。一日，本是早膳，召客爲涼餅會者八人。俄報客繼至者，公必留，偶紛紛來又不已。坐間私語「蔡四素號有手段，今卒迫留客，且若是他食，輒咄嗟爲尚可，如涼餅者，奈何便辦耶！請共嘗之」。及食時，計留客則已四十人，而冷淘皆至，仍精腆。時以爲談柄。《鐵圍山叢談》卷六。《何氏語林》卷二十一。

15 維揚芍藥甲天下，其間一花若紫袍而中有黄緣者，名「金腰帶」。金腰帶不偶得之。維揚傳一開則爲世瑞，且簪是花者位必至宰相，蓋數數驗。昔韓魏公以樞密副使出維揚，一日，金腰帶忽出四藥，魏公異之，乃燕平生所期望者三人，與共賞焉。時王丞相禹玉爲監郡，王丞相介甫同一人俱在幕下，及將燕，而一客以病方謝不敏。及旦日，吕司空晦叔爲過客來，魏公尤喜，因留吕司空。合四人者，咸簪金腰帶。其後，四人果皆輔相矣。……是後魯公守維揚，金腰帶一枝又出，則魯公簪之，而魯公亦位極。未幾，叔父文正公亦嘗守維揚，一旦金腰帶又出。而維揚人大喜，賀文正公之重望，亟折以獻。然花適開未全也，文正公爲之悵然，亦簪而賞之焉。久之，文正公獨爲樞密使，後加使相、檢校少保，視宰相恩數。《鐵圍山叢談》卷六。

16 揚州芍藥爲天下冠。蔡京爲守，始作萬花會，用花十餘萬枝。既困諸邑，吏緣爲奸。予首罷之。《仇池筆記》卷上。《東坡志林》十二卷本之卷五。參見蘇軾249。

17 熙寧間，東平有名士王景亮者，喜名貌人，後反爲人號作「豬觜關」。世謂鄆有「豬觜關」，繇此始。……吕升卿者，形貌短劣，談論好舉臂指畫，奉使過東平，遂被目爲「說法馬留」。厥後，相去將三十餘年，王大粹靚以給事中出守東平，乃被目爲「香棖圓」者，蓋謂不能害人，且不治病也。凡輕薄類此。昔魯公以元祐時亦帥鄆，到郡大會賓客，把酒當廣坐，謂之曰：「聞公號豬觜關，凡人物皆有所雌黄。某下車來未幾，然敢問其目。」其人曰：「已得之矣。」衆皆爲悚。公喜，且笑而逼之，則曰：「相公璞也。」《鐵圍山叢談》卷三。參見吕惠卿22。

18 元祐間，蔡太師以待制守永興，值上元，陰雨連三日，不得出游。十七日雨止，欲再張燈兩夕，而吏謂：「長安大府常歲張燈，所用膏油至多，皆預爲備，今盡，臨時營之，决不能辦。」蔡固欲之，或曰：「唯備城庫貯油甚多。」然法不可妄動，亟命取用之。已而爲轉運使所劾。時吕汲公爲相，見之曰：「帥臣妄用油數千斤，何足加罪乎！」寢其奏，不下。《卻掃編》卷下。

19 强淵明帥長安，來辭蔡京，京曰：「公至彼且喫冷茶。」蓋謂長安籍妓步武小，行遲，所度茶必冷也。初不曉所以，後叩習彼風物者方知之。《清波雜志》卷六。《軒渠録》。《宋稗類鈔》卷六。

20 蔡元長自長安易鎮西川，道出華山，舊聞毛女之異，默祈一見。向晚，從者見嶽廟燒紙錢爐中有物甚異，以告元長，亟往視之，乃一婦人也。遍身皆毛，色如紺碧，而髮如漆，目光射人，顧元長曰：「萬不爲有餘，一不爲不足。」言訖而去，其疾如飛。既至成都，命追寫其像以祀之。元長親語先太史如此，并模其像而見遺。《投轄録》。

21 元祐歲壬申，魯公時帥長安，因旱，用故事上請禱雨於紫閣。紫閣者，終南之勝地。及報可，迺以軍府事付諸次官，而自擕帥幕兵甲行，纔一夕矣，翌旦飯竟，與僚屬共愒大樹下。樹旁有神祠焉，兵將則多入其間，坐未定，忽群走奔出。長安素號多虎，在外者睹人自祠廟中出奔，疑有虎伏於廟，於是衆争鳴鑼伐鼓，露白刃圍守魯公。公曰：「徐之。」召出奔者，即究其所以。迺曰：「祠殿上有土偶人，旁積楮錢，中若有物動摇者，故疑其爲虎。」公謂不然，迺命二指使：「汝入往瞰。」則竊笑而出，報曰：「迺一倮婦人坐楮錢中，以楮錢自障其身爾。」公心動，拉賓從往共視焉。纔見公，則長揖曰：「奉候於此三日矣。」公曰：「某何人，辱仙姑惠也。」復曰：「本欲蜀中相見，休止於此，相見可也。」公曰：「某帥長安。」則又曰：「本待於蜀中相見爾。」因自舉手撫土偶人，而謂公曰：「此亦有佛性。」公因嬲云：「此迺泥土瓦礫合成，安得有佛性耶？」則亦嘻笑曰：「不然。一則非一，二則非二，當如是解。」遂起揖引去，公亟展兩手横障之，曰：「願以仙姑下山，使萬人共瞻仰，豈不美哉！」因顧公曰：「好事不如無。」倮其體略不畏恥，委蛇而去矣。望之，行甚緩，倏已在廟背山之上焉。公悔，亟遣人追其蹤，則已不見，竟罔測爲何人。公疑其爲觀世音大士，然世多謂之「毛女」。魯公自紫閣禱雨還，纔踰月，果遷龍圖閣學士，帥成都。《鐵圍山叢談》卷五。

22 蔡元長帥成都，嘗令費孝先畫卦影，歷歷悉見後來，無差毫之失。末後畫小池，龍躍其中，又畫兩日兩月，一屋有鴟吻，一人掩面而哭。不曉其理。後元長南竄，死於潭州昌明寺，始悟焉。《揮麈餘話》卷二。《舊聞證誤》卷四。

23 魯公以元祐末帥蜀，道行過一小館，有物倒懸於梁間。初疑爲怪，後見《古今注》，乃知爲蝙蝠也。《鐵圍山叢談》卷六。

24 見何㮚2。

25 蔡元長自成都召還，過洛。時陳和叔爲留守，文潞公以太師就第，餞行於白馬寺。酒酣，文語蔡曰：「觀子風骨當大貴，如老夫官職必作，子孫爵禄過之。但恐無老夫安閒之適，宜深思慎處也。」《五總志》。

26 紹聖中，蔡京館遼使李儼，蓋泛使者，留館頗久。一日，儼方飲，忽持盤中杏曰：「來未花開，如今多幸。」京即舉梨謂之曰：「去雖葉落，未可輕離。」《老學庵筆記》卷四。《宋稗類鈔》卷六。

27 魯公在從班時，以趙安定王甲第傍近宫闕，便謁見，因僦止焉。其地甚古，號多凶怪。既入居之，是夕，有異人劉快活者，謂魯公未宜寢也。公曰：「諾。」乃命酒，與痛飲。厘三鼓矣，中堂黑暗處輒格格有聲甚厲，忽覩一猴，猴類人長大，緩緩而出於外，因忽不見。時夜中倉卒，故不大驚，然劉但顧曰：「汝又勝他不過。」公亦大笑，謂劉：「此豈非所謂『山魈』者耶？」遂偕就枕而睡。《鐵圍山叢談》卷四。

28 泰陵時，蔡元長爲學士。故事，供貼子，皇太后、皇帝、皇后閣各有詞，諸妃閤同，用四首而已。時昭懷劉太后充貴妃，元長特撰四首以供之，有「三十六宮人第一，玉樓深處夢熊羆」。《墨莊漫録》卷四。

29 紹聖間，天下號能書，無出魯公之右者。……公在北門，有執役親事官二人，事公甚恪，因各置白團扇爲公扇涼者。公心喜之，皆爲書少陵詩一聯，而二卒大愠。見不數日，忽衣戴新楚，喜氣充宅，以親王持二萬錢取之矣，願益書此。公笑而不答。親王，時迺太上皇也。後宣和初，曲燕在保和殿，上語及是，顧謂公：「昔二扇者，朕今尚藏諸御府也。」《鐵圍山叢談》卷四。《佩文齋書畫譜》卷三十四。

30 元符初上巳，錫輔臣侍從宴。故事，公裳簪御花。早集竟，時有旨宣侍臣以新龍舟。而龍舟既就岸，於是侍臣以次登舟。至魯公適前，而龍舟忽遠開去，勢大且不可回，魯公遂墮於金明池，萬衆諠駭，倉卒召善泅水者。未及用，而魯公自出水，得浮木而憑之矣，宛若神助。既得濟岸，入次舍，方一身淋漓，蔣公穎叔之奇唁公曰：「元長幸免瀟湘之役。」魯公顔色不變，猶拍手大笑，答曰：「幾同洛浦之游。」一時服公之偉度也。公時爲翰林學士承旨，蔣時爲翰林學士云。《鐵圍山叢談》卷三。《何氏語林》卷二十七。

31 李元膺早負才名，詩句精巧，蔡太師京深知之。蔡在翰苑，嘗因賜宴西池，失脚落水幾至没溺。元膺聞之，笑曰：「蔡元長都濕了肚裏文章也。」蔡聞之大怒，卒不得召用而卒。《高齋漫録》。

32 見章惇36。

33 見章惇37。

34 魯公爲北門承旨，時翰苑偶獨員，當元符末，命召入内東門草哲廟遺制，既未發喪，事在祕密，獨學士與宰執而已。於是知樞密使曾布捧研以度魯公，左丞叔父文正公爲磨墨，宰臣章惇手自供筆而授公焉。魯公後每曰：「始覺儒臣之貴也。」《鐵圍山叢談》卷一。

35 蔡京嘗入朝，已立班上。御殿差晚，杲日照耀，衆莫敢仰視，京注目久而不瞬。陳瑩中私謂同列曰：「此公真大貴人也。」或曰：「公明知其貴相，胡不少貶，而議論之間大不相恕，何耶？」瑩中誦老杜詩曰：「射人先射馬，擒賊先擒王。」且云：「此人得志，乃國家之大賊。」遂以急速公事請對，疏京悖逆十事。《事文類聚》後集卷十九。《群書類編故事》卷九。

36 元符末，魯公自翰苑謫香火祠，因東下無所歸止，擬將卜儀真以居焉，徘徊久之，因艤舟於亭下。米元章、賀方回來見，俄一惡客亦至，且曰：「承旨書大字，世舉無兩。然某私意，若不過賴燈燭光影以成其大，不然，安得運筆如椽者哉？」公哂曰：「當對子作之也。」二君亦喜，俱曰：「願與觀。」公因命具飯磨墨。時適有張兩幅素者。食竟，左右傳呼舟中取公大筆來，即睹一筒道簾下出。筒有筆六七枝，多大如椽臂，三人已愕然相視。公乃徐徐調筆而操之，顧謂客：「子欲何字耶？」惡客即拱而答：「某願作『龜山』字爾。」公迺大笑，因一揮而成，莫不太息。墨甫乾，方將共取視，方回獨先以兩手作勢，如欲張圖狀，忽長揖卷之而急趨出矣。於是元章大怒。坐此，二人相告絶者數歲，而始講解。迺刻石於龜山寺中，米老自書其側曰：「山陰賀鑄刻石也。」《鐵圍山叢談》卷四、《佩文齋書畫録》卷三十四。

37 見釋妙應1。

38 餘杭沈野，字醇仲……嘗於錢塘與一道士楊希孟醇叟相遇，喜其開爽善談，即延與同邸而居。沈善談人倫，而不知醇叟妙於此術也。時蔡元長自翰長黜居西湖，日遣人邀致醇叟。一日晚歸，沈語楊曰：「余嘗觀翰林風骨氣宇，皆足以貴而定不入相。」楊徐曰：「子目力未至，此人面如美玉琢成，百體完就，無一不佳者。是人當作二十年太平宰相，但其終未可盡談也。」《春渚紀聞》卷三。

39 蔡元長元符末閒居錢塘。無憀中，春時往霅川，游郊外慈感寺。寺僧新建一堂，頗偉勝。元長即拈筆題云：「超覽堂。」適有一客在坐，自云能相字，起賀云：「以字占之，走召入見，而臣字旁觀如月，四字居中，當在初夏。」已而果然。《揮麈餘話》卷二。《泊宅編》十卷本卷九。《玉芝堂談薈》卷八。

40 元符、建中之間，蔡京以宮觀居浙，中宮遣〔童〕貫詣天竺禱觀音求嗣。京素與内臣交通，然不識貫也，因候，見之於天竺山中，邀與歸，置酒甚歡。因問：「禱聖嗣以何爲佛事？」貫以實告。京陽驚，曰：「富人家求子，亦不至如是之薄。」貫乃曰：「宮中何從得錢？」京又歎曰：「朝廷乃如此不應付耶！國家府庫，如山如海，皆上物也。」貫既歸，大播此語，於是宮人近習，人人恨不得蔡内翰即日爲相矣。京既大用，因言舊嘗聞李憲言，憲輩已老，西事當得信臣，有童貫者，雖年少，奇才也。於是遣貫使陝西，措置邊事矣。《家世舊聞》卷下。

41 蔡京在相位日，權勢甚盛，内外官司公移皆避其名，如京東、京西並改爲畿左、畿右之類。蔡門下昂避之尤謹，併禁其家人，犯者有笞責。昂嘗自誤及之，家人以爲言，乃舉手自擊其口。蔡經國聞京閩音，稱京爲經，乃奏乞改名純臣。《齊東野語》卷四。

42 宰相堂食，必一吏味味呼其名，聽索而後供。此禮舊矣。獨「菜羹」以其音頗類魯公姓諱，故迴避而曰「羹菜」，至今爲故事。《鐵圍山叢談》卷二。

43 自唐至本朝，中書門下出敕，其敕字皆平正渾厚。元豐後，敕出尚書省，亦然。崇寧間，蔡京臨平寺額作險勁體，「來」長而「力」短，省吏始效之相誇尚，謂之「司空敕」，亦曰「蔡家敕」，蓋妖言也。京敗，言者數其朝京退送及公主改帝姬之類，偶不及蔡家敕。故至今敕字蔡體尚在。《老學庵筆記》卷八。

44 〔蔡〕京爲相……詣學自嘗饅頭。其中没見識士人，以手加額曰：「太師留意學校。」《朱子語類》卷一百三十。《宋稗類鈔》卷二。

45 蔡元長當國時，士大夫問軌革，往往畫一人戴草而祭，輒指之曰：「此蔡字也，必由其門而進。」及童貫用事，又有畫地上奏樂者，曰：「土上有音，童字也。」其言亦往往有驗。及二人者廢，則亦無復占得此卦。《老學庵筆記》卷十。

46 吴伯舉守姑蘇，蔡京自杭被召，一見大喜之。京入相，首薦其才，三遷爲中書舍人。時新除四郎官，皆知縣資序。伯舉援舊例，言不應格。京怒，落其職，知揚州。未幾，京客有稱伯舉之才者，且言此人相公素所喜，不當久棄外。京曰：「既作好官，又要作好人，兩者豈可得兼耶！」《曲洧舊聞》卷六。

47 崇寧二年鑄大錢，蔡元長建議俾爲折十，民間不便之。優人因内宴爲賣漿者，或投一大錢飲一杯，而索償其餘，賣漿者對以「方出市，未有錢，可更飲漿」，乃連飲至于五六。其人鼓腹曰：「使相公改作折百錢，奈何！」上爲之動，法由是改。又大農告乏，時有獻廩俸減半之議。優人乃爲衣冠之士，自冠帶衣裙被身之物輒除其半，衆怪而問之，則曰「減半」。已而兩足共穿半袴，躄而來前，復問之，則又曰「減半」。

問者乃長歎曰：「但知減半，豈料難行。」語傳禁中，亦遂罷議。《獨醒雜志》卷九。

48 崇寧錢文，徽宗嘗令蔡京書之。筆畫從省，「崇」字中以一筆上下相貫，「寧」字中不從心。當時識者謂京「有意破宗，無心寧國」。後乃更之。《獨醒雜志》卷三。

49 〔蔡〕京在相位，偶在告未出。有某氏，先在兩家各生一子。後二子入從，争欲迎母歸養，未知適從。事至朝廷，執政無所處，持以白京。京曰：「此亦何難，第問其母願歸何處。」一言遂決。又一歲，户部欠郊費若干，長、貳堂白，京唯唯。期逼，申言之，答以「徐之」。旋聞下文思院鑄錢樣，亦叵測。時富商大賈在京識事者，懲屢變鹽法之害，亟以所蓄筭請鈔旁。不數日，府庫沛然。《清波雜志》卷二。

50 承平時，宰相入省，必先以秤秤印匣而後開。蔡元長秉政，一日秤匣頗輕，疑之，摇撼無聲。吏以白元長，元長曰：「不須啓封，今日不用印。」復攜以歸私第。翌日入省，秤之如常日，開匣，則印在焉。或以詢元長，元長曰：「是必省吏有私用者，偶倉猝不能入。倘失措急索，則不可復得，徒張皇耳。」《揮麈後録》卷三。《雲谷雜紀》卷三。《宋稗類鈔》卷三。

51 蔡相當國日，有二人求堂除。適有美闕，二人競欲得之，且皆有薦拔也。蔡莫適所與，即謂曰：「能誦盧仝《月蝕》詩乎？」内一耆年者應聲朗念，如注瓶水，音吐鴻暢，一坐盡傾。蔡喜，遂與美除。《捫蝨新話》卷四。

52 見張懷素3。

53 見徐守信7。

54 徐神翁自海陵到京師，蔡〔魯公〕謂徐云：「且喜天下太平。」是時河北盜賊方定，徐云：「太平？天上方遺許多魔君，下生人間，作壞世界。」蔡云：「如何得識其人？」徐笑云：「太師亦是。」《錢氏私志》。
《宋稗類鈔》卷六。

55 徽宗幸端門觀燈，御西樓，下視蔡魯公幕次，以金橘戲彈，至數百丸。《可書》。

56 蔡元長嘗闢便坐曰南軒。有獻詩者曰：「此軒端的向南開，上下東西總不該。更有一般堪愛處，北風偏向後門來。」《浩然齋雅談》卷中。《茶香室續鈔》卷二十三。

57 崇寧中，蔡魯公當國。士人有陳獻利害者，末云：「伏望閒燕，特賜省覽。」有得之欲讒公者，密摘以白上，曰：「清閒之燕，非人臣所得稱，而魯公受之不以聞。」魯公引《禮》「孔子閒居」、「仲尼燕居」自辨，乃得釋。《石林燕語》卷十。

58 見宋徽宗11。

59 蔡京當國，倡爲豐亨豫大之説，以肆蠱惑。其生日，天下郡國皆有饋獻，號「太師生辰綱」，富侈可知也。文士錦囊玉軸，競進詩詞。獨喜周邦彦詩云：「化行禹貢山川外，人在周公禮樂中。」《歸田詩話》卷中。

60 蔡京崇寧中以星文罷相，般出觀音院待罪。客有過之者，京泣曰：「京若負國，即教三子都没前程。」好事者戲云：「兩行珠淚下，三箇鳳毛災。」《高齋漫録》。

61 蔡京爲左僕射日，官守司空，坐慧星竟天去位。太學諸生用坡公《滿庭芳》詞嘲之。今記其數語云：「光芒長萬丈，司空見慣，應謂尋常。」末句云：「仍傳儋崖父老，祇候蔡元長。」蔡命字正取元者善之長也。長音丁丈反，而其解《易》以爲長短之長，故因以爲戲。及再當國，密諭學官訪首唱者斥逐之。《夷堅三志》己卷六。

62 魯公拜維垣，親客來賀。公略無德色，且笑語猶常時，因語客曰：「某仕宦已久，皆悉之矣。今位極人臣，則亦可人，所謂骰子選爾。人間榮辱，顧何足算！」骰子選者，蓋自公始爲太廟齋郎，登上第，調錢塘縣尉，綿歷内外，而後至太師也。《鐵圍山叢談》卷三。

63 大觀末，魯公責宫祠，歸浙右。吾侍公舟行，一日過新開湖，睹漁艇往還上下。魯公命吾呼得一艇來，戲售魚可二十鬣，小大又勿齊。問其直，曰：「三十金也。」吾使左右如數以金畀之焉。去來未幾，忽遥見槳艇甚急，飛趁大舟矣。吾與公咸愕然，謂：「此必得大魚乎？將喜而復來耶？」頃已及，則曰：「始貨其魚，約三十金也。今乃多其一，用是來歸爾。」魯公笑而卻之，再三不可，竟還一錢而後去。吾時年十四矣，白魯公：「此豈非隱者耶？」公曰：「江湖間人不近市廛者，類如此。」《鐵圍山叢談》卷三。

64 政和中，蔡太師在錢塘，一日中使賜茶藥，亦於合中得大玉環徑七寸，色如截肪。京拜賜，即治行。後二日，詔至，即日起發。《老學庵筆記》卷九。

65 崇寧五年，長星見。蔡京斥居浙西，時事小變，士大夫觀望，或於秉筆之際有向背語。蔡既再相，門人蘇棫者，自漳州教授召赴都堂，審察獻議，乞索天下學官五年所撰策題，下三省委官考校，以定優劣。坐是停替者三十餘人。棫爲太學博士，遷司業卒。《泊宅編》十卷本卷二，又見三卷本卷上。

66 魯公召自錢塘而再相也，與何傅適有皆召之美。而何傅每歎近時錫賚薄少者，魯公頓報之曰：

「公所謂自作自受故也。」當是時，方粉飾太平，務復古禮制。一日殿庭講事罷，共歸都堂。魯公復向何傅歎行禮久，頗厭疲勞。何傅於是忽起而報曰：「此亦吾公師所謂自作自受矣。」公爲之笑。《鐵圍山叢談》卷四。

67 蔡京改官制，遂奏云：「昔太宗皇帝嘗爲尚書令。今後更不除尚書令。」殊不知爲尚書令者乃唐太宗也。……舉朝莫不笑之，而不敢指其非。《朱子語類》卷一百十二。《宋稗類鈔》卷六。

68 蔡京爲太師，賜印文曰「公相之印」，因自稱「公相」。童貫亦官至太師，都下人謂之「媪相」。《老學庵筆記》卷四。《宋稗類鈔》卷一。

69 蔡京首以太師爲公相，其子攸自淮康軍節度使除開府儀同三司，遂父呼公相，子呼相公。時傳京父子入侍曲宴，上云：「相公公相子。」京對云：「人主主人翁。」《萍洲可談》卷一。參見蔡攸3。

70 政和中，〔蔡京〕以太師領三省事，得治事於家。弟卞以開府在經筵，嘗挾所親將仕郎吴説往見，坐於便室，設一卓，陳筆硯，置玉版紙闊三寸者數十片於上。卞言常州教授某人之淹滯，曰：「自初登科作教官，今已朝奉郎，尚未脱故職。」京問：「何以處之？」卞曰：「須與一提學。」京取一紙，書其姓名及提舉學事字而缺其路分，顧曰：「要何處？」卞曰：「其家極貧，非得俸入優厚處不可。」於是書「河北西路」字，付老兵持出。俄别有一兵齎一雙緘及紫匣來，乃福建轉運判官直龍圖閣鄭可簡，以新茶獻，即就可漏上書「祕撰運副」四字授之。卞方語及吴説曰：「是安中司諫之子，頗能自立。」且王逢原外孫，與舒王夫人姻眷，其母老，欲求一見闕省局。」京問：「吴曾踏逐得未？」對曰：「打套局適缺。」又書一紙付出。少頃，卞目吴使先退。吴之從姊嫁門下侍郎薛昂，因館其家，纔還舍，具以告昂，嘆所見除目之迅速。昂曰：「此三者已節次書黄矣。」《容齋三筆》卷十五。

71 見明節劉貴妃1。

72 聶山、胡直孺同爲都司，一日過堂，從容爲蔡京言道流之横。京慨然曰：「君等不知耳，淫侈之風日熾，姑以齋少間之，不暇計此曹也。」京之善文過如此。《老學庵筆記》卷八。

73 蔡京書神霄玉清萬壽宫及玉皇殿之類，玉字旁一點，筆勢險急。有道士觀之曰：「此點乃金筆，而鋒芒侵王，豈吾教之福哉？」《老學庵筆記》卷九。

74 見王老志2。

75 見王老志3。

76 劉跛子者，洛陽人，知人死生禍福，歲一至京師。前輩雜説中多記之。至宣和猶在，蔡元長正炎盛，聞其入都，……即令其子絛屏騎從往訪之。跛子以手揮之勿令前，且取一瓦礫，用土書一「退」字，更無它語。絛歸以告于元長，元長悟其言而不能用，遂至于敗。《揮麈餘話》卷二。

77 見張弼1。

78 〔蔡〕元長始以「紹述」兩字劫持上下，擅權久之。知公議不可以久鬱也，宣和間，始令其子約之，招致習爲元祐學者。是以楊中立、洪玉父諸人皆官于中都。又使其門下客著《西清詩話》以載蘇、黄語，亦欲爲他日張本耳。《能改齋漫録》卷十。《宋稗類鈔》卷二。

79 政和末，或於洛水得石，大如拳也。青黳，有草字兩行，作黄白文，上之。俄一士人又得洛石，政相同，亦上。皆曰魯公天與之道，急急欲公之奉行，此必有兆。《鐵圍山叢談》卷四。

80 政和末，老蔡以太師魯國公總治三省，年已過七十，與少宰王黼争權相傾。朱藏一在館閣，和同舍《秋夜省宿》詩云：「老火未甘退，稚金方力征。炎涼分勝負，頃刻變陰晴。」兩人門下士互興譖言，以爲嘲謗。……是時士論指三館爲鬧藍。《容齋四筆》卷十五。

81 見王黼11。

82 見王黼23。

83 見王安中6。

84 吴倜，字公度，吴興人，試補太學爲第一。崇寧五年，群禮部七千之士而魁之。……初自删定勑令所出爲寧海推官。時蔡京罷相居城中，意其生計從容，委買霅川土物無虚月，倜意不平。念吾以文學起身，而不以儒者見遇，報以實直。京覺之而怒。重和二年，召爲九域圖志所編修官。時京以太師魯公賜第京師，朝朔望。一日，上問京：「卿曩居杭，識推官吴倜乎？今以大臣薦，欲除官。」對曰：「識之，其人傲狠無上。」上驚曰：「何以知之？」曰：「吴知陛下御諱而不肯改，乃以一圈圍之。」蓋言「倜」字也，上默然不懌。未幾，言者承風旨論罷，自是不復出。及京敗，知鄆州孫礬言巴人有草祭之謡，上其事。甚者論其即倉爲宅，拆倉字爲人君二字，謂京有不臣之心。雖若附會，然亦平日好以字畫中傷善類之報也。《齊東野語》卷十一。

85 范致虛謙叔與蔡元長相迕，久處閑散。宣和初，自唐州方城召還，提舉寶籙宮。未幾，執政。時元長以五日一造朝，居西第，乃與謙叔釋憾。一日，觴於西園，主禮勤渥，元長作詩見意云：「一日趨朝四日閑，荒園薄酒願交歡。三峯崛起無平地，二派争流有激湍。極目榛蕪惟野蔓，忘情魚鳥自波瀾。滿船載得圭璋重，更掬珠璣洗眼看。」「三峯」、「二派」雖皆園中景，蓋有激而云。《墨莊漫録》卷二。

86 宣和中，蔡魯公閑居京師，有方士持陰陽丹一兩許，如彈子大，色正紅，以獻之。置之水中，隨十二時上下，六陽時則浮上，六陰時則沈，仍各準其方位，不差晷刻。云：「用水摶爲丸，每餌一粒，可延百歲。」蔡受之而不敢輒服。《夷堅支志》癸卷三。

87 宣和五年，向元伯爲開封令。蔡魯公已致仕，嘗設醮于城外凝祥宫。向往謁之，蔡留宿。明旦，見其子攸、孫衡等十餘人來問安，皆腰金施狨，且多張蓋者。向退省其舅何志同尚書，歎詫其盛。坐客有京畿轉運使曾徽言，與蔡不合，以言鄙薄，既而悔之。何曰：「毋多談。齊先生適在此，太師所敬也，可見之。」乃邀與同席。齊生曰：「吾素受蔡公異顧，今館于後圃，待我甚至，不當談其短。偶聞運使之語，是將然矣。」徽言諱前説，齊生曰：「無傷也。蔡公與我語，不問其身，但詢其子孫。吾應之曰：『好。』然常以妄言自愧也。諸公見其高門華屋，上干霄漢，三年之後，無一瓦蓋頭矣。金勒狨鞍，赫弈照市，三年之後，雖蹇驢亦無有矣。人言秋風落葉，此真是也。哀哉！」時諸蔡方盛，皆不敢出聲。三歲而蔡氏敗。《夷堅乙志》卷六。

88 宣和末，黄安時曰：「亂作不過一二年矣。天使蔡京八十不死，病亟復蘇，是將使之身受禍也。

天下其能久無事乎！」《老學庵筆記》卷四。《家世舊聞》卷下。

89 蔡攸既與王甫、童貫興燕山之役，攸父京以詩寄攸曰：「老懶身心不自由，封書寄與淚橫流。百年信誓當深念，三伏正塗合少休。目送旌旗如昨夢，心存關塞起深愁。緇衣堂下清風滿，早早歸來醉一甌。」徽廟聞之，命鄧珙索之，京即録以進呈。上讀之，徐曰：「好改作『六月王師好少休』也。」蓋時白溝報不捷，故有是語。《庚溪詩話》卷下。參見蔡攸8。

90 見蔡攸6。

91 蔡京持禄固位，能忍辱，古今大臣中少有比者。自丙戌罷相，則密求游從，不肯去都城。未踰年，果再入。至庚寅，又因星變去位，臺諫論不已，僅能使在外任便居住。京又欲留連南京，聞張天覺除中書侍郎，乃皇遽東下，於姑蘇因朱沖内連貴璫，人人與爲地，撫問絡繹。至壬辰春召還第，聲艷光寵，邁於平昔遠矣。宣和間，王黼當軸，京勢少衰。黼之徒恐不爲己利，百方欲去之，然京終不肯去。於是始遣童貫并令蔡攸同往取表。京以攸被旨俱來，乃置酒留貫飲，攸亦預焉。京以事出不意，莫知所爲。酒方行，自陳曰：「某衰老宜去，而不忍遽乞身，以上恩未報，此心二公所知也。」時左右聞京并呼攸爲公，無不竊笑者。其後，大臣有當去而不去者，往往遣使取表，自京始。《曲洧舊聞》卷七。《清波雜志》卷二。《清波别志》卷中。《宋稗類鈔》卷一。

92 民謡有云：「二蔡一惇，心定沙門。籍没家財，禁錮子孫。」《宣和遺事》元集。

93 見童貫5。

94 見何執中8。

95 蔡元長少年鼎貴，建第錢塘，極爲雄麗，全占山林江湖之絶勝。今行在殿前司是也。宣和末，金寇豖突，盡以平日之所積，用巨艦泛汴而下，置其宅中。靖康初，下籍没之詔。適毛達可友守杭州，達可，元長門下士也，緩其施行，密喻其家，藏隱逾半，所以蔡氏之後皆不貧。又嘗以金銀寶貨四十擔，寄其族人家海鹽者，已而蔡父子兄弟誅竄，不暇往索，盡掩爲己有。至今海鹽蔡氏富冠浙右。《揮麈餘話》卷二。《西湖游覽志餘》卷四。

96 蔡元長嘗論薦毛友龍，召對，上問曰：「龍者君之象，卿何得而友之？」友龍不能對，遂不稱旨。退語元長，元長曰「是不難對，何不曰『堯舜在上，臣願與夔、龍爲友』？」他日再薦之，復召對，上問大晟樂，友龍曰：「訛。」上不諭其何謂也。已而元長入見，上以問答語之，對曰：「江南人唤『和』爲『訛』，友龍謂大晟樂主和爾。」上頷之，友龍乃得美除。《獨醒雜志》卷一。

97 見李光3。

98 江湖間小龍號靈異。……及靖康之初家破，魯公貶嶺外。吾從行至江陵，將遵陸出鼎、澧間。公畏暑，因改卜舟，行下江陵，憩渚宫之沙頭一倉官廨舍，纔弛擔，則小龍復出見。魯公爲之涕下，且感念神龍，乃不忘恩舊一如此。吾戲公曰：「固知小龍之必來爾。」公愕詢其故，吾始曰：「此亦出公之門也。苟每加意於是，無世情者則今日必來，使此龍一出，世間有世情當又不來。是烏足辱人懷抱耶？」公乃收淚而笑。《鐵圍山叢談》卷六。

99 吕辨者，蔡〔魯公〕門人。蔡罷，珠履盡散，獨吕送至長沙。吕乘間問蔡云：「公高明遠識，洞鑒古今，知國家之事必至於斯乎？」答云：「非不知也，將謂老身可以幸免。」《錢氏私志》。《昨非庵日纂》二集卷八。《宋稗類鈔》卷六。

100 蔡元長既南遷，中路有旨，取所寵姬慕容、邢、武者三人，以金人指名來索也。元長作詩以别云：「爲愛桃花三樹紅，年年歲歲惹東風。如今去逐它人手，誰復尊前念老翁。」初，元長之竄也，道中市食飲之類，問知蔡氏，皆不肯售，至於詬罵，無所不道。州縣吏爲驅逐之，稍息。元長轎中獨歎曰：「京失人心，一至於此。」至潭州，作詞曰：「八十一年住世，四千里外無家。如今流落向天涯，夢到瑶池闕下。玉殿五回命相，彤庭幾度宣麻。止因貪此戀榮華，便有如今事也。」後數日卒。門人吕川卞老醵錢葬之，爲作墓志，迺曰「天寶之末，姚、宋何罪」云。《揮塵後録》卷八。《雲谷雜紀》卷三。《西湖游覽志餘》卷四。《堯山堂外紀》卷五十五。《詞苑叢談》卷七。《宋稗類鈔》卷六。《堅瓠丁集》卷四。《詞林紀事》卷六。《宋詩紀事》卷二十五。

101 蔡元長後房曰武恭人，亦妙麗不凡。元長謫嶺表，武在京師爲一使臣姓孫人所蓄，乃攜孫竄至南京，亦爲郡所拘。七月，開封差人擒之，送入京師。《墨莊漫録》卷四。

102 蔡魯公帥成都，一日於藥市中，遇一婦人多髮如畫者毛女，語蔡云：「三十年後相見。」言訖不知所在。蔡後以太師魯國公致仕居京師，一日在相國寺資聖閣下納涼，一村人自外入，直至蔡前云：「毛女有書。」蔡接書，其人忽不見。啓封，大書「東明」二字，蔡不曉其意。後貶長沙，死於東明寺，因就葬焉。《錢氏私志》。

103 徽宗召天下道術之士，海陵徐神翁亦至。神翁好寫字與人，多驗。蔡京得「東明」二字，皆謂東明乃向日之方，可卜富貴未艾。後京貶死潭州城南五里外東明寺，比之六賊，獨免誅戮。《清波雜志》卷二。《宋稗類鈔》卷六。

104 蔡京祖某、父準及京，皆以七月二十一日卒，三世同忌日。《老學庵筆記》卷四。《玉芝堂談薈》卷五。

105 〔蔡〕京之卒，適潭守乃其仇，數日不得殮，隨行使臣輩藁葬於漏澤園，人謂得其報。……宣和間，京師染色，有名「太師青」者，迨京之殮，無棺木，乃以青布條裹屍，兹其讖也。《清波雜志》卷二。《宋詩紀事》卷二十五。

106 蔡太師作相時，衣青道衣，謂之「太師青」；出入乘椶頂轎子，謂之「太師轎子」。《老學庵筆記》卷十。

107 蔡元長南遷，道出長沙，卒於城南五里東明寺，遂草殯于寺之觀音殿後。有蜀僧游方過之，慨然因題詩于壁曰：「三十年前鎮益州，紫泥丹詔鳳池游。大鈞播物心難一，六印懸腰老未休。佐主不能如傅說，知幾那得似留侯。功名富貴今何在，寂寂招提一土丘。」《梁溪漫志》卷十。

108 予於《夷堅丁志》中載蔡京胸字，言京死後四十二年遷葬，皮肉消化已盡，獨心胸上隱起一卍字，高二分許，如鐫刻所就。《容齋三筆》卷十六。《茶香室續鈔》卷四。

109 蔡京賜第在都城之東，周圍數十里。籍没後，賜种師中，未及遷入，一夕煨燼無遺。時有上官悟作《城東甲第曲》，備書盛衰之變，士皆傳誦，其末四句云：「皇天去人不盈尺，怙勢驕淫神所厄。君不見喬木參天獨樂園，至今人道温公宅。」上官，邵武人。《清波別志》卷下。

110 靖康元年丙午十一月二十五日，金兵至京城下。……〔閏十一月〕初八夜，遺火焚蔡京宅，火光亘天，鄰屋無所犯。明旦，士庶觀之，咸謂國家召禍，造端乃蔡京爲首，宅焚無片木，而不及鄰，實本天意。人皆欣悦。《朝野僉言》。

111 余頃見史院《神宗國史》稿富韓公傳稱，少時，范仲淹一見，以王佐期之。蔡太師大書其旁曰：「仲淹之言，何足道哉！」《卻掃編》卷中。

112 魯公號知人，每語其人脩短，大略多驗。大觀初，有詣都省投牒訴改官者，魯公召上聽事所，曰：「改官匪難，當别有驟進用，徑入侍從行綴矣。然反覆不常，惟畏慎作撲稜態過當，卒致身輔相。」吾笑之，而魯公不以爲憾。迺僞楚也。《鐵圍山叢談》卷三。

113 蔡魯公喜接賓客，終日酬酢不倦。遇家居賓客少間，則必至子弟學舍，與其門客從容燕笑。蔡元度稟氣弱，畏見賓客。每不得已一再見，則以啜茶多，退必嘔吐。嘗云：「家兄一日無客則病，某一日接客則病。」《石林燕語》卷十。《蓼花洲閒録》。《讀書鏡》卷九。《宋稗類鈔》卷四。

114 「和尚置梳篦」，亦俚語，言必無所用也。崇寧中間改僧爲德士，皆加冠巾。蔡魯公不以爲然，嘗争之不勝。翌日有冠者數十人詣公謝，髮既未有，皆爲贋髻以簪其冠。公戲之曰：「今當遂置梳篦乎？」不覺哄堂大笑，冠有墜地者。《石林避暑録話》卷三。《古謡諺》卷六十。

115 有士大夫於京師買一妾，自言是蔡太師府包子厨中人。一日，令其作包子，辭以不能。詰之曰：「既是包子厨中人，何爲不能作包子？」對曰：「妾乃包子厨中縷葱絲者也。」曾無疑乃周益公門下士，有委之作志銘者，無疑援此事以辭曰：「某於益公之門，乃包子厨中縷葱絲者也，焉能作包子哉！」《鶴林玉露》丙編卷六。《宋稗類鈔》卷六。

116 蔡太師京，厨婢數百人，庖子亦十五人。《説略》卷二十五。

117 蔡太師京，厨婢數百人，每殺鵪子輒千餘。《玉芝堂談薈》卷四。

118 蔡元長京既貴，享用侈靡，喜食鶉，每預蓄養之，烹殺過當。一夕夢鶉數千百訴於前，其一鶉居前致辭曰：「食君廩中粟，作君羹中肉。一羹數百命，下箸猶未足。羹肉何足論，生死猶轉轂。勸君宜勿食，禍福相倚伏。」《庚溪詩話》卷下。《虚谷閒鈔》。《堯山堂外紀》卷五十五。《宋詩紀事》卷九十九。

119 蔡元長當國，每喜食鶉。一夕，夢黄衣老人曰：「來日當自被害，願公貸命。」蔡問：「汝何人？」乃誦詩云：「食君數粒粟，充君羹中肉。一羹斷數命，下筯猶未足。口腹須臾間，福禍相倚伏。願公戒勿殺，死生如轉轂。」覺而異之，詢於掌饍，得黄鶉數十，放之。《湖海新聞夷堅續志》前集卷二。

120 蔡元長爲相日，置講議司，官吏數百人，俸給優異，費用不貲。一日，集僚屬會議，因留飲，命作蟹黄饅頭。飲罷，吏略計其費，饅頭一味爲錢一千三百餘緡。又嘗有客集其家，酒酣，京顧庫吏曰：「取江西官員所送鹹豉來！」吏以十缾進，客分食之，乃黄雀肫也。元長問：「尚有幾何？」吏對以「猶餘八十有奇」。《獨醒雜志》卷九。

121 蔡京庫中，點檢蜂兒見在數目，得三十七秤；黄雀鮓自地積至棟者滿三楹，他物稱是。《清波雜志》卷五。《齊東野語》卷十六。《宋稗類鈔》卷二。

122 吴幵正仲云，渠爲從官，與數同列往見蔡京，坐於後閤。京諭女童使焚香，久之不至，坐客皆竊怪之。已而，報云香滿，蔡使卷簾，則見香氣自他室而出，靄若雲霧，濛濛滿坐，幾不相睹，而無煙火之烈。既歸，衣冠芳馥，數日不歇。計非數十兩，不能如是之濃也。《雞肋編》卷下。

123 譚振言，蔡京當國，一日感寒，振與數親客問疾，見之後堂東閤中。京顧小鬟令焚香，移頃鬟不至，振頗疑其忘之耶。久之，鬟復至白京云：「香已滿。」京云：「放。」鬟即去。聞近北有若人捲簾聲者，方至坐北一簾，其熢焞滿室如霧。京謂客曰：「香須如此燒，乃無烟氣。」《悦生隨抄》。《宋稗類鈔》卷二。

124 見范致虚3。

125 蔡京賜第，宏敞過甚。老疾畏寒，幕帟不能禦，遂至無設牀處，惟撲水少低，間架亦狹，乃即撲水下作卧室。《老學庵筆記》卷八。

126 蔡京罷政，賜鄰地以爲西園，毁民屋數百間。一日，京在園中，顧焦德曰：「西園與東園景致如何？」德曰：「大師公相，東園嘉木繁陰，望之如雲；西園人民起離，淚下如雨。可謂東園如雲，西園如雨也。」語聞，抵罪。《清波雜志》卷六。

127 京師士人出游，迫暮過人家，缺牆似可越。被酒試踰以入，則一大園，花木繁茂，徑路交互，不覺深入。天漸暝，望紅紗籠燭而來，驚惶尋歸路，迷不能識，亟入道左小亭。小亭中氈下有一穴，試窺之，先有壯士伏其中，見人驚奔而去，士人就隱焉。已而燭漸近，乃婦人十餘，靚妝麗服，俄趨亭上，競舉氈，見生驚曰：「又不是那一個。」又一婦熟視曰：「也得，也得。」執其手以行，生不敢問。引入洞房曲室，群飲交戲，五鼓乃散。士人憊倦不能行，婦貯以巨篋，舁而縋之牆外。天將曉，懼爲人所見，强起扶持而歸。他日跡其所遇，乃蔡太師花圃也。《談藪》。《西湖游覽志餘》卷四。

128 宋人書例稱蘇、黄、米、蔡者，謂京也，後世惡其爲人，乃斥去之，而進君謨書焉。《清河書畫舫》卷七上。

129 蔡京諸孫，生長膏粱，不知稼穡。一日，京戲問之曰：「汝曹日啗飯，試爲我言米從何處出？」其一人遽對曰：「從臼子裏出。」京大笑。其一從旁應曰：「不是，我見在席子裏出。」蓋京師運米以席囊盛之，故云。《獨醒雜志》卷十。

130 蔡京三子，長曰攸，次曰翛，次曰絛。當時語云：「蔡京之後尤蕭條。」不爲無讖兆也。《甕牖閒評》卷八。《古謠諺》卷四十五。

蔡卞

1 見蔡京8。

2 見陸佃19。

3 祕書省歲曝書，則有會號曰曝書會，侍從皆集，以爵爲位叙。元豐中魯公爲中書舍人，叔父文正公爲給事中。時青瑣班在紫微上，文正公謂：「館閣曝書會非朝廷燕設也，願以兄弟爲次。」遂坐魯公下。是後成故事，世以爲榮。《鐵圍山叢談》卷一。

4 元豐末，叔父文正知貢舉。時以開寶寺爲試場。方考，一夕寺火大發。魯公以待制爲天府尹，夜率有司趨拯焉。寺屋皆雄壯，而人力有不能施，穴寺廡大牆，而後文正公始得出，試官與執事者多焚而死。於是都人上下唱言：「燒得狀元焦。」及再命試，其殿魁果焦蹈也。《鐵圍山叢談》卷三。

5 元祐初，揚康功使高麗，别禁從諸公，問以所委，皆不答。獨蔡元度曰：「高麗磬甚佳，歸日煩爲置一口。」不久，康功言還，遂以磬及外國奇巧之物，遺元度甚豐，他人不及也。或有問之者，康功笑曰：「當僕之度海也，諸公悉以謂没於巨浸，不復以見屬，獨元度之心猶冀我之生還，吾聊以報其意耳。」《揮麈後録》卷七。

6 見蔡京15。

7 錢穆父與蔡元度俱在禁林，二公雅相好。元祐末，穆父先坐命詞，以本官知池州。元度送之郊外，促膝劇談，戀戀不忍捨。忽群吏來謁元度，云：「已降旨，内翰除右丞，中使將來宣押矣。」穆父起慶之。元度喜甚，卒然而應曰：「卞也何人，不謂禮絶之敬生於坐上。」雖穆父亦爲色動。《揮麈後録》卷六。

8 見章惇34。

9 蔡卞之妻七夫人，頗知書，能詩詞。蔡每有國事，先謀之於牀第，然後宣之於廟堂。時執政相語曰：「吾輩每日奉行者，皆其咳唾之餘也。」蔡拜右相，家宴張樂，伶人揚言曰：「右丞今日大拜，都是夫人裙帶。」譏其官職自妻而致，中外傳以爲笑。……荆公嘗謂：「元度爲千載人物，卓有宰輔之器，不因某歸以女憑藉而然。」《清波雜志》卷三。《何氏語林》卷二十八。《宋稗類鈔》卷六。《宋詩紀事》卷一百。

10 七夫人者，一日於看樓見一僧頂笠自樓下過，問左右：「笠甚重，内有何物？」告以行脚僧生生之具皆在焉。因歎曰：「都是北珠、金箔，能有多少！」亟使人追之，意欲厚施。其僧不顧而去。《清波雜志》卷三。

11 見陳瓘11。

12 建中靖國元年，侍御史陳次升言章，以蔡元度爲笑面夜叉。其略云：「卞與章子厚在前朝，更迭唱和，相倚爲重。造作事端，結成冤獄。看詳訴理，編類章疏。中傷士人，或輕或重，皆出其意。主行雖在于章，卞實啓之，時人目爲『笑面夜叉』，天下之所共知也。」《能改齋漫録》卷十二。

13 蔡元慶對客喜笑，溢於顏面，雖見所甚憎者，亦親厚無間，人莫能測，謂之「笑面夜叉」。《老學庵續筆記》。案：元慶，爲「元度」之誤。

14 曾文肅初與蔡元長兄弟皆臨川王氏之親黨，後來位勢既隆，遂爲仇敵。崇寧初，文肅爲元長擠其相位。文肅以觀文守南徐。時元度帥維揚，赴鎮過郡。元度開燕甚勤，自爲《口號》云：「並居二府，同事三朝。悵契闊于當年，喜逢迎于斯地。」又云：「對掌紫樞參大政，同扶赫日上中天。」謬爲恭敬如是，而中實不然。已而興獄，文肅遂遷衡陽。《揮麈餘話》卷二。

15 建中初，曾文肅秉軸，與蔡元長兄弟爲敵。有當時文士與文肅啓，略云：「扁舟去國，頌聲惟在於曾門；策杖還朝，足迹不登於蔡氏。」明年，文肅南遷，元度當國，即更其語以獻曰：「幅巾還朝，輿頌咸歸於蔡氏；扁舟去國，片言不及於曾門。」士大夫不足養如此。《揮麈後録》卷七。

16 見毛滂2。

17 蔡元度爲樞密，與其兄内相搏，力祈解政，遷出于郊外觀音院，去留未定也。平時門下士悉集焉，是時所厚客已有叛元度者。元度心不能平，飯已，與諸君步廊廡，觀壁間所畫熾盛光佛降九曜變相，方群神逞威之際，而其下趨走有稽首默敬者。元度笑以指示群公曰：「此小鬼最叵耐，上面勝負未分，他底下早已合掌矣。」客有慚者。《揮麈後録》卷七。

18 蔡元度焚黄餘杭，舟次泗州，病亟。僧伽塔吐光射其舟，萬人瞻仰，中有棺呈露。士大夫知元度不起矣，至高郵而殁。元度生于高郵，而殁于此，亦異耳。世言元度蓋僧伽侍者木叉之後身，初以爲誕，今乃信然。《冷齋夜話》卷十。《閒窗括異志》。

19 蔡元長語元度曰：「弟骨相固佳，但背差薄，腰差細爾。」元度笑曰：「太師豈可有兩人？」《能改齋漫録》卷十三。

20 見蔡京113。

21 蔡元度娶荆公之女，封福國夫人，止一子，子因仍是也。談天者多言其壽命不永，元度夫婦憂之。一日，盡呼術者之有名如林開之徒集于家，相與决其疑，云：「當止三十五歲。」元度顧其室云：「吾夫婦老矣，可以放心，豈復見此逆境邪？」其後子因至乾道中壽八十而終。然其初以恩倖爲徽猷閣學士，靖康初，既蔡氏敗，例遭削奪，恰年三十五，蓋其禄盡之歲。《揮麈餘話》卷二。《宋稗類鈔》卷一。

22 樞密蔡公卞帥五羊，道無錫，挈家游惠山。是日，邑人楊生與數僧閒步殿上，聞公來，戲言曰：「蔡侍郎無子，吾與之爲子矣。」公至廣之明年，生仍。後三歲還朝，次無錫，仍忽悟前身爲楊生，能言其居舍親戚，與平時所嗜玩，毫釐不差。因召楊生二子曰陟曰昇者，問其父死之日，仍生之時也。然三日後復問，則懵不能言矣。二家至今往來如姻眷，後奏補陟將仕郎。《泊宅編》十卷本卷四。

蔡攸

1 蔡攸幼慧。其叔父卞，荆公婿也。卞攜攸見公，一日，公與客論及《字説》，攸立其膝下，回首問曰："「不知相公所解之字，爲復是解蒼頡字，爲復是解李斯字？」公不能答，拊其項曰："「你無良，你無良。」《誠齋詩話》。

2 宣和中，蔡居安提舉祕書省，夏日會館職于道山，食瓜。居安令坐上徵瓜事，各疏所憶，每一條食一片。坐客不敢盡言，居安所徵爲優。欲畢，校書郎董彦遠連徵數事，皆所未聞，悉有據依，咸歎服之。識者謂彦遠必不能安，後數日果補外。《揮麈録》卷三。《昨非庵日纂》二集卷十四。《宋稗類鈔》卷五。

3 蔡攸初以淮康節領相印，徽宗賜曲宴，因語之曰："「相公公相子。」蓋是時京爲太師，號「公相」。攸即對曰「人主主人翁」。其善爲諧給如此。《老學庵筆記》卷十。《宋稗類鈔》卷一。參見蔡京69。

4 蔡攸嘗侍徽宗曲宴禁中，上命連沃數巨觥，屢至顛仆，賜之未已。攸再拜以懇曰："「臣鼠量已窮，逮將委頓，願陛下憐之。」上笑曰："「使卿若死，又灌殺一司馬光矣。」始知温公雖遭貶斥于一時，而九重固自敬服如此。《揮麈餘話》卷二。《鶴林玉露》丙編卷四。《硯崗筆志》。《何氏語林》卷二十八。《昨非庵日纂》二集卷八。《宋稗類鈔》卷六。

5 觀文、資政殿皆有大學士，觀文稱大觀文，而資政稱大資，此何理耶？宣和間，蔡居安除宣和殿大學士，從資政故事，稱大宣。是時方重道術，騶鳴聲于路，聽者訛爲大仙，人以爲笑。《石林避暑録話》卷二。

6 蔡京、蔡攸，父子俱貴，權勢日相軋。輕薄者互煽摇以立門户，由是父子遂爲仇敵。攸别賜第，嘗詣京，京方與客語，使避之，而呼攸入。甫就席，遂起握父手爲切脈狀，曰：「大人脈勢舒緩，體中得無有疾乎？」京曰：「無之。」攸曰：「禁中適有公事，不得留。」遂去。客竊窺得其事，以問京。京曰：「君不解此，此輩欲以吾疾罷我也。」居數日，京果致仕。又以季弟絛鍾愛于京，數白徽宗請殺之。徽宗曰：「太師老矣。」不許，但削絛官而已。《賓退録》卷五。《讀書鏡》卷六。

7 蔡攸副童貫出師北伐，有「少保節度使」與「宣撫副使」二認旗從于後。次日，執旗兵逃去，二旗亦失之。識者知爲不祥。既行，徽宗語其父京曰：「攸辭日，奏功成後，要問朕覓念四、五都知，其英氣如此。」京但謝以「小子無狀」。二人乃上寵嬪，念四者，閻婕妤也。《清波雜志》卷二。《齊東野語》卷七。《宋稗類鈔》卷一。

8 燕山招納之舉，多出于蔡攸。攸父子晚年争權相忌，至以茶湯相見，不交他語。王師敗于白溝河，元長嘗以詩寄攸曰：「老懶身心不自由，封書寄與淚横流。百年信誓當深念，三伏征涂盍少休。目送旌旗如昨夢，心存關塞起新愁。緇衣堂下清風滿，早早歸來醉一甌。」詩稍傳入禁中，徽宗命京以進呈。上閱畢曰：「『三伏征涂』，不若改作『六月王師』。」詩復以還。《獨醒雜志》卷五。參見蔡京89。

9 見宋徽宗49。

蔡絛

1 蔡絛約之，好學知趨向。爲徽猷閣待制時，作《西清詩話》一編，多載元祐諸公詩詞。未幾，臣寮論列，以爲絛所撰私文專以蘇軾、黄庭堅爲本，有誤天下學術，遂落職勒停。《獨醒雜志》卷二。《能改齋漫録》卷十二。

2 國朝之制，待制、中書舍人以上皆坐狨。雜學士以上，遇禁煙節至清明日，則賜新火。……吾家隆盛時，出則聯騎，列十三狨座，遇清明得新火者九枝，門户被天遇殊絶。政和初，至尊始踵唐德宗呼陸贄爲「陸九」故事，目伯氏曰「蔡六」。是後，兄弟盡蒙用家人禮，而以行次呼之。至於嬪嬙宦寺，亦從天子稱之，以爲常也。目仲兄則曰「十哥」，季兄則曰「十一」，吾亦荷上聖呼之爲「十三」。而内人又皆見謂「蔡家讀書底」。《鐵圍山叢談》卷二。

3 見宋徽宗30。

趙挺之

1 趙清憲丞相挺之侍父官北京時，病利，踰月而死。沐浴更衣，將就木，忽有京師遞角至，發之，無文書，但得侯家利藥一帖，以爲神助，即扶口灌之，少頃復蘇。遽遣人入京，扣奏邸吏，蓋其家一子苦泄利，買藥欲服，誤以入郵筒中也。又嘗病黄疸，勢已殆，有嫗負小盎至門，家人問：「所貨何物？」曰：「善烙黄。」呼使視之，發盎，取鐵匕燒熱，上下熨烙數處，黄色應手退，翌日脱然。後爲徐州通判，罷官將行，又以利疾委頓。素與梁道人相善，其日忽至，問所苦，曰：「無傷也。」命取水一杯置桉上，端坐呪之。須臾，水躍起如沸湯，持以飲趙公，即時痛止。公心念無以報，但嘗接高麗使者，得銀盂一，欲以贈之，未及言，道人笑曰：「高麗銀與銅何異？不須得。」長揖而出，追之不復見。《夷堅乙志》卷十四。

2　見黄庭堅13。

3　見黄庭堅14。

4　趙相挺之使虜，方盛寒，在殿上。虜主忽顧挺之耳，愕然急呼小胡指示之，蓋閹也。俄持一小玉合子至，合中有藥，色正黄，塗挺之兩耳周匝而去，其熱如火。既出殿門，主客者揖賀曰：「大使耳若用藥遲，且拆裂缺落，甚則全耳皆墮而無血。」扣其玉合中藥爲何物，乃不肯言，但云：「此藥市中亦有之，價甚貴，方匕直錢數千。某輩早朝遇極寒，即塗少許。吏卒輩則别有藥，以狐溺調塗之，亦效。」《老學庵筆記》卷七。

5　趙挺之爲中丞，〔任伯雨〕公言挺之始因章惇進，既諂事蔡卞，及卞黜責，又諂事曾布，出入門下，殆無虛日，故士論以其觀望險詐，號爲「移鄉福建子」，乞加察焉。《宋名臣言行録》續集卷一。

6　趙正夫丞相薨，車駕臨幸。夫人郭氏哭拜，請恩澤者三事，其一乃乞于謚中帶一「正」字。餘二事皆即許可，惟賜謚事獨曰：「待理會。」平時徽廟凡言「待理會」者，皆不許之詞也。正夫遂謚清憲。《老學庵筆記》卷四。

7　見趙抃44。

張商英

1　丞相張商英居士，字天覺，號無盡。年十九，應舉入京，道由向氏家，向預夢神人報曰：「明日接相公。」凌晨公至，向異之，勞問勤腆。乃曰：「秀才未娶，當以女奉灑掃。」公謙辭再三，向曰：「此行若不了當，吾亦不爽前約。」後果及第，乃娶之。初任主簿，因入僧寺，見藏經梵夾，金字齊整，乃怫然曰：「吾孔聖之書，不如胡人之教人所仰重。」夜坐書院中，研墨吮筆，憑紙長吟，中夜不眠。向氏呼曰：「官人，夜深何不睡去？」公以前意白之：「正此著《無佛論》。」向應聲曰：「既是無佛，何論之有？當須著《有佛論》始得。」公疑其言，遂已之。後訪一同列，見佛龕前經卷，乃問曰：「此何書也？」同列曰：「《維摩詰所説經》。」公信手開卷，閲到「此病非地大，亦不離地大」處，歎曰：「胡人之語，亦能爾耶？」問：「此經幾卷？」曰：「三卷。」乃借歸，閲次，向氏問：「看何書？」公曰：「《維摩詰所説經》。」向曰：「可熟讀此經，然後著《無佛論》。」公悚然異其言。由是深信佛乘，留心祖道。《五燈會元》卷十八。《唾玉集》。

2　張天覺熙寧中爲渝州南川宰。章子厚經制夔夷，狎侮州縣吏，無人敢與共語。部使者念獨張可亢之，檄至夔。子厚詢人才，使者以告，即呼入同食。張著道士服，長揖就坐。子厚肆意大言，張隨機折之，落落出其上，子厚大喜，延爲上客。歸而薦諸王介甫，遂得召用。政和六年，張在荆南，與子厚之子致平一帖云：「老夫行年七十有四，日閲佛書四五卷，早晚食米一升，麵五兩，肉八兩，魚、酒佐之，以此爲常，亦不服煖藥，唯以呼吸氣晝夜合天度而已。數數夢見先相公語論如平生，豈其人在天仙間，而老夫定中神游或遇之乎？嗟乎，安得奇男子如先相公者，一快吾胸中哉！」此帖藏致平家，其曾孫簡刻諸石。《容齋四筆》卷二。

3 熙寧中，周師厚爲湖北提舉常平，張商英監荆南鹽院，師厚移官，有供給酒數十瓶，陰俾張賣之。張言於察訪蒲宗孟，宗孟劾其事，師厚坐是降官。後數年，商英爲館職，囑舉子判監於舒亶，亶繳奏其簡，商英坐是奪官。始舒亶爲縣尉，斬弓手節級，廢斥累年矣。熙寧中，張商英爲御史，力薦引之，遂復進用甚峻，至是反攻商英，然亦世所謂報應者也。《東軒筆録》卷十一。《宋朝事實類苑》卷七十二。《樂善録》卷二。

4 舒亶知諫院，言：「中書檢正張商英與臣手簡，并以其壻王溈之所業示臣。商英官居宰屬，而臣職在言路，事涉干請，不敢隱默。其商英手簡二紙并溈之所業一册，今繳進。」詔商英落館閣校勘，監江寧酒。初，舒爲縣尉，坐手殺人停廢。無盡爲御史，言其才可用，乃得改官。至是乃爾，士論惡之。《清波雜志》卷十一。

5 元祐間，東坡在禁林，無盡以書自言曰：「覺老近來見解與往時不同，若得一把茅蓋頭，必能爲公呵佛駡祖。」蓋欲坡薦爲臺諫也。温公頗有意用之，嘗以問坡，坡云：「犢子雖俊可喜，終敗人事。不如求負重有力而馴良服轅者，使安行於八達之衢爲不誤人也。」温公遂止。《曲洧舊聞》卷八。《何氏語林》卷十五。《宋稗類鈔》卷三。

6 張無盡丞相爲河東大漕日，於上黨訪得李長者故墳，爲加修治，且發土以驗之。掘地數尺，得一大盤石，石面平瑩無它銘款，獨鐫「天覺」二字。故人傳無盡爲長者後身。《春渚紀聞》卷一。《宋稗類鈔》卷一。

7 張丞相天覺喜談禪，自言得其至。初爲江西運判至撫州，見兜率從悦，與其意合，遂授法。悦，黄龍老南之子，初非其高弟，而江西老宿爲南所深許道行一時者數十人，天覺皆歷試之。其後天覺浸顯，諸老宿略已盡。後來庸流傳南學者，乃復犇走推天覺，稱「相公禪」，天覺亦當之不辭。近歲遂有爲長老開堂承嗣天覺者。前此蓋未有勢利之移人，雖此曹亦然也。初與老南同得道于慈明者，有文悦，住雲峯。其行解堅高，略與南等。從悦既因天覺而重，故其徒謂「雲峯悦」爲「文悦」以别之。《石林避暑録話》卷二。《宋稗類鈔》卷七。

8 無盡居士張公天覺，蚤負禪學，尤欲尋訪宗師，與之決擇。因朱給事世英語及江西兜率悦禪師禪學高妙，聰敏出於流類。元祐六年，公漕江西……乃游兜率，相與夜談，及宗門事，公曰：「比看《傳燈録》，一千七百尊宿機緣，唯疑德山托鉢話。」悦曰：「若疑托鉢話，其餘則是心思意解，何曾至大安樂境界。」公憤然就榻，屢寢屢起，夜將五鼓，不覺躍翻溺器，忽大省發，喜甚，即叩悦丈室門，謂悦曰：「已捉得賊了也。」悦曰：「贓物在甚麽處？」公擬議，悦曰：「都運且寢。」《羅湖野録》卷二。

9 〔張商英〕爲江西漕……乃至兜率。……公與悦語至更深，論及宗門事。悦曰：「東林既印可運使，運使於佛祖言教有少疑否？」公曰：「有。」悦曰：「疑何等語？」公曰：「疑香嚴《獨脚頌》、德山《拓鉢話》。」悦曰：「既於此有疑，其餘安得無邪？祇如巖頭言末後句，是有邪是無邪？」公曰：「有。」悦大笑，便歸方丈，閉卻門。公一夜睡不穩，至五更下牀，觸翻溺器，乃大徹，猛省前話。遂有頌曰：「鼓寂鐘沈拓鉢回，巖頭一拶語如雷。果然祇得三年活，莫是遭他授記來。」遂扣方丈門，曰：「某已捉得賊了。」悦曰：「贓在甚處？」公無語。悦曰：「都運且去，來日相見。」《五燈會元》卷十八。

10 商英之爲人，雄辨詭譎，自謂得兜率悦之傳，天下號「相公禪」。《桐江集》卷七。《宋詩紀事》卷二十八。

11 張天覺好佛，而不許諸子誦經，云：「彼讀書未多，心源未明，纔拈着經卷，便燒香禮拜，不能得了。」《道山清話》。

12 〔張天覺〕爲舒信道發其私書，貶斥流落於外。紹聖初，〔章〕子厚秉鈞，再薦登言路，攻擊元祐諸賢，不遺餘力，至欲發温公、吕正獻公之墓，賴曾文肅公力啓於泰陵，始免。其爲慘酷甚矣。晚既免相，末年以校讎《道藏》復職，又有「二蘇狂率、三孔闊疏」之表，詩有「每聞同列進，不覺寸心忙」之句。《揮麈録》卷三。《宋詩紀事》卷二十八。

13 杲老爲張無盡所知。一日，語及元祐人才，問相公以爲如何，張曰：「皆好如温公，大賢也。」果曰：「如此則相公在言路時，論他則甚？」張笑曰：「公便理會不得，只是後生死急要官做，後如此。」《朱子語類》卷一百三十。《池北偶談》卷六。

14 周重實爲察官，以民間多壞錢爲器物，乞行禁止，且欲毁棄民間，近所鑄者銅器。時張天覺爲正言，極論其不可，恐官司臨迫，因而壞及前代古器。重實之言既不降出，憤懑不平，謂同列曰：「天覺只怕壞了鈸兒磬兒。」《道山清話》。

15 許下士夫云：章子厚當軸，喜罵士人，常對衆云：「今時士人如人家婢子，纔出外求食，個個要作行首。」張天覺在旁云：「如商英者，莫做得一個角妓否？」章笑。久之，遂遷職。子厚之孫章大方云：「不然。天覺好詼諧，先祖丞相曰：『豈有禁從作是俳語，好撻！』天覺應聲云：『某權某職且三年，切告相公撻下「權」字。』丞相笑，未幾，乃落『權』字。」《西塘集耆舊續聞》卷四。《何氏語林》卷二十七。

16 張丞相商英媚事紹聖，共倡紹述，崇寧二年，遂爲尚書左丞。會與蔡元長異論，中執法石豫、殿中御史朱紱、余深以風旨將劾奏之，而無以爲説。或言其在元祐中嘗著《嘉禾篇》，擬司馬文正於周公；且爲開封府推，當其薨時，代府尹爲酹祭文，有褒頌功德語，因請正其罰。有詔：「張商英秉國政機，論議反覆，加之自取榮進，貪冒希求。元祐之初，詆訾先烈，臺憲交章，豈容在列？可特落職，依前通議大夫知亳州。」余家舊有石刻，正有所謂《嘉禾篇》者，文既爾雅，論亦醇正，惜乎其好德之不終也。因録之，以表其初終焉。《桯史》卷七。

17 見釋惠洪3。

18 張天覺既相，謝表有云：「十年去國，門前之雀可羅；一日歸朝，屋上之烏亦好。」徽宗親題於所御扇。《能改齋漫録》卷八。《優古堂詩話》。《堯山堂外紀》卷五十五。

19 見唐庚2。

20 政和間，西夏國書誤用本朝廟諱。中書舍人潘兑作詔曰：「乃於邊鄙之文，犯我祖宗之諱。」張公商英時爲宰相，令兑修改。兑又曰：「乃於爲文，犯我國諱。」張公乃自爲改云：「至於爲文，有失恭慎。」時皆服其得體。《高齋漫録》。

21 張公天覺，政和初召還，俄拜右相。薦引所知，布列要路，未幾，爲讒譖所擠，斥逐殆盡。公尋亦罷相，再貶峽州。中途至於僧寺，有千手眼大悲觀音塑像，公題長韻於壁。其略曰：「靈山會上別世尊，各以願力濟群生。子勿誚我徒經營，手眼太少難支撑。」蓋言立朝寡助故也。《高齋漫録》。

22 張丞相好草書而不工，當時流輩皆譏笑之，丞相自若也。一日得句，索筆疾書，滿紙龍蛇飛動，使姪録之。當波險處，姪罔然而止，執所書問曰：「此何字也？」丞相熟視久之，亦自不識，詬其姪曰：「胡不早問，致予忘之。」《冷齋夜話》卷九。《續墨客揮犀》卷一。《五雜組》卷十六。《佩文齋書畫録》卷三十四。

張唐英

1 張唐英者，天覺丞相兄也，丞相少受學於唐英。唐英有史才，嘗作《宋名臣傳》、《蜀檮杌》，行於代。熙寧元年春，以前御史服除還京朝過洛，府尹同僚屬出賞花，皆不見。唐英題詩傳舍云：「先帝昭陵土未乾，又聞永厚葬衣冠。小臣有淚皆成血，忍向東風看牡丹。」尹聞之，遽遺書爲禮，卻而不受。蓋仁宗山陵初成，英宗厭代，賴唐英還朝不得歸臺，不然，河南尹者不免矣。《邵氏聞見録》卷十六。《宋詩紀事》卷十九。

何執中

1 何清源第五，微時從人筮窮達，其人云：「公不第五？」何曰：「然。」其人拊掌大笑，連稱奇絶，因曰：「公凡遇五，即有喜慶。」何以熙寧五年鄉薦；余中榜第五人及第；五十五歲隨龍；崇寧五年拜相。每遷官或生子，非五年即五月或五日。其驗如此。《梁溪漫志》卷九。

2 縉雲何丞相執中在布衣時貧甚，預鄉貢，將入京師，無以爲資，往謁大姓假貸，閽人不爲通，捧刺危坐俟命。主人晝寢，夢黑龍蟠户外，驚寤出視，則何公在焉。問之曰：「五秀何爲至此？」以所欲告，主人舉萬錢贈之，且曰：「君異日言歸，無問得失，必過我。」何試竟，復造其家，館于外廡。迨日暮，執卷徙倚楹間，主人髣髴又見黑龍蜿蜒而下，攀繞庭柱。就視之，則又何公也。心異之，密告何曰：「君且大貴，毋相忘。」已而何擢第，調台州判官。《夷堅甲志》卷十一。

3 何清源丞相因改秩入都，暑月憩汴河，買瓜欲食，失手墜於水。方獨立徘徊，適術士過前，共坐旅舍，詢其技，曰：「能論三命。」乃書年月日時示之。驚起揖曰：「自此便得路，至宰相封王。」何深以爲過許，付之一笑。……何貴達悉如其言。《夷堅志補》卷十八。

4 元符末，巨公爲太學博士，輪對，建言：「比因行事太廟，冠冕皆前俯後仰，不合古制。」詔行下太常寺。寺中奏云：「自來前仰後俯，必是本官行禮之時倒戴之誤。」哲宗顧宰臣，笑云：「如此豈可作學官，可與一閑散去處。」改端王府記室參軍。未幾，端邸龍飛，風雲感會，至登宰席，寵禄光大，震耀一時。《玉照新志》卷三。

5 見蔡京66。

6 政和末，李彦章爲御史，言士大夫多作詩，有害經術，自陶淵明至李、杜，皆遭詆斥，詔送敕局立法。

何丞相執中爲提舉官，遂定命官傳習詩賦，杖一百。是歲，莫儔牓，上不賜詩而賜箴。未幾，知樞密院吴居厚喜雪，御筵進詩，稱「口號」。自是上聖作屢出，士大夫亦不復守禁。或問何立法之意，何無以對，乃曰：「非爲今詩，乃舊科場詩耳。」《石林燕語》卷九。《石林避暑録話》卷三。

7 見王黼6。

8 何執中居相位，時京師童謡曰：「殺了穜蒿割了菜，喫了羔兒荷葉在。」説者謂指童貫、蔡京、高俅三人及執中也。《獨醒雜志》卷九。《東南紀聞》卷一。

鄭居中

1 見釋惟白1。

2 大觀三年，賈安宅榜，林彦振爲中書侍郎，有甄好古者，彦振初以「真」呼。鄭達夫時爲同知樞密，在旁曰：「此乃堅音。」欲以沮林。即以「堅」呼，三呼不出，始以「真」呼，即出。彦振意不平，有忿語。達夫摘以爲不恭，林坐貶。《石林燕語》卷八。

3 見葉夢得7。

4 見王安中7。

5 見王黼27。

余深

1 見張懷素5。

2 見章得象21。

3 見王黼10。

4 余深罷相，居福州，第中有荔枝，初實絶大而美，名曰「亮功紅」。「亮功」者，深家御書閣名也。靖康中，深謫建昌軍。既行，荔枝不復實。明年，深歸，荔枝復如故。乃知世間富貴人皆有陰相之者。《老學庵筆記》卷四。《東山談苑》卷六。

吴居厚

1 吴居厚在京西，括民買鑊，官司鑄許多鑊，令民四口買一，五口則買二。其後民怨，幾欲殺之，吴覺而免。《朱子語類》卷一百二十七。

2 吴門下喜論杜子美詩，每對客未嘗不言。紹聖間，爲户部尚書，葉濤致遠爲中書舍人。待漏院每從官晨集，多未厭于睡，往往即坐倚壁假寐，不復交談。惟吴至則强之與論杜詩不已，人以爲苦，致遠輒遷坐于門外檐次。一日，忽大雨飄灑，同列呼之不至，問其故，曰：「怕老杜詩。」《石林避暑録話》卷三。

3 樞密吴居厚居士，擁節歸鍾陵，謁圓通旻禪師，曰：「某頃赴省試，過此，過趙州關，因問前住訥老：『透關底事如何？』訥曰：『且去做官。』今不覺五十餘年。」旻曰：「曾明得透關底事麽？」公曰：「八次經過，常存此念，然未甚脱灑在。」旻度扇與之，曰：「請使扇。」公即揮扇。旻曰：「有甚不脱灑處？」公忽有省，曰：「便請末後句。」旻乃揮扇兩下。公曰：「親切，親切。」旻曰：「吉獠舌頭三千里。」《五燈會元》卷十八。

安惇

1 樞密安公惇處厚，元祐末爲江東漕使。因游廬山太虚觀，未至數里間，有道士紫衣皂巾，領徒七人迎謁。既而不知所在，問左右皆無見者。至觀謁陸修静仙師遺像，則宛然其人也。元符庚辰，公再到，賦詩曰：「昔年游歷訪霓旌，多謝仙師數里迎。今日重來知有意，此身應不爲公卿。」《能改齋漫録》卷十八。《宋詩紀事》卷三十五。

2 紹聖間，安惇爲從官，章惇爲相，安見之，但稱「享」而已。《齊東野語》卷四。

3 見韓忠彦2。

4 試院官舊不爲小録。崇寧初，霍端友牓，安樞密惇知舉，始創爲之。余時爲檢點試卷官，自後遂爲故事。進士小録具生月日時者，叙齒也。安喜考命，時考官有善談命者數人，安日使論之，故亦具生月日時，則過矣。《石林燕語》卷五。

劉逵　詹丕遠

1 徽宗語左正言詹丕遠曰：「比聞中外有三不可之説：法度不可變，劉逵不可用，蔡京不可罷。朕得之，怵惕不寐者累夕。」丕遠因問：「劉逵何故不可用？」上曰：「如碎黨人石刻，寬上書繫籍人禁，皆逵首陳。力爲朕論時政闕失，有何不可用？」丕遠對：「此必有媒孽逵者。」上曰：「今國是當如何？」丕遠曰：「國是，陛下當與〔趙〕挺之議，法度宜隨時損益。逵用否在陛下，若京不可不去。」上默然。《澗泉日記》卷上。

梁子美

1 梁中書子美亦喜言杜詩。余爲中書舍人，時梁正在本省，每同列相與白事，坐未定，即首誦杜詩，評議鋒出，語不得間，往往迫上馬不及白而退。每令書史取其詩稿示客，有不解意，以録本至者，必瞋目怒叱，曰：「何不將我真本來！」《石林避暑録話》卷三。

朱諤

1 元祐名卿朱紱者，君子人也。嘗登禁從，紹聖初不幸坐黨錮。崇寧間，亦有朱紱者，蘇州人。初登第，欲希晉用，上疏自陳，與姦人同姓名，恐天下後世以爲疑，遂易名諤，字曰聖予。蔡元長果大喜，不次峻擢，位至右丞，未及正謝而卒，年方四十。《揮麈録》卷三。《宋稗類鈔》卷二。

林攄

1 甄徹，字見獨，本中山人，後居宛丘，大觀中登進士第。時林攄爲同知樞密院，當唱名，讀甄爲「堅」音，上皇以爲「真」音，攄辨不遜，呼徹問之，則從帝所呼，攄遂以不識字坐黜。《雞肋編》卷中。

2 見鄭居中2。

3 林中書彦振攄，氣宇軒昂，有王陵之少戇。罷政事去，不得意，寓揚州，喪其偶。久之，忽於几筵坐上，時時見形，飲食言語如平生狀，仍決責奴婢甚苦。彦振徐察非是，乃微伺其蹤，則掘地得大穴，破之，羅捕六七老狐。中一狐尤耄而白，且解人語言，嚮彦振求哀曰：「幸毋見殺，必厚報。」彦振勿顧，悉命殺之，迄無他。及宣和歲庚子，魯公以弗合罷，而北征將興，上積聞攄殺狐并使北二事，乃召之守北門，將付以北伐事，爲〔王〕黼沮罷，遂落節鉞而歸。使北者，始聖旨與遼人聘問往來，北使至我，則閤門吏必詣都亭驛，俾使習其儀，翌日乃引見，懼使鄙不能乎朝故也。及我使至彼，則亦有閤門吏來，但説儀而已，不必習而見。攄時奉使至北，而北主已驕縱，則必欲令我亦習其儀也，攄不從。因力强，不可，於是大怒，絶不與飲食。我雖汲，亦爲北以不潔污其井。一旦，又出兵刃擁攄出，從者泣，攄亦不爲動。既出即郊野，乃視攄以虎圈，命觀虎而已，且謂：「何如？」攄瞋目視之，曰：「此特吾南朝之狗爾。何足畏？」北素諱狗呼，聞之氣阻。攄竟不屈還。《鐵圍山叢談》卷三。

4 陶穀使越，錢王因舉酒令曰：「白玉石，碧波亭上迎仙客。」陶對曰：「口耳王，聖明天子要錢塘。」宣政間，林攄奉使契丹，國中新爲碧室，云如中國之明堂。伴使舉令曰：「白玉石，天子建碧室。」林對曰：「口耳王，聖人坐明堂。」伴使云：「奉使不識字，只有口耳壬，卻無口耳王。」林詞窘，駡之，幾辱命。彼之大臣云：「所争非國事，豈可以細故成隙？」遂備牒奏上，朝廷一時爲之降黜。後以其駡虜進用，至中書侍郎。《雲麓漫鈔》卷十。

5 士大夫服丹砂死者，前此固不一。余所目擊：林彦振平日充實，飲啖兼人。居吴下，每以强壯自誇。有醫周公輔，言得宋道方煉丹砂祕術，可延年而後無害。道方，拱州良醫也，彦振信之。服三年，疽發於腦。始見髪際如粟，越兩日，項頷與胸背略平。十日死。方疾亟時，醫使人以帛漬所潰膿血，濯之水中，澄其下，略有丹砂。蓋積於中，與毒俱出也。《石林避暑録話》卷二。

薛昂

1 王荆公居金陵半山，又建書堂於蔣山道上，多寢處其間。客至必留宿，寒士則假以衾裯，其去也，舉以遺之。臨安薛昂秀才來謁，公與之夜坐，遣取被於家。吴夫人厭其不時之須，應曰：「被盡矣。」公不懌，俄而曰：「吾自有計。」先有狨坐挂梁間，自持叉取之以授薛。明日，又留飯，與弈棋，約負者作梅花詩一章。公先輸一絶句，已而薛敗，不能如約，公口占代之云：「野水荒山寂寞濱，芳條弄色最關春。欲將明豔淩霜雪，未怕青腰玉女嗔。」薛後登第貴顯，爲門下侍郎，至祀公於家，言話動作率以爲法，每著和御製詩，亦用《字説》。其子入太學，誇語同舍曰：「家君對御作詩，固不偶然。頃在學時，舉學以暇日出游，獨閉門晝卧，夢金甲神人破屋而降，呼曰：『君可學吟詩，它日與聖人唱和去。』今而果驗。」客李驥者，素滑稽，應聲蹙頞連言曰：「果不偶然，果不偶然。」薛子詰之再三，驥曰：「天使是時已爲尊公煩惱了。」蓋以薛不能詩，故戲之也。韓子蒼爲著作郎，人或譖之薛云：「韓改王智興詩譏侮公，其詞曰：『三十年前一乞兒，荆公曾爲替梅詩。如今輸了無人替，莫向金陵更下棋。』」薛泣訴於榻前，韓坐罷知分寧縣。其實非韓作。《夷堅丙志》卷十九。

2　荆公在鍾山下棋，時薛門下與焉。賭梅花詩一首。薛敗而不善詩，荆公爲代作，今集中所謂「薛秀才」者是也。薛既宦達，出知金陵。或者嘲以詩曰：「好笑當年薛乞兒，荆公坐上賭梅詩。而今又向江東去，奉勸先生莫下棋。」薛書名似「丐」字，故人有乞兒之論。向來多謂此詩韓子蒼作，非也。《王荆公詩箋注》卷四十二引《能改齋漫録》。《堯山堂外紀》卷五十五。《十駕齋養新録》卷七。《宋詩紀事》卷二十九。

3　薛肇明謹事蔡元長，至戒家人避其名。宣和末，有朝士新買一婢，頗熟事，因會客，命出侑尊。一客語及「京」字，婢遽請罰酒，問其故，曰：「犯太師諱。」一座駭愕。婢具述先在薛太尉家，每見與賓客會飲，有犯「京」字者，必舉罰，平日家人輩誤犯必加叱詈。太尉脱或自犯，則自批其頰以示戒。《閒燕常談》。《堯山堂外紀》卷五十五。

4　崇寧初，薛門下昂爲司成。士人程文有用《史記》、《西漢》語者，薛輒黜落。元符中，嘗上殿乞罷史學。建炎初，言章謂薛爲蔡元長私諱其名。薛嘗對客語，誤及蔡京，即自批箠其口。《能改齋漫録》卷十二。

5　舊制，監司雖官甚卑，遇前執政宰藩，亦肩輿升廳事。宣和初，薛肇明自兩地出守淮南，有轉運判官，年少新進，輕脱之甚，肇明每不堪之。到官未幾，肇明還舊廳，因與首台蔡元長語及之，且云：「乘轎直抵脚踏子始下，呵輿之聲驚耳，至今爲之重聽，其他可知也。」元長大不平。翊日降旨：諸路監司，遇前宰執帥守處，即入客位通謁。自是爲例。《揮麈録》卷三。

6　楊畏，字子安，元豐、元祐、紹聖更張，獨能以巧免，世號「楊三變」。薛昂肇明在政府，和駕幸蔡京第詩，有「拜賜應須更萬回」，太學呼爲「薛萬回」。昂守洛師日，楊閒居洛下。一日府宴，别無客，惟子安一人而已。或問一幕官曰：「今日府會，他客不與耶？」幕官曰：「客甚易得，但恐難得如此好屬對耳。」《曲洧舊聞》卷六。《姑蘇筆記》。《堅瓠己集》卷三。《宋稗類鈔》卷三。《宋詩紀事》卷二十九。

7　世罕識龍、象、師。薛八丈黄門昂，錢塘人也。始位左轄，其小君因出游還，適過宣德端門。時郊禋祀近，有司日按象自外旗鼓迎至闕下而馴習之。夫人偶過焉，適見而大駭，歸告其夫曰：「異哉左丞，我儂今日過大内前，安得有此大鼻驢耶！」人傳以爲笑。《鐵圍山叢談》卷六。

侯蒙

1　侯中書元功蒙，密州人。自少游場屋，年三十有一，始得鄉貢。人以其年長貌侻，不加敬。有輕薄子畫其形於紙鳶上，引線放之。蒙見而大笑，作《臨江仙》詞題其上曰：「未遇行藏誰肯信，如今方表名蹤。無端良匠畫形容。當風輕借力，一舉入高空。　纔得吹嘘身漸穩，只疑遠赴蟾宫。雨餘時候夕陽紅。幾人平地上，看我碧霄中。」蒙一舉登第。《夷堅甲志》卷四。《堯山堂外紀》卷五十六。《堅瓠甲集》卷三。《詞林紀事》卷七。

2 侯元功自密州與三鄉人偕赴元豐八年省試，止道旁驛舍室中。四隅各有榻，四人行路甚疲，分憩其上，皆熟寢。二僕附火坐，聞西北角悉窣有聲，燈忽暗。一物毛而四足，如豬狀，直登榻嗅士人之面至足，其人驚魘。頃之，方定。物既下，別登一榻，如前，其人亦驚呼。最後至元功卧榻，未暇嗅，如有逐之者，蒼黄而下，急竄去，復由西北角而滅。元功亦覺，呼三人者起食，皆言夢中有怪獸壓吾體，不知何物也。僕始道所見，元功心獨喜自負。既入京，元功擢第，而三人者遭黜，俱客死京師云。《夷堅甲志》卷四。

王　襄

1 王襄自同知密院落職知亳州，限三日到任，倉皇東下，夜至酇陽鎮，已屬亳境，使人語鎮官，假一介就州呼迓人。時宣義郎王偉爲監官，初未聞報，且訝行李蕭條，疑以爲僞，叱去不與。王懼於逾期，遂以敕呈之。時謂「郡守呈敕於監鎮」，世未嘗有也。或云堂劄誤書「赴」字爲「到」。《雞肋編》卷中。

范致虚

1 見朱服10。

2 見宋徽宗12。

3 見蔡京85。

4 薛昂言：白督耨初行於都下，每兩值錢二十萬。蔡京一日宴執政，以盒盛二三兩許，令侍姬捧爐巡執政坐，取焚之。至尚書右丞范致虚，取盒盡傾入懷中，姬持空盒還，白京，欲勸右丞一杯，京許之。姬取玉斗注酒飲致虚，致虚辭之。姬以手開衣領，傾納懷中，其香俱敗。《高齋漫録》。

5 范致虚帥北京，值靖康之變，飛檄邊帥，出關勤王。時謡曰：「草青青，水渌渌，屈曲蛇兒破敵國。」蓋謂「范」字也。《可書》。《古謡諺》卷六十一。

6 范丞相致虚家居東田，朝山有石尖甚聳，夜每發光，名曰「照天燭」。時范族仕達滿朝，後爲堪輿所賣，鑿去其頂，曾不逾時，悉褫職以歸。《湧幢小品》卷二十五。

王安中

1 王安中履道，中山無極人也。元符間，晁以道爲無極令，時安中已登進士第，修邑子禮，用長牋見以道，自言：「平生頗有意學古，以新學竊一第，固爲親榮，而非其志也，願先生明以教我。」以道曰：「子之志美矣，然爲學之道，當慎其初。能慎其初，何患不遠到。」安中乃築室，屏絶人事，榜之曰初寮，又自號初寮居士。其議論淵源與所聞見，多得於以道。而作詩句法，頗似山谷。以道弟之道，後在北門，與之同官，尤喜稱譽之。然負才自標置，爲梁才甫所阻，不得志。乃游京師，密結梁師成，遂年餘兩遷爲正字。自是與晁氏兄弟絶矣。……相見，只呼成州使君四丈，無復曩時先生之號矣。平日交游以此莫有稱初寮者，但目爲有初居士而已。《曲洧舊聞》卷七。

2 王安中履道初任大名府元城縣簿，〔呂〕吉甫一見奇之，未知其有文也。會熙河奏捷，履道代爲賀表云：「方叔壯猷，顧自嗟于老矣；皋陶賡載，尚希贊于康哉。」蓋能發其微也。《西塘集耆舊續聞》卷六。

3 王安中從梁子美辟置大名幕中，時有妓籍一小鬟，名冠河朔。子美因令安中作小詞以贈，末句有云：「笑裏眼迷青意貼，行時鞋露繡旁相。」安中曰：「此乃『杯深不覺琉璃滑，貪看《六幺》花十八』無異也。」時人稱之。《可書》。

4 王履道初自大名府監倉任滿，至京師，茫然無所向。會梁師成賜第初成，極天下之華麗，許士庶入觀。履道髽兩角，以小籃貯筆墨徑入，就其新堂大書歌行以美之，末云「初寮道人」，擲筆而出。主隸輩見其人物偉勝，詞翰妙絶，衆目叵側。時方崇尚道教，直以爲神仙降臨，不敢呵止，亟以報師成。師成讀之大喜，即令物色延見，索其它文，益以擊節。薦之于上，不數年，登禁林，入政府，基於此也。《揮麈餘話》卷二。

5 〔王安中〕交結蔡攸，攸善之，引入禁中。太上賜燕，飲半酣。是時鄭妃有寵，猶未正中宮，上出示鄭氏簪玉花，上有雙飛玉燕。攸謂安中曰：「豈可無詩。」安中即作詩進曰：「玉燕雙雙撲鬢雲，碧紗衫子鬱金裙。神仙宮裏驂鸞女，來侍長生大帝君。」太上大喜。《三朝北盟會編》卷五十四引《幼老春秋》。《宋詩紀事》卷三十七。

6 王履道，政和初爲相州司録，秩滿入京，相守韓純彦深知之。會其弟粹彦乃赴闕，乃蔡絛婦翁。時絛父京當國，純彦以王囑弟曰：「兄差遣不須遽，且以王司録爲先。」王正以文聲動河朔，滿意平步三館，有善相者語之曰：「君侯真貴人，然自此只得冷官。二年外始意涉歷清華，直上兩地，當建節鉞，典兵權，但晚節落莫爾。」王未以其言爲信。既到京師，除宗子博士，最爲閑慢，大不愜。所居在封丘門内一寺，寂寂不聊，欲丐外任。或曰：「寺外某秀才乃梁太傅客，梁令渠延納士大夫之賢者，勿惜一訪之。」王即與偕往。秀才邀入小齋，見列書畫數十卷軸，悉爲跋識其尾而退。王素習坡公翰墨，而梁自言爲公出子，秀才如獲至寶，捲置諸篋，立馳馬造梁第示之。次日有旨，除佐著作，蓋梁已因上直薦之矣，蔡不預知。一日在局，蔡使人招至府，不相見，而命一老兵引趨長廊後小書院，出黄袋文書付之，乃試外制三題也。凡合用筆墨紙硯，糊匣剪尺，壓刀硯滴，一一畢備。旋又具饌甚腆，舉所餘送其家。文既就而無由可達，覺窗外有窺者，謂爲老兵。呼之，急隱避，蓋蔡也。少焉老兵來取，然後導以出。明日，御筆除中書舍人。蔡持之不下，而奏言，自來未有小著遷侍從者，於是改秘書少監。才四旬，竟申前命，是多有卿監或修撰視待制者。王封還除書，徽宗嘉其敢言，擢御史中丞。宣和初年，蔡失眷，上諭王使抨擊。蔡内交于近昵，密知之。王方候班殿廬，蔡叩頭泣拜於榻前曰：「告陛下，莫令王安中言臣。」重復懇祈，更無他語。上笑曰：「不須慮。」王將升殿，宣旨除翰林學士，其事遂寢。《夷堅支志》丁卷十。

7 政和末，王安中驟遷中書舍人，往謝鄭丞相居中。謂曰：「君作紫微舍人，首草者何人詞耶？」安中答：「適一番官誥命爾。」鄭丞相曰：「若爾，君必入政府。居中聞前輩言，入紫微爲舍人，首草番官誥詞者號利市，必預政柄。居中當時亦是。蓋數已驗，君其入二府乎？」後果然。《鐵圍山叢談》卷三。

8 王安中爲翰林，每草梁師成制，必爲好辭褒頌功德，時人謂之「王内相」。《東都事略》卷一百二十一。參見王黼8。

9 王初寮安中自翰林學士承旨遷右丞。值元宵，從宴宣德門。徽宗命以「五門端闕」爲題令賦詩，安中即席應制曰：「斗城雲接始青天，汴水浮春泛洛川。縉獻千峯連璧月，珠簾十里晃燈蓮。五門端闕初元夕，萬曆宣和第二年。盛世親逢叨四近，頌觴連日綴群賢。」上嘉之，移宴景龍門，上自調黃芽羹以賜。《可書》。

10 王履道《大燕樂語》曰：「五百里采，五百里衛，外包有截之區；八千歲春，八千歲秋，上祝無疆之壽。」《除少宰余深制》曰：「蓋四方其訓，以無競維人；必三后協心，而同底於道。」時並蔡京爲三相也。《容齋三筆》卷八。

11 宣和中，取燕山，群臣稱賀。蔡太師京令一館職代作表，仍語以「燕人悅則取之」一句不得不使，其人歸搜經句，欲對未得。王安中曰：「何不曰『昆夷維其喙矣』？」遂用之。《泊宅編》十卷本卷九。《堯山堂外紀》卷五十五。

12 見宋徽宗36。

13 王履道左丞安中在京師，見何人家亭上題字，筆勢灑落，不著姓，而其名則安中也，王驚問何人所書，守者曰：「此何安中，亦河朔人也。」王以與己名同，恐人莫之辨，戲書一詩於其後云：「蜀客更名緣好尚，漢臣書姓爲同官。孟公自合名驚座，子夏尤宜便小冠。益號文章緣兩李，翊書制誥有諸韓。二元各自分南北，付與時人子細看。」終篇皆用同名事云。《梁溪漫志》卷七。《堯山堂外紀》卷五十五。

王秬

1 王嘉叟自洪倅召爲光禄丞，李德遠亦召爲太常丞。一日相遇於景靈幕次，李謂王曰：「見公告詞云：『其鐫月廪，仍褫身章。』」謂通判借牙緋，入朝則服緑，又俸薄也。王答之曰：「亦見君告詞矣。」李曰：「云何？」曰：「具官李浩，但知健羨，不揆孤寒。既名右相之名，又字元樞之字。」蓋謂史丞相、張魏公也，滿座皆笑。《老學庵筆記》卷一。

2 孝宗乾道中，用王秬爲起居舍人，又兼權中書舍人。秬字嘉叟，初寮孫也。辭以「臣無科第」，上曰：「眼前中科第者，皆不及卿。然科第者假此入仕耳。」《庶齋老學叢談》卷四。

宋人軼事彙編卷二十六

王黼

1 王黼美風姿，極便辟，面如傅粉，然鬚髮與目中精色盡金黄，張口能自納其拳。《鐵圍山叢談》卷三。《東都事略》卷一百六。

2 見汪藻3。

3 李處邁，邯鄲之孫，政和初，以直祕閣知相州。外甥張澄如瑩，繇宗女夫爲承節郎，侍行，掌札牘之寄。時聶賁遠山爲郡博士，王將明甫爲決曹椽。如瑩處甥館，既與二公往還，且周旋甚至，悉皆懷感。王、聶同年生也，始甚歡。而聶於樂籍中有所屬意，王亦昵之，每戒不令前，聶恨之，因而遂成仇怨。其後，甫改名黼，爲相，薦如瑩易文階，除樞密院編修，已而更秩爲郎。聶後以蔡元長稱其剛方有立，薦之，改名昌，擢侍從。黼大用事，貶聶散官，安置衡州，益銜黼矣。靖康時事大變，召登政府，黼之誅死，聶有力焉。而聶亦以是歲出使至絳州，被害。《揮麈餘話》卷二。

4 韓子蒼《獻王將明生日》二十絶句，内一絶句云：「萬里青霄發軔時，驊騮絶足看奔馳。太平宰相何人識，唯有巫咸得預知。」蓋王父行可初知臨泉時，將明爲編修官，行可問異人王老志，他日官所至，書「太平宰相」四字遺之，即以墨塗滅其字。前詩叙此耳。《能改齋漫録》卷十一。《蘆浦筆記》卷七。《宋稗類鈔》卷一。

5 故相王甫將明爲館職時，夜夢至一山間，古松流水，杳然幽深，境色甚異，四無人跡。忽遇一道人，引至一處，過松下，有廢丹竈，又入，有茅屋數間，道人開之，云：「公之所居也。」塵埃蓬勃，似久無人居者。壁間見題字，云：「白髮高僧酷愛閑，一缾一鉢老山間。只因窺井生一念，從此松根丹竈閒。」恍然悟其前世所居。已失道人，遂回。天大雷雨，龍起雲中，意甚恐懼，遂寤。其婢亦魘於室中，呼之覺，問之，云：「適爲雷雨所驚。」頗異之。來日，館中曝書，偶觀架上小説，内載婦人窺井生男事云。孫仲益有《王太傅生日》詩云：「了了三生夢，松根冷煅爐。」用此事也。窺井事，見《博物志》。《西溪叢語》卷上。《堯山堂外紀》卷五十五。

6〔王黼〕登第後，一任爲相州司理，蹤跡已詭譎。入輦轂，爲何丞相執中所喜，遂歷書局館職。政和初，爲司諫，蔡京薦之遷諫議大夫。黼既驟遷，遂背執中，疏其惡二十事與京，而執中不知也，每稱道黼不已。一日，省中俟其來見，則又及黼，而京曰：「少師何主黼若是，黼定何如人可保乎？」執中方談其美，京即於座後出一卷書使讀之，乃黼擊執中疏也。執中大愕，始變色曰：「畜生乃爾若是！」繇是執中乃謝絶黼。《三朝北盟會編》卷三十一。

7 王黼在翰苑，嘗病疫危甚，國醫皆束手。二妾曰豔娥、素娥，侍疾坐於足。素娥泣曰：「若内翰不諱，我輩豈忍獨生！惟當俱死爾。」豔娥亦泣，徐曰：「人生死有命，固無可奈何。姊宜自寬。」黼雖昏卧，實具聞之。既愈，素娥專房燕，封至淑人，黼娥遂辭去。及黼誅，素娥者驚悸，不三日亦死，曩日俱死之言遂驗。《老學庵筆記》卷六。

8 政和以還，侍從大臣多奴事諸璫而取富貴。其倡始者，首有王丞相黼事梁師成，後又有王右轄安中亦事師成。此最彰著者。宣和以降，則士大夫悉歸之内寺之門矣。黼則呼師成爲「恩府先生」，每父事之。安中在翰苑，凡草師成麻制，必極力作爲好辭美句，褒頌功德，時人謂之「王内相」。《鐵圍山叢談》卷六。

9 梁師成與黼連牆，穿便門往來，黼以父事之，每折簡，必稱爲恩府先生。《東都事略》卷一百六。

10 宣和中，余深爲太宰，王黼爲少宰。是時上皇多微行，而司諫曹輔言之。一日上皇獨留黼，問輔何自而知，對曰：「輔南劍人，而余深門客乃輔兄弟，恐深與客言，而達於輔也。」上皇然之。即下開封府捕深客，錮身押歸本貫。内外驚駭，莫知其由。而深患失，何敢與客語。又曹只同姓同郡，實非親也。未幾，王獨賜玉帶，余遂求罷，即得請。黼遽攘其位焉。《雞肋編》卷下。

11 王黼作宰日，蔡京入對便殿，上從容及裁減用度事，京言：「天下奉一人，恐不宜如此。」梁師成密以告黼。翌日，遂置應奉司，黼專提舉，其擾又甚於花石。《曲洧舊聞》卷八。

12 〔王黼〕每入禁中，爲柔曼之容，效俳優諢話，以悦上意。置應奉司于其家，四方珍貢皆由黼以進奉，而多半隱盜於家，公然賣官，取贓無厭。京師爲之語曰：「三百貫，且通判。五百索，直秘閣。」其無廉恥如此。《三朝北盟會編》卷三十一引《中興姓氏姦邪録》。《宋詩紀事》卷一百。

13 〔王〕黼又同蔡攸每罷朝出省，時時乘宫中小輿，召入禁中爲談笑，或塗抹粉墨作優戲，多道市井淫言媟語，以媚惑上聽。時因諧浪中以譖人，輒無不中。《三朝北盟會編》卷三十一。

14 王黼雖爲相，然事徽考極褻，宮中使内人爲市，黼爲市令，若東昏之戲。一日，上故責市令，撻之取樂，黼窘，故曰：「告堯、舜，免一次。」上笑曰：「吾非唐、虞，汝非稷、契也。」一日，又與逾垣微行，黼以肩承帝趾，牆峻，微有不相接處，上曰：「聳上來！司馬光。」黼應曰：「伸下來！神宗皇帝。」君臣相謔乃爾。《朝野遺記》。《堯山堂外紀》卷五十五。《宋稗類鈔》卷六。

15 徽宗嘗問近臣：「七夕何以無假？」時王黼爲相，對云「古今無假」。徽宗喜甚，還語近侍，以黼奏對有格制。蓋柳永《七夕》詞云：「須知此景，古今無價。」而俗謂事之得體者，爲有格致也。《雞肋編》卷下。

16 王將明當國時，公然受賄賂，賣官鬻爵，至有定價。故當時爲之語曰：「三千索，直祕閣。五百貫，擢通判。」《曲洧舊聞》卷十。

17 見李邴1。

18 王黼將明，盛時搜求四方瓌奇之物，以充玩好。有人以桃核半枚來獻，中容米三四斗。其間題詠之字滿矣。李之儀端叔題云：「觀此桃，則退之所謂『華山十丈蓮』，信有之矣。」《墨莊漫録》卷一。

19 王黼盛時，庫中黄雀鮓自地積至棟，凡滿三楹。《齊東野語》卷十六。《堅瓠秘集》卷四。《宋稗類鈔》卷二。《古事比》卷四十二。

20 王黼宅與一寺爲鄰，有一僧，每日在黼宅溝中流出雪色飯顆，漉出，洗浄，曬乾，不知幾年，積成一囷。靖康城破，黼宅骨肉絶糧，此僧即用所收之飯，復用水淘蒸熟，送入黼宅，老幼賴之無饑。《貴耳集》卷下。

《養疴漫筆》。《昨非庵日纂》二集卷九。《宋稗類鈔》卷二。

21 黼侍妾甚衆，有官封者十八人，八夫人，十宜人。《三朝北盟會編》卷三十一引《秀水閒居録》。

22 王黼作相，請朝假歸咸平焚黄，畫舫數十，沿路作樂，固已駭物論。《老學庵筆記》卷五。

23 宣和辛丑，罷郊學及貢法，竝依熙、豐故事。翁養源爲國子祭酒，頗患文敝，欲革之而未能。蔣存誠代之白堂，具學官異論者衆，請從罷黜。太宰王黼問：「異論者誰？」對曰：「固非一輩，而宋齊愈爲之首。」黼曰：「百家諸子，自前古不廢。」忽悟言失，遽曰：「但元祐學術不可不痛懲耳！」蔡太師聞之，因對，力詆黼「崇奬異學，將害陛下紹述之政。」又稱黼引用非人。黼曰：「洪炎，京所用，黄庭堅甥也。」因取蔡絛所撰《西清詩話》奏之，上令御史臺彈劾，即逐炎。而蔡、王之黨，自此始矣。《泊宅編》十卷本卷七。

24 王黼一日在相國寺行香，見蔡京以太師、魯國公揭牓，小立其下，深有羨慕之色。親厚者乘間叩之，黼曰：「無他，不謂元長有許大官職！」其人因言：「太宰若能承當一大事，元長官職不難致。」黼識其意，乃身任伐燕之責，後亦致位太傅、楚國公。且許服紫花袍，增益騶導，并張青羅蓋，塗金從物，略與親王等，寵遇埒於京。及夫事變，適開封尹聶山有宿怨，遣武吏追躡，戕於雍丘輔固村，民家取其首以獻，以遇盜聞。《清波雜志》卷二。《宋稗類鈔》卷一。

25 蔡京經營北虜不就，去位。王黼作相，欲功高於京，遂結女真以伐大遼。燕、冀遺民，殺虜殆盡，復用金帛從女真買空城，以爲弔伐之功。又陰約舊大遼臣張覺，圖營平、灤州等。事泄，女真以招納叛亡爲名，由河東來者，陷忻、代，越太原，陷隆德，以至澤州之高平；由河北來者，直抵京城。上皇禪位，幸丹陽。淵聖割三鎮以爲城下之盟。女真退，復詔三鎮堅守。《邵氏聞見録》卷五。

26 童貫、蔡攸收復燕山，奏至，宰相王黼率百官稱賀，表中多得意語，云：「陟峻明堂，既揭平朔之號；軒藏石鼓，仍題復古之名。承九清之命，而整神霄陰相之族；建三辰之旗，而向太一下臨之方。」《三朝北盟會編》卷十六引《秀水閒居録》。

27 王將明作《賀復燕雲表》，以「昆夷維其喙矣」，對「燕民悦則取之」。鄭達夫特爲領樞密院事，亦用上句，而以「周公方且膺之」爲對，語王曰：「相公屬對甚的。」因舉己對曰：「此是當家者。」《閒燕常談》。

28 宣和五年十二月，徽宗賜太傅王黼私第。御書載賡堂、膏露堂、寵光亭、十峰亭、老山高、榮光齋、隱菴七牌。《能改齋漫録》卷十二。

29 籍王黼第，得金寶以億萬計。初，黼賜第於閶闔門外，周圍數里。其正廳事以青銅瓦蓋覆，宏麗壯偉，其後堂起高樓大閣，輝耀相對。又於後園聚花石爲山，中爲列肆巷陌，與民間倡家相類，與李邦彦輩游宴其中，朋邪狎昵，無所不至。及至籍没，百姓争入剽掠，官不能禁，斬數人而後已。黼出城數十里，至負固村追斬者，百姓謂之「負國村」。《三朝北盟會編》卷三十一。

30 壬寅春，太傅王黼賜第有白芝，生於正寢，附卧榻後屏風而出，又一本在廳事照壁上。隔六年，有戮身之禍。《宣政雜録》。

31 宣和七年，駕幸龍德宫，太宰王黼獻詩，有「巧將千嶂遮晴日，借得三眠作翠帷」之句。識者曰：「黼將不復見君矣。」《泊宅編》十卷本卷六。

32 王黼爲宰相，與宦者梁師成鄰居，密開後户往來。徽宗幸黼第，徘徊觀覽，偶見之，大不樂。《鶴林玉露》乙編卷一。《讀書鏡》卷三。

33 王黼自入仕登庸，無他異，唯合眼時，覺有物隱隱如玉筯，頭長不盈寸，開眼則無之，他人不知也。每有慶事，則微痒而動摇，率以爲常。靖康初，金人犯闕，黼正憂遽，忽痒甚，喜不自勝，微以手按之，其物忽落掌中，狀如筯，不久及禍。《泊宅編》十卷本卷一。

34 王黼居相位，當全盛時，又寵幸一時，故窮極富貴，於寢室置一榻，用金玉爲屏，翠綺爲帳，圍以小榻數十，擇美姬處之，名曰「擁帳」。後事變，行至輔固村，於道旁店少憩，食油餅次，有一舊親近使臣，自京城來參，因説時事，語未竟，開封府吏踵至，出御筆，即戕之，身首異處。《清波别志》卷下。《可書》。

35 王將明後房曰田令人者，顔貌殊倫，真國色也。靖康改元正月，將明死。田自都攜一婢竄至亳州，居逆旅中。郡知之，爲拘管數月，其家遣人迎歸。《墨莊漫録》卷四。

王閎孚

1 王黼作相，其子閎孚作待制，造朝財十四歲，都人目爲「胡孫待制」。《老學庵筆記》卷十。

朱勔

1 朱勔之父朱冲者，吴中常賣人。方言以微細物博易於鄉市中自唱，曰常賣。一日至虎丘，主僧聽其聲，甚驚，出觀之，但見憩於廡下，延之，設茶，語以它日必貴。自是，主僧頗周給之。其子勔有幹材，蔡太師憩平江，冲攜以見蔡，因得出入門下，被使令。再入相，京屬童貫以軍功補官，遂取吴中水窠以進，並以工巧之物輸上方，就平江爲應奉局，百工技藝皆役之。間以金珠爲器，分遺後宫，宫人皆德之，譽言日聞。遂取太湖巧石，大者尋丈，皆運至闕下，又令發運司津置，謂之「花石綱」。《雲麓漫鈔》卷七。

2 見宋徽宗14。

3 宣和癸卯，平江朱勔採石太湖黿山，得一石，長四丈有奇，廣得其半，玲瓏嵌空，竅穴百千，非雕刻所能成也。并郡宅後池光亭臺上白公檜，世傳白樂天手植也，創造二大舟，費八千緡以獻。時常、潤間河渠淺淤，重載不前。乃先繪圖以聞。宸翰賜石名「神運昭功敷慶萬年之峰」，時人莫不目擊。……是秋方至京師，詔置於艮嶽。《墨莊漫録》卷一。

4 宣和五年，朱勔於太湖取石，高廣數丈，載以大舟，挽以千夫，鑿河斷橋，毁堰拆閘，數月乃至。會初得燕山之地，因賜號「敷慶神運石」。《楓窗小牘》卷上。

5 艮嶽一石，高四十尺，名「神運昭功」。宣和五年，朱勔自平江府造巨艦載太湖大石一塊至京，以千人舁進。勔被賞建節，石封盤固侯。《清波雜志》卷八。《湧幢小品》卷十五。

6 蘇州白樂天手植檜，在州宅後池光亭前池中。余政和初嘗見之，已槁瘁，高不滿二丈，意非四百年物，真僞未可知也。後爲朱冲取獻，聞槁死道中，乃以他檜易之。禁中初不知。又有言華亭悟空禪師塔前檜亦唐物，詔冲取之，檜大，不可越橋梁，乃以大舟即華亭泛海出楚州以入汴。既行，一日張帆風猛，檜枝與帆低昂不可制，舟與人皆没。長興大雄寺陳霸先宅庭，亦有大檜，中空裂爲四枝，蔭半庭，質如金石。相傳以爲霸先所植，又欲取以獻，會聞悟空檜沉海乃已。《石林避暑録話》卷一。

7 〔朱〕勔所衣錦袍，云徽宗嘗以手撫之，繡御手於袍上。《雲麓漫鈔》卷七。《宋稗類鈔》卷一。

8 朱勔嘗豫内宴，徽宗親握其臂與語，勔遂以黄帛纏之，與人揖，不舉此臂。《吴中舊事》。《宋稗類鈔》卷一。

9 朱勔横於吴中，時有士人《詠蟹》譏之，中聯云：「水清詎免雙螯黑，秋老難逃一背紅。」蓋勔少曾犯法，鞭背黥面。《萬曆野獲編》卷二十六。《墨莊漫録》卷一。

10 方臘破錢塘時，朔日，太守客次有服金帶者數十人，皆朱勔家奴也。時諺曰：「金腰帶，銀腰帶，趙家世界朱家壞。」《老學庵筆記》卷一。《宋詩紀事》卷一百。

11 金人入寇，〔朱〕勔父子以小舟東下，不敢見人，人亦不往見。《雲麓漫鈔》卷七。

12 見潘兑2。

13 朱勔之葬其父，盛飾一女奴、一僮以殉之。僮、奴不知其死也，忻忻然從柩而入壙。靖康末大饑，郡人怨毒入骨，劫其壙而碎其骨。《吴中舊事》。

14 朱勔喪父，作黄籙醮，請茅山道士陳赤夷字彦真拜章。回，得報應。但見金甲神人，杖劍叱云：「朱勔父子罪惡貫盈，上天不赦，汝焉得爲拜章。」彦真不敢言於勔，私爲親密者道。不踰三年，勔果敗。《墨莊漫録》卷三。

童貫

1　童貫自謂韓魏公出子，與梁師成自謂蘇文忠出子正同。《香祖筆記》卷八。

2　見蔡京40。

3　見蔡京45。

4　見蔡京68。

5　童貫自崇寧二年，始以入内内侍省東頭供奉官奉旨，……于是縉紳無恥者，皆出其門。而士論始沸騰矣，至以蔡京爲比。當時天下諺曰：「打破筒，潑了菜，便是人間好世界。」而朝廷曾不悟也。二人卒亂天下。《能改齋漫録》卷十二。《清波别志》卷上。《宋稗類鈔》卷二。《宋詩紀事》卷十。

6　見何執中8。

7　見葉夢得7。

8　政和中，將作監賈讜明仲奉詔爲童貫治賜第於都城。既落成，賈往謝之，貫云：「久勞神觀，而忽忽竟未能小款，翌早朝退無它，幸見過點心而已。」明仲領其意。詰朝往見，賓主不交一談。頃之，一卒持二物，若寶蓋瓔珞狀，張於貫及己之上。視之，皆真珠也。各命二雙鬟，捧桌子一隻至所座前。又令庖人持銀鐐竈，即廳之側燎火造包子。以酒食行，凡三，每一行，易一桌，凡果碟酒杯之屬，初以銀，次金，又次以玉。其製作奇絶，目所未睹。三杯即徹，賈亦辭出，暫至局中，然後歸舍，見數人立於門云：「太傅致意，適來大監坐間受用一分器皿及雙鬟，悉令持納。」計其值，逾數萬緡。賈由此雄豪，至今以富聞湘中。《揮麈後録》卷八。《宋稗類鈔》卷二。

9 宣和之初暨中間，宦人有至太保、少保，節度使、正使承宣觀察者比比焉。朝廷貴臣，又皆繇其門，遂不復有廟堂。士大夫始盡向之，朝班禁近咸更相指目，「此立里客也」，「此木腳客也」。反以爲榮而争趨羡之，能自飭勵者無幾矣。《鐵圍山叢談》卷六。

10 童貫之討方臘也，盡檄東南諸路兵，凡數十萬，貫獨總之。既累月無功，朝廷頗加督責，貫懼，無以爲計，乃出令：「與賊戰而不能生獲者，許斬首以獻，亦議推賞。輒欺者，抵罪。」諸軍自後每出戰或夜劫賊寨，凡力所能加者，皆殺之，以其首來，貫即授賞，不問其是賊與否也。軍士因大爲欺罔，偶出遇往來人，亦皆殺之，因告其主將曰：「道逢賊衆，因與鬬敵，遂斬其首。」主將縱知其非，亦不敢言。陳公亨伯嘗見貫，謂曰：「聞諸軍每戰多殺平民，要須禁止。且治盜與治夷狄不同，彼夷狄狀貌與中國大異，故可以級論功。今平民與盜初無别，軍士利于得賞，何憚而不殺平民乎？」貫不聽，既而臘招降，餘黨潰散，軍士追奔或入民居，全家殺之，以其首獻。貫欲張大其功，亦不問也。《獨醒雜志》卷七。

11 童貫平方寇時，受富民獻遺。文臣曰「上書可采」，武臣曰「軍前有勞」，並補官，仍許磨勘，封贈爲官户。比事平，有司計之，凡四千七百人有奇。《老學庵筆記》卷四。

12 童貫爲太師，用廣南龔澄樞故事。林靈素爲金門羽客，用閩王時譚紫霄故事。嗚呼異哉！《老學庵筆記》卷五。

13 童貫以燕山功，遂封同安郡王。有改晉公《平淮西》詩以譏曰：「長樂坡頭十萬戈，碧油幢下一婆婆。今朝始覺爲奴貴，夜聽元戎報五更也囉。」《可書》。

14 宣和中，童貫用兵燕薊，敗而竄。一日内宴，教坊進伎爲三四婢，首飾皆不同。其一當額爲髻，曰蔡太師家人也；其二髻偏墜，曰鄭太宰家人也；又一人滿頭爲髻如小兒，曰童大王家人也。問其故，蔡氏者曰：「太師覲清光，此名朝天髻。」鄭氏者曰：「吾太宰奉祠就第，此嬾梳髻。」至童氏者曰：「大王方用兵，此三十六髻也。」《齊東野語》卷十三。

15 童貫既敗，籍没家貲，得劑成理中圓幾千斤。《清波雜志》卷五。《卻掃編》卷上。《齊東野語》卷十六。《堅瓠秘集》卷四。《宋稗類鈔》卷二。

16 童貫竄嶺南，言者謂：貫姦凶，不宜置之遠地，且其誤國之罪，當正典刑。淵聖以爲然，乃命監察御史張澂乘驛斬之。既出國門，復得御札三字：「速密全。」即晝夜兼行，追至南安驛舍斬之，函首京師，梟于東市。《獨醒雜志》卷九。

17 靖康初，童貫既以誤國竄海外，已而下詔誅之。欽宗喻宰執云：「貫素姦狡，須得熟識其面目者，銜命追路，即所在行刑，遮免差誤。」唐欽叟時爲首相，云：「朝臣中有張澂字達明者，與貫往還，宜令其往。」詔除澂監察御史以行。澂字達明，有一小女十餘歲，玉雪可憐，素所愛。時天寒，欲卯飲，忽聞有此役，駭愕戰掉，袖拂湯酒椀，沃其女立死。達明號慟引道，怨欽叟切骨。至南雄州而貫就戮。明年，欽叟免相留京，二聖北遷。虜人立張邦昌爲主，且驅廷臣連銜列狀，欽叟僉名畢，仰藥而殂。建炎中，達明爲中司，適欽叟家陳乞郵典，達明言：「欽叟不能抗虜之命，雖死不足褒贈。」繇是恩數盡寢。《揮麈後録》卷三。《宋稗類鈔》卷一。

18 童貫既有詔誅之命，御史張達明持詔行。將至南雄州，貫在焉。達明恐其聞而引決，則不及正典刑，乃先遣親事官一人，馳往見貫，至則通謁拜賀于庭。貫問故，曰：「有詔遣中使賜茶藥，宣詔大王赴闕，且聞已有河北宣撫之命。」貫問：「果否？」對曰：「今將帥皆晚進，不可委寄，故主上與大臣熟議，以有威望習邊事，無如大王者，故有此命。」貫乃大喜，顧左右曰：「又卻是少我不得。」明日達明乃至，誅之。貫既伏誅，其死所忽有物在地，如水銀鏡，徑三四尺，俄而斂縮不見。達明復命函貫首自隨，以生油、水銀浸之，而以生牛皮固函。行一二日，或言勝捷兵有死士欲奪貫首，達明恐亡之，乃置首函於竹轎中，坐其上。然所傳蓋妄也。《老學庵筆記》卷三。《宋稗類鈔》卷一。

19 童貫彪形燕頷，亦略有髭，瞻視炯炯，不類宦人，項下一片皮，骨如鐵。《鐵圍山叢談》卷三。

20 〔内臣童貫〕號爲「著脚赦書」，蓋言其所至推恕有恩惠以及物也。《宣和畫譜》卷十二。

梁師成

1 〔梁〕師成自幼警敏知書，敢爲大言。始自言母本文潞公侍兒，生己子外□者，或告以師成貌美類韓魏公，因又稱韓公子。久之，有老女醫言蘇内翰有妾出外舍，生子，爲中書梁氏所乞。師成於是又盡變其説，自謂真蘇氏子。每侍上言及公，輒曰「先臣」，聞者莫不笑之。《家世舊聞》卷下。

2〔梁師成〕嘗自冒爲蘇軾之出子，與軾諸子叙拜爲兄弟行。數丐上曰：「先臣何罪？」《三朝北盟會編》卷三十二。

3見蘇過2。

4梁師成自稱東坡外子，欲夤緣潁濱子元老，請見通款，元老拒之。師成怒，擠之不令在中朝。《六研齋筆記》卷一。

5紹聖中，蔡卞重修《神宗實録》，用朱黄删改。每一卷成，輒納之禁中。蓋將盡泯其迹，而使新録獨行。所謂朱墨本者，世不可得而復見矣。及梁師成用事，自謂蘇氏遺體，頗招延元祐諸家子孫若范温、秦湛之徒。師成在禁中見其書，爲諸人道之。諸人幸其書之出，因曰：「此亦不可不録也。」師成如其言。及敗没入，有得其書，攜以渡江，遂傳於世。《齊東野語》卷八。

6見王安中6。

7見王黼8。

8宣和初，有鄧姓者，留守西京，以牛酥百斤遺梁師成。江子我端友作《牛酥行》云：「有客有客官長安，牛酥百斤親自煎。倍道奔馳少師府，望塵且欲迎歸軒。守閽呼語不必出，已有人居第一先。其多乃復倍于此，台顔顧視初怡然。昨朝所獻雖第二，桶以純漆麗且堅。今君來遲數又少，青紙題封難勝前。持歸空慙遼東豕，努力明年趁頭市。」《能改齋漫録》卷十一。《宋稗類鈔》卷二。

9内侍梁師成以文章自任。宣和間，作休休館於私第，日與儒士相從，自號「隱相」。《可書》。

10 宣和間，衣着曰「韻纈」，果實曰「韻梅」，詞曲曰「韻令」，乃梁師成爲鄆邸倡爲此讖。《清波雜志》卷六。

楊戩

1 中貴楊戩，於堂後作一大池，環以廊廡，扃鐍周密。每浴時，設浴具及澡豆之屬於池上，乃盡屏人，躍入池中游泳，率移時而出，人莫得窺，然但謂其性喜浴於池耳。一日，戩獨寢堂中，有盜入其室，忽見牀上乃一蝦蟆，大可一牀，兩目如金，光彩射人。盜爲之驚仆，而蝦蟆已復變爲人，乃戩也。起坐握劍，問曰：「汝爲何人？」盜以實對。戩擲一銀香毬與之曰：「念汝迫貧，以此賜汝，切勿爲人言所見也。」盜不敢受，拜而出。《老學庵筆記》卷十。《宋稗類鈔》卷四。

2 徽宗幸迎祥池，見欄檻間醜石，顧問内侍楊戩曰：「何處得之？」戩云：「價錢三百萬，是戩買來。」伶人焦德進曰：「猶自戩裹。」上大笑。《可書》。

高俅

1 高俅者，本東坡先生小史，筆札頗工。東坡自翰苑出帥中山，留以予曾文肅。文肅以史令已多辭之，東坡以屬王晉卿。元符末，晉卿爲樞密都承旨，時祐陵爲端王，在潛邸日，已自好文，故與晉卿善，在殿廬待班，邂逅，王云：「今日偶忘記帶篦刀子來，欲假以掠鬢，可乎？」晉卿從腰間取之。王云：「此樣甚新可愛。」晉卿言：「近創二副，一猶未用，少刻當以馳内。」至晚，遣俅賫往。值王在園中蹴鞠，俅候報之際，睥睨不已。王呼來前，詢曰：「汝亦解此技邪？」俅曰：「能之。」漫令對蹴，遂愜王之意，大喜，呼隸輩云：「可往傳語都尉，既謝篦刀之貺，并所送人皆輟留矣。」由是日見親信。踰月，王登寶位。上優寵之，眷渥甚厚，不次遷拜。其儕類援以祈恩，上云：「汝曹争如彼好脚迹邪！」數年間建節，循至使相，遍歷三衙者二十年，領殿前司職事，自俅始也。……恩倖無比，極其富貴。然不忘蘇氏，每其子弟入都，則給養問卹甚勤。靖康初，祐陵南下，俅從駕至臨淮，以疾爲解，辭歸京師。當時侍行如童貫、梁師成輩皆坐誅，而俅獨死於牖下。《揮麈後録》卷七。《宋稗類鈔》卷一。

2 見何執中8。

3 冬至前三日，駕宿大慶殿。……兵士十餘人作一隊，聚首而立，凡數十隊。各一名喝曰：「是與不是？」衆曰：「是。」又曰：「是甚人？」衆曰：「殿前都指揮使高俅。」更互喝叫不停。《東京夢華録》卷十。

4 宋高俅墓在横塘。明萬曆中士人趙應奎葬親黄山北，掘地得古碣云。其宅即今高師巷。《茶香室三鈔》卷三引《吴門表隱》。

楊震

1 徽宗在藩邸，楊震給侍左右，最爲周慎。嘗有雙鶴降於中庭，左右皆賀，震急逐去，云：「是鸛，非鶴也。」又一日，芝生寢閣，左右復稱慶，震急刈除，曰：「是菌，非芝。」由此信任彌篤。《能改齋漫録》卷十三。《宋稗類鈔》卷八。

趙良嗣

1 趙良嗣既來降，頗自言能文，間以詩篇進，益簡眷遇，至命兼官史局令，《續通鑑長編》重和元年十二月丁未，推修《國朝會要》帝系、后妃、吉禮三類賞，良嗣實竄名參詳，與轉一秩焉。……余讀《北遼遺事》，見良嗣與王瓌使女真，隨軍攻遼，上京城破，有詩曰：「建國舊碑胡月暗，興王故地野風乾。回頭笑向王公子，騎馬隨軍上五鑾。」上京蓋今虜會寧，乃契丹所謂西樓者實耶律氏之咸、鎬、豐、沛。犬羊固不足卹，而良嗣世仕其國，身踐其朝，貴爲九卿，一旦決去，視宗國顛覆殊無禾黍之悲，反吟詠以志喜，其爲人從可知也。《桯史》卷五。《貴耳集》卷上。《宋詩紀事》卷四十一。

陳堯臣

1 宣和初，徽宗有意征遼，蔡元長、鄭達夫不以爲然，童貫初亦不敢領略，惟王黼、蔡攸將順贊成之。有諜者云：「天祚貌有亡國之相。」班列中或言陳堯臣者，婺州人，善丹青，精人倫，登科爲畫學正。黼聞之甚喜，薦其人于上，令銜命以視之，擢水部員外郎，假尚書以將使事。堯臣即挾畫學生二員俱行，盡以道中所歷形勢向背，同繪天祚像以歸。入對即云：「虜主望之不似人君，臣謹寫其容以進。若以相法言之，亡在旦夕。幸速進兵，兼弱攻昧，此其時也。」并圖其山川嶮易以上。上大喜，即擢堯臣右司諫，賜予鉅萬。燕雲之役遂決。《揮麈後録》卷四。

許景衡　劉珏

1 許少伊右丞，宣和間初除監察御史，夜夢緑衣而持雙玉者隨其後。未幾，劉希范資政珏繼有是除。靖康初，爲太常少卿，復夢緋衣而持雙玉者隨其後。未幾，劉亦繼爲奉常。《卻掃編》卷上。

任伯雨

1 見趙挺之5。

張庭堅

1 張才叔庭堅貶象州，所居屋才一間，上漏下濕，屋中間以箔隔之。家人處箔内，才叔躡屐端坐於箔外，日看佛書，了無厭色。《童蒙訓》卷下。

龔　夬

1 龔殿院彦和夬，清介自立，少有重名。元祐間，僉判瀛州，與弟大壯同行，大壯尤特立不群。曾子宣帥瀛，欲見不可得。一日徑過彦和，邀其弟出，不可辭也，遂出相見。即爲置酒，從容終日乃去。因題詩壁間，其兩句云：「自慚太守非何武，得向河間見兩龔。」近日貴人如曾子宣之能下士，亦難及也。紹聖中，彦和爲監察御史，未能去，大壯力勸其兄早求罷，彦和遂去。大壯不幸早卒，雖彦和之弟，實畏友也。《童蒙訓》卷上。《能改齋漫録》卷十一。《宋稗類鈔》卷六。

2　龔彦和夬貶化州，徒步徑往，以扇乞錢，不以爲難也。《童蒙訓》卷下。

3　龔彦和謫化州，持不殺戒。日夜禮佛，對客蟣虱滿衣領，不卹也。鄒至完作偈嘲之，曰：「衣領從教虱子緣，夜深拜得席兒穿。道鄉活計君知否？飢即須餐困是眠。」《詩話總龜》前集卷三十九引《冷齋夜話》。《續墨客揮犀》卷五。

4　龔彦和正言自貶所歸衛城縣，寓居一禪林，日持鉢隨堂供。暇日偶過庫司，見僧雛具湯餅，問其故，云具殿院晚間藥食，龔自此不復晚飡云。《春渚紀聞》卷四。

江公望

1　范忠宣公言，江民表作小官時，便作取宰相時事。《步里客談》卷上。

2　徽宗嘗夢有題亭樹壁間數語者，覺，不曉所謂。及公對，所論列，多與夢合。上歎賞之，閲之甚久，且曰：「聞卿德望儒雅，置之諫列，簡在朕心，不出大臣也。」退朝，上甚喜，以公與我夢合，可以大任也。《宋名臣言行録》續集卷一。

3　建中初，江公望爲左司諫，上言：「神考與元祐諸臣，非有斬祛射鈎之隙也，先帝信仇人黜之。陛下若立元祐以爲名，必有元豐、紹聖爲之對。有對則争興，争興則黨復立矣。」徽宗初欲革紹聖之弊以靖國，于是大開言路。衆議以瑶華復位，司馬光等敘官爲所當先。陳瓘時在諫省，獨以爲「幽廢母后，追貶故相，彼皆立名以行，非細故也。今欲正復，當先辨明誣罔，昭雪非辜，誅責造意之人，然後發詔以禮行之，庶無後患。不宜欲速貽悔」。朝議以公論久鬱，速欲取快人情，遽施行之。至崇寧間，蔡京用事，悉改建中之政。人皆服公遠識。《宋稗類鈔》卷三。

4　見宋徽宗10。

劉安節

1　永嘉劉安節元承，與從弟安上皆嘗事二程，同游太學，號二劉。《直齋書録解題》卷十七。

2　〔劉安節〕移知宣州，去饒州二日，民遮留之，涕泣不忍别，耆老以爲：「吾州自范文正後，惟吾劉公而已。」至宣十日而水大至，公分遣其屬具舟振溺，而躬督之，晝夜不少休，所活幾數千人。而遠近流民至者以萬數，公發廪活之，一無失所者。《宋名臣言行録》外集卷八。

3　鄒公浩以右正言得罪，公與其所厚者數輩追路勞勉之。朝廷震怒，追逮甚力，人皆惴恐，公獨泰然。既而哲宗察其無他，有詔釋之，而公亦自若也。《宋名臣言行録》外集卷八。

黄葆光

1　黄元暉爲左司諫，論事忤蔡氏，謫昭潭，後復管勾江州太平觀。謝表曰：「言之未盡，悔也奚追。」《老學庵筆記》卷一。

蔡嶷

1 見李元亮1。

2 政和元年，尚書蔡嶷爲知舉，尤嚴挾書。是時有街市詞曰《侍香金童》，方盛行，舉人因以其詞，只改十五字，作《懷挾詞》云：「喜葉葉地，手把懷兒摸。甚恰限、出題厮撞着。内臣過得不住脚。忙裏只是，看來斑駁。　這一身冷汗，都如雲霧薄。比似年時頭勢惡。待檢又還猛相度。只恐根底，有人搯着。」《上庠録》。《苕溪漁隱叢話》後集卷三十九。

3 蔡内相文饒嶷，以殿魁驟進。晚知杭州，稍失志。時宣和間，錢塘經方寇破殘後，其用意將效張乖崖公領成都故事。花判府，有寡婦詣訟庭投牒，而衣緋袴。即大書曰：「紅袴白襠，禮法相妨。臀杖十七，且守孤孀。」《鐵圍山叢談》卷四。案：花判府，「花」，一作「蔡」。

4 蔡嶷文饒，與許光凝嘉謨，俱爲尚書。因會茶，嘉謨歎簿書之煩曰：「吾儕外望雖重，然日困刀筆，反與村縣長官無異。思典外藩，擊大鼓，享厚味，豈易得也？」文饒曰：「擊大鼓，享厚味，在公優爲，嶷安得而有之？」嘉謨歸，怪其語謬。未幾，嘉謨出知成都，文饒落職宫祠。《能改齋漫録》卷十八。

錢適

1 錢適，婺州浦江農家子。少力學，舉省殿榜，皆占上等，雖歷華要，不妨治生。浦江宅在深村，衆山環繞，一水縈帶，陰陽家云：「法當富貴兩得。」後又侈大其宅，買田至數萬畝。只有一子名楚老，極少俊，遹所鍾愛。作中丞時，楚老病且革，遹是日適欲攻時相，與後來者爲地，亟趨對，不顧病者。遹上馬時，楚老死。其後謫辭有「呱呱」之語，蓋譏其忍。政和初，以八座出帥越，因臺章領宫祠，遂不復起。所至郡，廳前一鴉鳴，必責守兵掩捕，盡其種類乃已。常自云好殺乃天性。推捕鴉之事，可以知其他。青溪賊作，遹徑走越州，越守劉韐閉城不納，卻歸村居，爲亂兵所害，而焚其宅也。《泊宅編》三卷本卷下。

2　錢遹德循爲侍御史，元符末，攻曾布。章數上，正急，會其子病。明日將對，夜艾子死，德循即跨馬入朝，不復内顧。既歸，然後舉哀。朝廷頗知之。布敗，德循遂除中丞，訓詞有云：「方蹇蹇以匪躬，子呱呱而弗恤。」未幾，德循轉工部尚書，失言路，其僚頗攻擊，竟論匿哀之事，德循由是得罪，責詞數其躁進，至云：「匿哀請對，褻瀆軒墀。」德循投閑久之，領宫祠而終。《萍洲可談》卷一。《揮麈後録》卷十一。

3　臘寇犯浦江境上，〔錢〕遹具衣冠迎拜道左，對渠魁痛毁時政，以倖苟免。寇謂遹受朝廷爵秩之厚如此，乃敢首爲訕上之言，亟命其徒殺之。《揮麈後録》卷十一。

4　錢遹，田家子，高科膴仕，性甚魯。每遇失汗，則負重走齋中，汗出乃蘇。既爲禁從，猶如此，或取十餘千錢，就帳内荷之以作力。諸方不載此法……輕薄子以爲此出汗方，編入御藥院。《萍洲可談》卷三。

劉賡

1　劉尚書賡，法家也。崇寧間爲大司寇，一日來詣東府見魯公。公時在便坐，與魏先生漢津對，因延劉尚書弛公裳，即燕坐焉。劉公立，不肯就位，責魯公曰：「司空僕射，實百僚之儀表也。奈何與黥卒坐對？賡竊不取，願退。」魯公大笑，亟揖漢津曰：「先生可歸矣。」自是，劉公不敢與漢津竝見。《鐵圍山叢談》卷三。

李孝壽

1 李孝壽知開封府，有舉子爲僕所陵，忿甚，亟縛之，作狀欲送府。會爲同舍勸解，久之，氣亦平，因釋去，自取其狀，戲學孝壽押字，判曰：「不勘案，決臀杖二十。」其僕怨之。翌日，即竊狀走府，曰：「秀才日學知府判狀，私決之。」孝壽即令追之。既至，具陳所以，孝壽翻然謂僕曰：「如此，秀才所判，正與我同，真不用勘案。」命吏就讀其狀，如數決之。《石林燕語》卷十。

2 見康倬1。

3 見徐伸1。

王革

1 王保和革爲開封尹，專尚威猛，凡盗一錢，皆杖脊配流。一日，杖於市，稠人中有擲書一册其旁者，亟取視之，則其卧中物也。因大驚，捕逐竟不得。《卻掃編》卷下。

盛章

1 見王寀4。

2 盛章尹京典藩，以慘毒聞，殺人如刈草菅。然婦態雌聲，欲語先笑，未嘗正視人。或置人死地時，亦柔懦不異平日。《老學庵續筆記》。

黄裳

1 黄冕仲未第時，嘗有魁天下之意。元豐四年，南劍州譙門一柱，忽爲迅雷所擊，冕仲聞之，口占絶句云：「風雷昨夜破枯株，借問天公有意無。莫是卧龍蹤迹困，放開頭角入亨衢。」次年，冕仲遂膺首薦。又次年，對策爲天下第一。《能改齋漫録》卷十一。

2 黄裳酷嗜燒煉，晚年疾篤，喻諸子曰：「我死，以大鋼一枚坐之，復以大鋼覆。用鐵線上下管定，赤石脂固縫，置之穴中，足矣。」《可書》。《拊掌録》。《堯山堂外紀》卷四十八。

姚祐

1 姚祐，元符初爲杭州學教授，堂試諸生，《易》題出《乾爲金坤亦爲金何也》。先是，福建書籍刊板舛錯，「坤爲釜」遺二點，故姚誤讀作「金」。諸生疑之，因上請，姚復爲臆説，而諸生或以誠告，姚取官本視之，果「釜」也，大慚，曰：「祐買著福建本！」升堂自罰一直。其不護短如此。《萍洲可談》卷一。

2　姚祐自殿監遷八座，不數進見。母夫人久病痢，諸藥不效，憂悶不知所出，令李昂筮軌革，有「真人指靈草」之語。一日登對，上訝其悴，具以實奏。詔賜一散子，數服而愈，仍喻只炒椿子熟末之飲下。《泊宅編》十卷本卷一。

崔鶠

1　許、洛兩都軒裳之盛，士大夫之淵藪也。黨論之興，指爲許、洛兩黨。崔鶠德符、陳恬叔易，皆戊戌生。田晝承君、李豸方叔，皆己亥生。並居潁昌陽翟，時號「戊己四先生」，以爲許黨之魁也。故諸公坐廢之久。《墨莊漫録》卷四。《宋詩紀事》卷三十五。

2　崔鶠德符，潁昌陽翟人。元祐中，畢漸榜登科，不汲汲於仕宦。宣和中，監西京洛南稻田務。時中官容佐掌宫鑰於洛，郡僚事之，惟恐不及，惟德符不肯見之。容極銜之。德符一日送客於會節園，時梅花已殘，與客飲梅下。已而容奏陳以會節園爲景華御苑，德符初不知也。明年暮春，復騎瘠馬，從老兵，徑入園中梅下，哦詩曰：「去年白玉花，結子深林間。小憩藉清影，低顰啄微酸。故人不復見，春事今已闌。繞樹尋履迹，空餘土花斑。」徘徊而去。次日，容見地有馬跡，問園吏，吏以崔對。容怒其輕己，遂劾奏鶠徑入御苑，以此罪廢累年。《墨莊漫録》卷三。《嬾真子録》卷五。《容齋四筆》卷十二。《吴禮部詩話》。《宋詩紀事》卷三十二。

梅執禮

1　〔梅〕和勝，浦江人。方未冠時，家極貧，而親老無以爲養，大雪中，以詩謁邑宰云：「有令可干難閉户，無人堪訪懶移舟。」邑令延之，令訓其子弟。方應舉未捷，有詩自遣云：「天之未喪斯文也，吾亦何爲不豫哉。」後蔡嶷榜登科。《庚溪詩話》卷下。《西塘集耆舊續聞》卷五。《堯山堂外紀》卷五十六。《堅瓠辛集》卷四。《宋詩紀事》卷三十六。

2　梅和勝執禮，宣和初爲給事中，與時相王甫論事不合，改禮部侍郎，遂黜守蘄，復落職，責守滁。王甫罷相，復職知鎮江。靖康初，以翰林學士召，其謝表有曰：「喜照壁間而見蝎，乍離楓下而聞鐘。」《庚溪詩話》卷下。《西塘集耆舊續聞》卷五。

張　閣

1　國朝故事，翰林學士草宰相制，或次補執政，謂之「帶入」。大觀三年六月八日，何清源執中登庸，四年六月八日，張無盡商英登庸，皆張臺卿閣草麻，竟無遷寵。時蔡京責太子少保，張當制，詆之甚切，爲縉紳所傳誦。京銜之，會復相，即出張知杭州。明年六月八日，宴客中和堂，忽思前兩歲宿直命相，正與是日同，乃作長短句紀其事云：「長天霞散，遠浦潮平，危欄駐目江皋。長記年年榮遇，同是今朝。金鑾兩回命相，對清光、頻許揮毫。雍容久、正茶杯初賜，香袖時飄。　歸去玉堂深夜，泥封罷，金蓮一寸才燒。帝語丁寧，曾被華衮親褒。如今漫勞夢想，歎塵蹤、杳隔仙鼇。無聊意，强當歌對酒怎消。」觀者美其詞，而訝其卒章失意。未幾，以故物召還，遽卒于官。《夷堅丁志》卷十。《西湖游覽志餘》卷二十一。

2 停官人崔穆復朝奉郎。穆，張閣子婿也。大觀間，蔡京責太子少保，閣爲翰林學士，草制詞，明著其罪，京憾之。開封尹盛章阿京意，劾穆不能事母，文致其罪。至是，穆母沈氏訴于朝，中書侍郎張慤因白其事，上曰：「抱冤者獲伸，則人心悦而天意格矣。如此等事，卿能助朕行之，豈不賢于周公彦築壇望拜之禱乎？」《建炎以來繫年要録》卷十二。

毛友

1 見蔡京95。

2 見蔡京96。

3 見賀鑄6。

强淵明

1 見蔡京19。

宋喬年

1 國朝上元節燒燈盛於前代，爲綵山峻極而對峙於端門。……大觀元年，宋喬年尹開封，迺於綵山中間高揭大牓金字書，曰：「大觀與民，同樂萬壽。」綵山自是爲故事。隨年號而揭之，蓋自宋尹始。《鐵圍山叢談》卷一。

孫宗鑑

1 政和間，東宫頗不安，其後日益甚。魯公朝夕危懼，保持甚至。宣和庚子，有孫宗鑑者，時爲紫微舍人，密語魯公曰：「公毋慮。昔哲廟惡百官班聯不肅，而後臺吏號知班者必贊言端笏立定，又頃有八寶矣。今復增而九之，且名之曰『定命寶』。春宫蓋始封定王，世次則九，則立定之語，九寶之兆，天其命之矣。」魯公頷之。後宗鑑之言果應。《鐵圍山叢談》卷一。

潘兑

1 見張商英2。

2 潘兑，字説之，吴門人，仕祐陵爲侍從。宣和初，奉祠居里中。時郡民朱勔以倖進，寵眷無比。父冲殂，勔護喪歸葬，鄉閭傾城出迓，而潘獨不往。潘之先塋，適有山林，形勢近冲新阡。勔欲得之，迺脩敬于潘，杜門弗納。勔恃恩自恣，遣人諷之，且席以薰天之勢，潘一切拒之。勔歸京師，果愬于上，降御筆奪之。已而又訹御史誣之以罪，而褫潘之職。《揮麈餘話》卷二。

李伯宗

1 李伯宗爲司農卿，居第之側，有豐濟、廣盈二倉，每出按則止此二處，即起近也。又詞狀申陳之類，必判司呈。時爲之歌曰：「大卿做事輕，文字送司呈。每日去巡倉，豐濟與廣盈。」後坐此罷。《可書》。《古謡諺》卷六十一。

張觷

1 蔡元長晚年語其猶子耕道曰：「吾欲得一好士人，以教諸孫，汝爲我訪之。」耕道云：「有新進士張觷者，其人游太學，有聲，學問正當，有立作，可備其選。」元長頷之，涓辰延致入館。數日之後，忽語蔡諸孫云：「可且學走，其它不必。」諸生請其故，云：「君家父祖姦憍以敗天下，指日喪亂，惟有奔竄，或可脱死。它何必解耶！」諸孫泣以愬于元長。元長愀然不樂，命置酒以謝之，且詢以救弊之策。觷曰：「事勢到此，無可言者。目下姑且收拾人材，改往修來，以補萬一，然無及矣。」元長爲之垂涕。所以叙劉元城之官，召張才叔、楊中立之徒用之，蓋繇此也。耕道名佃，君謨之孫。觷字柔直，南劍人，後亦顯名於時。《揮麈後録》卷三。《茶香室三鈔》卷三。

錢昂

1 錢昂治郡有聲，以材能稱於崇、觀間。嘗帥秦州，時童貫初得幸，爲熙、河措置邊事，恃寵驕倨，將迎不暇，獨昂未嘗加禮。昂短小精悍，老而矍鑠。一日，赴天寧開啓，待貫之來，久之方至，昂問之曰：「太尉何來暮邪？」貫曰：「偶以所乘騾小而難騎，動必跳躍。適方欲據鞍，忽盤旋庭中甚久，以此遲遲。」昂曰：「太尉之騾雄也，雌耶？」貫對曰：「雄者也。」昂曰：「既爾難奈何，不若閹之。」貫雖一時愧怒，而莫能報。其後貫大用事，卒致遷責。《揮麈後録》卷七。《宋稗類鈔》卷六。

桑景詢

1 童貫用事時，州縣官皆迎肩輿，望塵而拜，唯桑景詢不拜，議者多之。以其發摘奸吏，不受干請，時人號爲「喪門神」，喪字借姓桑氏言之也。《三朝北盟會編》卷一百十五。

陳戩

1 童貫宣撫五路，氣燄赫然，方借寵賢德以取名，然小迕則禍辱隨之。部使者薦公於貫，公移病不出。或勉公以一見遠禍，公曰：「内侍怙寵市權，吾所切齒，忍復見其面耶？」朝庭聞而嘉之。《宋名臣言行録》別集上卷五。

張　澂

1 見童貫17。

2 見童貫18。

3 張達明雖早歷清顯，致位綱轄，然未嘗更外任。奉祠居臨川，郡守月旦謁之，達明見其騶導，歎曰：「人生五馬貴。」《老學庵筆記》卷三。

葛勝仲

1 先文康公知汝州日，段寶臣爲教官，富季申爲魯山主簿，而陳去非以太學録持服來寓。先公語人曰：「是三子者，非凡偶近器也。」是時，富在外邑，則以職事處之於城中，列三人者薦於朝，以爲可用，仍以去非《墨梅詩》繳進。於是去非除太學博士，季申除京西漕屬，寶臣亦相繼褒擢。初，寶臣字去塵，先公一日謂之曰：「君，廊廟具也，宜改字寶臣，取荀卿『輔拂之人爲國寶』之義。」且作序而衍其意。及三人者俱貴，先公喜曰：「吾未嘗讀玉管之書，亦未嘗究命書之義，而能逆知其必大者，獨以其所爲知之耳。汝輩勉其在我者，在人者不問可也。」先公晚年寓居湖州之寶溪，季申既罷樞筦，亦挈家來寓，一觴一詠，必與之俱。季申嘗有十絶，其一云：「青衫短簿汝陽天，鶚牘當時誤薦賢。承乏西樞了無補，還依丈席聽韋編。」其二云：「洛陳花骨巧裁詩，曾把梅篇薦玉墀。未説他年調鼎事，只今身已鳳凰池。」其三云：

「陳君談論席生風，段子文詞氣吐虹。參术膎腆皆入篋，知人誰過葛仙翁。」餘七篇不録。陳君名恬，字叔易，有高節，貧甚。先公命公庫以酒肉薪米日給之。嘗謝以詩云：「不是故人供禄米，初非縣令給猪肝。養賢禮厚隆三篚，拜賜恩深艷一簞。」建炎初，召赴行在，直秘閣。《韻語陽秋》卷十八。

2 政和間，葛文康勝仲爲大司成，又發策私試，有曰：「聖上懋建大中，克施有政，忠恕崇厚，同符昭陵，綜覈勵精，遹追寧考，殆將收二柄而總攬之也。今欲嚴督責，肅逋慢，而無刻核之迹；隆牧養，流豈弟，而無姑息之過，諸生謂當如何？」其問今見《丹陽集》中。是時語忌最嚴，而無一人指疵之者，文康迄位法從，哀榮始終。《桯史》卷四。

葛　郯

1 〔葛公謙問〕守臨川，一日，屬微疾，忽索筆書偈曰：「大洋海裏打鼓，須彌山上聞鐘。業鏡忽然撲破，翻身透出虚空。」召僚吏示之曰：「生之有死，如晝之有夜，無足怪者。若以道論，安得生死？若作生死會，則去道遠矣。」語畢，端坐而逝。《清波雜志》卷七。《五燈會元》卷二十。

趙子櫟

1 宗室子櫟字夢援，宣和中以進韓文、杜詩二譜，爲本朝除從官之始。……喜吟詩，每對客使其甥諷誦，源源不已。嘗作《杜鵑》詩，誇於人，謂雖李、杜思索所不至。其首句云：「杜鵑不是蜀天子，前身定是陶淵明。」聞者笑不能忍。《雞肋編》卷中。

徐常

1 建中靖國初，有宿儒曰徐常，持節河朔，風采隱然，重於時，然持論與時大異。曾文肅布惡之，嘗具詆先烈人姓名，陳之乙覽，常列其間，然未有以罪也。會市肆有刊《武夷先生集》者，迺常所爲文，文肅之子紆適相國寺，偶售得之。首篇乃熙寧間《上王荆公書》，詆常平法者，紆以置几案間，不爲意。文肅偶入爨舍，見之，袖以入，明日遂奏榻前，且謂常元未嘗上此書，特沽流俗之名耳。言者從之，遂免所居官，竟以蹭蹬。徐嘗有教子詩曰：「詞賦切宜師二宋，文章須是學三蘇。」其措意如此，宜其與文肅異也。《桯史》卷十三。

田登

1 有田殿撰升之登者，名家，亦賢者也，綿歷中外。一日，爲留守南都，時群下每以其名「登」，故避爲「火」。忽遇上元，於是牓於通衢：「奉台旨，民間依例放火三日。」遂皆被白簡。《鐵圍山叢談》卷四。《雞肋編》卷中。《五雜組》卷十六。《宋稗類鈔》卷六。《古謠諺》卷七十引《譚概》。

2 田登作郡，自諱其名，觸者必怒，吏卒多被榜笞。於是舉州皆謂燈爲火。上元放燈，許人入州治游觀，吏人遂書榜揭于市曰：「本州依例放火三日。」《老學庵筆記》卷五。

3　宋道方毅叔以醫名天下，居南京，然不肯赴請，病者扶擕以就求脈。政和初，田登守郡，母病危甚，呼之不至。登怒云：「使吾母死，亦以憂去。殺此人，不過斥責。」即遣人擒至廷下，荷之云：「三日之内不痊，則吾當誅汝以徇衆。」毅叔曰：「容爲診之。」既而曰：「尚可活。」處以丹劑，遂痛。田喜甚，云：「吾一時相困辱，然豈可不刷前恥乎。」用太守之車，從妓樂，酬以千緡，俾群卒負于前，增以綵釀，導引還其家。旬日後，田母病復作，呼之，則全家遁去。田母遂殂。蓋其疾先已在膏肓，宋姑以良藥緩其死耳。《揮麈餘話》卷二。

4　田登知南都，一日詞狀，忽二人扶一癃老之人至庭下，自云平日善爲盜，某年日、某處火燒若干家，即某爲之。假此爲姦，至於殺人。或有獲者，皆冤也。前後皆百餘所，未嘗敗露。後來所積既多，因而成家，遂不復出。所扶之人，即其孫也。今年逾八十，自陳於垂死之際，欲得後人知之而已。登大驚鄂，命左右縛之，則已殂矣。《揮麈餘話》卷二。

陳珦

1　陳珦，字中玉，鄭州人，文惠公諸孫也。政和中，爲蔡州守。始視事，謁裴晉公廟，讀《平淮西碑》，乃段文昌所製者，怪而問。邦人曰：「自韓文公碑刻石後，爲李愬卒所訴，以爲不述愬功而專美晉公，憲宗詔文昌别撰，事已久矣。」珦忿然不平，即日磨去舊碑，別誘能書者寫韓文刻之。《夷堅甲志》卷二。

鍾傳

1 鍾弱翁所至，好貶剥榜額字畫，必除去之，出新意，自立名，令具牌，當爲重書之，鏤刻工匠十數輩。然書畫不工，人皆苦之。嘗經過廬陵一山寺，有高閣壯麗。弱翁與僚屬部曲擁立，望其榜曰「定慧之閣」，字徑八寸，旁題姓名漫滅。弱翁放意稱謬，使僧呼梯取之，拭拂視之，乃魯國顔真卿書。弱翁顧謂客曰：「似此字畫，何不刻石！」即令刻石。傳者以爲笑。《墨客揮犀》卷三。《佩文齋書畫譜》卷三十四。《宋稗類鈔》卷六。

陶節夫

1 陶節夫爲定帥，而本州駐泊都監馬武，官期踰年始至，既交割參府，公退衙至屏後，而侍人高姐者，就收袍帶涕泗交頤，公訝而訊之，云：「適參府都監，某之本夫也。」公愕然，問其故，乃言馬歷官，并相失之詳。公頷之。明日具酒肴，獨約馬將會飲閣中。三爵之後，徐謂馬曰：「公之官之期，何爲稽緩爾耶！」馬離席隕涕曰：「某去春攜家京師，因與家人輩至大内前觀燈，稠人中忽與老妻相失，求訪不獲，因循幾年，迫於貧乏，不免攜孥就禄，無它故也。」公即呼取大金巵，注酒滿中，揖馬而笑謂之曰：「能盡此巵，當有好事相聞。」飲訖，語馬曰：「天下事有出於非意，而適然相遇如此，賢閣縣君於睽索中，適某過澶州，得之逆旅間，了不言其所自也。昨日窺屏見公，且語其詳。某適已令具兜乘，護歸將司矣。」馬始驚喜。次而軍校聲喏云：「已送駐泊宅眷歸衙訖。」一郡驚嗟，共嘆其異也。《春渚紀聞》卷四。

錢紳

1 錢伸仲大夫於錫山所居漆塘村作四亭。自其先人，已有卜築之意而不克就，故名曰「遂初」；先壟在其上，名曰「望雲」；種桃數百千株，名曰「芳美」；鑿地涌泉，或以爲與惠山泉同味，名曰「通惠」。求詩於一時名流，自葛魯卿、汪彦章、孫仲益既各極其妙，而母舅蔡載天任四絶獨擅場。《遂初亭》曰：「結廬傍林泉，偶與初心期。佳處時自領，未應魚鳥知。」《望雲亭》曰：「白雲來何時，英英冠山椒。西風莫吹去，使我心摇摇。」《芳美亭》曰：「高人不惜地，自種無邊春。莫隨流水去，恐污世間塵。」《通惠亭》曰：「水行天地間，萬派同一指。胡爲穿石來，要洗巢由耳。」四篇既出，諸公皆自以爲弗及也。《容齋三筆》卷二。《宋詩紀事》卷二十九。

鄭景平

1 鄭景平，字希尹，居帶城橋。爲人剛正不詭隨，蒞官有廉聲。嘗爲大理，每有疑獄，中夜焚香露拜，蕲得其情，以故人無寃死者。既而請老家居，朝廷以其精力有餘，落職致仕，守鄱陽。到官未半歲，拂袖而歸。先君與公厚善，因問其故，答曰：「天子命景平爲郡守，當以撫字爲職，乃不得行其志，今日須金幾百兩，明日須銀幾千兩，枯骨頭上打不出也。景平後世要人身在。」其志竟不可奪也。時朱勔用事，勢可炙手，士大夫俛節從之者甚多，惟公終始無阿附意。《中吴紀聞》卷四。

錢即

1 錢中道帥太原，一日，武官謁見叙舊，累數百言而退。錢語坐客曰：「適來官人口不稱名，但稱賤迹不已，欲面折之，便是要人避己名也。」客問：「似乎門下有舊？」錢曰：「舊識其公。」客曰：「某亦識之，佳士也。」錢曰：「只那老賤迹。」一坐皆笑。《閒燕常談》。

劉法

1 劉法欲生，其母幃帳忽若墜壓而下，視之，上有大蛇，蜿蜒若被痛楚狀，母怖甚，避之他所。法生，再視之，但蛇蜕耳。後法爲將，有賢稱。《邵氏聞見後録》卷三十。

和詵

1 鄭華原居中在宥府，和子美詵知雄州，嘗以事詣京師，召與語而悦之，遂薦於徽祖。敷奏明辯，大契宸旨，進横階一等，俾還任。詵因上制勝彊遠弓式，詔施行之。弓製實弩，極輕利，能破堅於三百步外，即邊人所謂「鳳凰弓」者。紹興中，韓蘄王世忠因之稍加損益，而爲之新名曰「尅敵」，亦詔起部通製，至今便焉。洪文敏《容齋三筆》謂祖熙寧神臂之規，實不然也。詵知兵，嘗沮伐燕之議，以及於責。北事之作，未及用以死，蓋兩河名將云。《桯史》卷五。

宋江

1 龔聖與作《宋江三十六贊并序》曰：「宋江事見於街談巷語，不足采著，雖有高如李嵩輩傳寫，士大夫亦不見黜。余年少時壯其人，欲存之畫贊，以未見信書載事實，不敢輕爲。及異時見《東都事略》中載侍郎《侯蒙傳》有書一篇，陳制賊之計云：『宋江以三十六人横行河、朔、京東，官軍數萬，無敢抗者，其材必有過人，不若赦過招降，使討方臘，以此自贖，或可平東南之亂。』余然後知江輩真有聞於時者。於是即三十六人，人爲一贊，而箴體在焉。蓋其本撥矣，將使一歸於正，義勇不相戾，此詩人忠厚之心也。余嘗以江之所爲，雖不得自齒，然其識性超卓有過人者，立號既不僭侈，名稱儼然，猶循軌轍，雖託之記載可也。古稱柳盜跖爲盜賊之聖，以其守壹至於極處。能出類而拔萃若江者，其殆庶幾乎！雖然，彼跖與江，與之盗名而不辭，躬履盗迹而無諱者也，豈若世之亂臣賊子，畏影而自走，所爲近在一身，而其禍未嘗不流四海。嗚呼！與其逢聖公之徒，孰若跖與江也？」《癸辛雜識》續集上。

方臘

1 方臘家有漆林之饒，時蘇、杭置造作局，歲下州縣徵漆千萬斤，官吏科率無藝。臘又爲里胥，縣令不許其傭募，臘數被困辱，因不勝其憤，聚衆作亂。先誘殺縣令，兵吏無與抗者，遂陷睦州。江浙亡命相率從之，衆至數十萬。是時，天下晏安久，州縣士卒皆不習于兵，望風奔潰。臘聲勢益張，復陷婺、歙等州，乃入錢唐，觀燈飲犒連日。因遣人發掘蔡氏父祖墳墓，露其骸骨，加以唾罵。王師既至，相拒累月，不能少挫其鋒。後臘以食少人衆，勢稍窘促，遂獨從千餘人入剡溪洞死拒不出。童貫不能誰何，乃命部將僞爲朝廷招降者，誘之以官。既出，則縶之。父子皆檻送京師，戮死于市，餘黨遂平。初，臘之入杭也，有太學生吕將者爲之畫策，以爲不如直據金陵，因傳檄盡下東南郡縣，收其税賦，先立根本，徐議攻取之計，可以爲百世之業；若止於屠畧城邑，是乃盜爾。臘不以爲然，曰：「吾家本中産，無他意，第州縣徵斂無度，故起兵，願得賊臣而甘心耳。」先君嘗謂：天下無叛民，其或至于此者，必有所不得已也。《獨醒雜志》卷七。

2 宣和二年十月，睦州青溪縣堨村居人方臘，託左道以惑衆，知縣事、承議郎陳光不即鉏治。臘自號聖公，改元永樂，置偏裨將，以巾飾爲别，自紅巾而上凡六等，無甲冑，惟以鬼神詭祕事相扇摇。數日，聚惡少千餘，焚民居，掠金帛子女。提點刑獄張苑、通判州事葉居中不能招致，欲盡殺之。以故賊得脅虜良民爲兵，旬日有衆數萬。……四年三月討平之。是役也，用兵十五萬，斬賊十五萬，自出師至凱旋，凡四百五十日，收杭、睦、歙、處、衢、婺六州與五十二縣。賊所殺平民不下二百萬。始，唐永徽四年，睦州女子陳碩真反，自稱文佳皇帝，婺州刺史崔義玄平之。故梓桐相傳有天子基、萬年樓，方臘因得憑藉以起。《泊宅編》三卷本卷下。

3 方臘之亂，愚民望風響應。其間聚黨劫掠者，皆假竊臘之名字，人人曰：「方臘來矣。」所至瓦解。

臘之婦，紅妝盛飾，如后妃之象，以鏡置胸懷間，就日中行，則光彩爛然，競傳以爲祥瑞。《朱子語類》卷一百三十三。《宋稗類鈔》卷二。

4 方臘舊名朕，此童貫改曰臘。後亦不知所終，就擒者非臘也。《貴耳集》卷中。《茶香室三鈔》卷三。

胡奕修

1 大觀中，胡奕修爲提舉鹽事，會計已毀抹鹽鈔，得其姦，奏之，黥竄化州，籍没貲産，一方稱快。《老學庵筆記》卷四。

許安仁

1 季父仲山，病中夢至一處泛舟，環水皆奇峯可愛，賦詩云：「山色濃如滴，湖光平如席。風月不相識，相逢便相得。」既寤而言之，後數日卒。《彦周詩話》。《宋詩紀事》卷四十一。

徐師仁

1 徐師仁幼敏悟，甫七歲，過外祖家。外祖坐之膝上讀《霍光傳》，疑光何以爲不學無術，師仁曰：「伊尹放太甲而光不知，非無學耶！」外祖大驚。後登第，官至著作佐郎。《莆陽比事》卷六。

黃琮

1 黃琮，字子方，莆田人。宣和初，爲福州閩清令。平日多蔬食，但日市肉四兩供母。爲人方嚴，不畏强禦。時方興道藏，郡守黃冕仲尚書裳使十二縣持疏歛之民，琮獨不應命。既聞他縣皆數百萬，乃自詣郡，以己俸四月輸之。冕仲雖不平，然以直在彼，莫敢詰。内臣爲廉訪使者，數干以私，皆拒不答，常切齒思報。會奏事京師，每見朝士，必以溢惡之言詆琮。嘗入侍，徽廟問：「汝在閩時知屬縣有賢令否？」其人出不意，錯愕失對，唯憶琮一人姓名，極口稱贊之。即日有旨，改京官通判漳州。使者既出，始大愧悔。《夷堅甲志》卷六。

胡宗伋

1 鄉中前輩胡浚明尤酷好《字説》，嘗因浴出，大喜曰：「吾適在浴室中有所悟，《字説》直字云：在隱可使十目視者直。吾力學三十年，今乃能造此地。」《老學庵筆記》卷二。

王俊明

1 蜀人王俊明，洞知未來之數，雖瞽兩目，而能説天星災祥。宣和初在京師，謂人曰：「汴都王氣盡矣。君夜以盆水直氐房下望之，皆無一星照臨汴分野者。更於宣德門外密掘地二尺，試取一塊土嗅之，躁枯索寞，非復有生氣。天星不照，地脈又絶，而爲萬乘所都，可乎？」即投匭上書，乞移都洛陽。時中國無事，大臣交言其狂妄，有旨逐出府界。《夷堅乙志》卷十四。

魏泰

1 魏泰數舉進士不利。荆公戲云：「眼下有臣卧蠶者貴，如文潞公有之而爲相。公亦有而未遇也，豈非白殭者乎！」《可書》。

2 魏道輔泰，襄陽人，元祐名士也。與王介甫兄弟最相厚。僕初以謂有隱德，不仕，及試院中，因上請主文，道輔恃才豪縱，不能忍一時之忿，歐主文幾死，坐是不許取應。《苕溪漁隱叢話》前集卷十二引《桐江詩話》。《宋詩紀事》卷二十八。

3 見李廌8。

4 見曾布2。

5 〔魏〕道輔少與徐忠愍及山谷老人友善，博極群書，尤能談朝野可喜事，亹亹終日。作詩自成一家，有集二十卷，號漢上丈人。《苕溪漁隱叢話》前集卷十二引《潘子真詩話》。

6 魏泰道輔，自號臨漢隱居，著《東軒雜録》、《續録》、《訂誤》、《詩話》等書。又有一書，譏評巨公偉人闕失，目曰《碧雲騢》，取莊獻明肅太后垂簾時，西域貢名馬，頸有旋毛，文如碧雲，以是不得入御閑之意。嫁其名曰都官員外郎梅堯臣撰，實非聖俞所著，乃泰作也。《墨莊漫録》卷二。《宋稗類鈔》卷六。參見梅堯臣9、10、11。

7 魏泰托梅聖俞之名作書，號《碧雲騢》，以詆當世巨公，如范文正亦不免。《步里客談》卷上。

田衍

1 見李廌8。

王昇

1 明州有僧倬狂，頗言人災福，時號癲僧。王君儀年弱冠，寓陸農師佃門下，力學工文，至忘寢食。一日，癲僧來託宿，陸公曰：「王秀才雖設榻，不曾睡，可就歇息。」明日，僧夙興，見君儀猶挾策牕下，一燈熒然，睥而言曰：「若要官，須四十九歲。」君儀聞之，頗不懌。其後累應書不偶，直至年四十八，又夢癲僧笑而謂曰：「明年做官矣。」……明年，陸公入預大政，首薦君儀，遂除湖州教授。《泊宅編》十卷本卷三，又三卷本卷中。

2 紹聖初，王君儀昇來省楚公。公問君儀：「近讀何書？」君儀對。曰：「讀諸史一遍否？渠便是一遍也。」蓋君儀諸書一字有疑，亦不放過。《家世舊聞》卷上。

朱巽

1 朱巽子權，荊門人，崇寧初嘗客余家，未有聞也。其後赴舉，滎陽公送之以詩。子權後見胡康侯給事，康侯問：「朱子久從呂公，亦嘗聞呂公議論乎？」朱曰：「未也，獨記公有送行詩卒章云：『他日稍成毛義志，再求師友究淵源。』」康侯曰：「是乃呂公深教子，以子學問爲未至，故勉子再求師友爾。」子權由是發憤爲學，與兄震子發俱從師請問焉。《紫微詩話》。

王俊乂

1 當〔林〕靈素盛時，一日，有詔兩學之士問道於其座下，且遣親近中貴監莅。靈素既陞座，首召太學博士王俊乂，久而不出。既出，乃昌言：「昔吾先聖與老聃同德比義，相爲師友，豈有摳衣禮黄冠者哉！」聞者駭然，各逡巡而罷。《清波雜志》卷三。

宋人軼事彙編卷二十七

周邦彦

1 周美成邦彦，元豐初以太學生進《汴都賦》，神宗命之以官，除太學録。其後流落不偶，浮沈州縣三十餘年。蔡元長用事，美成獻《生日詩》，略云：「化行《禹貢》山川内，人在周公禮樂中。」元長大喜，即以祕書少監召，又復薦之，上殿契合，詔再取其本以進。表云……表入，乙覽稱善，除次對内祠。《揮麈餘話》卷一。

2 周美成爲江寧府溧水令，主簿之室有色而慧，美成每款洽于尊席之間，世所傳《風流子》詞蓋所寓意焉。「新緑小池塘，風簾動、碎影舞斜陽。羨金屋去來，舊時巢燕，土花繚繞，前度莓墻。繡閣鳳帷深幾許，聽得理絲簧。欲説又休，慮乖芳信，未歌先噎，愁轉清商。暗想新粧了，開朱户，應自待月西廂。最苦夢魂，今宵不到伊行。問甚時卻與，佳音密耗，擬將秦鏡，偷换韓香。天便教人，霎時厮見何妨。」「新緑」、「待月」，皆簿廳亭軒之名也。《揮麈餘話》卷二。

3 見王詵3。

4 自宣政間，周美成、柳耆卿輩出，自製樂章，有曰《側犯》、《尾犯》、《花犯》、《玲瓏四犯》。……犯者，侵犯之義。二帝北狩，曲中之讖，深可畏哉。《貴耳集》卷上。

5 道君幸李師師家，偶周邦彥先在焉，知道君至，遂匿于牀下。道君自攜新橙一顆，云：「江南初進來。」遂與師師謔語，邦彥悉聞之，隱括成《少年游》云：「并刀如水，吳鹽勝雪，纖手破新橙。」後云：「嚴城上，已三更。馬滑霜濃，不如休去，直是少人行。」李師師因歌此詞，道君問誰作，李師師奏云「周邦彥詞」。道君大怒，坐朝宣諭蔡京云：「開封府有監税周邦彥者，聞課額不登，如何京尹不按發來？」蔡京罔知所以，奏云：「容臣退朝，呼京尹叩問，續得復奏。」京尹至，蔡以御前聖旨諭之。京尹云：「惟周邦彥課額增羨。」蔡云：「上意如此，只得遷就將上。」得旨，周邦彥職事廢弛，可日下押出國門。隔一二日，道君復幸李師師家，不見李師師，問其家，知送周監税。道君方以邦彥出國門爲喜，既至不遇，坐久至更初，李始歸，愁眉淚睫，憔悴可掬。道君大怒云：「爾去那裏？」李奏：「臣妾萬死，知周邦彥得罪，押出國門，略致一杯相别，不知官家來。」道君問曾有詞否？李奏云：「有《蘭陵王》詞，今『柳陰直』者是也。」道君云：「唱一遍看！」李奏云：「容臣妾奉一杯，歌此詞爲官家壽。」曲終，道君大喜，復召爲大晟樂正。後官至大晟樂樂府待制。……當時李師師家有二邦彥，一周美成，一李士美，皆爲道君狎客。士美因而爲宰相。《貴耳集》卷下。《青泥蓮花記》卷十三。《詞苑叢談》卷六。《本事詞》卷上。《詞林紀事》卷七。《宋稗類鈔》卷四。

6 宣和中，李師師以能歌舞稱。時周邦彥爲太學生，每游其家。一夕，值祐陵臨幸，倉卒隱去。既而賦小詞，所謂「并刀如水，吳鹽勝雪」者，蓋紀此夕事也。未幾，李被宣唤，遂歌於上前，問誰所寫，則以邦彥對。於是遂與解褐，自此通顯。既而朝廷賜酺，師師又歌《大酺》、《六醜》二解，上顧教坊使袁綯，問綯，曰：「此起居舍人新知潞州周邦彥作也。」問《六醜》之義，莫能對，急召邦彥問之。對曰：「此犯六調，皆聲之美者，然絶難歌。昔高陽氏有子六人，才而醜，故以比之。」上喜，意將留行。且以近者祥瑞沓至，將使播之樂府，命蔡元長微叩之。邦彥云：「某老矣，頗悔少作。」會起居郎張果與之不咸，廉知邦彥嘗於親王席上作小詞贈舞鬟云：「歌席上，無賴是横波。寶髻玲瓏欹玉燕，繡巾柔膩掩香羅。何況會婆娑。無箇事，因甚斂雙蛾。淺淡梳妝疑是畫，惺鬆言語勝聞歌。好處是情多。」爲蔡道其事。上知之，由是得罪。師師後入中，封瀛國夫人。朱希真有詩云：「解唱《陽關》別調聲，前朝惟有李夫人。」即其人也。《浩然齋雅談》卷下。

7　周邦彥待制嘗爲劉昺之祖作埋銘，以白金數十斤爲潤筆，不受。劉無以報之，因除户部尚書，薦以自代。後劉緣坐王寀訞言事得罪，美成亦落職，罷知順昌府宫祠。周笑謂人曰：「世有門生累舉主者多矣，獨邦彥乃爲舉主所累，亦異事也。」《雞肋編》卷中。

8　周美成晚歸錢塘鄉里，夢中得《瑞鶴仙》一闋：「悄郊原帶郭，行路永，客去車塵漠漠。斜陽映山落，斂餘紅、猶戀孤城闌角。凌波步弱，過短亭、何用素約。有流鶯勸我，重解繡鞍，緩引春酌。不記歸時早暮，上馬誰扶，醒眠朱閣。驚飆動幕，猶殘醉，遶紅藥。歎西園、已是花深無地，東風何事又惡。任流光過卻，歸來洞天自樂。」未幾，方臘盜起自桐廬，擁兵入杭。時美成方會客，聞之倉黄出奔，趍西湖之墳庵，次郊外，適際殘臘，落日在山，忽見故人之妾，徒步亦爲逃避計，約下馬，小飲于道旁旗亭，聞鶯聲于木杪分背。少焉，抵庵中，尚有餘醺，困卧小閣之上，恍如詞中。逾月賊平，入城，則故居皆遭蹂踐，旋營緝而處，繼而得請提舉杭州洞霄宫，遂老焉。悉符前作。《揮麈餘話》卷二。《西湖游覽志餘》卷十二。《堯山堂外紀》卷五十五。《宋稗類鈔》卷五。

9 明清《揮麈餘話》記周美成《瑞鶴仙》事，近於故篋中得先人所叙特爲詳備，今具載之。美成以待制提舉南京鴻慶宫，自杭徙居睦州，夢中作長短句《瑞鶴仙》一闋，既覺，猶能全記，了不詳其所謂也。未幾，青溪賊方臘起，逮其鴟張，方還杭州舊居，而道路兵戈已滿，僅得脱死。始入錢塘門，但見杭人倉皇奔避，如蜂屯蟻沸。視落日半在鼓角樓檐間，即詞中所謂「斜陽映山落，斂餘暉，猶戀孤城闌角」者應矣。當是時，天下承平日久，吴越享安閑之樂，而狂寇嘯聚，徑自睦州直擣蘇杭，聲言遂踞二浙。浙人傳聞，内外響應，求死不暇。美成舊居既不往，是日無處得食，饑甚。忽於稠人中有呼「待制何往」者，視之，鄉人之侍兒，素所識者也。且曰：「日昃，未必食，能捨車過酒家乎？」美成從之。驚遽間，連引數杯散去，腹枵頓解。乃詞中所謂「凌波步弱，過短亭、何用素約。有流鶯勸我，重解繡鞍，緩引春酌」之句驗矣。飲罷，覺微醉，便耳目惶惑，不敢少留，徑出城北，江漲橋，諸寺士女已盈滿，不能駐足。獨一小寺經閣，偶無人，遂宿其上。即詞中所謂「上馬誰扶，醉眠朱閣」又應矣。既見兩浙處處奔避，遂絶江居揚州。未及息肩，而傳聞方賊已盡據二浙，將涉江之淮、泗。因自計方領南京鴻慶宫，有齋廳可居，乃挈家往焉。則詞中所謂「念西園已是，花深無路，東風又惡」之語應矣。至鴻慶未幾，以疾卒。則「任流光過了，歸來洞天自樂」，又應於身後矣。美成平生好作樂府，將死之際，夢中得句，而字字俱應，卒章又驗於身後，豈偶然哉！《玉照新志》卷二。《本事詞》卷上。《詞林紀事》卷七。

10〔周邦彦〕能自度曲，製樂府長短句，詞韻清蔚，名其居曰「顧曲堂」。《西湖游覽志餘》卷十二。《宋稗類鈔》卷五。

11 周美成頃在姑蘇，其營妓岳七楚雲者，追游甚久。後從京師歸，過蘇省訪之，則已從人數年矣。明日，飲於太守蔡巒子高坐上，因見其妹，作《點絳唇》詞寄之云：「遼鶴西歸，故人多少傷心事。短書不寄，魚浪空千里。　憑仗桃根，説與相思意。愁何際，舊時衣袂，猶有東風淚。」楚雲覽之，爲之累日感泣。《夷堅三志》壬卷七。《碧雞漫志》卷二。《青泥蓮花記》卷七。《堯山堂外紀》卷五十五。《本事詞》卷上。《詞苑叢談》卷七。

12 嘉定更化，收召故老，一名公拜參與，雖好士而力不能援，謂客曰：「執贄而來者，吾皆倒屣，未嘗敢失一士。外議如何？」客素滑稽，答曰：「自公大用，外間盛唱《燭影摇紅》之詞。」參與問何故，客舉卒章曰：「幾回見了，見了還休，争如不見。」賓主相視一笑。《後村詩話》後集卷二。

趙企

1 大觀中，有趙企企道者，以長短句顯，如曰：「滿懷離恨，付與落花啼鳥。」人多稱道之，遂用爲顯官，俾以應制。會南丹納土，企道之詞曰：「聞道南丹風土美，流出溅溅五溪水。威儀盡識漢君臣，衣冠已變□番子。　凱歌還、懽聲載路，一曲春風裏。不日萬年觴，瑶人北面朝天子。」而魯公深嘉之，然趙雅不樂以詞曲進，公後不取焉。《鐵圍山叢談》卷二。

曹組

1 〔曹組〕家有五世喪，貧未能葬，創起松楸，盡舉諸櫬。鄉里送喪車，徒以千衆，綿亘數里。後行相國寺，中有人謂曰：「君顔間有墳墓陰德氣，當延十年壽。」因忽不見。《名賢氏族言行類稿》卷十九。

2 〔曹組〕常著方袍，頂大帽，從小奚奴負一酒壺，遇貴介必盡醉，又索酒滿壺而歸。壺上刻銘云：「北牕清風，西山爽氣。醉鄉日月，壺中天地。」《名賢氏族言行類稿》卷十九。

3 〔曹〕組潦倒無成，作《紅窗迴》及雜曲數百解，聞者絶倒，滑稽無賴之魁也。寅緣遭遇，官至防禦使。《碧雞漫志》卷二。

4 曹元寵善爲謔詞，所著《紅窗迴》者百餘篇，雅爲時人傳頌。宣和初，召入宫，見於玉華閣，徽宗顧曰：「汝是曹組耶？」即以《回波詞》對曰：「只臣便是曹組，會道閒言長語。寫字不及楊球，愛錢過於張補。」帝大笑。球、補，皆當時供奉者，因以譏之。《名賢氏族言行類稿》卷十九。

5 〔曹彦章〕多依棲中貴人門下。一日，徽廟苑中射弓，左右薦至對御，作射弓詞《點絳唇》一闋云：「風勁秋高，頓知斗力生弓面。弝分筠幹，月到天心滿。白羽流星，飛上黄金椀。胡沙雁，雲邊驚散，壓盡天山箭。」今人但知彦章善謔，不知其才，良可惜也。彦章後字元寵。兄弟幼孤，母王氏教養成就。王氏亦能詩。《桐江詩話》。《苕溪漁隱叢話》前集卷五十四。

6 元寵六舉不第，著《鐵硯篇》自勵，宣和中，成進士。有寵于徽宗。曾賞其「風弄一枝花影」，「暮山無數，歸雁愁邊度」之句。又手書《眉峰碧》詞問其出處，真蹟藏其家。《詞林紀事》卷九引《松窗録》。

7 曹元寵《題村學堂圖》云：「此老方捫蝨，衆雛爭附火。想當訓誨間，都都平丈我。」語雖調笑，而曲盡社師之狀。杭諺言：社師讀《論語》，郁郁乎文哉，訛爲「都都平丈我」。委巷之童，習而不悟。一日，宿儒到社中，爲正其訛，學童皆駭散。時人爲之語云：「都都平丈我，學生滿堂坐。郁郁乎文哉，學生都不來。」《西湖游覽志餘》卷二十五。

8 大相國寺舊有六十餘院。或止有屋數間，簷廡相接，各具庖爨，每虞火災，乃分東西，各爲兩禪兩律。自經淪覆，未知今存幾院。……紹興初，故老閒坐，必談京師風物，且喜歌曹元寵「甚時得歸京裏去」一小闋，聽之感慨，有流涕者。《清波别志》卷中。

徐伸

1 徐幹臣伸，三衢人。政和初，以知音律爲太常典樂，出知常州。嘗自製《轉調二郎神》之詞，云：「悶來彈鵲，又攪碎、一簾花影。謾試着春衫，還思纖手，薰徹金虬燼冷。動是愁端如何向，但怪得、新來多病。嗟舊日沈腰，如今潘鬢，怎堪臨鏡。重省，别時淚滴，羅襟猶凝。爲我厭厭，日高慵起，長託春酲未醒。雁足不來，馬蹄難駐，門掩一亭芳景。空佇立，盡日欄干倚遍，晝長人静。」既成，會開封尹李孝壽來牧吴門。李以嚴治京兆，號李閻羅。道出郡下，幹臣大合樂燕勞之。喻群娼令謳此詞，必待其問乃止。娼如戒，歌至三四，李果詢之。幹臣蹙額云：「某頃有一侍婢，色藝冠絶，前歲以亡室不容逐去。今聞在蘇州一兵官處，屢遣信，欲復來，而今之主公靳之，感慨賦此。詞中所叙，多其書中語。今焉適有天幸，公擁麾于彼，不審能爲我之地否？」李云：「此甚不難，可無慮也。」既次無錫，賓贊者請受謁次第。李云：「郡官當至楓橋。」橋距城十里而遠。翌日，艤舟其所，官吏上下望風股栗，李一閲刺字，忽大怒云：「都監在法，不許出城，廼亦至此。使郡中萬一有火盗之虞，豈不殆哉！」斥都監下堦，荷校送獄。又數日，取其供牘判「奏」字，其家震懼求援，宛轉哀鳴致懇。李笑云：「且還徐典樂之妾了來理會。」兵官者解其指，即日承命，然後舍之。《揮麈餘話》卷二。

2 典樂徐申，知常州，押綱使臣被盗，具狀申乞收捕，不爲施行。此人不知，至於再三，竟寢不報。始悟以犯名之故，遂往見之，云：「某累申被賊，而不依申行遣，當申提刑，申轉運，申廉訪，申帥司，申省部，申御史臺，申朝廷，身死即休也！」坐客笑不能忍。《雞肋編》卷中。

3 宣和中，徐申幹臣，自諱其名，知常州，一邑宰白事，言「已三狀申府，未施行」。徐怒形於色，責之曰：「君爲縣宰，豈不知長吏名，乃作意相侮。」宰亦好犯上者，即大聲曰：「今此事申府不報，便當申監司，否則申户部，申臺，申省，申來申去，直待身死即休。」語罷，長揖而退。徐雖怒，然無以罪之。《齊東野語》卷四。《宋稗類鈔》卷六。

江　漢

1 政和初，有江漢朝宗者，亦有聲，獻魯公詞曰：「昇平無際。慶八載相業，君臣魚水。鎮撫風稜，調燮精神，合是聖朝房魏。鳳山政好，還被畫轂朱輪催起。按錦轡，映玉帶金魚，都人争指。丹陛，常注意。追念裕陵，元佐今無幾。繡衮香濃，鼎槐風細，榮耀滿門朱紫。四方具瞻師表，盡道一夔足矣。運化筆，又管領年年，烘春桃李。」時兩學盛謳，播諸海内。魯公喜，爲將上進呈，命之以官，爲大晟府製撰使，遇祥瑞時時作爲歌曲焉。《鐵圍山叢談》卷二。

田爲

1 馬氏南平王時，有王姓者，善琵琶。忽夢異人傳之數曲，仙家《紫雲》之亞也。及云：此譜請元昆製叙，刊石於甲寅之方。與世異者，有《獨指泛清商》、《醉吟商》、《鳳鳴羽》、《應聖羽》之類。余先友田爲不伐，得音律三昧，能度《醉吟商》、《應聖羽》二曲。其聲清越，不可名狀。不伐死矣，恨此曲不傳。《五總志》。

2 己亥冬，祀南郊，方登壇，樂作，使人推數小車，載火出于遠林。左右争獻言爲異，指點閧然。大司樂田爲押登壇歌，壇上大呼曰：「田爲先見！」而上亦不責也。《清波雜志》卷十一。

蔡伸

1 〔蔡〕伸生三歲而孤。稍長，與兄佃、伷入太學，俱有聲，時號三蔡。族祖京方當軸，伸兄弟未嘗一踵其門。《宋史翼》卷九。

2　莆田蔡伸，宣和甲辰自彭城檄燕山，取道莫爾，見所謂陳懿者於治之籌邊閣，誠不負所聞。明年歸，則陳已入道。因崔守呼至，即席贈《小重山》詞云：「流水桃花小洞天。壺中春不老，勝塵寰。霞衣鶴氅並桃冠。新裝好，風韻愈飄然。　功行滿三千。嬰兒並姹女，煉成丹。劉郎曾約共升仙。十個月，養個小金壇。」《友古居士詞》。《青泥蓮花記》卷二。

趙明誠　李清照

1　趙明誠幼時，其父將爲擇婦。明誠晝寢，夢誦一書，覺來惟憶三句，云：「言與司合，安上已脱，芝芙草拔。」以告其父。其父爲解曰：「汝待得能文詞婦也。『言與司合』是『詞』字，『安上已脱』是『女』字，『芝芙草拔』是『之夫』二字，非謂汝爲『詞女之夫』乎？」後李翁以女妻之，即易安也，果有文章。易安結褵未久，明誠即負笈遠游，易安殊不忍别，覓錦帕書《一剪梅》詞以送之。詞曰：「紅藕香殘玉簟秋。輕解羅裳，獨上蘭舟。雲中誰寄錦書來，雁字回時，月滿西樓。　花自飄零水自流。一種相思，兩處閒愁。此情無計可消除，才下眉頭，卻上心頭。」《瑯嬛記》卷中。《本事詞》卷上。《癸巳類稿》卷十五。《詞林紀事》卷十九。

2　正夫一幼子明誠，好文義，每遇蘇、黄文，雖半簡數字，必録藏。以此失好於父，幾如小邢矣。《後山集》卷十《與魯直書》。

3　予以建中辛巳歸趙氏，時丞相作吏部侍郎，家素貧儉，德甫在太學，每朔望謁告出，質衣取半千錢，步入相國寺，市碑文果實歸，相對展玩咀嚼。後二年，從宦，便有窮盡天下古文奇字之志，傳寫未見書，買名人書畫、古奇器。有持徐熙《牡丹圖》求錢二十萬，留信宿，計無所得，捲還之，夫婦相向惋悵者數日。……每飯罷，坐歸來堂，烹茶，指堆積書史，言某事在某書某卷第幾葉第幾行，以中否勝負，爲飲茶先後，中則舉杯大笑，或至茶覆懷中，不得飲而起。《容齋四筆》卷五引李清照《金石録後序》。

4 易安以重陽《醉花陰》詞函致明誠。明誠歎賞，自愧弗逮，務欲勝之。一切謝客，忘食忘寢者三日夜，得五十闋，雜易安作以示友人陸德夫。德夫玩之再三，曰「只三句絶佳」，明誠詰之，答曰：「莫道不消魂，簾捲西風，人似黄花瘦。」正易安作也。《瑯嬛記》卷中。《本事詞》卷上。《詞苑叢談》卷三。《詞林紀事》卷十九。

5 李氏，格非之女，先嫁趙誠之，有才藻名。其舅正夫，相徽宗朝，李氏嘗獻詩曰：「炙手可熱心可寒。」然無檢操，晚節流落江湖間以卒。《郡齋讀書志》卷四下。

6 易安族人言：明誠在建康日，易安每值天大雪，即頂笠披蓑，循城遠覽以尋詩，得句必邀其夫賡和，明誠每苦之也。《清波雜志》卷八。《宋稗類鈔》卷五。

7 張子韶對策，有「桂子飄香」之語。趙明誠妻李氏嘲之，曰：「露花倒影柳三變，桂子飄香張九成。」《老學庵筆記》卷二。《宋稗類鈔》卷六。

8 易安再適張汝舟，未幾反目，有啓事與綦處厚云：「猥以桑榆之晚景，配兹駔儈之下材。」傳者無不笑之。《苕溪漁隱叢話》前集卷六十。《宋稗類鈔》卷四。《宋詩紀事》卷八十七。

9 〔李清照〕有《投内翰綦公崈禮啓》：「清照啟：素習義方，粗明詩禮。近因疾病，欲至膏肓，牛蟻不分，灰丁已具。嘗藥雖存弱弟，膺門惟有老兵。既爾蒼皇，因成造次。信彼如簧之説，惑兹似錦之言。

弟既可欺，持官文書來輒信；身幾欲死，非玉鏡架亦安知？僶俛難言，優柔莫決；呻吟未定，强以同歸。視聽才分，實難共處。忍以桑榆之晚節，配兹駔儈之下才？身既懷臭之可嫌，惟求脱去；彼素抱璧之將往，決欲殺之。遂肆侵凌，日加毆擊。可念劉伶之肋，難勝石勒之拳。局地扣天，敢效談娘之善訴；升堂入室，素非李赤之甘心。外援難求，自陳何害？豈期末事，乃得上聞。取自宸衷，付之廷尉。被桎梏而置對，同凶醜以陳詞。豈惟賈生羞絳灌爲儕，何啻老子與韓非同傳？但祈脱死，莫望償金。友凶横者十旬，蓋非天降；居囹圄者九日，豈是人爲？抵雀捐金，利當安往？將頭碎璧，失固可知。實自謬愚，分知獄市。此蓋伏遇内翰承旨，搢紳望族，冠蓋清流，日下無雙，人間第一。奉天克復，本緣陸贄之詞；淮蔡底平，實以會昌之詔。哀憐無告，雖未解驂，感戴鴻恩，如真出己。故兹白首，得免丹書。清照敢不省過知慚，捫心識媿？責全責智，已難逃萬世之譏；敗德敗名，何以見中朝之士？雖南山之竹，豈能窮多口之談；惟智者之言，可以止無根之謗。高鵬尺鷃，本異升沉；火鼠冰蠶，難同嗜好。達人共悉，童子皆知。願賜品題，與加湔洗。誓當布衣蔬食，温故知新。再見江山，依舊一瓶一鉢；重歸畎畝，更須三沐三薰。忝在葭莩，敢兹塵瀆。」《雲麓漫鈔》卷十四。

10 閨秀韓玉父，秦人，家於杭，李易安教以詩。《南宋雜事詩》引《四朝詩集》。

李質

1 〔艮嶽告成，〕命睿思殿應制李質、曹組各爲賦以進。……質字文伯，熙陵時參知政事昌齡之曾孫……少不檢，文其身，賜號「錦體謫仙」。後隨從北狩。《揮麈後録》卷二。

2 班行李質人才魁岸，磊落甚偉。徽廟朝欲求一人相稱者爲對，竟無可儷。當時同列目爲「察隻子」。京師俚語謂無對者爲「察隻」。《墨莊漫録》卷三。

唐庚

1 唐庚子西嘗見桃李盛開，而梅尚存數枝，因作詩。時張無盡天覺被召，乃以詩投之，云：「桃花能紅李能白，春來無處無春色。不應尚有數枝梅，可是東君苦留客。向來開處當嚴冬，李桃未在交游中。只今已是丈人行，勿與年少争春風。」無盡大加稱賞。《墨莊漫録》卷一。

2 唐子西《内前行》爲張天覺作也。天覺自中書侍郎除右僕射，蔡京以少保致仕，四海歡呼，善類增氣。時彗星見而遽没，旱甚而雨，人皆以爲天覺拜相，感召所致。上大喜，書「商霖」二字以賜之，且謂之曰：「高宗得傳説，以爲用汝作霖雨。今朕相卿，非是之謂耶！」故子西之詩具言之，其詩云：「内前車馬撥不開，文德殿下聽麻回。紫微侍郎拜右相，中使押赴文昌臺。旄頭昨夜光照牖，是夕收芒如秃帚。明日化爲甘雨來，官家唤作調元手。周公禮樂未要作，致身姚宋也不惡。鄉來兩公當國年，民間斗米三四錢。」《獨醒雜志》卷二。《宋詩紀事》卷三十六。

3 張商英拜相，庚作《内前行》。後坐貶惠州。《直齋書録解題》卷十七。《宋詩紀事》卷三十六。

4 唐庚子西謫惠州時，自釀酒二種，其醇和者名「養生主」，其稍勁烈者名「齊物論」。《墨莊漫録》卷九。《鶴林玉露》丙編卷四。《何氏語林》卷十八。《宋稗類鈔》卷五。《宋詩紀事》卷三十六。

5 唐子西嘗爲闕注子東言，羅浮山道士觀，忽有老虎來廊廡間，子西矍然。道士曰：「此郭文先生守丹竈虎也，年深爪牙落盡，亦復無聲，可狎而玩，然其視眈眈，光彩射人，若不馴擾也。」子東因賦《啞虎》詩。《研北雜志》卷上。

6 雁湖李氏曰：「唐子西文采風流，人謂爲小東坡。」《文獻通考》卷二百三十七。《宋詩紀事》卷三十六。

唐文若

1 唐立夫爲郡太守，諸邑大夫入城府，獨舍趙德莊於郡治，凡事必與之咨謀。諸邑大夫或不咨於德莊，則太守亦不爾從。一日，鄱陽宰私有獻於太守，羨餘僅二千緡。太守怫然曰：「所以與諸公相處者，爲其問民疾苦也。若以錢而來獻，非文若本心也。曾謀之德莊乎？」曰：「未也。」既而退見德莊，德莊果抵掌大笑。《澗泉日記》卷上。

邢俊臣

1 汴京時，有戚里子邢俊臣者，涉獵文史，誦唐律五言數千首，多俚俗語。性滑稽，喜嘲詠，嘗出入禁中，善作《臨江仙》詞，末章必用唐律兩句爲謔，以調時人之一笑。徽皇朝，置花石綱，取江淮奇卉石竹，雖遠必致。石之大者曰「神運石」，大舟排聯數十尾，僅能勝載。既至，上皇大喜，置之艮嶽萬歲山下，命俊臣爲《臨江仙》詞，以「高」字爲韻。再拜，詞已成，末句云：「巍峨萬丈與天高。物輕人意重，千里送鵝毛。」又令賦陳朝檜，以「陳」字爲韻。檜亦高五六丈，圍九尺餘，枝柯覆地幾百步。詞末云：「遠來猶自憶梁陳。江南無好物，聊贈一枝春。」其規諷亦可喜，上皇容之不怒也。内侍梁師成，位兩府，甚尊顯用事，以文學自命，尤自矜爲詩，因進詩，上皇稱善，顧謂俊臣曰：「汝可爲好詞，以詠師成詩句之美。」且命押「詩」字。俊臣口占，末云：「用心勤苦是新詩。吟安一個字，撚斷數莖髭。」上皇大笑，師成愠見，譖俊臣漏泄禁中語，責爲越州鈐轄。太守王嶷聞其名，置酒待之。醉歸，燈火蕭疏。明日，攜詞見帥，叙其寥落之狀，末云：「捫窗摸户入房來。笙歌歸院落，燈火下樓臺。」席間有妓秀美，而肌白如玉雪，頗有腋氣難近。豐甫令乞詞，末云：「酥胸露出白皚皚。遥知不是雪，爲有暗香來。」又有善歌舞而體肥者，詞云：「只愁歌舞罷，化作彩雲飛。」俊臣亦頗有才者，惜其用工止如此耳。《寓簡》卷十。《宋稗類鈔》卷六。

楊适

1 錢次公以墨四丸、筆五枚賜楊時可，楊戲曰：「安得硯乎？」次權曰：「不難，須一詩。」楊乃作一絶云：「尖頭奴有五兄弟，十八公生四客卿。過我書齋無一事，似應終日待陶泓。」《古今合璧事類備要》前集卷四十六。《宋詩紀事》卷二十六。

陸元光

1　吴興陸蒙老元光，嘗爲常之晉陵宰，頗喜作詩。時州幕官有好讒謗同列者，一日同會，忽聞蟬聲，幕官謂陸曰：「君既能詩，可詠此也。」陸辭之，不可，因即席爲之，曰：「緑陰深處汝行藏，風露從來是稻粱。莫倚高枝縱繁響，也宜回首顧螳螂。」因以是譏之，其人愧而少戢。《庚溪詩話》卷下。《堯山堂外紀》卷五十六。《宋詩紀事》卷四十一。

梁宗範

1　永福梁宗範，字世則。年十三時，母攜以謁縣宰，見其丰神秀整，遂問所能。宗範拱手對曰：「某初學詩。」宰以畫竹絹扇命題，宗範援筆立就，云：「團團紈扇阿誰繃，露出琅玕三兩莖。密葉旋從人意長，纖枝全藉筆毛生。翠筠不動風常在，直節無根色自榮。只恐半天雷雨夜，化龍應向手中成。」宰大奇之。後登重和進士。乾隆《福州府志》卷七十五。《全閩詩話》卷四。

江致和

1　崇寧間，上元極盛。太學生江致和，在宣德門觀燈。會車輿上遇一婦人，姿質極美，恍然似有所失。歸運毫楮，遂得小詞一首。明日妄意復游故地，至晚車又來，致和以詞投之。自後屢有所遇，其婦笑謂致和曰：「今日喜得到蓬宫矣。」詞名《五福降中天》：「喜元宵三五，縱馬御柳溝東。斜日映朱簾，瞥見芳容。秋水嬌横俊眼，膩雪輕鋪素胸。愛把菱花，笑匀粉面露春葱。徘徊步懶，奈一點靈犀未通。悵望七香車去，慢輾春風。雲情雨態，願暫入、陽臺夢中。路隔煙霞甚時遇，許到蓬宫。」《古今詞話》。《緑窗新話》卷上。

周子雍

1 大觀初年，京師以元夕張燈開宴。時再復湟、鄯，徽宗賦詩賜群臣，其頷聯云：「午夜笙歌連海嶠，春風燈火過湟中。」席上和者皆莫及。開封尹宋喬年不能詩，密走介求援於其客周子雍，得句云：「風生閶闔春來早，月到蓬萊夜未中。」爲時輩所稱。子雍，汝陰人，曾受學於陳無己，故有句法。《容齋四筆》卷二。《宋詩紀事》卷三十七。案：周子雍，《耆舊續聞》卷二作趙雍。

米芾

1 米芾元章，或云其母本産媪，出入禁中，以勞補其子爲殿侍，後登進士第。善書，尤工臨模，人有古帖，假去，率多爲其模易真本。至於紙素破汙，皆能爲之，卒莫辨也。有好潔之癖，任太常博士，奉祠太廟，乃洗去祭服藻火，而坐是被黜。然亦半出不情。……宗室華源郡王仲御家多聲妓，嘗欲驗之。大會賓客，獨設一榻待之，使數卒鮮衣袒臂，奉其酒饌，姬侍環於他客，杯盤狼藉，久之，亦自遷坐於衆賓之間。

乃知潔疾非天性也。然人物標致可愛，故一時名士俱與之游。其作文亦狂怪。嘗作詩云：「飯白雲留子，茶甘露有兄。」人不省「露兄」故實，叩之，乃曰：「祇是甘露哥哥耳。」《雞肋編》卷上。

2　長沙之湘西，有道林、岳麓二寺，名刹也。唐沈傳師有《道林》詩，大字猶掌，書於牌，藏其寺中，常以一小閣貯之。米老元章爲微官時，游宦過其下，艤舟湘江，就寺主僧借觀，一夕張帆攜之遁。寺僧亟訟於官，官爲遣健步追取還。《鐵圍山叢談》卷四。

3　米元章嘗寫其詩一卷投許沖元，云：「芾自會道言語，不襲古人。年三十，爲長沙掾，盡焚毁已前所作。平生不録一篇投王公貴人，遇知己索，一二篇則以往。元豐中，至金陵，識王介甫；過黄州，識蘇子瞻，皆不執弟子禮，特敬前輩而已。」其高自譽道如此。《獨醒雜志》卷五。

4　米元章治第潤州，有小軒面西山，用王徽之「朝來致有爽氣」語，名「致爽」。《敬齋古今黈》逸文卷二。

5　潤州火，爇盡室廬，惟存李衛公塔、米元章庵。元章喜題塔云：「神護衛公塔，天留米老庵。」有輕薄子於「塔」「庵」二字上，添注「爺」「娘」二字。元章見之大罵，輕薄子再於「塔」「庵」二字下添注「颯」「糟」二字。蓋元章母嘗乳哺宫中，故云。《誠齋詩話》。《軒渠録》。《宋詩紀事》卷三十四。

6　潤州鶴林寺有馬素塔，唐人詩「因過竹院逢僧話」，即此地也。米元章愛其松石沉秀，誓以來生爲寺伽藍，擁護名勝。公没時，鶴林伽藍無故塌下，里人知公欲還宿願於此。《太平清話》卷上。

7　楊次翁守丹陽，米元章過郡，留數日而去。元章好易他人書畫，次翁作羹以飯之，曰：「今日爲君作河豚。」其實他魚。元章疑而不食，次翁笑曰：「公可無疑，此贋本耳。」其行，送之以詩，有「淮海聲名二十秋」之句。林子中見之，謂次翁曰：「公言無乃過與？」次翁笑曰：「二十年來，何處不知有米顛子邪？」《竹坡詩話》。《西塘集耆舊續聞》卷九。《堯山堂外紀》卷五十四。

8 吾嘗疑米元章用筆妙一時，而所藏書真僞相半。元祐四年六月十二日，與章致平同過元章。致平謂吾曰：「公嘗見親發鎖，兩手捉書，去人丈餘，近輒掣去者乎？」元章笑，遂出二王、長史、懷素輩十許帖子，然後知平時所出，皆苟以適衆目而已。《東坡志林》卷八。

9 東坡在維揚設客，十餘人皆一時名士，米元章在焉。酒半，元章忽起立，云：「少事白吾丈，世人皆以芾爲顛，願質之。」坡云：「吾從衆。」坐客皆笑。《侯鯖録》卷七。《調謔編》。《何氏語林》卷二十七。《五雜組》卷十六。《堯山堂外紀》卷五十四。《宋稗類鈔》卷六。《詞林紀事》卷八。

10 〔米元章〕元祐末知雍丘縣，蘇子瞻自揚州召還，乃具飯邀之。既至，則對設長案，各以精筆、佳墨、妙紙三百列其上，而置饌其旁。子瞻見之，大笑就坐。每酒一行，即申紙共作字。一二小史磨墨，幾不能供。薄暮，酒行既終，紙亦盡，乃更相易攜去，俱自以爲平日書莫及也。《石林避暑録話》卷三。《東山談苑》卷八。《宋稗類鈔》卷八。《堅瓠秘集》卷六。

11 米元章爲雍丘令。適旱蝗大起，而鄰尉司焚瘞後遂致滋蔓，即責里正併力捕除，或言盡緣雍邱驅逐過此，尉亦輕脱，即移文載里正之語致牒雍邱，請各務打撲收埋本處地分，勿以鄰國爲壑者。時元章方與客飯，視牒大笑，取筆大批其後付之云：「蝗蟲元是空飛物，天遣來爲百姓災。本縣若還驅得去，貴司卻請打回來。」傳者無不絶倒。《春渚紀聞》卷二。《竹坡詩話》。《湖海新聞夷堅續志》後集卷二。《堯山堂外紀》卷五十四。《堅瓠癸集》

卷三。參見錢勰2。

12 米元章守漣水，地接靈壁。蓄石甚富，一一品目，加以美名。入書室則終日不出。時楊次公爲察使，知米好石廢事，因往廉焉。至郡，正色言曰：「朝廷以千里郡邑付公，汲汲公務，猶懼有闕，那得終日弄石？都不省録，爾後當録郡事，不然，按牘一上，悔亦何及！」米徑前，以手於左袖中取一石，其狀嵌空玲瓏，峯巒洞穴皆具，色極清潤。米舉石宛轉翻覆以示楊曰：「如此石安得不愛？」楊殊不顧，乃納之左袖。又出一石，疊嶂層巒，奇巧又勝。又納之左袖。最後出一石，盡天劃神鏤之巧。又顧楊曰：「如此石安得不愛？」楊忽曰：「非獨公愛，我亦愛也。」即就米手攫得之，徑登車去。《何氏語林》卷二十六。《宋稗類鈔》卷四。

13 米元章攻於臨寫。在漣水時，客鬻戴松《牛圖》，元章借留數日，以模本易之而不能辨。後數日，客持圖乞還真本。米訝而問曰：「爾何以知之？」客曰：「牛目中有牧童影，此則無也。」《可書》。案：《清波雜志》卷五以此爲米芾子友仁（元暉）事。

14 米元章，崇寧初爲江淮制置發運司勾當直達綱運，置司真州。大漕張勵深道，見其滑稽玩世，不能俯仰順時，深不樂之，每加形迹，元章甚不能堪。會蔡元長拜相，元章知己也，走私僕愬于元長，乞於銜位中削去所帶「制置發運司」五字，仍降旨請給序位人從，並同監司。元長悉從之，遣僕持人勑命以來。元章既得之，閉户自書新刺。凌晨拜命畢，呵殿徑入謁，直抵張之廳事。張驚愕莫測，及展刺，即講鈞敵之禮，始知所以。既退，憤然語坐客云：「米元章一生證候，今日乃使着矣。」後元章以能書得幸祐陵，擢列星曹。國朝以任子爲南宫舍人者，惟龐懋賢元英與元章二人。元章晚益豪放，不拘繩檢。故蔡天啓作其墓碑云：「君與西蜀劉涇巨濟、長安薛紹彭道祖友善。三公風神蕭散，蓋一流人也。」又云：「冠服用唐規制，所至人聚觀之。視其眉宇軒然，進趨襜如，音吐鴻暢，雖不識者，知其爲米元章也。」《揮麈後録》卷七。

15 建中初，曾文肅秉軸，與蔡元長兄弟爲敵。有當時文士與文肅啓，略云：「扁舟去國，頌聲惟在於曾門；策杖還朝，足迹不登於蔡氏。」明年，文肅南遷，元度當國，即更其語以獻曰：「幅巾還朝，輿頌咸歸於蔡氏；扁舟去國，片言不及於曾門。」士大夫不足養如此。老親云：「米元章。」《揮麈後録》卷七。

16 米元章以書名，而詞章亦豪放不群。東坡嘗言，自海南歸，舟中聞諸子誦其所作古賦，始恨知之之晚。徽宗朝，以廷臣論薦除太常博士。時内史吴拭行詞多所褒獎，元章喜，作詩以謝之。其末章有云：「中間有一蕭閒伯，學道登仙初應格。朝元明日拜五光，玉皇應怪髮眉白。」蓋自謂也。未入謝，言者謂其傾邪險怪，詭詐不近人情，人謂之顛，不可以登朝籍，命遂寢。元章大不平，即上章政府訴其事，以爲在官十五任，薦者四五十人，此豈顛者之所能？竟不報。後四年，始得召，復歸班。《獨醒雜志》卷六。

17 米元章風度飄逸，自處晉宋人物，然所爲不羈，得顛之名。嘗以書歷訴於廟堂，自謂久任中外，被大臣知遇，舉主累數百，皆用吏能爲稱首，一無以顛薦者。世遂傳米老《辨顛帖》。又嘗以書抵西府蔣穎叔云：「芾老矣，先生勿恤浮議。」自薦之曰：「襄陽米芾，在蘇軾、黄庭堅之間，自負其才，不入黨與。今老矣，困於資格，不幸一旦死，不得潤色帝猷，黼黻王度，臣某實惜之。願明天子去常格料理之。先生以爲何如？芾皇恐。」世又傳米老《自薦帖》。以是二帖，余考其人，顛之名不虛得也。《清波别志》卷上。《宋稗類鈔》卷四。

18 崇寧中，初興書畫學，米芾元章方爲太常博士，奉詔以《黄庭》小楷作千文以獻，繼以所藏法書、名畫來上，賜白金十八笏。是時，禁中萃前代筆迹，號《宣和御覽》，宸翰序之，詔丞相蔡京跋尾，芾亦被旨預觀。已而出知無爲軍，復召爲書學博士，便殿賜對，詢逮移晷。因上其子友仁《楚山清曉圖》。既退，賜御書畫扇各二，遂除春官外郎，人以爲榮。十八笏蓋戲之耳。《墨莊漫録》卷一。

19 米元章作吏部郎中，徽宗召至便殿，令書屏風四扇。後數日，遣中使押賜銀十八笏。元章對中使言曰：「且去奏知，知臣莫若君，臣自知甚明。」如此者再四。中使歸奏，上大笑。蓋十八笏，九百兩也。《可書》。案：此稱「吏部郎中」，誤，米芾官至禮部員外郎。

20 米元章知無爲軍，喜神怪，每雨暘致禱，則設宴席於城隍祠，東向坐神像之側，舉酒若相獻酬，往往獲應。每得時新茶果之屬，輒分以饋神，令典客聲喏傳言以致之。間有得緡錢於香案之側，若神以勞送者。嘗晨興，呼譙門鼓吏問：「夜來三更不聞鼓聲？」吏惶恐，言中夜有巨白蛇纏繞其鼓，故不敢近。米頷之，叱吏去，不復問。故郡人皆疑其蟒精。《睽車志》卷三。《徐氏筆精》卷八。《宋稗類鈔》卷四。

21 米元章爲無爲守，秋日與寮佐登樓燕集，遥望田間青色如剪，元章曰：「秋已晚矣，刈穫告功，而田中復青，何也？」亟呼老農問之。農曰：「稻孫也。稻已刈，得雨復抽餘穗，故稚色如此。」元章曰：「是可喜也。」而門樓無榜，即大書榜曰「稻孫」。今大安門是也。詩人歌穗穉，即稻孫也。以「穗穉」對「稻孫」，甚的。《坦齋筆衡》。

22 米元章守濡須，聞有怪石在河壖，莫知其所自來，人以爲異而不敢取。公命移至州治，爲燕游之玩。石至，而驚遽命設席，拜於庭下，曰：「吾欲見石兄二十年矣。」言者以爲罪，坐是罷去。其後竹坡周少隱過是郡，見石而感之，爲賦詩，其略曰：「喚錢作兄真可憐，喚石作兄無乃賢。望塵雅拜良可笑，米公拜石不同調。」《梁溪漫志》卷六。《堯山堂外紀》卷五十四。《堅瓠庚集》卷四。

23 米元章守無爲州，州治東北，建寶晉齋，有法書碑刻立壁間，因名。《徐氏筆精》卷六。

24 〔米芾〕家藏古帖，由晉以來者甚富，乃名其所居爲「寶晉齋」。《宋稗類鈔》卷八。

25 徽皇聞米元章有字學，一日，於瑶林殿張絹圖方廣二丈許，設瑪瑙硯、李廷珪墨、牙管筆、金硯匣、玉鎮紙、水滴，召米書之。上垂簾觀看，令梁守道相伴賜酒果。乃反繫袍袖，跳躍便捷，落筆如雲，龍蛇飛動。聞上在簾下，回顧抗聲曰：「奇絶，陛下！」上大喜，盡以硯、匣、鎮紙之屬賜之。尋除書學博士。一日，崇政殿對事畢，手執劄子。上顧視，令留椅子上。米乃顧朵殿云：「皇帝叫内侍要唾盂。」閤門彈奏，上云：「俊人不可以禮法拘。」《錢氏私志》。《玉芝堂談薈》卷七。《宋稗類鈔》卷八。

26 米黻，字元章，爲文時出險怪，而書特奇逸，世以米顛名之。仕宦久，不偶晚節。大臣薦對，嘗有詩曰：「笏引上天梯，鞘鳴奮地雷。誰云天尺五，親見玉皇來。」或問其意，答曰：「初叩軒陛，閤門臣僚以笏引之升殿，此上天梯也。」《泊宅編》十卷本卷六。

27 米元章爲書學博士，一日上幸後苑，春物韶美，儀衛嚴整，遽召芾至，出烏絲欄一軸，宣語曰：「知卿能大書，爲朕竟此軸。」芾拜舞訖，即綰袖舐筆，伸卷，神韻可觀，大書二十言以進曰：「目眩九光開，雲蒸步起雷。不知天近遠，親見玉皇來。」上大喜，錫賚甚渥。又一日，上與蔡京論書艮岳，復召芾至，令書一大屏，顧左右宣取筆研，而上指御案間端研，使就用之。芾書成，即捧研跪請曰：「此研經賜臣芾濡染，不堪復以進御，取進止。」上大笑，因以賜之。芾蹈舞以謝，即抱負趨出，餘墨霑漬袍袖，而喜見顏色。上顧蔡京曰：「顛名不虛得也。」京奏曰：「芾人品誠高，所謂不可無一，不可有二者也。」《春渚紀聞》卷七。《何氏語林》卷二十五。《堯山堂外紀》卷五十四。《宋稗類鈔》卷八。

28〔米元章〕初見徽宗，進所畫《楚山清曉圖》，大稱旨，復命書《周官》篇于御屏。書畢，擲筆于地，大言曰：「一洗二王惡札，照耀皇宋萬古。」徽宗潛立于屏風後聞之，不覺步出，縱觀稱賞。元章再拜求索所用端硯，因就賜。元章喜拜，置之懷中，墨汁淋漓朝服。帝大笑而罷。《古今畫鑑》。

29徽宗嘗命米芾以兩韻詩草書御屏，次韻乃押「中」字，行筆自上至下，其直如綫。上稱賞曰：「名下無虛士。」芾即取所用硯入懷，墨汁淋漓，奏曰：「硯經臣下用，不敢復進御，臣敢拜賜。」又一日，米回人書，親舊有密於窗隙窺其寫至「芾再拜」，即放筆於案，整襟端下兩拜。《清波雜志》卷十一。《宋稗類鈔》卷四。《香祖筆記》卷十。

30海嶽以書學士召對，上問本朝以書名世者凡數人，海嶽各以其人對曰：「蔡京不得筆，蔡卞得筆而乏逸韻，蔡襄勒字，沈遼排字，黃庭堅描字，蘇軾畫字。」上復問：「卿書如何？」曰：「臣書刷字。」《墨莊漫録》卷六。

31魯公一日問〔米〕芾：「今能書者有幾？」芾對曰：「自晚唐柳，近時公家兄弟是也。」蓋指魯公與叔父文正公爾。公更詢其次，則曰：「芾也。」《鐵圍山叢談》卷四。

32 崇寧四年，米元章爲禮部員外郎，言章云：「傾邪險怪，詭詐不情。敢爲奇言異行，以欺惑愚衆。怪誕之事，天下傳以爲笑，人皆目之以顛。儀曹春官之屬，士人觀望則效之地。今芾出身冗濁，冒玷玆選，無以訓示四方。」有旨罷，差知淮陽軍。其曰「出身冗濁」者，以其親故也。《能改齋漫録》卷十二。

33 米芾元章好古博雅，世以其不羈，士大夫目之曰「米顛」。魯公深喜之。嘗爲書學博士，後遷禮部員外郎，數遭白簡逐去。一日以書抵公，訴其流落。且言舉室百指，行至陳留，獨得一舟如許大。遂畫一艇子行間。魯公笑焉。吾得是帖而藏之。時彈文正謂其顛，而芾又歷告魯公洎諸執政，自謂久任中外，竝被大臣知遇，舉主累數十百，皆用吏能爲稱首，一無有以顛薦者。世遂傳米老《辨顛帖》。《鐵圍山叢談》卷四。《宋稗類鈔》卷四。

34 先君言，米元章「瓜洲閘」三大字，神彩飛動，妙絶古今，非惟他人所不能髣髴，元章自書亦無及此者。嘗於膝上，以指畫此三字，歎息不已。因言元章晚病瘍，前知死日，買棺，舁至便齋，倦則卧其中。客至，邀至棺側，卧與語，如期死。且死，索筆大書，曰：「吾自衆香國來，今復歸矣。」《家世舊聞》卷下。

35 米元章晚年學禪有得，卒於淮陽軍。先一月區處家事，作親友别書，盡焚其所好書畫奇物，預置一棺，坐卧飲食其中。前七日不茹葷，更衣沐浴，焚香清坐而已。及期，偏請郡僚，舉拂示衆曰：「衆香國中來，衆香國中去。」擲拂合掌而逝。《何氏語林》卷十四。《堯山堂外紀》卷五十四。《詞林紀事》卷八。

36 米元章少名黼，其印文曰「火正後身之印」，生于皇祐之辛卯，卒于大觀之庚寅。出守淮陽軍，將殁，預告郡吏以期日，即具棺櫬。時坐卧其間，閲案牘文檄，洋洋自若也。至期留偈句，自謂「來從衆香國，其去亦然」。《湧幢小品》卷二十二。

37 米元章自書其姓名，及所用圖記「米」或爲「芊」，「芾」或爲「黻」。《日損齋筆記》。

38 元豐間，米元章自號鹿門居士，其印文曰「火正後人芾印」，其後並不用之。《志雅堂雜鈔》卷上。《雲煙過眼録》卷下。

39 予家舊蓄米帖……一幅前有圖書印章十餘枚，皆古文或玉箸篆，有曰「天水米芾」者，有曰「米芾元章」者，有曰「火宋米芾」者……後有數十語云：「正人端士名字皆正，至於所紀歲時亦莫不正。前有水宋，故有火宋别之。」《敬齋古今黈》逸文卷二。

40 米南宫號「中嶽外史」，故張伯雨亦自謂「句曲外史」。《硯北雜志》卷下。

41 世傳米芾有潔病，初未詳其然。後得芾一帖：「朝靴偶爲他人所持，心甚惡之，因屢洗，遂損不可穿。」……又芾方擇婿，會建康段拂，字去塵，芾擇之，曰：「既拂矣，又去塵，真吾婿也。」以女妻之。《西塘集耆舊續聞》卷三。《軒渠録》。《堯山堂外紀》卷五十四。

42 米元章有潔癖，屋宇器具，時一滌之。以銀爲斗，置長柄，俾奴僕執以盥手，呼爲水斗。居常巾帽，少有塵，則浣之，復加於頂。客去，必滌其坐榻。《可書》。《何氏語林》卷三十。《堯山堂外紀》卷五十四。

43 吕居仁云，米元章盥手，用銀方斛，瀉水於手，已而兩手相拍，至乾都不用巾拭。《何氏語林》卷二十二。《堯山堂外紀》卷五十四。《詞林記事》卷八。

44 曾祖殿撰，與元章交契無間，凡有書畫，隨其好即與之。一日，元章言：「得一硯，非世間物，殆天地祕藏，待我而識之。」答曰：「公雖名博識，所得之物真贋居半，特善誇耳。得見乎？」元章起，取於笥。曾祖亦隨起，索巾滌手者再，若欲敬觀狀，元章顧而喜。硯出，曾祖稱賞不已，且云：「誠爲尤物，未知發墨如何？」命取水，水未至，亟以唾點磨研。元章變色而言曰：「公何先恭而後倨？硯汙矣，不可用，爲公贈。」初但以其好潔，欲資戲笑，繼歸之，竟不納。《清波雜志》卷五。《宋稗類鈔》卷八。

45 米元章《洗手帖》有云：「每得一書，背訖入奩，印以『米氏秘玩』書印。閱書之法，二案相比。某濯手親取，展以示客。客拱而憑几案，從容細閱。某趨走於其前，客曰展，某展；客曰捲，某捲。客據案甚尊，某執事甚卑。舍佚執卑者，止不欲以手衣振拂之耳。」《宋稗類鈔》卷四。

46 元祐中，米元章居京師，被服怪異，戴高簷帽，不欲置從者之手，恐爲所涴。既坐轎，爲頂蓋所礙，遂徹去，露帽而坐。一日出保康門，遇晁以道。以道大笑，下轎握手，問曰：「晁四，你道似甚底？」晁云：「我道你似鬼章。」二人撫掌絶倒。時西邊獲賊寨首領鬼章，檻車入京，故晁以爲戲。《何氏語林》卷二十七。

47 熙寧間，蜀中日者費孝先筮《易》，以丹青寓吉兇，謂之卦影。其後轉相祖述，畫人物不常，鳥或四足，獸或兩翼，人或儒冠而僧衣，故爲怪以見象。米芾好怪，常戴俗帽，衣深衣，而攝朝鞾紺緣。朋從目爲「活卦影」。《捫掌録》。

48 〔米〕元章喜服唐衣冠，寬袖博帶，人多怪之。又有潔疾，器用不肯令人執持。嘗衣冠出謁，帽簷高，不可以乘肩輿，乃徹其蓋，見者莫不驚笑。所爲類多如此。《獨醒雜志》卷六。

49 老米酷嗜書畫，嘗從人借古畫自臨搨，搨竟，併與真贋本歸之，俾其自擇而莫辨也。巧偷豪奪，故所得爲多。東坡《二王帖跋》云：「錦囊玉軸來無趾，粲然奪真疑聖智。」因借以譏之。《清波雜志》卷五。《宋稗類鈔》卷八。

50 米芾詼譎好奇。在真州，嘗謁蔡太保攸於舟中，攸出所藏右軍《王略帖》示之。芾驚歎，求以他畫換易，攸意以爲難。芾曰：「公若不見從，某不復生，即投此江死矣。」因大呼，據船舷欲墜。攸遽與之。知無爲軍，初入州廨，見立石頗奇，喜曰：「此足以當吾拜。」遂命左右取袍笏拜之，每呼曰「石丈」。言事者聞而論之，朝廷亦傳以爲笑。《石林燕語》卷十。《清波雜志》卷五。《群書類編故事》卷十八。《何氏語林》卷三十。《趙氏鐵網珊瑚》卷四。《清河書畫舫》卷一上。《堯山堂外紀》卷五十四。《宋稗類鈔》卷八。

51 米元章有嗜古書畫之癖，每見他人所藏，臨寫逼真。嘗與蔡攸在舟中共觀王衍字，元章即捲軸入懷，起欲赴水。攸驚問何爲，元章曰：「生平所蓄，未嘗有此，故寧死耳。」攸不得已，遂以贈之。《獨醒雜志》卷二。

52 關子東云：叔父廬州使君蔚宗，平生好事，多蓄書畫。嘗有褚河南所摹虞永興《枕卧帖》，落筆精微，僅如絲髮，既存骨氣，復有精神。米元章愛之重之。叔父游宦交廣二十餘年，先兄長源，叔父長子也，至崇寧間，解后元章於京口，是時叔父已捐館，從長源求此書。長源靳之，曰：「惟得公陸探微《師子》乃可。」從之。長源復靳曰：「此畫不足以當此帖，更得公案上盈尺硃砂乃可。」又從之。長源又靳之曰：「細思二物皆有愧虞帖，非得公頭，不可有此帖。」《研北雜志》卷上。

53 米元章與富鄭公婿范大珪同游相國寺，以七百金買得王維《雪圖》，因無僕從，借范人持之。行游良久，范主僕俱不見。翌日，遣人往取，云：「已送西京裱背矣。」米無如之何，因以贈之。《五雜組》卷七。

54 東坡跋米元章所收書畫云：「畫地爲餅未必似，要令癡兒出饞水。」又云：「錦囊玉軸來無趾。」山谷和之云：「百家傳本略相似，如月行天見諸水。」又云：「拙者竊鉤輒折趾。」皆謂元章患浄病，及好奪取人書畫也。《王直方詩話》。《詩話總龜》前集卷九。《類説》卷五十七。《苕溪漁隱叢話》前集卷三十九。

55 米元章《華陀帖》二十八字，靖康之變，流落民間，歷三四傳，乃入越王府。王懼爲内府所收，祕之二十年無知者。太和末，都城閻貫道與文士輩請仙，元章降筆，貫道因問先生：「《華陀帖》神蹟超軼，輝映今古，汴京破，失所在。先生於平生得意書，定知爲何人所祕，願以見告。」即批云：「當就越邸求之。」龐都運才卿，王妃之弟，貫道以爲言。才卿請於妃，果獲一見。《續夷堅志》卷四。

56 晉陵富人承氏子，家有奇石，舊刻米老書六字云：「第一山，米芾識。」承氏子謂「芾」與「費」同音，爲不祥語，因擊碎之，止存其半。《研北雜志》卷下。

57 婢之婢，世謂之重臺。評書者謂羊欣書似婢學夫人。米芾學欣書，故高宗謂米字爲重臺。《雪舟脞語》。

58 米南宮多游江湖間，每卜居，必擇山水明秀處。其初本不能作畫，後以目所見，日漸模放之，遂得天趣。其作墨戲，不專用筆，或以紙筋，或以蔗滓，或以蓮房，皆可爲。畫紙不用膠礬，不肯於絹上作一筆。今所見米畫或用絹者，皆後人僞作，米父子不如此。《洞天清録》。

59 米芾元章豪放，戲謔有味，士大夫多能言其作止。有書名，嘗大字書曰：「吾有《瀑布》詩，古今賽不得。最好是『一條界破青山色』。」人固以怪之，其後題云：「蘇子瞻曰：『此是白樂天奴子詩。』」見者莫不大笑。《冷齋夜話》卷四。

60　米元章嘗得古印，刻「元暉」二字，寶藏日久，不輕授人。最後，字其季子曰元暉，以印授之。黄山谷贈之詩云：「拾得元暉古印章，印刓不忍與諸郎。虎兒筆力能扛鼎，教字元暉繼阿章。」《小草齋詩話》卷四。《徐氏筆精》卷五。

米友仁

1　見米芾13。

2　見米芾60。

3　米芾嘗謁見宋帝於宣和殿，帝乃從容顧芾，問曰：「聞卿復工畫，然乎，否乎？」芾適置米友仁所筆《楚山清曉圖》在懷袖間，因即出以獻，御覽則稱羡。《珊瑚網》卷二十八。《佩文齋書畫譜》卷八十三引《續書畫題跋記》。

4　米元暉能傳家學，所作山水清潤有致，然亦稍變父法，自成一家，頗自貴重，不輕與人作。翟耆年作詩云：「善寫無根樹，能描懞懂山。如今身貴也，不肯與人間。」蓋元暉所作《楚山清晚圖》，父元章以進御，蒙賞遂授敷文閣待制。《六研齋二筆》卷四。

5　〔米友仁〕被遇光堯，官至工部侍郎、敷文閣直學士，日奉清閒之宴。方其未遇時，士大夫往往可得其筆，既貴，甚自祕重，雖親舊間亦無緣得之，衆嘲曰：「解作無根樹，能描濛鴻雲。如今供御也，不肯與閒人。」《畫繼》卷三。《南宋雜事詩》卷三。《宋詩紀事》卷四十五。

6 紹興間，復古殿供御墨，蓋新安墨工戴彦衡所造。自禁中降出雙角龍文，或云米友仁侍郎所畫也。《老學庵筆記》卷五。

7 沙隨先生寓居鄱陽，一日，買得米元暉小端硯，後刻銘曰：「惟端有溪，孕石惟黟。兹乃下巖，舉無有比。色奪芝英，温堅玉理。以貽安中，是亦成美。」後書「紹興己未」，蓋元暉親筆，以遺建昌守喻安中者。《游宦紀聞》卷六。

王道亨

1 成都郫縣人王道亨，七歲知丹青，用筆命意已有過人處。政和中，肇置畫學，用太學法補試四方畫工。道亨首入試，試唐人詩兩句爲題曰：「胡蝶夢中家萬里，子規枝上月三更。」餘人大率淺下，獨道亨作蘇屬國牧羊北海上，被氊杖節而卧，雙蝶飛舞其上，沙漠風雪，羇棲愁苦之容，種種相稱。别畫林木扶疎，上有子規，月正當午，木影在地，亭榭樓觀，皆隱隱可辨，曲盡一聯之景。遂中魁選。明日進呈，徽宗奇之，擢爲畫學録。《夷堅乙志》卷五。

朱維

1 政和間，郎官有朱維者，亦善音律，而尤工吹笛，雖教坊亦推之，流傳入禁中。蔡魯公嘗同執政奏事，及燕樂將退，上皇曰：「亦聞朱維吹笛乎？」皆曰：「不聞。」乃喻旨召維試之，使教坊善工在旁按其聲。魯公與執政會尚書省大廳遣人呼維，甚急。維不知所以，既至，命坐于執政之末，尤皇恐，不敢就位。乃喻上語，維再三辭不能。鄭樞密達夫正色曰：「公不吹當違制。」維不得已，以朝服勉爲一曲，教坊樂工皆稱善，遂除維爲典樂。《石林避暑録話》卷二。

焦德

1 見宋徽宗31。
2 見蔡京126。
3 見楊戩2。

劉卞功

1 劉卞功，字子民，濱州安定人。弱不好弄，六歲誤觸甕碎，家人更譙之，神色自若，曰：「俟釘校者來，當全之。」復譙其妄，曰：「人破尚可修，矧甕邪！」語未絶，釘校者至，相與料理，頃之如新。自是築環堵于家之後圃，不語不出者三十餘年，或食或不食。徽廟聞其名，數敕郡縣津致。間馳近侍召之。對曰：「吾有嚴願，不出此門。」上知不可奪，賜號高尚先生。王子裳侍郎衣其外兄也，嘗問以修行之術。書云：「非道亦非律，又非虛空禪。獨守一畝宅，惟耕己心田。」又云：「以手捫胸，欲心清浄；以手上下，欲氣升降。」每云：「常人以嗜欲殺身，以貨財殺子孫，以政事殺民，以學術殺天下後世。吾無是四者，豈不快哉！」靖康之變，不知所終。《賓退録》卷一。《宋稗類鈔》卷二。

2　劉卞加，字子民，濱州安定人。弱不好弄，六歲誤觸甕碎，家人更譙之，神色自若曰：「俟釘鉸者來，當全之。」復譙其妄，曰：「人破尚可修，矧甕耶！」釘鉸者至，料理如新。自是築環堵於家之後圃，不出不語者三十餘年，或食或不食。徽宗聞其名，數敕郡縣津致，間馳近侍召之，對曰：「吾有嚴願，不出此門。」上知不可奪，賜號高尚先生。後村《七十四吟》云：「生慚族老封高尚，死慕先賢謚醉吟。」上句用卞加事，下句自注云：「有司議樂天謚，宣宗曰：『醉吟先生足矣。』」《梅磵詩話》卷中。

3　劉高尚者，濱州安定人，家世爲農。生九歲不茹葷，後稍稍不語，問以事，則書而對，其語初若不可曉，已而輒驗。家人爲築別室以居，久之，言皆響應，遠近以爲神。聲聞京師，徽宗三使往聘之，辭疾不奉詔。宣和間，賜號高尚處士，而建觀以居，其徒因以其號名之。靖康之擾，棣人白其守，使迎高尚。守具安車邀之，不至。一日，棄濱而來，濱人大恐，後二日，濱州兵叛，屠其城。高尚至棣，棣人喜。守爲掃郵傳，供帳以舍之。高尚見之，笑去，乃即城隅治舍水傍。濱人或持金帛攜家室以就其廬者，人往往笑之。既而敵騎大至，城且陷，人之死於兵者以萬數，而火不及其居，就之者果賴以免。敵人見高尚，皆下馬羅拜，不敢入其里。高尚嘗有言曰：「世之人以嗜欲殺身，以貨財殺子孫，以政事殺人，以學問文章殺天下後世。」識者尊爲名言，鏤板以傳。《梁溪漫志》卷九。案：《能改齋漫録》卷十八記有高尚處士劉皋，當爲同一人。

蕭楚

1 廬陵蕭楚子荆，紹聖中，貢禮部不第。蔡京用事，與其徒馮澥書，言蔡將爲宋王莽，誓不復仕。死建炎中。自號「三顧隱客」，門人謚爲清節先生。胡邦衡師事之，以《春秋》登甲科，歸拜牀下，楚告之曰：「學者非但拾一第，身可殺，學不可辱，毋禍吾《春秋》乃佳。」邦衡志其墓。《直齋書録解題》卷三。

孫薪

1 〔孫薪〕質性清介，絶意仕進，與黄葆光爲太學舊游。宣和六年，黄以侍御史出守處州，薪不肯詣郡謁見，黄約以勸農日會於洞溪僧舍。至期，薪以扁舟來會，黄贈以詩云：「勸農因到好溪頭，把酒相看憶舊游。三十年來如一夢，可憐空負釣魚舟。」時有里胥欲賂黄而無由，將因薪納之，俾薪家僮導意於薪，薪叱曰：「謹無語。使吾聞此，是入耳贓。」其介如此。年八十卒。《蓉塘詩話》卷十八。《堯山堂外紀》卷五十六。《宋詩紀事》卷三十二。

陳恬

1 潁川陳恬叔易，以才名稱鄉里，家貧，與弟同居。一日，弟忤其意，遂捶之，親鄉中嗯者目曰「愷悌君子」。自號澗上丈人。里人之子，從叔易學文，而好刷飾頭面，舉止妖嬈，目爲澗上丈母。《過庭録》。《宋詩紀事》卷三十七。

2 陳恬叔易，隱居潁川陽翟澗上，號「澗上丈人」。大觀間，宋喬年諷監司薦於朝，起爲館閣，書疏間猶不去「丈人」之號。晁以道作詩譏之曰：「東海一生垂釣客，石渠萬卷校書郎。丈人風味今如此，鶴到揚州興更長。」其後以道謁叔易於京師，有婢應門，嚴妝麗服，熟視之，乃故時澗上赤脚也。以道又作一絶云：「處士何人爲作牙，盡攜猿鶴到京華。可憐巖壑空惆悵，六六峯前少一家。」《風月堂詩話》卷下。

3 陳恬，字叔易，堯叟裔孫也。博學有高志，不從選舉，躬耕於陽翟，與鮮于綽、崔鶠齊名，號「陽城三士」。又與晁以道同卜隱居於嵩山，大觀中召赴闕，除校書郎。以道寄詩戲之曰：「處士何人爲作牙，暫攜猿鶴到京華。故山巖壑應惆悵，六六峯前只一家。」未幾，致仕還山。《郡齋讀書志》卷十九。《宋詩紀事》卷三十七。《郡齋讀書志》卷十九。

4 見晁説之5。

5 見崔鶠1。

6 見葛勝仲1。

田端彦　歐陽元老

1 元祐中，李邦直帥真定，先子與田端彦、歐陽元老爲幕府。端彦春秋高，故以丈事之。端彦後爲官荆南，與郡將不合，棄去冠冕，從元老游。元老時方卜築渚宫，爲終焉計。既聞蔡元長拜相，乃欲謁之，説以勿興朋黨。元老以詩贈行云：「守節固窮匪易事，鐵中誰許鬬錚錚。聞道新除右僕射，難留高卧老先生。能令餘黨留殘息，必有昌言佐盛明。我欲效顰嗟老矣，西風回首涕縱横。」既至京師，果以禍福利害喻元長，且出元老詩示之。雖若不樂，然堅欲召見。端彦以書抵元老，元老以詩答云：「莫嗟騏驥老，不識雲臺仗。此驥天所曉，未易論得喪。」……端彦既與元長不合，乃遯嵩少間，今猶無恙。年將九十，顔如渥丹，行步可逐奔馬。時時多乞錢於洛陽城中，得即以施貧者，蓋得道静長官之流也。《五總志》。

2 田端彦子卿，剛介尚氣，亦能詩，不雕琢。任荆渚獄官，與太守争公事，不屈。守怒曰：「小官敢爾，乃不爲青衫地耶？」端彦遽脱巾裳抵地，拂袖去，誓不復出仕矣。魯公同年，嘗投詩云：「昔年尊酒每逡巡，此日遥瞻百辟尊。零落羽毛迷鳳穴，退藏鱗甲謝龍門。來非東閣天上客，歸愛武陵花下源。肯學袁絲事游説，區區來往謾高軒。」《書邢氏湖園》：「春花黄鳥不多情，玉節猶霜瘦萬莖。唯有清風伴明月，滿園吹作鳳凰聲。」《題龍門》：「身世兩閑山共老，塵埃一夢水俱東。」《題歸仁園》：「山翠藏疏牖，泉聲上白雲。」皆清新可愛。《西清詩話》卷下。

虞　夔　李　迥

1 宣和間，廣川董弅爲鎮江府教官。有李迥者，高尚不出入，亦頗宗仰之。董時往見，與之欵語，出所著書及所嘗獻朝廷者，又知其通於治道，皆切時用，非尋常事文采取人娱悦者。董回白知府虞夔曰：「治下有隱君子，盍訪之。」虞問爲誰，董以李迥字叔友對。虞曰：「斯人則願見久矣。」一日，攜具邀董而入。叔友預辭未嘗製衫帽，虞許野服相見，至門下車，與董步而入。叔友降階迎客，神清蕭散，虞守甚高之。既飲，叔友起揖虞，曰：「迥有母，年八十矣，願得薦迥名于朝，丐處士號，庶遇恩可記。」虞唯而去。明日，董誚之曰：「胡不見請而遽啓此齒？」叔友色愧悔，曰：「恐其不再來耳。」董具以語，諸生，共嗟惜之。予謂：虞守不失爲有錢文僖之遺風，而李叔友有愧於郭延卿多矣。《姑蘇筆記》。

蘇庠

1 〔蘇養直〕隱居學道，往來句曲。東坡曾與通譜，呼爲「吾宗養直」，贊其像云：「松風飀飀，瘦藤在手。唯此白叟，德全於酒。」蓋直風素節，士大夫仰之久矣。《六研齋三筆》卷三。

2 蘇養直詩有「屬玉雙飛水滿塘」之句，見賞於坡，稱爲「吾家養直」。《堯山堂外紀》卷五十四。

3 蘇庠養直居句、金日，與僕游常，內子不容爲撓。有小鬟，亦田舍兒也。僕戲云：「既云閤中不容，安得有此！」養直曰：「初未嘗使令，况手脚如落湯螃蟹，又何足取，此亦見長者之不純。」滿座爲之大笑，目其小鬟爲落湯螃蟹。《可書》。

4 〔蘇養直〕以病目自號眚翁。後徙居丹陽之後湖，更號「後湖病民」。《趙氏鐵網珊瑚》卷四引曾慥《跋蘇養直詞翰》。《宋詩紀事》卷四十一。

5 後湖居士蘇養直以世賞官其子，而自相羊三江五湖間。遇林泉勝處，輒引杯嘯詠，發見於詩者千餘篇。紹興間名達九重，累詔不起。《藏一話腴》甲集卷上。

6 蘇庠隱居後湖，紹興中，累詔不出，僮僕見使者沓至，輒相語曰：「官中來勾我秀才，須要正身。」

《可書》。《清波雜志》卷六。

7〔蘇養直〕紹興間與徐師川同召，師川赴，養直辭。師川造朝，便道過養直，留飲甚歡。二公平日對奕，徐高於蘇，是日養直拈一子，笑視師川曰：「今日須還老夫下此一着。」師川有愧色。《鶴林玉露》甲編卷五。《何氏語林》卷二十。《堯山堂外紀》卷五十四。《昨非庵日纂》二集卷十九。《宋稗類鈔》卷六。《宋詩紀事》卷四十一。《詞林紀事》卷九。

8 蘇庠養直嘗盛夏追涼，方與客對棋，有衣褐者持謁云：「羅浮山道人江觀潮。」未及起迎，道人直造就坐，旁若無人。養直驚愕，問所從來，答曰：「羅浮黄真人以公不好世人之所好，氣母已成，令某持丹度公，可服之。」袖中出一小合藥，黄色而膏融。養直遲疑間，道人曰：「此丹非金非石，乃真氣煉成，疑即且止。俟有急服之。」出門徑去，俄頃不見。養直以丹置佛室。後與客飲，醉後食蜜雪，和以龍腦，一夕暴下而卒。所親記道人之言，亟取丹視之，其堅如石，磨以飲之，即甦。自是康强異常，齒落者復生，髮白者再黑，眼枯者更明。《苕溪漁隱叢話》後集卷三十六引曾慥《詩選》。

9 信安孟王仁仲，酷嗜法書名畫，且能別真贋。帥建康日，知先人素從後湖蘇養直徵君游，託移書求仇池故硯。蘇答云：「抄掠之餘，所存百骸九竅耳。平生長物，豈復一毫，况仇池之尤物乎？公殆索我於昔之隱几者也。」孟見之，笑曰：「只是不肯見畀爾。」《清波雜志》卷二。

10 向見蘇後湖之子扶，擕古畫羅漢十有六入闗，出以相示，且云：「家世珍藏，殆百餘年。大父昔在廬山下，一日，聞山谷先生在山中，亟擕畫謁之，求題尊者名號。時死心禪師住歸宗，一見笑曰：『夜來夢十六僧求掛搭。』命灑掃新浴室陳焉。死心偈之，山谷書之。」扶又言：家有瑪瑙盂，用以日飯一尊者，一失具飯，太夫人夜必夢求齋。《清波雜志》卷五。

11 蘇養直家孫女曰蘇婁，其嚴毅不可當。三五十年朝報奏疏，琅琅口誦，不脱一字。《貴耳集》卷下。

王份

1 吴江王份文孺，自號臞庵，嘗築圃於松江之側。方經始時，文孺下榻待余，延留數月，見買葑作址，計三百萬錢。圃成，極東南之勝。後湖蘇養直嘗賦詩云：「王郎臞庵摩詰詩，煙花遶舍江遶籬。石渠東觀了無夢，筆牀茶竈行相期。古人已往不可作，甫里顧有今天隨。灣頭蟹舍豈著我，請具蓑笠懸牛衣。」《中吴紀聞》卷五。《宋詩紀事》卷四十一。

2 臞庵在松江之濱，邑人王份有超俗趣，營此以居。圍江湖以入圃，故多柳塘花嶼，景物秀野，名聞四方。一時名勝喜游之，皆爲題詩。圃中有與閑、平遠、種德及山堂四堂，煙雨觀、横秋閣、凌風臺、鬱峩城、釣雪灘、琉璃沼、臞翁澗、竹廳、龜巢、雲關、纈林、楓林等處，而浮天閣爲第一，總謂之臞庵。份字文孺，以特恩補官，嘗爲大冶令，歸休老焉。題詩甚多。《吴郡志》卷十四。《宋詩紀事》卷四十一。

張懷素

1 張懷素本舒州僧也。元豐末，客畿邑之陳留。常插花滿頭，佯狂縣中，自稱戴花和尚。言人休咎頗驗，群小從之如市。知縣事畢仲游怒其惑衆，擒至廷下，索其度牒，江南李氏所給也。仲游不問，抹之，從杖一百，斷治還俗，遞逐出境。自是長髮，從衣冠游，號落托野人。初以占風水爲生，又以淫巧之術走士大夫門，因遂猖獗。既敗，捕獲于真州城西儀真觀，室中有美婦人十餘。獄中供出蹤跡本末。時仲游死已久，詔特贈太中大夫，官其二孫。《揮麈後録》卷八。

2 張懷素，舒州人，自號落魄野人。崇寧元年入京師，至大觀元年事敗，牽引士類，一時以輕重定罪者甚衆。呂吉甫、蔡元度亦因是責降。蔡嘗語陳瑩中：「懷素道術通神，雖蜚禽走獸能呼遣之。」至言：「孔子誅少正卯，彼嘗諫以爲太早。漢、楚成皐相持，彼屢登高觀戰。不知其幾歲，殆非世間人也。」自古方士，怪誕固多有之，未有如此大言者。士大夫何信之篤、惑之深耶？《清波雜志》卷十一。

3 舒州人張懷素，本百姓。自稱落拓野人，以幻術游公卿間。於元祐六年，説朝散郎吳儲云：「公福似姚興，可爲關中一國主。」儲云：「儲福弱，豈能及姚興？」懷素云：「但説有志不説福。」紹聖四年，懷素入京，又與儲結約，儲以語侔。崇寧四年，事敗，獄成，懷素、吳儲、吳侔、邵禀並淩遲處斬，楊公輔、魏當、郭秉德並特處死。吳儲父安持貸命，免真決，追毀出身以來文字，除名勒停，送潭州編管。吳侔母王氏，係王安石女，特免遠竄，送太平州羈管。侔弟僎道州羈管。……呂惠卿子淵，坐曾聞妖言不以告，削籍竄沙門島。惠卿散官，安置宣州。蔡卞降職，奉外祠。鄧洵武妻吳侔之兄，出知隨州。安惇追貶散官。初蔡京實與懷素往來，書疏猥多，余深、林攄鞠獄，曲爲京地，故京獨免。懷素之敗，本潤州州學内舍生湯東野將錢十千與進士范寥入京告發。獄竟，東野除宣義郎、寺監主簿，賜袍帶，並現錢一千貫，盤纏錢一百貫。范寥特除供備庫副使，賜現錢一千貫，金二十兩，銀腰帶並公服鞾笏，與在京監當。然東野用是積累至從官，晚年嘗見卧床有人頭無數，豈懷素之獄不能無濫耶？《王荆公詩箋注》卷四十三。

4 見范寥1。

5 張懷素、吴儲、吴侔等謀反事覺。中外縉紳多與交結，而蔡元度與儲、侔之父安詩爲僚婿，故元長父子與懷素書問往來尤密。懼其根株牽連，罪且相及，遂諷中丞余深、知開封府林攄曰：「若能使不見累，他日當有以報。」深等會其意。翌日，索中外所與懷素、儲、侔往來書札置案上，問獄吏曰：「此何文也？」對曰：「與懷素等交通之書也。」深詬曰：「懷素等罪狀明白，人與往來書問不過通寒暄耳，豈盡從之反耶？存之徒增案牘！」令悉焚之。事遂不及蔡氏，因之而幸免者甚衆。《獨醒雜志》卷九。

范寥

1 范寥，字信中，蜀人。其名字見《山谷集》。負才豪縱不羈。家始饒給，從其叔分財，一月輒盡之。落莫無聊賴，欲應科舉，人曰：「若素不習此，奈何？」范曰：「我第往。」即以成都第二名薦送。益縱酒，遂毆殺人，因亡命，改姓名曰「花但石」，蓋增損其姓字爲廋語。遂匿傍郡爲園丁，久之，技癢不能忍，書一詩於亭壁，主人見之愕然，曰：「若非園丁也。」贈以白金半笏遣去。乃往稱進士，謁一鉅公，忘其人。鉅公與語，奇之，延致書室教其子。范暮出，歸輒大醉，復毆其子，其家不得已，遣之。遂椎髻野服詣某州，持狀投太守翟公思，求爲書吏。翟公視其所書絶精妙，即留之。時公巽參政立屏後，翟公視事退，公巽前問曰：「適道人何爲者？」翟公告以故，公巽曰：「某觀其眸子，非常人，宜詰之。」乃召問所以來，范悉對以實。問習何經，曰治《易》、《書》。翟公出五題試之，不移時而畢，文理高妙，翟公父子大驚，敬待之。已而歸南徐，寘之郡庠，以錢百千畀州教授，俾時賙其急闕，且囑之曰：「無盡予之，彼一日費之矣！」頃之，翟公得教授者書云：「自范之留，一學之士爲之不寧。已付百千與之去，不知所之矣。」未幾，翟公捐館於南徐，忽有人以袖掩面大哭，排闥徑詣繐帷，閽者不能禁，翟之人皆驚。公巽默念此必范寥，哭而出，果范也，相勞苦，留之宿。天明，則翟公几筵所陳白金器皿，蕩無孑遺，訪范亦不見。時靈幃婢僕、門内外人亦甚多，皆莫測其何以能攜去而人不之見也。遂徑往廣西見山谷，相從久之。山谷下世，范乃出其所攜翟氏器皿盡貨之，爲山谷辦後事。已而往依一尊宿，師素知其人，問曰：「汝來何爲？」曰：「欲出家耳！」「能斷功名之念乎？」曰：「能。」「能斷色慾之念乎？」曰：「能。」如是問答者十餘反，遂名之曰恪能。居亡何，尊宿死。又往茅山，投落托道人，即張懷素也，有妖術，呂吉甫、蔡元長皆與之往來。懷素每約見吉甫，則於香合或茗具中見一圓藥，跳擲久之，旋轉於卓上，漸成小人，已而跳躍于地，騣騣長大與人等，視之則懷素也。相與笑語而去，率以爲常。時懷素方與吴儲、侔謀不軌，儲、侔見范愕然，私謂懷素曰：「此怪人，胡不殺之？」范已密知之矣。一夕，儲、侔又與懷素謀，懷素出觀星象曰：「未可。」范微聞之，明日乃告之曰：「某有祕藏遁甲文字在金陵，此去無多地，願往取之。」懷素許諾。范既脱，欲詣闕，而無裹糧。湯侍郎東野時爲諸生，范走謁之，值湯不在，其母與之萬錢。范得錢，徑走京師上變。時蔡元長、趙正夫當國，其狀止稱右僕射，而不及司空、左僕射，蓋范本欲併告蔡也。是日，趙相偶謁告，蔡當筆，據案問曰：「何故忘了司空邪？」范抗聲對曰：「草茅書生，不識朝廷儀。」蔡怒目嘻笑曰：「汝不識朝廷儀！」即下吏捕儲、倴等。獄具，懷素將就刑，范往觀之，懷素謂曰：「殺我者乃汝耶？」范笑曰：「此朝廷之福爾！」又謂刑者曰：「汝能碎我腦蓋，乃可殺我。」刑者以刃斫其腦不入，以鐵椎擊之，又不碎，然竟不能神，卒與儲、倴等坐死。洎第賞，范曰：「吾不能知，此湯東野教我也。」遂急逮湯，湯惶駭不測其由，既至，白身爲宣德郎、御史臺主簿。范但得供備庫副使、勾當在京延祥觀，後爲福州兵鈐。《梁溪漫志》卷十。

2 大觀中，有妖人張懷素，以左道游公卿家。其説以謂金陵有王氣，欲謀非常，分遣其徒游説士大夫之負名望者。有范寥信中，成都人，蜀公之族孫。始名祖石，能詩，避事出川，以從懷素。懷素令寥入廣，以訹黄太史魯直。時魯直在宜州，危疑中聞其説，亟掩耳而走。已而魯直死，寥益困，遂詣闕陳其事。朝廷興大獄，坐死者十數人。寥以無學籍，授左藏庫副使，賜予甚厚。寥又言潤州進士湯東野德廣實資助其垂槖，而趣其行。德廣自布衣授宣義郎、司農寺簿，賜緋衣。寥每對客言其告變，實魯直縱臾之。《揮麈後録》卷八。

3 范信中，名寥，爲士人時慷慨好俠，故山谷詩《寄校理范寥》有「黄犬蒼鷹伐狐兔」之句。舒州張懷素以幻術游公卿間，號落魄野人，與朝士吴安詩子姪吴倴、吴儲等結連。信中以其謀爲不靖也，欲入京告變，而無其資，湯東野實資送之。朝廷逮捕懷素等窮竟其事，大觀元年獄成，坐累者餘百數，而倴、儲十數人皆處極刑，雖其父母亦皆竄貶。信中獲賞賚甚厚，乃推以與東野。故東野由監簿積累至從官，寥亦以供備庫副使累遷諸路戎鈐，晚年終於閩中。《獨醒雜志》卷三。

4 黄魯直有日記，謂之《家乘》，至宜州猶不輟書。其間數言信中者，蓋范寥也。高宗得此書真本，大愛之，日置御案。徐師川以魯直甥召用，至翰林學士。上從容問信中謂誰。師川對曰：「嶺外荒陋無士人，不知何人。或恐是僧耳。」寥時爲福建兵鈐，終不能自達而死。《老學庵筆記》卷三。《六研齋二筆》卷二。《東山談苑》卷二。

劉野夫

1 劉跛子，青州人，拄一拐，每歲必一至洛中看花，館范家園，春盡即還京師。爲人談噱有味，范家子弟多狎戲之。有范老見之，即與之二十四金，曰：「跛子喫碗羹。」于是以詩謝伯仲曰：「大范見時二十四，小范見時喫碗羹。人生四海皆兄弟，酒肉林中過一生。」《冷齋夜話》卷八。《詩話總龜》前集卷四十七。《苕溪漁隱叢話》前集卷五十八。《宋稗類鈔》卷四。《詞林紀事》卷七。

2 劉野夫留南京未久，入都，淵材以書督之，野夫答書曰：「跛子一生別無路，展手教化，三飢兩飽，回視雲漢，聊以自誑。元神新來，被劉法師、徐神翁形迹得不成模樣。深欲上京相覷，又恐撞着文人泥沱佛，驀地被乾拳濕踢，着甚來由。」其不羈如此。嘗自作長短句曰：「跛子年年，形容何似，儼然一部髭鬚。世上詩大，拐上有工夫。達南州北縣，逢着處、酒滿葫蘆。醺醺醉，不知來日，何處度朝晡。洛陽花看了，歸來帝里，一事全無。若還與匏羹不託，依舊再作門徒。驀地思量，下水輕船上，蘆席横鋪。呵呵笑，睢陽門外，有箇好西湖。」《冷齋夜話》卷八。《詩話總龜》前集卷四十七。

3 初，張丞相召自荆湖。跛子與客飲市橋，客聞車馬過甚都，起觀之，跛子挽其衣，使且飲，作詩曰：「遷客湖湘召赴京，車蹄迎迓一何榮。争如與子市橋飲，且免人間寵辱驚。」陳瑩中甚愛之，作長短句贈之，其略曰「槁木形骸，浮雲身世，一年兩到京華。又還乘興，閑看洛陽花。説甚姚黄魏紫，春歸後，終委泥沙。忘言處，花開花謝，都不似我生涯」云云。予政和改元見于興國寺，以詩戲之曰：「相逢一枴大梁間，妙語時時見一斑。我欲從公蓬島去，爛銀堆裏見青山。」予姻家許中復大夫宜人，趙參政槩之孫女，云：「我十許歲時，見劉跛子來覓酒喫，笑語終日而去。」計其壽百四十五許。嘗館于京師新門張婆店三十年，日坐相國寺東廊，邸中人無有識之者。《冷齋夜話》卷八。《詩話總龜》前集卷四十七。《苕溪漁隱叢話》前集卷五十八。

4 見蔡京76。

5 洛陽朱敦復，字無悔，并弟希真，以才豪稱。有學老子者曰劉跛子，頗有異行。時至洛看花，一日，告人曰：「吾某日當死。」至期果然。與之善者，遂葬於故長壽宮南，託無悔銘其墓者：「跛子劉姓，河東鄉山老，其名野夫，字某。豐髯大腹，右扶拐，不知年壽及平生。王侯士庶有敬問，怒罵掣走或僵死。洛陽十年爲花至，政和辛卯以酒終。南宫道旁冢三尺，無孔鐵鎚今已矣。」劉公有一僕曰尚志，隨劉四十年。劉常以「畜生」呼之。及劉死，人恐其有所得，士夫競叩之。尚志告曰：「何所得，但喫畜生四十年矣。」無悔因作一詞曰：「尚志服事跛神仙，辛勤了、萬千般。一朝身世入黄泉，至誠地，哭皇天。旁人苦苦叩玄言，不免得，告諸賢。法禁偈兒不曾傳，喫畜生、四十年。」《過庭録》。

劉快活

1　劉快活，信之黥卒也，不知何地人。始以倡狂避罪入山中，適有所遇，遂能出神，多作變怪。與人言，率道人吉凶，雅有驗。每自稱「快活」，故時人呼之爲劉快活。喜出入將相貴人門，又能爲容成術。所與游從老媪，皆度爲弟子，容色光異，或多至八九十歲。快活上至百歲，然世常見獨作五十歲顏狀爾。嘗從丞相曾布在東府。一夕，厘三鼓不得寐，呼侍婢執燭視，室中有聲。侍婢曰：「此鼠囓爾。那得在帽籠中耶！」試舉手啟帽籠，則有一劉快活尺許大，因忽不見。時劉快活在外，方與門客對寢，呼門客曰：「適誤入公内，幾不得出也。」始知其爲戲。魯公每飲之酒，無不大醉。夜乃吐出魚肉，穢惡狼籍。旦，人爲屏除去，悉御香也。後之雍丘，云雍丘其鄉井。一日，尸解去。時都邑又有一人，號風僧哥，亦佯狂，時時言事多中。然風僧哥遇見劉快活，輒戰栗逡巡退拱作畏避狀，世莫曉其故。《鐵圍山叢談》卷五。

2　見曾布11。

3　見曾布12。

4　見蔡京27。

徐守信

1　徐守信，海陵人。少孤，役于天慶觀。嘉祐四年，天台道士余元吉來游，示惡疾，守信事之無倦。

忽于溺器得丹砂餌之，自是常放言笑歌，日誦《度人經》，絶粒至數日，爲人言禍福如影響。發運使蔣之奇以經中有「神公受命，普掃不祥」之語，呼曰「神公」。自是人以神翁目之。徽宗召入，言事多驗，賜號虚静沖和先生。《宋詩紀事》卷九十。

2 泰州天慶觀布衣徐三翁，不知所從來，日掃觀中地，非衆道士殘食不食，時言人災福，必應。予兄子瞻自黄州起知登州，見而問之，曰：「君無作官即善。」子瞻信之而不能用，其後果有嶺南、海南之行。時予亦自績溪被召爲校書郎，至高郵遇秦觀。觀適欲見翁，予因託問之。翁書《靈寶度人經》二句授之，曰：「運當滅度，身經太陰。」道家言道士尸假，謂之「身經太陰」。後七年，予自門下侍郎謫知汝州，自汝復來袁州，未至，徙筠，自筠徙雷，自雷徙循，自執政爲散官，居嶺南，豈非身經太陰耶？然方赴袁州，過淮南，復遣人往問翁。翁復書二句授之，曰：「十遍轉經，福德立至。」謂所遣人曰：「十，數也。過去十，見在十。」觀中人言，翁每有所書，未嘗自解釋，宜謹識之。予見之，驚曰：「術者言予已過戌運，十年多福，見行酉運，十年多厄，豈翁所謂也。按經文，『身經太陰』與『十遍轉經』，一章前後語也。今予流竄患難，已六年矣。豈十年之間，當有再生之理？即異日北歸，當謁公謝之。」《龍川略志》卷十。

3 海陵徐神翁居天慶觀。公爲僉判，任滿，别之。神翁無他語，但言：「做官時著緋。」後公入京，授烏墩鎮。至潤，尋醫六年，授常山撫勾。未至，覃恩賜五品服，遂入臺。自海陵至此，五年方莅事。應神翁之説。又，王和甫乞字，書一「諱」，乃授益州。益，其父名也。開寶，試院火。泰州舉人赴試，求字，皆從火傍。徐王病，遣中使設齋求字。中使去，得一「蝕」字。蓋王以久不食。至明年三月一日，日蝕。是日，忽索粥，自是病癒。莊公岳爲湖北漕，得「冥」字，未幾卒。和甫又嘗得三「山」字，後提舉嵩山崇福宫。公未貴時，遣人求字，得「乙」、「未」、「上」、「地」四字。後乙亥年，責歸州，郡之公宇向未也。昔有監觀道士，每歲見有一人至觀，引神翁於三清像後，閉門終日而去。疑受道之異人也。《孫公談圃》卷下。

4　見蔣之奇7。
5　見蔣之奇8。
6　見吕惠卿14。
7　先君言：　蔡京自少好方士之説，自言在錢塘常遇異人，以故所至輒延道人輩。崇寧初作相，即爲徽廟言：「泰州徐神翁，能知前來物。元祐中，蘇軾知揚州，遣人往來求神翁字，神翁大書曰：『泄慢墮地獄，禍及七祖翁。』神翁雖方外之士，而能嫉元祐人，所宜褒顯。」其言可笑如此，然上頗喜之。群閹又言：　元符中，哲宗嘗遣人密問嗣。徐神翁曰：「吉人君子。」「吉人」者，上名也，於是召至都下。上用太宗見陳摶故事，御絛褐，即便殿，以賓禮接之。《家世舊聞》卷下。《堅瓠廣集》卷六。《宋詩紀事》卷九十。
8　見宋徽宗8。
9　見蔡京54。
10　見蔡京103。
11　見宋高宗32。
12　〔徐〕神翁役天慶觀時，常持一帚供掃除。後嚮林、方洲、仙源、霜節亭諸處，多生帚竹，宛然叢篲。

《宋詩紀事》卷九十引《泰州志》。

何得一

1 新淦祥符觀道士何得一，宣和間游京師，遇方士陶光國，愛其人物秀整，語之曰：「當爲辦一事，姑亟歸！」無幾何，徽宗夢人曰：「天上神仙鄭化基，地下神仙何得一。」明日，命閲祠部帳，得諸新淦籍中，化基其師也。遽命召。時得一方次郢州，守貳禮請以往。既對，上大悦，賜號沖妙大師，主龍德太一宫。旋授丹林郎，制曰：「惟上帝休命，誕集朕躬，故宏天飛之舊宫，奉真棋之列御。非得端靖修潔之士，孰與致朕嚴恭寅畏之意哉！爾植心靡懈，飭履有聞。嘉其積勤，超進仙秩。尚敦而素，毋終墮哉！」時六年六月二十五日也。未幾中原亂，得一亦歸里，坎壈以死。《賓退録》卷二。

2 新淦縣道士何得一者，常人也。徽宗嘗夢有道士曰何得一者來見，遂以姓名及狀貌圖像求之。守令以其姓名之同，遂以聞。上大喜，即令送至闕下。既召見，山野齷齪，不能應對，甚不稱上意。時方集道流於寶籙宫作醮，因命得一預焉。建醮畢，授丹林郎，遣歸。初，得一之有是命也，守令意其形于帝夢，必有所得，因問其有何技能。得一以爲昔浴于江中，得杖子狀如龍，又嘗噀水於壁間，成罨畫山水。守亦信之，具以表聞。後人詰其故，杖乃木根，初無他異；而噀水成畫者因醉後嘔吐成瀝耳。至今人傳以爲笑。《獨醒雜志》卷一。

劉混康

1 見王安石177。

2 見宋徽宗15。

3 有劉混康者，茅山道士，其師祖朱自英，以傳籙著名。章獻明肅太后臨朝時，嘗召至京師，從受法籙，故混康亦得召。混康頗有識，善劾鬼神，然未嘗行。每曰：「安能敲枷擊鎖作老獄吏耶？」二人者既至，皆物故。上疑其變化仙去，益求其類。《家世舊聞》卷下。

魏漢津

1 魏漢津，黥卒也，不知何許人。自云遇李良仙人，以其八百歲，世號「李八百」者。得尸解法已六世，尸解復投他尸而再生。漢津嘗過三山龍門，聞水聲，謂人曰：「下必有玉。」因解衣投水，抱石而出，果玉也。崇寧中召見，製《大晟樂》，鑄九鼎，皆其所獻議。初樂制，一日與宦者楊戩在内後苑，會上朝獻景靈宫還，見漢津立道左觀車駕。上望之喜，遣小閹傳旨撫問。漢津因鞠躬以謝。及還内，戩至，上曰：「漢津能出觀我耶？」戩曰：「不然。早自車駕出，漢津同臣視鑄工。方共飲，適聞蹕還，臣捨匕箸，遽至於此，然漢津不出也。」上曰：「我適見之，豈妄乎？」因呼小閹，具證其故，戩愕然。知漢津能分身，上雅重之。漢津明樂律，曉陰陽數術，多奇中，嘗私語所親曰：「不三十年，天下亂矣。」鼎樂成，亦封先生號。

然漢津每歎息，謂猶不如初議。未久死，幾年，忽有人自陝右附漢津書歸其家者，仍遺封以示魯公，始驗爲尸解云。《鐵圍山叢談》卷五。

2 先君言：蔡京既爲相，以爲異時大臣皆碌碌，乃建白置講議司及大樂。然京實懵不曉樂，官屬亦無能知者。或言有魏漢津知鑄鼎作樂之法。漢津，蜀中黥卒也。自言年九十五，得法於仙人李良，良蓋年八百歲，謂之李八百者是也。數往來京師，京師少年戲之，曰：「汝師八百，汝九百耶？」蓋俗狂癡者爲九百。惟京見悦其孟浪敢言。漢津謂：「以秬黍定律，乃常談不足用，今當以天子指定之。」京益喜。顧以其師李良，特方士，恐不爲天下所信，則鑿空爲言漢津所傳，乃黃帝、后、夔法，皇祐中，嘗與房庶同召至京師，陳指尺之法，會阮逸作黍律已成，遂見排擯。時好事者言京爲漢津撰脚色樂，局官又從而爲之說曰：「昔禹以身爲度，即指尺也。」其誣僞牽合如此。漢津乃請上君指三節爲三寸三，三爲九而成黃鍾之律。君指者，中指也。久之，或獻疑，曰：「上春秋富，手指後或不同，則奈何。」漢津亦語塞。然樂已垂成，所費鉅萬，因遷就爲說，曰：「請指之歲，上適年二十四，得三八之數，是爲大簇人統，過是，則寸餘□不可用矣。」其敢爲欺誕，蓋無所不至。然初謂漢津皇祐中嘗陳指尺，是時仁廟已近四十，則三八之說，不攻自破矣。樂成，實崇寧丙戌秋也。賜名大晟，府置大司樂、典樂、樂令主簿、協律郎。漢津積官至太中大夫，老病卒。《家世舊聞》卷下。

3 見宋徽宗20。

王老志

1 王老志，濮之臨泉人，嘗遇鍾離真人，授内丹要訣。沂州有公吏欲求事左右，寄所親致意，先生答之詩曰：「多年退罷老公人，手種桑麻數百根。盡是筆頭挼撚得，一枝枝上有寃魂。」《樵書》初編卷一。

2 初，〔蔡〕京爲真定帥，道人王老志自言鍾離權弟子，嘗言京必貴極人臣。至是，物色得之。京館之後圃，引與見上。老志敢大言，熟視上，曰：「頗記老臣否？」上亦自記，嘗夢游帝所，有仙官贊拜者，其面目真老志也。恩禮尤渥。車駕游幸，老志輒羽衣導駕，言：「有非常，輒能知之。」未幾，老志夜叩京門，告以鍾離公大怒我語涉欺誕，行當謫墮，公福亦不終矣。明日，得疾，力辭歸河朔而死。《家世舊聞》卷下。《堅瓠廣集》卷六。

3 有王資息者，淮甸間人，最狂妄，言師許旌陽。王老志者，濮州人，本出胥吏，言師鍾離先生。劉棟者，棣州人，嘗爲舉子，言師韓君文。三人皆小有術動人。資息後有罪誅死。棟爲直龍圖閣，宣和末，林靈素敗，乞歸。唯老志狡獪有智數，不肯爲已甚，館于蔡魯公家，自言鍾離先生日相與往來，自始至即日求去。每戒魯公速避位，若將禍及者。魯公頗信之，或言此反而求奇中者也。一日，苦口爲魯公言其故。翼日，魯公見之，輒瘖不能言，索紙書云：其師怒，泄天機，故瘖之。魯公爲是力請，乃能于盛時遽自引退。魯公有妾爲尼，嘗語余親見老志事。魯公每聞其言亦懼，常密語所親妾喟然云：「吾未知他日竟如何？」惜其聽之不果也。《石林避暑録話》卷一。

4 老王先生老志者，濮人也。事親以孝聞，幼曾爲伯母吮疽。初去爲漕計吏，持心公平，能自守一，毫釐不受人賄，閱二十年。其後每往來市間，遇一丐人，見輒乞之錢。一旦，丐人自言：「我鍾離生也。」因授之丹。老志服其丹，始大發狂，遂能逆知未來事。……太僕卿王亶薦之，召老志館於魯公賜第。上遣使詢明達事，老志曰：「明達后乃上真紫虛元君。」且能傳道元君語以白上，而上語亦遣白元君。事甚夥，然頗迂怪。一日，喬貴妃使祝老志曰：「元君昔日與吾善，今念之乎？」明旦，老志密封一書進，上開讀，乃前歲中秋二妃侍上燕好之語。喬貴妃得之大慟。此亦異也，詔封洞微先生。……老志日一食，獨湯餅四兩，冬夏衣一襲。後云：「見師責以受羅縠之服，且處富貴，不知厭足。」凡有衣六七襲，悉封還魯公。及病，乃力匄歸，久之病甚，上乃許其去。及步行出就車，不病也，歸濮而死。葬日，又云若有笙簫雲鶴焉。老志又獻乾坤鑑法，上命鑄之。鑑成，老志密奏謂：「他日上與鄭后皆有難，深可儆懼，願各以五色流蘇垂鑑，寘於所處之殿，且臣死之後，時時坐鑑下，記憶臣語，切謹慎，必思所以消變者。」（《鐵圍山叢談》卷五。）

5 政和初，濮有異人曰王老志，以方術幸，賜號洞微先生。蔡絛《國史後補》已詳其事，不復複紀。所履既奇崛，道幽顯事，益涉於誕，惟掉頭祿拳，時出危言，與靈素等異趣爲可稱。其在京師，每心非時事，亦屢以意風蔡元長，使遷於善而弗聽也。徽祖嘗召之入禁禦，顯肅后在坐，老志率然出幅紙于袖曰：「陛下它日與中宮皆有難，臣行死，不及見矣。臣有乾坤鑑法，可以厭禳，然尤當修德，始可回天意。請如臣法鑄鑑，各以五色流蘇垂之，寘於寢殿，臣死後當時坐鑑下。記憶臣語，日儆一日，思所以消變於未形者。」上竦然受其說，左右皆大驚。既有詔尚方庀工，鑑成進御，而老志歸于濮，遂病以死。靖康陟方之禍，二宫每寶持之，且歎其先識。《桯史》卷十二。《樵書》初編卷一。

6 見韓琦124。

7 見王黼4。

王仔昔

1 小王先生仔昔者，豫章人也。始自言遇許遜真君，授以《大洞隱書》，豁落七元之法，能知人禍福。老志死後，仔昔來都下。上知之，召令踵老志事，寓於魯公賜第。……詔封通妙先生。然魯公寖不樂，從容奏曰：「臣位軸臣輔政，而家養方士，且甚迂怪，非宜。」上甚然之，乃徙之於上清寶籙宫。仔昔建議，九鼎神器，不可藏於外，於是詔内鼎於大内。其後，宫人有爲道士亦居寶籙宫者，以奸事疑似發，因逐仔昔。仔昔性傲，又少戇。上常以客禮待仔昔，故其視巨閹若奴僕，又欲使群道士皆師己。及林靈素出，衆乃使道士孫密覺發其語不遜，下開封獄殺之。陷仔昔者，中官馮浩爲力。《鐵圍山叢談》卷五。

2 有王仔昔者，初館于蔡京第。屬大旱，徽宗焦心禱雨，每遣中使持一幅素紙，求仔昔書，皆爲禱雨也。一日，中使再持紙至，仔昔忽書一小符，仍札其左云：「焚符，湯沃而洗之。」中使大懼，不肯受，曰：「上禱雨，今得此，大謬矣。」仔昔怒曰：「第持去！」上得之駭異，蓋上默禱爲寵嬪赤目者，因一沃而愈。詔封通妙先生。後以語言不遜，殺之。《清波雜志》卷三。《宋稗類鈔》卷七。

林靈素

1 林靈素未遭遇時，落魄不檢。嘗從旗亭貰酒，久不歸直。其人督之，靈素計窘，即舉手自捫其面，則左頰已成枯骨髑髏，而餘半面如故。謂其人曰：「汝迫我不已，我且更捫右頰矣。」其人驚怖，竟爲折券。《睽車志》卷一。《宋稗類鈔》卷七。

2 會稽天寧觀老何道士，喜栽花釀酒以延客，居于觀之東廊。一日，有道人狀貌甚偉，款門求見，善談論，喜作大字，何欣然接之，留數日乃去。未幾，有妖人張懷素號落托者謀亂，乃前日道人也。何亦坐繫獄，以不知謀得釋。自是畏客如虎，杜門絶往還。忽有一道人，亦美風表，多技術，觀之西廊。道士曰：「張若水介之來謁。」何大怒曰：「我坐接無賴道人，幾死于囹圄，豈敢復見汝耶！」因大駡，闔扉拒之，而此道人蓋永嘉人林靈噩也。旋得幸，貴震一時，賜名靈素，平日一飯之恩必厚報之。若水乘驛赴闕，命以道官，至蕊珠殿校籍，視殿脩撰，父贈朝奉大夫，母封宜人。而老何以嘗駡之，朝夕憂懼。若水爲揮解，且以書慰解之，始少安。觀中人至今傳笑。《老學庵筆記》卷三。《宋稗類鈔》卷七。

3 林靈素，初名靈噩，字歲昌。家世寒微，慕遠游。至蜀，從趙昇道人數載。趙卒，得其書，秘藏之，由是善妖術，輔以五雷法。往來宿、亳、淮、泗間，乞食諸寺。政和三年，至京師，寓東太一宫。徽宗夢赴東華帝君召，游神霄宫。覺而異之，敕道録徐知常訪神霄事跡。知常素不曉，告假。或告曰：「道堂有温州林道士，累言神霄，亦作《神霄詩》題壁間。」知常得之，大驚，以聞。召見，上問有何術。對曰：「臣上知天宫，中識人間，下知地府。」上視靈噩風貌如舊識，賜名靈素，號金門羽客、通真達靈元妙先生。賜金牌，無時入内。五年，築通真宫以居之。時宫禁多怪，命靈素治之，埋鐵簡長九尺于地，其怪遂絶。《賓退録》卷一。

4 崇寧五年中秋夜，徽宗夢游神霄府，赴玉帝所召。見畢而出，自天門而下約百餘步，見一道人青服青巾，跨青牛而上，至御駕前，揚鞭呼萬歲。帝亟駐車按問，道人奏曰：「今日伏覩天顔，臣之萬幸。」言訖，駕青牛而上。政和六年，徐知常引林靈噩入見，帝視其丰範如舊識，曰：「卿昔仕乎？舊曾面朕乎？」噩曰：「臣往年上朝玉帝，瞻視陛下天顔，曾起居聖駕。」帝曰：「朕方省之，記得卿乘青牛，今青牛何在？」噩曰：「青牛寄牧外國，非久進來。」帝甚奇之。御書改名靈素，賜號通真達靈先生。政和七年七月，高麗國果進青牛，帝即賜先生乘騎入朝。《樵書》初編卷一。

5 〔林〕靈素，字通叟，本名靈噩，温州人。少嘗事僧爲童子，嗜酒不檢，僧笞辱之，發憤棄去，爲道人。頗知小術，亦時時自寫所爲歌詩遺人，然筆札詞句皆鄙惡，了無可觀。既得幸，其徒黠者稍潤色之。然靈素本庸夫，每陞高座說法，肆爲市井俚談，聞者絶倒。或擇日施符水，爲人治病。車駕間幸其所居，設次臨觀，則陰募京師無賴數十人，曲背爲傴，扶杖爲盲，噤口爲瘖，曳足爲跛。既噀水投符，則傴者伸背，盲者捨杖，瘖者大呼，跛者疾走，或拜或泣，各言得疾二十年或三十年，一旦都除，歡聲動地，上爲大悦。靈素以爲未足，則又倡言神霄事。謂天有九霄，神霄最尊，上爲神霄帝君，實玉帝長子，下降世間。……又自謂己乃神霄計吏褚慧，有兄曰褚嘉卿，位至右極仙卿。嘉卿今亦生世間，是爲王黼，黼和御製詩，有曰「君王猶記褚嘉卿」是也。其他如蔡京則左元仙伯，范致虛則東臺典籍，王孝迪則西臺詳閲真文吏。靈素與王革有隙，則曰革廐吏也，嘗與帝君馭馬。其他有名者甚衆。是時，明節劉后方幸，又曰后在神霄爲九華玉真安妃。……靈素賜號蕊珠殿侍晨金門羽客通真達靈先生。上刻玉爲「降真召靈之寶」，自用之。而賜靈素塗金印，文曰「通真達靈之印」，班視執政，錫賚至不可計。有弟子姓丁，自言謂之四世孫。上爲下詔，賜爲少保。士大夫無恥者，日萃其門，所薦進即拔擢。又著令，道士居僧上，而道士入僧寺，輒據主府，已而遂冠笄僧尼矣。先是宫中數有物怪，或見一老媪，黄衫黄帽，抱十餘歲兒，紅袍玉帶，乘輿鳴蹕而出，媪、兒皆有悲泣容。其將見，必先有聲如雷，宫中爲之雷。上嘗手札賜靈素，略曰：「元符三年冬，内人自永泰陵還，摘皂莢一籠閃宫門，籠輒自躍，皂莢皆跳出。自是祟物顯行，宜善治之，勿爲髡徒所笑。」靈素竭其術，不效。既久，上益厭，遂放靈素歸故郡。宣和末，病死。《家世舊聞》卷下。

6 南唐保大中，賜道士譚紫霄號「金門羽客」，事見《廬山記》。祐陵賜林靈素號，用此故事。《賓退録》卷五。

7 見李師師5。

8 林靈素在徽考朝，既以術動主聽，大見信用，威震京師。所居宫在城之外，嘗奏上：「願與諸朝士少舂容，免拘門禁之文，幸甚。」上可其請。于是先召館閣之士十餘人飲，至夕，曰：「諸公清夜何以爲娱？僕願爲少致殷勤之歡，幸無形迹。」因曰：「街市倡優悉可呼，然不足以陪君子，但諸公平日屬意或嘗奉周旋者，千里之内皆能致，第各言其姓氏與夫所居之地，今夕將畢集焉。」諸人以爲荒唐繆悠之詞，醉中故以所志應之。遂自燕集之所至一竹林中，有堂高極浄潔，後有小齋閣十餘所，户牖茵屏之屬悉備，各令謁其一。更闌之後，凡所言者婦人，皆啓户而入，或與之有故者，叙問契闊，及道平時昵語它人不得而聞者皆説焉。安寢至曉，靈素扣户呼曰：「吾非忘矣，可起也。」諸公推枕，惘然恍如夢覺，各不知所以，但相視駭歎而已，因扣之。靈素曰：「此亦末事，諸君幸有識者它日詢之可也。」其間有密往之者，則曰：「是夜夢有人召去奉一笑之適。」問其處所言語，無少異也。《投轄録》。

9 道士林靈素以方術顯于時，有附之而得美官者，頗自矜驕。或有作靈素畫像，詩云：「當日先生在市廛，世人那識是神仙。只因學得飛升後，雞犬相隨也上天。」《藏一話腴》乙集卷下。《竹坡詩話》。《小草齋詩話》卷四。《堅瓠補集》卷二。

10 林靈素一日同帝夜静禮鬬，至太清樓下，見有碑題曰《元祐奸黨之碑》，靈素稽首。上怪問之，對曰：「碑上姓名皆天上列宿，臣敢不稽首。」因作詩獻云：「蘇黄不作文章客，童蔡翻爲社稷臣。三十年來無定論，不知奸黨是何人。」帝明日以示蔡京，京惶恐乞去，仍免留之。《堯山堂外紀》卷五十五。《堅瓠庚集》卷一。

11 林靈素開講於寶籙宫，一道民怒目立於前。靈素問：「爾何能？」道民曰：「無所能。」靈素曰：「爾無所能，何以在此？」道民曰：「先生無所不能，何以在此？」徽宗異之，宣問：「實有何能？」道民對曰：「臣能生養萬物。」遂下道院，取可以佈種者，得茴香一掬，命道民種於艮嶽之趾，仍遣禁衛監宿於道院中。是夜三鼓，失所在。翌日，視嶽趾，茴香已成林矣。《能改齋漫録》卷十八。《夷堅丙志》卷十五。《宋稗類鈔》卷七。

12 林靈素以方士得幸徽廟，跨一青牛出入禁衛，號曰金門羽客。一日，有客來謁，門者難之，客曰：「予温人，第入報。」靈素與鄉人厚，則延見焉。客入，靈素問曰：「見我何爲？」客曰：「有小術，願試之。」即撚土炷鑪中，且求杯水噀案上，覆之以杯，忽報車駕來幸道院，靈素倉皇出迎，不及辭别，而其人去。上至院中，聞香郁然，異之。問靈素何香，對曰：「素所焚香。」上命取香再焚，殊不類，屢易之而益非。上疑之，究詰頗力，靈素不能隱，遂以實對，且言噀水覆杯事。上命取杯來，牢不可舉。靈素自往取，愈牢。上親往取之，應手而舉，仍得片紙，紙間有詩云：「捻土爲香事有因，如今宜假不宜真。三朝宰相張天覺，四海閒人吕洞賓。」靈素自是眷衰。《獨醒雜志》卷五。

13 先君言，高麗之俗，亦不喜道教。宣和中，林靈素得幸，乃白遣道士數人，隨奉使往，謂之行教，留數月而歸。所遣皆庸夫，靈素特假此爲丐恩澤爾。《家世舊聞》卷上。

14 靈素之逞憾釋氏也，每謂之「金狄亂華」，又創圖宮殿爲仙女騎麟鳳之狀，名之曰「女真」。皆妖言也。《家世舊聞》卷下。

15 林靈素詆釋教，謂之「金狄亂華」。當時「金狄」之語，雖詔令及士大夫章奏碑版亦多用之，或以爲靈素前知金賊之禍，故欲廢釋氏以厭之。其實亦妖言耳。《老學庵筆記》卷九。

16 宣和崇尚道教，黄冠出入禁闥，號「金門羽客」，氣燄赫然，林靈素爲之宗主。道官自金壇郎至太虚大夫，班秩與庭臣同。靈素初除金門羽客、通真達靈元妙先生，視中大夫。後馴擢至太中大夫、冲和殿侍晨，視兩府。道官同文官，編入雜壓，仍每遇郊恩，封贈父母。一日盛暑，亭午，上在水殿，熱甚，詔靈素作法祈雨。久之，奏云：「四瀆，上帝皆命封閉，唯黄河一路可通，但不能及外。」詔亟致之。俄震雷大霆，霔皆濁流，俄頃即止。中使自外入，言内門外赫日自若。徽宗益神之。宣和末，死於温州。未死間，先自籍平日錫賚物，寄之郡帑，且爲治命，殮以容身之棺，棺中止實所賜萬歲藤拄杖，封窆甚固。建炎初，唯下温州籍其背而已。後數年，有内侍洗手劉太尉之姪，避地至長沙，於酒肆見一𩥇裘丈夫，負壁而坐，熟視，乃靈素也。劉叩：「先生何爲至此？」靈素曰：「吾亡命爾。向不早爲此，身首異處矣。」倏失所在。靈素狡獪，幸震一時。及勢衰事變，復以譎詐遁去，異哉！後葬永嘉黄土山，先命見石龜方下棺，開穴深數丈，果得之。《清波雜志》卷三。《宋稗類鈔》卷七。

張虚白

1 政和以後，黄冠寖盛，眷待隆渥，出入禁掖，無敢誰何，號金門羽客，恩數視兩府者凡數人。而張侍晨虚白，在其流輩中獨不一沾，上每以張胡呼之，而不名焉。性喜多學，而於術數靡不通悟，尤善以太一言休咎，然多發於酒，曰某事後當然，已而果然。嘗醉，枕上膝而卧。每酒後，盡言無所諱，上亦優容之，曰：「張胡，汝醉也。」宣和間，大金始得天祚，遣使來告。上喜，宴其使。既罷，召虚白入，語其事。虚白曰：「天祚在海上，築宫室以待陛下久矣。」左右皆驚，上亦不怒，徐曰：「張胡，汝又醉也。」至靖康中，都城失守，上出青城，見虚白，撫其背曰：「汝平日所言，皆應於今日。吾恨不聽汝言也。」虚白流涕曰：「事已至此，無可奈何。願陛下愛護聖躬，既往不足咎也。」《曲洧舊聞》卷六。

雍孝聞

1 雍孝聞，蜀士之秀也。元符末，有聲太學，學者推重之。崇寧初，省試奏名第一。前此屢上封事剴切，九重固已默識其名，至是，殿策中力詆二蔡及時政未便者，徽宗大怒，減死竄海外。宣和末，上思其忠，親批云：「雍孝聞昨上書致罹刑辟，忠誠可嘉，特開落過犯，授修武郎、閤門宣贊舍人。」命頒而孝聞死矣，於是録其子純爲右選。紹興初，從張魏公入蜀，魏公令屬趙喆軍中，喆誅，子純坐編管。既死，魏公憐之，復致其子安行一官，紹興間，以告訐流領外，不知所終。《揮麈録》卷二。

2 雍孝聞，蜀人，崇寧間廷試對策，力詆時政闕失，駁放後雖授以右列，然卒不仕，浪迹山林，遂遇異人得道。政和末，變姓名爲道士，入内説法，徽宗謂其得林靈素之半，因賜姓木，更名廣莫，竟不知其爲孝聞也。孝聞嘗自詠云：「百萬人中隱一身，深如勺水在滄溟。獨醒自負賢人酒，天闊難尋處士星。照影自憐湖水碧，高吟贏得蜀山青。城南老樹如相問，不枉飜空過洞庭。」《梁溪漫志》卷七。《堯山堂外紀》卷五十五。

3 汪致道叔詹，徽州歙人，紹興十八年，以司農少卿總領湖北財賦。嘗赴大將田師中宴集，最後至，漕使鄂守先在，與田弈棋。道人木先生者，亦坐于旁，見汪揖曰：「久別，健否？」汪愕曰：「相與昧平生，何言久別？」道人曰：「公已爲貴人，忘之耶！獨不記宣州道店談牛奇章事乎？」汪矍然起謝。道人去，汪謂諸客曰：「崇寧五年，初登第，得宣州教授，以冬月單車之官。投宿小村邸，唯有一室，一秀才已先居之。日甚暮，大雨，不可前，不得已推户徑入，曰：『值暮至此，與公同此室，可乎？』秀才方踞火坐，顧曰：『唯唯。』良久，忽言曰：『公曾讀《唐書》否？』某愠曰：『某雖寡學，寧鄙陋至是！』又笑曰：『記得牛僧孺傳否？』某不答。秀才曰：『吾言無他，公乃僧孺後身，前生爲武昌節度使，緣未盡，今生當再往。異時官禄多在彼土矣。』某異其語，疑爲相師，問其姓字，徐對曰：『公知有雍孝聞者乎？

吾是也。自崇寧之初，殿廷駮放，浪迹山林，偶有所遇爾。』扣之不肯言。終夕相對論文而已。至曉而去，不復再見。適覩道人之貌，蓋雍君也，風采與四十年前不少異，真得道者也。」坐客莫不驚歎。汪再漕湖北，又守鄂州，爲總領，累年皆在武昌。木生名廣莫，往來漢沔間，見人唯談文墨，殊不及他事，無有知其爲異人者。沈道原濬亦識之，云政和中以道士入説法，徽宗謂其得林靈素之半，故以木爲姓。《夷堅甲志》卷二十。

4〔雍〕孝聞没後，有和州道士，亡其姓名，冒爲孝聞，走江淮間，其才亦不下孝聞。有《弔項羽廟文》云：「無守陵之蕙帳，有照夜之寒釭。」過東坡墓題詩云：「文星落處天地泣，此老已亡吾道窮。才力漫超生仲達，功名猶忌死姚崇。人間便覺無清氣，海外何人識古風。平日萬篇誰愛惜，六丁收拾在瑶宫。」宣和初，至京師，遂得幸祐陵，謂其人可及林靈素之半，賜姓名朱廣漢。至紹興中猶在。《玉照新志》卷二。

葛道人

1 羅叔共言：頃歲錢塘有葛道人者，無他技能，以業屨爲生，得金即沽酒自飲，往來湖山間數歲矣，人無知之者。一日，爲寺僧修屨，口中微有聲，狀若哦詩者。僧怪而問之，葛生笑曰：「今日偶得句耳。」問之，乃云：「百囀已休鶯哺子，三眠初罷柳飛花。」自是始知其爲詩人。世之露才揚己，急於人知者，聞斯人之風，亦可稍愧矣。《竹坡詩話》。

李少雲

1 有李氏女者，字少雲，本士族。嘗適人，夫死無子，棄家著道士服，往來江淮間。僕頃年見之金陵。其詩有云：「幾多柳絮風翻雪，無數桃花水浸霞。」殊無脂澤氣。又喜煉丹砂，僕亦得其方，大抵類魏伯陽法，而有銖兩加精詳者也。嘗語僕曰：「我命薄，政恐不能成此藥耳。」後二年再見之，其瘦骨立，蓋丹未成而少雲已病。僕問曰：「子丹成欲仙乎？惟甚瘦則鶴背能勝也。」笑曰：「忍相戲耶！」病中作《梅花詩》云：「素艷明寒雪，清香任曉風。可憐渾似我，零落此山中！」尋卒。《彥周詩話》。

謝石

1 謝石潤夫，成都人。宣和間至京師，以相字言人禍福。求相者但隨意書一字，即就其字離析而言，無不奇中者，名聞九重。上皇因書一「朝」字，令中貴人持往試之。石見字即端視中貴人曰：「此非觀察所書也，然謝石賤術，據字而言，今日遭遇即因此字，黥配遠行亦此字也，但未敢遽言之耳。」中貴人愕然，且謂之曰：「但有所據，盡言無懼也。」石以手加額曰：「朝字離之爲十月十日，字非此月此日所生之天人當誰書也。」一坐盡驚，中貴馳奏。翌日，召至後苑，令左右及宮嬪書字示之，皆據字論説禍福，俱有精理，錫賚甚厚，并與補承信郎。緣此四方來求相者，其門如市。有朝士其室懷姙過月，手書一「也」字，令其夫持問石。是日座客甚衆，石詳視字謂朝士曰：「此閤中所書否？」曰：「何以言之？」石曰：「謂語助者焉哉乎也，固知是公内助所書。尊閤盛年三十一否？」曰：「是也。」「以也字上爲三十，下爲一字也。然吾官人寄此，當力謀遷動而不可得否？」曰：「正以此爲撓耳。」「蓋也字著水則爲池，有馬則爲馳。今池運則無水，陸馳則無馬，是安可動也。又尊閤父母兄弟近身親人當皆無一存者，以也字著人則是他字，今獨見也字而不見人故也。又尊閤其家物産亦當蕩盡否，以也字著土則爲地字，今又不見土也，二者俱是否？」曰：「誠如所言也。」朝士即謂之曰：「此皆非所問者，但賤室以懷姙過月，方切憂之，所以問耳。」石曰：「是必十三箇月也。以也字中有十字，并兩傍二豎下一畫爲十三也。」石熟視朝士，有曰：「有一事似涉奇怪，因欲不言，則吾官人所問，正決此事，可盡言否？」朝士因請其説，石曰：「也字著虫爲虵字，今尊閤所姙，殆蛇妖也，然不見蟲蠱，則不能爲害，謝石亦有薄術，可爲吾官人以藥下驗之，無苦也。」朝士大異其説，因請至家，以藥投之，果下數小蛇而體平。都人益共神之，而不知其竟挾何術也。《春渚紀聞》卷二。《夷堅志再補》。

2 蜀人謝石，宣和歲壬寅到輦下，以術得名。善相字，使人書一字，即知人之用意，以卜吉凶，其應如響，遂得榮顯。……始，石居市邸，人有失金帶者，書一「庚」字以問石，石曰：「汝有所失乎？必金帶也。然我知其人三日内始出。」果如期出。魯公知而召之焉，書一「公」字。石曰：「公師位極人臣，福壽若此，不必問所問吉凶。但表某微術者，公師當少年時嘗更名爾。」魯公笑而頷之。……太上皇聞而密俾之，嘗爲書一「朝」字，命示之。石曰：「此非人臣也。我見其人則言事。」詢何自知，石曰：「大家天寧節以十月十日生，此『朝』字十月十日也，豈非至尊乎？」上喜，乃召見。石有問輒中，且令中官索東宫書一字來，乃以「太」字進。又問石，石曰：「此天子也。」左右爲大懼。上詢謂何，石曰：「『太』字點微横，此必太子也。他日移置諸上，豈非『天』字耶？」上以金帶賜之。《鐵圍山叢談》卷二。

3 〔謝〕石在徽宗時，嘗特補承信郎，後因范覺民作相，討論追奪。一日謂石：「我能拆字。」石詰之，則曰：「爾姓謝，所謂身在討論之中。名石，則終身右選不能出頭。」聞者大笑。《二老堂雜志》卷四。《南宋雜事詩》卷六。

4 謝石善拆字，徽宗嘗書「朝」字密遣人試之，石即呼萬歲。其人曰：「不得亂道。」石曰：「十月十日生，非今上而誰？」高宗幸浙，書「杭」字，石曰：「兀术且至矣。」《二老堂雜志》卷四。《群書類編故事》卷十五。

5 謝石既以相著名，嘗游丹陽，見道姑行市中，執巨扇，其上大書「拆字如神」。石笑曰：「此術豈有勝我者？何物老媪敢爾！」呼之入室，書「石」字示之。姑曰：「爲名不成，得召卻退，逢皮則破，遇卒則碎。」石視之不樂，然心服其言。明日，訪所在，無識之者，蓋異人也。建炎中，石爲利路一尉，武將王進邀之飲，使拆其名，石曰：「家欲走，若圖事必敗。」時進以謀叛結黨欲發，不以其語爲然。將起亂之夕，乳媪踰垣告官，逮捕下獄，始歎息曰：「悔不用謝石之言。」郡守疑石同謀，而知反不告，亦逮治，坐削籍黥配蓬州。後詢王進鄉里，乃滄州南皮，且起於卒伍，悉如道姑言。洎至蓬，因過天慶觀，逢樵夫負薪憩門左，石兼能相術，熟視之曰：「神清、骨清、氣清，得非神仙乎？」樵徑前，挽髮罵曰：「汝正緣口多壞了，今日尚敢妄説？」批其頰至再，乃去。旁人相驚，争拂石面，石問何爲，則黥文已滅矣。郡即給據俾自便。《夷堅志補》卷十九。

陳彦

1　徽宗在潛邸，密使人持誕生年月，俾術人陳彦論之。彦一見，問：「誰使若來？」再三詰之，乃告以實。彦曰：「覆大王：彦只今閉鋪，六十日内望富貴。」後以隨龍官至節鉞，其驗如此。都人目曰「賣卦陳」。《清波雜志》卷六。

2　端邸聞相國寺陳彦明數學，談禄命如神，令人持生年密問之，彦乃屏人告以「大横」之兆，且云事應在兩月後，至期果驗。初欲官以京秩，繼乃補西班，積官至節鉞。《清波雜志》卷六。

程公衡

1　程公衡，字子平，沙隨先生之父也。知音律。宣和間，市井競唱韻令，程曰：「五聲皆往而不返，不祥也。」後二帝播遷。建炎初，唱《柳葉曲》，程又曰：「當有姓劉人作亂。」後數年，僞齊竊據中原。《游宦紀聞》卷三。

釋法遠

1　傳禪者以雲門、臨濟、潙仰、洞山、法眼爲五家宗派。自潙仰而下，其取人甚嚴，得之者亦甚少，故潙仰、法眼先絶，洞山至大陽警延，所存一人而已。延僅得法遠一人，其徒號遠録公者，將終，以其教付之，而遠言：「吾自有師。」蓋葉縣省也。延聞，拊膺大慟。遠止之，曰：「公無憂，凡公之道，吾盡得之，顧吾初所從入者不在是，不敢自昧爾，將求一可與傳公道者受之，使追以嗣公可乎？」許之。果得清華嚴。清傳道楷，楷行解超絶。近歲四方談禪，唯雲門、臨濟二氏。及楷出，爲雲門、臨濟而不至者，皆翻然舍而從之，故今爲洞山者幾十之三。《石林避暑録話》卷二。

釋　靚

1 三峰靚禪師，初住寶雲。邑有巨商，尚氣不受僧化，曰：「施由我耳，豈容人勸。」靚宣言：「唯吾獨能化之。」其人聞靚至，果不出。靚題其壁而去，曰：「去年巢穴畫梁邊，春暖雙雙遶檻前。莫訝主人簾不捲，恐啣泥土汙花磚。」其人喜不怒，特自追還，厚施之。靚笑謂人曰：「吾果能化之。」《冷齋夜話》卷六。

2 靚禪師，有道老宿也，主筠之三峰。嘗赴供民家，渡溪漲，靚重遲，爲溪流所陷。童子掖至岸，坐沙石間，垂頭如雨中鶴。童子意必怒，且遭斥逐，不敢仰視。靚忽指溪作詩曰：「春天一夜雨霶沱，添得溪流意氣多。剛把山僧推倒卻，不知到海後如何。」靚後往汝州香山，無疾而化。《冷齋夜話》卷六。

釋道楷

1 芙蓉禪師道楷，始住洛中招提寺，倦於應接，乃入五度山，卓庵於虎穴之南。晝夜苦足冷，時虎方乳，楷取其兩子以暖足。虎歸不見其子，咆哮跳擲，聲振林谷。有頃至庵中，見其子在焉，瞪視楷良久。

楷曰：「吾不害爾子，以暖足耳。」虎乃銜其子，曳尾而去。《曲洧舊聞》卷四。

2　長老道楷者，崇寧中以朝廷命住京師法雲寺。上一日賜紫方袍及禪師號，楷曰：「非吾法也。」卻不受。中使譖於上，以爲道楷擲敕於地。上怒，下大理寺杖之。理官知楷爲有道者，欲出之，問曰：「師年七十乎？」曰：「六十九矣。」「有疾乎？」楷正色曰：「某平生無病。」上賜杖，官不可輒輕之。」遂受杖，無一言。自此隱沂州芙蓉溪，從之者益盛。朝廷數有旨，復命爲僧，不從。《邵氏聞見録》卷十五。

3　見釋法遠1。

釋惠洪

1　崇寧元年元日，粥罷昏睡，夢中忽作一詩，既覺輒能記之，曰：「無賴東風試怒號，共乘一葉傲驚濤。不知兩岸人皆愕，但覺中流笑語高。」三月七日，偶與瑩中濟湘江。是日大風，當斷渡，而瑩中必欲宿道林，小舟掀舞向浪中，兩岸聚觀膽落，而瑩中笑聲愈高。予紬繹夢中詩以語瑩中，瑩中云：「此段公案，三十年後大行叢林也。」《冷齋夜話》卷四。

2　山谷南遷，與余會于長沙，留碧湘門一月。李子光以官舟借之，爲憎疾者腹誹，因攜十六口買小舟，余以舟迫窄爲言，山谷笑曰：「煙波萬頃，水宿小舟，與大廈千楹，醉眠一榻，何所異，道人繆矣。」即解纜去。聞留衡陽作詩寫字，因作長短句寄之，曰：「大廈吞風吐月，小舟坐水眠空。霧窗春曉翠如葱，睡起雲濤正湧。往事回頭笑處，此生彈指聲中。玉箋佳句敏驚鴻，聞道衡陽價重。」時余方還江南，山谷和其詞，曰：「月仄金盆墮水，雁回醉墨書空。君詩秀絶雨園葱，想見衲衣寒擁。蟻穴夢魂人世，楊花蹤跡風中。莫將社燕笑秋鴻，處處春山翠重。」《苕溪漁隱叢話》前集卷四十八引《冷齋夜話》。

3 崇寧二年，〔慧洪覺範禪師〕會無盡居士張公於峽之善溪。張嘗自謂得龍安悦禪師末後句，叢林畏與語，因夜話及之，曰：「可惜雲庵不知此事。」師問所以，張曰：「商英頃自金陵酒官移知豫章，過歸宗見之，欲爲點破。方叙悦末句未卒，此老大怒，罵曰：『此吐血禿丁，脱空妄語，不得信。』既見其盛怒，更不欲叙之。」師笑曰：「相公但識龍安口傳末後句，而真藥現前不能辨也。」張大驚，起執師手曰：「老師真有此意邪？」曰：「疑則別參。」乃取家藏雲庵頂相，展拜贊之，書以授師。其詞曰：「雲庵綱宗，能用能照。天鼓希聲，不落凡調。冷面嚴眸，神光獨耀。孰傳其真，覿面爲肖。前悦後洪，如融如肇。」《五燈會元》卷十七。

4 洪覺範本名德洪，俗姓彭，筠州人。始在峽州，以醫劉養娘識張天覺。大觀四年八月，覺範入京，而天覺已爲右揆，因乞得祠部一道爲僧。又因叔彭几在郭天信家作門客，遂識天信，因往來于張、郭二公之門。政和元年，張、郭得罪，而覺範決脊杖二十，刺配朱崖軍牢。後改名惠洪。《能改齋漫録》卷十二。

5 洪覺範渡海，即號甘露滅。《維摩經》曰：「得甘露滅，覺道成。」故以爲號。《太平清話》卷下。

6 陳瑩中謫通州，夜讀《洛浦録》，乃大有所悟，歛目長息曰：「此句唯覺範可解，然渠在海外，吾無定光佛手，何能招之？」……明年，予還自朱崖，館于高安大愚。瑩中自台州載其家來漳浦，過九江廬山，因家焉。督予兼程來，予以三日至湓城。瑩中曰：「自此公可禁作詩，無益于事。」予曰：「敬奉教。然予兒時好食肉，母使持齋，予叩頭乞先飫食肉一日，母許之。今亦當准食肉例，先吟兩詩，喜吾兩人死而復生，如何？」瑩中許之，予詩曰：「雁蕩天台看得足，盡搬兒女寄蓬窗。徑來漳水謀二頃，偶愛廬山家九江。名節逼真如醉白，生涯領略似襄龐。向來萬事都休理，且聽樓鐘一夜撞。」「與公靈鷲曾聽法，游戲人間知幾生。夏口甕中藏畫像，孤山月下認歌聲。翳消已覺華無蒂，礦盡方知珠自明。數抹夕陽殘雨外，一番飛絮滿江城。」瑩中喜而謂曰：「此詩如岐下猪肉也，雖美，無多食。」後三年，予客漳水，見瑩中姪勝柔自九江來，出詩示予曰：「仁者雖逢思有常，平居慎勿示何妨。争先世路機關惡，近後語言滋味長。可口物多終作疾，快心事過必爲傷。與其病後求良藥，不若病前能自防。」予謂勝柔曰：「公癡叔詩如食鯽魚，唯恐遭骨刺耳。與岐下猪肉，不可同日而語也。」《冷齋夜話》卷十。《宋詩紀事》卷九十二。

7 洪覺範有《上元宿嶽麓寺》詩。蔡元度夫人王氏，荆公女也。讀至「十分春瘦緣何事，一掬鄉心未到家」，曰：「浪子和尚耳。」《能改齋漫録》卷十一。《宋詩紀事》卷九十二。

8 鄒元佐奇於命，彭淵材奇於樂，覺范奇於詩，號「新昌三奇」。《堯山堂外紀》卷五十四。

9 予與李德修、游公義過一新貴人，貴人留食。予三人者皆以左手舉箸，貴人曰：「公等皆左轉也。」予遂應聲曰：「我輩自應須左轉，知君豈是背匙人。」一座大笑，噴飯滿案。《冷齋夜話》卷二。

釋慧持

1 徽宗皇帝政和三年，嘉州巡捕官奏：本部路旁有大古樹因風摧折。中有禪定僧，鬚髮被體，指爪繞身。帝降旨，令肩輿入京，命西天總持三藏以金磬出其定。遂問：「何代僧？」曰：「我乃東林遠法師之弟，名慧持，因游峨嵋，入定於樹。遠法師無恙否？」藏曰：「遠法師，晉人也。化去七百年矣。」持不復語。藏問：「師既至此，欲歸何所？」曰：「陳留縣。」復入定。《五燈會元》卷六。

釋妙應

1 祐陵時有僧妙應者，江南人，往來京洛間，能知人休咎。其説初不言五行形神，且不在人之求而告之。佯狂奔走，初無定止，飲酒食肉，不拘戒行，人呼之爲風和尚。蔡元長褫職居錢唐，一日忽直造其堂，書詩一絶云：「相得端明似虎形，摇頭擺腦得人憎。看取明年作宰相，張牙劈口吃衆生。」又書其下云：「衆生受苦，兩紀都休。」已而悉如其言。《揮麈餘話》卷二。《西湖游覽志餘》卷十四。

釋仁老

1 花光仁老作墨花，陳去非與義題五絶句，其一云：「含章簷下春風面，造化功成秋兔毫。意足不求顔色似，前身相馬九方皐。」徽廟見而喜之，召對擢用。畫因詩重，人遂爲此畫。紹興初，花光寺僧來居清江慧力寺，士人楊補之、譚逢原與之往來，遂得其傳。《獨醒雜志》卷四。

2 衡州花光仁老以墨爲梅花，魯直觀之，歎曰：「如嫩寒春曉，行孤山籬落間，但欠香耳。」《苕溪漁隱叢話》前集卷五十六引《冷齋夜話》。

釋清逸

1　宣和庚子，睦州盜群起不逞，率其徒以寇鄉落，所遇遭劫火。仙石石門院有老僧清逸者，獨不忍棄去，賊至，爲設茶飯，出軟語以開化之。群兇革心，院得不壞。《岐海瑣談》卷十五。

常安民

1　長安百姓常安民，以鐫字爲業，多收隋、唐銘志墨本，亦能篆。教其子以儒學。崇寧初，蔡京、蔡卞爲元祐姦黨籍，上皇親書，刻石立於文德殿門，又立於天下州治廳事。長安當立，召安民刻字，民辭曰：「民愚人，不知朝廷立碑之意。但元祐大臣如司馬温公者，天下稱其正直，今謂之姦邪，民不忍鐫也。」府官怒，欲罪之。民曰：「被役不敢辭，乞不刻安民鐫字於碑，恐後世并以爲罪也。」《邵氏聞見録》卷十六。

潘景

1　潘景，字温叟，崇寧間以醫稱，視古無愧。虞部員外郎張咸，其妾孕五歲而不育；南陵尉富昌齡妻，孕二歲而不育；團練使劉彝孫，其妾孕十有四月而不育。温叟視之，曰：「疾也。凡醫曰孕者，非也。」于是作大劑飲之，咸妻墮肉塊百餘，有眉目狀；昌齡妻夢二童子，色漆黑，倉卒怖悸，疾走而去；彝孫妾墮大蛇，猶蜿蜒不斃。又屯田郎中張諲妻，年四十而天癸不至，温叟察其脈曰：「明年血潰乃死。」既而果死。貴江令王霽，夜夢與婦人歌謳飲酒，晝不能食者，已三歲。温叟治之，疾益平，則婦人色益沮，飲酒益怠，而歌謳不樂，久之遂無所見。温叟曰：「若疾雖衰，而未愈也。倘夢男子青巾而白衣者，則愈矣。」後果夢，輒能食。其他所治，若此甚衆。《能改齋漫録》卷十三。

宋道方

1 見朱肱1。
2 見田登3。

朱肱

1 朱肱，吴興人，進士登科，喜論醫，尤深於傷寒。在南陽時，太守盛次仲疾作，召肱視之，曰：「小柴胡湯證也。」請併進三服，至晚乃覺滿。又視之，問所服藥安在，取以視之，乃小柴胡散也。肱曰：「古人製㕮咀，謂剉如麻豆大，煮清汁飲之，名曰湯，所以入經絡，攻病取快。今乃爲散，滯在鬲上，所以胃滿而疾自如也。」因依法旋製，自煮以進二服，是夕遂安。因論經絡之要，盛君力贊成書，蓋潛心二十年，而《活人書》成。道君朝，詣闕投進，得醫學博士。肱之爲此書，固精贍矣。嘗過洪州，聞名醫宋道方在焉，因攜以就見。宋留肱款語，坐中指駮數十條，皆有考據，肱惘然自失，即日解舟去。《泊宅編》十卷本卷七。

張　清

1　大觀二年，鄧州南陽東海村有張三婆，患雙眼疼痛，昏暗不覩光明。其子張清，用左手提出眼睛，將銅針穿過，用小刀子割下眼睛，與母喫了。自後所患眼目，不曾再發疼痛。朝廷有旨，特補太醫助教，不理選限。《能改齋漫録》卷十二。

吴用中

1　吴用中，字誠甫，少好學。因浴溪次，得定光佛像，日夕瞻禮拜請。開封府鄉薦南宫，不利。一夕夢佛現身，贈詩曰：「翔翔融和天，如春吐虹玉。巍巍萬丈厓，捧出一叢緑。」用中得此詩，常以自負。宋徽宗崇寧三年，赴待奏試，名在第五等首，不當補官。用中殿下大聲呼曰：「飛龍之榜，千載一遇，臣等久負燈燭，願臣等一例出官。」上聞之以問，侍臣有敷奏其言者。須臾，有二衛士掖用中至殿陛，詢記姓名，御筆判云：「自吴用中以下一例出官。」凡二百人。《湖海新聞夷堅續志》前集卷一。

霍端友　李端行

1　毗陵李端行與鄉人霍端友同在太學，時霍四十餘矣，一日倦卧，忽起坐微笑。端行詢之，霍云：「我適睡，聞窗外有人云：『霍端友，子明年作狀頭。』故自笑也。」端行素輕之，因謂之曰：「爾遲暮至此，得一第幸甚，若果爲大魁，則何天下乏才之如此也。」既而二人俱中禮部選，御試唱第之次，端行志鋭意望魁甲，即前立以俟臚傳，忽聞唱「霍端友」，而色若死灰矣。《春渚紀聞》卷二。

徐遹

1　宋徐遹，秋闈中式，買舟抵都下，時同舟已集六人，乃陳、李、張、黄、周、蘇姓也。徐遹亦登舟共濟，陳姓者曰：「舟中之人凡七，請以七人同舟聯一律。」周姓者起曰：「陳李張黄蘇與周。」張姓者云：「更添徐子分相投。」陳姓者云：「竹林風月連三郡。」李姓者云：「北宿光芒聚一舟。」蘇姓者云：「作者應知同議論。」黄姓者云：「諍臣頓是合謀猷。」徐遹云：「胸中各有平津策，此去知誰作狀頭。」及次年春榜，徐遂狀元及第。《堅瓠戊集》卷三。

2　徐遹子，閩人。博學尚氣，累舉不捷，久困場屋。崇寧二年，爲特奏名魁，時已老矣。赴聞喜賜宴於瓊林苑，歸騎過平康狹邪之所。同年所簪花，多爲群倡所求，惟遹至所寓，花乃獨存，因戲題一絶云：「白馬青衫老得官，瓊林宴罷酒腸寬。平康過盡無人問，留得宫花醒後看。」《墨莊漫録》卷九。《宋稗類鈔》卷二。《宋詩紀事》卷三十七。

吴偶

1　見蔡京84。

余應求

1 余國器應求崇寧五年赴省試，其父石月老人攜往廟中焚香，作文禱之。夜夢一童子，年可十三四，走馬至所館門外，告曰：「送省牓來。」覺而牓出，果中選。《夷堅乙志》卷十九。

師驥　楊師錫

1 眉州彭山縣師驥，宣和年間與楊師錫赴省試於開封府。蜀至開封府幾萬里，蜀士下省者貧不能歸，多投汴河而死。楊與師同館、同經、同里巷，且同升裼中省行間。時放榜已竟，只省元一名封而未開，師見榜内無名，喟然太息，欲投汴河。楊力挽之，曰：「省元未知屬誰，萬一是君，則枉死矣！且候姓名昭揭，死未晚。」未幾，中使持省元之名貼於榜首，則是師驥。師大喜，與楊曰：「感君一言，幸得不死，當世世與君家爲婚姻也。」《湖海新聞夷堅續志》前集卷一。

陳公輔

1 陳公輔國佐，台州人。父正，爲郡大吏，歸老，居于城中慧日巷。時國佐在上庠，有僧謁正，指對門普濟院曰：「俟此寺爲池，貢元當上第。」正曰：「一刹壯麗如此，使其不幸爲火焚則可，何由爲池？君知吾兒終無成，以是相戲耳。」僧曰：「不過一年，吾言必驗。」普濟地卑下，每春雨及梅溽所至，水流不可行，寺中積苦之。偶得曠土于郡倉後，即徙焉，而故基卒爲池，與僧言合。政和癸巳，國佐遂魁辟雍，釋褐第一。《夷堅甲志》卷五。

陳杲

1 陳杲，字亨明，福州人。貢至京師，往二相公廟祈夢。夜夢神曰：「子父死不葬，科名未可期也。」杲猶疑未信。明年，果黜於禮闈，遂遣書告其家，亟庀襄事。后再試登第。《夷堅甲志》卷七。

黄詠

1 黄詠三歲，書一過目輒成誦。大觀三年應童子科，引見徽宗，摘《毛詩》「如南山之壽」之句以發誦。詠應聲曰：「不騫不墜。」上以「墜」字爲問，對曰：「詩人之言，不識忌諱，臣安敢復道。」上大悦。《輿地紀勝》卷一百三十五。《玉芝堂談薈》卷四引《興化志》。

李師師

1 東京角妓李師師，住金綫巷，色藝冠絶。徽宗自政和後多微行，乘小轎子，數内臣導從。置行幸局，局中以帝出日謂之「有排當」，次日未還，則傳旨稱瘡痍，不坐朝。嘗往來師師家，甚被寵昵。……靖康之亂，師師南徙，有人遇之于湖湘間，衰老憔悴，無復向時風態。劉屏山詩云：「輦轂繁華事可傷，師師垂老過湖湘。縷金檀板今無色，一曲當年動帝王。」《青泥蓮花記》卷十三。

2 政和間，汴都平康之盛，而李師師、崔念月二妓名著一時。晁冲之叔用每會飲，多召侑席。其後十許年再來京師，二人尚在，而聲名溢於京國，李生者，門第尤峻。叔用追感往昔，成二詩，以示江子之，其一云：「少年使酒來京華，縱步曾游小小家。看舞霓裳羽衣曲，聽歌玉樹後庭花。門侵楊柳垂珠箔，窗對櫻桃捲碧紗。坐客半驚隨逝水，吾人星散落天涯。」其二云：「春風踏月過章華，青鳥雙邀阿母家。繫馬柳低當户葉，迎人桃出隔牆花。鬢深釵暖雲侵臉，臂薄衫寒玉照紗。莫作一生惆悵事，鄰州不在海西涯。」靖康中，李生與同輩趙元奴，及築毬吹笛袁陶、武震輩，例籍其家。李生流落來浙中，士大夫猶邀之以聽其歌，然憔悴無復向來之態矣。《墨莊漫録》卷八。《宋詩紀事》卷三十三。

3 見周邦彦5。

4 見周邦彦6。

5 宣和間，林靈素希世寵幸，數召入禁中，賜坐便殿。一日，靈素倏起，趨階下曰：「九華安妃且至，玉清上真也。」有頃，果中宫至。靈素再拜殿下，繼又曰：「神霄某夫人來。」已而果有貴嬪繼至者。靈素曰：「在仙班中與臣等列，禮不當拜。」長揖而坐。俄忽睥視，唶曰：「是間何乃有妖魅氣耶？」時露臺妓李師師者出入宫禁。言訖，而師師至。靈素怒目攘袂，亟起取御爐火箸，逐而擊之，内侍救護得免。靈素曰：「若殺此人，其屍無狐尾者，臣甘罔上之誅。」上笑而不從。《睽車志》卷一。《宋稗類鈔》卷七。

6 〔靖康元年正月〕御筆：將趙元奴、李師師、王仲端及曾祇應倡優之家，并袁陶、武震、史彦、蔣翊、郭老娘逐人家財籍没。《靖康要録》卷一。《三朝北盟會編》卷三十。

7 汴都角妓郜六、李師師，多見前輩雜記。郜即蔡奴也。元豐中，命待詔崔白圖其貌入禁中。師師著名宣和間，入掖廷。頃見鄭左司子敬云，汪端明家有《李師師傳》，欲借鈔不果。劉屏山詩云：「輦轂繁華事可傷，師師垂老過湖湘。縷衣檀板無顔色，一曲當年動帝王。」亦前人感慨杜秋娘梨園弟子之類。《後村詩話》前集卷二。

蘇瓊

1 見蔡京9。

尹温儀

1 見蔡京10。

王鼎

1 宣和中，王鼎爲刑部尚書，年甫三十。時盧樞密益、盧尚書法原俱爲吏部侍郎，而並多髯，王嘲之曰：「可憐吏部兩胡盧，容貌威儀總不都。」盧尚書應聲曰：「若要少年并美貌，須還下部小尚書。」聞者以爲快。《卻掃編》卷中。

鄭可簡

1 鄭可簡以貢茶進用，累官職至右文殿修撰、福建路轉運使。其姪千里，於山谷間得朱草，可簡令其子待問進之，因此得官。好事者作詩云：「父貴因茶白，兒榮爲草朱。」而千里以從父奪朱草以予子，譊譊不已。待問得官而歸，盛集爲慶，親姻畢集，衆皆贊喜。可簡云：「一門僥倖」，其姪遽云：「千里埋冤。」衆皆以爲的對。是時貢茶，一方騷動故也。《高齋詩話》。《苕溪漁隱叢話》前集卷四十六。《詩話總龜》後集卷三十。

黎珣　陳詢

1 揚州人黎珣，字東美，崇寧中作郎官監司，又有京師開書鋪人陳詢，字嘉言，皆以貌像呼爲「蝦蟆」。而瓊林苑西南一亭，地界近水，俗號蝦蟆亭，天清寺前多積潦，亦名蝦蟆窩。都中輕薄子戲詠蝦蟆詩曰：「佳名標上苑，窩窟近天清。道士行爲氣，梢公打作更。嘉言呼舍弟，東美是家兄。莫向南方去，將君煮作羹。」《雞肋編》卷上。

家安國

1 崇寧末，安國同爲郎，成都人詹不爲諫官，以安國嘗建言移寺省，上章擊之，其辭略云：「謹按某官人材闖冗，臨事冬烘。」蓋以其蜀人，聞者無不笑之。安國性隱而口吃，每戟手躍于衆曰：「吾不辭譴逐，但『冬烘』爲何等語？」于是傳之益廣，遂目爲「冬烘公」。《石林避暑録話》卷二。

任忠厚

1 任忠厚，蜀人，有文，馳譽上庠。一目患翳，而身甚長，服賜第時緑袍，幾不及踝。然喜嘲謔，常翫一友人，其人恚曰：「公狀貌如此，曾自爲其目否？」任見其怒，即曰：「吾亦自有詩也。」問之云：「有個官人靡恃己，著領藍袍罔談彼。面上帶些天地玄，眼中更有陳根委。」其人乃笑而已。《雞肋編》卷中。

楊　何

1 楊何，字漢臣，莆田人也。登進士第，爲南陽士掾，狂率喜功。……始在鄉校，以薄德取怨於衆。人嘲之曰：「牝驢牡馬生騾子，道士師姑養秀才。」蓋謂其父本黄冠，母嘗爲尼也。《雞肋編》卷上。

鄭深道

1 汪丞相廷俊，宣和中爲將作少監。鄭深道資之爲同寮。一日，坐局，汪得六鮮鯉，將鱠之，鄭不知也，方假寐，夢六人立階下，自贊云：「李秀才乞公一言，干少監乞命。」鄭曰：「不知君等何罪？」俱曰：「只在公一言。」鄭許諾。既寤，達之汪公。汪曰：「適得六鯉，將設鱠，豈爲是邪？」遂放之，鄭自是不食魚。《夷堅甲志》卷十一。

關注

1 宣和二年，睦寇方臘起幫源，浙西震恐，士大夫相與奔竄。關注子東在錢塘，避地携家於無錫之梁溪。明年，臘就擒，離散之家，悉還桑梓。子東以貧甚，未能歸，乃僑寓於毗陵郡崇安寺古柏院中。一日，忽夢臨水有軒，主人延客，可年五十，儀觀甚偉，玄衣而美鬚髯。揖坐，使兩女子以銅杯酌酒，謂子東曰：「自來歌曲新聲，先奏天曹，然後散落人間。他日東南休兵，有樂府曰《太平樂》，汝先聽其聲。」遂使兩女子舞，主人抵掌而爲之節。已而恍然而覺，猶能記其五拍，子東因作詩記云：「玄衣仙子從雙鬟，緩節長歌一解顔。滿引銅杯效鯨吸，低回紅袖作方彎。舞留月殿春風冷，樂奏鈞天曉夢還。行聽新聲《太平樂》，先傳五拍到人間。」後四年，子東始歸杭州，而先廬已焚於兵火，因寄家菩提寺。復夢前美鬚者腰一長笛，手披書册，舉以示子東。紙白如玉，小朱欄界，間行以譜，有其聲而無其詞。笑謂子東曰：「將有待也。往時在梁溪，曾按《太平樂》，尚能記其聲否乎？」子東因爲之歌。美髯者援腰間笛，復作一弄，亦私記其聲，蓋是重頭小令。已而遂覺。其後又夢至一處，榜曰廣寒宫。……或有告之者，曰：「但曳鈴索，呼月姊，則門開矣。」子東從其言。試曳鈴索，果有應者。乃引至堂宇，見二仙子皆眉目疏秀，端莊靚麗。冠青瑶冠，衣彩霞衣，似錦非錦，似繡非繡。因問引者曰：「此謂誰？」曰：「月姊也。」乃引子東升堂，皆再拜。月姊因問：「往時梁溪，曾令雙鬟歌舞，傳《太平樂》，尚能記否？又遣紫髯翁吹新聲，亦能記否？」子東曰：「悉記之。」因爲歌之。月姊喜見顔面，復出一紙，書以示子東，曰：「亦新詞也。」姊歌之，其聲宛轉，似樂府《昆明池》。子東因欲强記之，姊有難色，顧視手中紙，化爲碧字，皆滅迹矣。因揖而退，乃覺，時已夜闌矣。獨記其一句云：「深誠杳隔無疑。」亦不知爲何等語也。《墨莊漫録》卷四。《宋詩紀事》卷四。

王磐

1 王磐安國，合肥人。政和中，爲郎京師，其子婦免身，訪乳婢，女儈云：「有一人夫死未久，自求售身。」安國以三萬得之。又三年，安國自國子司業丐外，得守宛陵。挈家之官，舟次泗州，一男子喏於轎前，云乳婢之夫也，求索其妻。安國驚駭，欲究其詳，忽不見。歸語乳婢，亦愕然無説。至夜，乳婢忽竄去，遍索不可得。詰旦，舟尾乃見尸浮於水面。《玉照新志》卷三。

宋人軼事彙編卷二十八

李綱

1 鄒狀元應龍嘗謂：予里中有瑞光巖，去縣十餘里，中有丞相李綱讀書臺。昔巖中有僧丹霞者，能前知。一日訪僧，扣之，乃書云：「青箬笠，米去皮，此時節，正光輝。」後公於靖康年作相。因知此言之驗，「青箬笠」，靖也；「米去皮」，康也。《湖海新聞夷堅續志》前集卷一。

2 李伯紀初赴舉輦下，一夕，酒渴，夢雪下，以雙袖承接，欲快啗之，細視雪片上各有女真字，殊不曉。試罷，往二相祠下求夢，夢立殿陛，少頃，簾中出三紙示之：一曰上舍登第，二曰監察御史孫宗鑑，三曰宋十相公。雖喜有成名之兆，而後二幅語叵測。宣和己亥夏，京師水溢，朝廷方以有司失隄防，劾官吏。公時爲右史在侍下，抗疏指明災異，而未敢以告。忽庭闈晝寢驚寤，呼諸子語曰：「適夢一快行家來報云，舍人被大水飄出，修撰已授崇德使。此何祥也？」公因皇恐，自叙所奏。慈顔聞之喜，但趣家人治任待命而已。明日，謫沙縣監當，踰年得自便，而修撰感疾卒，葬惠山。服闋，爲太常少卿，歲在丙午。金人犯闕，淵聖欲親征，公建議力駐乘輿，遂預大政。初，公嘗除察官，乃與宗鑑同制。今上登極，進拜上宰，以御營使撫軍，實宋十葉後。即惠山寺賜額曰崇親報德禪院云。《泊宅編》十卷本卷六。

3 林靈素作《神霄籙》，自公卿以下，群造其廬拜受，獨李綱、傅崧卿、曾幾移疾不行。《困學紀聞》卷二十。

4 淵聖召公對延和殿，迎謂曰：「卿頃論水章疏，朕在東宮見之，至今猶能誦憶。嘗爲賦詩，有『秋來一鳳向南飛』之句。」公叙謝。《宋名臣言行録》别集下卷一。

5 楊龜山見李伯紀責降中造宅，謂人曰：「李三好閒不得。」《野老記聞》。

6 靖康元年，金人初犯京師，种師道爲宣撫使，李伯紀以右丞爲親征行營使。伯紀命大將姚平仲謀劫賊寨，數日前，行路皆知之，敵先爲備。初出師，以爲功在頃刻，令屬官方允迪爲露布。忽報失利，上震驚，於是免伯紀，師道亦罷，復建和議。《玉照新志》卷五。

7 李伯紀爲行營使，時王仲時、張仲宗俱爲屬。王頎長，張短小，白事相隨。一館職同在幕下，戲曰：「啓行營，大雞昂然來，小雞竦而待。」《苕溪漁隱叢話》後集卷三十六引《説詩雋永》。

8 李綱、种師道既罷，李邦彦堅主割地之議，遣割地使及遣使議和。陳東發憤伏闕上書，太學生具襴鞹，會於宣德門下者數百人，同日，軍民數萬會于宣德門，同太學生伏闕，乞用李綱。是日，會虜復攻城，軍民……擊登聞鼓，遇内侍朱拱之，撕擘死，骨血無餘。又邦彦適過，軍民罵曰：「李邦彦，汝是浪子，豈能做宰相。」拾瓦礫擊之。邦彦躍馬奔入朝堂乃免。由是内侍官撕擘殺之，張道濟而下死者二十餘人。淵聖登宣德門，傳旨撫諭。開封尹王時雍以兵士數十人簇定東，又命劊子數人不離左右，主管殿前司王宗濋亦以殿前兵來往巡視。東挺身於斧鑕之間。時雍宣言曰：「太學生以布衣敢劫天子，當行誅戮。」

淵聖命中使宣諭，故東得免死。百姓皆言：「金人攻城急，乞召李綱捍賊。」淵聖從之，召綱復用爲尚書右丞，盡兼舊職，仍兼提舉城壁守禦使，促登西壁。百姓見綱，皆呼曰：「右丞且與百姓爲主。」綱亦言曰：「綱已在此，即登城矣，百姓不足憂。」促歸照管老小，是日斬首亂者十餘人，移時方定。《三朝北盟會編》卷三十四。

9　虜既退，上遣兵十萬援太原，以〔李〕綱爲宣撫使，固辭不行，至以告身納榻前。上怒甚，事叵測。簽書樞密院許翰與綱皆，蔡京交黨也，翰執政，綱頗有力，密書「杜郵」二字以寄綱，綱即日承命。《三朝北盟會編》卷四十。

10　見陳東4。

11　紹興初，盛傳《蘇武令》詞：「塞上風高，漁陽秋早，惆悵翠華音杳。驛使空馳，征鴻歸盡，不寄雙龍消耗。念白衣金殿，除恩黃閣，未成圖報。　誰信我，致主丹衷，傷時多故，未作救民方召。調鼎爲霖，登壇作將，燕然即須平掃。擁精兵十萬，橫行沙漠，奉迎天表。」云李丞相綱作。《雲麓漫鈔》卷十四。《南宋雜事詩》卷一。

12　李綱，字伯紀，閩人，蔡京之子攸黨也。……張浚，〔黄〕潛善所引用，力攻綱，至貶海南軍。……至今言敗績之大者，必曰富平之役也，追還〔浚〕，薄譴，俾居福州。而綱自南遷回，亦寓是州焉。先是，綱百計求復用，富於財，交結中外而未效。及浚至，綱謂此奇貨可居，頃心結納。浚亦自云深悔前日之言，相與驩甚。紹興四年冬，劉齊、金虜合兵犯淮泗，朝廷震恐，宰相趙鼎嘗失身於僞楚，初無敢薦者，而浚獨薦於言官，鼎德之，至是乘急變召浚，復秉樞機。召命下，綱贐行百餘奩，皆珍異之物，又以論時事疏託之。

浚至，即日進綱疏，起綱帥豫章，許其入覲。綱見上，盡以前朝所得書詔、犀玉帶、及家藏寶玩次第進獻，上皆不納，延留浹旬，賜厩馬金帶飲膳而已。綱既去，殊怏怏。……七年，鼎、浚争權。浚自爲有卻敵之功，興復之策，當獨任國事，諷侍從臺諫及其黨與攻鼎，出會稽。……合肥兵亂……綱意浚必敗，即條十五事，奏浚措畫之失，又貽書於浚痛詆其過，以副本傳示遠近，欲擠浚而釣奇，且示於浚不厚也。浚既貶永州，綱亦坐貶。薄及暴横貪墨而罷。鼎復相，窮治浚事，至今未已。嗚呼，勢利之交，古人羞之，其三相之謂歟！《三朝北盟會編》卷一百九十九引《秀水閒居録》。

13 李綱私藏過於國帑，厚自奉養，侍妾、歌僮、衣服、飲食，極於美麗。每饗客，殽饌必至百品。遇出，厨傳數十擔。其居福州也，張浚被召，綱贐行一百二十合，合以朱漆鏤銀裝飾，樣制如一，皆其宅庫所有者。《舊聞證誤》卷三引《秀水閒居録》。《宋名臣言行録》别集下卷一。《樵書》二編卷十。

14 建盜范汝爲，竄回源洞自殺，餘黨走邵武。韓世忠遣將擊之。初，世忠疑城中人皆附賊，欲盡殺之。至福州，見公，公謂曰：「建城百姓多無辜。」世忠受教，故民得全活。及師還，父老送之，請爲建生祠，世忠曰：「活爾曹者，李相公也。」《宋名臣言行録》别集下卷一。

宗澤

1 《泊宅編》載宗澤初爲館陶尉，每獲逃軍即殺之，邑境爲之無盜。吕吉甫嘗戒之曰：「此雖除盜之策，恨子未曾觀佛書，人命難得，不可妄殺，況國有常刑乎！」其後澤子五人，三人既已顯官，皆死于澤前。

《甕牖閒評》卷八。《泊宅編》十卷本卷二，又三卷本卷上。《何氏語林》卷十九。

2 宗汝霖澤，政和初，知萊州掖縣，時户部下提舉司科買牛黄，以供在京惠民和濟局合藥用。督責急如星火，州縣百姓競屠牛以取黄。既不登所科之數，則相與斂錢以賂上下胥吏丐免。汝霖獨以狀申提舉司，言牛遇歲疫則多病有黄，今太平已久，和氣充塞，縣境牛皆充腯，無黄可取。使者不能詰，一縣獲免。《閒燕常談》。《宋稗類鈔》卷一。

3 太上出使，時至磁州，磁人不欲其往，諫不從。宗忠簡欲假神以拒之，曰：「此有崔府君廟甚靈，可以卜珓。仍其廟有焉，能如何。」遂入燒香。其馬銜車輦等物，塞了去路，宗曰：「此可以見神之意矣。」遂止不往。後太上感其事，以爲車輦是即位之兆，不曾關白中書，只令内官就玉津園路口造崔府君廟，令曹泳作記。一日，北使來，秦〔檜〕出接，過玉津園，見之，歸奏「所見太廟，不知是何神」，太上因語之。秦曰：「虜以爲功，今卻歸功於神，恐虜使見之不便。」即日拆之。《朱子語類》卷一百二十七。《南宋雜事詩》卷七。《宋稗類鈔》卷二。

4 宗尹汝霖，其遇事雖用權智，而濟難於談笑之間，士大夫多能道之。建中靖國間，爲文登令。同年青州教授黄策上書，自姑蘇編置文登，州遣牙校押赴貶所，過縣而黄適感寒疾，不能前進。牙校督行，雖加厚賂，祈爲一日之留，堅不可得。不得已，使人致殷勤於公。公即具供帳於行館，及命醫診候，至調理安完，而了不知牙校所在。密訊其從行者，云：「自至縣，即爲縣之胥魁約飲於營妓，而以次胥史，日更主席，此校嗜酒而貪色，至今不肯出户。」屢迫促之，乃始同進。金寇犯闕，鑾輿南幸，賊退，以公尹開封。

初至而物價騰貴，至有十倍於前者，郡人病之。公謂參佐曰：「此易事耳，都人率以食飲爲先，當治其所先，則所緩者不憂不平也。」密使人問米麫之直，且市之，計其直，與前此太平時初無甚增。乃呼庖人取麫，令准市肆籠餅大小爲之，及取糯米一斛，令監庫使臣如市酤醖酒，各估其值。而籠餅枚六錢，酒每角七十足。出勘市價，則餅二十，酒二百也。公先呼作坊餅師至，訊之曰：「自我爲舉子時，來往京師今三十年矣。籠餅枚七錢，而今二十，何也，豈麥價高倍乎？」餅師曰：「自都城離亂以來，米麥起落初無定價，因襲至此，某不能違衆獨減，使賤市也。」公即出兵厨所作餅示之，且語之曰：「此餅與汝所市重輕一等，而我以日下市直，會計新麫工直之費，枚止六錢，若市八錢，則已有兩錢之息。今爲將出令，止作八錢。敢擅增此價而市者，罪應處斬，且借汝頭以行吾令也。」即斬以狥。明日餅價仍舊，亦無敢閉肆者。次日呼賣撲正店任修武至，訊之曰：「今都城糯價不增，而酒值三倍何也？」任恐悚以對曰：「某等開張承業，欲罷不能，而都城自賊馬已來，外居宗室及權貴親屬私釀至多，不如是無以輸納官麯之直與工役油燭之費也。」公曰：「我爲汝盡禁私釀，汝減直百錢，亦有利入乎？」任扣額曰：「若爾則飲者俱集，多中取息，足辦輸役之費。」公熟視久之曰：「且寄汝頭頸上，出率汝曹。」即換招榜，一角止作百錢足，不患乎私醞之攙奪也。明日出令：「敢有私造酒麯者，捕至不問多寡，並行處斬。」於是傾糟破甑者不勝其數。數日之間，酒與餅直既並復舊，其它物價不令而次第自減。既不傷市人，而商旅四集，兵民懽呼，稱爲神明之政。時杜充守北京，號南宗北杜云。《春渚紀聞》卷四。《宋稗類鈔》卷三。

5 〔丁未〕詔兵部郎官、太常寺官各一員，内侍二員詣京師，奉迎所藏太廟神主赴行在。先是，上命京城留守宗澤移所拘金使于別館，優加待遇。澤謂：「二聖在金，必欲便行誅戮，恐貽君父憂；若縱之使還，又有傷國體。莫若拘縻於此，俟車駕還闕，登樓肆赦，然後特從寬貸。」及是詔下，澤上奏曰：「臣不意陛下復聽奸臣之語，浸漸望和，爲退奔計，營繕金陵，奉元祐太后，仍遣官奉迎太廟木主，棄河東、河西、河北、京東、京西、淮南、陝右七路生靈，如糞壤草芥，略不顧惜，又令遷金使別館，優加待遇。不知二三大臣，于金人情款，何如是之厚？而于國家訏謨，何如是之薄也？臣之樸愚，必不敢奉詔，以彰國弱。此我大宋興衰治亂之機，願陛下察之。陛下果以臣言爲狂，請投之遠惡，以快奸賊。」詔答曰：「卿彈壓强梗，保護都城，深所倚仗。但拘留金使，未達朕心。」澤猶不奉詔。又請上回鑾。《建炎以來繫年要録》卷七。

6 建炎初，宗汝霖留守東京，群盜降附者百餘萬，皆謂汝霖曰「宗爺爺」。《老學庵筆記》卷一。

7 統制官楊進屯城南。王善者，有衆二千餘，皆山東游手之人，先進來降，屯城北。二人氣不相下。一日，各率所部千餘相拒于天津橋，都人頗恐。〔宗〕澤以片紙諭之曰：「爲國之心，固如是耶？當戰陣立功時，勝負自見。」二人相視慚沮而退。《建炎以來繫年要録》卷十五。《昨非庵日纂》一集卷十五。

8 時有降寇趙海者，屯板橋，輒塹路以阻行者。芻者八人過其壘，海怒而臠之。覘事者以告〔宗〕澤。召之，海以甲士五百自衛而入。澤方對客，海具伏，即械之繫獄。客曰：「彼甲士甚衆，姑徐之。」澤笑謂其次將曰：「領衆還營，明日誅海於市。」聞者股慄。《建炎以來繫年要録》卷十五。《昨非庵日纂》一集卷十五。

9 見岳飛8。

10 宗忠簡公留守汴京，當金人蹂躪之餘，百務拮据，豈有意營不急者。一日，於艮岳遺址得定武禊帖石刻，即遣力輦至行在，中途爲斡離不邀截以去。後金昌宗以爲秘玩。《堅瓠秘集》卷三。

11 〔宗〕澤將没，無一語及家事，但連呼「過河」者三。《遺表》猶贊上還京，先言已涓日渡河而得疾，其末曰：「囑臣之子，記臣之言，力請鑾輿亟還京闕，大震雷霆之怒，出民水火之中。夙荷君恩，敢忘尸諫！」《建炎以來繫年要録》卷十六。

12 宗忠簡公薨，其家人方入棺，未斂。軍兵舉出大廳，三日祭弔，來哭不絶，祭物滿廳無數，其得軍情人心如此。《朱子語類》卷一百三十二。

13 〔宗〕澤自奉甚薄，方謫居時，饘粥不繼，吟嘯自如。晚年俸入稍厚，亦不異疇昔，食不兼味，衣敝不易。常曰：「君父方卧薪嘗膽，臣子乃安居美食耶？」《昨非庵日纂》二集卷九。《建炎以來繫年要録》卷十六。

李邦彦

1 李邦彦，字士美，懷州人。父爲銀匠，唯喜與進士游。河東舉人入京師者，至懷州必投其父。其父罷工，爲買賣幹置，仍量資給以津送其行，時人謂之結秀才緣。……邦彦性俊爽，同學者服其敏而工，然習下喜閭閻鄙猥事，自號爲李浪子。……喜謳善謔，尤能市井鄙俚之語，每以鄙俚之語綴成小詞，無賴子得之，喧傳里巷。邦彦嘗自言：「賞盡天下花，踢盡天下毬，做盡天下官。」而都人亦呼邦彦爲「浪子宰相」。《三朝北盟會編》卷二十八。《宋詩紀事》卷三十八。

2 李端行，字聖達，毗陵人，崇寧間太學屢中魁選，聲名籍甚。大觀丁亥歲，與諸路貢士群試，李士美作魁，聖達第二，意不平之。嘗曰：「天下清氣無南北之異，但吳中清氣，十分鍾於人，河朔清氣，爲鵝梨占了八分。」以士美河内人故也。士美銜之，其後士美拜相，聖達方爲太博，坐小累罷，坎壈失志而死。《開燕常談》。案：「士美」原誤作「士英」，據《宋史》改正。

3 宣和中，艮嶽之觀游極其偉麗，既有絳霄樓、華胥殿諸離宫矣，其東偏接景龍門，巨竹千箇，蔽虧翠密，京師他苑囿亦罕比。宫嬪出入其間，如仙宸帝所。徽宗命建樓以臨之，既成而未有名，夢金紫人言曰：「艮岳新樓，宜名爲『倚翠』，取唐杜甫詩所謂『天寒翠袖薄，日暮倚修竹』之句也。」夢中問：「汝何人？」對曰：「臣乃太平宰相。」寤而異之。明旦，翰林學士李邦彦入對，奏事畢，偶問曰：「近於苑中立小樓，下有修竹，當以何爲名？」邦彦了不經思，即以「倚翠」對。上驚喜，謂與夢協。時邦彦眷注已深，有意大用，自是數日間拜尚書右丞，遂爲次相。《夷堅丙志》卷十三。

4 李邦彦以次相阿附，每燕飲，則自爲倡優之事，雜以市井詼諧，以爲笑樂。人呼李邦彦做「浪子宰相」。一日，侍宴，先將生綃畫成龍文貼體。將呈伎藝，則裸其衣，宣示文身，時出狎語。上舉杖欲笞之，則緣木而避。中宫自内望見，諭旨云：「可以下來了。」邦彦答道：「黄鶯偷眼覷，不敢下枝來。」中宫乃歎曰：「宰相如此，怎能治天下耶！」《宣和遺事》前集。

5 李邦彦罷宰相……爲都人所憤怨，纔出門，争呼毆擊，將殺之，馬逸偶脱，百姓獨得其履。因乘婦人小輿，垂黄裙轎簾上，密匿於啓聖院，以丐罷待命得去，始敢出。《三朝北盟會編》卷三十五。

6 道君遜位東幸，粱師成以扁舟出淮。李邦彦爲相，都人欲擊之，馳入西府，已失一履。時人語曰：

「太傅扁舟東下，丞相隻履西歸。」《可書》。《古謡諺》卷六十一。

吴敏

1 吴敏，儀真人，妙齡秀發。政和初，上庠試書義有聲。蔡京見其程文，復愛其丰韻粹美，欲以女妻之，元中辭焉。釋褐授浙東學事司幹官。除館職，擢記注西掖。時年二十七，玉立鴛鷺行中，一時歆豔。……敏有侍兒曰遠山，美姿色，通文理。敏每爲文，使供筆硯之役。一日，有訪敏者，敏方據案運筆，遠山者方磨墨拂紙。時服其風流如此。《三朝北盟會編》卷五十四。《宋詩紀事》卷三十八。

2 吴元中丞相在辟雍，試經義五篇，蓋用《字説》，援據精博。蔡京爲進呈，特免省赴廷試，以爲學《字説》之勸。及作相，上章乞復《春秋》科，反攻王氏。徐擇之時爲左相，語人曰：「吴相此舉，雖湯、武不能過。」客不解。擇之曰：「逆取而順守。」元中甚不能平。《老學庵筆記》卷四。《何氏語林》卷二十七。《宋稗類鈔》卷六。

3 吴元中丞相敏，宣和間著《中橋見聞録》，記當時事，不敢斥言，大抵多爲廋語。其稱「安」者，謂蔡攸，蓋攸字居安；「實」者，謂童貫；「木」者，謂林靈素或朱勔也。《梁溪漫志》卷六。

4 徐處仁爲太宰兼門下侍郎……與吴敏不協，每朝罷議事互相詆訾。未幾，吴敏於東府見處仁，處仁方秉筆據案，敏既坐，有所咨啓，語漸相侵，處仁忿然以筆擲之，正中敏面額，唇鼻皆黑，同坐者引去。明日，吴敏奏其事，而御史亦相繼彈劾，不踰月罷。敏以年少，多不習事，胥吏將文牒至，有所呈覆，吴敏不能裁遣，但云「依舊例可也」。是時軍期緊急，遽如星火，敏不留意，方具劄子乞令學者添治《春秋》，又因司業楊時上言……謂安石不當繼「十哲」，宜依鄭康成畫壁從祀，上從其言，下太學如敏所請。時人有「十不管」之語云：「不管太原，卻管太學；不管防秋，卻管《春秋》；不管礮石，卻管安石；不管肅王，卻管舒王；不管燕山，卻管聶山；不管東京，卻管蔡京；不管河北地界，卻管舉人免解；不管河東，卻管陳東；不管二太子，卻管立太子。」蓋譏其不切事務故也。《三朝北盟會編》卷五十一。

5 見宋徽宗54。《宋稗類鈔》卷八。

吴叙

1 吴元中丞相之弟名叙，字元常，亦能詩，有「水竹清瘦霜松孤」之句。除南京敦宗院教授，未赴，忽棄官爲僧，法名正光，歷住萬年、國清諸刹，晚主衢之烏巨寺。一子亦早夭，其婦守志不嫁，光年益老，感疾，婦必躬造飲饌以進，積久不懈。後元中丞相薨，當家無人，其祖母韓夫人奏乞元常歸故官，詔許之，元常迄不就。凡住名刹四十年而終。《梁溪漫志》卷九。

徐處仁

1 見吴敏2。

2 見吴敏4。

唐恪

1 見歐陽修45。

2 見童貫17。

3 唐恪夜出，百姓抛瓦打破燭籠。上知之，以爲失人心，遂罷恪。《三朝北盟會編》卷六十五。

何㮚

1 梓潼當西蜀之衝，有廟極靈，凡蜀之舉子以貢入京師者，必禱于祠下，以問得失，無一不驗者。文縝嘗語余：頃欲謁而忘之，翼日，行十餘里始悟。亟下馬還望，默禱而拜。是夕，夢入廟庭，神在簾中，以誥投簾外授文縝。發視之，略如今之誥，亦有詞，文縝猶能成誦。略記有云「朕臨軒策士」云云，「得十人者，今汝褎然爲舉首」云云。後結銜具所授官。文縝覺而思曰：「今廷試，無慮五百人，而言十人，殆以是戲我耶？」既唱名，果爲魁，而第一甲。《石林避暑録話》卷二。《夷堅丁志》卷八。《新編分門古今類事》卷八。

2 長安西去蜀道有梓橦神祠者，素號異甚。士大夫過之，得風雨送，必至宰相。進士過之，得風雨則必殿魁。自古傳無一失者。……魯公帥成都，一日召還，遇大風雨，平地水幾二十寸，遂位極人臣。何文縝丞相㮚，政和初與計偕，亦得風雨送，仍見夢曰：「汝實殿魁，聖策所問道也。」文縝抵闕下，適得太上

《注道德經》，因日夜窮治。及試策目，果問道，而何爲殿魁。《鐵圍山叢談》卷四。

3 何文縝丞相在太學，與同舍生黄君詣日者孫黯問命。黯袒衣踞坐，丞相先占，既布算，黯正襟揖曰：「命極貴，不惟魁天下，且位極人臣。」二人相視笑曰：「何相侮邪？」黯愠曰：「黯老矣，粗有生計，今諂一秀才，其獲幾何？奈何命實中格。」丞相曰：「然則何時作狀元？」曰：「乙未歲。」「何年爲相？」曰：「不出一紀。但有一事絶異，君拜相後，當死於異國。尋常奉使絶域者不過侍從官，何由有宰相入國者？此爲不可曉耳。」……乙未歲廷試，果問道，悉以經語對，遂爲第一人。後十二年，至靖康丙午，拜少宰，從二帝北狩，死於虜，皆如黯言。《夷堅乙志》卷七。

4 政和丙申殿試，何㮚爲狀元，潘良貴次之，皆年少有丰貌，而第三人郭孝友頗古怪。唱名日，呵出御街，觀者皆曰：「狀元真何郎，牓眼真潘郎，第三人真郭郎也。」《苕溪漁隱叢話》後集卷三十六引《上庠録》。《堯山堂外紀》卷五十四。《堅瓠癸集》卷二。《宋詩紀事》卷三十九。

5 何文縝在館閣時，飲一貴人家，侍兒惠柔者，解帕子爲贈，約牡丹開再集。何甚屬意，歸作《虞美人》曲，曲中隱其名云：「分香帕子揉藍膩，欲去殷勤惠。重來直待牡丹時，只恐花知知後故開遲。別來看盡閒桃李，日日欄干倚。催花無計問東風，夢作一雙蝴蝶遶芳叢。」何書此曲與趙詠道，自言其張本云。《碧雞漫志》卷二。《夷堅三志》壬卷七。《詞林紀事》卷八引《樂府紀聞》。

6 靖康中，何文縝將拜相，夜夢人持弓矢射中其僕，乃先乞復太少宰爲僕射。《建炎以來朝野雜記》卷十。

7 虜邀親王、宰臣議和，何㮚留之不遣。㮚，書生，好誇大，暗機會，唯取謀於兄棠。棠亦碌碌，無過人之謀。㮚日於都堂飲醇酒，談笑自若，時一復謳柳詞。聞虜所要浩瀚，㮚方大酣，摇首曰：「便饒你漫天索價，待我略地酬伊。」聞者大驚。《三朝北盟會編》卷六十八。

8 何㮚當京城已陷虜人，入視帑藏倉庾。時有胡思者爲司農卿，其諸倉米麥數白㮚。既復，㮚送至廳事傍，遽屬言曰：「大卿切勿令亂量。」思應曰：「諾。」至客次，方悟其戲，蓋語有「胡思亂量」也。時謂作宰相如此，何以服百僚。《開燕常談》。

9 上命何㮚出使軍前，㮚惶懼失色，辭不敢行。上固遣之，㮚遲回良久，不決。〔李〕若水譲罵云：「致國家如此，皆爾輩誤事！今社稷傾危，爾輩萬死何足塞責。」不得已，乃上馬，而足戰不能跨。左右扶上，北出朱雀門，所執馬鞭三墜地。《三朝北盟會編》卷七十。

10 車駕出幸軍前，時何㮚自謂折衝有術，對虜使歌曰：「細雨共斜風，日日作輕寒。」左右及虜使皆笑。《三朝北盟會編》卷七十四。

11 何㮚初主議不割地。既而守城事敗，自謂宗社將危。後聞金人講和，反傾意信之，從車駕見二酋，割兩河地申降於虜。可謂主辱臣死之時也。㮚歸都堂，曾無愧色，見執政但喜講和而已。與作宴會，飲酒食肉，談笑終日。《三朝北盟會編》卷七十一。

12 〔何㮚〕在虜營題絶句云：「念念通前劫，依依返舊魂。人生會有死，遺恨滿乾坤。」……後秦檜自虜中來，言㮚死矣。《三朝北盟會編》卷八十七。

13 靖康中，何文縝初相，虜再犯京師，康王在河北，文縝請以帛書拜王爲大元帥，淵聖可之。文縝既北去，御筆藏於其家。紹興中，文縝之弟椝持詣秦丞相，乞進於朝。秦方主和，惡聞其事，抑不奏。秦死，椝知萬州，乃申建康，乞會申王府御筆所在，秦氏取而還之。淳熙十二年，洪端明領史院，請下隆州索其書，編於《中興日曆》。椝子通判邛州事令修以聞，詔付史館，遷令修一秩，知邛州云。《建炎以來朝野雜記》甲集卷八。

耿南仲

1 元祐初，滕章敏帥定武，時耿晞道南仲爲教授。偶燕集郡僚，章敏席間作詩，坐客皆和，獨晞道辭云：「某以經義過省，不習爲詩。」章敏之婿何洵直，滑稽名世，忽云：「熙寧中，裕陵後苑射弓，而殿帥林廣云不能。上詢其故，云臣本出弩手。」闔坐大笑。《揮麈餘話》卷二。

王孝迪

1 王孝迪領簇合犒設大金國金銀所，出榜，籍士庶所有之物。謂如此則免吾民肝腦塗地，不然則男子殺盡，女人虜盡，宮室焚盡，金銀取盡。其辭乖謬，不可具言，人謂之「四盡中書」，以比李鄴「六如給事」。《三朝北盟會編》卷三十。

陳過庭

1 〔陳過庭〕嘗爲右司使遼國，在朝無所附倚。徽宗嘗曰：「陳過庭中立不倚者也。」《名賢氏族言行類稿》

卷十一。

2 金人再犯京師，議割兩河，須大臣偕行。聶昌、耿南仲皆以事辭，〔陳忠肅〕公曰：「主憂臣辱，臣願效死。」欽宗揮涕歎息，留不遣。及城陷始行，二駕北狩，公已在河北，因留，不得歸，死于燕山。《宋名臣言行録》續集卷二。《讀書鏡》卷九。

3 靖康以來迄於建炎，使於金人而不返者至數人……陳過庭病且死，其卒自割其脅取肝爲羹以獻，冀愈過庭之疾。既死，以北俗焚之，其卒又自剔股肉投之於火，曰：「此肉與公同焚。」其感人如此。《三朝北盟會編》卷二百二十二。

聶昌

1 見王黼3。

2 〔聶〕昌，舊名山，上嘗夢爲兩日所逼，乃改「山」爲「昌」以厭之，人皆莫曉其意。或謂：欲用山奉使金國，乃改賜名。又曰：上一日謂聶山曰：「山大物也，何以爲名？」山曰：「臣素慕周昌爲人，乞改名『昌』。」於是奉御筆改名「昌」。《三朝北盟會編》卷五十一。

3 靖康遣聶山割三鎮與金人請和，三鎮之民不肯左袒，群起毆山至死，而朝廷或傳其生。詞臣行加恩詞云：「風寒易水，知士去之不還；日遠長安，怪人來而未至。」《誠齋詩話》。

李　回

1 李少愚回參政，建康人，所居在秦淮畔。年二歲，因家人拜掃登舟，乳母懷抱間，失手墜水中。水急不可尋，舉舟號慟。至明日，有漁舟聞哭聲，問知其故，即舟中取一兒還之，乃少愚也。曰：「夜來遥望灘上，數人附火，就視之，但見一嬰兒卧地上，四面火環繞。意謂魍魎竊取，故抱得之。」《夷堅甲志》卷七。

种師道

1 見种世衡15。

2 种彝叔，靖康初以保静節鉞致仕，居長安村墅。一夕，旌節有聲，甚異，旦而中使至，遂起。五代時，安重誨、王峻皆嘗有此異，見《周太祖實録》，二人者皆得禍。彝叔雖自是登樞府，然功名不成，亦非吉兆也。方彝叔赴召時，有華山道人獻詩曰：「北蕃群犬窺籬落，驚起南朝老大蟲。」《老學庵筆記》卷三。

3 師道承召命……入京師……上乃令師道與〔李〕邦彦於政事堂共議其事。師道見邦彦……曰：「聞城外居民悉爲賊殺掠，畜産多亦爲賊所有。當時聞賊來，何不悉令城外百姓撤去屋舍，搬畜産入城，遽閉門？以爲賊資，何也？」邦彦曰：「倉卒之際，不暇及此。」師道又笑曰：「好慌，好慌。」左右皆笑。又曰：「公等文臣，腰下金帶，不能自守，以與虜人。若虜要公等首級，如何？」邦彦不能對。《三朝北盟會編》卷三十。

4　師道受命出巡城……令驍勇數輩出城，得金虜三人至，則令言軍中事。其一不肯言，師道令斬之。又問其次，遂恐懼，明言軍中事。其一破其腹以驗所食之物，腹中無他，唯豆耳。師道語其衆曰：「賊糧已匱，可以殄滅。」乃遣一人還軍中，使道其事，賊軍大驚，於是決意求和。《三朝北盟會編》卷三十。

5　金使王汭素頡頏，方入對，望見公，拜跪稍如禮。上顧笑曰：「彼爲卿故也。」《宋名臣言行録》續集卷二。

6　姚平仲謀劫虜寨，欽廟以詢种彝叔，彝叔持不可甚堅。及平仲敗，彝叔乃請速再擊之，曰：「今必勝矣。」或問：「平仲之舉爲虜所笑，奈何再出？」彝叔曰：「此所以必勝也。」然朝廷方上下震懼，無能用者。《老學庵筆記》卷四。

7　老种太尉師道，預知金賊反覆，上進二詩，多爲張大太尉者收藏，不達。已備言大、金連結情狀，後果叛盟。詩曰：「外塞胡兒裏黨臣，勾連數衆赴京城。團團闊闊孤平寨，不識皇家王氣星。」又云：「飛蛾視火殘生滅，燕逐群鷹命不存。從今一掃胡兵盡，萬年不敢正南行。」後金人奔突犯闕，皆如其言。《侯鯖録》卷七。

姚平仲

1　姚太尉平仲，字希晏，靖康初在圍城中，夜將死士攻敵營，不利，騎駿騾逸去，竟不出。後有見之於丈人觀道院，亦年近九十，紫髯長委地，喜作草書。《東南紀聞》卷二。

2　姚將軍，靖康初以戰敗亡命，建炎中下詔求之不可得。後五十年，乃從呂洞賓、劉高尚往來名山，有見之者。放翁感其事，作詩《題青城山上清宮壁間》，云：「造物困豪傑，意將使有爲。功名未足言，或作出世資。姚公勇冠軍，百戰起西陲。天方覆中原，殆非一木支。脱身五十年，世人識公誰。但驚山澤間，有此熊豹姿。」《庶齋老學叢談》卷二。

吴革

1〔吴〕革自車駕出城，飲食坐卧未嘗少忘，每食屢廢匕箸。有泛埽者，革止之曰：「主上蒙塵，而臣子欲潔其居耶！」《三朝北盟會編》卷八十四。

2 初，駕出不得還，户書梅執禮置二十七所，皆託以彈壓賑濟爲名，其實招集材勇之人，欲以救駕。有陝西統制官吴革，實一所之數，在京監糶官米。……欲爲奪駕之計。初，五日内親事官數百人聞立張邦昌，以不忍屈節異姓，先殺妻孥血屬，焚其居以應，爲徒中所告，左言、范瓊領兵追革至朱雀門，詐呼與之謀曰：「吴統制，你隻手偃黄河，此事得自家門共議。」革聞，以謂二人率兵助己，乃下馬欲與之語，瓊乃執革，並其子皆斬之。《三朝北盟會編》卷八十四。

翁彦國

1〔翁〕中丞名彦國，建之崇安人。二帝北狩，僞楚張邦昌僭帝號。邦昌欲迎康王，計猶豫未決。公自鄉郡爰提兵勤王，道中得邦昌書。其外書書示翁，其書中有「忍死權就大事」之詞。翁密視，遂答邦昌書，大稱邦昌以「太宰閣下」。其略曰：「愕視封題，不敢拆視，幸先爲道路所發。今相公謂有其迹而無其事，不可也；謂有其事而無其志，不可也。且謂迎延福宮之文，雖微示人以意，安知不爲新都之漸，力請貶去僭號，早迎康王。不然，勒兵十萬見公于端闈，不得施東閣之恭矣。」邦昌懼外兵浸入，遂決迎康王策，府庫皆稱「臣邦昌謹封」。公爲李丞相綱姻亞，李之用公，本以才選。李既罷政，浮溪汪氏行制詞，醜詆李公，目爲「群小之宗」。至行翁制，亦謂「汝本茶山駔儈之徒」。先是，翁已六世收科，非駔儈也。茶山，翁所居百里而遥。浮溪汪氏本爲秦檜所知，李公得政，不甚薦用汪，汪疑爲翁所譖，故極力詆之。《四朝聞見録》乙集。

吕好問

1 見吕希哲14。

2 上再幸虜營，命吕公等入城撫諭。……上請者，或於尚書省中謂上爲廢帝，公怒形於色曰：「聖人全德，天下歸往，何嘗廢乎？」其人曰：「盍稱乾龍皇帝乎？」公曰：「亦非也，君父位號，豈可擅改？」一坐聳服。……有請改年號者，公力争之。有移文必去年號，公不能止，但自行文字必稱靖康二年。《三朝北盟會編》卷一百三。

3 見張邦昌12。

4 見張邦昌13。

5 見吕本中1、2。

6 吕好問爲右丞，特賜金帶。高宗面諭曰：「此帶朕自視上方工爲之。」蓋特恩也。《老學庵筆記》卷一。

吕本中

1 「金虜焉知鼎重輕，指蹤原是漢公卿。襄陽只有龐居士，受禪碑中無姓名。」人云吕本中居仁詩也。而其父好問，在圍城中預請立張邦昌之人，遂爲僞楚門下侍郎。有無名子大書此絶於常山縣驛，云吕本中罵厥頑之作云。《雞肋編》卷上。

2 吕居仁嘗有一絶，云：「胡虜那知鼎重輕，禍胎元自誤公卿。襄陽耆舊推龐老，受禪碑中無姓名。」後有人題於館驛壁上，仍注其下云：「此吕本中嘲厥祖之作。」見者無不大笑，蓋吕之父嘗聯名立僞楚故也。《捫蝨新話》卷八。

3 見劉子翬1。

4 阮裕云：「非但能言人不可得，正索解人亦不可得。」吕居仁用此意作詩云：「好詩正似佳風月，解賞能知已不凡。」《老學庵筆記》卷三。

5 見晁説之10。

陳東

1 陳東，靖康間嘗飲於京師酒樓，有倡打坐而歌者，東不顧。乃去倚欄獨立，歌《望江南》詞，音調清越，東不覺傾聽。視其衣服皆故弊，時以手揭衣爬搔，肌膚綽約如雪。乃復呼使前，再歌之。其詞曰：「闌干曲，紅飆繡簾旌。花嫩不禁纖手捻，被風吹去意還驚。眉黛蹙山青。鏗鐵板，閑引步虛聲。塵世無人知此曲，卻騎黄鶴上瑶京。風冷月華清。」東問何人製，曰：「上清蔡真人詞也。」歌罷，得數錢下樓。亟遣僕追之，已失矣。《夷堅甲志》卷七。《苕溪漁隱叢話》前集卷五十八。《詩話總龜》後集卷四十。《青泥蓮花記》卷二。《堯山堂外紀》卷五十六。《堅瓠壬集》卷三。《詞苑叢談》卷十二。案：《苕溪漁隱叢話》後集卷三十八引《復齋漫録》記爲宣和中太學士人聞女仙歌。

2 陳東少陽，京口人。宣和、靖康間爲太學生，上書攻詆六賊，天子嘉其忠，命之以官，弗受。建炎中興，以直言召至行在所，未得見。又三上書，首排柄國之臣，謂不足共大事。汪伯彦、黄潛善怒之，力請誅殛，遂身膏東市。後天子感悟，追贈京秩。紹興四年，再贈朝奉郎祕閣修撰，仍官其子弟，錫之土田，以恤其家。東少負氣節，有憤世嫉邪之志。在太學時，嘗因大雪與同舍生飲初筮齋，酒酣約聯句爲樂，公獨爲古詩一篇曰：「飛廉强攪朔風起，朔雪隨風灑中土。雪花著地不肯消，萬億蒼生受寒苦。天公剛被陰雲遮，世人凍死如亂麻。人間愁歎之聲不忍聽，誰肯採掇傳説聞達太上家！地上賤臣無言責，私憂過去如杞國。遏雲直欲上天門，首爲蒼生訟風伯。天公儻信臣言憐世間，開陽闔陰不作難，便驅飛廉囚下酆都獄，急使飛雪作水流潺潺，東方出日還照耀，坐令和氣生人寰。」又爲律詩三十韻，有「山岳遭埋没，乾坤著蔽蒙。已成堆積勢，還費掃除功」之句，皆有深意。被收之日，視死如歸，則東之志操，在此詩見之矣。《梅磵詩話》卷中。

3 予嘗得〔陳〕東將臨刑家書手蹟，時猶在神霄宮，墨行整整，區處家事，皆有條理，自知頃即受戮，略無慘戚戰慄之狀，蓋東漢人物也。《四朝聞見録》乙集。

4 陳東，字少暘，太學生。所上封事主李伯紀丞相，力詆汪、黃。建炎元年，死於應天府。被逮之際，作遺書寄其家，區處後事甚悉。……少暘初不識李丞相，李念「伯仁因我而死」，祀之家廟。《清波雜志》卷五。

5 李猷，字嘉仲，一字獻夫，鄞人。……少陽已死於市，猷哭於館所，爲位祭且祈曰：「少陽以忠諫死，勁節英氣，當不與草木同腐。吾欲收少陽歸葬先塋，恨無由知之，少陽有靈，其啟我心。」越一日，得之具棺衾焉。又一日，得其元，面如生，合而斂之，欲買舟東下，會其鄉人胡中行從太學來，欲求護柩。猷服其義，併以行李付之。《延祐四明志》卷四。《湧幢小品》卷二十。

6 今登聞鼓院，初供職吏，具須知單狀，稱：「本院元管鼓一面，在東京宣德門外，被太學生陳東等擊碎，不曾搬取前來。」《齊東野語》卷八。

7 丹陽有陳少陽先生祠，祀太學陳東也，鐵鑄汪伯彥、黃潛善，赤體跪庭下，長可三四尺，泥苔滅膝，推不可動。嘉靖戊戌，南安鄭普以無錫令入爲南户部，舟泊祠下，登堂瞻拜，守祠者出紙筆求聯名，普題云：「一片忠肝，千古綱常可託；荒庭屈膝，平生富貴何爲。」二像應筆而仆，頭抵階石，石爲斷。《樵書》二編卷九。《堅瓠餘集》卷二。

馬伸　何兑

1 明清《揮麈餘話》載馬伸首陳乞立趙氏事，後詢之游誠之，凡言與前説各有異同者。今重録其所記於後。靖康初，秦檜爲中丞，馬伸爲殿中侍御史。一日，有人持文字至臺，云：「金軍前令推立異姓。」秦未及應語之間，馬遽云：「此天位也，逆金安得而易！今舍趙氏其誰立？」秦始入議狀，連名書之。已而，二帝北狩，秦亦陷金，獨馬公主臺事，排日以狀申張邦昌云：「伏覩大金以太宰相公權主國事，未審何日復辟？謹具申太宰相公，伏乞指揮施行。」至康王即位日乃止。有門弟子何兑者，邵武人，字太和，嘉王榜登第，少師事馬公。其後，秦檜南歸，擅立趙氏之功歸己，盡掠其美名，取富貴，位極公槐，勢冠今古。何公常太息其師之事湮没，欲辯明其忠。每引紙將書，輒爲其子所諫，以謂秦方勢燄震主，豈可自蹈危機，掇家族之禍。然何公私自爲《馬公行狀》一通，常在也。紹興甲戌，以左朝奉郎任辰州通判將滿，一夕，忽夢馬公衣冠相見，與語如平生親。既寤，喻其子曰：「馬先生英靈不没，齎恨九京，如此有意屬我乎？」掛其遺像，哭之。其子鎬哀勸不從，因告其父曰：「俟斯人死，上之未晚。」太和曰：「不然，萬一我先死，瞑目有餘恨。後日當受代。」即手書一狀聞於朝，其詞尤委曲回互，但云「自太師公相陷金之後，獨殿中侍御史馬伸，排日以復辟事申邦昌」云云。且以所作行狀繳納，乞付史館立傳，以旌其忠。入馬遞馳達，然後解組以歸。秦得之，怒，凡一路鋪兵悉遭痛治，仍下廷尉，追捕何公甚急。獄吏持文移至邵武，而太守張姓者，驚愕罔措，就坐得疾，越翌日始甦，扶掖至廳事，才啓封視牒，則所追者左朝奉郎何兑也。方遣吏往村落追赴以行。既對吏，而柏臺老吏已先在棘寺，但謂「靖康雖有馬伸爲殿院，未嘗聞有此狀也」。令臺吏勒軍令狀，棘寺以上書不實，擬降一官，罷前任。思陵重違檜意，聖語曰：「所擬太輕，特追兩官，羈置英州。」蓋紹興甲戌歲也。後一年乙亥，檜死日，御批何兑所犯，委是寃枉，令有司別定，遂復元官，放逐便，仍理元來磨勘，爲左朝散郎。何在貶所皆無恙，歸至里門，遇親戚相見，喜馬公之事明白，一笑病發。朝廷雖欲用之，弗果；僅能食祠官之禄一年而已。《玉照新志》卷三。參見秦檜14。

喻汝礪

1　喻汝礪，三嵎人，靖康初爲祠部外郎。僞楚之僭，集議祕省，簪弁怔慴，喻獨捫其膝曰：「此豈易屈者哉！」即日掛冠去。於是以「捫膝」自號。《桯史》卷十四。《困學紀聞》卷十三。《宋詩紀事》卷三十九。

上官悟

1　見蔡京109。

李若水

1　李忠愍公若水爲大名府元城縣尉日，有村民持書一封，公得書讀竟，即火之。詰其人何所從來，對曰：「夜夢金甲將軍告某曰：『汝來日往縣西逢著鐵冠道士，索取關大王書，下與李縣尉。』既而如夢中所見，故不敢隱。」公以其事涉詭怪，遂縱其人弗治。因作絶句記之曰：「金甲將軍傳好夢，鐵冠道士寄新書。我與雲長隔異代，翻疑此事太空虛。」公初以書付火之時，母妻子弟驚訝求觀弗獲，獨見其末曰「請康禍有端，公卒踐之」之語。其後二聖北狩，公抗節金營，將死而口不絶駡。《獨醒雜志》卷八。《三朝北盟會編》卷八十二。

2 初，朝廷欲遣使金國，以租賦贖三鎮，令侍從、臺諫各舉三人。有舉太常博士李若冰者，上召見，惡其名若冰，上曰：「若猶弱也，冰猶兵也，兵不可弱。」遂賜名若水。《三朝北盟會編》卷五十二。《宋名臣言行録》續集卷三。

3 李若水見粘罕於榆次縣。……國相〔粘罕〕曰：「使、副們何處人氏？在鄉里時以何爲生？」若水曰：「某乃洺州人。」〔王〕履曰：「某乃汴都人。」若水曰：「某等在鄉井時，皆以讀書爲活。」國相謂履曰：「副使既知書，何故作右官？」履曰：「讀書無成，乃因武弁。」國相舉詩一聯：「近來漸覺家風好，兒讀書聲女織聲。」若水曰：「敢問國相元帥仙里，台眷安在。」國相顰眉曰：「祖鄉在瀋州，骨肉昨因契丹征遼東時皆被害，近方得一小女子。」履曰：「以此見兵革豈是好事。」履又曰：「陶淵明所謂『弱女雖非男，慰情良勝無』。」國相目屬履久之。《三朝北盟會編》卷五十五。

4 吏部侍郎李若水之出使也，修武郎王履副之。若水至軍前，罵聲不絶，粘罕擊之，面目爲傷，若水氣悶仆地，良久乃甦。粘罕使人監視，日三飯之，若水絶不食。粘罕怒，囚之。若水母張氏聞變，哭且言曰：「吾子死難必矣。」至是，粘罕再召若水，若水歷數失信五事，肆駡不已。粘罕大怒，即圜丘下敲殺之。若水將死，奮駡愈切，軍中相謂曰：「大遼之破，死義者十數。今南朝惟李侍郎一人而已。」《大金國志》卷五。

5 李侍郎若水，靖康二年金人攻陷太原，屢以講和割地爲説，耿南仲之徒力主和議。正月，上如青城，金人請上相見。二月，上皇、帝后如青城，俱留金營，尼嗎哈逼上易服，若水叩頭流血，固争不可，若水死之。金人曰：「我破大遼，死義者十數；南朝惟見李侍郎一人而已。」《言行龜鑑》卷八。

6 公臨死，爲歌詩一首，其卒章曰：「矯首問天兮，天卒不言。忠臣效死兮，死亦何愆。」人聞而悲之。《宋名臣言行録》續集卷三。參見王履3。

王履

1 見李若水3。

2 王履，字坦翁，開封縣人。……靖康元年八月，内宣召上殿，準敕武翼大夫充大金山西軍前和議副使，秘書少監李若水奉使大金山西軍前。……閏十一月三日到京城外，粘罕召公與若水飲曰：「且得到使、副們鄉中了。」遂舉觴以勸公等。粘罕曰：「奉使有勞，宜勸以酒。」若水歎曰：「某等才薄識淺，奉命議和，不能爲國家定大事，罪固宜死，酒不敢飲。」粘罕笑曰：「前言戲之耳！」公曰：「軍國大事，曷可爲戲。」遂以酒盃擲於地。粘罕大怒曰：「事至如此，尚敢如是。」公曰：「殺人以梃與刃，亦無異也。」粘罕曰：「一齊推去囚了。」公曰：「平生讀書忠孝事，死尚不惜，何懼囚也。」因被囚於沖虚觀。……公在郊臺邊被害時，神色不動，仰天長歎，念歌一首，只記臨後兩句道：「矯首向天兮，天卒無言。忠臣效死兮，死亦何愆。」聞之者莫不墮淚。……公與李若水被害時，斡離不見之歎曰：「南朝若人人得如此二子，豈有今日之事。」《三朝北盟會編》卷八十二。

3 〔王〕履臨被害，略無懼色，且歌詩，末章云：「矯首問天兮，天卒無言。忠臣効死兮，死亦何愆。」人聞而悲之。《大金國志》卷五。參見李若水6。

劉韐

1 劉韐始爲尉於洪之豐城，性不飲酒，飲則面色爲之烘然。時郡推官沿檄抵邑，能飲啖，與公同會，以諺語戲公曰：「小器易盈真縣尉。」答曰：「窮坑難滿是推官。」《苕溪漁隱叢話》後集卷三十六引《復齋漫録》。《宋詩紀事》卷一百。

2 公歷事二朝，軍旅事未嘗不在其間，意甚厭之。……宣和間鎮長樂，公以書生起白屋，一旦持帥節過家上冢，與親舊揮金把酒，勞問平生，留連旬日不忍去，閩人榮之。《宋名臣言行録》續集卷三。

3 靖康三年，北壁守禦官劉大資韐，金虜欲用爲樞密，不肯受。是夕，自書片紙家信曰：「貞女不事二夫，忠臣不事兩君。況主憂臣辱，主辱臣死，此予所以死也。」付指揮使陳瓘、劉玠，乘間入城，歸報諸子。闔户，以衣絛自縊而死。《詩林廣記》後集卷八。

傅察

1 公生而秀穎，異於他兒。十歲，不戲弄，誦書問學，晨夕不懈。《宋名臣言行録》續集卷三。

2 公忠孝得于天資，刻意好學，自少至壯，未嘗一日廢。初游場屋，同舍或出入飲博。客至，公獨在。初未爲異，後至，每如此，人方歎其修謹。《宋名臣言行録》續集卷三。

3 傅忠肅公察未廷試，蔡京輔政，賣弄威權，脅制中外。且陽示含容，誘以附己，堅欲以女妻公。遣其子與術士數輩踵視公，又託其姻與公相見，不從。識者謂公年少有氣識，未易量也。京銜之。《賢弈編》卷一。

4 公與蔣噩同爲接伴，遇敵人，噩等拜，獨公不屈，曰：「主上明若日月，何欲敗盟？南北敵國，安知非送死哉！我有死而已，膝不可屈也。」《宋名臣言行録》續集卷三。

傅自得

1 傅自得，字安道……建炎間隨母趙氏避亂南奔。參政李邴見所賦《玉界尺》詩，大異之，歸以女妻。《宋史翼》卷十二。

2 自得以母老，故仕宦未嘗出閩中。在漳判任，官舍有池亭，日奉母飲焉。忽珍禽彩羽數十，容與水上，母甚愛之。一旦飛去，母鬱鬱不飲數日。自得懼，與妻共禱於神，禽復來集……人以爲孝誠所感。《宋史翼》卷十二。

歐陽珣

1 初，公詣闕欲論事，時蓋靖康元年之冬，金勢方張甚。公道出豫章，會故人爲帥，甚公姑勿行，行且及禍。公歎曰：「吾平生患不得死所。國蹙如此，而謀國者日益鄙。吾將有所開説，説不合而死，是吾得死所矣，庸可避。」既被命赴金軍，即取告身文書，畀同年生戴特立曰：「持此歸報吾家，吾不生還矣。」

遂行。《宋名臣言行録》續集卷四。

滕茂實

1 滕茂實，字秀穎，吳人。初名裸，登政和第，徽宗改賜今名。靖康初，以太學正兼明堂司令，與路允迪、宋彦通奉使金國，割三鎮。太原尋奉密詔，據城不下，金人怒之，囚於雲中。淵聖北遷，茂實冠裳迎謁，拜伏號泣，請侍舊主俱行。不從，且誘之曰：「國破主遷，所以留公者，蓋將大用。」遂留之雁門。先是，自分必死，遂囑友人董詵以奉使黄旛裹屍而葬，且大書九篆字云：「宋使者東陽滕茂實墓。」復作詩，自敍云，……後竟以憂憤成疾，殂。北人哀其忠，爲之起墓雁門山，歲時致祭焉。《齊東野語》卷十一。《宋詩紀事》卷三十九。

趙　立

1 〔趙〕立知賊兵乘勝貪得，〔徐州〕城中弛備，鼓率殘兵，邀擊於外，斷其歸路，盡焚營壘，奪舟船金帛數千計。擾擊紛散四出，軍聲復振，盡團鄉民爲兵，歃血相誓，戮力平賊，退者必斬。立之叔扆，後期而至。立謂曰：「叔以我故亂法，何以臨衆？」促命斬之，威震諸軍，一鼓破賊。遁去，追躡，殺獲甚多。遂推立爲長。《揮塵後録》卷九。《宋名臣言行録》别集上卷十三。

2 杜充守建康軍兼淮南、京東宣撫使，命會兵楚州，〔趙〕立提忠義山寨鄉兵數萬人赴。……遂抵城下。楚人被圍久，聞立來，懽迎鼓舞。是時立中箭鏃，入舌下，堅不可取，命醫以鐵箝破齒鑿骨鈕去，移時乃出，流血盈襟。左右毛髮皆聳，而立顏色屹然不變。《揮麈後録》卷九。《宋名臣言行録》别集上卷十三。

3〔趙立〕兼知楚州。初，劉豫竊據鄆州，聞立在徐州，遣立故人葛進等三人賫書，誘令供賦税。立大怒，不撤封，斬之。至是，又遣沂州進士劉偲自鄆挾兩點兵持旗牓誘立降，且言金人大兵將臨，必屠一城生聚。立令拽出就戮，偲呼曰：「我非公故人乎？願公聞一言而就死。」立曰：「吾知忠義爲國，豈恤故人耶！」速令纏以油布，焚死市中，且表其旗牓于朝廷。於是立忠義之聲傾天下。《揮麈後録》卷九。《宋名臣言行録》别集上卷十三。

郭永

1 公天資雄爽，氣剛直，身長七尺，美鬚髯，望之如神人焉。杜充守大名，名甚盛，公晝數策遺之。一日見公，公問其目，曰：「未暇讀也。」公數充曰：「人有志而無才，好名而遺實，驕蹇自用，而有虚聲，以此當大任，鮮不顛沛，公等足與治乎？」充大慙。《宋名臣言行録》續集卷七。

石竧

1 粘罕初圍太原，有保正石竧起寨於西山，保聚村民，人甚衆且强悍。……由是粘罕遣大軍破而擒之……命釘之於車，剸刃於股，將欲支解之。竧頗節義，自持皇恩，素感忠赤，昂藏之概，傲慢之態，磊磊落落，絶無顧慮之念，生死鼎鑊之懼，鐵石忠貞不是過也。粘罕雖腥羶部落，不覺驚異，徐謂竘曰：「爾若降我，當命爾以官。」竘嫚罵曰：「爺是漢人，甘死不降番狗，你識爺麽？爺姓石，石上釘橛，更無移改。」竟爲賊所害。《三朝北盟會編》卷一百四十三。

程昌寓

1 〔程昌寓〕知蔡州。有進士陳味道，順昌人，與昌寓在學舍同筆研，有契。是時順昌府郭允迪已投拜金人，故遣味道詣蔡州説昌寓。味道至蔡州，以刺謁昌寓，昌寓同州官見之。味道叙拜禮，昌寓因留早飲，置酒五杯。而昌寓使人物色得味道隨行唯一紙被，内有檄文。昌寓大驚，即招州官聚廳，使擁味道至庭下，以不忠責之。味道祈哀，昌寓曰：「昌寓與公雖有舊，然事君之義固不當徇私。」以木驢釘之，即日凌遲於市。至是除京城留守。《三朝北盟會編》卷一百三十二。

何宏中

1 何宏中，字廷遠，先世居雁門。……宣和元年武舉，廷對第二名，調滑州韋城尉。汴京被圍，獨韋城不下。後爲河東、河北兩路統制。接應副使武漢英守銀冶路，立山寨七十四所。武漢英戰死，宏中堅守，以糧盡被擒。金人憐其忠，授以官，廷遠投牒於地曰：「我嘗以此物誘人出死力，若輩乃欲以此嚇我邪？」囚西京獄。久之，免爲黄冠，自號通理先生。起紫微殿，遷徽宗、東華君御容以事之。《齊東野語》卷十一。《宋詩紀事》卷四十。

賈公望

1 賈公望，字表之，丞相昌朝之孫，青之子。頃倅平江，時朱勔父子方出禁中，竊弄權柄，一時奔競之流，争持苞苴，唯恐無門而入。賈獨疾之甚，嘗有詩云……勔之子爲浙西路分司，有賜帶之寵，賈亦同時衣金紫服。旦日適相會於天慶，朱之虞兵因見賈所佩魚，熟視之。賈厲聲叱之曰：「此是年及得來，非緣花石之故。」左右皆錯愕。朱甚銜之，爲其所擠，賈竟停任。《中吳紀聞》卷五。

2 賈表之，名公望，文元公之孫也。資稟甚豪，嘗謂仕宦當作御史，排擊姦邪，否則爲將帥攻討羌戎，餘不足爲也。故平居惟好獵，常自飼犬。有妾焦氏者，爲之飼鷹鷂。寢食之外，但治獵事，曰：「此所以寓吾意也。」晚守泗州。翁彦國勤王不進，久留泗上。表之面叱責之，且約不復餉其軍。彦國媿而去。及張邦昌僞赦至，率郡官哭於天慶觀聖祖殿，而焚其赦書僞命，卒不能越泗而南。所試纔一郡，而所立如此。許、潁之間獵徒謂之賈大夫云。《老學庵筆記》卷二。《宋稗類鈔》卷三。

解　習

1 靖康中，有解習者，東州人。爲郎于朝，未嘗與人接談。虜騎南寇，擇西北帥守，時相以其謹厚不泄，謂沈鷙有謀，遂除直龍圖知河中府。習别時相云：「某實以訥於言，故尋常不敢妄措辭於朝列。今一旦付委也如此，習之一死固不足惜，切恐朝廷以此擇人，廟謀誤矣。」解竟没於難。世人以饒舌掇禍者多，而習迺以箝口喪軀，昔所未聞也。《揮麈後録》卷三。

張　榮

1　張榮，梁山泊魚人也，聚梁山泊，有舟師三二百人，常劫掠金人。杜充爲留守時，借補榮官至武功大夫，遥郡刺史。軍中號爲「張敵萬」。《三朝北盟會編》卷一百四十三。

李　鄴

1　李鄴歸自賊壘，盛談賊强我弱，以濟和議，謂：「賊人如虎，馬如龍，上山如猿，入水如獺。其勢如泰山，中國如累卵。」時人號爲「六如給事」。《三朝北盟會編》卷二十八。《宣和遺事》後集。

2　〔李鄴〕奉使還，云：「金人上馬如龍，步行如虎，渡水如獺，登城如猿。」時人目爲「四如給事」。《朱子語類》卷一百一。《宋稗類鈔》卷六。

王　寓

1　王寓新除尚書左丞，詔寓使於金國軍前，奉五輅而行。寓有懼色，門下客李允文假設八難以問，寓不能對。入見上，辭其行，不許，寓固請，且曰：「臣夢祖宗怒，以五輅奉金國。」上大驚，詰其故曰：「祖宗何故不賜夢與朕而與卿耶？」寓言：「臣受命而行，職在臣也，故祖宗賜之夢而驚焉。」上曰：「何以驗之？」寓辭窮。何㮚叱之曰：「王寓狂妄可退。」寓惶恐戰慄。異日，寓見上辨其事曰：「非臣之詐也，乃李允文教臣爲此語，且謂臣曰，不託以夢，不能免此行。」上怒之。其父易簡亦上章祈懇免行，乃降旨。《三朝北盟會編》卷五十二。

吴幵

1 京師中太一宮道士房，有楮結子如楊梅。徽宗車駕臨觀之，曰「擬梅軒」。李似矩、吴正仲皆有詩。正仲詩云：「陰陰緑葉不勝垂，著子全多欲壓枝。自得君王一留顧，故應雨露亦饒滋。」其二云：「五月霏霏雨不開，若耶溪畔摘楞梅。朱丸忽向雲窗見，疑是靈根越嶺來。」其三云：「誰將蜜漬借微酸，小摘曾聞飣玉盤。争似江南風致在，瓶紅初向緑陰看。」越州楊梅最佳，士人謂之「楞梅」。又北人以梅汁漬楮實，益以蜜，作假楊梅。故正仲後二篇皆及之。《能改齋漫録》卷十五。《宋詩紀事》卷三十四。

2 方金人欲廢趙氏，立張邦昌，令吴幵、莫儔傳道意旨，往返數四，京師人謂之「捷疾鬼」。《建炎時政記》卷上。《三朝北盟會編》卷一百五。《陔餘叢考》卷三十八引《建炎進退録》。《宋詩紀事》卷三十四引《靖康傳信録》。

3 靖康之末，二聖北狩，四海震動。士大夫救死不暇，往來賊中洋洋自得者，吴幵、莫儔二人，路人所知也。事定皆竄逐嶺外。秦會之爲小官時，幵在禁林，嘗封章薦之，疏見其文集中，稱道再三。秦繇此進用，後爲相，遂放二人逐便。幵，滁人也，内自愧怍，不敢還里，卜居于贛上。秦迺以其婿曾端伯慥知虔州。《揮麈餘話》卷二。

4 吴幵正仲家蓄唐以來墨，諸李所製，皆有之。云無出廷珪之右者，其堅利可以削木。《雞肋編》卷下。

莫儔

1 熙寧癸丑，先公登第，天子擢居第一，爲權臣所軋，故居第二，大父頗不平。湖州道場山有老僧，爲大父言：「此非人事。道場山在州南離方，文筆山也，低於他州，故未有魁天下者。」僧乃丐緣，即山背建浮屠，望之如卓一筆。既成，語州人曰：「後三十年出狀元。」大觀賈安宅，政和莫儔，相繼爲廷試魁。此吾家事，非誕也。《萍洲可談》卷三。

2 見吴幵3。

3 時諸公皆欲作真兩府，坐繡鞍重蓋，喝門下、中書、樞密者盈道，莫儔喝道者凡數百人。……事體一變，自知不可僥倖，乃入劄子乞免正官法，帶舊職兼權。於是撤繖去鞍，呵從稍減，人皆笑之。《三朝北盟會編》卷九十一。

熊彦時

1 汪伯彦、黄潛善爲相時，太學之士陳東以上書誅，既而高宗深悔之，贈東諫議大夫，而罷汪、黄二相。後趙鼎爲相，汪、黄有啓謝廟堂。鄱陽熊彦時叔雅爲趙客，代趙答之云：「一男子之上書，彼將焉罪；諸大夫曰可殺，公亦何心！」《誠齋詩話》。

郭京

1 郭京領六甲正兵七千七百七十七人，屯於天靖寺，時何㮚募奇兵五千，併屬於京。有士人上書孫傅，其畧以謂自古未嘗有以此成功者。……王宗濋信其術，薦之。令於殿前驗之，其法用一貓一鼠，畫地作圍，開兩角爲生死道。先以貓入生道，鼠入死道，其鼠即爲貓所殺。又將鼠入生道，貓入死道，貓即不見鼠云。……賊兵攻圍甚急，或告之，京頷笑而已，云：「擇日出師，便可致太平，直抵陰山而止。」其所招軍，但欲斫首，不必戰也。嘗上言，請檻車數十乘，欲出城檻致粘罕。其誕妄自信如此。小人以邱濬《感事》詩有「郭京揚適劉無忌，盡在東南卧白雲」之句，附會之以爲讖，人争從之。識者危之，爲之寒心，知其必誤國也。《三朝北盟會編》卷六十九。

許志仁

1 許志仁，龍舒之秀士，能詩善謔，早爲李伯紀之門賓。伯紀捐館，諸子延緇徒爲佛事，群僧請懺悔之詞于許，迺取汪彦章昔所行謫詞中數語以授之。僧徒高唱云：「朋邪罔上罪消滅，欺世盗名罪消滅。」如此者不一。諸子憤怒，詢其所繇，知出于志仁，詬責而逐之。《揮麈三録》卷三。

黄中輔

1 有稱中興野人，和東坡《念奴嬌》詞，題吴江橋上。車駕巡師江表，過而覩之，詔物色其人，不復見矣。「炎精中否，歎人材委靡，都無英物。胡虜長驅三犯闕，誰作長城堅壁？萬國奔騰，兩宫幽陷，此恨何時雪。草廬三顧，豈無高卧賢傑？　天意眷我中興，吾皇神武，踵曾孫周發。河海封疆俱効順，狂虜何勞灰滅。翠羽南巡，扣閽無路，徒有衝冠髮。孤忠耿耿，劍鋩冷浸秋月。」《泊宅編》十卷本卷九。《堯山堂外紀》卷五十七。案：《全宋詞》考「中興野人」爲黄中輔。

宋齊愈

1 徽宗一日召宋齊愈，謂曰：「卿文章新奇，可作梅詞進呈，須是不經人道語。」齊愈立進《眼兒媚》詞，曰：「霏霏疎影轉征鴻。人語暗香中。小橋斜渡，曲屏深院，水月濛濛。　人間不是藏春處，玉笛曉霜空。江南處處，黄垂密雨，緑漲熏風。」帝稱善。次日，諭近臣曰：「宋齊愈梅詞，非唯不經人道，又且自開花説至結子黄熟，並天色言之，可謂盡之矣。」《堯山堂外紀》卷五十五。《唐宋諸賢絶妙詞選》卷八。《堅瓠庚集》卷三。《詞林紀事》卷九引《宣和遺事》。

2 〔宋齊愈〕同王時雍等在皇城司聚議，乞立〔張〕邦昌，拜大金賜詔畢，書立狀，時雖時雍等恐懼，不敢填寫張邦昌姓名，而齊愈執筆，奮然大書「張邦昌」三字，乃自封其狀以示四坐，無不驚駭。《玉照新志》卷五。

《三朝北盟會編》卷一百十一。

顔博文

1　張邦昌既僭竊竄謫，謝高宗表云：「孔子從佛肸之召，蓋欲興周；紀信乘漢王之車，固將誑楚。」其黨顔博文之詞也。邦昌初立時，博文首上賀表云：「非湯、武之干戈，同堯、舜之禪讓。」其反覆如此。《誠齋詩話》。

2　靖康末，虜人立張邦昌。顔博文作赦書云「無德者亡，知謳歌之已去；當仁不讓，信歷數之有歸」等語，無非吠堯之辭，聞者駭愕。及以大寶歸，上表云：「孔子從佛肸之召，意在尊周；紀信乘漢王之車，誓將誑楚。」《野老記聞》。《宋稗類鈔》卷二。

3　顔博文，字持約，建炎中謫居賀州。平生好延方士，雖窮約不少倦。有客敝衣大冠，善飲酒，數過顔，輒出酒飲之。他日，邀顔出，行城外十里許，入深山，同坐石上，謂顔曰：「偶獲名酒，幸公同一醉。」袖出一瓢，取兩杯共酌。顔亦嗜酒，度各飲十四五杯，顧其瓢纔堪受升餘，而終日傾不竭，始異之，起再拜。道人曰：「子真可教，然子方居遷謫中，當有以給朝夕之費。」即取書一編，授顔閲之，乃唐圭峰長老宗密所注《周易參同契》也。中有化汞爲銀之法，暇日試之而信。後居廣州，每月旦望二七日，必詣海山樓，視漁舟所過，悉買魚蝦放諸海，或至費數千。朱丞相漢章時爲監司幹官，謂顔曰：「公未脱散地，俸入殊不多，何以繼此？」曰：「吾嘗得一鍛汞法，今數爲之。道流有過者，我館之，或經年，須其自去乃已。餘悉爲放生之具，此外一錢不敢妄用。」丞相求觀。顔令宿齋戒，逮旦而往。顔索水銀十兩，置釜中，取夾袋内紅粉末刀圭糁其上，以炭五斤燃之。少焉汞汁躍出，高數寸，乃復下，如是再三，則四面施炭，鼓鞴扇之。俄青焰上騰。曰：「可矣。」鉗出，擲下地，俟冷而稱之，得銀十兩，無少耗焉。《夷堅乙志》卷三。

4 顔持約流落嶺外，舟次五羊，作《品令》云：「夜蕭索。側耳聽，清海樓頭吹角。停歸棹、不覺重門閉，恨只恨、暮潮落。偷想紅啼緑怨，道我真箇情薄。紗窗外、厭厭新月上，應也則、睡不着。」《能改齋漫録》卷十七。

趙子崧

1 永昌陵卜吉，命司天監苗昌裔往相地西洛。既覆土，昌裔引董役内侍王繼恩登山巔，周覽形勢，謂繼恩云：「太祖之後，當再有天下。」繼恩默識之。太宗大漸，繼恩乃與參知政事李昌齡、樞密趙鎔、知制誥胡旦、布衣潘閬，謀立太祖之孫惟吉，適洩其機。吕正惠時爲上宰，鎖繼恩而迎真宗于南衙即帝位。繼恩等尋悉誅竄。前人已嘗記之。熙寧中，昌齡之孫逢登進士第，以能賦擅名一時。……逢素聞其家語，與方士李士寧、醫官劉育，熒惑宗室世居，共謀不軌，旋皆敗死。詳見國史。靖康末，趙子崧守陳州。子崧先在邸中剽竊此説，至是適天下大亂，二聖北狩，與門人傅亮等歃血爲盟，以倖非常，傳檄有云：「藝祖造邦，千齡而符景運；皇天佑宋，六葉而生眇躬。」繼知高宗已濟大河，皇懼歸命，遣其妻弟陳良翰奉表勸進。高宗羅致元帥幕，中興後亟欲大用，會與大將辛道宗争功，道宗得其文繳進之，詔置獄京口，究治得情，高宗震怒，然不欲暴其事，以它罪竄子崧于嶺外。《揮麈餘話》卷一。

蔣興祖女

1 靖康間，金人犯闕，陽武蔣令興祖死之。其女爲賊虜去，題字於雄州驛中，叙其本末，仍作《減字木蘭花》詞云：「朝雲横度，轆轆車聲如水去。白草黄沙，月照孤村三兩家。　天天去也，萬結愁腸無晝夜。漸近燕山，回首鄉關歸路難。」蔣令，浙西人。其女方笄，美顔色，能詩詞，鄉人皆能道之。《梅磵詩話》卷下。

張邦昌

1 崇寧間，望氣者上言，景州阜城縣有天子氣甚明，徽祖弗之信。既而方士之幸者頗言之，有詔斷支隴以泄其所鍾。居一年，猶云氣故在，特稍晦，將爲偏閏之象，而不克有終。至靖康，僞楚之立，踰月而釋位。逆豫既僭，遂改元阜昌，且祈于金酋，調丁繕治其故嘗夷鏟者，力役彌年，民不堪命，亦不免於廢也。二僭皆阜城人。《桯史》卷八。

2 見蔡京112。

3 張邦昌爲中書舍人使高麗，至明州謁東海廟，夜夢神告曰：「他日至中書侍郎，但不可爲秉國大夫。」後數年，當宣和末，果有鳳池之拜。《夷堅丁志》卷七。

4 僞楚張邦昌始爲中書舍人，夢乘太上輦，擁儀從出兩山間，居輦上回視，見二馬逐其後，能記其毛色也。後自燕山來，受僞封册，乃籍乘輿服御，回顧二馬則如夢。《鐵圍山叢談》卷三。

5 張子能夫人鄭氏，美而豔。張爲太常博士，鄭以疾殂，臨終與張訣曰：「君必别娶，不復念我矣。」張泣曰：「何忍爲此！」鄭曰：「人言那可憑？盍指天爲誓。」曰：「吾苟負約，當化爲閹，仍不得善終。」……後三年，張爲大司成，鄧洵仁右丞欲嫁以女，張力辭。鄧公方有寵，取中旨令合昏。成禮之夕，賜真珠複帳，其直五十萬緡。然自是多鬱鬱不樂。嘗晝寢，見鄭氏自窗而下，罵曰：「舊約如何，而忍負之？我幸有二女，縱無子，胡不買妾，必欲娶，何也？禍將作矣。」遽登榻，以手拊其陰。張覺痛，疾呼家人，至無所睹。自是若閹然，卒蹈奇變。《夷堅甲志》卷二。

6 張子龍妙齡甲科中第。鄉里宗氏，衣冠望族也，有女始笄，色冠一時，臠以爲婿。成禮之後，張雖少年文采，馳譽當世，而宗常有不足之色，坐是琴瑟不甚洽浹。張任太學博士，宗忽告曰：「吾某處之神也，嘗以過，罰爲人之室。歲滿合歸，幸毋以爲念，子行亦光顯矣。然有三事囑子：吾平時與子不甚叶，吾没之後，父母必來問吾既死之狀，慎勿揭吾面帛。其次，毋再娶。又其次，吾有二婢，人物不至陋，他日足以區處子之家事，勿令去。苟背吾言，吾將禍子不得其死。」言畢而逝。已而宗父母果來，張告以此，翁媪益疑焉，竟啓視之，乃如所畫夜叉，若將起攫人狀，衆懼而急覆之。未幾，擢侍從，益貴幸。一日登對，徽考語之曰：「卿婦死數年，爲何尚未娶？樞密鄧洵仁女甚美且賢，知經術，嘗隨其母入禁中，宮女呼爲鄧五經，朕當爲卿娶之。」張力辭以他，不可，已而言定鄧氏。鄧氏欲逐其二婢，張亦不得已又去之。合巹之夜，夫婦方結髮，忽火起牀下，幃幔俱燼。翌日，張奏廁，見故妻如死後狀，前搏子龍，遂殘其勢，自是張遂不能爲人。靖康末，竟以失節竄湘中，已而賜死于家。《投轄録》。

7 張邦昌以靖康元年爲少宰，奉使虜營。留頗久，夢一術士爲作卦影，而書十六字於後曰：「六六三十六，陽數自然足。二二二，不墜地。」明年南歸京師，受虜命爲楚帝，僭居宮闕者三十六日。及謫長沙，賜自盡，正建炎二年，而月日又有兩二字。縊於梁間，所謂不墜地也。《夷堅志補》卷十八。

8 金人策立張邦昌，策云：「無德而王，故天命假於我手。當仁不讓，知歷數在於爾躬。」餘皆不記。初金人建立張邦昌，遣人諭意。張邦昌陽爲涕泣，跪伏不受。《三朝北盟會編》卷九十六。

9 〔金人〕列拜於堦下，邦昌辭避，則曰：「陛下不受，臣拜見元帥必死。今日陛下乃昔日南朝天子也。」邦昌悚慄。邦昌僭立，呼拜迎引，皆金人爲之。初拜，邦昌回禮，一金人提其領，謂京城人曰：「看此一官家，一似前來底看。」邦昌入內，金人皆辭出。有衛士曰：「平日見伶官作雜劇，每裝假官人。今日張太宰卻裝假官家。」《三朝北盟會編》卷八十四。

10 邦昌既入尚書省，時〔王時〕雍等朝夕在側，應對之際便以陛下稱之。邦昌曰：「且休，恐人聞之皆笑我爾。」《三朝北盟會編》卷八十四。

11 〔張〕邦昌僭位之日，風霾日色薄而有暈，百官皆慘怛，邦昌亦變色。《大金國志》卷五。

12 或勸邦昌赦，呂好問曰：「赦書日行五百里，今四壁之外，並是番人，欲赦誰也？況公權攝，當俟復辟。」邦昌曰：「俚語錢大王肆赦，恐入李大王世界。」呂公曰：「錢氏猶有數州之地，五代之時非素有君臣之分，今日豈可比錢氏耶？」邦昌以爲然。《三朝北盟會編》卷八十九。

13 呂公入省中再見邦昌曰：「相公今日權宜濟難，須從初便做個痕跡，使人曉了。」邦昌曰：「當如何？」呂公曰：「虜中送來衣服，若遇虜使方可著。他時只與士大夫常服相見可也，今又不可用衛士排立，不可山呼。又有一事，相公不若只在會通門外閤子中安下，不要入禁中。先朝宫人，不可相見。如闕人使唤，親戚處借一兩婦人使唤可也。」邦昌曰：「外人豈敢帶他入去？」呂公曰：「勸相公不要入到裏面，恐衛士聞之憤怒也。」……虜人立邦昌，或勸坐紫宸殿、垂拱殿。呂公謂邦昌曰：「豈真個做乎！」邦昌矍然。《三朝北盟會編》卷九十二。

14 邦昌僭位三十三日，不御正殿，不受常朝，不山呼，不稱聖旨，不稱御。禁中諸門用鎖，題曰「邦昌謹封」。凡曉示文字不稱詔命。番使入朝則正坐，常朝則偏坐。百官入朝以平交禮相見，稱名稱諸公。《三朝北盟會編》卷九十三。《大金國志》卷五。

15 祐陵在端邸，有妾彭者稍惠黠，上憐之。小故，出嫁爲都人聶氏婦。上即位，頗思焉，復召入禁中。以其嘗爲民妻無所稱，但以彭婆目之，或呼爲聶婆婆，其實未有年也。恩倖一時，舉無與比。父黨夫族頗招權，顧金錢。士大夫亦有登其門而進者。逮二聖北狩，彭以無名位，獨得留内庭。虜人强立邦昌僭位之後，雖竊處宸居，多不敢當至尊之儀。服御之屬，未始易也。寢殿之邃，不敢履也。一夕，偶置酒，彭生乘邦昌之醉，擁之曰：「官家，事已至此，它復何言？」即衣之赭色半臂。邦昌醉中猶能卻，彭呼二三宫人力挽而穿之，益之以酒，掖邦昌入福寧殿，使宫人之有色者侍邦昌寢。邦昌既醒，皇恐而趍就它室，急解其衣，固已無及矣。邦昌卒坐此以死。《揮麈後録》卷四。

16 東京留守司鞫治華國靖恭夫人李氏公事。初，張邦昌既僭竊居福寧殿，李氏奉之，時以果實爲獻。邦昌亦厚答之，遂以養女陳氏竊侍邦昌。其後邦昌欲退歸府第，因其姊入禁中，乃留親隨人，易陳氏以出。邦昌出禁，李氏送至内東門，有語指斥乘輿。上聞之，命留守司同御藥院於内東門推治，李氏款服，且言邦昌用乘輿服御，及取陳氏奉。上宣諭曰：「邦昌敢居宫禁寢殿，姦私宫人，可以見其情狀有據。」李氏決脊降配軍營務名下爲妻。《三朝北盟會編》卷一百五。

17 張邦昌僭位，國號大楚。其坐罪，始責昭化軍節度副使，潭州安置。既抵貶所，寓居于郡中天寧寺。寺有平楚樓，取唐沈傳師「目傷平楚虞帝魂」之句也。朝廷遣殿中侍御史馬伸賜死。讀詔畢，張徘徊退避，不忍自盡。執事者趣迫登樓，張仰首，急覩三字，長歎就縊。《揮麈餘話》卷二。《宋稗類鈔》卷二。

廉布

1 廉宣仲高才，幼年及第，宰相張邦昌納爲婿，當徽宗時，自謂平步青雲。及邦昌得罪，而宣仲官竟不顯，病廢累年以死。其作《畫松》詩云：「獨倚寒巖生意絶，任他桃李自成蹊。」《甕牖閒評》卷三。

2 廉宣仲布，建炎初自其鄉里山陽避寇南來，所攜鉅萬。至臨安，寓居吴山之下。舍館甫定，而郡兵陳通等亂，囊槖悉爲劫掠，一簪不遺，夫婦徬徨。宣仲昔在京師爲學官日，與侍晨道士時若愚游，至是聞若愚用事賊間，姑往訪之。一見，甚篤綈袍之義。且云：「吾從盜所得寶貨盈屋。敗露指日，悉録於官矣。縱盡以與君，無憾，然度必不能保。今有兩篋，以授子。可亟去，此庶有生理。」又令二校防護出關而返。宣仲夫婦既倖脱厄，買舟趨霅川，來依外祖空青公。空青館置於所泊僧舍。宣仲，張子能婿也。外祖戲曰：「君真是没興徐德言矣。」按堵之後，啓篋視之，皆黄金也，計其所失，無毫釐之差。宣仲後坐媚黨擯不用，藉此得以自存焉。《揮麈餘話》卷二。

王時雍

1 舉〔張〕邦昌者，〔王〕時雍，乃蜀人也。其在蜀，爲市牙圖利。又王黼當國，時雍專爲鄉人納賂求差遣，時人謂之「三川牙郎」。其鄉人曰：「今又作賣國牙郎也。」《三朝北盟會編》卷九十七。

2 金人入寇，京城不守。〔王〕時雍盡搜取婦女予虜人，人號時雍爲「虜人外公」。《朱子語類》卷一百三十一。

劉豫

1 劉豫未貴時，一日，顧見一白龍現婦翁家大鏡中，但無鱗與角耳。後翁亦見此，乃以女妻之，資藉甚厚。及生二子，以「鱗」、「角」名之。或謂二子長，豫當大貴。《蠡勺編》卷十四。《秋澗集》卷二十一。

2 僞齊劉豫者爲小官時，夢至闕里拜仲尼，仲尼輒答其拜。又嘗夢拜釋氏，爲之起。因獨自負，遂果於僭。《鐵圍山叢談》卷三。

3 見張邦昌1。

4 〔劉豫〕少時，嘗盜同舍生白金盂子、紫紗衣，至是言者方發其夙醜。豫因上疏自明，上皇赦而不問。未幾，累章言禮制局事。上皇批云：「劉豫河北村叟，不識禮制。」遂黜爲兩浙廉訪。其謝表云：「孰云河朔村俗之人，來領浙右廉問之事。」議者謂豫怨望之迹已見於此。《三朝北盟會編》卷一百八十一。《大金國志》卷三十一。

5 天會八年，册劉豫爲大齊皇帝，都大名。諸門舊有巽齊、安流、順預之號，以門名色瑞，因取三市門名阜昌者建元。雖出於傅會，亦有數焉。《續夷堅志》卷二。

6 〔劉豫僭立〕册前妻翟氏爲皇太后，妾錢氏爲皇后。僞后錢氏，宣和間爲御侍，淵聖時出宫配使臣張保義，張爲賊虜，錢從賊，幾爲賊人所殺。賣身與豫爲針線婢，故舊在宫廷中，豫皆取法於錢。《三朝北盟會編》卷一百八十一。

7 有百姓失其姓名，酒醉，扣門嫚罵豫云：「劉豫，你是何人，要做官家，大宋何負於你。」豫又斬之。《三朝北盟會編》卷一百八十一。

8 劉豫建歸受館於宿州，招延南方士大夫。《三朝北盟會編》卷一百四十三。

9 僞齊劉豫既僭位，大饗群臣，教坊進雜劇，有處士問星翁曰：「自古帝王之興，必有受命之符。今新主有天下，抑有嘉祥美瑞以應之乎？」星翁曰：「固有之，新主即位之前一日，有一星聚東井，真所謂符命也。」處士以杖擊之曰：「五星非一也，乃云聚耳。一星又何聚焉？」星翁曰：「汝固不知也，新主聖德比漢高祖只少四星兒裏。」《寓簡》卷十。

10 劉豫僭號中原，不喜浮屠，僧徒莫不惶恐。忽西天三藏來，豫異待之，僧徒私自喜曰：「必能與我輩主張教門。」既引見，三藏拜於庭，贊者止曰：「僧不拜。」三藏答曰：「既見真佛，豈可不拜？」豫大喜，賜與甚厚。自後僧見並令拜，僧徒莫不憾之。《可書》。

11 兵士李英賣玉注椀與三路都統，豫疑非民間物，勘鞫之，知得之山陵中，遂以劉從善爲河南淘沙官，發掘古今山陵、民庶墳墓。求金虜、賊寇發棺，不盡者，及棺中水銀等物，以谷俊爲汴京淘沙官，發民間埋窨及無主墳墓中物。《三朝北盟會編》卷一百八十一。

12 〔劉豫〕在僞位八年，四民凡含齒戴髮，上自耆老，下至齠齔，微至倡優，無不日納官錢。以内廷種菜出賣，京師池塘，計荷葉數目，猥屑不可盡言。士民凡出語言稍涉時忌者，並許人告得其情，告者受賞，或遭誣，執告者免罪，由是小人得志，父子不敢隱語。如負擔相遇，或相問曰：「那裏去？」若應云：「南頭去。」便以亂道言語斬之。衣著稍或鮮麗，又以爲宋之頑民尚仍舊態，斬之。……豫初僭立，奔附者衆。識者譏之云：「濃磨一鋌兩鋌墨，畫出千年萬年樹。誤得百鳥盡飛來，踏枝不著空飛去。」《三朝北盟會編》卷一百八十一。

13 有梟數千，鳴於内庭，皆作「休也」之聲。〔劉〕豫惡之，命能捕獲一梟者，賞千錢。《三朝北盟會編》卷一百八十一。

14 〔劉〕豫拘於瓊林苑，常蹙額告撻懶云：「父子盡心竭力，無負上國，唯元師哀憐之。」撻懶曰：

「劉蜀王，劉蜀王，爾猶自不知罪過，獨不見趙氏少主出京日，萬姓燃頂煉臂，香煙如雲霧，號泣之聲聞十餘里。今廢了爾後，京城内無一人爲爾煩惱，做人猶自不知罪過。朝廷還爾奴婢骨肉，各與爾父子錢物一庫，煞好？」豫默然語塞。《三朝北盟會編》卷一百八十一。

劉　麟

1 〔劉豫〕軍之始行也，知臨汝軍宋著部夫到京，子麟以後期斬之，納其女於豫，繼斬使臣趙倚，語人曰：「已斬趙宋矣。」《三朝北盟會編》卷一百八十一。

孔彦舟

1 孔彦舟在鄂州授蘄黄州鎮撫使。中秋日，彦舟作筵會，東邊坐統制將官，西邊坐州縣官。早筵十二盞，每盞出四美人，穠纖長短大抵一般，又一般裝束，執板謳詞，凡四十八人。晚筵十二盞，每盞出四女童，如早筵，亦四十八人。器皿盡用黄金。議者謂臣庶之家在當時所未有。初，彦舟在潭州，與通判張瞻通家往還。瞻妻趙氏，宗女也，有姿色，彦舟悦之，離潭之日奪取趙氏而行。爲蘄黄州鎮撫使，每出獵，與趙氏聯轡而往，趙氏著銷金袍，束玉帶，戴尖風笠子，宛然如畫。彦舟專寵之。《三朝北盟會編》卷一百四十八。

李成

1〔李成受招安〕，令泗州進士許道作謝表，有曰：「恨非李廣之無雙，願效顔回之不貳。」有旨，爲文人婉順，先發赴行在。行至滁州白塔寺，成回，遂復反。《三朝北盟會編》卷一百三十二。

2〔李〕成在滁州，軍容甚整肅，官員、秀才許陳利害者，雖一句可採，必誦之於心而不忘，每發一言必中理。或問成：「天下何時可定？」成吟哦而言曰：「憑君莫問封侯事，一將功成萬骨枯。」問者心伏而退。《三朝北盟會編》卷一百三十二。

3 馬進陷臨江軍，閲視軍資庫，有撚金小盤龍紅袍段一，乃四川進御之物，以路不通寄留於庫中。進以爲李成受命之祥，遣人送成。成視之，長歎曰：「馬防禦不察成心耶！」即命焚之。《三朝北盟會編》卷一百四十四。

宋人軼事彙編卷二十九

汪伯彦

1 汪廷俊從梁才甫辟爲大名機幕，專委以修北京宫闕，凡五年乃成。歲一再奏功，輒躐遷數官。五年間，自宣教郎轉至中奉大夫，其濫賞如此。《老學庵筆記》卷一。

2 汪伯彦作西樞，有副承旨當唤狀，而陳牒姓張校尉，名與汪同，遂止呼張校尉。其人不知爲誰，久不敢出。再三喻令勿避，竟不敢言。既又迫之，忽大呼曰：「汪伯彦。」左右笑恐。汪駡之曰：「畜生。」遂累月不敢復出。《雞肋編》卷中。

3 汪伯彦初拜相於維揚，正謝上殿，而笏墜中斷，上以它笏賜之，非吉徵也。未幾，果有南渡之擾。《二老堂雜志》卷二。《齊東野語》卷十二。

吕頤浩

1 建炎末，吕丞相頤浩以勤王復辟之切，進登相位。嘗在中書怒一堂吏，命去其巾幘。吏對：「祖宗以來，宰相無去堂吏巾幘法。」公曰：「去堂吏巾幘當自我始。」吏不能對。《獨醒雜志》卷九。

2　公爲政喜用材吏，以其多出京、黼之門，恐爲言者所持，乃白於上，下詔戒朋黨，蔡京、王黼門人有材者聽舉用。《宋名臣言行録》别集卷二。

3　鄧璋德甫，永州人，鄉舉八行。忠宣謫永，館門下，教授諸孫。後過長沙，與故人蔣擴充之遇，蔣有送詩云：「高談耳冷幾經秋，邂逅長沙得少留。莫畏洞庭風浪險，主翁元是濟川舟。」蔣由是詩名播湖湘間。後零陵簿李良輔媚附蔡京，以蔣詩聞於上。蔣被貶竄，守倅舉鄧八行者皆譴詘，李借此進。靖康間，吕元直執政，良輔至堂干禄。吕偶記昔事，云：「爾非陷范忠宣者耶！」命左右毁其朝服。縉紳莫不快意。《過庭録》。

4　見馬純1。

5　建炎三年春，車駕倉卒南渡，駐蹕於杭。有侍臣召對者，既對，所陳劄子首曰：「恭惟陛下歲二月東巡狩，至於錢塘。」吕相頤浩見之，笑曰：「秀才家，識甚好惡。」《老學庵筆記》卷八。

6　見宋高宗26。

7　高宗南幸，舟方在海中，每泊近岸，執政必登舟朝謁。行於沮洳，則躡芒鞵。吕元直時爲宰相，顧同列戲曰：「草屨便將爲赤舄。」既而傍舟水深，乃積稻桿以進，參政范覺民曰：「稻稭聊以當沙隄。」《雞肋編》卷上。《西湖游覽志餘》卷二。《堯山堂外紀》卷五十七。《宋詩紀事》卷一百。

8　吕頤浩、范宗尹、王綯從車駕在海道，常鬱鬱不樂，游宴六鼇峯，以消憂感。《三朝北盟會編》卷一百三十六。

9 呂元直作相，治堂吏絶嚴，一日有忤意者，遂批其頰。吏官品已高，慚於同列，乃叩頭曰：「故事，堂吏有罪，當送大理寺準法行遣，今乃如蒼頭受辱。某不足言，望相公存朝廷事體。」呂大怒曰：「今天子巡幸海道，大臣皆著草屨行泥濘中，此何等時，汝乃要存事體？待朝廷歸東京了，還汝事體未遲在。」吏相顧稱善而退。《老學庵筆記》卷二。《宋稗類鈔》卷三。

10 呂頤浩喜酒色，侍妾十數，夜必縱飲。前户部侍郎韓梠，家畜三妾，俱有殊色，名聞一時。梠死，諸大將以厚賂取。呂用數千緡得一人，號「三孺人」，大寵嬖之。初則專預外事，公然交通韓氏，中外因以媒進。時呂已六十七歲矣。《宋名臣言行録》別集下卷一。《樵書》二編卷十。

11 見席益1。

12 呂丞相元直以使相領宫祠，卜居天台，作堂名「退老」，每誦少陵「窮老真無事，江山已定居」之句以自況。《雞肋編》卷下。

13 紹興九年，呂忠穆公薨於天台。陳國佐侍郎爲經營棺具，得於海上一富家，木極堅緻，有朱漆三字曰「呂安浩」，題於蓋上，蓋其主人姓名，與公名纔差一字。《夷堅志補》卷十。

范宗尹

1 范丞相覺民拜參知政事時，歷任未嘗滿一考。《老學庵筆記》卷三。

2 見呂頤浩7。

3　范覺民作相，方三十二歲，肥白如冠玉。旦起與裹頭、帶巾，必皆覽鏡，時謂「三照相公」。《雞肋編》卷中。《南宋雜事詩》卷三。《宋詩紀事》卷四十。

4　國朝宰相文潞公丙午生，元祐元年平章事，未有踵其後者。范丞相己卯生，建炎四年平章事，未有處其先者。《清波雜志》卷七。

5　范僕射宗尹爲參知政事時年三十一，拜相時三十二，卒時三十九。然有五子，皆已娶婦，兼有孫數人。論者謂其享年雖不永，而人間之事略備。豈物理亦有乘除也歟！《卻掃編》卷中。

6　范覺民爲相，事皆委之都司。而郎中王寓、萬格刻薄苛細，士夫多被其害，時爲之語曰：「逢寓多齟齬，遇格必阻隔。」《雞肋編》卷中。

7　紹興初，范覺民爲相，以自崇寧以來，創立法度例有泛賞……種種濫賞，不可勝述。其曰應奉有勞、獻頌可採、職事修舉、特授特轉者，又皆無名直與，及白身補官，選人改官，職名礙格，非隨龍而依隨龍人，非戰功而依戰功人等，每事各爲一項，建議討論。又行下吏部，若該載未盡名色，並合取朝廷旨揮，臨時參酌。追奪事件，遂爲畫一規式，有至奪十五官者。雖公論當然，而失職者胥動造謗，浮議蜂起。無名子因改〔東〕坡語云：「清要無因，舉選艱辛。繫書錢、須要十分。浮名浮利，虛苦勞神。歎旅中愁，心中悶，部中身。　雖抱文書，苦苦推尋。更休説、誰假誰真。不如歸去，作個齊民。免一回來，一回討，一回論。」至大字書寫貼於内前牆上，邏者得之以聞。是時，僞齊劉豫方盜據河南，朝論慮或摇人心，亟罷討論之舉。范公用是爲臺諫所攻，今章且叟奏稿中正載彈疏，竟去相位云。《容齋四筆》卷十五。《堅瓠癸集》卷一。《南宋雜事詩》卷六。

8 秦會之、范覺民同在廟堂，二公不相咸。虜騎初退，欲定江西二守臣之罪。康倬知臨江軍，棄城而走；撫州守王仲山以城降。仲山，會之婦翁也，覺民欲寬之，會之云：「不可，既已投拜，委質於賊，甚麽話不曾説，豈可貸邪！」蓋詆覺民嘗仕僞楚耳。《揮麈餘話》卷二。

9 見謝石3。

朱勝非

1 〔朱勝非〕爲鄧氏婿，後十許年，而夫人之堂妹歸張邦昌。既爲僚婿，公察其人，弗與交，邦昌雖執政亦未嘗造門也。邦昌憾焉，每當遷輒沮格。《三朝北盟會編》卷二百十三。

2 政和末，老蔡以太師魯國公總治三省，年已過七十，與少宰王黼争權相傾。朱藏一在館閣，和同舍《秋夜省宿》詩云：「老火未甘退，稚金方力征。炎涼分勝負，頃刻變陰晴。」兩人門下士互興譖言，以爲嘲謗。其後黼獨相，館職多遷擢，朱居官如故，而和人《菊花》詩云：「紛紛桃李春，過眼成枯萎。晚榮方耐久，造物豈吾欺。」或又譖於黼以爲怨懟。是時，士論指三館爲鬧藍。《容齋四筆》卷十五。《宋詩紀事》卷三十六。

3 靖康元年二月，朝廷遣張邦昌奉使斡離不軍前，邦昌請朱勝非同行。邦昌妻鄧氏，朱勝非妻之堂妹也。邦昌請勝非行，上俾勝非使於軍前計議。勝非疾趨之道中，即日上疏，論和議不可恃，劫質不足信，請大爲將來之防。《三朝北盟會編》卷二百十三。

4 靖康元年，予守宋城。閏十一月初，虜騎既破拱州，初七日遂抵郡城。前一夕，予夢有執盜於庭下者，形質魁岸，左目插矢，流血被體。既覺，頗異之。未曉，報虜寇至，即登城督戰。……賊首被金甲，仗劍往來指呼。予於要地伏弩俟之，果爲效用，邵雲者射中酋目，墜馬死，正如所夢。……又雷萬春廟有大赤蛇，盤於香鑪中，累日不動。時或舉首，人莫敢近。予作文遣吏祭之，切責其賊犯城不爲陰助，更出異物以怖人，何也？即日蛇出。與賊對壘踰半年，城竟獲全，實神之助也。《三朝北盟會編》卷二百十三引《秀水閒居録》。

5 朱丞相留守南京，虜寇來攻，方修守備。夜巡城至南門，見壕外光照地，冏然如燭。遣人視之，無物也，謹識其處。旦而掘之，得一銅方印，大徑寸，古篆四字，曰「朱勝私印」，銅色深緑，製作甚精。《夷堅丁志》卷七。

6 苗、劉之亂，勤王兵向闕，朱忠靖勝非從中調護，六龍反正，有詔以二凶爲淮南西路制置使，令將部曲之任。時正彦有挾乘輿南走之謀，傅不從，朝廷微聞而憂之，幸其速去。其屬張逵爲畫計，使請鐵券，既朝辭，遂造堂袖劄以懇，忠靖曰：「上多二君忠義，此必不吝。」顧吏取筆，判奏行給賜，令所屬檢詳故事，如法製造，不得住滯。二凶大喜，是夕遂引遁，無復譁者，時建炎三年四月己酉也。明日將朝，郎官傅宿扣漏院，白急速事，命延之入，傅曰：「昨得堂帖，給賜二將鐵券，此非常之典，今可行乎！」忠靖取所持帖，顧執政秉燭同閲，忽顧問曰：「檢詳故事，曾檢得否？」曰：「無可檢。」又問：「如法製造，其法如何？」曰：「不知。」又曰：「如此可給乎！」執政皆笑，傅亦笑曰：「已得之矣。」遂退，後傅論功遷一官。忠靖自書其事云。《程史》卷六。《三朝北盟會編》卷一百二十六引《秀水閒居録》。

趙鼎

1 趙忠簡公鼎初生時，其母夫人夢金紫偉人入其室，前有贊引者，喝曰「贊皇公至」。夫人驚寤，仿佛若有所見。未幾而忠簡公生焉。其後位宦功名多與〔李〕德裕合。最是德裕自東都分司貶潮陽，忠簡公亦自四明以散官安置于潮；德裕明年貶朱崖而薨，忠簡亦從朱崖而捐館，俱壽六十二。《坦齋筆衡》。《七修類稿》卷五十。

2 趙元鎮丞相未第時，嘗投牒索逋二百緡。其縣令曰：「秀才不親至，乃令僕來耶？」回判其牒曰：「某人同趙秀才出頭理對。」元鎮視其牒曰：「必欲趙秀才出頭乎？奉贈二百千。」遂置其牒。《北窗炙輠録》卷上。

3 金明縣道士自稱白雲片鶴，宋宣和初，游汴，見趙鼎，大呼曰：「中興名相。」人驚異之。他日，又遇鼎，曰：「吉陽相逢。」後鼎紹興五年爲相，有重名，晚竄吉陽，忽與白雲相見，白雲曰：「憶疇昔之言乎？公將歸矣。」未幾鼎果卒。《山堂肆考》卷一百四十八。《南宋雜事詩》卷一。

4 除御史范宗尹，言非故事。上曰：「朕除言官，即置一簿，攷其所言多寡。鼎所言四十事，已行三十六矣。」《宋名臣言行録》別集下卷四。

5 丙寅，賜劉光世銀帛二萬兩匹，爲渡江賞軍之費。先是，光世麾下有言光世將提兵過江，而幕客沮之，其意遂緩。簽書樞密院事趙鼎聞之，以書抵光世曰：「參謀諸公，久在幕府，必能裨贊聰明，共享富貴。固不可輕舉妄動，重貽朝廷之憂；亦安忍坐視不救，滋長賊勢，留無窮之患？」上聞之曰：「諭諸將當如此。」《建炎以來繫年要録》卷三十七。

6　金僞兵犯襄陽，京西招撫使李横，以食盡棄城遁，欲奔荆南以俟朝命，其屬趙棄疾、閻大鈞等，勸使歸朝待罪，横曰：「我以烏合之衆，所至自謀衣食，人皆指爲賊，萬一諸郡不見納，奈何？」二人曰：「我亦官軍也，何至是。」既而鄂帥劉洪道果拒之。横大怒，欲殺二人，皆呼曰：「江西帥趙樞密可歸也！」横未入，而公已遣米舟至，其衆遂安。公復以銀犒横之衆，且檄黄州守鮑貽遜迎勞於境，横大喜。《宋名臣言行録》别集下卷四。

7　紹興四年，趙鼎除知樞密院事，充川陝宣撫處置使。……申請數十條，皆不可行。如隨軍錢物須七百萬緡，勝非參告進呈，指此一項言：「臣昔聞玉音，趙鼎出使如張浚故事。浚自建康赴蜀，朝廷給錢一百五十萬緡，今鼎所須三倍以上，今歲郊恩所費不貲。」上曰：「奈何？」勝非曰：「可支三百萬緡，半出朝廷，已如浚數，半令所部諸路漕司應付。」上可之。既退，鼎詬怒云：「令我作乞兒入蜀耶？」《舊聞證誤》卷四引《秀水閒居録》。《三朝北盟會編》卷二百十六引《秀水閒居録》。

8　趙元鎮初相，喜用程伊川門下士，當時輕薄者遂有伊川三魂之目：謂元鎮爲尊魂；王侍郎居正爲强魂，以其多忿也；謂楊龜山爲還魂，以其身死而道猶行也。時龜山初亡，朱内翰震言於朝，恩數甚厚，故有還魂之目焉。《建炎以來朝野雜記》甲集卷八。

9 趙忠簡爲相，尹和靖以布衣入講，士大夫多稱託伊川門人進用，桐廬喻樗自選人除正字，中書王居正行誥詞。時號「伊川三魂」：鼎爲尊魂，居正爲强魂，楊時爲還魂。言時死而道猶行也。《吹劍録》。

10 趙元鎮好伊川程氏之學。元鎮不識伊川士資以進，反用妖妄眩惑一世，每拱手危坐，竟日無一言。或就之，則曰：「吾方思誠敬。」《邵氏聞見後録》卷十。

11 紹興中，趙元鎮爲左相。一日入朝，見自外移竹栽入内，奏事畢，亟往視之，方興工於隙地。元鎮詢誰主其事，曰内侍黄彦節也。元鎮即呼彦節，詬責之曰：「頃歲艮嶽花石之擾，皆出汝曹。今將復蹈前轍邪！」命勒軍令狀，日下罷役。彦節以聞于上。翌日元鎮奏事，上喻曰：「前日偶見禁中有空地，因令植竹數十竿，非欲以爲苑囿。然卿能防微杜漸如此，可謂盡忠。爾後儻有似此等事，勿憚，以警朕之不逮也。」《揮麈餘話》卷一。

12 趙相鼎，蒲解間人，起於白屋，有樸野之狀。一日拜相，驟爲驕侈，以臨安相府爲不足居，别起大堂，奇花嘉木，環植周圍。堂之四隅，各設大鑪，爲異香奇種。每坐堂中，則四鑪焚香，煙氣氤氲，合於坐上，謂之香雲。《三朝北盟會編》卷二百十六引《秀水閒居録》。《舊聞證誤》卷四。《宋名臣言行録》别集下卷一。《六研齋二筆》卷四。《南宋雜事詩》卷一。《茶香室三鈔》卷九。

13 趙忠簡公秉政日，使臣闞永堅亦西人，趨承云久，乃丐官淮上。貧不辦行，欲貨息女。公憐之，隨給所須。永堅乞納女，公卻之。請力，不得已姑留之。後永堅解秩還，公一見，語之：「爾女無恙。」永堅謂宿逋未償，公笑不答，且助資送費，囑求良配，遂歸監平江梅里鎮宗室汝霖。女言：「雖累年日侍丞相巾櫛，及嫁尚處子也。」《清波雜志》卷九。《宋稗類鈔》卷三。

14 見李綱12。

15 會稽士人有錢唐休者，頗有聲於時。趙丞相當國，人薦之者，方議除擢，會有邊報小警，視奏，目中適見其姓名，趙不悦曰：「錢唐遂休乎？」因置不用。後趙引折彦質爲樞密，其院中奏牘書名相次，人有譖之者，謂「趙鼎折」爲不祥，乃與錢事相類。《雞肋編》卷下。《南宋雜事詩》卷一。

16 建炎間，術者周生，觀人書字，分配筆畫，以知休咎。車駕自明駐杭，時虜騎驚擾之餘，人心危疑。執政戲呼周生，偶書「杭」字示之，周曰：「懼有警報，虜騎將逼。」乃拆其字，以右邊一點配木爲「朮」，下既爲「兀」。不旬日，果傳兀朮南侵。趙相、秦樞廟謨不協，各欲引退，二公各書「退」字示之，周曰：「趙公即去，秦必留。日者君象，趙書『退』字，人去日遠。秦書『人』字密附日下，『日』字左筆下連，而『人』字左筆斜貫之，蹤跡固矣，欲退得乎？」既而皆驗。《睽車志》卷四。

17 趙元鎮、秦會之同作左右相，客言有術者善相字，甚奇，二公令呼來姑試之，各書一「退」字視之。術者熟視久之，曰：「左相行須引去，右相且在中書。」二公問其故，曰：「左所書日下人遠，右書人向日邊。」已而果然。《投轄録》。

18 《夷堅庚志》書謝誠甫祖信任南牀日，論趙忠簡公不遺餘力，而謝爲趙之上客。《清波雜志》卷十一。

19 金人有許和之議，上與宰相議之，趙鼎堅執不可講和之説，秦檜意欲講和。……鼎議不協，遂罷宰相，出知紹興府。首途之日，檜奏乞備禮餞鼎之行。乃就津亭排列别筵，率執政俟於津亭。鼎相揖罷，即登舟。檜曰：「已得旨餞送，相公何不少留？」鼎曰：「議論已不協，何留之有？」遂登舟叱篙師離岸。

檜亦叱從人收筵。檜將歸，且顧鼎言曰：「檜是好意。」然舟已開矣。自是檜有憾鼎之意。《三朝北盟會編》卷一百八十四。《南宋雜事詩》卷一引《趙丞相行狀》。

20 趙吉陽元鎮鼎者，中興名宰相也。一日於行在所，因過三館食竟，語坐上：「頃一夕忽夢以罪貶海上，何耶？將無是乎？」於是諸館職學士争道其德而談休美，曰：「公爲國柱石，安得有此？」其間一二，輒又毅然更起，白吉陽：「某門下士也。藉第使如夢，則某等誓將乘桴而從公行決矣。」一時以爲金石美談，人故多之，而傳達於四方焉。未幾，吉陽去相位，俄廢黜於潮陽，後果徙海上。四年而趙吉陽死。是時獨有一王海康趯者，頗能爲流人調護，海上所無薪粲百物，海康輒津致之。又致諸家問，勤懇不少竇。厥後果爲人告訐，坐是免所居官，而海康勿怨也。當趙吉陽已死，王海康始受代罷歸。時過吾，吾亟訪海康：「曩聞三館之語甚美，今日有踐言者乎？君居雷州，雷州獨一路通海上，傍無他道。君又喜與流人道地，宜悉知之，願有所聞也。」王海康即笑謂吾曰：「寧有踐言者耶？雖吉陽親舊，曾弗睹一字之往來矣。」吾得此中心惄焉，爲之短氣。《鐵圍山叢談》卷四。

21 李衛公在朱崖，表弟某侍郎遣人餉以衣物，公有書答謝之，曰：……紹興中，趙忠簡公亦謫朱崖，士大夫畏秦氏如虎，無一人敢輒寄聲，張淵道爲廣西帥，屢遣兵校持書及藥石、酒麪爲餽。公嘗答書云：「鼎之爲己爲人，一至於此。」其述酸寒苦厄之狀，略與衛公同。既而亦終於彼。手札今尚存於張氏。《容齋續筆》卷一。

22 趙元鎮丞相謫朱崖，病亟，自書銘旌云：「身騎箕尾歸天上，氣作山河壯本朝。」《老學庵筆記》卷一。《宋詩紀事》卷三十六。

23 公在吉陽三年，門人故吏皆不敢通問。廣帥張宗元，時遣使渡海，以醪米遺之。〔秦〕檜令本軍月具存亡申省。公知之，遣人呼其子至，謂之曰：「檜必欲殺我。我不死，一家當誅，惟我死，爾曹無患。」乃不食而卒。四方人聞之，有泣下者。汾護喪歸，葬於衢州。守臣章傑，知中外士大夫平時與公有簡牘往來，至是又攜酒會葬，意可爲奇貨，乃遣兵官下縣，同縣尉翁蒙之以搜私釀爲名，馳往掩取。復疑蒙之漏言，潛戒左右伺察之。蒙之書片紙，走僕自後垣出，密以告汾，趣令盡焚篋中書及弓刀之屬。比官兵至，一無所得。公之家賴以紓禍。《宋名臣言行録》别集下卷四。《宋稗類鈔》卷三。

24 紹興中，趙忠簡還葬台州，常山郡將章傑，紹聖丞相章惇諸孫，雅怨趙公當國時奉詔治惇罪，又希〔秦〕檜旨，陽以善意檄常山尉翁君護其喪。一日下書君曰：「趙氏私爲酒，以飲役夫，亟捕寘之法。」而陰使人喻意，使併搜取趙公平日知舊往來書疏，欲以敗趙氏，快私憤，且媚檜取美官。翁君不可，則啗以利，又不可，則脅以威，往返再三。君度傑意壯，不但已，或更屬他吏，則事有不可爲者，即密告趙氏，夜取諸文書悉燒之，無片紙在。翌旦乃往搜捕者，而以無所得告。傑怒，又廉知君女弟適故胡寅，實當時草詔罪狀惇者，益怒，乃誣君他罪劾之。會胡公弟寧爲尚書郎，即具以其事白檜，檜乃悟爲傑所賣，下其事安撫使問狀，徙君旁郡。趙氏亦竟得無他，而傑遂廢不用。《宋名臣言行録》别集上卷十。

25 南渡之初，中原士大夫之落南者衆，高宗愍之，昉有西北士夫許占寺宇之命。今時趙忠簡居越之能仁，趙忠定居福之報國，曾文清居越之禹跡，汪玉山居衢之超化。《癸辛雜識》後集。

趙汾

1 秦檜擅權久，大誅殺以脅善類。末年因趙忠簡之子汾以起獄謀盡覆張忠獻、胡文定諸族。……初，汾就逮，自分必死，然竟不知加以何罪，囑其家曰：「此行無全理。脱幸有恩言，當於饋食中寘肉笑靨一，以爲信，毋忘！」既入獄，月餘無所問，亶日施慘酷，求死不可得。一日正晝，寘之闇屋，仰絣之，使視椽榱，偶見屋上一竅如錢，微有日影，須臾稍轉射壁上有一反字。汾解意，亟承異謀，遂得小梃，惟數晷以待盡。忽外致食于橐，滿其中皆笑靨，汾泣曰：「吾約以一，而今乃多如是，殆紿我。」既而獄吏皆來賀，即日脱械出，則檜聲鍾給賻矣。《桯史》卷十二。《西湖游覽志餘》卷四。《堅瓠辛集》卷一。《宋稗類鈔》卷二。

趙謐

1 楊東山言：某初筮爲永州零陵主簿，太守趙謐，字安卿，丞相元鎮子也。初參之時，客將傳言，待衆官退卻請主簿。客退，趙具冠裳，端坐堂上，凡再請，某不動，三請，某解其意，遂庭趨一揖，上階稟敘，逐一還他禮數。既畢，立問何日交割，稟以欲就某日。答云：「可一面交割。」一揖徑入，更不與言延坐。某退，而抑鬱幾成疾。以書白誠齋，欲棄官而歸。誠齋報曰：「此乃教誨吾子也，他日得力處當在此。」某意猶未平，後涉歷稍深，方知此公善教人，尚有前輩典刑。《鶴林玉露》乙編卷五。

張浚

1 張賢良君悦咸，家蜀綿竹，世以積德聞。紹聖初再試制科，宰相章惇覽其策，以所對不以元祐爲非，大怒，雖得簽書劍西判官以去，而科目自是廢矣。仕既不甚達，益篤意植嫩貤慶，以遺後人。嘗一日晝寢，夢神人自天降，告之曰：「天命爾子名德作宰相。」驚而寤，未幾而魏公生。時魏公之兄已名滉，君悦不欲更所從，乃字魏公曰德遠。《桯史》卷十二。

2 張賢良咸，漢陽人。應制舉，初出蜀，過夔州，郡將知名士也，一見遇之甚厚，因問曰：「四科優劣之差，見於何書？」張無以對。守曰：「載《孟子注》中。」因檢示之，且曰：「不可不牢攏之也。」張道中漫思索，著論成篇。至都，閣試六論，以此爲首題，張更不注思而就。主文錢穆父覽之大喜，過閣第一。……張即魏公迺翁也。《揮麈録》卷三。

3 政和末，張魏公自漢州與鄉人吴鼎同入京省試。徒步出大散關，遇暴雨，而傘爲僕先持去，無以障，共趨入粉壁屋内避之，敗宇穿漏，殆不容立。望道左新屋數間，急往造焉。老父出迎客，意色甚謹，縱觀客容貌舉止，目不暫置。二人同辭而問曰：「老父豈能相乎？」應曰：「唯唯。」魏公先指吴生扣之，笑曰：「大好大好。」而不肯明言。吴生指魏公曰：「張秀才前程如何？」起而答曰：「此公骨法，貴無與比。異日中原有變，是其奮發之秋，出將入相，爲國柱石，非吾子可擬也。」二人皆不以爲然，會雨止，即捨之去。明年，魏公登科，吴下第。《夷堅乙志》卷十二。

4 張魏公浚在京師，獨與趙鼎、宋齊愈、胡寅爲至交，寢食行止，未嘗相舍，所講論皆問學之力，與所以濟時之策。欽宗召涪陵處士譙定至京師，將處以諫職，定以言不用，力辭，杜門不出。公往見，至再三，開關延入。公問所得於前輩者，定告公但當熟讀《論語》，公自是益潛心於聖人之微言。《言行龜鑑》卷三。《自警編》卷一。

5 張魏公宣和中爲成都士曹，母卜冀夫人奉道，每日齋道人一員，不問所從來，或親出焚香加禮。嘗有一客至，歎曰：「夫人當有貴子，今安在？」曰：「見爲曹官，方在州倉納粟。」客徑往就謁，既相見，熟視不語。公呼小吏有所言，乃揖公起行數十步，即呼爲相公，拱白曰：「公之貴相在語聲與行步間。從此不十年，海内將亂，公當出入將相，掌握兵柄，爲國家立事建功。願自愛。」公竦然謝不敢當，客亟趨出，不暇扣其何處人、何姓氏也。所言既驗，每託蜀士陰訪求之，莫能得。後謫居和州，爲秦丞相所忌，必欲置諸死地，公絶憂之，未知所以自脱。此客忽排闥而入，望其儀貌，儼與三十年前無少異，迎語之曰：「吾昔求先生不可致，正爾牢落，肯惠然相顧，何耶？」客曰：「知公以時相爲憂，故來奉告，彼乃死人耳，何足慮？異時公當復舊物，福未艾也。」公長子欽夫栻出揖，客熟睨良久曰：「兩眼視物欲裂，好處正在阿堵中。他日爲西南帥臣，名滿天下。」時次子定夫杓方數歲，在寢未起，公曰：「尚有稚兒，欲丐題品，但正睡熟，不可唤覺。」客秉燭就視之，笑曰：「大有福，勝如哥哥，未易量也。」少頃告去，訖不復再見。《夷堅支志》景卷二。

6 靖康孫覿論太學生陳東誘衆伏闕爲亂，建炎黄潛善輩置東極刑。覿、潛善不足道也。張魏公亦奏胡瑆筆削東書，欲使布衣挾進退大臣之權，幾至召亂。遂以諷諭狂生，規摇國是，將瑆追勒編置。或謂魏公乃潛善客，瑆則李綱客也，因借此去之。《鼠璞》。

7　苗、劉作亂時，矯隆祐詔，貶竄魏公。高宗在昇暘宮方啜羹，左右來告，驚懼，羹覆於手，手爲之傷。暨復辟，見魏公，泣數行下。舉手示公，痕跡猶存。《鶴林玉露》乙編卷一。《宋稗類鈔》卷一。

8　苗、劉之亂，張魏公在秀州，議舉勤王之師。一夕獨坐，從者皆寢，忽一人持刃立燭後。公知爲刺客，徐問曰：「豈非苗傅、劉正彦遣汝來殺我乎？」曰：「然。」公曰：「若是，則取吾首以去可也。」曰：「我亦知書，寧肯爲賊用？況公忠義如此，豈忍加害！恐公防閑不嚴，有繼至者，故來相告爾。」公問：「欲金帛乎？」笑曰：「殺公何患無財！」「然則留事我乎？」曰：「我有老母在河北，未可留也。」問其姓名，俛而不答，攝衣躍而登屋，屋瓦無聲。時方月明，去如飛。明日，公命取死囚斬之，曰「夜來獲奸細」。公後嘗於河北物色之，不可得。《鶴林玉露》甲編卷三。《賓退録》卷三。《朱子語類》卷一百三十一。《何氏語林》卷二十一。《昨非庵日纂》二集卷三。

9　苗傅、劉正彦之亂，張魏公在秀州，謀舉勤王之師。苗、劉僞詔至，大赦，厚犒諸軍。公潛於府庫中尋舊詔書，令人馳往十數里外，易其詔。既至，令僚屬宣詔，但爲撫諭之詞，略張於譙樓，旋即斂之。大犒諸軍，群情賴以不摇。時張俊亦在秀州，公深結之。會韓世忠舟師亦至，公與世忠對哭。因饗俊、世忠將士，呼諸將校至前，抗聲問曰：「今日之事，孰逆孰順？」皆對曰：「賊逆我順。」又曰：「若浚此舉違天悖人，可取浚頭歸苗傅，不然，一有退縮，悉以軍法從事！」衆皆感憤。遂勒兵行次臨平，逆黨屯拒不得前。世忠等搏戰，大破之。傅、正彦遁入閩，追獲斬首。拜公知樞密院事，時年纔三十三。《鶴林玉露》乙編卷二。

10 建炎初，駕幸錢塘，而留張忠獻浚於平江爲後鎮。時湯東野適爲守將，一日聞有赦令當至，心疑之，走白張公。公曰：「亟遣吏屬解事者往視，緩驛騎而先取以歸。」湯遣官發視，乃僞詔也。度不可宣，而事已彰灼。卒徒急於望賜，懼有變，復謀之張公。公曰：「今便發庫錢示行賞之意。」乃屏僞詔，而陰取故府所藏登極赦書置輿中，迎登譙門，讀而張之，即去其階。禁無敢輒登者，而散給金帛如郊賚時。於是人情略定，乃決大計。《宋稗類鈔》卷三。《晦庵集》卷八十二。

11 見薛慶1。

12〔張〕浚駐於秦州……常會諸幕客，中有言，兵馬一集，可一埽金人盡浄者，浚大喜之。幹辦公事郭奔應聲曰：「不知是怎麽地一埽，用苕帚埽，爲復用埽帚埽？」一坐皆驚愕，浚亦默然。是時大舉之議已定。……浚見兵馬俱集，大喜，謂當自此便可以徑入幽燕，問曲端如何，端曰：「必敗。」浚曰：「若不敗如何？」端曰：「若宣撫之兵不敗，端伏劍而死。」浚曰：「可責狀否？」端即索紙筆責令狀曰：「如不敗，甘伏軍法。」浚曰：「浚若不勝，復當以頭與將軍。」遂大不協。金人屯於大封縣，相去八十里，而婁室孛堇方在綏德軍，衆請擊之，浚曰：「不可，大戰者當投戰書，約日會戰。」乃遣使投書，金人不報書。凡數往，浚大書於榜曰：「有能生致婁室孛堇者，雖白衣亦授節度使，賞銀絹皆萬計。」婁室孛堇自綏德軍來，移軍與官軍對壘，榜其軍曰：「有能生致張浚者，賞驢一頭，布一匹。」婁室孛堇率數十騎登山以望浚軍曰：「人雖多，營壁不固，千瘡萬孔，極易破耳！」浚猶遣使約戰，金人許之，至期輒不出兵以爲常。浚以婁室爲怯，且曰：「吾破虜必矣。」幕客有請以婦人巾幗之服遺婁室者。……金人得勝不追，所獲珍寶錢帛如山嶽，不可計。郭弈爲詩曰：「婁室大王傳語張老，謝得送到糧草。斗秤不留一件，怎生見得多少。」浚自愧輕舉無功，乃歸罪趙哲矣。或有以諸葛孔明比浚者，幕客或以爲譏而怒之。彼曰：「非敢譏也，孔明應變將略，非其所長，是以似之。」《三朝北盟會編》卷一百四十二。

13 張浚爲川陝宣撫處置使，每曰：「虜人猖獗，當一掃之。」有坐客叩曰：「不知用苕箒，惟復用掃箒？」浚默然。《可書》。

14 張浚自富平大敗歸，有郭奕者改韓昌黎《贈裴令公》詩贈之云：「荊山行盡華山來，日照關門兩扇開。刺史莫嫌迎候遠，相公親送陝西回。」《萬曆野獲編》卷二十三。

15 見郭奕2。

16 見曲端1。

17 見曲端3、4。

18 紹興初，張浚以宣撫處置，按行川、陝。至富川之敗，蜀諺曰：「一事無成，二帥枉死，曲端、趙哲。三軍怨恨，四川空虛，五路輕失，六親招擢，七書旋學，八位自除，九重怎知，十誠不會。」《可書》。

19 見李綱12。

20 初，公自淮西歸，與趙鼎同在相位，以招徠賢才爲急務，從列要津，多一時之望，人號爲「小元祐」。

《宋名臣言行録》別集下卷三。《讀書鏡》卷七。《南宋雜事詩》卷一引《歷代臣鑒》。

21 張魏公之出督也，陛辭之日，與高宗約曰：「臣當先驅清道，望陛下六龍夙駕，約至汴京，作上元帥。」〔岳〕飛聞之，曰：「相公得非睡語乎？」於是魏公憾之終身。《齊東野語》卷十三。《南宋雜事詩》卷一。

22 張魏公開建業幕府，有一術者來謁，取辟客命推算，術者云皆非貴人。公不樂曰：「要作國家大事，幕下如何無三五人宰執侍從，此亦智將不如福將也。」魏公之客虞雍公，雍公之客王謙仲，范宗尹之客賀宗禮，皆宰執也。開禧畢再遇帥揚，起身行伍，驟爲名將，亦非偶然，麾下有二十餘人，都統制、殿帥四人，則知魏公推命之不誣也。《貴耳集》卷上。

23 高宗視師金陵，張魏公爲守，楊和王領殿前司。有卒夜出，與兵馬都監喧競，卒訴之，公判云：「都監夜巡，職也，禁兵酉點後不許出營，法也，牒宿衛司照條行。」楊不得已斬之。又嘗詣學，士有投牒者，視之，則争博也。即判云：「士子争財於學校，教化不明，太守罪也。當職先罰俸半月，牒學照規行。」教官大窘，引去。《齊東野語》卷八。《何氏語林》卷六。

24 紹興七年三月，〔張〕浚奏劉光世在淮西，軍無紀律，罷爲少師、萬壽觀使，以其兵隸都督府。命參謀、兵部尚書呂祉往廬州節制，且以王德爲都統制，酈瓊副之。瓊與靳賽，皆故群盜，與王德素不相能。德，威聲素著，軍中號爲王夜叉。都承旨張宗元，深以爲不可，謂浚曰：「瓊等畏德如虎，今乃使臨其上，是速其叛也。」浚不以爲然，復謀之岳飛曰：「王德，淮西軍所服，浚欲以爲都統制，而命呂祉爲督府參謀領之，如何？」飛曰：「德與瓊素不相下，一旦使握之在上，勢所必争。呂尚書雖通才，然書生不習軍旅，恐不足以服之。」浚曰：「張宣撫何如？」飛曰：「暴而寡謀，且瓊輩素不服。」浚曰：「然則楊沂中耳。」飛曰：「沂中視德等耳，豈能馭之？」浚艴然曰：「浚固知非太尉不可。」飛曰：「都督以正問飛，飛不敢不盡其愚，豈以得兵爲念哉！」即日乞解兵柄，持餘服。浚訖行之，瓊輩懼不敢喘。及德視事教場，諸將執撾用軍禮謁拜。瓊登而言曰：「尋常伏事太尉不周，今日乞做一牀錦被遮蓋。」德素獷勇自任，竟不解出一語慰撫之，遂索馬去。於是瓊輩愈懼，相與連銜上章，乞回避之。張宗元知其事，復語浚曰：「業已爾，今獨有終任德，或可以鎮，不然，變且生矣。」浚不以爲然，遂奏召德還。以張俊爲淮西宣撫使，駐盱眙，楊沂中爲淮西制置使，劉錡副之，並駐廬州。且命酈瓊以所部兵赴行在，意將以奪其軍而誅之。宗元聽制於文德殿下，語人曰：「是速瓊等叛耳。」會祉復密奏罷瓊兵柄，書吏朱照漏語於瓊，於是叛謀始決。及金字牌飛報，呂方坐廳事，聞有大聲如霹靂，自戟門隨牌而至，及啓視之，乃三使除書也。呂拍案歎曰：「龐涓死此樹下。」即時亂作。《齊東野語》卷二。《鄂國金佗稡編》卷十九。《古事比》卷十六。

25 紹興中，劉光世在淮西，軍無紀律。張魏公爲都督，奏罷之，命參謀呂祉住廬州節制。光世頗得軍心，祉儒者，不知變，繩束頓嚴，諸軍忿怨。統制酈瓊率衆縛祉，渡淮歸劉豫。魏公方宴僚佐，報忽至，滿座失色。公色不變，徐曰：「此有說，第恐虜覺耳。」因樂飲至夜分，乃爲蠟書，遣死士持遺瓊，言「事可成，成之，不可，速全軍以歸」。虜得書，疑瓊，分隸其衆，困苦之，邊賴以安。南軒言：「符離之役，諸軍皆潰，唯存帳下千人。某終夕徬徨，而先公方熟寢，鼻息如雷。先公心法，如何可學！」《鶴林玉露》甲編卷二。

26 公念〔秦〕檜欺君誤國，使災異數見，欲力論時事，以悟上意。又念太夫人計氏年高，言之必被禍，恐不能堪。太夫人覺公形瘠，問故，公具言所以。太夫人誦先雍公咸紹聖初舉科制策曰：「臣寧言而死于斧鉞，不忍不言而負陛下。」至再三，公意遂決。乃言曰：「當今時勢，譬若養大疽於頭目心腹之間，不決不止，決遲則禍大而難測，決速則禍輕而易治。惟陛下斷之於心，謹察情僞，豫備倉卒，庶幾社稷有全安之理。不然，異時以國與敵者反歸罪正議。此臣所以食不下咽，而一夕不能安也。」檜見之大怒，命臺諫論公，章四五上。以特進提舉江州太平興國宮，連州居住。《宋名臣言行録》別集下卷三。《名臣碑傳琬琰集》卷五十五。《自警編》卷五。《言行龜鑑》卷四。

27 宋子飛言：張公謫永州時，居僧舍，每夜與諸子弟、賓客盤膝環坐，至更定而寢，率以爲常。《宋名臣言行録》別集下卷三。

28 張魏公貶零陵，有書數笈自隨，讒者謂其中皆與蜀士往來謀據西蜀之書。高宗命遣人盡録以來。臨軒發視，乃皆書册，雖有尺牘，率皆憂國愛君之語。此外唯葛裘布衾，類多垢敝。上惻然曰：「張浚一貧如此哉！」乃遣使馳賜金三百兩。《鶴林玉露》甲編卷一。

29 〔秦檜卒〕，忠獻是時居永，亦微聞當路意，〔趙〕汾既繫，昕夕不自安，且念爲大夫人憂，不敢明言。忽外間報中都有人至，亟出視，一男子喘卧簷下，殆不能言。方吉凶叵測，衆環睨縮頸，忠獻素堅定，於是亦色動。有頃，掖之坐，稍灌以湯餌而甦，猶未出語，亶數指腰間，索之，得片紙。蓋故吏聞檜訃，走介星馳，至近郊，益奔程欲速，是以顛蹶。頃刻之間，堂序懽聲如雷。《桯史》卷十二。

30 張紫巖謫居十五年，憂國耿耿，不替昕夕。適權姦新斃，時宰恃虜好而不固圉，紫巖方居母喪，上疏論事，朝廷以爲狂，復詔居零陵。一日，慨然作几間丸墨並常支笻竹杖二銘，以寓意。墨之銘曰：「存身于昏昏，而天下之理因以昭昭，斯爲瀟湘之寶，予將與之歸老。」而逍遥杖之銘曰：「用則行，舍則藏，惟我與爾。危不持，顛不扶，則焉用彼。」或録以示當路，大怒，以爲諷己，將奏之，會病卒，不果。它日，陳正獻俊卿爲孝皇誦之，摘其一銘，書于御杖焉。《桯史》卷十。《貴耳集》卷上。《堯山堂外紀》卷五十七。《堅瓠戊集》卷二。

31 光堯每以張浚誤大計爲辭，謂上「毋信其虚名。浚專把國家名器錢物做人情。浚有一册子，纔遇士大夫來見，必問其爵里書之，若心許其他日薦用者。又鎔金盌飲兵將官，即以予之。不知官職是誰底，金盌是誰底。」或者謂必有近習譖浚于太上云。《四朝聞見録》乙集。

32 〔德壽〕謂壽皇曰：「毋信張浚虚名，將來必誤大計。他專把國家名器財物做人情耳。」《齊東野語》卷二。

33 高宗嘗問張魏公：「卿兒想甚長成？」魏公對曰：「臣子栻，年十四，脱然可與語聖人之道。」及隆興初，張魏公督師，南軒以内機入奏，引見于德壽宫。首問魏公起居飲食狀，又問卿幾歲，對曰：「臣年三十一。」又問卿母安否，對曰：「久失所恃。」上愀然久之，曰：「朕記卿父再娶時，以無繼嗣，曾來商量。卿父曾奏，欲令卿來見，今次方得見卿。朕與卿父，義則君臣，情同骨肉，卿行奏來，有香茶與卿父爲信。」嗚呼！君臣相與，其恩意乃至是哉！或者乃謂高宗晚年追悼明受，不滿於魏公，至有「寧失天下，不用張浚」之言，殆不然也。《鶴林玉露》丙編卷一。

34 隆興初，張忠獻公再入爲右相，上注意甚厚，使公條奏人才可用者。公奏虞雍公允文、陳魏公俊卿、汪端明應辰、王詹事十朋、張尚書闡，可備執政；劉觀文珙、王閣學大寶、杜殿院起莘，宜即召還；胡資政銓，可備風憲；張舍人孝祥，可付事任；馮提刑時行、馮少卿方，可備近臣。朝士中，林侍郎栗、王侍郎秬、莫少卿沖，可任臺諫。皆一時選也。時劉、王、杜三人，皆以論事去國，故公請召之，其後悉爲名臣。終孝宗朝，不顯用者數人而已。《建炎以來朝野雜記》甲集卷八。

35 見宋孝宗13。

36 《何氏備史》云：「張魏公素輕鋭好名，士之稍有虛名者，無不牢籠。揮金如土，視官爵如等閑。士之好功名富貴者，無不趨其門。且其子南軒，以道學倡名，父子爲當時宗主。在朝顯官，皆其門人，悉自詭爲君子。稍有指其非者，則目之爲小人。紹興元年，合關、陝五路兵三十餘萬，一旦盡覆，朝廷無一人敢言其罪。直至四年，辛炳始言之，亦不過落職，福州居住而已。淮西酈瓊之叛，是時公論沸騰，言路不得已，遂疏其罪，既而併逐言者於外。及符離之敗，國家平日所積兵財，掃地無餘，乃以殺傷相等爲辭，行賞轉官無虛日。隆興初年，大政事莫如符離之事，而實録、時政紀，並無一字及之，公論安在哉？使魏公未死，和議必不成，其禍將有不可勝言者矣。」《齊東野語》卷二。

37 張魏公有重望，建炎以來置左右相多矣，而天下獨目魏公爲張右相。丞相帶都督亦數人，而天下獨目魏公爲張都督，雖夷狄亦然。《老學庵筆記》卷十。

38 見楊萬里6。

39 〔福州〕眉壽堂，在使宅，張丞相浚爲其母秦國名。《輿地紀勝》卷一百二十八。

40 張魏公浚名其堂曰「眉壽」，二子年俱九十餘。《徐氏筆精》卷七。

41 張魏公居京師，赴客飯，以韭黄雞子爲饌。公不欲食，主人强之，不得已爲食三顆，而意亦作惡，不終席而歸。夜中，忽足痛不可忍，秉燭照之，乃三雞啄其足，一牡二牝。金甲大神立於旁，扣公曰：「發願否？」公曰：「願盡此生不食雞子。」神曰：「願輕。」公又曰：「某此生不犯戒，則母氏延無量之壽。犯此者爲不孝。」神人頷之，倏忽間與雞皆不見。迨曉，視啄處，赤腫猶寸餘。自是不復食雞卵。《夷堅丙志》卷四。

張　愨

1 黄潛善、汪伯彦當政，〔張〕愨以忠梗自任，不附會黄潛善、汪伯彦。潛善、伯彦屢笑宗澤顛狂，愨曰：「如宗澤顛狂之士，多得數人，則天下定矣。」二人語塞。《三朝北盟會編》卷一百十七。

李　邴

1 李漢老邴少年日，作《漢宫春》詞，膾炙人口，所謂「問玉堂何似，茅舍疎籬」者是也。政和間，自書省丁憂歸山東，服終造朝，舉國無與立談者。方悵悵無計，時王黼爲首相，忽遣人招至東閣，開宴延之上坐。出其家姬數十人，皆絶色也，漢老惘然莫曉。酒半，群唱是詞以侑觴，漢老私竊自欣，除目可無慮矣。喜甚，大醉而歸。又數日，有館閣之命。不數年，遂入翰苑。《玉照新志》卷三。《詞苑叢談》卷八。《南宋雜事詩》卷七。《宋詩紀事》卷三十六。

2　李漢老，建炎末自簽樞遷右轄，未幾遷知院，前後二三月而罷。因爲《梅》詩以託意云：「綿霜歷雪忿開遲，風笛無情抵死吹。鼎實未成心尚苦，不甘桃李傍疎籬。」《能改齋漫録》卷十一。

3　李漢老坐其兄會稽失守落職，謝表云：「包胥不食而哭秦，素心猶在；李陵得當而報漢，後效難期。」《苕溪漁隱叢話》後集卷三十六。

4　秦益公子伯陽，以狀元登第，李漢老啓賀云：「一經教子，益欽丞相之賢；累月笞兒，更起鄰翁之羨。」秦喜，諭其子。《能改齋漫録》卷十四。《西塘集耆舊續聞》卷十。《雲莊四六餘話》。

5　〔李〕文肅《賀除太師啓》云：「推赤心於腹中，君既同於光武；有大勳於天下，相自比於姬公。」秦以爲譏己，答啓云：「君既同於光武，仰歸美報上之誠；相自比於姬公，其敢犯貪天之戒。」文肅得之，不能不恐，然亦終不加害也。《西塘集耆舊續聞》卷十。

6　泉州教忠光禪師，與李參政漢老在小溪雲門庵妙喜會中有同參契分，李因致光住教忠功德院，其疏有「三拜頓忘師弟子，一口吞盡佛衆生」之句，爲叢林傳誦。既而李病將革，以偈寄光：「曩歲曾經度厄津，深將法力荷雲門。如今稍覺神明復，擬欲酬師不報恩。」光即和之：「胡牀穩坐已通津，何處更尋不二門。八苦起時全體現，不知誰解報深恩。」李得其報，閲罷而逝。《羅湖野録》卷四。

7　李邴漢老，汪藻彦章，樓鑰大防，西山真文忠公云：「南渡以來詞人三人。」《小學紺珠》卷六。《南宋雜事詩》卷七。《宋詩紀事》卷三十六。《詞林紀事》卷八。

鄭瑴

1 建炎己酉，苗、劉之變，端明殿學士、同簽書樞密事鄭瑴奏：苗傅、劉正彦等悖逆肆虐，擅行殺戮，朝廷近日差除，多出二人之意。兼聞以簽書樞密院召呂頤浩，以禮部尚書召張浚，又分張俊之兵，以五百人歸俠。及浚不受命，俊不肯分所部兵，遂謫浚以散官居郴州，擢俊以節度知鳳翔，皆出傅等姦謀。使外無强兵謀臣，内生變亂，事不可緩，遂一章乞留呂頤浩知金陵，一章言張浚不當謫。而求有膽氣謹密可共事之人，得奉議郎謝嚮，令爲客旅，徒步如平江，見張浚等，具言城中之事，令嚴兵備，大張聲勢，持重緩進，使其自遁，無致城中之變，驚動三宫。撰《杜鵑詩》四句，親寫令攜去，執呈諸人，以爲信驗。《建炎復辟記》。《宋詩紀事》卷三十九。

2 〔鄭瑴〕遣所親謝嚮變服爲賈人，徒步如平江見〔張〕浚等，具言城中事，令嚴設兵備，張聲勢，持重緩進，使其自遁，毋致城中之變，驚動三宫，此爲上策。撰《杜鵑》詩四句，親寫令攜去執呈諸人，以爲驗。詩云：「杜鵑飛飛無定棲，寄巢生子百鳥依。園林花老晝夜啼，安得百鳥挾以歸。」取杜甫言蜀天子化作杜鵑，生子百鳥巢之意，以杜鵑喻天子，以百鳥喻百官，言内外百官當同心共謀，挾天子反帝位以歸宫也。嚮至平江，以詩徧呈浚等，莫不嗟嘆，感激奮勵爲赴難計。《宋名臣言行録》別集上卷三。

3 建炎間，苗傅、劉正彦作亂，是時中丞鄭瑴密遣謝嚮如平江，仍作詩寄呂元直、張德遠二公云：

「杜鵑飛飛無定棲，寄巢生子百鳥依。園林花老晝夜啼，安得猛士挾以歸。」呂、張得詩即起兵，成復辟功，詩不徒作也。《梅磵詩話》卷上。

王綯

1 王綯，建炎初爲御史中丞，時四方多事，而緘默不言。又以老病艱於乘騎，每跨一款段，坐退毛舊狨出入，臺中號「退毛中丞」。《可書》。

2 尚書右僕射兼中書侍郎兼御營使朱勝非罷爲觀文殿大學士，知洪州，從所請也。制略曰：「亟持詔節，趣秉國鈞，夫何信宿之間，乃爾震驚之遽。深惟菲德，退避别宫，甫再踰旬，即復大位。雖援兵之交至，亦秘策之允臧。」工部尚書兼直學士王綯所草也。《建炎以來繫年要録》卷二十二。

富直柔

1 見葛勝仲1。

2 富季申樞密院奉祠居婺州，忽夢行道上，憩大木下，有人止岐路云：「此入閩中路也。」未幾，除守泉南，行至江山道中，時方秋暑，從者疲茶，果憩於大木之下，有過之者曰：「此入閩中路也。」宛如夢中所見。乃太息曰：「雖欲不來，其可得也？」《雞肋編》卷下。

翟汝文

1 見范寥1。

2 翟資政公巽喜嘲謔，初爲祕書郎，同列多見侮誚。時俞尚書㮚亦同在省中，嘗會飲，明旦翟自外至，抗聲問曰：「俞㮚安在？」衆愕然，俞亦自失。翟徐曰：「吾問昨夕餘瀝，欲復飲耳。」衆始大笑。它日或諫止之，翟曰：「同列相嘲戲，三館之舊也，吾欲修故事耳，豈得已哉？」平日談論，喜作文語，雖對使令亦然。《卻掃編》卷下。《茶香室四鈔》卷十。

3〔翟資政公巽〕爲中書舍人時，後省有庖者藝頗精，翟亟稱之。後更懈怠，衆以尤翟，曰：「此小人也，而公數稱獎之，故令如此，公自治之。」翟不得已，呼使前責曰：「汝以刀匕微能，數見稱賞，而敢疏慢如此，使衆人以驕灌夫之罪歸汝文，于汝安乎？」左右皆匿笑，而庖竟不解爲何等語也。《卻掃編》卷下。

4 翟公巽雖爲蔡京所汲引，然抗直不爲屈。初，代宰相作《賀日有戴承表》，末云：「衆非后何戴，宰傾就望之心；無不爾或承，永懷畏愛之德。」京讀終篇曰：「奇文也，然『無不爾或承』對『衆非后何載』，似乎偏枯，欲以『臣不命其承』易之，亦不失『承』字，而稍加親切，如何？」公巽曰：「勝矣，然業已供本。」竟不易。京亦不能奪也。未幾，又代作《天神示現表》，有云：「聖神受命穆清，告成禹錫；祖宗在帝左右，顧予湯孫。」末云：「在天對越，乏清廟肅雍之儀；前席具言，愧宣室鬼神之問。」京曰：「國有盛事如此，公巽之文，真爲時而出也。」公巽徐曰：「疇昔不命其承，抑云過矣；今日爲時而出，厥有旨哉。」京雖惡其不遜，然尚能容之。石林嘗喜道之。《寓簡》卷八。

5 童汪錡能執干戈以衛社稷，本謂幼而能赴國難耳，非姓童也。翟公巽作童貫告詞云「爾祖汪錡」，誤也。或云故以戲之。《老學庵筆記》卷四。《宋稗類鈔》卷五。

6 翟參政公巽汝文，有文名。對人辭語華暢，雖談笑，歷歷皆可聽，然不妄吐也。政和間爲給事中，每見殿庭宣贊稱「不要拜，上殿祇候」，必咄咄曰：「不要拜，此何等語。」旁問之：「君俾爲何言乎？」公巽曰：「宣贊有旨勿拜。」時蔡安世靖、陳應賢邦光，同在門下外省，安世位公巽之上，而應賢坐其下。每相與談論，二人必交鬭之。一日辭屈，於是歎曰：「嗟乎，遂厄於陳、蔡之間。」《鐵圍山叢談》卷三。《何氏語林》卷二十七。

7 翟三丈公巽，宣和末，蔡絛約之用事，外召從官七人，公巽再以瑣闥召，力辭之。未至闕，有指揮落職宫祠，繼而復還待制。公作謝表，有云：「彈貢禹之冠，誠非本志；奪伯氏之邑，其又何言。」又云：「惟一與一奪之命，無有二三；而三仕三已之心，敢懷愠喜。」人多稱之。《墨莊漫録》卷七。

8 翟公巽參政，靖康初召爲翰林學士。過泗州，謁僧伽像，見鬚忽涌出長寸許，問他人，皆不見，怪之。一僧在旁曰：「公雖召還，恐不久復出。」公扣之，曰：「鬚出者，須出也。」果驗。《老學庵筆記》卷八。《東南紀聞》卷三。

9 翟公巽參政守會稽日，命工塑真武像。既成，熟視曰：「不似，不似。」即日毁之别塑，今告成觀西廡小殿立像是也。道士賀仲清在旁親見之，而不敢問。《老學庵筆記》卷八。

10 翟公巽參政汝文守越，以擅免民間和買縑帛四十餘萬，爲部使者所劾，貶秩。公謝表云：「欲安劉氏，無嫌晁氏之危；豈若秦人，坐視越人之瘠。」迨去郡，郡人安其政，將相率投牒借留。公知之，命取其牘以來，即書其上云：「固知京兆，姑爲五日之留；無使稽山，復用一錢之送。」其用事精當若此。《梁溪漫志》卷六。

11 翟汝文公巽知越州，坐拒旨不敷買絹事削官，謝表云：「忍效秦人，坐視越人之瘠；既安劉氏，定知晁氏之危。」後拜參政，温人宋之方作啓賀之曰：「昔鎮藩維，已念越人之瘠；今居廊廟，永圖劉氏之安。」蓋用其語也。《雞肋編》卷下。

12 翟公巽，紹興初爲參政。自奉過薄，謂客曰：「德大於天子可以食牛，德大於諸侯可以食羊。」所進皆草具。《南宋雜事詩》卷三引《墨憨齋笑纂》。

13 秦丞相與翟參政汝文同在政府。一日，于都堂議事不合，秦據案叱翟曰：「狂生！」翟亦應聲罵曰：「濁氣！」二公大不相能。翟怒一堂吏，面奏乞究治其不法。秦欲以此逐之，遂前奏曰：「翟某擅以私意治吏事，傷國體，不可施行。」翟因力陳其故，且乞罷政。退復上疏，以爲「秦檜私植黨與，讒害善良，臣若不早乞迴避，必爲睚眦中傷。」疏猶留中，而臺章遽言翟與宰相不協，因防秋託事求去。汝文遂罷政，依舊致仕。《獨醒雜志》卷十。

14 初，翟汝文知密州，秦檜爲州學教授，汝文薦其才。及檜爲相，亦薦汝文，汝文除參政，意不少降，與檜不和。嘗交争於殿庭，至言檜乃金人之姦細，必誤國。汝文遂罷去。自後檜專權柄，執政者皆箝口卑躬，趨走奉承之不暇，四方之士乃思汝文之正直。《宋宰輔編年録》卷十五。《南宋雜事詩》卷一引《宋元通鑒》。

翟耆年

1　翟耆年，字伯壽，父公巽，參政之子也。能清言，工篆及八分。巾服一如唐人，自名唐裝。一日往見許顗彦周。彦周髽髻，着犢鼻褌，躡高屐出迎，伯壽愕然。彦周徐曰：「吾晉裝也，公何怪！」《老學庵筆記》卷八。《何氏語林》卷二十七。

權邦彦

1　權樞密邦彦，父在鄆卧病，公雖從戎，然沃盥必親執，藥物必親嘗，未嘗解衣而寢。後歸汶上，道梗不通，公在九江，每北望，必長號不能自已。《言行龜鑑》卷四。

席旦

1　席中丞晉仲旦，政和中爲長安帥，因公使庫頽圮，命工改築，於地中得石函一，其狀類玉，蓋上刻「韓信首級」四字，乃篆文也，其中空無一物。即徙于高原，祭而掩之。《夷堅乙志》卷十二。

席益

1　紹興中，吕元直爲相，驟引席益爲參政，故席感恩，悉力爲助。已而徐師川在西樞得君，與吕不協，席乃陰與徐結，於時又號爲「二形人」。謂陽與吕合而陰與徐交也。吕既出，而欲爲刺虎之術，竟不能就，而反被逐，士大夫莫不快之。《雞肋編》卷中。　2　見吴説4。

王庶

1　見曲端1。

2　〔秦〕檜怒公異己不附和議，諷言者論其居江州强奪民田，責授節副道州安置。後卒于貶所。其子之荀、之奇撫棺而哭曰：「秦檜，秦檜，此讐必報！」親舊皆掩其口曰：「禍未已也。」《宋名臣言行録》别集上卷三。

3　王庶安置在道州，以疾卒。諸子扶護歸江州，親舊迎見之。其子之荀、之奇撫柩而哭曰：「秦檜，此讐必報。」親舊皆掩其口，仍高聲大叫以混其語。有學院子寧偉在側，聞之而喜謂：「可以持王氏矣。」庶嘗自號「當叟」。又或問「當叟」之意如何？庶曰：「吾之所以皆合其宜，不敢失當，故號『當叟』。」《三朝北盟會編》卷二百九。

4 見秦檜73。

李光

1 〔李光〕知平江府常熟縣。朱勔方以花石得幸，勢焰熏灼，光不爲屈，械繫其奴。勔怒，諷轉運使，移光知吴江，光即日以狀上於郡，將致仕以歸。會有直其事者，而光挺挺自若。勔終不能害也。《寶慶會稽續志》卷五。

2 巨盜戚方破寧國抵城下，光即日下令戒嚴，民六十以下、十五以上悉登城，違者論以軍法。光設牙帳於南壁，躬撫士卒。賊圍益急，或請光盡室從西門遁去。光曰：「我一家獲全，其奈一城生靈何？」詰朝誦言於衆曰：「昨暮有教光攜家潛出者，當以軍法從事，姑且置之。城脱或不保，引劍之計已決，義不污賊手。」兵民感泣，其氣益倍。賊兵百道來攻，光隨宜應之。《寶慶會稽續志》卷五。

3 靖康中，蔡元長父子既敗，言者攻之，發其姦惡，不遺餘力。蓋其門下士如楊中立、孫仲益之類是也。李泰發光，時爲侍御史，獨不露章，且勸勿爲太甚，坐是責監汀州酒税，謝表云：「當垂涕止彎弓之射，人以爲狂；然臨危多下石之徒，臣則不敢。」士大夫多稱之。《揮麈餘話》卷二。《宋稗類鈔》卷一。

4 見呂廣問1。

5 李莊簡公泰發奉祠還里，居于新河。先君築小亭曰千巖亭，盡見南山。公來必終日，嘗賦詩曰：「家山好處尋難遍，日日當門只卧龍。欲盡南山巖壑勝，須來亭上少從容。」每言及時事，往往憤切興歎，謂秦相曰咸陽。一日來坐亭上，舉酒屬先君曰：「某行且遠謫矣，咸陽尤忌者，某與趙元鎮耳。趙既過嶠，某何可免？然聞趙之聞命也，涕泣别子弟。某則不然，青鞵布襪，即日行矣。」後十餘日，果有藤州之命。先君送至諸暨，歸而言曰：「泰發談笑慷慨，一如平日。問其得罪之由，曰不足問，但咸陽終誤國家耳。」《老學庵筆記》卷一。《宋詩紀事》卷三十六。

6 李丈參政罷歸鄉里……時時來訪先君，劇談終日，每言秦氏，必曰咸陽，憤切慨慷，形於色辭。一日平旦來，共飯，謂先君曰：「聞趙相過嶺，悲憂出涕。僕不然，謫命下，青鞵布襪行矣，豈能作兒女態耶！」方言此時，目如炬，聲如鐘，其英偉剛毅之氣，使人興起。後四十年，偶讀公家書，雖徙海表，氣不少衰。丁寧訓戒之語，皆足垂範百世，猶想見其道「青鞵布襪」時也。《渭南文集》卷二十七。《寶慶會稽續志》卷七。

7 〔李莊簡公〕在政府，與秦檜議論不合，爲中司所擊，送藤州安置，差密院使臣伴送，公戲贈之云：「日日孤村對落暉，蠻煙深處忍分離。追攀重見蔡明遠，贖罪難逢郭子儀。南渡每憂鳶共墮，北轅應許雁相隨。馬蹄慣踏關山路，他日看來又送誰。」《詩人玉屑》卷一。《宋詩紀事》卷三十六。

8 紹興十六七年，李莊簡公在藤州，以書寄先君，有曰：「某人汲汲求少艾，求而得之，自謂得計。今成一聚枯骨，世尊出來，也救他不得。」「一聚枯骨」，出《神仙傳·老子篇》。「某人」者，前執政，留守金陵，暴得疾卒，故云。《老學庵筆記》卷八。

李孟博

1 李莊簡南遷，其子孟博卒于瓊州。先是數月，孟博夢至一所，海山空闊，樓觀特起。雲霄間有軒，榜曰空明，先世諸父，環坐其中，指一席曰：「留以待汝。」遂寤。臨終，雲氣起于寢，冠服宛然，自雲中冉冉升舉，瓊人悉見之。孟博苦學有文，紹興五年進士第三人及第。莊簡有詩悼之云：「脱屣塵寰委蜕蟬，真形渺渺駕非煙。丹臺路杳無歸日，白玉樓成不待年。宴坐我方依古佛，空行汝去作飛仙。思深父子情難割，淚滴千行到九泉。」《賓退録》卷六。《宋詩紀事》卷三十六。

秦檜

1 〔艮嶽敷慶神運石〕旁植兩檜，一夭矯者名朝日升龍之檜，一偃蹇者名卧雲伏龍之檜，皆玉牌金字書之，徽宗御題云：「拔翠琪樹林，雙檜植靈囿。上梢蟠木枝，下拂龍鬚茂。撑拏天半分，連卷虹南負。爲棟復爲梁，夾輔我皇構。」嗟乎，檜以和議作相，不能恢復中原，已兆於「半分」、「南負」，而一結更是高廟御名，要皆天定也。《楓窗小牘》卷上。《宋稗類鈔》卷二。

2 見胡舜陟1。

3 〔黄州棲霞樓〕之規製甚工。問其人，則曰：「故相秦申王生於臨臯舟中，黄人作慶瑞堂於其處。近年撤而作棲霞云。」《吴船録》卷下。《茶香室叢鈔》卷三。

4 秦檜微時，爲童子師，仰束修自給，嘗慨歎，有「若得水田三百畝，這番不做猢猻王」。後以申王致仕。申屬猴。《堯山堂外紀》卷五十八。《堅瓠辛集》卷四。

5 秦丞相檜未仕時，宿學，夜見白兔入地，使人掘之一丈許，得泉。檜既入仕，設井欄，鐫石篆書「玉兔泉」三字。《景定建康志》卷十九。《書史會要》卷六。《南宋雜事詩》卷一。

6　秦檜少游太學，博記工文，善幹鄙事，同舍號爲「秦長脚」。每出游飲，必委之辦集。《鶴林玉露》甲編卷五。《堅瓠辛集》卷四。

7　〔秦〕檜爲人强力忍垢，初爲太學生，每同舍有醵飲，檜輒爲之幹濟，敏而不厭勞屑，人目爲「秦長脚」云。《六研齋二筆》卷四。

8　秦檜爲京太學生時，號「秦長脚」。一日睡於窗下，有異人來，指檜語其同舍郎曰：「他日此人誤國害民，天下同受其禍，諸君亦有死其手者。」《湖海新聞夷堅續志》前集卷二。《山堂肆考》卷一百六。《南宋雜事詩》卷一。

9　南渡太學諸生，素輕秦檜，目爲「秦長脚」。及爲相，范同云：「這長脚漢，也會做兩府。」而檜妻王氏，時目爲「長舌婦」。二長濟惡凶德。《堅瓠秘集》卷六。

10　政和末，秦會之自金陵往參成均，行次當塗境上。值大雨，水衝橋斷，不能前進。塗中居民開短窗，延一士子教其子弟。士子於書室窗中，窺見秦徒步執蓋，立風雨中，淋漓悽然，甚憐之，呼入，令小愒。至晚，雨不止，白其主人，推食挽留而共榻。翌日晴霽，送之登途，秦大以感激。秦既自叙其詳，復詢士之姓名，云曹筠庭堅也。秦登第即宦顯，絶不相聞。久之，曹建炎初以太學生隨大駕南幸，至維揚，免省策名。後爲台州知録，老不任事。太守張偁對移爲黄巖主簿，無憀之甚。時秦專權久矣，曹一夕偶省悟其前此一飯之恩，因謀諸婦。婦吴越錢族，晚事曹，頗解事，謂曰：「審爾，何不漫愬之。」筠因便介，姑作詩以致祈懇，末句云：「浩浩秦淮千萬頃，好將餘浪到灘頭。」其淺陋不工如此。秦一覽，慨然興念，以删定官召之。尋改官入臺，遂進南牀。高宗惡之，親批逐出。秦猶以爲集英殿修撰，知衢州。未幾，坤維闕師，即擢次對，制閫全蜀。到官之後，弛廢不治，遂致王孝忠之變，秦竟庇護之，奉祠而歸。秦没，始奪其職云。《揮麈三録》卷三。

11 見曹泳1。

12 翟公巽知密州，秦檜作教授。一日，有一隱者至，會相，曰：「此教授大貴。」翟問：「與某如何？」曰：「翰林如何及之！如何及之！」時游定夫在坐，退因勉秦云：「隱者甚驗，幸自重。」《朱子語類》卷一百三十一。

13 靖康初，秦會之自御史丐祠歸建康，僦舍以居。適當炎暑，上元宰張師言昌訪之，會之語師言：「此屋惼可居，但爲西日所苦，奈何！得一凉棚備矣。」翌日未曉，但聞斤斧之聲，會之起視之，則松棚已就。詢之，匠者云：「縣宇中方創一棚，昨日聞侍御之言，即輟以成此。」會之大喜。次年，會之入爲中司，北去。又數年還朝，已而拜相。時師言年逾七十，會之於是就官簿中減去十歲，擢知楚州，把麾持節者又踰十年，然後掛冠。老於潛、皖，近九十而終。《揮麈餘話》卷二。

14 初，〔秦〕會之爲御史中丞，虜人議立張邦昌以主中國。〔馬伸〕先覺爲監察御史，抗言於稠人廣坐中曰：「吾曹職爲争臣，豈可坐視緘默，不吐一詞？當共入議狀，乞存趙氏。」會之不答。少焉屬藁，遂就呼臺史連名書之。會之既爲臺長，則當列於首。以呈會之，會之猶豫。先覺帥同僚合辭力請，會之不得已，始肯書名。先覺遣人疾馳，以達虜酋。所以秦氏所藏本猶云「檜等」也。先覺中興初任殿中侍御史，以亮直稱於一時，爲汪、黄所擠，責監濮州酒税。後高宗思之，以九列召，示以大用，而先覺已死。會之還自虜中，揚言己功，盡掠其美名，遂取富貴，位極人臣，勢冠今古。先覺子孫，漂泊閩中。先覺有甥何琉者，慷慨自任，得其元藁，累欲上之，而馬氏子止之云：「秦會之凶焰方熾，其可犯邪？」紹興乙亥春，琉忽夢先覺衣冠如平生，云秦氏將敗，趣使往陳之。琉即持其藁以叫閽。會之大怒，誣以他罪，下琉大理，竄嶺外。抵流所未幾，而會之果殂。其家訟冤，詔復琉故官，後至員郎。先覺忠績，遂別白於時。《揮麈餘話》卷二。《玉照新志》卷三。《宋稗類鈔》卷二。參見馬伸、何兑1。

15 見姚宏1。

16 靖康初，〔秦檜〕爲御史中丞。金人陷京師，議立張邦昌。檜陳議狀，大略謂：「趙氏傳緒百七十年，號令一統，綿地萬里，子孫蕃衍，布在四海，德澤深長，百姓歸心。只緣姦臣誤國，遂至喪師失守，豈可以一城而決廢立哉！若必欲舍趙氏而立邦昌，則京師之民可服，而天下之民不可服；京師之宗子可滅，而天下之宗子不可滅。望稽古揆今，復君之位，以安天下。」虜雖不從，心嘉其忠，與之俱歸。檜天資狡險，始陳此議，特激於一朝之諒。既至虜廷，情態遂變，諂事撻辣，傾心爲之用。兀朮用事，侵擾江淮，韓世忠邀之於黄天蕩，幾爲我擒。一夕鑿河，始得遁去。再寇西蜀，又爲吴玠敗之於和尚原，至自髡其鬚髪而遁。知南軍日强，懼不能當，乃陰與檜約，縱之南歸，使主和議。檜至行都，紿言殺虜之監己者，奔舟得脱。見高宗，首進「南自南，北自北」之説，時上頗厭兵，入其言。會諸將稍恣肆，各以其姓爲軍號，曰「張家軍」、「韓家軍」。檜乘間密奏，以爲諸軍但知有將軍，不知有天子，跋扈有萌，不可不慮。上爲之動，遂決意和戎，而檜專執國命矣。方虜之以七事邀我也，有毋易首相之説，正爲檜設。《鶴林玉露》甲編卷五。

17 御史中丞秦檜，初以不願立張邦昌，遭粘罕拘執北去，并其妻王氏同行。隨行有小奴硯童與婢興兒、御史街司翁順而已。至金國，見虜主……以賜其弟撻懶爲任用……撻懶提兵而南也，命檜以任用偕行。檜密與妻王氏爲計，至燕山府留王氏，而已獨行。王氏故爲喧争曰：「我家翁父使我嫁汝時，有貲貨二十萬貫，欲使我與汝同甘苦，盡此平生。今大金國以汝爲任用，而棄我於途中耶！」喧争不息。撻懶與檜之居比鄰，聲相聞。撻懶妻一車婆聞之，請王氏問其故，王氏具以告。一車婆曰：「不須慮也，大金國法令，許以家屬同行，今皇弟爲監軍，亦帶家屬在軍中。秦任用何故留家屬在此，而不同行也。」白之撻懶，遂令王氏同行。由是硯童、興兒、翁順亦偕行。檜爲任用又隨行作參謀軍事，又爲隨軍轉運使。在孫村浦寨中，楚州陷，孫村浦寨金人紛紛争趨入楚州。檜常以梢工孫静爲可與語，遂密約静於淮岸乘紛紛不定，作催淮陽軍海州錢糧爲名，同妻王氏、硯童、興兒、翁順及親信高益恭等數人登小舟，令静掛席而去。至漣水軍界，爲丁禩水寨邏者所得，將執縛而殺之。檜知水寨尚爲國家守，乃告之曰：「我禦史中丞秦檜也。」寨兵皆村民，不曉其説，且謂執到姦細，陵辱之。檜曰：「此中有秀才否？當知我姓名。」或謂有賣酒王秀才當令一看之。王秀才名安道，字伯路，素不識檜，乃佯爲識檜……一見而長揖之曰：「中丞安樂，勞苦不易。」衆皆以爲王秀才既識之，即不可殺，遂以禮待之。硯童、興兒、翁順、高益恭等一行皆得生全。《三朝北盟會編》卷一百四十二。《六研齋二筆》卷四。《茶香室三鈔》卷八。

18 秦檜既脱虜……〔丁〕禩發遣檜還行在，令秀才王安道、馮由義伴行。……既至行在，士論疑之。

范宗尹、李回奏其忠而薦其才，張守嘗爲密州州學教授，檜亦嘗爲之，故首稱檜爲可用。上甚喜，即除禮部尚書。……檜請以本身合得恩澤，授安道、由義官，由是補迪功郎。舟人孫静亦授承信郎。檜陷虜信息不相通時，妻兄王㬇，取王氏冒姓秦以爲檜嗣，立名曰熺，俾承恩授官。至是王氏諸親以熺見檜，檜甚喜，以己子視之。《三朝北盟會編》卷一百四十三。

19 秦會之在山東欲逃歸，舟楫已具，獨懼虜有告者，未敢決。適遇有相識稍厚者，以情告之。虜曰：「何不告監軍？」會之對以不敢。虜曰：「不然，吾國人若一諾公，則身任其責，雖死不憾。若逃而獲，雖欲貸，不敢矣。」遂用其言，告監軍，監軍曰：「中丞果欲歸耶？吾契丹亦有逃歸者，多更被疑，安知公歸而南人以爲忠也。公若果去，固不必顧我。」會之謝曰：「公若見諾，亦不必問某歸後禍福也。」監軍遂許之。《老學庵筆記》卷一。

20 天會八年之冬，諸大臣會于黑龍江之柳林相議，謂：「宋臣如張浚、趙鼎，則志在復讐；韓世忠、吴玠則習知兵事，既不可以威取，復構怨之良深，勢難先屈。」魯王曰：「惟遣彼臣先歸，因示恐脅，而使之順我。」佯不從，而勉强聽之。」忠獻王曰：「汝言是矣，誰可使者？」忠烈王曰：「張孝純可。」忠獻曰：「此人在河東失節，人誰不怨，便去如何得位得志。只有檜可用。初言趙氏得人心，必將有所推立。説張邦昌不爲人悦服，不及半年，其言皆驗。我喜其人，置之軍中，間語以利害。檜謂南自南，北自北，且許説某，著手時只依這規模。今只用兵，南亦未必終弱。若縱其歸國，必是得志，可濟吾事。」是時南人羈困，檜獨温足，果至彼得權位而謀。始行，廢劉錡、韓世忠、張浚、趙鼎，殺岳飛，而南北之勢定。忠烈王德之，誓書之中，必令「不妄易首相」。而檜亦陰發宇文虛中之逆以報。《脚氣集》。《南遷録》。

21 見孫覿 9。

22 見范宗尹 8。

23 檜嘗語：「臣中國之人，惟當着衣噉飯，共圖中興。」……又自謂：「使檜爲相數月，必聳動天下。」《宋名臣言行録》別集上卷八。

24 紹興二年，秦會之罷右僕射，制略云：「自詭得權而舉事，當聳動於四方；逮茲居位以陳謀，首建明於二策。罔燭厥理，殊乖素期。」又云：「予奪在我，豈云去朋黨之難；終始待卿，斯無負君臣之義。」此綦叔厚之文。褫職告詞云：「聳動四方之聽，朕志爲移；建明二策之謀，爾材可見。」謝任伯之文。綦、謝，媢家也。秦大憾之。先是，高宗有親批云：「秦檜不知治體，信任非人。人心大摇，怨讟載路。」丁卯歲，啓上詔《毀宰執拜罷録》，謂載訓詞也。至乙亥歲，秦復知御札在任伯之子伋景思處，作劄子自陳大概云：「陛下是時尚未深知臣，所以有此。乞行抽取。」得旨，下台州從伋所追索得之。是秋，又令其媢黨曹泳爲擇酷吏劉景者，擢守天台，專欲鞫勘。景思寓居外邑黄巖山間，景視事之次日，遣捕吏追逮景思，直以姓名傳檄縣令，差人防護甚峻，景思自分必死。將抵郡城外，渡舟中望見景備郊迎之儀，一見執禮甚恭。至館舍，則美其帷帳，厚其飲食。景思叵測，是晚置酒延佇，座間笑語，極歡而罷，始聞早已得會之訃音矣。《揮麈後録》卷七。

25 秦檜初罷相，出在某處，與客握手，夜語庭中。客偶説及富公事，秦忽掉手入内。客莫知其故。久之方出，再三謝客云：「荷見教。」客亦莫知所謂，扣問，乃答云：「處相位，元來是不當起去。」是渠悔出，偶投其機，故發露如此。《朱子語類》卷一百三十一。

26 殺岳飛，范同謀也。胡銓上書言秦檜，檜怒甚，問范如何行遣，范曰：「只莫採，半年便冷了。」若重行遣，適成孺子之名。」秦甚畏范，後出之。《朱子語類》一百三十一。《宋稗類鈔》卷二。

27 紹興己未，金人歸我侵疆，曲赦新復州縣，赦文曰：「上穹開悔禍之期，大金報許和之約。割河南之境土，歸我輿圖；戢宇内之干戈，用全民命。」大酋兀朮讀之，以謂不歸德其國，明年，遂指爲釁，以起兵復陷而有其地。後二年，和議成，秦檜懼當制者之不能説虜也，以孽子熺及其黨程克俊補鼇。故其文曰：「上穹悔禍，副生靈願治之心；大國行仁，遂子道事親之孝，可謂非常之盛事，敢忘莫報之深恩。……」於是郵傳至四方，遺黎讀之有泣者。《程史》卷五。《堅瓠戊集》卷二。

28 秦檜妻王氏，素陰險，出其夫上。方岳飛獄具，一日檜獨居書室，食柑玩皮，以爪劃之，若有思者。王氏窺見笑曰：「老漢何一無決耶！捉虎易，放虎難。」檜掣然當心，致片紙入獄。是日岳王薨於棘寺。《朝野遺記》。《宋稗類鈔》卷二。

29 〔秦〕檜之欲殺岳飛，於東窗下謀其妻王氏夫人，曰：「擒虎易，縱虎難。」其意遂決。後檜游西湖，舟中得疾，見一人披髮厲聲曰：「汝誤國害民，吾已訴天得請矣。」檜遂死。未幾，子熺亦死。方士伏章，見熺荷鐵枷，問：「太師所在？」熺曰：「在酆都。」方士如其言而往，果見檜與万俟卨俱荷鐵枷，備受諸苦。檜曰：「可煩傳語夫人，東窗事發矣。」《錢塘遺事》卷二。《西湖游覽志餘》卷四。《堯山堂外紀》卷十七。《堅瓠甲集》卷四。

《南宋雜事詩》卷七引《雲邁淡墨》。

30 見李邴5。

31 洪皓居燕十五年，會金大赦得還，見秦檜，語連日不止。因述金人言景靈宮大廟土木，以爲無意中原，檜不懌。《南宋雜事詩》卷一引《弘簡録》。

32 見洪皓10、11。

33 高宗朝，有人書一「春」字，拆字人曰：「二十四日内有改除。」後果然。蓋三八數也。丞相秦檜亦書一「春」字，拆字曰：「三月八日加官。」亦然。高宗亦書一「春」字，拆字曰：「秦頭太重，遮日無光。」蓋所書春大日小，指秦檜也。《湖海新聞夷堅續志》補遺。

34 紹興中，張九萬以拆字説吉凶。秦檜一日獨坐書閣，召九萬至，以扇柄就地畫一字，問曰：「如何？」九萬賀曰：「相公當加官爵。」檜曰：「我位爲丞相，爵爲國公，復何所加？」九萬曰：「土上一畫非王而何？當享真王之貴。」其後竟封郡王，又封申王。《瑞桂堂暇録》。《陔餘叢考》卷三十四。

35 蔡元長當國時，士大夫問軌革，往往畫一人戴草而祭。……紹興中，秦會之專國柄，又多畫三人，各持禾一束，則又指之曰：「秦字也。」其言亦頗驗。及秦氏既廢，亦無復占得此卦矣。《老學庵筆記》卷十。《南宋雜事詩》卷一。

36 秦會之當國，偶虔州賊發，秦相得報，夜呼堂吏行札，數日以賊聞。一日，德壽問：「虔州有賊，何不奏聞？」秦云：「小竊，不敢上勞聖聽，陛下何以知之？」上曰：「普安説。」秦既退，呼堂吏云：「普安一宫給使，請俸不齊，取榜來。」遂閣兩月。壽皇聖度高遠，亦不以此爲意。議者疏秦擅專之罪。德壽建思堂落成，壽皇同宴，問德壽何以曰「思堂」，德壽答曰：「思秦會也。」由是秦氏之議少息。《貴耳集》卷上。

37 渡江初，吕元直爲相，堂厨每廳日食四千，至秦會之當國，每食折四十餘千。執政有差，於是始不會食。胡明仲侍郎曰：「雖欲伴食，不可得矣。」《鶴林玉露》丙編卷一。《宋稗類鈔》卷六。

38 秦會之當軸時，幾務之微瑣者，皆欲預聞，此相權之常態。然士夫投獻，必躬自披閱，間有去取。吾郡德興士人姚敦臨，字公儀，能篆書，秦喜之，令作二十家篆《孝經》，上表以進，時紹興十一年二月十九日也。許授以文資，未降旨間，會之招飲，姚喜，忘其敬，不覺振股，以此惡之。尋得旨，令充樞密院効士，辨驗篆文而已。又有蜀士，投啓干闕。其間一聯云：「乾坤二百州，未有託身之所；水陸八千里，來歸造命之司。」秦尤稱道之，遂得陞擢。《游宦紀聞》卷六。《茶香室四鈔》卷七。

39 秦檜爲相，久擅威福。士大夫一言合意，立取顯美，至以選階一二年爲執政，人懷速化之望，故仕於朝者，多不肯求外遷，重内輕外之弊，頗見於時。有王仲荀者，以滑稽游公卿間。一日，坐于秦府賓次，朝士雲集，待見稍久。仲荀在隅席，輒前白曰：「今日公相未出堂，衆官久俟，某有一小話願資醒困。」衆知其善謔，争竦聽之。乃抗聲曰：「昔有一朝士，出謁未歸，有客投刺于門，閽者告之以某官不在，留門狀，俟歸呈禀。客忽勃然發怒，叱閽曰：『汝何敢爾，凡人之死者，乃稱不在，我與某官厚，故來相見，某官獨無諱忌乎！而敢以此言目之耶！我必竢其來，面白以治汝罪。』閽拱謝曰：『小人誠不曉諱忌，願官人寬之。但今朝士留謁者，例告以如此，若以爲不可，當復作何語以謝客。』客曰：『汝官既出謁未回，第云某官出去可也。』閽愀然蹙頞曰：『我官人寧死，卻是諱出去二字。』」滿坐皆大笑。《桯史》卷七。《西湖游覽志餘》卷四。《宋稗類鈔》卷六。

40 秦檜當國時，有士人假其書謁揚州守，守覺其僞，以白金五百兩繳原書管押其回。秦接見之即補以官資。問其故，曰：「有膽敢假檜書，若不以一官束縛之，則北奔胡，南走越矣。」《清夜録》。《宋稗類鈔》卷三。《堅瓠乙集》卷二。《古事比》卷三十七。

41 秦丞相晚歲權尤重，常有數卒，皂衣持挺立府門外，行路過者稍顧視謦欬，皆呵止之。嘗病告一二日，執政獨對，既不敢他語，惟盛推秦公勳業而已。明日入堂，忽問曰：「聞昨日奏事甚久。」執政惶恐，曰：「某惟誦太師先生勳德，曠世所無。語終即退，實無他言。」秦公嘻笑曰：「甚荷。」蓋已嗾言事官上章。執政甫歸，閣子彈章副本已至矣。其忮刻如此。《老學庵筆記》卷八。《宋稗類鈔》卷二。

42 秦丞相、董參政同執政，二府之夫人俱入見。參政戒其夫人無妄奏對，惟丞相夫人是從。退歸，丞相果問參政夫人有何言，夫人曰：「無所言。」丞相喜，於是待參政益親。《獨醒雜志》卷五。

43 秦會之問宋朴參政曰：「某可比古何人？」朴遽對曰：「太師過郭子儀，不及張子房。」秦頗駭，曰：「何故？」對曰：「郭子儀爲宦者發其先墓，無如之何。今太師能使此輩屏息畏憚，過之遠矣。然終不及子房者，子房是去得底勳業，太師是去不得底勳業。」秦拊髀太息曰：「好。」遂驟薦用至執政。秦之叵測如此。《老學庵筆記》卷二。《識小録》卷一。《宋稗類鈔》卷二。

44 内庫偶闕腦子。上一日要腦子，求之於檜。檜取一匣進之，至上前開緘，而匣内有書題名銜，乃廣西經略方滋送檜者，誤不揭去。上謂御前未嘗有如此大片白腦子。《三朝北盟會編》卷二百二十。

45 鄭德象滋晚守京口，怠於爲政，湯致遠鵬舉爲兩浙漕，宣言俟應辦虜使，至郡按治之。時秦會之當國，德象求援于秦。蓋宣和初，秦赴試南宫，鄭爲參詳官，其所取也。至是湯別秦以行，秦曰：「鄭德象久不通問，有少書信，煩爲提攜達。」因面授之，湯視緘題云：「稟目申呈判府顯學侍郎先生門下，具位秦檜謹封。」湯得之，幡然而改，迺奏其治狀，遂移帥江東。《揮塵餘話》卷二。

46 括蒼管銓平仲，監奏邸，坐事免官，秦丞相手封銀一笏以助其歸，恃此方敢留一二日。蓋秦早授館於其家，故特致此禮。《清波雜志》卷三。

47 京下忽闕見錢，市間頗皇皇。忽一日秦會之呼一鑷工櫛髮，以五千當二錢犒之，諭云：「此錢數日間有旨不使，早用了。」鑷工親得鈞旨，遂與外人言之。不三日間，京下見錢頓出。《貴耳集》卷中。《宋稗類鈔》卷四。

48 曹泳尹天府，民間以乏見鏹告，貨壅莫售，日囂而争，因白之檜。檜笑曰：「易耳！」即席命召文思院官，未至，趣者絡繹，奔而來，亟諭之曰：「適得旨，欲變錢法，煩公依舊夾錫樣鑄一緡，將以進入，盡廢見鏹不用。」約以翌午畢事。院官不敢違，唯而退，夜呼工鞲液，將以及期。富家聞之大窘，盡輦宿藏，争取金粟，物賈大昂，泉溢于市。既而樣上省，寂無所聞矣。《桯史》卷三。《何氏語林》卷六。《西湖游覽志餘》卷四。《玉芝堂談薈》卷七。《宋稗類鈔》卷四。

49 都堂左揆閣前有榴，每著實，檜嘿數焉。忽亡其二，不之問。一日，將排馬，忽顧謂左右取斧伐樹。

有親吏在旁，倉卒對曰：「實甚佳，去之可惜。」檜反顧曰：「汝盜吾榴。」吏叩頭服。《桯史》卷三。《東南紀聞》卷一。《西湖游覽志餘》卷四。《何氏語林》卷二十九。《宋稗類鈔》卷四。

50 秦檜之夫人，常入禁中。顯仁太后言近日子魚大者絶少。夫人對曰：「妾家有之，當以百尾進。」歸告檜，檜咎其失言，與其館客謀，進青魚百尾。顯仁拊掌笑曰：「我道這婆子村，果然！」蓋青魚似子魚而非，特差大耳。觀此，賊檜之奸可見。《鶴林玉露》甲編卷二。《識小録》卷四。《何氏語林》卷二十九。《宋稗類鈔》卷四。

51 憲聖召〔秦〕檜夫人入禁中賜宴，進淮青魚。憲聖顧問夫人：「曾食此否？」夫人對以「食此已久。又魚視此更大且多，容臣妾翌日供進」。夫人歸，亟以語檜。檜恚之曰：「夫人不曉事。」翌日，遂易糟鯶魚大者數十枚以進。憲聖笑曰：「我便道是無許多青魚，夫人誤耳。」《四朝聞見録》乙集。《西湖游覽志餘》卷四。

52 秦檜權傾天下，然頗謹小嫌，故思陵眷之，雖檜死，猶不釋。小相熺嘗衣黃葛衫侍檜側，檜目之曰：「換了來。」熺未諭，復易黃葛。檜瞪目視之曰：「可換白葛。」熺因請以爲「葛黃乃貴賤所通用」。檜曰：「我與爾卻不可用。」蓋以色之逼上。《四朝聞見録》乙集。《西湖游覽志餘》卷四。

53 有王某者，江西詩客，見秦檜，未見，先以幅子書「打起黃鶯兒，莫教枝上啼。啼時驚妾夢，不得到遼西」。云：「解此即可見。」王以幅子書云：「到處尋春春不見，枝頭劈破幾重雲。歸來檢點梅花樹，春色梢頭已十分。」秦大喜，王時已在仕途，因拔引之。《懷古録》卷中。

54 詩僧上秦師垣壽曰：「不祝公兮椿與松，椿松老人空無用。不祝公兮鶴與龜，鶴龜汩没徒泥中。祝公願作天上月，歲歲年年常皎潔。錦城初動五更鐘，引領衆星朝北闕。」秦大悦。《螢雪叢説》卷下。《南宋雜事詩》卷一。

55 見陸士規1。

56 鄭昌齡，字夢錫，寧德人，弱冠舉進士，有才名。秦檜欲羅致門下，令客諭意，啖以美官。昌齡謝以詩云：「先生傲睨醉官傍，不免蹉跎入醉鄉。來書恐是夢中語，使我大笑譏荒唐。」檜雖恚而不能害也。《長溪瑣語》。

57 〔秦會之〕孫女封崇國夫人者，謂之童夫人，蓋小名也。愛一獅猫，忽亡之，立限令臨安府訪求。及期，猫不獲，府爲捕繫鄰居民家，且欲劾兵官。兵官惶恐，步行求猫。凡獅猫悉捕致，而皆非也。乃賂入宅老卒，詢其狀，圖百本，於茶肆張之。府尹因嬖人祈懇乃已。《老學庵筆記》卷三。《山居新語》。《西湖游覽志餘》卷四。《宋稗類鈔》卷二。

58 秦太師娶王禹玉孫女，故諸王皆用事。有王子溶者，爲浙東倉司官屬，郡宴必與提舉者同席，陵忽玩戲，無不至。提舉者事之反若官屬。已而又知吳縣，尤放肆。郡守宴客，初就席，子溶遣縣吏呼伎樂伶人，即皆馳往，無敢留者。上元吳縣放燈，召太守爲客，郡治乃寂無一人。又嘗夜半遣廳吏叩府門，言知縣傳語，必面見。守醉中狼狽，攬衣秉燭出問之。乃曰：「知縣酒渴，聞有鹹虀，欲覓一甌。」其陵侮如此。守亟取，遣人遺之，不敢較也。《老學庵筆記》卷五。

59 秦檜以紹興十五年四月丙子朔，賜第望僊橋。丁丑，賜銀絹萬疋兩，錢千萬，綵千縑，有詔就第賜燕，假以教坊優伶，宰執咸與。中席，優長誦致語，退，有參軍者前，褒檜功德。一伶以荷葉交倚從之，恢語雜至，賓歡既洽，參軍方拱揖謝，將就倚，忽墮其幞頭，乃總髮爲髻，如行伍之巾，後有大巾鐶，爲雙疊勝。伶指而問曰：「此何鐶？」曰：「二勝鐶。」遽以朴擊其首曰：「爾但坐太師交倚，請取銀絹例物，此鐶掉腦後可也。」一坐失色。檜怒，明日下伶於獄，有死者。於是語禁始益繁。《桯史》卷七。《西湖游覽志餘》卷四。《宋稗類鈔》卷六。參見宋高宗43。

60 秦會之初賜居第時，兩浙轉運司置一局曰箔場，官吏甚衆，專應副賜第事。自是訖其死，十九年不罷，所費不可勝計。……其子熺，十九年間無一日不鍛酒器，無一日不背書畫碑刻之類。《老學庵筆記》卷三。《六研齋筆記》卷二。

61 檜之建第於望僊橋也，備極宏麗。其死也，值天府開浚運河，取土堆府門，有人題詩曰：「格天閣在人何在，偃月堂深恨亦深。不向洛陽圖白髮，卻於郿鄔貯黃金。笑談便解興羅織，咫尺那知有照臨。寂寞九原今已矣，空餘泥濘積牆陰。」《西湖游覽志餘》卷四。《堯山堂外紀》卷五十八。《堅瓠甲集》卷四。

62 秦檜……方其在相位也，建一德格天之閣，有朝士賀以啓云：「我聞在昔，惟伊尹格于皇天；民到于今，微管仲吾其左衽。」檜大喜，超擢之。又有選人投詩云：「多少儒生新及第，高燒銀燭照娥眉。格天閣上三更雨，猶誦車攻復古詩。」檜益喜，即與改秩。《鶴林玉露》甲編卷五。《錢塘遺事》卷一。《西湖游覽志餘》卷四。《堯山堂外紀》卷五十八。《堅瓠己集》卷一。《宋稗類鈔》卷二。

63 鄭仲爲蜀宣撫，格天閣畢工，鄭書適至，遺錦地衣一鋪。秦〔檜〕命鋪閣上，廣袤無尺寸差，秦默然不樂。鄭竟失志，至於得罪。《齊東野語》卷八。《昨非庵日纂》二集卷八。案：鄭仲，當爲「鄭亨仲」之誤。

64 見康與之2。

65 秦會之當國，有殿前司軍人施全者，伺其入朝，持斬馬刀，邀于望僊橋下斫之，斷轎子一柱而不能傷，誅死。其後秦每出，輒以親兵五十人持挺衛之。初，斬全於市，觀者甚衆，中有一人朗言曰：「此不了事漢，不斬何爲！」聞者皆笑。《老學庵筆記》卷二。

66 秦相檜自遭施全見刺之後，常獨處一閣，雖奴僕，非命不敢輒入。季年違豫，三衙楊存中、成閔、趙密往問疾，召入室中，款語久之，言及近日表勳酒頗佳。表勳，賜酒名也。各贈兩器，皆降階謝。復坐，顧無僕從，自攜出室。亦見駕馭之術。《野老記聞》。《南宋雜事詩》卷三。《宋稗類鈔》卷四。

67 秦會之有十客：曹冠以教其孫爲門客，王會以婦弟爲親客，郭知運以離婚爲逐客，吴益以愛婿爲嬌客，施全以剚刃爲刺客，李季以設醮奏章爲羽客，某人以治産爲莊客，丁禩以出入其家爲狎客，曹泳以獻計取林一飛還作子爲説客。初止有此九客耳。秦既死，葬于建康，有蜀人史叔夜者，懷雞絮，號慟墓前，其家大喜，因厚遺之，遂爲弔客，足十客之數。《老學庵筆記》卷三。《避暑漫鈔》引《中興筆記》。《西湖游覽志餘》卷四。《識小録》卷一、卷五。《古事比》卷八。《宋稗類鈔》卷二。

68 秦太師十客：施全刺客，郭知運逐客，吴益驕客，朱希真上客，曹詠食客，曹冠門客，康伯可狎客，□□莊客，□□詞客，湯鵬舉惡客。施，殿前司軍校，不憤議和，以斬馬刀鬻於街傍，俟秦輿過害之，賴直傘兵執住，伏誅。郭，臨安人，登科，以少俊選爲孫婿，秦每夕必留三杯；郭多出久，至中夜或它宿，留門以俟；秦嘗以佩刀分遺子婿，一日宴集，皆佩之，而郭已遺人矣，秦大怒，適會其夜出，令門者無納，遂罷親。吳，常之宜興人，門蔭，爲人純謹，遂令繼郭，改秩爲臨安倅，驟得次對；　秦薨，以無實歷，不得親民，蔭補不行，後得一子承官，晚還其致仕遺表恩。朱希真，洛人，以遺逸召，既致仕，復出，多記中原事，秦喜之；　秦薨，復歸嘉禾。曹詠，戚里，與其子熹爲姻家，頗有才，用事爲户部侍郎，後安置新州。曹，婺之東陽人，登甲科，爲秦門客，不一歲躐進奉常簿中書檢正；　秦既敗，追其科甲，復還上舍，後再登第，難於入差遣，有爲之地者，得僉幕荆門軍。康伯可，捷於歌詩及應用文，爲教坊應制，秦每燕集，必使爲樂語詞曲。湯，金壇人，本亦出秦門，既薨，攻之不遺餘力。餘二人則忘之矣。《雲麓漫鈔》卷十。

69　秦會之以孫女嫁郭知運，自答聘書曰：「某人東第華宗，南宮妙選，乃肯不卑於作贅，何辭可拒于盟言。」其夫人欲去「作贅」字，曰：「太惡模樣。」秦公曰：「必如此乃束縛得定。」聞者笑之。《老學庵筆記》卷二。

70　吳元美，三山文士，作《夏二子賦》，譏切秦檜。其家立潛光亭、商隱堂，其怨家摘以告檜曰：「亭號潛光，蓋有心於黨李；　堂名商隱，本無意於事秦。」李，謂泰發也。亦削籍流容州，死焉。《鶴林玉露》甲編卷六。

71　宣和中，進士永福吳元美，三山文士，作《夏二子傳》，略云：「天命商以伐夏，是以伊尹相湯伐桀，而聲其刻剝之罪。當是時，清商飆起，義氣播揚，勁風四掃，宇宙清廓。夏告終於鳴條。二子之族無大小長少，皆望風隕滅，殆無遺類。天下之民，始得安食酣飲，而鼓舞於清世矣。」夏二子，謂蚊蠅也。其鄉人鄭瑋得之，往訴秦檜，謂其譏毁大臣。其家立潛光亭、商隱堂，怨家亦摘以告云：「亭號潛光，實有心於黨李；堂名商隱，本無意於事秦。」李，謂泰發也。檜怒，編管容州，尋謫死於南雄。《宋稗類鈔》卷二。

72 李泰發忤秦檜，貶海上，雷州守王彥恭存問周餽甚至。檜聞之，貶彥恭。……檜死，彥恭復官。《鶴林玉露》乙編卷二。

73 王樞密庶，本出張魏公之門，後忤秦檜，貶死。其子又以誹謗時政，褫官編置，在貶所無聊，有方士口辯多技能，因與之往還。方士能以藥和水作字，白與紙等，人不知其有字也，投之水上乃見。庶之子因戲書「秦檜可斬」四字，投諸水，以試其術。方士持紙竟去，欲白之官，厚賄之乃已。每至家，升堂呵叱如嚴父，少拂其意，即欲白發其事。庶子飲恨，事之惟謹。獨一僕不平，一日與方士游屋後廢圃，中有眢井。僕謂方士曰：「井有巨蟒。」方士俯視，僕從後推墜方士入井中，下石瘞之。已而爲人所告，秦遂起大獄，加以叛逆，獄遂成。其家夢庶乘馬語其家人曰：「吾今往，辯明兹事矣。」未幾，秦死，其獄遂解。其子之奇，淳熙間入兩府。《東南紀聞》卷一。

74 程敦厚子山，東坡表兄士元之孫也，秦檜善之。爲中舍時，一日呼至府第，請入内閣以坐。候之終日，一室蕭然，獨案上有紫綾褾一册，書《聖人以日星爲紀賦》，末後有「學生類貢進士秦壎呈」，文采豔麗。子山兀坐静觀，反覆幾成誦。雖酒殽問勞沓至，及晚竟不出，乃退，子山叵測也。後數日，差知貢舉，宣押入院，始大悟，即以是命題。此賦果精，衆考官皆稱善。洎揭曉，乃孫果首選。《朝野遺記》。《宋稗類鈔》卷二。《南宋雜事詩》卷六。《宋詩紀事》卷四十八。

75 秦檜語〔王〕葆曰：「檜待告老如何？」葆曰：「此事不當問於葆。」檜曰：「他人不敢言，以公有直氣故問。」……葆曰：「果欲告老，不問親與仇，擇可任國家之事者使居相位，誠天下生民之福。」檜默然。《淳祐玉峰志》卷中。《讀書鏡》卷二。

76 檜每遇生朝，錫賚踵道，賜教坊樂佐酒。一日，有伶人作雜劇之戲，其子熺笑聲微高，檜目之不語。少頃，檜起更衣，久而不出。妻王氏使人探之，乃在一室中默坐。智者謂：「檜歎其子，不足以相副也。」《三朝北盟會編》卷二百二十。

77 秦申王晚年昏耄，倦於爲政，軍國大細事，悉委其子少傅熺處決，號爲小相。由是賄賂大行，申王頗亦自知，而危疑焉。後因會楊和王曰：「外廷議論如何？」和王曰：「但只聞人言公相不師伊周，乃效唐令狐之作。」申王似有慚色，徐曰：「然則古既不之，老夫何愧乎王。」退而言於子弟曰：「秦公出語謬亂不常，不死則禍將作矣。」未幾果殂。《白獺髓》。

78 上幸秦檜第問疾。檜朝服拖紳，無一語，惟流涕淋浪。而上亦爲之墮淚，就手解紅帕賜檜拭淚。既退，其子熺奏請代居宰相者爲誰，上曰：「此事卿不當與。」《三朝北盟會編》卷二百十九。

79 秦檜擅權久，大誅殺以脅善類。末年，因趙忠簡之子汾以起獄，謀盡覆張忠獻、胡文定諸族，棘寺奏牘上矣。檜時已病，坐格天閣下，吏以牘進，欲落筆，手顫而汙，亟命易之，至再，竟不能字。其妻王在屏後摇手曰：「勿勞太師。」檜猶自力，竟仆于几，遂伏枕數日而卒。獄事大解，諸公僅得全。《桯史》卷十二。《西湖游覽志餘》卷四。《堅瓠辛集》卷一。《宋稗類鈔》卷二。

80 秦檜晚年，嘗一夕秉燭獨入小閣，治文書至夜半。蓋欲盡殺張德遠、胡邦衡諸君子凡十一人。區處既定，只俟明早奏行之。四更忽得疾，數日而卒。《鶴林玉露》乙編卷二。《賢弈編》卷二。《古事比》卷四十六。

81 見趙逵1。

82 秦會之初得疾，遣前宣州通判李季設醮于天台桐柏觀。季以善奏章自名。行至天姥嶺下，憩小店中，邂逅一士人，頗有俊氣，問季曰：「公爲太師奏章乎？」曰：「然。」士人搖首曰：「徒勞耳。數年間，張德遠當自樞府再相，劉信叔當總大兵捍邊。若太師不死，安有是事耶！」季不復敢與語，即上車去，醮之。明日而聞秦公卒。《老學庵筆記》卷二。《宋稗類鈔》卷一。《南宋雜事詩》卷四。

83 秦檜之疾，禱于天台桐柏觀，而士人以爲徒勞。所謂「獲罪于天，無所禱也。」《古事比》卷十一。

84 秦太師死，高宗告楊郡王云：「朕免得膝褲中帶匕首。」《南宋雜事詩》卷三。

85 秦檜爲相，怙權恃援，沮復仇之議，誅殺勛舊，誣陷忠良。死之日，詔撰神道碑，士大夫無肯執筆者。《南宋雜事詩》卷七。《佩韋齋集》卷十八。

86 秦檜眼有夜光。《偃曝餘談》卷下。《天中記》卷二十二。

87 〔秦〕檜性陰密，乘轎馬或默坐，常嚼齒動腮，謂之馬啗。相家謂得此相者可以殺人。《三朝北盟會編》卷二百二十。

88 〔海鹽〕著姓常氏，自忠毅公與秦檜不合，退居海上，遂家焉。其後有號蒲溪者……嘗言有厥祖遺像一幅，以兵亂失之，後復得之民間，因出以示余。其像瘦惡而髯帶貂蟬冠，上有贊曰：「佑時生甫，同德暨湯。治格一隆，力成再造。……」其後題曰：「紹興龍集壬申仲春穀旦，門下士武原魯璞拜贊。」余甚疑之，此贊似宰相，兩常公皆不得柄國，奈何有此？後檢宋《范茂明集》，有《代賀秦太師畫像啓》，乃知此贊是摘《啓》中數語爲贊耳。此蓋檜像，而子孫愛重此《啓》，摘去和戎等語，而借以爲贊耳。年代既久，淪落民間，爲常氏所得，復以魯璵爲本州人，益信而不疑耳。不知魯中紹興甲午趙逵榜，檜方柄國，故稱門下。《樂郊私語》。

89 紹興間，禁中呼秦太師爲「太平翁翁」。見陸放翁詩注。《賓退録》卷七。《橋西雜記》。《宋詩紀事》卷三十九。

90 《東甌遺事》載：秦檜嘗夢至一洞，群僧環坐。後經雁山羅漢洞，詭云：「我前夢抵此石室，群僧環坐曰：『尚憶此否？』吾瞿然悟身爲諾詎羅，僧謂吾世緣未了，姑去。今覩此，始知所夢。」因築了堂，爲詩以記，有「欲了世緣那得了」句。《雁蕩詩話》卷上。《茶香室續鈔》卷四。

91 秦太師作相時，裹頭巾，當面偶作一摺，謂之「太師錯」摺樣。第中窗上下及中一二眼作方眼，餘作疎欞，謂之「太師窗」。《老學庵筆記》卷十。《南宋雜事詩》卷一。

92 秦檜造酒，名表勳。《説略》卷二十五。

93 秦檜妻妒悍。嘗嬖一妾有娠，妻不容，逐投莆田林氏，及長，曰林一飛。既取王氏之兄曰王㬇之子而子之，曰秦熺者是也。檜客曹泳，獻計于檜，欲取一飛歸爲己子。故泳稱爲説客，在十客之數。然其事未果，而檜卒，其黨又欲爲料理，王氏自陳云：「妾有幾子，林非是。」林遂貶。《樵書》二編卷九。

94 秦檜妻王氏陳乞舊所得恩數未領者，自稱「冲正先生」。王佐爲祕書省校書郎，駁之曰：「妾婦安得有此稱？向者誤恩，今得追正。」《兩浙名賢録》。《南宋雜事詩》卷一。

95 金陵牧牛亭，秦氏之丘隴在焉。有移忠、旌忠寺，相去五里，金碧相照。楊誠齋嘗乘軺過之，題詩壁間曰：「函關只有一穰侯，瀛館寧無再帝丘。天極八重心未死，台星三點拆方休。只看壁後新亭築，恐作移中屬國羞。今日牛羊上丘隴，不知丞相更嗔不。」復自註其下曰：「秦暮年起大獄，必殺張德遠、胡邦衡等五十餘人，不知諸公殺盡，將欲何爲？奏垂上而卒，故有『新亭』之句。然初節似蘇子卿，而晚謬。」余嘗過其地，一刹正爲其家不檢子孫所撓，主僧相繼而逃去。有一支位者主之，以寺歸之官，刻大碑於門，不許其家人之與其事，始稍復振。檜墓前隊碑，宸奎在焉，有其額而無其辭。卧一石草間，曰：「當時將以求文，而莫之肯爲，今已矣。」《程史》卷二。《堅瓠戊集》卷二。

96 秦檜江寧人，故其墓在建康。墓上豐碑屹立，不鐫一字，蓋當時士大夫鄙其爲人，兼畏物議，故不敢作神道碑。及孟珙滅金回，屯軍於檜墓所，令軍士糞溺墓上，人謂之「穢冢」。《堯山堂外紀》卷五十八。《識小録》卷一。《南宋雜事詩》卷七引《山堂肆考》。

97 〔秦〕檜墓在金陵城南牧羊亭，至今呼爲狗葬。《香祖筆記》卷十。

98 秦檜墓在建康，歲久榛蕪。成化乙巳秋，被盜發，獲金銀器具鉅萬。盜被執赴部鞫，末減其罪，惡檜也。《堅瓠壬集》卷一。

99 徐鵬舉治圃於白門郊外，見一丘隆起，立命夷爲平地。左右以形家言力止之，不聽。比發之，乃大塚。或諫弗啓，又大怒。剗之，則宋相秦忠獻墓也。閱之大喜，剖其棺，棄骸水中，人謂真武穆報冤云。然成化乙巳，盜發秦墓於江寧鎮，已有人記之矣。《萬曆野獲編》卷五。

100 宋季有永嘉處士胡褒者，憤秦檜之奸，題其堂曰「六檜」。蓋以「六」隱「戮」字也。《南宋雜事詩》卷五。

《篁墩文集》卷六十三。

101 秦檜曾孫鉅通判蘄州，金人犯境，與郡守李誠之竭力捍戰，城破，鉅率兵巷戰，復歸署自焚死。子浚、濬皆死。奸臣之後，一門死忠孝，豈復繫其世類乎？然檜無子，以妻兄王㬇子爲後，則秦氏世絶於檜久矣。《南宋雜事詩》卷三引《金壘子》。

秦熺

1 秦熺，本王㬇之孽子。㬇妻鄭氏，達夫之女，㬇繇婦家而早達，鄭氏怙勢而妬。熺既誕，即逐其所生，以熺爲會之乞子。會之任中司，虜拘北去，夫婦偕行，獨留熺于會之夫人伯父王仲嶷豐父家。豐父子時憍而傲，每凌侮之。其後會之用其親黨遍躋要途，獨時每以參議官處之。《揮麈餘話》卷二。

2 見曹泳1。

3 壬戌省試，秦檜之子熺、姪昌時、昌齡皆奏名，公議籍籍而無敢輒語。至乙丑春首，優者即戲場設爲士子赴南宫，相與推論知舉官爲誰，或指侍從某尚書某侍郎當主文柄，優長曰：「非也，今年必差彭越。」問者曰：「朝廷之上，不聞有此官員。」曰：「漢梁王也。」曰：「彼是古人，死已千年，如何來得？」曰：「前舉是楚王韓信，信、越一等人，所以知今爲彭王。」問者蚩其妄，且扣厥指，笑曰：「若不是韓信，如何取得他三秦？」四座不敢領略，一鬨而出。《夷堅支志》乙卷四。

4 秦熺狀元及第，汪彦章以啓賀會之，有云：「三年而奉詔策，固南宫進士之所同；一舉而首儒科，蓋東閣郎君之未有。」本意求屬對之工，非有意薄之也。而熺父子怒以爲輕己。彥章自此得罪，羈置湖湘，至終身不得還。《寓簡》卷八。《西塘集耆舊續聞》卷十。《南宋雜事詩》卷六。《宋詩紀事》卷三十六。

5　見李邴4。

6　紹興十三年，勅令所進書删定官五員，皆自選人改秩。潘良能季成，游操存誠，沈介德和伯、兄景伯，皆拜祕書省正字。……四正字同日赴館供職。少監秦伯陽於會食之次，謂坐客言：「一旦增四同舍，而姓皆從水傍，熺有一句，願諸君爲對之，以成三館異日佳話。」即云：「潘游洪沈泛瀛洲。」坐客合詞賞歎，竟無有能對者。《容齋四筆》卷十四。

7　紹興中，秦熺亦歸金陵焚黄，臨安及轉運司舟舫盡選以行，不足，擇取於浙西一路，凡數百艘，皆窮極丹雘之飾。郡縣監司迎餞，數百里不絶。平江當運河，結綵樓數丈，大合樂官妓舞于其上，縹緲若在雲間，熺處之自若。《老學庵筆記》卷五。

8　紹興二十五年春，秦丞相在位。其子熺謁告來建康焚黄，因游茅山華陽觀，題詩曰：「家山福地古云魁，一日三峯秀氣回。會散寶珠何處去，碧喦南洞白雲堆。」時宋□爲建康守，即日鐫諸板，揭於梁間。到晚，秦往觀之，見牌側隱約有白字，命舉梯就視，則和章也。曰：「富貴而驕是罪魁，朱顔綠鬢幾時回。榮華富貴三春夢，顔色馨香一土堆。」讀之大不懌。方秦氏權震天下，是行也，郡縣迎候趨走唯恐不至，無由有人敢譏切之如此者。窮詰其所自，了不可得，宋與道流皆懼，不知爲。是歲冬，秦亡。《夷堅丙志》卷十六。

9 見秦檜60。

秦　塤

1 頃歲騤放秦塤等科名，方集議時，中司誤以「騤」爲「剥」，衆雖知其非，畏中司者護前，遂皆書曰「剥」。《老學庵筆記》卷四。《南宋雜事詩》卷一。

万俟卨

1 見岳飛28。

2 「一色樓臺三十里，不知何處覓孤山。」近人詩也。或云爲此詩者黄姓，失其名，亦嘗作《万俟丞相挽詩》，有「地下若逢秦相國，也應不説到沅湘」之句。《清波雜志》卷三。

王次翁

1 曾國老弼，崇寧中爲湖北提舉學事。時王慶曾作學事司幹當公事，按行諸郡，與之偕行。次漢陽，欲絶江之鄂渚，國老約慶曾晨炊，相與同渡，慶曾辭以茹素，自於客館飯畢而後追路。國老怏怏，亟登舟。慶曾食未竟，忽聞國老中流不濟，船内無一人免者。慶曾後四十年爲参知政事。《揮麈後録》卷七。

2 王慶曾言：「蚤日羈窮，嘗從一頭陀占卦象。其詞云：『須逢庚午方亨快，半是春來半是秋。』頭陀云：『豈君運行庚午，春秋之間少快邪。』久之無驗。晚用秦相君薦，至參知政事。相君庚午生，半春半秋『秦』字也。」《邵氏聞見後録》卷二十九。

3 見韋賢妃5。

范同

1 見秦檜26。

楊愿

1 見張擴1。

2 楊愿未爲執政時，時士大夫號其爲「肉簡牌」。言愿傅檜旨意也。《宋宰輔編年録》卷十六。

3 楊愿最善佞，至飲食動作悉效之。秦〔檜〕嘗因食，噴嚏失笑，愿於倉卒間，亦陽噴飯而笑，左右侍者哂焉。秦察其奉己，愈喜。既歷歲，亦厭之，諷御史排擊而預告之，愿涕淚交頤。秦曰：「士大夫出處常事耳，何至是？」愿對曰：「愿起賤微，致身此地，已不啻足，但受太師生成恩，過於父母，一旦別去，何時復望車塵馬足邪？是所以悲也。」秦益憐之，使以本職奉祠，僅三月起知宣州。李若谷罷參政，或曰：「胡不效楊原仲之泣？」李河北人，有直氣。笑曰：「便打殺我，亦撰眼淚不出。」秦聞而大怒，遂有江州居住之命。《容齋續筆》卷十五。《南宋雜事詩》卷四。

4 楊原仲愿，秦會之腹心，爲之鷹犬，凡與會之異論者，驅除殆盡，以此致位二府，出守宣城。王公明與原仲爲中表，原仲爲之經營舉削改官，得知蘄水縣，往謝原仲，款集，醉中戲語原仲云：「昔嘗於呂丞相處，得公頃歲所與渠書，其閒頗及秦之短，尚記憶否？」公明初出無心也，原仲聞之色如死灰，即索之，云：「偶已焚之。」原仲自此疑公明，慮其以告秦，出入起居，跬步略不蹔捨，夜則多以人陰加防守。公明屢求歸而不從，深以爲苦，如此者幾歲。原仲移帥建業，途中亦如是焉。既抵金陵，館于玉麟堂後宇。諸司大合樂開燕，守卒輩往觀優戲，稍怠。公明忽覩客船纜于隔岸，亟與其親僕挈囊，喚而登之，遁去。會散，原仲呼之，則已遠矣。即遣人四散往訪之，邈不可得。原仲憂撓成疾而斃。《揮麈後録》卷十一。

汪　勃

1 汪勃，歙人也。仕州縣，年逾六十猶未調。官滿，趨朝試，干秦檜，求一近闕。秦問其：「已改官乎？」曰：「未也。」「有舉者幾人？」曰：「三人耳。」於是遣人導之往謁張、韓。時二公皆以前執政奉朝請，聞有秦命，倒屣出迎，執禮甚至。勃得改秩。《東南紀聞》卷一。

宋　朴

1 見秦檜43。

董德元

1 見秦檜42。

2 見湯思退4。

沈　該

1 見虞允文1。

湯思退

1 湯舉者，處州縉雲人，與先人太學同舍生，有才名於宣、政間。登第之後，累任州縣，積官至承議郎。居鄉邑，以疾不起。舉適上課，當遷員外郎，而綸軸未頒。有王令洙者，南都人，文安堯臣之後，爲縉雲令。告其家云：「未須發喪，少俟命下。」舉妻懼不敢，令洙力勉之，且爲亟遣价疾馳入都，趣取告身，越旬日始到，然後舉哀。令洙爲保任申郡，遺澤遂沾其子，即進之思退也。後中詞科，賜出身，盡歷華要，位登元台，震耀一時。《玉照新志》卷二。

2 紹興初，日者韓操、曹谷，皆奇術也。湯丞相進之、史丞相，二公微時嘗往叩之。一日，調官中都，復同往。韓偶修屋，無延坐處，其家紿云出去。韓，瞽者，聞其聲而詫之，亟呼曰：「二相公來，豈可不留坐。」後皆如其言。……曹谷，與韓齊名，晚年術多差。曹，丹陽人。有士人初薦，問省試得失。曹不許，云：「須至免舉年方登第。」果下省。至免舉，復扣之，曹又不許。士子曰：「公向年許我免舉登第，何相反耶？」曹曰：「若果是曹谷相許，但以往日之言爲據。是時命運通利，所言無不中。今時運不如昔，故亦有時而差爾。」後果第。《西塘集耆舊續聞》卷七。

3 湯岐公初秉政，偶刑寺奏牘有云「生人婦」者，高廟問：「此有法否？」秦益公云：「法中有夫婦人與無夫者不同。」上素喜岐公，顧問曰：「古亦有之否？」岐公曰：「古法有無，臣所不能記。然『生人婦』之語，蓋出《三國志·杜畿傳》。」上大驚，乃笑曰：「卿可謂博記矣。」益公陰刻，獨謂岐公純篤，不忌也。《老學庵筆記》卷八。

4 高宗紹興二十六年，秦檜病篤，召參政董德元、僉樞密院事湯思退至卧室，屬以後事，各贈黄金千兩。德元慮檜以爲自外，不敢辭。思退以爲期其死，不敢受。帝聞思退不受，以爲非檜黨，遂信任之，至左僕射侍御史。故《古樂府》云：「相門深深夜不扃，百年恩重千金輕。二人辭受本同情，君王但賞辭金名。嗚呼一檜死，一檜生，君王孤立臣爲朋，誰人更問胡邦衡。」《堅瓠己集》卷三。

5 宋高宗一日坐寢殿，湯丞相思退侍立，上曰：「卿家處州有何異蹟？」思退曰：「臣鄉有石僧題詠，其詩曰：『雲作袈裟石作身，巖前獨立幾經春。有人若問西來意，默默無言總是真。』」大稱旨。本無此詩，徹夜遣人歸，刻石聖僧之旁。《湖海新聞夷堅續志》後集卷二。《宋詩紀事》卷四十七。

6 湯岐公思退相高宗，紹興三十一年，以煩言罷。洪文安遵在翰苑當直，例作平語，諫官隨而擊之，以祠去。孝宗朝再相，隆興二年復罷。文安之兄文惠适適視草焉，又作平語，侍御史晁公武亦擊之，文惠請外，上曰：「公武言卿黨思退，朕謂平詞出朕意。」固卻其章，仍徙户侍矣。蓋其相兩朝，再罷相，乃累洪氏二兄弟，先後若出一轍，可笑如此。岐公中詞科時，與文敏邁實同年云。《桯史》卷一。

7 湯岐公自行宫留守出守會稽，朝士以詩送行甚衆。周子充在館中，亦有詩而亡之。岐公以書再求曰：「頃蒙贈言，乃爲或者藏去。」子充極愛其遺辭之婉。《老學庵筆記》卷三。

陳康伯

1 紹興末，金海陵煬王臨江，中外惶懼，朝士多遣家爲避狄計。時陳魯公爲左相，獨鎮之以静，人心少安。一日，邊郡羽書來，上趣召輔臣，公獨後至。中使屢趣之，陳行愈益緩。上嘗夜出手札，欲散百官，浮海避虜。公對中使取御札焚之。當是時，都人將遁去，賴陳不爲摇，都人乃止。北虜退，獨公與黄通老家屬在城中。《建炎以來朝野雜記》甲集卷八。

2 紹興末，巨公丁丑生者數人。或戲以衰健放牓，陳福公作魁，凌尚書景夏末名，張魏公黜落。《老學庵筆記》卷一。

3 陳福公長卿重厚粹美，有天人之相，然議者擬其少英偉之氣。予爲編修官時，一日，與沈持要、尹少稷見公于都堂閣。公忽盛怒曰：「張德遠以元樞輒受三省樞密院訴牒，雖是勳德重望，亦豈當如此！」方言此時，精神赫然，目光射人。退以告朝士，皆云平生未嘗見此公怒也。古人有貴在于怒者，此豈是耶！《老學庵筆記》卷一。

4〔隆興初〕公判信州，用魏郡王韓琦領鄉郡故事寵之。公入謝，上慰勞之曰：「丞相之歸，所謂歇馬，他日宣召切勿辭。」詔宰執餞別，百官郊餞，恩禮殊絶，未有前比。公力辭鄉郡，改醴泉觀使。金兵再犯……上親札遣中使即家召公，復拜尚書左僕射，進封魯國公。制出，中外鼓舞，然議者疑公久厭於富貴，得去如釋重負，又養痾卧家，必不肯强起，雖子弟親戚亦謂公：「宜以病爲辭，不爲過也。」公曰：「不然，今王室艱難，我大臣體國，輿疾上路幸一見，上或憐而歸之耳。」中道聞邊遽甚，乃兼程以進，閏月至闕下。上御便殿詔其子安節、婿文好謙扶掖入見，仍減拜賜坐，勞問優渥。公謝病不任宰相職，上不許詔……賜衣帶寢處之具。都人見公，夾道歡呼，皆以手加額。《宋名臣言行録》別集上卷二。

5 陳福公在相位，欲營居第，視其圖，以爲高，悉裁損之，制度甚庳。董役者云：「公門户不高大，無以容車馬。」公曰：「吾今日有閽者，一兩世後，吾門扉要使小婢嬾輩可開闔爾。」《愛日齋叢鈔》卷二。參見陳俊卿5。

6 祖宗盛時，故相或居輦下，時召入問事，間遇朝會則立舊班之下，國有大議亦得可否，郊禋則陪，無所嫌也。阜陵慶上皇八袠，參用故典，召故相陳福國、史越王陪位。陳力以疾辭，史聞命，絶江祠。既竣事，以史舊學，曲爲勉留。時相疑其迫己，風言者去之。陳聞史入，謂客曰：「史直翁只好莫去。」陳之多智，此其一也。史聞，于燕居太息語子弟曰：「吾與陳福公並相，朝廷施行稍合公論，則人皆相與曰：『此陳丞相所爲。』稍咈公論，則人又曰：『此史某所爲。』吾命招謗，昔爲布衣，術者云爾。」《四朝聞見録》乙集。

朱倬

1 紹興三十二年六月十一日内禪，前一日宰相朱倬罷。倬字漢章，三山人，登宣和第。或謂張浚、明橐薦之，非也，其實因劉貴妃以進。妃，北人，流寓閩中，有殊色。中貴人掌神御者圖上其貌，久之不省，始歸西外之宗家。它日，上見圖悦之，命召入，遂有寵。其父懋，後至節度使。倬居鄉里識之，夤緣締交。後爲學官，請外，得舒州。將陛辭，刺知上燕閑所觀史傳，於奏疏中道之，大稱旨，留爲郎。不數年，爲中司，遂至宰相。最惡王十朋，其在臺，嘗風陳丞相康伯去之。陳以告汪聖錫，汪曰：「彼爲中司，胡不自擊之？」陳曰：「畏公議也。」汪曰：「彼則畏公議，相公獨不畏公議乎？」既而十朋不自安，請外，將予郡，倬又曰：「顛人如何作郡？」乃得外大宗丞。公論大喧，然上眷殊厚。辛巳，視師回至平江，洪遵景嚴爲守。時倬與康伯並相，遵以求入爲禱，倬唯唯，康伯曰：「進退近臣，當由上意，非某所敢知也。」及將内禪，康伯奏：「書詔方冗，翰苑獨員洪遵在近。」欲召之，倬惡其非出己，即曰：「不可。」其弟邁新爲右史，今復召遵，此蘇軾與轍所以變亂元祐也。」上卒召遵副端。張震真父爲同列言：「上方行堯舜之事，此人豈可輔初政？不去之，必爲天下患。」遂力攻之。上初不聽。時競傳覃霈在學生員皆免解，倬子端厚嘗肄業，既蔭補矣，頗欲並緣在學人例，竄名其間。真父廉得其事，疏中言之，上始怒，遂罷相。景嚴適當制，有云：「爲君子邦家之基，曾未聞於成效；有元良天下之本，乃欲異於疇庸。」時真父疏不付出，内外迄莫知所坐，雖倬亦自疑懼，惴惴累年。汪公帥閩，至郡，方欲謁之，一夕暴下卒。國史本傳乃謂高宗有内禪意，倬請徐之，及孝宗即位，諫臣以爲言，以憂懼卒。或以爲服藥而殂，皆不然也。《齊東野語》卷十一。

魏良臣

1 魏道弼參政使金人軍中，抗辭不撓，虜酋大怒，欲于馬前斬之，揮劍垂及頸而止，故道弼頭微偏。《老學庵筆記》卷一。

2 魏道弼良臣與秦會之有鄉曲共學之舊，秦既得志，引登禁路。道弼恃其久要，一日啓于秦曰：「某昨夕不寐，偶思量得一事，非晚郊祀，如遷客之久在遐方者，可因赦内徙，以召和氣。」秦曰：「足下今作何官？」道弼云：「備員吏部侍郎。」秦復曰：「且管了銓曹職事，不須胡思亂量。」翌日降旨，魏良臣與郡，出守池州，已而罷去。《揮麈後録》卷十一。

3 自昔人士皆著帽，後取便於戎服。紹興丙子，魏敏肅道弼貳大政。一日造朝，預備衫帽，朝退，服以入堂，蓋已得請矣。一時驟更衣制，力或未辦，乃權宜以凉衫爲禮，習衣爲常。《清波雜志》卷二。

4 秦會之丞相卒，魏道弼作參政，委任頗專，且大拜矣，翰苑欲先作白麻，又不能辦，假手於士人陳豐。豐以其姓魏，遂以「晉絳和戎」對「鄭公論諫」。久之，道弼出典藩，而沈守約、万俟元忠並拜左右揆。翰苑者倉猝取豐所作制以與沈公，而忘易晉絳、鄭公之語。《老學庵筆記》卷一。

張綱

1 張伯紀自本州升貢，次公試，次內舍校定，次上舍合格，次升補上等上舍，皆第一。釋褐之日，徽宗歎曰：「自來止説三元，今張五元矣。」遂除太學博士。《西湖游覽志餘》卷二十五。

湯鵬舉

1 見秦檜45。

2 見秦檜68。

3 見沈樞1。

葉義問

1 葉義問以知樞密院事來江上督視，乘大座船，以使臣二人，執器械立爲門，左右見者無不笑。義問以儒將自許，有姪貞卿者常語人曰：「方今儒將，家叔知院一人而已。」義問至鎮江，聞瓜洲官軍與金人相持，已惶遽失措。……時冬月江水低，沙洲皆露，義問役民夫掘沙爲溝，可深尺許，沿溝栽木枝爲鹿角數重，乃曰：「金人若渡江來，且以此欄障之。」聞者無不大笑。民夫且執役且笑且言曰：「樞密喫羊肉，其識見何故不及我喫糟糠村人？」一夜潮生，沙溝悉平，木枝皆流去矣。《三朝北盟會編》卷二百三十八。《建炎以來繫年要録》卷一百九十四。

2 諸處以報捷旗趨行在者，終繹於道路，市人爲之語曰：「雖日聞報捷可喜，但一報近於一報，亦可憂。」督視葉義問見報捷有金人又添生兵，顧侍吏曰：「生兵是何物？」遠近聞之，謂：「督樞密尚不識生兵，而司三軍之政可乎？」當時謂之「去源樞密」。《三朝北盟會編》卷二百三十八。

3 見虞允文6。

周麟之

1 紹興辛巳，予爲祕書省正字，正月癸未，迎駕。同館王十朋望見周麟之樞密，目爲魚頭公。問其故，云：「前歲爲大金哀謝使，虜主喜之，享以所釣牛魚，非舊例也。樞公糟其首歸獻於朝，故有此號。虜中甚貴此魚，一尾直與牛同。」《二老堂雜志》卷四。《南宋雜事詩》卷三。《宋詩紀事》卷四十七。

2 詔撰張浚碑，文成奏御，天筆批其後十八字曰：「志銘叙事詳盡，造語簡要，披覽再四，但有歎嘉。」士林傳翫以爲寵。公姿儀洒落，進止凝重，班冠玉笋，望之者意神仙中人。《宋名臣言行録》別集上卷三。

宋人軼事彙編卷三十

岳飛

1　飛之在母懷也，有老父過，聞其母聲，曰：「必生男也，當以功名顯，致位三孤。」及生，有大禽若鵠，飛鳴於室之上，因名焉。未彌月，河決内黄西，水暴至。母姚氏寘之巨甕中，衝濤乘流而下，及岸，得不死。《鄂國金佗續編》卷十七。

2　飛天資敏悟，强記書傳，尤好《左氏春秋傳》及《孫吴兵法》。家貧，拾薪爲燭，達旦不寐。《鄂國金佗續編》卷十七。

3　〔先臣〕生而有神力，未冠，能引弓三百斤，腰弩八石。嘗學射于鄉豪周同。一日，同集衆射，自眩其能，連中的者三矢，指以示先臣，曰：「如此而後可以言射矣。」先臣謝曰：「請試之。」引弓一發，破其筈，再發又中。同大驚，遂以其所愛弓二贈先臣。後先臣益自練習，能左右射，隨發輒中。及爲將，亦以教士卒，由是軍中皆善左右射，屢以是破賊鋒。《鄂國金佗稡編》卷四。

4　岳〔飛〕之門僧惠清言：岳微時居相臺，爲市游徼，有舒翁者善相人，見岳必烹茶設饌，嘗密謂之曰：「君乃猪精也。精靈在人間，必有異事，它日當爲朝廷握十萬之師，建功立業，位至三公。然猪之爲物，未有善終，必爲人屠宰。君如得志，宜早退步也。」岳笑，不以爲然。《夷堅甲志》卷十五。《堅瓠餘集》卷一。

5　岳公飛微時，嘗于長安道中遇一相者曰舒翁。飛時貧甚，翁熟視之曰：「子異日當貴顯，總重兵，然死非其命。」飛曰：「何謂也？」翁曰：「第識之，子，猪精也，猪碩大而必受害。子貴顯，則睥睨者衆矣。」《獨醒雜志》卷十。

6　岳太尉飛，本是韓魏公家佃客，每見韓家子弟必拜。《朱子語類》卷一百三十二。《南宋雜事詩》卷一。《宋稗類鈔》卷八。

7　宣和六年，賊張超率衆數百，圍魏忠獻王韓琦故墅。飛適在焉，怒曰：「賊敢犯吾堡耶！」超恃勇直前，飛乘垣，引弓一發，貫其吭，而一墅賴以全。《鄂國金佗續編》卷十七。

8　靖康元年，宗忠簡公留守京城。岳忠武王飛時隸麾下，犯法當斬，忠簡見而奇之，曰：「此將材也。」遂釋不斬，而留之軍前。會金人犯汜水，乃授以五百騎，俾爲踏白使，已而凱旋，補爲統領，尋遷統制，飛由是知名。《日損齋筆記》。

9　杜充之駐建康也，岳飛軍立硬寨於宜興，命親將守之。飛兵出不利，夫人密諭親將選精鋭、具餱糧，潛爲策應之備。未幾，飛兵還，即入教場呼問之曰：「汝欲何爲？」曰：「聞太尉軍小不利，故擇敢戰之士以備策應，此男女孝順耳。」飛曰：「吾命汝堅守根本，天不能移，地不能動。汝今不待吾令，擅自動摇，是無師律也。」立命責短狀，將大懼，祈哀吐實，謂此非某所爲，蓋夫人亦曾有命耳。飛愈怒，竟斬之。《齊東野語》卷十二。

10〔岳飛〕駐於鎮江府，知泗州劉綱詣行府稟議。綱曰：「泗州在淮河之北，城郭不固，無兵無食，如有緩急，守乎？棄乎？」飛徐徐言曰：「此是潤州，更有何名？」綱曰：「京口。」飛再問之，綱曰：「丹徒。」飛三問之，綱曰：「南徐。」飛曰：「只此是矣。」綱退，大歎服曰：「岳鵬舉果有過人。」《三朝北盟會編》卷二百六。

11〔岳〕飛駐軍於洪州也。趙秉淵爲江南西路兵馬鈐轄，洪州駐劄。飛因飲酒大醉，毆擊秉淵幾死，安撫使李回奏劾之。至是，上戒飛飲酒，飛自此不飲。《三朝北盟會編》卷一百五十五。《大金國志》卷十一。

12〔岳飛〕到徽州，有百姓訴其舅姚某搔擾，飛白其母責之，曰：「舅所爲如此，有累於飛，飛能容，恐軍情與軍法不能容。」母亦苦勸而止。他日，飛與兵押馬，舅亦同行，舅出飛馬前而馳約數十步，引弓滿回身射飛，中其鞍轎，飛馳馬逐舅，擒下馬，令王貴、張憲捉其手，自取佩刀破其心，然後碎割之。歸白其母，母曰：「我鍾愛此弟，何遽如此！」飛曰：「若一箭或上或下，則飛死矣。爲舅所殺，母雖欲一日安不可得也。所以中鞍轎者，乃天相飛也。今日不殺舅，他日必爲舅所害，故不如殺之。」母意亦解。《三朝北盟會編》卷一百四十四。

13岳武穆領兵過茶陵，鄉人尹彦德以牛酒謁軍門，犒軍三日，武穆曰：「汝當以詩書教其子孫。」乃親書「一經堂」三大字遺之。彦德如其言。子伯正、仲正後果登第。《嘉靖長沙府志》卷六。《柳亭詩話》卷二。

14紹興癸丑，岳武穆提兵平虔、吉群盜，道出新淦，題詩青泥市蕭寺壁間云：「雄氣堂堂貫斗牛，誓將直節報君讎。斬除頑惡還車駕，不問登壇萬户侯。」淳熙間，林令梓欲摹刻于石，會罷去，不果。今寺廢壁亡矣。《賓退録》卷一。

15 岳鵬舉征群盜，過廬陵，託宿廛市。質明，爲主人汛埽門宇，洗滌盆盎而去。郡守供帳，餞别于郊。師行將絶，謁未得通。問大將軍何在，殿者曰：「已雜偏裨去矣。」其嚴肅如此，真可謂中興諸將第一。周洪道爲追復制詞有云：「事上以忠，至不嫌於辰告；行師有律，幾不犯於秋毫。」蓋實録也。辰告者，謂岳嘗上疏請建儲云。《齊東野語》卷二十。《宋稗類鈔》卷一。

16 岳飛討楊么，時么據洞庭，出没不可測。偶獲一諜者，問其巢穴，對曰：「險阻安可入？惟飛乃能入耳。」飛大笑曰：「天遣汝爲此言，吾必破其巢穴。」三軍大喜，迄平之。《鶴林玉露》丙編卷六。

17 鼎澧群盜，惟夏誠、劉衡二砦據險不可破。二人每自咤曰：「除是飛過洞庭湖。」其後卒爲岳飛所破。《老學庵筆記》卷一。《宋詩紀事》卷一百引《古今風謡》。

18 先臣天性至孝，自北境紛擾，母命以從戎報國，輒不忍，屢趣之，不得已，乃留妻養母，獨從高宗皇帝渡河。河北陷，淪失外區，音問絶隔。先臣日夕求訪，數年不獲。俄有自母所來者，謂之曰：「而母寄余言：『爲我語五郎，勉事聖天子，無以老媪爲念也。』」乃竊遣人迎之，阻於寇攘，往返者十有八，然後歸。……及母薨，水漿不入口者三日，每慟如初，毁瘠幾滅性。自與臣雲跣足扶櫬歸葬，不避塗潦蒸暑。諸將佐有願代其役者，先臣謝之，路人無不涕泣。既葬，廬於墓，朝夕號慟。《鄂國金佗稡編》卷九。《南宋雜事詩》卷一引《學圃萱蘇》。

19 見張浚21。

20 見張浚24。

21 辛企李次膺，紹興八年，自右正言出爲湖南提刑。舟到武昌，大將岳飛來江亭通謁，辛以道上不見賓爲解，岳不肯去。良久，不獲已，見之。即欲以明日具食，意殊懇切，不得辭。既宴，酒三行，延辛入小閣，盡出平生所被宸翰，凡數百紙，具言眷遇之渥。執辛手曰：「前夕夢爲棘寺逮對獄，獄吏曰：『辛中丞被旨推勘。』驚寤，遍體流汗。方疑懼不敢以告人，而津吏報公至。公自諫官補外，他日必爲獨坐，飛或不幸下獄，願公救護之。」辛悚然不知所對。纔罷酒，即解維。後數年，飛罷副樞奉朝請，故部將王貴迎時相意，告其謀叛，繫大理獄，命新除御史中丞何伯壽鑄治其事。方悟昨夢，乃新中丞也。何公後辭避不就，乃以付万俟丞相云。《夷堅甲志》卷十五。

22 先是張憲之獄未成，万俟卨爲御史中丞，何鑄以除執政奉使，乃改命卨推勘，而飛與子雲皆係獄矣。初，公之在湖北也，辛次膺舟行過鄂，公燕待之。既而延入小閣，盡出所被宸翰具言上眷之渥，且執次膺手曰：「前夕夢爲棘寺逮對，獄吏曰：『辛中丞被旨推勘。』飛方懼不敢告人，而公適至。公自諫官補外，他日必爲獨坐。飛或不幸下獄，願公救之。」次膺悚然，不知所對。至是公悟昨夢，乃新中丞也。《宋名臣言行録》別集下卷八。

23 上詔公入覲，參謀官薛弼亦移書促公行。至是飛偕弼入奏事，公以手疏言儲貳事，衝風吹紙動摇，飛聲戰讀不能句。公退弼進，上視之色動。弼曰：「臣在道常怪飛習寫細字，乃作此奏，雖其子弟無知者。」《宋名臣言行録》別集下卷八。

24 紹興和議初成，金以河南歸我。判宗正事士㒟，銜命道荆、襄、宛、洛，祗謁鞏襄原。道過南鄧，岳飛止之曰：「金虜無信，君宜少駐。」㒟以上命有程，辭去。不數舍，煙塵四起，軍聲囂然，於是失色南奔。忽遇大軍，望之，岳幟也，遂馳就之。飛笑曰：「固謂君勿行，正恐此耳。然已遣董御帶、牛觀察在前與之交鋒矣。兵勝敗無常，君王人，且近屬，吾當以自己兵衛送君。」行數里，兩將捷書至，蓋㒟未行前一日出師也。其後飛得罪下獄，㒟極辯其無辜，且以百口保之。非惟感恩，蓋親見其用兵神速故耳。朝臣併論㒟身爲宗室，不應交結將帥，因指爲飛黨，遂罷宗司與祠云。《齊東野語》卷十三。

25 岳鄂王飛《謝收復河南赦及罷兵表》略曰：「夷狄不情，犬羊無信，莫守金石之約，難充溪壑之求。暫圖安而解倒垂，猶云可也；欲長慮而尊中國，豈其然乎？」又曰：「身居將門，功無補於涓埃；口誦詔書，面有慚於軍旅。」又曰：「尚作聰明而過慮，徒懷猶豫以致疑。與無事而請和者謀，恐卑辭而厚幣者進……」未幾，金渝盟，河南復陷。後六十年，得金之《南遷録》，見當時金人議論，鋭意爲取江南之計，歸三京以誘吾歸兵於平地，吾保河南則江防必虚，若吾不守河南則是彼嘗見歸，吾自委棄，在遺民當自歸曲於吾矣。金謀若此，岳武穆之料敵信不妄云。《藏一話腴》甲集卷下。《詞林紀事》卷九。

26 岳飛在郾城，衆請回軍。飛亦以不可留，乃傳令回軍，而軍士應時皆南嚮，旗靡轍亂不整。飛望之，口呿而不能合，良久曰：「豈非天乎！」《三朝北盟會編》卷二百四。

27 初，〔岳〕飛與張俊承詔視〔韓〕世忠軍，往辭〔秦〕檜，檜謂之曰：「且備反側。」世忠軍初無反側意，檜爲此語，欲激其軍，使爲變，因得以罪世忠耳。飛答之曰：「世忠歸朝，則楚州之軍，即朝廷之軍也。」檜色變，惡飛語直。獨張俊承檜意，欲分其軍，賴飛一言而止，而檜益怨飛矣。《鄂國金佗續編》卷二十一。《南宋雜事詩》卷七。

28 秦檜奏乞將張憲與飛同證明其事，是時侯尚不知。良久，秦檜密遣左右傳宣，請相公略到朝廷，別聽聖旨。侯宣詔即時前去，卻引到大理寺，侯駭然曰：「吾何到此？」纔入門到廳下轎，不見一人，止見四面垂簾。纔坐少時，忽見官吏數人向前云：「這裏不是相公坐處，後面有中丞請相公略來照對數事。」侯點頭云：「吾與國家宣力，今日到此何也？」言罷，隨獄吏前行至一處，見張憲、岳雲露頭赤體，各人杻械，渾身盡皆血染，痛苦呻吟。又見羅振等將王俊、王貴首張憲、岳雲并侯反叛罪狀前來，云：「國家有何虧負你三人，都要反背？」侯向万俟卨、羅振曰：「對天明誓，吾無負於國家。汝等既掌正法，且不可損陷忠臣。吾到冥府，與汝等面對不休。」衆人聞其說，羅振并御史中丞万俟卨等曰：「相公既不反，記得游天竺日，壁上留題曰『寒門何日得載富貴』乎？」衆人曰：「既書此題，豈不是要反也。」侯知衆人皆是秦檜門下，既見不容理訴，長吁一聲云：「吾方知已落秦檜國賊之手，使吾爲國忠心，一旦都休。」道罷，合眼任其拷掠。《三朝北盟會編》卷二百七。引《岳侯傳》。

29 〔岳〕飛初對吏，立身不正，而撒其手，旁有卒執杖子，擊杖子作聲而叱曰：「叉手正立。」飛悚然聲喏而叉手矣。《三朝北盟會編》卷二百六。《萬曆野獲編》卷十七。

30 初，〔岳〕飛在大理寺獄，未肯招狀。先是飛自郾陵回軍也，在一村寺中，與王貴、張憲、董先、王俊夜坐，移時不語，忽作聲曰：「天下事竟如何？」衆皆不敢應，唯憲徐言曰：「在相公處置耳。」既退，俊握先及貴手曰：「太尉，太尉，聞適來相公之言及張太尉之對否？」先與貴曰：「然。」及俊告飛使子雲通書軍中事，因言鄂陵路中之語，追先赴行在，時雲與憲已伏誅矣。秦檜與先曰：「止是有一句言語，要爾爲證，證了只今日便可出。」仍差大理官二人送先赴大理寺……對吏即伏。吏問飛，飛猶不伏。有獄子事飛甚謹，至是獄子倚門斜立，無恭謹之狀。飛異之，獄子忽然而言曰：「我平生以岳飛爲忠臣，故伏侍甚謹，不敢少慢。今乃逆臣耳。」飛聞之，請問其故，獄子曰：「君臣不可疑，疑則爲亂。故君疑臣則誅，臣疑君則反。若臣疑於君不反，復爲君疑而誅之。若君疑於臣不誅，則復疑於君而必反。君今疑臣矣，故送下棘寺，豈有復出之理，死固無疑矣。少保若不死，出獄則復疑於君，安得不反。反既明甚，此所以爲逆臣也。」飛感動，仰天移時，索筆著押。獄子復事之恭謹如初。《三朝北盟會編》卷二百七。

31 先是，獄之成也，太傅韓世忠嘗以問〔秦〕檜，檜曰：「飛子雲與張憲書不明，其事體必須有。」世忠曰：「『相公言「必須有」，此三字何以使人甘心？」固爭之。《宋宰輔編年録》卷十六。《皇朝中興紀事本末》卷五十八。

32 有進士知浹者，好直言，〔岳〕以賓客待之。飛初下吏，浹上書訟其冤，秦檜怒，併送大理。獄成，浹坐決杖，送袁州編管。《皇宋中興兩朝聖政》卷二十八。《西湖志》。《茶香室續鈔》卷四。

33 岳武穆獄案，今在莆陽陳魯公家。世本無獄辭，但大書「天日昭昭，天日昭昭」八字，是罪案乃是細書，與前筆跡不同，不知後來如何粘成卷也。《同話録》。《南宋雜事詩》卷一。

34 岳武穆班師過金山寺，禪師道月勸之勿赴闕，武穆不聽。道月遺以詩云：「風波亭下水滔滔，千萬堅心把柁牢。只恐同行人意歹，將身推落在深濤。」武穆至臨安，被賊檜誣陷，繫大理獄，有亭扁曰風波，始悟詩意，悔不從其言。武穆卒，檜聞前言，遣卒何立捕道月。道月方集衆説法，何立伺之，道月忽説偈曰：「吾年四十九，是非日日有。不爲自家身，只爲多開口。何立從南來，我往西方走。不是佛力大，幾乎落人手。」言訖，端坐而化。《堅瓠戊集》卷一引《金山志》。《蓬窗日録》卷七。

35 岳少保既死獄，籍其家，僅金玉犀帶數條，及鎖鎧、兜鍪、南蠻銅弩、鑌刀、弓、劍、鞍轡，布絹三千餘匹，粟麥五千餘斛，錢十餘萬，書籍數千卷而已。《楓窗小牘》卷下。《宋稗類鈔》卷三。

36 自二聖北狩，夷狄猾夏，先臣每懷誓不與虜俱生之志。刺繡爲袍，有「誓作中興臣，必殄金賊主」之文。其後援筆爲歌詩，經行紀歲月，無不以取中原、滅逆虜爲念。《鄂國金佗稡編》卷九。

37 樂施疏財，不殖資產，不計生事有無，所得錫賚，率以激犒將士。兵食不給，則資糧於私廩。……上知其屢空，欲擇第於行都，欲以出師日自任其家事，先臣辭曰：「北虜未滅，臣何以家爲？」《鄂國金佗稡編》卷九。

38 傅慶，衛州窯户也，有勇力，善戰，屢立功。岳飛寵惜之，以爲前軍統制。慶恃其才，視飛爲平交，嘗曰：「岳丈所主張此一軍者，皆我出戰有功之力。」每有需索於飛，則曰：「岳丈，傅慶没錢使，可覓金若干，或錢若干。」飛亦屢與之，無忤色。《三朝北盟會編》卷一百四十三。

39 常州宜興縣張渚鎮，臨溪，有山水之勝，乃過廣德大路。鎮有張氏，名大年，臨澗爲圃，號桃溪。嘗倅黃，藏書教子，一子登科，一恩科。岳侯嘗館於其家，題其廳事之屏云：「近中原版蕩，金賊長驅，如入無人之境，將帥無能，不及長城之壯。余發憤河朔，起自相臺，總髮從軍，大小歷二百餘戰，雖未及遠涉夷荒，討蕩巢穴，亦且快國讎之萬一。今又提一壘孤軍，振起宜興，建康之城，一舉而復。賊擁入江，倉皇宵遁，所恨不能匹馬不回耳。今且休兵養卒，蓄鋭待敵，如或朝廷見念，賜予器甲，使之完備，頒降功賞，使人蒙恩，即當深入虜庭，縛賊主，蹀血馬前，盡屠夷種，迎二聖復還京師，取故地再上版籍，他時過此，勒功金石，豈不快哉！此心一發，天地知之，知我者知之。建炎四年六月望日，河朔岳飛書。」後陷入罪，其家洗去之，今尚有遺蹟隱然。《雲麓漫鈔》卷一。

40 岳武穆墨跡，嘗見閩人持岳武穆詩一軸，蓋《從駕游西内應制》詩也，其云……字體徑可五尺，題名岳飛，印章「鵬舉」。模雙鈎者，亦高手爲之也。其真跡在閩中陳氏，惜不獲睹。《蓬窗日録》卷七。

41 紹興庚申歲，明清侍親居山陰，方總角，有學者張堯叟唐老自九江來從先人。適聞岳侯父子伏誅，堯叟云：「僕去歲在羌廬，正覩岳侯葬母，儀衛甚盛，觀者填塞，山間如市。邂逅一僧，爲僕言：『岳葬地雖佳，似與王樞密之先塋坐向既同，龍虎無異，掩壙之後，子孫須有非命者。然經數十年再當昌盛。子其識之。』今迺果然，未知它日如何耳？」王樞密迺襄敏。《揮麈三録》卷三。《南宋雜事詩》卷一。《茶香室三鈔》卷九。

42 紹興十三年，詔改岳飛第爲國子太學，堂曰崇化，在前洋街。《南宋雜事詩》卷五引《玉海》。《玉海》卷一百十二。

43 秦檜既殺岳氏父子，其子若孫皆徙重湖閩嶺，日賑錢米以活其命。紹興間，有知名士知漳州者，建言：「叛逆之後不應存留，乞絶其所急，使盡殘年。」秦得其牘，令札付岳氏知而已。士大夫爲官爵所鈞，用心至是，可謂「狗彘不食其餘」矣。《玉照新志》卷五。

44 紹興中，金人遣其秘書監劉裪來聘，因問岳飛以何罪而死，館伴者無以對，但曰：「意欲謀叛，爲部將所告，以此抵誅。」裪曰：「江南忠臣善用兵者，止有岳飛。所至紀律甚嚴，秋毫無犯。所謂項羽有一范增而不能用，所以爲我擒。如飛者，其亦江南之范增乎？」館伴者不敢發一語而止。秦檜約束，勿以奏，即以不職貶其人。《坦齋筆衡》。《行營雜録》。《宋稗類鈔》卷三。

45 岳侯死後，臨安西溪寨軍將子弟，因請紫姑神而岳侯降之，大書其名，衆皆驚愕，謂其花押，則宛然平日真迹也。復書一絶云：「經略中原二十秋，功多過少未全酬。丹心似石今誰愬，空有游魂遍九州。」丞相秦公聞而惡之，擒治其徒，流竄者數人，有死者。《睽車志》卷一。《堯山堂外紀》卷五十七。《西湖游覽志餘》卷二十三。《堅瓠辛集》卷四。

46 胡天放能降仙。……又常請仙箕，忽踴躍可畏。經時，書一詩云：「百戰間關鐵馬雄，尚餘壯氣凜秋風。有時醉倚吴山望，腸斷中原一夢中。」後大書一「鄂」字，人始知爲武穆也。《志雅堂雜鈔》卷下。《南宋雜事詩》卷三引《揮麈新譚》。

47 岳武穆家《謝昭雪表》云：「青編塵乙夜之觀，白簡悟壬人之譖。」甚工。《鶴林玉露》乙編卷三。《宋稗類鈔》卷三。

48 孝廟追復岳飛官爵，收召其子孫，使給還元貲。主者具當時所得止九千緡物耳。其斃於獄也，實請具浴，拉脅而殂。獄卒隗順負其屍出，逾城至九曲叢祠中。……順葬之北山之湄。身素有一玉環，順亦殉之腰下，樹雙橘於上識焉。及其死也，謂其子曰：「異時朝廷求而不獲，必懸官賞，汝告言曰：棺上一鉛箭有棘寺勒字，吾埋殯之符也。」後果購其瘞不得，以一班職爲賞，其子始上告官。悉如所言，而屍色如生，尚可更殮禮服也。《朝野遺記》。《堅瓠廣集》卷六。《宋稗類鈔》卷三。《南宋雜事詩》卷四。

49 詔臨安府訪求岳將軍尸，其墳在錢唐門外，當時私號賈宜人墳。《南宋雜事詩》卷二引《南宋相眼》。

50 岳與秦爲世讎，每得秦氏一物，必曰「賊秦」。《貴耳集》卷中。

51 辛元龍尉京邑時，万俟卨之孫與岳武穆家争田，歲久不决。府委元龍斷，積案如山，元龍並不省視，即判云：「岳武穆一代忠臣，万俟卨助檜逆賊，雖籍其家，不足以謝天下，尚敢與岳氏争田乎！田歸於岳，券畀於火。」合邑稱快。《堅瓠廣集》卷二。《樵書》二編卷九。

52 〔臯亭山〕其山故元伯顔取宋屯兵之處也。……方伯顔兵至下屯，其夕月明，忽大風雷震電，伯顔知有異，起立帳外，勒兵防變。見四山旌旗閃爍，皆作「精忠」字面。伯顔曰：「是矣！此岳公護本國，現靈異也。」亟宰牲爲文致祭。……祭訖，風雷皆止。《湧幢小品》卷二十。《南宋雜事詩》卷四引《雲薖淡墨》。

53 余未成童時，從臧湖隱先生讀書。先生宋京學生也，有屋六七間，與岳墳相對。時岳墳漸圮，江州岳氏諱士迪者，宋迪功郎，於王爲六世孫，與宜興唐門岳氏通譜，合力以起廢，墳與寺復完整。久之，王孫有爲僧者，居墳西，大壞廟與寺，至靡有孑遺。台僧可觀者，堅忍人也，以其事訴之上司官府，時何怡真爲湖州推官，柯敬仲以書白其事，寺田典與人者復歸，而寺與廟寸椽片瓦不留。會江西李全初爲總杭府經歷，慨然以興廢爲己任，勸勉王華甫者捐資興建。於是寺與廟稍稍復完。《遂昌雜録》。《南村輟耕録》卷三。

54 忠烈廟，在棲霞嶺下，祀宋少保岳武穆王飛。……嘉靖間，巡按御史張景刻「盡忠報國」四大字於石，樹於墓南。墓上木皆南向。有檜樹爲雷火所劈，天順間，郡丞馬偉以屬秦檜分尸之像，謂之分尸檜，圍以石欄，其樹至今猶活。正德間，指揮李隆鑄銅爲秦檜、王氏、万俟卨三像，反接跪露臺下。萬曆間，范涞復增以張俊。《湖山便覽》卷五。

55 岳王墓在西陵橋之右，墓上松柏枝皆南向，墓前有分屍檜，自根以上劈分爲兩，至稍，全其生，中格以木，以示支解奸檜也。正統間，郡倅馬偉爲之。指揮李隆冶鐵爲檜及妻王氏、万俟卨三形，皆赤身反接跪墓前。萬曆中，巡道范涞又益鑄張俊像其四焉。游人拜墓後，必以瓦礫敲擲之，或溺其頭，而撫摩王氏兩乳，至精光可鑒。李卓吾曰：「宜鑄施全在旁，作持刀殺檜狀更快。」《堅瓠丁集》卷三。《七修類稿》卷四十五。

56 岳王墓木皆南向，同知馬偉取檜柏幹爲二植墓前，名「分尸檜」。正德八年，都指揮李隆范銅爲檜、檜妻王氏、万俟卨三像，反接跪墓前。萬曆中，兵使者范涞增張俊像，撫臣王汝訓沉張俊、王氏兩像于湖，移秦、万二像跪祠前。《湧幢小品》卷二十。

57 今岳墳鐵像，明正德八年，浙江都指揮使李隆始鑄銅爲之，僅秦檜、王氏、万俟卨三人，反接跪墓前。久之被游人擊碎。萬曆中，按察副使范涞更鑄以鐵，而又添張俊一像。本朝乾隆中，熊公學鵬爲浙江巡撫，四鐵像又已擊壞，縣官稟聞，擬請重鑄。熊未批准，竊念岳王靈爽在天，逆檜沉淪地獄久矣，頑鐵無知，何煩重鑄耶！是夜熊夢四鐵像來，叩謝階下，醒而異之，仍飭縣官重鑄。《履園叢話》卷二十二。

58 村民棍擊王氏，鐵頭斷折。雍正時李衛督浙，奏請重鑄，言凡鐵不應爲所污，請用收貯叛逆盗兵械鐵，鑄四奸像。從之。《醒心集》。

59 太學忠文廟，相傳爲岳武穆王并祠所謂銀瓶娘子者。《癸辛雜識》續集卷下。《茶香室三鈔》卷十九。

60 〔岳飛〕祠後有銀瓶娘子井。銀瓶娘子者，王季女也。聞王下獄，哀憤骨立，欲叩闕上書，而邏卒嬰門，不能自達，遂抱銀瓶投井而死。《西湖游覽志》卷二十一。《湖壖雜記》。《堅瓠秘集》卷二。案：後二書稱曰「銀瓶小姊」。

61 浙江按察司址，武穆王故宅也。東南有井，王之女聞王被收，抱銀瓶投其中死。按察使梁大用亭覆之，榜曰「孝娥井」。《堯山堂外紀》卷五十七。

岳雲

1 王子雲年十二，從戰，大捷。軍中號曰「贏官人」。京西之役，手握兩鐵鎚，重八十斤，先諸軍登城，攻下隨、鄧。《鄂國金佗續編》卷二十二。

岳震

1 岳震被檜禍，變姓名匿大河民間，子孫遂家焉。至今遺有故宋勅命。《萬姓統譜》卷一百十四。

岳霆

1 岳霆。飛第五子。……震、霆潛住黄梅。……孝宗登極，卹録與恩者，祇原徙嶺南雲、雷支裔，而此派不及。至追贈忠武鄂王，震、霆子孫在梅地者，悉宗鄂姓。入今析爲十三户鄂家云。《萬姓統譜》卷一百十四。

岳珂

1 見辛棄疾17。

2 見劉過6。

3 開禧兵隙將開，憂國者慮其不終。乙丑之元，吴畏齋自鄂召，過京口，以先君湖湘之契，先來訪余，亟送出南水門，謝不敏。既而留中爲大蓬，未幾，遂以秘撰帥荆，復出閫西泝。時北事已章灼，余念數路出師，具有殷鑒，雖上流運奇，先王有遺規，而今未必能。且是時招僞官，遣妄諜，亹亹多費，實無益於事，天下寒心，而謀國者不之知也。因草一啓代贄及之曰……畏齋在丹陽館，一覽輒喜，親作數語謝曰……於是一得之謀，頗徹於諸公間矣。又一年，稍稍如言，宇文顧齋聞之，從章以初録本去，會除次對，謬以充自代薦，且有「志識不群」之褒，初未相識也。故余投謝駢儷有曰：「初不求於識面，亶自得於知心。」蓋指此。它日，又特剡亟稱之于廟堂，余迄不知所蒙。《桯史》卷七。

韓世忠

1 韓蘄王世忠微時，貧困無聊，疥癩滿體，臭腐不可近，其妻孥亦惡之。夏日浴於溪澗中，忽一巨蟒直前，將噉之。韓窘急，以兩手握其首頷間，蟒以尾繞其身。韓不得已，握持以歸其家，欲呼妻孥剌殺之。

皆駭遁不敢前，韓愈窘，入厨中，見有切菜刀偶仰置几上，遂持蟒首就上極力按之，來去如引鋸，卒斷蟒首。既免，不勝忿，置之鑊，煮而啖之。明日，所病疥癩即脱去，肌體瑩白如玉。《東南紀聞》卷一。

2〔韓世忠〕年十八，始隸延安府兵籍，慓悍絶人，不用鞭轡能騎生馬駒。挽强馳射，勇冠軍中。家貧無生業，嗜酒豪縱，不能繩檢，人呼爲「潑韓五」。有席三者，嘗算世忠當作三公，世忠以爲侮己，痛毆之。後亦到江南依世忠，世忠以錢三萬緡贈之。《三朝北盟會編》卷二百十八。《宋名臣言行録》别集下卷六。

3 韓氏世爲延安人，名聞關陜。嘗過米脂寨姻家會飲，日已夕而關閉。王怒，以臂拉門關鍵，應手而斷，旦視之，其木蓋兩拱餘。《三朝北盟會編》卷二百十七。

4 韓世忠作小官時，一城被圍，郡將無計。世忠令募敢死士，得二百人。世忠云：「不消多。」只擇得精者八十人，令人持一斧。世忠問云：「其間豈無能爲盗者？」遂令往偷了鼓搥，卻略將石頭去驚他們。他必往報中軍，便隨入，見有紅帳者便斫。俟彼人集，便出來，恐有馬軍來趕，便與相殺，城上皆喊云：「馬軍進！」如是果退圍。《朱子語類》卷一百三十二。

5〔韓〕世忠既貴，與將吏騎馬出郊，喜坐於淺草中。世忠語急而聲厲，每言則吐舌，或以爲是蛇精。《三朝北盟會編》卷二百十八。

6 上幸維揚，王以所部從。時賊有張遇者號「一窩蜂」，來降，抵城下，不解甲，人心危懼，王獨入其壘曉之，悉聽命。《宋名臣言行録》别集下卷六。

7 唐牛奇章《玄怪録》載：「蕭至忠欲出獵，群獸求哀于山神，云：『當令巽二起風，滕六致雨。』翌日風雨，蕭不復出郊。」建炎中，金寇駐楚、泗間，時張、韓擁兵于高郵。虜誓于衆，整師大入。二將自料非其敵，深以爲怯。將欲交鋒之際，風雨大作，虜衆辟易散走，損折甚多，因遂奏凱。范師厚直方，滑稽之雄也，爲參贊軍事，笑云：「焉知張七、韓五，乃得巽二、滕六力邪！」聞者爲之鬨堂。《揮麈餘話》卷二。

8〔苗、劉之亂，〕楊國夫人及二子質傅軍，防守甚嚴，王略無顧念。會隆祐太皇宣見楊國，楊國詒傅，紿曰：「太尉作如許事，公來矣，於太尉何如？」傅乃屈膝拜曰：「願奉兄嫂禮，謹具鞍馬，煩夫人好爲言。」是日入見，隆祐宣問周悉，執楊國手垂泣曰：「國家艱危至此，太尉首來救駕，可令速清巖陛。」楊國奉詔，馳出都城。……一日夜會王於嘉禾，王見之驚曰：「汝輩在耶！」《名臣碑傳琬琰集》上卷十三。

9〔韓忠武王與兀朮〕相持黄天蕩四十有八日。兀朮窘甚，求打話，王酬答如響，時於所佩金鳳瓶傳酒縱飲示之。虜見王整暇，色益沮。《三朝北盟會編》卷二百十七。

10韓蘄王之夫人，京口娼也。嘗五更入府，伺候賀朔。忽於廟柱下見一虎蹲卧，鼻息齁齁然，驚駭亟走出，不敢言。已而人至者衆，往復視之，乃一卒也。因蹴之起，問其姓名，爲韓世忠。心異之，密告其母，謂此卒定非凡人。乃邀至其家，具酒食，至夜盡懽，深相結納，資以金帛，約爲夫婦。蘄王後立殊功，爲中興名將，遂封兩國夫人。蘄王嘗邀兀朮於黄天蕩，幾成擒矣。一夕鑿河遁去。夫人奏疏言世忠失機縱敵，乞加罪責。舉朝爲之動色，其明智英偉如此。《鶴林玉露》丙編卷二。《湖海新聞夷堅續志》前集卷一。《賢弈編》卷二。《青泥蓮花記》卷三。《宋稗類鈔》卷三。《詞林紀事》卷九。

11見張俊1。

12 韓蘄王宣撫淮東，獲凶盜數十輩，引至金山，陳刀劍于廷下，以次斬之，皆股戰就誅。獨一盜躍而出揖，指一刀最大者曰：「願從相公乞此刀喫。」韓笑曰：「甚好。」時有中使來宣旨者在坐，爲言此人臨死不怯，似亦可用。韓曰：「彼用計欲脱耳。」竟殺之。《夷堅乙志》卷三。

13 韓世忠欲進趨淮陽軍城下，令呼延通攔前，而世忠獨馳一騎，使一把雪執「信」字旗隨之。一把雪者，其兵之曹號，蓋趫捷善走之人也。《三朝北盟會編》卷一百六十九。

14 建炎中興，張、韓、劉、岳爲將，人自爲法，當時有「張家軍」、「韓家軍」之語。四帥之中，韓、岳兵尤精，常時於軍中角其勇健者，令爲之籍。每旗頭、押隊闕，於所籍中又角其勇力出衆者爲之。將、副有闕，則於諸隊旗頭、押隊内取之。別置親隨軍，謂之「背嵬」，悉於四等人内角其優者補之。一入背嵬，諸軍統制而下，與之亢禮，犒賞異常，勇健無比，凡有堅敵，遣背嵬軍，無有不破者。見范參政致能説：「燕北人呼酒瓶爲嵬，大將之酒瓶，必令親信人負之。」范嘗使燕，見道中人有負罍者，則指云：「此背嵬也。」故韓軍用以名軍。《雲麓漫鈔》卷七。《南宋雜事詩》卷五。

15 詔：「韓世忠紀律嚴明，岳飛治軍有法。」並令學士院降詔奬諭。時世忠移屯淮甸，軍行整肅，秋毫無犯。飛移軍潭州，所過不擾，鄉民私遺士卒酒食，即時償直。上聞之，故有是詔。《宋名臣言行録》別集下卷六。

16 世忠每出軍，必戒以秋毫無犯，軍之所過，耕夫皆荷鋤而觀。《宋名臣言行録》別集下卷六。

17 〔韓〕世忠之受兩鎮節鉞也，高宗手書《郭子儀傳》以賜之。《事文類聚》前集卷二十九。《南宋雜事詩》卷一。

18 蘄王每與軍官飲，用巨觥無筭，不設果肴。王權一日竊懷一蘿蔔，蘄王見之，大怒曰：「小子如此口饞！」俾趨前，以手按其額，痛不可忍，隨成痕腫，既乃復與之飲。《清波雜志》卷五。《宋稗類鈔》卷一。

19 韓世忠晚年好游宴，常赴諸統制之請，莫不以妻女勸酒，世忠必酣醉而後歸，唯呼延通忿忿有不平之意。雖備禮邀世忠至私宅，然未嘗輒離左右。一日，世忠與水軍統制郭宗儀會於通家，世忠略寢，通以手捉世忠之佩刀，宗儀適見之，搦通之手而呼曰：「統制不可！」世忠覺而大驚，急馳馬奔歸，而令擒呼延通。既至，世忠數其罪，責爲崔德明軍中自效。德明在淮陰，故通在淮陰。世忠以十二月二十三日誕生，是日，諸軍獻壽者甚盛，世忠臨廳事坐而受之。及通獻壽香，世忠見通即走入府第不出，通伏於地，滴淚成泓。衆勸促通，通乃起身而去，出門上馬，奔還淮陰。德明獻壽回，數通不合擅離軍之罪，決數十下。通快快，投運河……而死。人皆惜之。世忠後亦深自悔恨。《三朝北盟會編》卷二百四。

20 韓世忠輕薄儒士，常目之爲「子曰」。主上聞之，因登對問曰：「聞卿呼文士爲子曰，是否？」世忠應曰：「臣今已改。」上喜，以爲其能崇儒。乃曰：「今呼爲萌兒矣。」上爲之一笑。後鎮江帥沈晦因虜退錫宴，自爲致詞，其末云：「飲罷三軍應擊楫，渡江金鼓響如雷。」韓聞之，即悟其旨云：「給事！世忠非不敢過淮。」已而，自起以大觥勸之，繼而使諸將競獻。沈不勝杯酌，屢致嘔吐。後至參佐僚屬，斟既不滿，又容其傾瀉。韓怒曰：「萌兒輩終是相護！」又戲沈云：「向道教給事休引惹邊事。」蓋指其詞爲引惹也。《雞肋編》卷下。

21 見張俊6。

22〔韓〕世忠、〔張〕俊皆除樞密使，賜俊玉帶，〔岳〕飛樞密副使。世忠既拜，乃製一字巾，入都堂則裹之，出則以親兵自衛，〔秦〕檜頗不喜。飛披襟作雍容之狀，檜亦忌之。惟俊任其自然，故檜不致深疑。《三朝北盟會編》卷二百六。

23 紹興壬戌，罷三大帥兵柄，時韓王世忠爲樞密使，語馬帥解潛曰：「雖云講和，虜性難測。不若姑留大軍之半於江之北觀其釁。公其爲我草奏，以陳此事。」解用其指爲劄子，韓上之，已而付出。秦會之語韓云：「何不素告我而遽爲是耶？」韓覺秦詞色稍異，倉卒皇恐，即云：「世忠不識字，此乃解潛爲之，使某上耳。」秦大怒。翌日，貶潛單州團練副使，南安軍安置，竟死嶺外。《揮麈後録》卷十一。案：《舊聞證誤》卷四辨誤云「韓非倉卒退避而諉之他人者」。

24〔王〕再上章力陳秦檜誤國，辭意剴切，檜由是深怨之，言者因奏世忠罪，上留章不出。王乃力丐閑，除大傅、醴泉觀使，自此杜門謝客，絶口不論兵。時跨驢攜酒，從一二童奴，游西湖以自樂。平時將佐罕得見其面云。《宋名臣言行録》別集卷六。

25 見岳飛31。

26 皇太后回鑾，以北方聞韓世忠名，召至簾前曰：「此爲韓相公耶！」慰問良久。《宋名臣言行録》別集下卷六。《三朝北盟會編》卷二百十一。

27 上謂宰執曰：「世忠欲獻一駿馬，高五尺一寸，云『非人臣所敢乘』。朕辭無用，卿可自留，以備出入。世忠曰：『今已和，豈復有戰？』朕曰：『不然，金雖講和，備何可弛。和議豈足恃乎！』」《宋名臣言行録》别集下卷六。

28 韓世忠嘗議買新淦縣官田，高宗聞之，御札特以賜世忠。其詞云：「卿遇敵必克，克且無擾。聞卿買新淦田爲子孫計，今舉以賜卿，聊旌卿之忠。」故其莊號旌忠。蓋當時諸將，各以姓爲軍號，如張家軍、岳家軍之類，朝廷頗疑其跋扈。聞其買田，蓋以爲喜，故特賜之。《鶴林玉露》乙編卷二。《南宋雜事詩》卷五。《宋稗類鈔》卷四。

29 〔王〕嘗中毒，矢洞骨，則以强弩拔之，十指僅全四，不能動，身被金瘡如刻畫。晚以王公奉朝請，絶口不言功名。自罷政居都城，高卧十年，若未嘗有權位者，而偏裨部曲往往致身通顯，節鉞相望，歲時造門，類皆遺謝。於是舉朝憚秦檜權力，皆附離爲自全計。王於班列一揖之外，不復與親。《宋名臣言行録》别集下卷六。

30 紹興中，韓郡王既解樞柄，逍遥家居，常頂一字巾，跨駿騾，周游湖山之間，纔以私童史四五人自隨。時李如晦晦叔自楚州幕官來改秩，而失一舉將，憂撓無計。當春日，同邸諸人相率往天竺，李辭以意緒無聊賴，皆曰：「正宜適野散悶可也。」强挽之行，各假僦鞍馬。過九里松，值暴雨，衆悉迸避。李奔至冷泉亭，衣袖沾濕，愁坐良歎。遇韓王亦來，相顧揖，矜其憔悴可憐之狀，作秦音發問曰：「官人有何事縈心，而悒怏若此？」李雖不識韓，但見姿貌魁異，頗起敬，乃告以實。韓曰：「所欠文字，不是職司否？」答曰：「常員也。」「韓世忠卻有得一紙，明日當相贈。」命小史詳問姓名、階位，仍詢居止處。李巽謝感泣。明日，一吏持舉牘授之曰：「郡王送來，仍助以錢三百千。」李遂陞京秩，修牋詣韓府，欲展門生之禮，不復見。《夷堅甲志》卷一。《夷堅三志》己卷一。《宋稗類鈔》卷一。

31 紹興中，秦檜當國，〔韓〕世忠以和議不合，懇疏解樞柄。逍遥家居，常頂一字巾，跨驢周游湖山，才以童史四五人自隨，混跡漁樵，號清涼居士，好事者遂繪爲《韓王湖上騎驢圖》。元吴萊題詩云：「秋風泗水沈周鼎，淚濕吴人荆棘冷。黄河北岸旌節回，信誓如城打不開。沿邊撤備無人守，蟣虱塵埃生甲胄。散盡千兵只童騎，餐來斗米空壺酒。西湖楊柳煙波寒，照見從前刀劍瘢。宫中孰與論頗牧，塞上寧知無范韓。事去英雄甘老死，此手猶能爲公起。勸人莫問故將軍，自是清涼一居士。」《西湖游覽志餘》卷七。《堯山堂外紀》卷五十七。

32 紹興間，韓蘄王自樞密使就第，放浪湖山，匹馬數童，飄然意行。一日至湖上，遥望蘇仲虎尚書宴客，蘄王徑造其席，喜甚，醉歸。翼日，折簡謝，餉以羊羔，且作二詞，手書以贈。蘇公緘藏之，親題其上云：「二闋三紙，勿亂動。」淳熙丁未，蘇公之子壽父山丞太府，攜以示蘄王長子莊敏公，莊敏以示予。字畫殊傾欹，然其詞乃林下道人語。莊敏云：「先人生長兵間，不解書，晚年乃稍稍能之耳。」其一詞《臨江仙》云：「冬看山林蕭疎净，春來地潤花濃。少年衰老與山同。世間争名利，富貴與貧窮。榮貴非干長生藥，清閒是不死門風。勸君識取主人公。單方只一味，盡在不言中。」其一《南鄉子》云：「人有幾何般，富貴榮華總是閒。自古英雄都如夢，爲官，寶玉妻男宿業纏。年邁惜衰殘，鬢髮蒼浪骨髓乾。不道山林有好處，貪歡，只恐癡迷誤了賢。」《梁溪漫志》卷八。《齊東野語》卷十九。《西湖游覽志餘》卷七。《宋稗類鈔》卷四。

33 〔韓〕世忠謝兵柄，自號清涼居士。清涼，延安山名，蓋傷故鄉之淪于異域也。《雪橋詩話》卷八。

34 紹興二十五年，韓蘄王病篤，詔王繼先往診視，至則已亡，迨暮復甦，言：「爲四卒追去，定知死矣。中塗忽有所思，吾心中三事未了，不料死期遽至，喞恨無窮。行抵大官曹，金釘朱户，監門者冠裳嚴潔，類星官容狀，邀坐飲湯，二卒不得入。別有兩陰吏導立庭下，聞其中贊引之聲，如世間呵殿下者。指揮卷簾，主者盛服據案，威貌肅然，揖吾升廳相見，叙寒温禮，坐定，始認爲晏景初尚書。晏云：『適遣人相迎，時在道有所思，何也？』吾起拱白曰：『正謂三事未了而之死地，是以不能忘。一者，世忠久叨將帥，殺人至多，雖王事當然，顧安得無枉濫，擬欲建黄籙大齋醮拔濟之，且解冤釋結。二者，侍妾頗多，未辦分付，欲令有父母歸之，無者嫁之。三者，外間舉債負錢，非慮身没之後，子孫追索，不無擾人，欲悉焚契券，免爲後害。今皆不復可爲矣。』晏公云：『若郡王不起此念，冥間亦不以客禮奉待也。當令郡王且還，不知幾日可了？』吾曰：『一月足矣。』晏云：『容爲奏請，如期卻來。』乃得活。」亟命營所願，一月皆畢，遂薨矣。《夷堅志補》卷二十五。

35 趙叔近者，宗室子。登進士第，有材略。……守秀州，治績甚著。或有言其貪污者，免所居官，拘係于郡，遣朱芾代其任。芾到官未久，頗肆殘酷，軍民怨憤。有茶酒小卒徐明者，帥其衆囚芾，迎叔近復領州事。……朝廷已聞，遣大軍往討之矣。先是，王淵在京爲小官，時狎露臺娼周者，稔甚，亂後爲叔近所得，攜歸家。淵每對人切齒。是時適淵爲御營司都統制，張、韓俱爲淵部曲，淵命張提師以往。張素以父事淵，拜辭于廷，淵云：「趙叔近在彼。」張默解其指。將次秀境，叔近乘涼輿，以太守之儀郊迎于郡北沈氏園。張即叱令供析，方下筆而群刀悉前，斷其右臂。叔近號呼曰：「我宗室也。」衆云：「汝既從逆，何云宗室？」已折首于地。……張於亂兵中獲周娼以獻于淵，淵勞之曰：「處置甚當，但此婦人吾豈宜納，君當自取之。」張云：「父既不取，某焉敢耶！」時韓在旁，淵顧曰：「汝留之，無嫌也。」韓再拜而受之。既歸韓，甚以寵嬖，爲韓生子。韓既貴盛，周遂享國封之榮。《揮麈三録》卷二。

36〔韓〕世忠所攜杭妓吕小小……初，小小以有罪繫於獄，其家欲脱之，投世忠。世忠偶赴〔胡舜陟〕待制飯，因勸酒，啓曰：「某有小事告待制，若從所請，當飲巨觥。」待制請言之，即以此妓爲懇。待制爲破械，世忠欣躍，連飲數觥。會散，攜妓以歸。妓後易姓茅。《玉照新志》卷三。《茶香室續鈔》卷五。

37淳熙七年，杭人俞紳來爲〔隆興〕府鈐轄，其妻徐氏夢一異僧引詣廢寺，有故塔遺址，群烏聚焉。徐氏素崇禮西方甚謹，覺以語紳，使訪測厥祥。或以天王院告，因過之，儼然夢境也。徐少時爲韓蘄王妾，後乃嫁紳，饒於財，盡捐橐中所藏以造寺。《夷堅支志》景卷七。

韓彦古

1韓子師，名彦古，有同名者，通刺曰「石琢皮綳」。《吹劍四録》。

2淳熙中，虜人有舉進士第一者，奉使來賀正旦，自負其辯，頗淩慢王人。時以韓子師彦古館伴，一日，虜使自誦其廷試賦「雲屯一百萬騎，日射三十六熊」之句，以爲警策。子師遽曰：「一百萬騎僅能得三十六熊，何其尠也。」虜使惘然。熊，射侯也。韓不學，妄以爲熊羆之熊，故虜使猝無以應，然自是辭色頗恭，時人亦多韓之敏捷。《建炎以來朝野雜記》甲集卷八。《貴耳集》卷下。

3 韓彦古，字子師，詭譎任數，處性不常。尹京日，范仲西叔爲諫議大夫，阜陵眷之厚，大用有日矣。范素惡韓，將奏黜之，語頗泄，韓窘甚，思所以中之。范門清峻，無間可入，乃以白玉小合滿貯大北珠，緘封於大合中，厚賂鈐下老兵，使因間通之。范大怒，叱使持去。所愛亦在傍，怪其奩大而輕，曰：「此何物也？」試啓觀之，則見玉合，益怪之，方復取視，玉滑而珠圓，分迸四出，失手墮地。合既破碎，益不可收拾。范見而益怒，自起捽妾之冠，而氣中仆地竟不起。其無狀至此。李仁甫亦惡其爲人，弗與交，請謁嘗瞰其亡。一日知其出，往見之，則實未嘗出也。既見，韓延入書屋而請曰：「平日欲一攀屈而不能，今幸見臨，姑解衣盤礴可也。」仁甫辭再三，不獲，遂爲强留。室有二厨，貯書，牙籤黄袱，扃護甚嚴。仁甫問：「此爲何書？」答曰：「先人在軍中日，得於北方。蓋本朝野史，編年成書者。」是時仁甫方修《長編》，既成，有詔臨安給筆札，就其家繕録以進。而卷帙浩博，未見端緒，彦古常欲略觀不可得。仁甫聞其言窘甚，亟欲得見之。則曰：「家所秘藏，將即進呈，不可他示也。」李益窘，再四致禱。乃曰：「且爲某飲酒，續當以呈。」李於是爲盡量，每杯行輒請。至酒罷，笑謂仁甫曰：「前言戲之耳，此即公所著《長編》也。已爲用佳紙作副本裝治，就以奉納，便可進御矣。」李視之，信然。蓋陰戒書吏傳録，每一板酬千錢。吏畏其威，利其賞，輒先録送韓所，故李未成帙而韓已得全書矣。仁甫雖憤媿不平，而亦幸蒙其成，竟用以進。其怙富玩世，狡獪每若此。《癸辛雜識》前集。《何氏語林》卷二十九。《宋稗類鈔》卷四。

4 韓彦古時爲户曹尚書，孝宗皇帝問曰：「十石米有多寡？」彦古對曰：「萬合千升百斗廿斛。」遂稱旨。《葦航紀談》。《堅瓠餘集》卷四。

韓大倫

1　韓大倫，蘄王曾孫也。本刀鑷家兒，隨父出入府第，韓翁奇之。翁無子，媪啓翁曰：「刀鑷兒尚在，今不收拾，得無後患？」翁慨然呼以入，時十七八矣。翁立之於前，作色曰：「我有四箇字，汝能不犯戒則留，不然去耳。」請問之，曰：「酒、色、財、氣也。」大倫曰：「幸受教，敢不敬承。不飲酒、不耽色、不愛財，皆當服行終身，惟氣之一字，卻欠商量，不可少屈。」翁聞其言大喜，出布衣一襲俾服。自是折節讀書，力行其言。惟居官着紫袍，每下廳，小虞兵即擎青布背子在屏後。自幼及老，不易其操。《東南紀聞》卷一。

張俊

1　車駕渡江，韓、劉諸軍皆征戍在外，獨張俊一軍常從行在。擇卒之少壯長大者，自臀而下文刺至足，謂之「花腿」。京師舊日浮浪輩以此爲誇。今既效之，又不使之逃於他軍，用爲驗也。然既苦楚，又有費用，人皆怨之。加之營第宅房廊，作酒肆名太平樓，般運花石，皆役軍兵。衆卒謡曰：「張家寨裏没來由，使他花腿擡石頭。二聖猶自救不得，行在蓋起太平樓。」紹興四年夏，韓世忠自鎮江來朝，所領兵皆具裝，以銅爲面具。軍中戲曰「韓太尉銅顩，張太尉鐵顩」。世謂無廉恥不畏人者爲鐵顩也。《雞肋編》卷下。《南宋雜事詩》卷五。《宋詩紀事》卷一百。

2　上召王至宫中，諭之曰：「朕來日東去，卿在此無與民争利，勿興土木之工。」王悚息承命。王見地無磚面，再三歎息。上曰：「此事非難，但艱難之際，一切從儉，庶幾少紓民力。朕爲人主，雖以金玉爲飾，亦無不可。若如此，非特一時士大夫之論不以爲然，後世以朕爲何如主也？」《宋名臣言行録》別集下卷七。

3 〔張俊〕其軍八萬，皆少壯精練之士，器甲光明鋒鋭，爲諸軍第一，世謂之「鐵山軍」。《三朝北盟會編》卷二百十九。

4 王復筠州。臨江軍馬進走江州，王追殺之，〔李〕成遂遁。於是王軍有「鐵山」之號。《宋名臣言行録》別集下卷七。

5 王引兵還建康，入對，因言：「劉光世解軍政，閒居自適，有登仙之歎。」上不樂，因諭之曰：「卿初見朕時何官？」曰：「修武郎。」「是時家貲如何？」曰：「貧甚，嘗從陛下求戰袍以禦寒。」上曰：「今日貴極富溢，何所自耶？」曰：「皆陛下所賜。」上曰：「卿既知此，宜思自效，而有羨於光世何耶？」王惶懼，頓首至流涕，誓以死報。《宋名臣言行録》別集下卷七。

6 紹興中，張俊、韓世忠乃以捍虜有功，拜兩鎮，俄又加三鎮。二人皆武臣，不知辭。當時士大夫爲之語曰：「若加一鎮，即爲四鎮，如朱全忠矣，奈何！」《老學庵筆記》卷八。

7 張循王罷兵柄就第，一日，秦丞相召相見，言：「有少事煩郡王，建康、鎮江軍皆闕主帥，請薦其人。」唯唯而退。越旬申言之，張辭以居閑之久，舊部曲不相聞，未有可薦者。秦曰：「教郡王薦翰林學士則難，薦將帥，職也。」張逼不得已，以劉寶、王權名上。二人皆舊隸韓王軍。《清波雜志》卷五。《宋稗類鈔》卷三。

8 紹興駕幸循王第，過午尚從容，循王再三趣巨璫輩乞駕早歸内，皆莫測所以。他日，有叩之者，答曰：「臣下豈不願萬乘款留私第爲榮，但幸秦太師府時，未晡即登輦。」聞者嘆服識慮高遠。《清波雜志》卷五。

9 南渡諸將，韓世忠封蘄王，楊沂中封和王，張俊封循王，俱享富貴之極。而俊復善治生，其罷兵而歸，歲收租米六十萬斛，今浙中豈能著此富家也。紹興間，内宴，有優人作善天文者曰：「世間貴官人，必應星象，我悉能窺之。法當用渾儀，設玉衡，若對其人窺之，見星而不見其人。玉衡不能卒辦，用銅錢一文亦可。」乃令窺光堯，云：「帝星也。」秦師垣，曰：「相星也。」韓蘄王，曰：「將星也。」張循王，曰：「不見其星。」衆皆駭，復令窺之，曰：「中不見星，只見張郡王在錢眼内坐。」殿上大笑。俊最多貲，故譏之。《西湖游覽志餘》卷二十一。《堅瓠乙集》卷四。《宋稗類鈔》卷六。

10 張循王之兄保，嘗怨循王不相援引，循王曰：「今以錢十萬緡、卒五千付兄，要使錢與人流轉不息，兄能之乎？」保默然久之，曰：「不能。」循王曰：「宜弟之不敢輕相援引也。」王嘗春日游後圃，見一老卒卧日中，王蹴之曰：「何慵眠如是！」卒起聲喏，對曰：「無事可做，只得慵眠。」王曰：「汝會做甚事？」對曰：「諸事薄曉，如回易之類，亦粗能之。」王曰：「汝能回易，吾以萬緡付汝，何如？」對曰：「不足爲也。」王曰：「付汝五萬。」對曰：「亦不足爲也。」王曰：「汝需幾何？」對曰：「不能百萬，亦五十萬乃可耳。」王壯之，予五十萬，恣其所爲。其人乃造巨艦，極其華麗。市美女能歌舞音樂者百餘人，廣收綾錦奇玩、珍羞佳果及黄白之器，募紫衣吏軒昂閒雅若書司、客將者十數輩，卒徒百人。樂飲逾月，忽飄然浮海去，逾歲而歸。珠犀香藥之外，且得駿馬，獲利幾十倍。時諸將皆缺馬，惟循王得此馬，軍容獨壯。大喜，問其何以致此，曰：「到海外諸國，稱大宋回易使，謁戎王，餽以綾錦奇玩。爲具招其貴近，珍羞畢陳，女樂迭奏。其君臣大悦，以名馬易美女，且爲治舟載馬，以殊犀香藥易綾錦等物，餽遺甚厚，是以獲利如此。」王咨嗟褒賞，賜予優渥。問能再往乎，對曰：「此戲幻也，再往則敗矣，願仍爲退卒老園中。」《鶴林玉露》丙編卷二。《宋稗類鈔》卷三。

11 張循王在日，家多銀，每以千兩鎔一球，目爲「没奈何」。《夷堅支志》戊卷四。《堅瓠乙集》卷四。

12 〔張〕俊有愛妾，錢塘妓張穠也，知書。俊文字，穠皆與之。柘皋之役，俊發家書，囑穠照管家事。穠有書報俊，引霍去病、趙雲不問家事，以堅俊之意，且言「今日之事，唯在於宣撫，不當以家事爲念，勉圖報國。」俊得書釋然而喜，遂以其書繳奏，上大喜，親書獎諭以賜穠，仍加封雍國夫人。《三朝北盟會編》卷二百五。《雪履齋筆記》。《六研齋二筆》卷四。

13 〔張俊〕以其愛妾榮國夫人張氏繼室，嫌其同姓，遂改爲章氏。《三朝北盟會編》卷二百十九。

14 嘗得一告詞云：「朕眷禮勳臣，既極異姓王之貴；疏恩私室，併侈如夫人之榮。以爾倏態横生，芳性和適，會膺無邮之貴，終隆絡秀之家。爰錫命書，靡拘常典。用肇封於大郡，俾正位於小君。往服寵光，益循柔履。」紹興間，權外制某人行。「如夫人」及「倏態横生」，或者於王言有疑。時勳臣嫡室尚在，「正位小君」之語亦有疑。《清波雜志》卷七。《南宋雜事詩》卷六。

15 見左譽1。

16 上幸張俊第，臨奠，爲之慟哭。《三朝北盟會編》卷二百十九。

17 姜堯章云，無錫之有青山，張循王俊所葬，下爲石屋九。《研北雜志》卷下。

18 張循王俊賜第，以紹興壬戌六月六日蓋造，至嘉泰壬戌六月六日焚蕩，惟餘一樓。甲子正周，亦異事也。《二老堂雜志》卷四。

劉光世

1 劉光世父延慶，靖康間在京城受圍閉，城陷，延慶斬關奪萬勝門出奔，死於亂兵中。光世以不知父存亡，多以金寶遣人詣僞境尋訪。五月有客人自僞境來，得其父之骸骨，具言死狀，皆不可參考，乃云以其骨雜在甘草把中，故僞境官司不能盡譏察。或勸光世割皮滴血以試驗其骨，若滲血入骨中，即真父骨也。光世不從，以禮安葬，發哀成服。《三朝北盟會編》卷一百五十一。

2 劉光世爲浙西安撫大使，父延慶本夏人也。參議官范正輿除直龍圖閣告詞云：「入幕之賓，以折衝尊俎爲任；從軍之樂，以決勝笑談爲功。」高適受哥舒之知，石洪應重祚之辟。」蓋翰與烏皆夷人，且譏其尊俎笑談以爲功任也。……此皆洪炎之詞。《雞肋編》卷中。

3 達蘭居祁州，而其衆尚留承、楚。公守鎮江，乃以金銀銅爲三色錢，其文曰「招納信寶」。獲虜人，則燕餞而遣之。未幾，踵至得數千人，皆給良馬利器，用之如華人，因創赤心、奇兵兩軍，頗得其用。《宋名臣言行録》別集下卷七。

4 〔劉〕平叔提數萬兵，控禦江上。金人出没淮甸間，朝廷命移屯維揚，三詔不行。江左豪子輸金積玉以求入幕，不可勝數，至有一闋而三四攝者，時語曰：「北渡將軍少，南來幹辦多。」《可書》。

5 劉平叔在京口，幕客獻趙昌《牡丹圖》，乃孟蜀宫中物也。平叔怒曰：「速持去，我平生不愛牡丹，況是單葉。」時人無不爲笑。《可書》。

6 劉武僖自柯山赴召，亦記歲月於仰高亭上，末云：「侍兒意真代書。」後有人題云：「一入侯門海樣深，謾留名字惱行人。夜來髣髴高唐夢，猶恐行雲意未真。」《清波雜志》卷十。

7 嚴州烏石寺在高山之上，有岳武穆飛、張循王俊、劉太尉光世題名。劉不能書，令侍兒意真代書。姜堯章題詩云：「諸老凋零極可哀，尚留名姓壓崔嵬。劉郎可是疎文墨，幾點胭脂涴緑苔。」《鶴林玉露》乙編卷六。

8 劉光世之裔曰濠者，世居青田。濠曾孫，即誠意伯文成公基也。《樵書》二編卷九。

吴玠

1 《吴武安功績記》：〔撒離喝〕自商於出漢陰，擣梁洋，金州失守。侯亟率麾下騎兵，倍道疾馳，晝夜數百里，急調兵利閬徑趨金、洋。先以黄柑數百枚犒賊帥曰：「大軍遠來，聊奉止渴。今日決戰，各忠所事。」撒離喝以杖擊地大驚曰：「吴侯，爾來何速耶！」不敢進。《三朝北盟會編》卷一百九十六。

2 陝西都統制吴玠與敵遇於真符縣之饒風關。先是，知興元府劉子羽聞金州陷，即遣統制官田晟守饒風關，拒敵來路，且馳檄召玠。時宣撫司未有行下，玠曰：「事迫矣，諸將不能辦，我當自行。」直祕閣主管機宜文字陳遠猷請曰：「敵舉國而來，其鋒不可當，宣撫既命分守，各有守地，何苦遠赴？萬一不勝，悔之無及。」玠不聽，自河池一日夜馳三百里，中道少止，子羽移書曰：「敵旦夕至饒風嶺下，不守此，是無蜀也。公不前，子羽當往。」玠即復馳，與敵遇。玠軍纔數千人，益以洋川義士萬三千人。玠先以黄柑遺薩里干曰：「大軍遠來，聊奉止渴。今日決戰，各忠所事。」薩里干大驚，以杖擊地曰：「吴玠，爾來何速也！」《建炎以來繫年要録》卷六十三。

3 王素不爲威儀，除宣撫副使，簡易如故。常負手步出，與軍士立語，幕客請曰：「今大敵不遠，安知無刺客，萬一或有意外，豈不上負朝廷委注之意，下孤軍民之望哉！」王謝曰：「誠如君言，玠意不在此，國家不知玠之不肖。使爲宣撫，玠欲不出，恐軍民之冤，抑而無告者。爲門吏所隔，無由自達，玠所以屢出者，爲此也。」幕客乃服。《宋名臣言行録》别集上卷九。

4 見曲端3。

5 見曲端5。

6 吴玠守蜀，如和尚原、殺金平、仙人原、潭毒關之類，皆創爲控扼之地，古人所未嘗知，可謂名將矣。《老學庵筆記》卷三。

7 吴武安玠葬德順軍隴干縣，今雖隔在虜境，松楸甚盛，歲時祀享不輟，虜不敢問也。玠謚武安，而梁益間有廟，賜額曰「忠烈」。故西人至今但謂之吴忠烈云。《老學庵筆記》卷五。

吴璘

1 王移漢中，開府未幾得疾，遂請老。先旬日有大星殞，至是王薨，軍民號哭失聲，至於罷市。訃聞，上震悼，輟視朝兩日。王之未病也，呼其幕客曰：「爲我草遺表。」客曰：「郡王安寧如此，何遽出此不祥語？」王曰：「死生之機，默存吾胸中，人安得知？君第爲之。」止直書其事，且曰：「願陛下毋棄四州，毋輕出兵。」又先數日封，遺事付其家，令毋啓之。薨之數日啓封，則家廟等數事，語不及他。《宋名臣言行録》别集上卷九。

劉錡

1 〔兀朮〕即下令曰：「順昌城壁如此，可以靴尖踢倒。來日府衙會食，所得婦女玉帛悉聽自留，男子三歲以上皆殺之。」……雖金賊亦謂「自過南朝來，十五年間，無如此戰，必是外國起鬼兵來，我輩莫敢當也」。《三朝北盟會編》卷二百一。

2 劉信叔守順昌，以數千人摧兀朮數十萬衆，是劫寨之力也。守城不劫寨，是守死爾。《鶴林玉露》甲編卷一。

3 劉信叔順昌之勝……戒甲士，人帶一竹筒，其中實以煮豆，入陣則割棄竹筒，狼藉其豆於下。虜馬饑，聞豆香，争低頭食，又多爲竹筒所滚，脚下不得地，以故士馬俱斃。《朱子語類》卷一百三十六。《昨非庵日纂》一集卷一。

4 公自順昌之勝，金人畏之，下令有敢言其姓名者，罪不赦。《宋名臣言行録》别集下卷十。

5 有金使館都亭驛，與其副飲酒，其副不肯飲，訶之曰：「酒中安得有劉四廂，何不飲？」有使金者，見其厩卒怒詈馬之不食草者亦云，蓋其威名素著於南北云。《宋名臣言行録》别集下卷十。

6 劉錡以制置往揚州，錡曰：「軍禮久不講，人皆不知軍禮。」乃建大將軍旗鼓而行，軍容整肅，旗幟鮮明。……觀者悚然惴恐，時錡方病不能乘馬，遂用皮穿竹爲輿，雇游手人肩之。鎮江城中香煙如雲霧，觀者擁溢。錡嘗謂諸將佐曰：「此舉皆令汝輩建節，取重陽日到京師犒設。」州官於江皋送之，錡舉袖揖之曰：「不暇茶湯，且欲速行。諸公有墳墓在西北者，宜備行計，具拜掃之禮，相繼而來。」小人傳其語爲實然。遂軍於揚州。《三朝北盟會編》卷二百三十一。

7 逆亮入寇時，劉信叔在揚州。亮欲至，劉盡焚城外居屋，盡用石灰白了城，多寫「完顔亮死於此」字。亮多忌，見而惡之，遂居龜山。人多不可容，必致變，果死滅。《朱子語類》卷一百三十三。

8 皋亭山下有劉墳，宋鄜王劉錡之墳也。先是，其地爲顯寧寺，王以爲佳，移寺建於塢之外，而築墳於其中，僧無如王何也，其地爲鄜王墳矣。越五百年，有僧具德者，履王墳，而亦以爲佳，發墳棄於塢之外，而復建寺於其中。……伐其塚者，且託言非韓、劉之「劉」，而苗、劉之「劉」。《湖壖雜記》。

9 南宋劉錡之墓，在皋亭山北小嶺下，東向，石獸、石橋，偉壯俱存。土稱劉太師墳。旁有庵，當是守墓者。土人云：「掘下二尺，皆磚，甚堅，可用。」墓已穿掘，前後皆穴，巨石露角。余言於縣令，塞之。《湧幢小品》卷六。

劉汜

1 劉汜，錡之姪也，錫之子也。性驕傲，不曉兵事，唯習膏粱氣味，如癡騃小兒。每洗面，用澡豆、面藥、玉女粉之類，不下六七品，凡奉其身者皆稱是。錡狃於順昌之勝，謂金人爲易殺，欲傚謝安之舉幼度，使功名萃於一門，遂以爲中軍統制。殊不知任重致遠，儻非才則反誤大事，此劉汜所以望敵而遁走也。《三朝北盟會編》卷二百三十八。

楊存中

1 見宋高宗43。

2 沂中遣士卒運怪石，置之太平樓酒肆。侍御張絢遇諸途，奏言：「今邊境多虞，百姓艱食。陛下方且卑宮菲食，焦勞於上，一花一石屏去不顧。奈何中軍不能上體聖意，乃敢公然運石，以爲酒肆游觀之美。衆目所視，傳播四方，亦非美事，欲望體問因依。」詔沂中坐罰金。《宋名臣言行録》别集下卷六。

3 楊和王居殿巖日，建第清湖洪福橋，規製甚廣。自居其中，旁列諸子舍四，皆極宏麗。落成之日，縱外人游觀。一僧善相宅，云：「此龜形也，得水則吉，失水則凶。」時和王方被殊眷，從容聞奏，欲引湖水以環其居。思陵首肯曰：「朕無不可，第恐外庭有語，宜密速爲之。」退即督濠寨兵數百，且多募民夫，夜以繼晝。入自五房院，出自惠利井，蜿蜒縈繞，凡數百丈，三晝夜即竣事。未幾，臺臣果有疏言擅灌湖水入私第，以擬宮禁者。上曉之曰：「朕南渡之初，虜人退而群盜起。遂用議者羈縻之策，刻印盡封之。所有者，止淮、浙數郡耳。會諸將盡平群盜，朕因自誓，除土地外，凡府庫金帛，俱置不問。故諸將有餘力以給泉池園圃之費。若以平盜之功言之，雖盡以西湖賜之，曾不爲過。況此役已成，惟卿容之。」言者遂止。既而復建傑閣，藏思陵御劄，且揭上賜「風雲慶會」四大字於上。蓋取大龜昂首下視西湖之象，以成僧説。自此百餘年間，無復火災，人皆神之。至辛巳歲，其家捨閣於佑聖觀，識者謂龜失其首，疑爲不祥。次年五月，竟燬延燎，潭潭數百楹，不數刻而盡，益驗燬閣之禍云。《齊東野語》卷四。《四朝聞見録》乙集。《宋稗類鈔》卷二。

4 楊王沂中閒居，郊外遇相字者。相者以筆與札進，楊王拒之，但以所執拄杖大書地作一畫。相者作而再拜曰：「閣下何爲微行至此？宜自愛重。」楊愕而詰其所以。則又拜曰：「土上作一畫，乃王字也。公爲王者無疑。」楊笑，遽用先所進紙，批緡錢五百萬，仍用嘗所押字，命相者翌日詣司帑者徵取。相者翌日持王批自言于司帑云：「王授吾券，徵錢五百萬。」司帑老于事王者，持券熟視久之，曰：「爾何人？乃敢作我王贗押來脱吾錢！吾當執汝詣有司。」相者初謂司帑者調弄之，至久色不變，相者始具言本末，且以爲「真王所書，吾安敢僞？」司帑堅謂：「我主押字，我豈不認得？」相者至聲屈，冀動王聽。王居渠渠然，聲不達。王之司謁與司帑同列者，醵金五十緡與相者。相者持金大慟，痛罵司帑者而去。王閒因簽押支用歷，既簽押，司帑者乘閒白王曰：「恩王前日曾批押予相字者錢五百萬，有之乎？」王曰：「是，是。這人是神相，汝已支與他了？」司帑進曰：「某以非恩王押字拒之，衆人打合五十千與之去矣。」王驚曰：「汝何故？」司祭曰：「不可。他今日説是王者，來日又胡説增添，則王之謗厚矣。且恩王已開社矣，何所復用相？」王起而撫其背，曰：「爾説得是，爾説得是。」就以予相者錢五百萬旌之。《四朝聞見録》甲集。《西湖游覽志餘》卷十九。《堅瓠廣集》卷五。《宋稗類鈔》卷三。

5 殿帥楊存中有所親愛吏，平居賜予無算。一旦，無故怒而逐之，吏莫知得罪之由，泣拜辭去。存中曰：「無事莫來見我。」吏悟其意，歸以厚貲俾其子入臺中爲吏。居無何，御史欲論存中乾沒軍中糞錢十餘萬。其子聞知，告其父。其父奔告存中。存中即具劄奏，言軍中糞錢若干樁管某處，唯朝廷所用。不數日，果以爲言，高宗出存中劄子示之，御史坐妄言被黜，而存中之眷日隆。存中之逐吏，亦兵法之餘智也。《鶴林玉露》丙編卷五。《湖海新聞夷堅續志》前集卷二。《何氏語林》卷二十九。《宋稗類鈔》卷四。

6 紹興庚午辛未之間……有代班人衛校尉者，從襄漢來。時楊和王爲殿前帥，曩在行伍中，與結義爲兄弟。首往投謁，楊一見，歡如平生，仍事以兄禮，隨令夫人出拜，常招飲於堂。款曲殷勤，而不問其所向。兩月後，忽浸疏之，來則見於外室，不復話舊，僅得錢數百千。衛雅意以爲楊方得路，志在一官，故百舍間關赴之，至是大失望。棲泊過半年，疑爲人所嫉譖，乃告辭。又不得通，或教使伺其入朝回，遮道陳狀。楊亦略不與語，判狀尾云：「執就常州，於本府某莊内支錢一百貫。」衛愈不樂。念已無可奈何，儻得錢，尚可治歸裝，而一身從北來，何由訪識楊莊所在？正徬徨旅邸，遇一客，自云是程副將，謂之曰：「無庸憂，吾將往常、潤，當陪君往，奉爲取之。」既得錢，相從累日，情好無間，遂密語之曰：「吾實欲游中原，君能扶我偕往否？」衛欣然許之。迤邐抵長安，入河東，以至代郡。倩衛買田，曰：「我欲作一窟於此。」衛使牙儈爲尋置，無何，得膏腴千畝。衛治具待程，程亦報席，久之乃言曰：「吾本無意於斯，此行盡出楊相公處分。初慮公貪小利，輕舍鄉里。當今兵革不用，非展奮功名之秋，故遣我相追隨，爲辦生計。所買良田，已悉作衛氏名，敬以相付。」於是悉取契券與之，厥值萬緡。黯然而別。《夷堅三志》壬卷六。《宋稗類編》卷四。

7 紹興末，予見陳魯公，留飯，未食，而楊郡王存中來白事，魯公留予便坐而見之。存中方不爲朝論所與，予年少，意亦輕之。趨幕後聽其言，會魯公與之言及邊事，存中曰：「士大夫多謂當列兵淮北，爲守淮計，即可守，因圖進取中原，萬一不能支，即守大江未晚。此說非也。士惟氣全乃能堅守，若俟其敗北，則士氣已喪。非特不可守淮，亦不能守江矣。今據大江之險，以老彼師，則有可勝之理。若我師克捷，士氣已倍，彼奔潰不暇，然後徐進而北，則中原有可取之理，然曲折尚多，兵豈易言哉！」予不覺太息曰：「老將要有所長。」然退以語朝士，多不解也。《老學庵筆記》卷九。《宋稗類鈔》卷一。

8 《周益公日記》云：「楊存中人號爲髯閹，以其多髯而善逢迎也。」《王梅溪集》載劉共甫云：「范伯達嘗目存中爲髯閹，謂形則髯，其所爲則閹也。」《癸辛雜識》別集上。《宋稗類鈔》卷二。《陔餘叢考》卷三十八。

9 楊和王最所鍾愛者第六女，極賢淑。初事趙汝勑，繼事向子豐，居於霅，未有所育，王甚念之。一日，向妾得男，楊氏使祕之，以爲己出，且亟報王。王喜甚，即請誥命，輕舟往視之。向氏家知王來，良窘，無策以泥其行。時王以保寧、昭慶兩鎮節鉞領殿巖，於湖爲本鎮。子豐因使人諷郡官往迓之。自郡將以次，皆屬櫜鞬，謹伺於界首。王初以人不知其來，及是聞官吏郊迎，深恐勞動多事，遂中道而返。因厚以金繒花果以遺其女，且撥吴門良田千畝以爲粥米，逮今向氏家有崑山粥米莊云。《齊東野語》卷六。《宋稗類鈔》卷四。《南宋雜事詩》卷一。

王淵

1 見韓世忠35。

2 見王倫4。

范瓊

1 見吴革2。

2 在京士庶雖見上皇以下六宫后妃、親王、駙馬出郊，留守司及開封府猶密其事，市井間皆未知端的。然其事漸彰，人情方憂懼。是日也，宣德門前揭示黄榜，備坐金人節次移文，及孫傅等應報文狀，民間始知欲立異姓，相顧號慟隕越，皆悔不令上皇東巡上遷都也。留守司慮恐軍民作亂，乃令京城四壁都彈壓范瓊撫諭軍民，軍民咸泣不已。瓊大呼曰：「自家懣只是少箇主人，東也是喫飯，西也是喫飯。譬如營裏長行健兒，姓張底來管着是張司空，姓李底來管着是李司空，汝軍民百姓各各歸業，老小照管。」軍民聞之，皆氣銷而去，然罵瓊不絶聲。《三朝北盟會編》卷七十九。

3 張德遠誅范瓊於建康獄中，都人皆鼓舞。秦會之殺岳飛於臨安獄中，都人皆涕泣。《老學庵筆記》卷一。

曲端

1 曲端，字平甫，鎮戎軍人，知書善屬文，作字奇偉，長於兵略，屢戰有聲。……會張浚宣撫川、陝，以端有威聲，承制拜端威武大將軍、宣州觀察使、宣撫司都統制、知渭州，軍士歡聲如雷。是時端與吴玠皆有重名，陝西人爲之語曰：「有文有武是曲大，有謀有勇是吴大。」婁室寇邠州日，端屢戰皆捷，至白店原，撒離喝乘高望之，懼而號泣，虜人目之爲「啼哭郎君」，其爲敵所畏如此。既而浚欲大舉，未測其意，先使張彬往覘之曰：「公常患諸路兵不合，財不足。今宣撫司兵已合，財已足，婁室以孤軍深入，我合諸路攻之不難，萬一粘罕併兵而來，何以待之？」端曰：「不然，兵法先較彼己，今敵可勝，止婁室孤軍。然將士輕鋭，不減前日，我不過止合五路兵耳，然將士無以大異於前。兼敵之入寇，因糧於我，我常爲客，彼常爲主。今當反之，按兵據險，時出偏師以擾其耕。彼不得耕，必將取糧於河東，是我爲主彼爲客。不一二年間，必自困斃，可一舉而滅也。萬一輕舉，後憂方大。」彬以其言復命，浚不悦。金犯環慶，端遣吴玠拒之彭店原，戰少卻，乃劾玠違節制。其秋，兀朮窺江淮，浚議出師，會諸將議所從，端力以爲不然，須十年乃可。端既與浚異趣，時王庶爲宣撫司參謀，與端有宿怨，因譖於浚曰：「端有反心久矣，盍早圖之。」浚積前疑，復聞庶言，大怒，竟以彭原事罷其兵柄，與祠，再謫海州團練副使，萬州安置。是時，陝西軍民皆恃端爲命，及爲庶譖，無罪而貶，軍情大不悦。是年，浚大舉，軍至富平縣。將戰，乃僞立前軍都統制曲端旗以懼之。婁室曰：「聞曲將軍已得罪，必紿我也。」遂擁軍驟至，軍遂大潰。浚心愧其言，而欲慰人望，乃下令以富平之役，涇原軍出力最多，既卻退之後，先自聚集，皆前帥曲端訓練有方，遂敘復左武大夫，興州居住。紹興初，又敍營州刺史，與祠，徙閬州。浚亦自興州移司閬州，欲復用端。玠既憾之，且懼端復起，乃言曰：「曲端再起，必不利於張公。」王庶又從而譖之，以端嘗作詩云：「不向關中圖事業，卻來江上泛扁舟。」舉此以爲指斥。浚入其説，且以張中孚、李彦琪、趙彬降虜，疑端知其謀，於是徙端恭州，置獄，命武臣康隨爲夔路提刑鞫治。康隨者，先知懷德軍，盜用庫金，爲端所劾。時武臣提刑廢已久，浚特以命隨。端既赴逮，知必死，仰天長吁，指其所乘戰馬鐵象云：「天不欲復中原乎？惜哉！」泣數行下，左右皆泣。初至，獄官不知何人，日盛服候之，如事上官之禮，端甚訝之。一日，其人忽前云：「將軍功臣，朝廷所知，決無他慮。若欲早出，第手書一病狀，獄司即以申主，便可憑藉出矣。」端欣然引筆書之，甫就，獄官遽卷懷而去。是晚，即進械，坐之鐵籠，熾火逼之，殊極慘惡。端渴甚求飲，與之酒，九竅流血而死，年四十一，時紹興四年八月三日丁卯申時也。陝西軍士，皆流涕悵恨，多叛去者。浚尋得罪，詔追復端宣州觀察使。制曰：「頃失意於權臣，卒下獄而遣死，恩莫追於三宥，人將贖以百身。」其後金歸河南之日，又詔謚端壯閔。制曰：「屬委任之非人，致刑誅之横被，興言及此，流涕何追。」端爲涇原都統日，有叔爲偏將，戰敗誅之。既乃發喪，祭之以文曰：「嗚呼！斬副將者，涇原統制也，祭叔者，姪曲端也，尚享！」一軍畏服。其紀律極嚴，魏公嘗按視端軍，端執撾以軍禮見，闃無一人。公異之，謂欲點視，端以所部五軍籍進。公命點其一部，於廷間開籠縱一鴿以往，而所點之軍隨至，張爲愕然。既而欲盡觀，於是悉縱五鴿，則五軍頃刻而集，戈甲煥燦，旗幟精明，魏公雖獎，而心實忌之。在蜀日，嘗有詩云：「破碎江山不足論，何時重到滑南村。一聲長嘯東風裏，多少人歸未斷魂。」亦可見其志也。至今西北故老，尚能言其冤。《齊東野語》卷十五。《何氏語林》卷六。《昨非庵日纂》卷一。《宋稗類鈔》卷一。

2 曲端在陝西，甚有威望。張魏公宣撫，首擢用之。金人萬户婁室與撒離曷等寇邠州，端擊敗之。至白店原，又大敗之。撒離曷乘高望師，懼而號哭，金人因目之爲「啼哭郎君」。後以端恃功驕恣，廢不用。又懼其得士心，竟殺之。自端之死，衆心稍離。金再入，戰于富平。我師詐張端旂以懼敵。婁室知端已死，拊掌笑曰：「何給我也。」於是盡鋭力攻，我師敗績，自是陝西非我有矣。淳熙間，議高廟配享，洪景盧舉此爲魏公罪，迄不得侑食。昔孔明斬馬謖，已爲失計。魏公襲其事，幾於自壞萬里長城。至於詐張端旂，尤爲拙謀，徒足以召敵人之笑，沮我師之氣耳。端亦知書，嘗作詩云：「破碎山河不足論，幾時重到渭南村。」昔人詩「欲掛衣冠神武門，先尋水竹渭南村」。此事也。《鶴林玉露》丙編卷一。《宋詩紀事》卷四十三。

3 〔張〕浚既失全陝，退保蜀中，復欲用端。〔王〕庶曰：「不可。富平之戰，宣撫與曲端有勝負之約，今日宣撫以何面見曲端。若曲端得志，雖宣撫亦敢斬之，不可用也。」吴玠亦懼端之嚴明，恐其復用，乃書「曲端謀反」四字於手心。玠侍浚，立舉手以示，浚然不言也。浚雖有殺端之意，而未有罪。庶等曰：「曲端嘗作詩題柱，有指斥乘輿之意，曰：『不向關中興事業，卻來江上泛漁舟。』此其罪也。」浚乃送端萬州羈管。復令恭州取勘。康隨先在鳳翔府，曾遭端決背一百，有切骨恨。浚以康隨爲提點刑獄公事。端聞之，曰：「吾其死也。」呼天者數聲。端有馬名鐵象，嘗日馳四百里，惜之過於子息，至是連呼「鐵象可惜」者，又數聲乃赴逮。既至，隨命獄吏縶之，維之糊其口，熁之以火，端乾渴而死。遠近士民聞端之死，無不悵怏，有數日食不能下者。不旬日，鐵象亦斃。《三朝北盟會編》卷一百四十七。《宋詩紀事》卷四十三。

4 初，〔張〕浚以曲端在陝西屢嘗挫敵，欲仗其威聲，乃辟充本部統制。端登壇，將士歡聲如雷。先是朝廷以曲端欲殺王庶，疑其有反心，遂以御營使司提舉官召之。端疑不行，議者喧言端反，浚入辭，獨以百口保之。及端有白店原之敗，庶乘此譖之，吴玠亦以彭衙之敗憾端，乃書「曲端謀反」四字於手心，因侍浚，立舉以示浚。浚素知端、庶不可並立，且方倚玠爲用，恐玠不自安，庶等知之，即言端嘗作詩題柱，有指斥乘輿之意，曰：「不向關中興事業，卻來江上泛魚舟。」此其罪也。浚乃送端恭州獄。有武臣康隨者，在鳳翔嘗以事忤端，端鞭其背，有切骨恨，浚以隨提點夔州路刑獄。端聞之曰：「吾其死矣！」呼天者數聲。端有馬名鐵象，日馳四百里，至是連呼「鐵象，可惜者」數聲，乃赴逮。既至，隨命獄吏縶之維之，糊其口熁之以火，端乾渴而死。士大夫莫不惜之，軍民亦皆悵恨。西人以是益非浚焉。《宋名臣言行録》別集下卷三。

5 曲端、吴玠，建炎間有重名于陝西，西人爲之語曰：「有文有武是曲大，有謀有勇是吴大。」端能書，今閬中錦屏山壁間有其書，奇偉可愛。《老學庵筆記》卷五。《齊東野語》卷十五。《古謡諺》卷六十。

王燮

1 世以浙人孱懦，每指錢氏爲戲。云：僞時有宰相姓沈者，倚爲謀臣，號沈念二相公。方中朝加兵江湖，俶大恐，盡集群臣問計，云：「若移兵此來，誰可爲禦？」三問無敢應者。久之，沈相出班奏事。皆傾耳以爲必有奇謀。乃云：「臣是第一個不敢去底！」朝廷渡江，時人呼諸將皆以第行加於官稱：劉三、張七、韓五、王三十，皆神武五軍大將。王三十者名瓔，官承宣帶四廂都使，人以太尉呼之。然所至輒負敗，未嘗成功。時謂「沈念二相公」二百年後，始得「王三十太尉」，遂爲名對也。《雞肋編》卷下。

張淵

1　觀察使張淵，紹興中爲江東副總管，居建康。每以高價往都城買佳妾，列屋二十人，而御之甚嚴，小過必撻。嘗盛具延客，皆環侍執樂，歌舞精妙，一坐盡傾。妾兢兢自持，不敢游目窺視，無論言談也。中席，淵起更衣，坐客葉晦叔之側一姝最麗，乘間語之曰：「恭人在太尉左右，想大有樂處。」姝慘容不答，但舉手指筵上燭云：「絳燭分明會得。」《夷堅三志》辛卷一。《南宋雜事詩》卷六。

王權

1　韓蘄王在鎮江，一日抵晚，令帳前提轄王權至金山，仍戒不得用船渡。翌給浮環，偕一卒至西津，遂浮以渡。登岸，寺僧叵測，疑爲鬼物。詰得其詳，以手加額，因指適所歷處，皆黿鼉窟穴。曰：「官既不死，他日必貴。」權後果建節。《清波雜志》卷五。《宋稗類鈔》卷一。

2 見韓世忠18。

呼延通

1 韓蘄王督兵淮楚，領背嵬軍獵於郊，道逢群虎下山，下令打圍。甲士環合，各以神臂克敵弓射之，凡斃三十餘。其一最雄鷙，目光如鏡，毛茸皆紫色，鋭頭豐下，爪距異常，羽鏃不能入。跳勃咆哮，萬衆辟易。大將呼延通奮怒馳馬與相當，誓必取之。伺其張口，發大羽箭，正中舌上。虎雷吼山立，宛轉而死。命從騎四輩舁歸，剥皮爲鞍韉。一軍壯其勇。《夷堅三志》己卷八。

2 見韓世忠19。

趙密

1 公生四歲，知學，所居茂林芾翳，異人不知所從來，憩其下而咤曰："是宜有貴人。"宗黨子弟争出，揖了弗視，最後目公曰："兒是已！壯當以疆埸之事傑立。"語罷索酒，一引空其罍去，不復見。《宋名臣言行録》别集上卷十二。

2 金陷揚州，士民争從乘輿渡江，衆數萬，畏不得免。公露立水濱，麾舟訖濟，悉拱手加額，稱爲"佛子"，至以標其軍。《宋名臣言行録》别集上卷十二。

王德

1 開府劉光世，延安人，其先以酋豪歸朝。及建炎之後，以功臣檢校太傅、兩鎮節使開府。部曲皆西人，有鬬將王德，勇悍而醜，軍中目爲「王夜叉」，最爲有名。《雞肋編》卷中。

楊政

1 楊政，字直夫，懷德軍人，起身寒微。貌甚陋，時人號爲「楊𣭲毯」。初爲統制官下虞候，每統制飲宴，政不喫其餘食。衆虞候勸之曰：「此物極好，何不食之？」政曰：「我所請者，倉米方爲極好，食之可常而有味，安用此爲此非當食之物？」《三朝北盟會編》卷一百六十七。

王俊

1 王俊，行軍紀律嚴明，退者必誅，軍中號爲「王開山」，所向無前也。《三朝北盟會編》卷二百十二。

吴進

1 〔吴〕進勇於戰，常對御騎射，上曰：「一好漢。」吴進聞之，刺「好漢吴進」作褙心，每閱兵，則披以示衆。《宋名臣言行録》别集下卷六。

左鄯

1 天台士人左君……頗有才，最善謔。〔紹興〕二十八年，楊和王之子偰除權工部侍郎，時張循王之子子顔、子正，皆帶集英修撰，且進待制矣。會葉審言自侍御史、楊元老自給事中，徙爲吏、兵侍郎，蓋以繳論之故。左用歇後語作絶句曰：「木易已爲工部侍，弓長肯作集英修。如今臺省無楊葉，豚犬超升卒未休。」左居西湖上，好事請謁，人或畏其口，後竟終於布衣。《容齋三筆》卷十五。

沈喜

1 楊府九位有掠屋錢人沈喜者，居長生橋，楊和王忌辰或恩忌，必設位，書「恩主楊和王」，供奉香燭惟謹。人問其故，則云：「某家再世，皆出楊府衣食，其家今雖衰微，然不敢忘。」《志雅堂雜鈔》卷上。《癸辛雜識》續集下。《南宋雜事詩》卷五。案：沈喜，《癸辛雜識》作「沈垚」。

馬擴

1 〔馬擴被執〕……初，馬在山寨倡義也，河北金人即報斡離不，就京城根刷馬家屬，發至軍前。斡離不以馬第三子亨祖及文榜送真定府，使括馬家屬。……馬見斡離不。斡離不曰：「爾非南朝宰相，又非大將，何自苦若此！我久知爾忠義，我家國内除兩府未可做，此外爾自擇好官職爲之。」馬曰：「某世受國家爵禄，今國家患難，某寧死，不受好官。」經數日，復來説馬，馬曰：「必不得已，願求田數百畝，耕而食之，以終老母之壽。」斡離不許之，於是馬遂得全家團聚。《三朝北盟會編》卷九十。

2 斡離不給田與馬〔擴〕，令耕種贍養也。久之，馬曰：「耕田不即得食，願爲酒肆以自活。」斡離不從之，馬欲因此親結往來之人，復與山寨通耗問。因寒食日，僞隨大姓送喪，攜親的十三人復奔詣五馬山寨。諸寨聞之喜躍，復推馬爲首。《三朝北盟會編》卷一百十五。《建炎以來繫年要録》卷十三。

3 曹成執湖南安撫使向子諲，據道州。朝廷有詔撫諭。……宣撫司都總制兼參議官馬擴……遣使臣張布齎劄子欲招成，成受招安，乃放出子諲。又乞差人知道州。參謀范直方曰：「曹成不可招，促之使赴行在。」馬曰：「彼既不願遠出，萬一促之，是使散而爲亂也。不若招之，藉以爲用。」宣撫使吴敏惑直方之議……馬以詩獻敏云：「未敢此時非趙括，已愁他日類田豐。」遂辭職，拂袖歸卧仙溪，敏遣騎追之，不復還。《三朝北盟會編》卷一百五十。《建炎以來繫年要録》卷五十一。《宋詩紀事》卷四十。

楊進

1 楊進嘗隸王淵軍於應天府。金人已陷京師，屢分兵犯應天府，淵命進及韓世忠與賊戰，破之，前後多所殺傷。上即位，淵爲御營使司副都統制。淵妬忌才能，深忌進，欲殺之，故進復反。有衆數萬，自號「没角牛」。《三朝北盟會編》卷一百十七。

葛進

1〔葛進〕屯於濱州，與其衆皆面刺十字曰：「永不負趙王，誓不捨金賊。」《三朝北盟會編》卷一百二十。

郭仲威

1〔郭仲威〕入平江詣降，有衆萬人，〔周〕望以爲統制，時號爲「郭大刀」。《三朝北盟會編》卷一百三十二。

劉位

1〔劉〕位，泗州招信人。居於碑鎮，素豪强，爲鄰里所推，且宗族稍盛。擾擾之際，聚鄉民保守横山，分鄉民爲軍，使諸弟姪各統之。是時西北衣冠與百姓奔赴東南者，絡繹道路，至有數十里或百餘里無煙舍者，州縣無官司，比比皆是盜賊，艱辛之狀萬緒千般。及入泗州境，則聞招信劉家聚兵甚衆，故流移之人，渡江入招信、投横山爲樂國。而士大夫往往具刺敬謁於位，賓客既多，位見客亦有時，每頤指其館穀之所，於是狼狽而來者得以暫安，而位亦漸漸尊崇矣。所以招信劉家之名播於遠邇者，蓋自流移士民唱之也。杜充在建康，以位爲節制軍馬。至是，令位知濠州軍州事。《三朝北盟會編》卷一百三十四。

薛慶

1　張浚以樞密之職往淮南撫諭諸賊。至高郵軍，薛慶郊迎入城，見浚之貌，慶曰：「豈有如此樞密耶！」遂執之。朝廷聞之，乃罷浚知樞密院事，爲提舉杭州洞霄宫。浚隨行有陝西兵多遭殺者，慶逼浚之齎官告三千道而館之。初，薛慶之執浚也，屢欲殺之，其黨王存勸止之曰：「真僞未可知，恐殺真樞密，則異日欲歸朝廷，其可得耶！」慶然之。浚遂得歸，復爲樞密院事。《三朝北盟會編》卷一百二十九。

2〔薛慶〕至揚州與金人遇，遂進戰，不勝。慶引還，金人追至東門外，慶墮馬被殺。馬尋舊路走還高郵。軍中見之曰：「馬空還矣，薛太尉其死乎？」《三朝北盟會編》卷一百四十一。

劉文舜

1　劉文舜，濟南府僧也。先是，靖康間京城受圍，濟南府有劉和尚者聚兵勤王，有衆數千。上即位，劉和尚率衆至南京納兵，乞身歸濟南，依舊爲僧。未幾，其衆皆去，圍濟南府，乞劉和尚依舊爲首官司令。劉和尚出城説諭其衆，令退去。遂退於數十里之外，然後問其所欲，其衆曰：「我輩無頭領，得和尚依舊爲頭領。」劉和尚曰：「我非馭衆之才，豈可爲數千人之首，今城中有劉和尚名文舜者，有膽勇，善射，可爲汝頭領，汝願之乎？」衆曰：「諾。」遂招文舜，令還俗歸其本姓，以統其軍。《三朝北盟會編》卷一百二十八。

王惟忠

1　王惟忠，濠州鍾離縣農家也，字移孝，總角有立志。兄弟三人，惟忠最幼，每經行於市中，人皆不語以俟其過，故人號爲「静街三郎」。《三朝北盟會編》卷一百三十八。

張用

1　〔張〕用駐於京西，連亘數州，上自京西，下徹光、壽，據千里之地，兵馬接迹不斷。以其衆多，故號爲「張莽蕩」。《三朝北盟會編》卷一百二十三。

2　〔閭〕勍迎奉神御趣離西京也……至濠州遇張用。勍説用歸朝廷，以馬皋之妻一丈青嫁用爲妻。初，皋爲郭仲荀所誅，勍周卹之，以爲義女。既嫁用，遂爲中軍統領，有二認旗在馬前，題曰「關西貞烈女」、「護國馬夫人」。《三朝北盟會編》卷一百三十八。

戚方

1　〔戚〕方自到行在日，與中貴人蒲博，不勝，取黑漆如馬蹄者，用炭火熁去漆，乃黄金也，以償博負。每一博，不下數枚。於是方已受正使矣。時人爲之語曰：「要高官，受招安。欲待富，須胡做。」《三朝北盟會編》卷一百四十。

曹　端

1 京西制置使曹端，自京城陷，聚衆擾於京西，號爲「曹火星」。《三朝北盟會編》卷一百四十一。

史康民

1 史康民，濮州人也。初起於京東，因迎神社會，有繖扇撾劍之類儀物，藉以爲資，遂擁衆亂。聚衆漸盛，乏糧食，殺人食之，號爲「餓蝨子」。《三朝北盟會編》卷一百三十八。

王　林

1 王林者，謂之「王斬鐵」，相州人。初曾被擒，入布袋，倚船板上用刀斫其頸八刀，以爲死矣。於入黄河中，無何布袋繫頭脱，遂爬而出，漸復活，又謂「王八刀」。《三朝北盟會編》卷一百四十。

張中孚　張中彦

1 己未歲，虜人入我河南故地，大將張中孚、中彦兄弟自陝右來朝行在所。道出雒陽建昌宫故基之側，與二三將士張燭夜飲于郵亭。忽有婦人，衣服奇古，而姿色絶妙，執役來歌于尊前，曰：「曉星明滅，白露點，秋風落葉。故址頹垣，荒煙衰草，溪前宫闕。長安道上行客，念依舊、名深利切。改變容顔，銷磨古今，隴頭殘月。」中孚兄弟大驚異，詰其所自，不應而去。《投轄録》。

2 張中孚、中彦自陜西來赴行，郭奕爲之詩曰：「張中孚，張中彦，江南塞北都行徧，教我如何做列傳。」人皆傳道之。《三朝北盟會編》卷二百。

3 完顔亮敗盟寇蜀，主將合喜孛堇，張仲孚副之。先是，吴氏守蜀時，專用神臂弓保險。孛堇曰：「昔我軍皆漠北人，故短於弩射。今軍士多河南北人，何不習閱以分南人之長。」遂擇五千人，晝夜習之。一日，設射，於石岩下張宴，以第其中否，岩皆如粉飛墜。酒酣，問仲孚曰：「果何如？」仲孚實秦相陰遣，雖吴氏兄弟，亦不知其謀，每欲勦其族，故金人信之不疑。仲孚欲散其謀，於是繆謂孛堇曰：「用中國人集長兵固善，第虞一旦反噬，則恐無以制之耳。且我每僉中原兵，常制以女真，正慮此也。」孛堇聞其説甚恐，乃漸散之。自後，和好既成，蜀備久弛，有以吴璘無備告堇，請勁騎數千，先事長驅而入者。仲孚爲蜀危之，又謂孛堇曰：「自四太子時，猶不得蜀，設不如意，出危道也。」堇又爲之止。其後，璘下泰州，取德勝，所至降附，其力爲多。《齊東野語》卷二十。

辛永宗

1 張俊、楊沂中、劉錡自廬州退軍也，士卒人負十日糧米，既至黄連埠，軍皆乏糧。……又遣提舉一行事務辛永宗親往催督。永宗至宣化不渡，坐於民舍，呼巡檢兵士，令採藤花，曰：「我偏愛食此。」兵士爲採藤花歸，已移時矣。坐間失其被氈，行人皆掩鼻駡之曰：「大軍燒火待炊，提舉催糧不留心如此。」

《三朝北盟會編》卷二百五。

解　潛

1　見韓世忠23。

2　見張九成23。

鄭　廣

1　海寇鄭廣，陸梁莆、福間，飄駛兵犀，雲合亡命，無不一當百，官軍莫能制。自號滚海蛟。有詔勿捕，命以官，使主福之延祥兵，以徼南溟。延祥隸帥閫，廣旦望趨府。群寮以其故所爲，偏賓次，無與立譚者。廣鬱鬱弗言。一日，晨入未衙，群僚偶語風簷，或及詩句，廣矍然起于坐曰：「鄭廣麤人，欲有拙詩白之諸官，可乎？」衆屬耳，乃長吟曰：「鄭廣有詩上衆官，文武看來總一般。衆官做官卻做賊，鄭廣做賊卻做官。」滿坐慚噱。《程史》卷四。《五雜組》卷十六。《宋稗類鈔》卷二。《陔餘叢考》卷三十八。

姚　興

1　紹興辛巳之冬，金主亮傾國入寇，如林之族，充塞淮甸。尉子橋之戰，大將王權先遁，統領姚興獨以所部四百騎當虜六十萬，自辰至午，凡十戰，斃數百人。虜相謂曰：「使更數人如此，吾曹何可當？」

權不遣一卒援，部將戴皋亦玩視不救，興竟没於陣。朝廷憫其忠，厚加恤典，謚以忠毅，立廟淮甸，迄今血食。橘園林宋偉力叟題四絶於廟，其一云：「赤心許國自平時，見敵捐軀更不疑。權忌皋庸皆遁走，同時死難只青獅。」注云：青獅乃姚馬名，每親飼之，若通其語言。時取斗酒，投大盆中，與馬同飲，曰：「吾與汝同力報國。」竟與馬同死。《梅磵詩話》卷中。《宋詩紀事》卷五十一。

李寶

1 公少無賴，尚氣節，鄉人號爲「潑李三」。岳飛入朝，公願歸軍中，飛未之奇也。公怏怏，與其徒謀北歸，事露，飛盡斬之。公抗言：「欲歸者寶也，衆皆不預。」飛奇而釋之。公願歸山東，會合忠義人立功，飛許之，募得八百人赴飛軍。《宋名臣言行録》别集上卷十二。《三朝北盟會編》卷二百。

2 李寶海道與虜人戰，見其舟皆以油纈爲帆，舒張如錦繡，未須臾，噴濤怒浪，捲聚一隅。此以火箭環射之，箭之所及，煙焰隨發。既敗，走捷以聞。遣使錫賚甚渥，賞功建節，御書「忠勇李寶」四字於金纏幹旗上以寵之。《清波雜志》卷五。《湖山便覽》卷八。

魏勝

1 公在海州，屢挫虜鋒。虜方以重賞募獲公者，以一兩金易公肉一兩。《宋名臣言行録》别集上卷十三。

鍾相

1 鍾相，鼎州武陵縣人，無他技能，善爲誕謾。自號「老爺」，亦稱「彌天大聖」。言有神通，與天通，能救人疾患。陰語其徒則曰：「法分貴賤貧富，非善法也。我行法，當等貴賤，均貧富。」持此説以動小民。故環數百里間小民無知者，翕然從之，備糈謁相，旁午於道，謂之「拜爺」。如是者凡二十餘年。《三朝北盟會編》卷一百三十七。

楊邦乂

1 楊忠襄公少處郡庠，足不涉茶坊酒肆。同舍欲壞其守，拉之出飲，託言朋友家，實娼館也。公初不疑，酒數行，娼豔粧而出。公愕然，疾趨而歸，解其衣冠焚之，流涕自責。《鶴林玉露》甲編卷三。《賢弈編》卷一。

2 建炎三年，僞四太子入金陵，府官相率迎降，獨通判廬陵楊公邦乂毅然不屈。先自書其衣裾曰：「寧爲趙氏鬼，不作他邦臣。」以授其僕曰：「吾即死矣。」敵居數日，其猷帥有張太師者，置酒召公立庭下，以紙書「死」「活」二字使示公，曰：「無多言，欲不降，書『死』字下；若歸于我，書『活』字下。」公視吏有傍簪筆者，即奪筆書「死」字下。敵知其不可屈，命引去。又數日，因公以見四太子。公大罵不絶口，敵怒甚，殺之，剖其腹，取其心。明年，敵去，州白其事于朝，褒録死節，初贈直秘閣，繼又贈次對，謚「忠襄」。賜官田，官其諸子，令立廟于金陵。《獨醒雜志》卷八。

吴益

1〔憲聖父〕宣靖王，即今以爲京師珠子吴員外是也。以蠙珠爲業，累貲數百萬。王，長者也。閭行閭巷，周知貧乏之者，每實金與交鈔于橐，挾蒼頭奴，遇夜以出，雖家人莫知也。王從橐探金鈔，則率家人羅拜，謂「天所賜」。王行之且三十年，迨蒼頭奴長，亦號「小員外」，爲王置白金器於肆，以氣與售金者争，至呼以「乞兒」。售者不能平，遂持而問之曰：「我如何是乞兒？」蒼頭曰：「爾某年某月某日不得吴員外金與鈔？你如何不做乞兒？」其人亟釋蒼頭，翌日率家人置禮拜謝王。王陽爲「未嘗有此」以謝之。王知陰德已泄，久則以他故逐奴去。王嘗有興造，有神立於百步外，王遥問曰：「爾何神也？」曰：「吾太歲也。君興造實犯我，故避於百步之外，由君有陰德也。」王篤生憲聖。《四朝聞見録》丙集。

2 莊簡吴秦王益，以元舅之尊，德壽特親愛之，入宫，每用家人禮。憲聖常持盈滿之戒，每告之曰：「凡有宴召，非得吾旨，不可擅入。」一日，王竹冠練衣，芒鞵筇杖，獨攜一童，縱行三竺、靈隱山中，濯足冷泉磐石之上，游人望之，儼如神仙，遂爲邏者聞奏。次日，德壽以小詩召之曰：「趁此一軒風月好，橘香酒熟待君來。」今小璫持賜，王遂亟往。光堯迎見，笑謂曰：「夜來冷泉之游，樂乎？」王恍然頓首謝。光堯曰：「朕宫中亦有此景，卿欲見之否？」蓋壘石覓泉，像飛來香林之勝。架堂其上曰冷泉。中揭一畫，乃圖莊簡野服濯足於石上，且御製一贊云：「富貴不驕，戚畹稱賢。掃除膏粱，放曠林泉。滄浪濯足，風度蕭然。國之元舅，人中神仙。」於是盡醉而罷，因以賜之，亦可謂戚畹之至榮矣。畫今藏其曾孫潔家，余嘗見之。《齊東野語》卷十。《四朝聞見録》丙集。《西湖游覽志餘》卷十。《玉芝堂談薈》卷七。

吴琚

1 孝宗篤眷公，情均兄弟，自論詩、作字、擊毬之外，未嘗訪以外事，咨以國政，問以人才，公亦未嘗對上及之也。君臣之間兩得之。《四朝聞見録》乙集。

2 見宋孝宗29。

3 見宋孝宗31。

4 孝宗崇憲聖母弟之恩，故稱琚兄弟皆以位曰「哥」。至光宗體孝宗之意，故稱琚兄弟曰「舅」。琚尤聖眷，後苑安榴盛開，光皇以廣團扇自題聖作二句曰：「細疊輕綃色倍醲，晚霞猶在緑陰中。」命琚足之。公再拜，援筆即書曰：「春歸百卉今無幾，獨立清微殿閣風。」上稱歎者久之。憲聖于二王中，獨導孝宗以光皇爲儲位，故公落句有獨立之詠，寄意深矣。團扇猶藏其家，又有石刻，火後俱不存云。《四朝聞見録》乙集。《宋詩紀事》卷五十六。

5 見宋寧宗1。

6 憲聖既御簾政，趙公汝愚爲相，欲公出入通宫禁廟堂之意。公冀重體貌，求慈福宫使，又求提舉中祕書，趙公俱難之。趙旋物色韓侂胄，憲聖表孫也。侂胄奉趙命惟謹，雖一秩不以請。趙公喜其奔走小忠，不知墮其計，反浸疎公。……趙偕猶子崇龢赴貶，自辭家，在途垂殁，悔不用吴。《四朝聞見録》乙集。

7 韓〔侂胄〕已漸疑〔吴〕琚陰援道學，至語其兄有「二哥吴與韓爲中表，其位爲兄。只管引許多秀才上門」。《四朝聞見録》丁集。

8 〔韓〕侂胄陰忌〔吴〕琚，以憲聖故，故不敢行〔趙〕忠定、〔王〕德謙事。賞花命酒，每極歡劇，閒語吴曰：「肯爲成都行乎？」吴對以更萬里遠亦不辭。韓笑謂曰：「只恐太母不肯放兄遠去。」然猶偏帥，判荆、襄、鄂，再判金陵，終于外云。《四朝聞見録》甲集、丁集。

9 四明高氏似孫，號疎寮，由校中秘書授徽倅。道出金陵，投留守吴公琚以詩，曰：「四朝渥遇鬢微絲，多少恩榮世少知。長樂花深春侍宴，重華香暖夕論詩。黄金籯滿無心愛，古錦囊歸有字奇。一笑難陪珠履客，看臨古帖對梅枝。」……公無他嗜好，居近城，與東樓平。光皇爲書扁以賜，不名其名而名其官。樓下設維摩榻。尤愛古梅，日臨鍾、王帖以爲課，非其所心交者，跡不至此。高氏獨知其詳，故落句及之，亦精于所聞矣。……公爲憲聖猶子，以詞翰被遇孝宗。憲聖殿洛花盛開，必召諸子侄入侍。孝宗萬幾之暇，即命中使召公，論詩作字而罷，故疎寮頷聯及之。《四朝聞見録》乙集。《佩文齋書畫譜》卷三十五。

10 〔吴居父〕世稱吴七郡王，性寡嗜好，日臨古帖以自娱。字畫類米芾。以詞翰被遇孝宗。大字極工。《書史會要》卷六。《宋詩紀事》卷五十六。《詞林紀事》卷十一。

11 吴琚節使蓄雷氏琴，號九霄環珮。《佩楚軒客談》。《宋詩紀事》卷五十六。《詞林紀事》卷十一。

12 趙元父祖母齊安郡夫人徐氏，幼隨其母入吴郡王家，又及入平原郡王家，嘗談兩家侈盛之事，歷歷可聽。其後翠堂七楹，全以石青爲飾，故得名。專爲諸姬教習聲伎之所，一時伶官樂師，皆梨園國工也。

吹彈舞拍，各有總之者，號爲部頭。每遇節序生辰，則旬日外依月律按試，名曰小排當，雖中禁教坊所無也。只笙一部，已是二十餘人。自十月旦至二月終，日給焙笙炭五十斤，用綿熏籠藉笙於上，復以四和香熏之。蓋笙簧必用高麗銅爲之，艶以緑臘，簧暖，則字正而聲清越，故必用焙而后可。《齊東野語》卷十七。《西湖游覽志餘》卷十

趙子晝

1　錢諗以郎2　趙叔問爲天官侍郎，肥而喜睡，又厭賓客。在省、還家常挂歇息牌於門首，呼爲「三覺侍郎」，謂朝回、飯後、歸第故也。《雞肋編》卷中。《南宋雜事詩》卷三。《古事比》卷二十。官作張浚隨軍轉運，自請乞超借服色，既得之，遂誇於衆云：「方患簡佩未有，而富樞以笏相贈，范相亦惠以金魚。」趙叔問在坐，戲之曰：「可以一聯爲慶，所謂：『手持樞府之圭，臀打相公之袋。』」坐客莫不絶倒。《雞肋編》卷下。

吴知古

1　女官吴知古用事，人皆側目。內宴日，參軍四筵張樂，胥輩請僉文書，參軍怒曰：「我方聽鬅栗，可少緩。」請至三四，其答如前。胥擊其首曰：「甚事不被鬅栗壞了。」蓋是俗呼黄冠爲鬅栗也。《齊東野語》卷十三。

秦同老　蕭守道

1 建炎苗、劉之變，内侍遇害至多。有秦同老者，自揚州被命至荆楚，前一日還行在，尚未得對，亦死焉。又有蕭守道者，日侍左右，忽得罪，絀爲外郡監當，前一日出城，遂免。《老學庵筆記》卷一。